존재와 당위의 교차점에서 본

헌법규범과 현실

이 덕 연

신 조 사

머리말

'대한민국'! 말 그대로 '역사'다! 역사의 산물이고, 그 자체가 역사이기도 한 생일조차 여전히 첨예한 이데올로기적 논란의 대상으로 남아 있는 역사다. '유구한 역사와 전통에 빛나는 우리 대한국민'이 "3·1운동으로 건립된 대한민국임시정부의 법통과 불의에 항거한 4·19민주이념을 계승하고, 조국의 민주개혁과 평화적 통일의 사명에 입각하여 정의·인도와 동포애로써 민족의 단결을 공고히 하고, 모든 사회적 폐습과 불의를 타파하며, 자율과 조화를 바탕으로 자유민주적 기본질서를 더욱 확고히 하여 정치·경제·사회·문화의 모든 영역에 있어서 각인의 기회를 균등히 하고, 능력을 최고도로 발휘하게 하며, 자유와 권리에 따르는 책임과 의무를 완수하게 하여, 안으로는 국민생활의 균등한 향상을 기하고 밖으로는 항구적인 세계평화와 인류공영에 이바지함으로써 우리들과 우리들의 자손의 안전과 자유와 행복을 영원히 확보할 것"을 다짐하면서 일구어 온 '대한민주공화국'은 성공의 설화인가? 실패의 설화인가? 존재와 규범의 교차 속에서 형성되어 온 '실체' 또는 그 '과정'으로서 대한민국과 대한민국의 헌법은 긍정과 부정의 이원구도를 전제로 하여 성패와 영욕을 공유할 수밖에 없는가?

헌법과 헌법이론, 그리고 헌법해석의 개방성은 미래지향의 관점에서 뿐만 아니라, 동시에 또는 오히려 우선 과거를 인식과 평가의 대상으로 하는 맥락에서 더욱 주목된다. 개념사의 선구자인 독일 역사학자 R. Koselleck이 제시한 '지나간 미래'(*Vergangene Zukunft*, 1989)와 '다가오는 과거'(Vorkommene Vergangenheit)의 교차점에서, 그리고 '중용'(中庸)에서 말하는 '희로애락지미발'(喜怒哀樂之未發)과 '발이개중절'(發而皆中節), 즉 '중화'(中和)의 태도를 갖고 접근하기에는 너무나도 급하고 격했던 요동과 전복의 역사, 희열과 자존의 영광, 그리고 비애와 치욕의 엇갈리는 기억들이 겹치고, 섞이고, 흩어지는 역사와 현실 속에서 새로운 이야기를 써나가야 하는 '지금 그리고 여기'에서 우리는 왜, 무엇을 어떻게 성찰해야 하는가?

주권이 국민에게 있고, 모든 권력이 국민으로부터 나오는 대한민국, 한반도와 그 부속도서를 영토로 하고, 통일을 지향하고 자유민주적 기본질서에 입각한 평화적 통일정책을 수립하고 추진하는 대한민국, 국제평화의 유지에 노력하고 침략적 전쟁을 부인하고 또한 국가의 안전보장과 국토방위의 신성한 의무를 사명으로 하고 정치적 중립성이 준수되는 국군을 가진 대한민국, 개인이 가지는 불가침의 인권을 확인하고 보장할 의무를 지는 대한민국, 모든 국민이 법 앞에 평등하고, 성별·종교 또는 사회적 신분에 의하여 정치적 경제적 사회적 문화적 생활의 모든 영역에서 차별을 받지 아니하는 대한민국, 모든 국민이 고문을 받지 아니하며 형사상 자기에게 불리한 진술을 강요당하지 않는 대한민국, 모든 국민이 '인간다운 생활을 할 권리'를 가지는 대한민국, … 헌법에 열거되지 아니한 이유로 국민의 기본권이 경시되지 아니하고, 국가의 안전보장 질서유지 공공복리를 위하여 필요한 경우에 한하여 법률로써 기본권이 제한될 수 있지만, 그 본질적인 내용은 침해될 수 없는 대한민국 … 청렴의 의무를 지는 국회의원이 국가이익을 우선하여 양심에 따라 직무를 행하는 대한민국, 취임에 즈음하여 "헌법을 준수하고 국가를 보위하며 조국의 평화적 통일과 국민의 자유와 복리의 증진 및 민족문화의 창달에 노력하여 대통령으로서의 직책을 성실히 수행할 것"을 국민 앞에 엄숙히 선서하는 나라 대한민국, 입법권은 국회에, 행정권은 대통령을 수반으로 하는 정부에 그리고 사법권은 법관으로 구성되는 법원에 속하고, 법관은 헌법과 법률에 의하여 양심에 따라 독립하여 심판하는 대한민국, 개인과 기업의 자유와 창의를 존중함을 기본으로 하는 경제질서의 나라 대한민국은 지금 어디에 있는가? 어디로 가고 있는가? 그리고 우리는 어디로 가야 하는가?

"이론은 자신을 낳은 이데올로기에 대한 변증법적 부정이다"라는 P. Zima[『이데올로기와 이론』, 허창운/김태환(역), 1996, 554면]의 명제를 빌려 말하자면, 이데올로기에 대한 변증법적 부정은커녕 이데올로기적 정체성 자체에 대해서조차 분별하지 못하고 있는 입장에서 이론은 언감생심이다. 하지만 법텍스트를 매개와 단서로 하는 '구체적인 반성'의 의미를 어렴풋이나마 헤아리고 또한 깜냥이 되지 못한다고 하여도 밥값을 하기 위해서라도 그것을 외면할 수는 없는 헌법연구자로서 수행해온 '헌법텍스트작업'의 편린들을 모았다. 꿰어봐야 보배가 됨직한 구슬들인지 확신은 없지만, 자기반성의 맥락에서 놀고먹지는 않았다는 변명거리나, 아니면 놀고먹음(?)이 나름 의미와 효용이 전혀 없지는 않다는 강변의 근거가 필요하였다.

헌법텍스트와 헌법현실의 사이에서 이 쪽과 저 쪽을 번갈아 응시하며 가졌던 경험의 공간들에 대한 기억들과, 그리고 그 교차점에서 중첩의 부분과 이격의 부분을 짚어보며 그려본 기대의 단상들을 함께 엮는 이른바 '일단화(一團化)의 작업은 우선 일종의 '기호해석작업'인 헌법텍스트작업을 해온 필자의 입장에서는 나 자신에 대한 이해와 반성을 위한 '연결과 분별', 즉 '분절'(分節: articulation)의 계기를 마련하는 것이다. 동시에 독자들에 대해서는 공동체 구성원들의 소망과 도덕 및 가치적 공감대와 뗄 수 없는 헌법해석작업의 본질과 넓은 의미의 헌법해석문제인 '헌법문제'들에 대한 인식을 공유하고, 헌법텍스트를 매개로 하는 성찰과 대화의 마당인 헌법담론에 방관자가 아니라 비판적인 주체로서 적극 관여하고 동참할 것을 권유하는 초대장을 대신하는 것이기도 하다.

이 책에 수록된 글들은 원래 함께 묶어보려는 의도를 갖고 쓴 것들은 아니다. 하지만 되짚어보건대, 비판과 여과는 거의 포기하고 전적으로 선학들의 설명과 이해에 의존하기는 하였지만, 늘 유념의 긴장은 늦추지 않으면서 나름 선택과 수용 속에서 법해석 또는 법발견작업의 기호작업으로서의 본질과 의미를 되새기면서 그것을 구체적인 헌법텍스트작업에 적용하고 반영해 본 시론들이라는 점에서 하나의 궤적으로 연결된다. 또한 추측건대 아마도 첨예한 정치현안에 대하여 지나치게 민감한 언론의 자기검열에 걸려 지면을 찾지 못했던 일부 글들은(특히 15, 16번) 저간의 사정에 대한 아쉬움, 안타까움과 함께 그 맥락과 내용을 독자와 공유하고 싶은 생각이 적지 아니하다. 지체되는 진보의 관점에서는 안타까운 일이지만, 여전히 현안으로 남겨져 있는 헌법개정과 관련된 글들을 비롯하여 발표된 지 여러 해가 지난 글들도 다행스럽게(?) 아직은 담론의 마당에 남겨 둘 만한 것으로 믿는다. 아무튼 제대로 또는 적어도 필요한 만큼의 '완전한 이해'를 하고 있는지는 여전히 의문이지만, 대체로 M. Heidegger, J. Esser, P. Ricoer 등 세 거장으로 대표되는 '반성철학' 또는 '주체철학'의 인식론 또는 '철학적 해석학'의 기반과 틀을 벗어나지 않으려고 노력한 흔적들이라는 점에서도 한 마당에 모아서 늘어 놓을 만하다고 본 것이 필자만의 아집이 아니길 바란다.

이른바 '포섭의 도그마'로는 파악될 수 없는 '순환논증'으로서 법해석작업의 본질과 구조를 해명한 Esser에 따르면, 법에 대한 이해를 포함하는 우리의 모든 '이해'는 이른바 끝없는 '선이해'(Vorverständnis)의 순환 속에서 진행되고 또한 이 순환은 결코 그 가능성을 전제로 회피되어야 할 논리적 오류로 파악되지 아니한다(*Vorverständnis und Methodesnwahl in der Rechtsfindung*, 1970). 법의 절대적인 교조화와 법체계의 전체주의적인 자기정당화에 함몰되지 않기 위해서 궁극적으로 법학방법론과 법이론 차원의 관심은 바로 힘과 문화 사이의 중간 어디쯤인가에서 늘 선회(旋回)하고 섭동(攝動)하는 '선이해', 그리고 이를 축으로 하는 '법해석학적 순환'(juristischer hermeneutischer Zirkel)의 필연성의 본질과 그 구조에 초점을 맞추어야 한다. Heidegger가 명쾌하게 제시한 바와 같이, 이 과제를 앞에 둔 해석의 주체에게 주어지는 길은 "순환으로부터 빠져 나오는 것이 아니라, 올바른 방법으로 바로 그 순환 속에 진입해 들어가는 것"(*Sein und Zeit*, 11. Aufl., 1967, 153면: Das Entscheidende ist nicht, aus dem Zirkel heraus-, sondern in ihn nach der rechten Weise hereinzukommen.)이다. 대안은 없다. 이 숙명적인 순환의 노정에 진입하여 법을 이해하는 작업은 원천적으로 또는 시종일관 법해석주체의 자기반성과 실천의 행위이고, 이는 K. Engisch가 말하는 일종의 '인격의 행위'(ein Akt der Persönlichkeit), 즉 전인격을 걸고 법을 형성 또는 실현해나가는 결단의 행위일 수밖에 없다. 그렇기 때문에 이 과정에서 해석자는 자기 자신을 완전히 지워버릴 수 없고 또한 그래서도 아니 되며, 오히려 자신을 지키고, 끼워넣어야만 한다(K. Engisch, *Wahrheit und Richtigkeit im juristischen Denken*; 1963, A. Kaufmann, Gedanken zu einer ontologischen Grundlegung der juristischen Hermeneutik, in; Beiträge zur Juristischen Hermeneutik sowie weitere rechtsphilosophische Abhandlungen, 1984, 91면에서 재인용). 이 숙명을 부인하거나 회피하는 것은 무지에 따른 천박한 오류, 절대 의식의 오만 또는 이데올로기적 편견의 분식(粉飾)

외의 다른 어떤 것으로도 해명되거나 정당화될 수 없다. 문제는 이 순환 속으로 들어가야 하는 숙명을 오롯이 받아들이는 전제 하에 바른 방법을 모색하는 것이다.

<나는 말한다>와 <나는 존재한다>의 순환 속에서 "장래성 있는 반성철학은 어떤 것인가?"라는 질문을 던지고 '<나는 존재한다>의 해석학'을 답으로 제시하는 Ricoer의 문화적 기호해석론은 자신을 지키고 끼워 넣으며 법해석의 순환 속으로 진입하는 바른 길을 탐색하는데 명징(明澄)한 지침을 제공한다[이하 『해석의 갈등』, 양명수(역), 1969, 2001, 281-286면 참조]. '데카르트의 <나는 생각한다>의 확실성'과 '직접의식의 환상과 불확실성'을 함께 품어서 <나는 존재한다>의 확신과 <나는 누구인가?>라는 숙명적인 의심이 양립할 수 있게 하는 해석학이 그것이다. '해석'을 '기호로 현시된 정신적인 어떤 것을 알아가는 과정' 또는 이 과정을 통해 '드러난 뜻에서 숨은 뜻을 가려내는 일'이라고 보는 Ricoer는 정신분석에서 주목하는 '리비도와 상징의 관계'에 '존재욕망과 기호의 관계'를 기호론의 주제로 대응시킨다. 존재하려는 욕망과 노력이 나를 구성하고 있으며, 이 욕망과 노력은 기호해석의 먼 길을 경유해서만 비로소 지각에 이르게 된다는 것이다. 그에 따르면 기호해석에는 두 가지 함의가 주목되는 바, 우선 기호의 세계를 이해하는 것은 나를 이해하는 수단이라는 점이다. 자신의 이해와 무관한 기호와 기호해석이 있다면 세상 또는 대상과 자신과의 관계를 설정하고 회복하려는 존재의 욕망과 의미, 즉 의지와 뜻의 문제는 실종되고 만다는 것이다. 둘째로, 오로지 기호를 매개로 하여 주체에 이르는 '구체적인 반성', 말하자면 기호해석을 통해 이해된 주체와 자신의 관계를 구성하는 것 외에 대안은 없다는 점이다. 이는 바로 기호 또는 텍스트에 대한 앎과 이해가 자신에 대한 앎과 이해 속에서 완성되어 나가는 과정으로 이해된다.

요컨대, Ricoer가 말하는 '반성철학', 즉 <존재의 구조→세상→구체적인 상황인식→이해→해석과 언어의 문제>의 궤도로 구성되는 '철학적 인간학'의 요체가 "우리를 이루고 있는 존재 욕망과 존재 노력이 표현된 기호해석", 말하자면 '문화적인 기호해석'이라는 먼 길을 우회하는 순환의 과정이라고 한다면, 이는 거의 각색할 필요조차 없이 그대로 법(기호; 텍스트)해석론에 대입될 수 있다. 바로 '법학적 해석학'(juristische Hermeneutik)이 연상되고, 이는 곧 낡은 순환, 폐쇄된 순환이 아니라 표현과 표현된 존재가 해석작업을 통해 상호 교섭하는 가운데 늘 갱신되는 개방된 순환구조의 '반성법학', '법학적 인간학', '<나는 존재한다>의 법해석학', '<나는 누구인가?>라고 늘 묻는 법해석학'의 기반과 틀을 마련해야 하는 법철학 및 법이론의 과제로 귀결된다. 아마도 순환 속으로 진입해 들어가는 바른 길은 이 숙명의 과제를 인식하고 준비하는 맥락에서 부각되는 '철학적인 인간학'의 명제, 말하자면 겸손과 절제의 덕목, 존재 열정과 불의에 대한 분노, 자기반성 및 갱신의 개방적인 태도, 이른바 '시대정신'(Zeitgeist)에 대한 문화적 공감능력 등을 되짚어보는 가운데 자연스럽게 탐색될 수 있을 것으로 생각된다.

자못 감당하기 어려운 이야기를 하다 보니 순식간에 밑천이 드러나는 것은 어쩔 수 없다. 다만, L. H. Tribe가 적확하게 비유한 바와 같이, '보이는 헌법'(the visible Constitution), 즉 헌법전이 "사상들과 전제들, 복구된 기억들, 그리고 상상의 경험들의 넓고 깊은 - 본질적으로 보이지 않는 - 바다를 부유(浮游)하는"(The visible Constitution floats in a vast and deep - and, crucially, invisible - ocean of ideas, propositions, recovered memories, and imagined experiences, *The Invisible Constitution*, 2008, 9면) 기호라고 한다면, 강물에서 헤엄치는 것조차 버거운 천학비재가 대양을 헤쳐 나가지 못한다고 해서 굳이 민망해 할

것도 없지 아니한가 싶다. 세계사적으로 유례를 찾기 어려운 이른바 '단계적 쿠데타'의 주범이었고, 최근에 '광주'를 부정하는 내용의 회고록으로 다시금 공분을 불러일으킨 전두환이 제12대 대한민국 대통령으로 군림하던 1985년도에 음유시인 정태춘이 발표한 '북한강에서'라는 노래의 말은 (헌법)기호해석의 의미와 (헌법)해석자의 태도를 가늠하는데 더할 나위 없이 유용한 기호를 제공해준다. 따라 읊조리며 거듭 들으면 들을수록 그러하다. 진중한 음률, 깊고 무거운 음색이 함께 어우러져 더더욱 많은 생각을, 생각에 관한 생각을, '생각에 관한 생각'에 대한 생각을 하게 만든다: '서울이라는 아주 낯선 이름', '당신 이름과 그 텅 빈 거리', '짙은 안개 속으로 흐르는 새벽 강', '산과 산들이, 나무와 새들이 얘기하는 그 신비한 소리', '내 맘속에서 서로 부딪치며 흘러가는 또 다른 나', '강물 속으로 또 흐르는 강물', '흘러가도 또 오는 시간과 언제나 새로운 그 강물'…

『저 어둔 밤하늘에 가득 덮인 먹구름이
밤새 당신 머릴 짓누르고 간 아침
나는 여기 멀리 해가 뜨는 새벽 강에
홀로 나와 그 찬물에 얼굴을 씻고

서울이라는 아주 낯선 이름과
또 당신 이름과
그 텅 빈 거리를 생각하오
강가에는 안개가, 안개가 가득 피어나오

짙은 안개 속으로 새벽 강은 흐르고

나는 그 강물에 여윈 내 손을 담그고
산과 산들이 얘기하는
나무와 새들이 얘기하는
그 신비한 소릴 들으려 했오

강물 속으론 또 강물이 흐르고
내 맘속엔 또 내가 서로 부딪치며 흘러가고
강가에는 안개가, 안개가 또 가득 흘러가오

아주 우울한 나날들이 우리 곁에 오래 머물 때
우리 이젠 새벽 강을 보러 떠나요
과거로 되돌아가듯 거슬러 올라가면
거기 처음처럼 신선한 새벽이 있오
흘러가도 또 오는 시간과
언제나 새로운 그 강물에 발을 담그면
강가에는 안개가, 안개가 천천히 걷힐 거요

흘러가도 또 오는 시간과
언제나 새로운 그 강물에 발을 담그면
강가에는 안개가, 안개가 천천히 걷힐 거요』

2019년 초여름 광복관 연구실에서

이 덕 연

차 례

제1편 헌법과 법학방법론

제2편 개헌명제로 본 헌법규범과 사회현실

제3편 헌법규범과 정치

제4편 헌법규범과 정책

제1편

헌법과 법학방법론

제1장
Leibholz 현상학

대의제도 및 대의의 '본질개념'을 중심으로 해서 본 '현상학과 Leibholz의 헌법학방법론' - 우리(공법학자)의 입장에서 주목해야 하는 시사점과 단서*
(원문: G. Leibholz, Die Repräsentation in der Demokratie, Walter de Gruyter, 1973, S. 13-24; Methodische Grundlagen)

Ⅰ. 역자해제

G. Leibholz(1901-1982)는 Berlin대학교에서 '통합론'(Integrationslehre)의 대가인 R. Smend의 지도로 Habilitation과정을 마치고, 그 이듬해인 1929년에 Greiswald대학에서 교수생활을 시작하였다. 유태인 출신인 점 때문에 우여곡절을 겪은 끝에 1931년에 Göttingen대학 법과대학 교수로서 취임하여 1938년 까지 재직하였다.[1] 유태인들에 대한 극악한 박해가 시작된 이른바 'Reichskristallnacht'(1938년 11월 9/10일) 직전인 1938년 9월에 영국으로 건너가 1950년까지 Oxford에서 신산(辛酸)의 망명생활을 하였다. 종전 후에 스승 Smend가 총장으로 있었던 Göttingen대학이 교수 복직을 강력하게 권고하였으나 결단을 주저하던 Leibholz는 신교세력의 반Hitler저항운동을 규합하였고 후에 Bundestag 의장을 지낸 E. Gerstenmaier를 비롯한 일단의 정치인들의 간곡한 요청을 받아들여 1951

---

* 헌법판례연구 제14권(2013.12),

1) 이에 관해서는 M. H. Wiegandt, Gerhard Leibholz(1901-1982) - "Ein deutscher Staatsrechtslehrer des 20. Jahrhunderts", JuS 2001, 1157면 참조.

년에 모든 정당들의 지지를 받으며 연방헌법재판소 재판관으로 선출되어 1971년까지 봉직하였다. 연방헌법재판소 재판관을 퇴직한 후에도 1982년 2월 19일 타계할 때까지 'Jahrbuch des öffentlichen Rechts'의 발행인을 역임하는 등 왕성한 학문활동을 이어나갔다.

본 번역문은 1973년에 출간된 제3판에 담긴, Leibholz의 Habilitaion논문 <Das Wesen der Repräsentation unter besonderer Berücksichtigung des Repräsentativsystems>에서 9개의 장(Kapitel)으로 구성된 본문의 편제와는 별도로 독립된 서언의 형식을 취한 13-24면의 부분을 번역한 것이다. 논문을 집필하던 Weimar시대의 법이론과 법학방법론에 대한 개관과 근본적인 비판적 성찰, 특히 당시까지도 득세가 유지되었던 H. Kelsen의 법실증주의와 개념법학, 이익법학 등에 대한 법철학 및 법이론적 반박을 통해 결론적으로 자신의 스승인 Smend가 선도적으로 제시하였던 이른바 '정신과학적 방법'의 필수성과 타당성을 논증하는 것이 주된 내용이다.

이러한 '정신과학적 방법'과 함께 헌법해석론에서 '가치판단들에 고려의 개방성'(offene Berücksichtigung von Werturteilen)을 강조하는 Leibholz가, 국가, 헌법, 민주주의 등과 마찬가지로 현대 민주헌정체제에서 가장 기본적인 헌법원리 및 제도라고 할 수 있는 '대의제도'와 '대의'라는 이른바 '본질개념들'(Wesensbegriffe)[2)]을 분석 및 해명하고, 궁극적으로 '개념의 핵심'(Begriffskern)을 포착해내는 이른바 '개념형성'(Begriffsbildung)의 작업을 하는 과정에서 E. Husserl을 비롯하여 M. Scheler, Th. Litt와 같은 현상철학자들의 존재론 및 인식론적 방법론을 활용한 것은 당연하고 불가피한 것이었다. 더욱이 (공)법학의 학문

---

2) 이 개념은 Husserl의 현상학에서 '현상적 환원', 즉 사실적으로 주어진 것을 직관의 방법을 통해 파악하여 그 형상(Eidos) 또는 본질로 환원시키는 특수한 사유절차라고 할 수 있는 '본질직관' (Wesensanschauung)의 핵심적인 의미요소이다. 이에 관해서는 양해림, 현상학과의 대화, 서광사, 2003, 38-41면.

적 개방성과 함께 존재와 당위, 특히 정치현실과 헌법규범의 내재적인 교차관계를 강조하는 동시에 엄정한 학문적 방법론과 태도를 강조하는 Leibholz의 입장에서는 연구결과가 어떤 특정한 결론을 취하는 것과는 무관하게 상충하는 방법론과 그에 내재된 가치판단들에 대한 객관적이고 엄밀한 검증과 논의는 결코 회피 또는 생략될 수 없는 선결과제였다.

이러한 관점에서 본 번역문은 Habilitation논문의 서론적 성격의 글이기는 하지만, 그럼에도 불구하고 또는 바로 그러하기 때문에, 특정한 저서의 한 부분의 맥락을 넘어서 헌법학자로서 그리고 헌법재판관으로서 Leibholz의 모든 헌법철학 및 이론적 연구과정의 궤적과 그 성과, 그리고 재판실무상의 헌법적 판단과 그 영향을 조감하고 평가할 수 있는 기본적인 토대와 단서를 제공한다. 특히 평등원칙을 자의금지원칙으로 파악한 헌법해석론과 함께 Leibholz가 헌법규범과 헌법현실의 교차점에서 집요하게 지향해 온 '정당국가'(Parteienstaat)의 현상과 그 개념형성은 여전히 이론과 실무의 현장에서 주목되고 있고[3] 또한 적어도 Leibholz가 대면하고 상정하였던 '현상'으로서의 국가나 국가의 개념에서 벗어나서 그 관점과 방식을 현실에 맞게 조정하고 변경해나가는 경우에는 그럴 이유가 충분히 있다는 점을 고려하건대, 이 글은 일종의 '이념형'(Idealtyp)인 '정당국가모델'의 방법론적 토대와 배경, 그리고 그 취지와 내용을 총체적으로 이해 또는 비판하고 발전시켜 나가는데 중요한 온고지신(溫故知新)의 준거자료가 된다.

또한 이 글은 헌법이론은 물론이고 헌법해석론의 차원에서, 특히 정신적, 사회적 현상인 공법제도 및 개념과의 내재적인 상호관계와 관련

---

3) Leibholz가 제38차 독일 법률가대회(Deutscher Juristentag)에서 발표한 논문 "Verfassungssrechtliche Stellung und innere Ordnung der Parteien"은 '자유위임의 원칙'이나 '정당의 헌법적 기능과 지위' 등과 같은 대의민주주의의 핵심논제에 관한 가장 주목되는 연구성과의 하나로 평가되고 있다. Verhandlung des 38. DJT in Frankfurt a.M. 1950, Teil C, 1951, 2면 이하.

하여 방법론적인 성찰의 필수불가결성과 함께 공법학방법론의 필수성과 정향점, 더 나아가서 그 접근방법 및 과제를 심층적으로 논구하고 있는 점에서, 기술적인 보정작업만 더하면, 본문과는 별개로 하나의 독자적인 논문으로서도 그 효용과 가치가 충분하다.

다만, 거의 85년 전 Weimar시대에 발표된 논문의 일부를, 그것도 독일이 아닌 우리나라에서 굳이 번잡한 번역작업을 거쳐서 다시 곱씹어볼 필요가 있는가 하는 의문과, 있다면 어떤 이유에서 그러한지 질문이 있을 수 있다. 일독하면 예술작품이든, 연구저작물이든 '고전'이 갖는 의미와 기능을 재확인하면서 자연스럽게 그 답이 찾아질 것으로 생각되지만, 영화를 먼저 본 사람이 앞질러서 스토리를 얘기하여 상상의 즐거움과 감흥을 잃게 하는 어리석음을 감수하면서라도 약간의 단서를 사족으로 덧붙이면서 예단하자면, 2013년 현재 우리 정치사회의 구조적 여건과 그에 대응하는 미흡하기 그지없는 (공)법학의 상황을 고려하면 되새김의 이유와 효용은 충분한 것으로 생각된다.

이는 요즈음 공론장의 유행어인 '경제민주화'의 명제와 이에 대한 소통부재의 천박한 논란의 양태를 상기하는 것만으로도 충분하지만, 전술한 바와 같이 Leibholz가 '본질개념'으로 관심을 가졌던 '국가', '헌법', '민주주의' 등과 같은 가장 기초적인 헌법적 개념들에 대해서 우리가 그 '개념의 핵심'(Begriffskern)을 제대로 파악하고 있는 것인지, 말 그대로 손아귀에 움켜쥐고 있는지, 또한 비민주적인 정당체제와 후진의 제반 정치여건 하에서 늘 개념적 오류와 혼란이 계속되어 온 구조적 파행의 상황속에서 조차 바른 '개념형성'을 위해 도대체 "'이 뭐꼬'를 붙들고서 '고뇌하는 자'"[4]의 입장에서 치열하게 천착해봤는지 자문해보면 더욱 분명해진다. Leibholz의 이 글에 담긴 근본적인 태도와 접근방식에 대한 변화의

4) 조광제, 의식의 85가지 얼굴, 후썰현상학의 주요 개념들, 글항아리, 2008, 부록, 299면 이하.

요구, 말하자면 "현상학적 환원'(phänomenologische Reduktion)의 방법으로 고뇌하라!"는 메시지는, 불교용어를 비려 말한다면, 피상적이고 단편적인 '알음알이'[5]에 급급한 지금 이 땅의 우리(공법학자들!)에게 오히려 질책과 자성의 되새김거리로 더 유용하고 절실하다.

Husserl이 말하는 '현상학적 환원', 즉 '선험적 판단중지'(transzendentale Epoche)를 통한 시선과 태도의 해방, 특히 "무엇보다도 가장 강력하고 가장 보편적이며, 따라서 가장 은밀한 내적 속박인, 앞서 주어진 세계의 속박으로부터 해방"[6]의 요청은 우선 방법론적 무지와 연구의 나태, 이에 따른 연구결과의 편협성과 폐쇄성, 그리고 이들과 교착된 천박성을 극복한 후에나 수용의 시도가 가능하다. Husserl이 '환원'의 방법을 통해 추구한 '엄밀한 학문'의 이념에 대한 '지향성'(Intentionalität) 자체부터 우선 확보되어야 하기 때문이다. 현상학적 방법론의 핵심인 동시에 현상학적 방법론에서 전제되는 '의식의 근본구조'인 이 '지향(성)'을 '의식작용'(noesis)과 '의식내용'(noema)의 상관구조적 특징 또는 이 상관구조 속에서 구성되는 '지향적 의식'으로 이해하는 관점에서[7] "질료(Hyle) + noesis = noema"[8]라는 공식을 대입하여 보면, 우리 공법학은 의식의 대상인 공법적 현상에 대한 의식과, 이 의식의 본질과 구조에 대한 의식작용, 즉 noesis를 외면한 상태에서 '질료'에만 초점을 맞추고 또한 공법원리와 제도 고유의 형식에 대한 통찰이 생략된 '허구의 noema'만을 집착하는 경향과 그에 따른 한계를 벗어나지 못하고 있다고 해도 과언이 아니다.

다만, 여기에서 강조하고자 하는 점은 바로 우리에게 주어진 극복의

---

5) 조광제, 위의 책, 314면.
6) 이남인, 현상학과 해석학, 서울대출판부, 2004, 87면에서 재인용함.
7) 양해림, 앞의 책, 42-56면.
8) 양해림, 앞의 책, 48면. Hyle(질료)는 Aristoletes를 인용한 개념으로서 인간의 오관이 사물로부터 받아들이는 '색성향미촉'의 감각내용들을 뜻한다. 따라서 이는 감각을 생성시키는 물리적, 생리적인 원인과는 구별되는 바, noesis의 작용을 통해 의식(의미)영역에 noema로 구성되는 감각적인 질료에 불과하다. 이에 관해서는 위의 책, 46-47면. 주석 37번도 참조.

대상과 과제, 그리고 이 과제수행의 과정들 자체를 바로 현상학에서 주목하는 '정신적 또는 사회적 현상'으로 관찰하고 접근해야 한다는 것이다. 또한 이들 현상은 이른바 '포유'(包喩)적 사유와 '통직'(通直)의 통합, 즉 하나의 개별적인 사물 또는 부분을 놓고 존재 자체나 전체를 포괄적으로 고뇌하는 사유와, '통직'(通直), 말하자면 포유적 사유에서 그 목적을 지향해 나가는 앞머리에서 존재 또는 전체를 관통해나가는 직관적 사유방법의 조합을 통해 구성되는 '현상학적 방법'으로 접근해야만 한다는 점도 유의해야 한다.[9] 이러한 강조와 지적은, 특히 이 글에서 Leibholz에 의해서도 비판되고 있는 바, 기본적으로 자연과학주의적인 방법론의 오류와 법철학적 독단의 전제와 함께 그 이론적 모순성과 허구성이 통렬하게 논증되고 있듯이, 정작 독일에서는 그 근본전제가 부정되어 극복된 지 오래된 법실증주의와 그에 터잡은 형식논리적인 개념법학의 방법론, 그리고 이들에 의해 잘못 구성된 억견(臆見: Doxa)의 세계가 우리나라에서는 여전히 (공)법이론과 실무의 토대로 견지되고 있는 점에서 더욱 유효하다.

요컨대, 이 번역논문의 제목을 원문과 무관하게 독자적인 별개의 논문인양 "대의제도 및 대의의 '본질개념'을 중심으로 해서 본 현상학과 Leibholz의 헌법학방법론"이라 한 것은 그렇게 하더라도 그 자체 일종의 '현상'으로 파악하는 관점에서 탐색되는 Leibholz의 연구성과의 본질과 그 핵심취지에 배치되지 않고 또한 그의 학문적인 기본태도에 누가 되지는 않을 것으로 믿기 때문이거니와,[10] 부제를 "우리의 입장에서

9) 이에 관해서는 조광제, 앞의 책, 302-316면.

10) 이 글을 '대의'라는 '본질개념'을 대상으로 하여 '개념형성'작업에서 현상학적 방법론의 필수성과 타당성을 제시하고, 이를 적용한 논의라고 한다면, 유사한 맥락에서 국민(Volk), 민족(Nation), 주권(Souveränität) 등의 정치적인 '본질개념'에 초점을 맞춘 Leibholz의 주목할 만한 연구성과들은 "Bemerkungen zu einigen politischen Grundbegriffen", in; Strukturprobleme der Modernen Demokratie, C. F. Müller, 1958, Ⅳ, 1, 247-261면; "Zur Begriffsbildung im öffentlichen Rechts",

주목해야 하는 시사점과 단서"로 덧붙인 것은 의도적으로 번역문에 앞세워 편제한 역자해제의 핵심취지, 즉 '학문의 위기극복'과 이를 위한 자기반성이 절실한 지금 우리의 공법학계에서 '현상학적 방법'과 그에 따른 되새김의 필수성과 효용에 대한 역자의 확신을 반영한 것인 동시에 적극적인 관심과 호응에 대한 기대를 강조하고자 하는 의도에서이다.

II. 번역문

법질서의 혁명적인 변화는 오늘날 국가론과 정치상의 가장 중요한 가치들과 관련된 정신적 위기를 극명하게 보여준다. 헌법이론은 물론이고 국가법 및 국제법과도 관련되는 대의문제와 같은 특수한 문제를 논구하는 경우, 이는 동시에 국법학의 방법론적 토대에 대한 숙고를 전제로 한다. 이러한 맥락에서 본 연구작업이 기존의 관점들과 방법론적으로 어떤 점에서 다른지 또한 역으로는 그것들과 어떤 점에서 연결되는지를 규명하는 것이 필요하다.

19세기 말에서 현재에 이르기까지 법학은 국가이론적인 인식의 방법론들에 대한 질문을 거의 제기하지 않았고 또 그럴 필요도 없었다. 왜냐하면 거의 일반적으로 헌법상의 정치제도 같은 공법적 개념들에서 독자적인 관념적 의미내용을 부인하거나 또는 그 의미내용을 '초법률적'(metajuristisch)인 것으로 표현하여 무관심을 정당화하면서 결과적으로는 이 문제들을 무시할 수 있는 것으로 믿었다. 예컨대, 주권의 문제와 마찬가지로 국가형태론도 조명되지 못하였다. 의회주의의 정신사적 토대도 대의의 본질에 대한 논의와 마찬가지로 별로 주목되지 못하였다. 말하자면 단지 우연히 도출된 이들 개념과 제도들에 대하여 특별한 정신적 토대를 밝혀내야만 할 필연성이 논리적으로 증명될 수 없었

위의 책, 262-276면.

다. 정치적인 국가생활의 중요 논점들을 바라보는 기본입장들은 그 대상의 비합리적인 구조 때문에 토론의 대상은 될 수 있지만, 증명될 수는 없었기 때문이다. 다만, 부인할 수 없는 점은 정치적 제도나 이념 및 개념들을 포함하는 특수한 정신적 영역을 부인하는 경우에 그것들의 실체적인 의미내용들에 대한 정신과학적 논의를 배제할 수밖에 없고 또 국가론 및 헌법이론상 가장 핵심적인 문제들을 정신적으로 포착하는 작업에 참여할 수 없게 된다는 것이다. 이러한 관점에서 볼 때, 관건은 정치제도의 정신적 의미를 파악하는 것이나, 핵심적인 국가이론적 개념들을 분석하는 것이 어떻게 가능하고 또 어떻게 그러한 구상이 성립되는 것인가의 문제이다.

수학적인 이상을 지향하는 자연과학에서 개념을 형성하는 것과 같이 비교분석의 방법을 통하여 가능한 한 많은 사례들로부터 (국가나 민주주의 같은) 일반적인 공법적 개념들을 만들어 내려는 귀납의 방법으로는 결코 이 목적을 달성할 수 없다.[11] 이러한 방법론을 취하는 경우 그 결과는 이미 국가론적인 관점과 개념의 획득을 지향하는 과정에서 이미 전제되기 때문이다. 예컨대, 어떤 통치형태가 국가적인 것으로, 어떤 헌법이 민주적인 것으로 또는 어떤 정부체제가 의회주의적인 것으로 지칭될 수 있는지 여부를 문제로 제기하는 경우 늘 이에 대한 답은 이미 국가와 민주주의 또는 의회주의의 본질에 대한 인식과 연계되어 있다. 그렇기 때문에 귀납적인 개념 발견은 기껏해야 이차적인 의미를 가질 수밖에 없다. 말하자면 이는 실체적으로 분명한 의미내용들의 개별적인

11) 일반화를 지향하는 자연과학적 과정들과 이에 부응하는 개념형성에 관해 상세한 것은 Rickert, Kulturwissenschaft und Naturwissenschaft, 1991, 특히 42면 이하; Die Grenzen der naturwissenschaftlichen Begriffsbildung, 1921, 특히 35면 이하. 이러한 수학적, 자연과학적 개념형성에 대하여 비판적인 견해는 예컨대, Heller, Bemerkungen zur staats- und rechtstheoretischen Problematik der Gegenwart, AöR, N.F. Bd. 16, 312면 이하.

발현형식들을 병렬시키고 체계화하는 역할을 넘어설 수 없는 바, 국가이론적인 본질의식을 해명하려는 시도는 원천적으로 불가능하다.

자연과학적인 귀납적 방법과 내적으로 연관되는 기호논리학적인 법실증주의, 즉 정태적인 것으로 여겨지는 법체계의 내용을 현존의 형식논리적 규범소재를 갖고 추리하고 분석할 수 있다고 믿는 법실증주의도 자연과학적인 귀납적 방법과 마찬가지로 미흡하다. 이 방법을 취하게 되면 법 속에서 작용하는 실체적 가치요소들이 배제되고 또한 법학적 개념들은 그에 특수한 정신적인 내용이 박탈되어 단순한 기술적(技術的)인 개념으로 변질되고 만다.[12] 이에 따르면 결국 모든 사회학적 또는 정치윤리적인 문제제기는 법의 영역을 넘어서는, 말하자면 객관적이고 규범논리적인 엄격한 법적 사유와는 합치될 수 없는 법학적 일탈로 취급된다.[13]

이러한 방식의 개념형성은 19세기 당시의 통일성 추구의 경향과 연계되는 "전체 세계형상의 탈인격화"(Entpersönlichung des gesamten Weltbildes)[14] 및 그에 따라 점차 심화되는 사물화와 관련되는 바, 이러한 탈인격화와 사물화의 관점에서 전체 세계는 주체가 아니라 단지 객체로서, 인간적인 것이 아니라 단지 사물로서, 특수한 것이 아니라 보편적인 것으로서만 주목된다. 실제로 모든 개별자와 연관되어 확보된 개념들을 배제하면서 진행되는 이러한 형식논리적인 분석과 종합의 방법은 같은 방식의 법실증주의에 의해 쟁취된 순수한 구성적 개념법학과 마찬가지로 자의적(恣意的)이다. 이 방법을 취하는 경우에도 역시 구체

12) 이에 관해서는 E. Kaufmann, Kritik der neukantischen Rechtsphilosophie, 1921, 75면 이하; Heller, 위의 논문.

13) 이에 관해서는 v. Hippel, Ueber Objektivitaet im oeffentliche Recht, AöR, N.F. Bd. 12, 397면 이하; Leibholz, Gleichheit vor dem Gesetz, Nachwort, 1-2면.

14) 예컨대, Heller, 앞의 논문. 더 나아가서 현재의 정신사적 상황에 대해서는 Joel, Die Überwindung des 19. Jahrhunderts im Denken der Gegenwart in Kant-Studien, Bd. 32, 475면 이하.

적으로 도출된 개념들은 의도적인 것은 아닐지라도 이미 특정한 정치적 목표설정을 지향하고 있고 또한 이지적으로 정당화될 수 없는, 말하자면 특정한 이익의 충돌 속에서 선결된 가치판단을 토대로 한다.[15] 특히 이는 하나의 체계로 축약된 Kelsen의 '일반국가론'(Allgemeine Staatslehre)에 대한 종래의 개별 연구들을 통해 분명하게 드러난다. 이에 따르면 Kelsen의 '일반국가론'은 정작 그것이 내용상 특정한 결과에 이르는 지점에서 법논리적 방법을 폐기한다. 말하자면 (몰가치성이라는: 역자부기) 이론체계상의 전제와 내재적으로 모순되는 방법론적 전환을 통해 정치-사회학적인, 즉 가치에 중점을 두는 요소들을 도입하고, 궁극적으로 이를 통해 가치무관성을 포기하게 되는 바, 바로 이 가치무관성은 바로 (Kelsen이 지향하는: 역자 부기) 통일된 무흠결의 법체계를 발전시킬 수 있는 것으로 믿는 입장의 이론적 토대이다.[16] 어쨌든 국가이론적인 인식을 확보하기 위한 토대는 이 법논리적 방법을 탈피해야 비로소 갖춰질 수 있다. 모든 국가이론적 인식은 일단의 사회학적, 역사적인 고려, 그리고 형식논리적이지 아니한 여타의 고려에 의해서만 수행되기 때문이다.[17]

이러한 맥락에서 보면 목적론적인 법학방법도 대안이 될 수 없다. 왜냐하면 이 방법은 예컨대, 법규의 해석이나 분쟁에 대한 결정, 순수하게 목적에 의해서만 규정되는 개념의 창설 등에서와 같이 "가능한 다수의 법목적들이 다수의 해결책을 허용하는 경우"[18]에만 실제로 활용될 수 있기 때문이다. 합목적성에 대한 고려의 여지가 없는 경우, 특히 특

---

15) 이에 관해 상세한 논의는 Triepel, Staatsrecht und Politik, 1927, 32-33면; v. Hippel, 앞의 논문, 402-403면.
16) Kelsen의 국가론에 대한 비판은 151면 주석 참조.
17) 이에 관해 상세한 것은 Triepel, 앞의 책, 32-33면.
18) v. Hippel, Untersuchungen zum Problem des fehlerhaften Staatsaktes. Beitrag zur Methode einer teleologischen Rechtsauslegung, 1924, 63면.

정한 공법적 개념이나 이념과 연관된 제도들의 본질을 이론적으로 인식하는 맥락에서는 아무런 소용이 없다.[19] 따라서 목적개념들은 국가이론적인 '본질개념들'(Wesenbegriffe)과는 구별되어야 한다.[20]

그렇기 때문에 특정한 개념과 제도들의 본질을 달리 해석하는 것은 그에 대한 이데올로기적 정당화와도 혼동되어서는 아니 된다. 국가이론 및 헌법적으로 관심의 대상인 구조의 정당화는 대부분 상이한 관점들하에서 가능하다. 여기에는 "목적의 변형과 구조변화"[21]도 포함된다. 이는 정당화와 목적이 서로 상관관계에 있기 때문에 목표설정에 따라서 한 제도의 정당화도 다른 것일 수가 있다는 것을 의미한다. 예컨대, 인간의 국가적 공동생활을 국가가 없이는 불가피한 '만인의 만인에 대한 투쟁'을 논거로 하여 자연주의적으로 정당화하는 경우에 국가의 목적은 국가공동체에 속하는 개인들의 공존을 보장하는데서 찾아질 것이다. 반대로 국가목표가 국민을 하나의 이상적인 민족문화공동체로 통합하는 것으로 본다면, 이 경우에 국가는 문화적인 공동체가치의 형성을 개인이 주도할 수 없다는 이유에 의해서 정당화된다. 따라서 19세기 당시의

---

19) v. Hippel은 법해석방법들로 "목적론, 의미파악 및 의미부여"를 제시한다. 앞의 논문, 404-405면. 유사한 입장은 방법론상 권리의 '목적론과 의미파악적 통합'을 요구하는 Walz, Vom Wesen des öffentlichen Rechtes, 1928, 45면. 하지만 의미파악과 의미부여는 이들이 정작 목적론적인 관점에서 수행된다면 국가론상의 핵심적인 본질적 개념들의 경우는 물론이고, 그 밖의 경우에도 가능하다.

20) 본질적 개념들은 목적개념들과는 달리 순수한 객관적인 인식가치를 갖는다. 따라서 철학적 측면에서 자주 지적되듯이(예컨대, Ledig, Der Begriff als Instrument der Rechtspflege, Kant-Studien, Bd. 32, 325, 329면), 법률학적 개념들을 "자의적으로 설정된 개념들"이라거나 "어느 정도는 명령에 의해 주어진 개념"이라고 일반화화여 말하는 것은 타당하지 아니하다. 법이론과 국가론에서 목적론적인 지향에 대한 적확한 반론은 Smend, Verfassung und Verfassungsrecht, 1928, 10면.

21) Thoma, Zur Ideologie des Parlamentarismus und der Diktatur, Arichiv für Sozialwissenschaft und Sozialpolitik Bd. 33, 214면. 이에 대한 반론은 C. Schmitt, Der Gegensatz von Parlamentarismus und moderner Massendemokratie, Hochland Bd. 23, 257-258면. 이 논란에 대한 추가 논의로는 Smend, 앞의 책, 36-37면.

고전적인 국가론이 이러한 인식에 반해서 국가의 정당화와 목표를 내재적으로 연계하지 아니하고, 각각 별개의 것으로 보아 유리된 이론을 발전시키려고 한 것은 원천적으로 타당하지 않다.[22)]

시간의 흐름에 따라 거의 필연적으로 변할 수밖에 없는 한 제도의 정당화와 그것의 특수한 본질에 대한 인식은 특정한 제도가 그것의 본질 자체에 의해서 정당화되는 경우에만 연관된다. 예컨대, 의회주의의 의미상 의회주의의 원칙이 공적 토론의 창조성에 대한 합리적인 믿음을 토대로 하는 것이라면, 그 의미의 규정이 적확한 경우에는 그것의 현실적인 기반이 붕괴되는 경우에도 우리는 의회주의의 위기를 말할 수 있고 또 그래야만 한다.[23)] 왜냐하면 의회주의와 같이 특정한 정치제도의 정신적인 알맹이의 내용은 그 이념에 따라 분명하게 기술되어야만 하고, 달리 규정될 수 있는 가능성이 배제되어야 하기 때문이다. 여기에서 그 구체적인 기술의 내용상의 옳음에 대한 다툼이 있을 수 있는 것은 중요한 의미를 갖지 못한다. 의회주의와 같은 정치적 생활의 실체적인 본질이 그 내용상의 엄밀함에 접근이 가능한 고유한 정신적 구조를 갖고 있는 것은 그러한 토론에서 자명한 전제이고, 그렇기 때문에 승인의 대상이 아니다.

이에 따르면 목적론이나 기타의 이데올로기적인 고려와 마찬가지로 실증주의와 합리주의도 대의의 본질을 비롯하여 국가이론적인 구조의

22) 이에 관해서는 B. Rehm, Allgemeine Staatslehre, 1899, 199면; G. Jellinek, Allegemeine Staatslehre, 1922. 220-221면, 250-251면. 옐리네크는 국가의 정당성과 목적을 논의한 장들에서 단지 한 장에서 다룬 정당성의 근거들과 목적규정들을 다른 장에서는 언급을 하지 않음으로써 내용상으로 다른 결론들을 제시하였다.

23) Thoma는 C. Schmitt에 의해서 제기된 의회주의의 원칙들, 즉 변형된 형식이기는 하지만 오늘날에도 여전히 효력이 있는 "공공성과 토론"의 원칙들이 폐기되었다는 이견을 주장한다(앞의 책, 214면; Reform des Reichstages, 1925, 3면). 실체적인 내용보다는 기술적인 것에 중점을 둔 이러한 반론에 대한 비판은 C. Schmitt, Hochland, Bd. 23, 258-259면; Smend, 앞의 책, 38면.

의미내용을 추론하는데 타당성을 가질 수 없다. 이러한 명백한 방법론적 곤경은, Husserl[24]에 의해서 제창되었고, Scheler[25]와 Litt[26]등에 의해 초개인적인 사회적 공동체관계의 의미파악에 적용되었던 현상학적 인식방법이 헌법이론과 헌법이 도입되어야만 해소될 수 있다. 바로 이 현상학적 방법론이 비로소 개별학문들이 자신의 대상을 파악할 수 있는 가능성을 열어주고 또한 방법론적으로 인식의 정당성을 확보하게 할 수 있다는 점에서 모든 정신적 분과학문은 현상학을 필요로 한다.[27] 따라서 국가학이 정신적 연관성 때문에 더 이상 분해될 수 없는 사회적인 실재에 대한 명증한 관찰을 토대로 하고 있는 한, 이 법학분과 역시 현상학적인 정신적 태도에 의존한다.

국가이론적인 본질인식은 존재적으로 구속된다. 이는 순수한 현상학적 공리와 마찬가지로 텅 빈 공간이 아니라 경험적인 인식대상의 도움을 받아야만 확보될 수 있다. 게다가 현상학적인 분석적 의식[28]은 그 대상, 즉 존재에 뿌리를 내리고 있는 실증적인 형상의 본질을 개괄적으로 분석하는 가운데 그 대상에 대한 실체적이고 직관적인 관찰을 통해 명증하게 만들고, 이를 통하여 역사적으로 부수되는 우연성을 탈색시키는 동시에 그 대상을 탈역사적인 본질의 필연성 속에서 증명하는 경향을 갖는다.[29] 그렇기 때문에 사회적 현상의 '본질분석'[30]은 특정한 고

24) 예컨대, Logische Untersuchungen, 1922; Ideen zu einer reinen Phänomenoligie und phänomenologischen Philosophie, 1922, Bd. I. N. Haurtmann은 인식현상 속의 형이상학도 현상학적 분석의 분야로 인입하였다. Grundzüge einer Metaphisik der Erkenntnis, 1925, 43면 이하, 74075면, 166-167면.

25) 특히 Der Formalismus in der Kritik und die materiale Wertehtik, 1921.

26) Individuum und Gemenischaft, 1926. 이에 더하여 Kracauer, Soziologie als Wissenschaft, 1922.

27) 더욱이 Litt는 자연과학과 현상학을 구분한다. 위의 책, 37-38면.

28) 이러한 '대상인지'는 일차적인 객체의 특정성을 통해서 주체 속으로 매개된 객체상의 특정 속에 존재한다. 동지 Hartmann, Metaphisik, 46면.

29) 이는 실질적인 사회학의 목표이기도 하다. Kracauer, 앞의 책, 152면.

30) 사회현상을 대상으로 하는 현상학에 대해서는 Frank, Archiv für Sozialwissenschaft

립된 구조 속에서 가능한 바, 다수를 종합하는 실증적-귀납적인 방법과 달리 광범위한 자료를 수집하고 가공하는 작업을 필요로 하지 않는다. 모든 제2차적 부수물들에 대한 이러한 본질분석을 통해서 규명되는 탈개체화된 구체적인 인식대상은 특별한 전체성(Ganzheit)을 '대표하는 것'(Repräsentant)이고, 이는 그 본질에 따라 동일한 전체성에 귀속되는 모든 개별적인 현상들의 기초가 되는 동시에 이들을 해명한다. 말하자면 '단독적으로 정립된 본질인식'(singulär fundierte Wesenserkenntnis)[31]을 통해서 관찰대상이 이해되고, 궁극적으로는 보편적인 타당성이 해명된다. 체험에 의존하거나 체험을 통해서가 아니고, '구체적이고 특정한 경험'(konkret-bestimmte Erfahrung)의 도움을 받아서 확보되는 현상학적 본질인식은 경험세계에 내재된 정신과학적 의미를 규명한다. 경험에 의존되지만 그것을 넘어서고 또한 다른 인식으로 환원될 수 없는 본질인식의 내적인 규칙적합성은 이러한 맥락에서만 설명된다. 이 본질인식은 구체적인 형식들 속에서 끝없이 변하는 소재들에 생기를 불어넣는다.

이러한 국가이론적인 본질인식은 선험적인 것이라고 할 수 있다.[32] 이는 Kant가 자신의 범주론에서 사용한 초월론적인 의미의 선험의 개

---

und Sozialpolitik, Bd. 59, 75면 이하.

31) Volket, Gewißheit und Wahrheit, 1918, 435면 이하.

32) 현상학에서 '선험적인 것'에 대해서는 Scheler, Formalismus, 43면 이하. 이러한 맥락에서 '선험적인 것'은 우선 "설정된, 판단된 또는 인식된 사태"... "판단되고, 인식된 '그러한 존재'(So-Sein), '그러한 존재'의 일반성 및 필수성"등과 연관된다. 이에 관해서는 Reinach, Die apriorischen Grundlagen des buergerlichen Rechtes, Jahrbuch fuer Philosophie und phänomenologische Forschung, Bd. I, 1922, 689면과 주석. 이에 관해서는 Hartmann, 앞의 책, 166, 328, 334면; Schreier, Ueber die Lehre vom "Möglichen Recht", in; Logos, Bd. 15, 365, 366면. 특히 G. Husserl, Rechtskraft und Rechtsgeltung, 1925, Bd. I, 은 법해석론상으로 선험적인 법의 가능성의 영역을 형성하는 순수한 초시대적인 근본개념들의 체계가 존재한다는 전제 하에 논의를 전개하고(Vorwort VI) 또한 자신의 '선험적인 법도그마틱'이 '법도그마틱적인 본질탐구'임을 언급하고 있다(11면).

념으로서 뿐만 아니라, 합리적으로 증명할 수는 없지만 실질적-직관적인 본질분석의 방법을 통하여 명증성(Evidenz)[33]에 이르는 인식, 즉 그 인식을 매개하는 체험세계보다 논리적으로 실체적으로 앞서는 인식을 뜻하는 개념으로도 사용될 수 있다.[34] 이는 N. Hartmann[35]이 사용하는 초월적인 선험성을 갖는 인식이다. 내재적인 선험성은 아니다. 또한 본질분석의 방법을 통해 발견된 이러한 인식에는 선험적으로 증명되고, 초경험적이면서 인식대상에 내재된 규칙적합성의 의미를 갖는 구조의 개념도 적용될 수 있다.

그러나 존재에 의존하는 이러한 국가이론적인 선험적 이해들이 있는 그대로 현실적으로 인식되어야만 하는 것은 아니다. 오히려 정 반대로 존재가 자신이 인식되고 있는 바와는 무관하게 작동되는 것, 말하자면 본질에 따라 스스로를 드러내는 것은 대상에 기속되는 모든 존재의 본질에 속한다.[36] 그렇기 때문에 예컨대 민주주의나 의회주의의 본질

---

33) N. Hartmann의 논의에 따르면 이는 객관적인 명증성이 아니라, 주관적인 명증성을 뜻한다. 앞의 책, 486-487면. 하지만 본질인식의 주관적인 명증성도 존재에 기속되는 바, 순수한 사유, 즉 '즉자적인 사유'(Denken bei sich selbst)의 문제는 아니다.

34) 이에 관해서는 Litt, 앞의 책, 25-26면; Smend, 앞의 책, 7면. 선험성은 현상에 대한 판단이 아니라 직접적인 현상인식과 관계된다. 그렇기 때문에 선험주의는 기술적(記述的)인 특성을 갖는다. 이에 관해서는 Hartmann, Metaphysik, 164-165면.

35) 이에 관해서는 Metaphysik, 63면, 74-75면, 333면 이하, 460면 이하. Hartmann에 따르면 내재적인 선험성은 모든 선험적인 인식을 유도하는 간주관적인 보편적 유효성 속에 존재한다(63면, 333면). 이 내재적인 선험성은 항상 당해 인식대상의 '독자적인 존재'(Ansich-Sein)에 따라 관념적으로 실재적으로 존재할 수 있는 초월적인 선험성을 통해서 규정된다. 이에 관해 상세한 것은 Hartmann, 460면 이하. 관념적인 존재영역과 실재적인 존재영역의 관계에 대해서는 545-546면.

36) 이에 관해서는 N. Hartmann, Über die Erkennbarkeit des Apriorischen, Logos Bd. V, 290면 이하; Metaphysik, 329-330면. "인식가능한 것으로 존재하는 것이 선험적으로 선험적인 것의 특성에 속하는 것은 아니다"라는 명제에 대한 상세한 논증은 Logos, 301면 이하. 이 명제는 선험적인 본질인식이 항상 선험적으로 유효한 인식률들, 말하자면 주어진 것으로서 인지될 수도 있지만, 그렇지 않을 수도 있는 인식법칙들을 토대로 해야만 한다는 점만으로도 납득될 수 있다. Hartmann 외에 Frank, Erkenntnis und Sein, Logos, Bd. 17(1928), 165면 이하.

이 제대로 인식되었는지, 말하자면 이들이 인간의 인식능력을 갖고 정확하게 파악될 수 있는 것인지 여부는 별로 중요한 의미를 갖지 못한다.

따라서 국가이론적인 인식의 확보에서 구체적으로 개별적인 공법제도들이 어떻게 학술적으로 정당화되었었는지는 관건이 아니다. 오히려 이론은 국가이론적인 개념과 제도들의 본질과 이들의 정신적 토대들을 - 이 정신적 토대들은 개념과 제도들 속에 그대로 반영되어 나타난다 - 가장 합목적적으로 파악할 수 있게 하는 인식의 근원 중의 하나일 뿐이다. 이론의 의도가 더욱 확장되고, 현대의 문화철학이나 역사철학, 사회학 및 국가이론과 같이 초개인적인 공동체관계의 본질에 대한 파악과 '이해'(verstehen)가 이론의 관심사로 제기되는 경우, 이는 오로지 현상학적 토대 위에서만 가능하다. 이러한 시도들은 그것들이 현상학을 의도적으로 부정하는 반응을 보이는 경우일지라도 방법론상 현상학을 취할 수밖에 없다. 왜냐하면 이 유일한 통일의 방법론적 토대가 없이는 그 어떤 본질인식도 성취될 수 없을 뿐만 아니라, 더욱이 여러 가지 상이한 견해들이 있는 경우에는 설명과 소통조차 불가능하기 때문이다.

더 나아가서 공동체 관련 현상들의 본질에 대하여 현상학적으로 확보된 인식들은 형식적인 개념을 갖고 사유되어서는 아니 된다. '본질분석'에서 규명되는 것은 이미 눈앞에 있는 것이 무엇인가 하는 것이다. 또한 대개의 경우 전체성 속에서 완벽하게 파악되기 어렵고 또한 고안되는 것이 아니라 현존하는 현상들의 본질을 완강하고 폐쇄적인 것으로 보이는 (개념의: 역자 부기) 정의 속에 끼워 맞추려고 하는 것은 위험하다. 사물인식과 마찬가지로 본질인식은 개념형식주의가 되지는 아니한다. 그렇기 때문에 다음 연구도 단순한 기술(記述)과, 대의의 본질요소들을 제기하는 데 관심의 초점을 맞춘다. 그 분석이 타당하고, 대상을 완벽하게 포착하게 되면 그에 대한 개념적 축약의 길이 자연스럽게 주어질 것이다.

국가이론적인 인식의 실제적인 타당성이 시공간적으로 제약되는 것도 그것의 선험적인 특성을 불식시키는 것은 아니다. 이러한 시공간적인 제한은 단지 그 인식의 명증성을 잃지 않는 본질인식이 아직 구체적으로 포착되는 형상 속에서 역사적인 현실과 연계되어 있지 아니하거나 또는 그것의 역사적인 현실과의 연관성이 해체되었다는 증좌일 뿐이기 때문이다. '본질적인 것'(Wesenhaftes)과 '현존하는 것'(Daseiendes)은 '가능성'(Möglichkeit)과 '현실성'(Wirkichkeit)의 관계와 마찬가지로 상호 교착된다.[37] 따라서 실정법은 본질인식을 개념적으로 드러내는 본질개념과는 다를 수 있고, 더 나아가서는 그것을 완전히 무시할 수도 있다. 실정법은 단지 법적으로 연관되는 본질개념들이 사전에 주어진 어떤 것으로서 발견되는 것이어서 결코 법 자체에 의해서 창설될 수 없는 한에서 제한되는 것일 뿐이다. 이에 따라 법적으로 의미 있는 '본질개념'을 분석하는 것에 국한되는 선험적인 법이론[38]이 - 바로 이 점에서 현상학적인 국가이론적 구조분석은 방법론상 자연법과 근본적으로 다르다[39] - 실정법과는 구분되는 독자적인 영역을 갖는 것이라면, 실정법도 그것이 '본질개념'과 관계되는 한에서는 '실정법 바깥 영역의 구조'[40]를 동시에 포착해야만 포괄적으로 파악된 것으로 설명될 수 있다.

---

37) Pichler, Vom Wesen der Erkenntnis, 1927, 26면.

38) 선험적인 법이론과 일반적인 법이론 및 원칙론의 차이에 대해서는 Reinach, 앞의 책, 839-840면.

39) 왜냐하면 자연법은 합리적으로 발견된 국가이론적인 인식의 실정법적 타당성 역시 법이성의 절대화를 토대로 하여 주장하기 때문이다. 게다가 자연법은 실제로 내용이 불가변적인 법적 본질개념들과, 바로 '이념법'에서 도출되기는 하지만 현실적으로는 순정한 실정법적 명제들, 말하자면 단지 합목적성의 형량을 통해서 생성되고 또한 목적론적 관점의 변화에 따라 그 내용이 필연적으로 변하는 것일 뿐인 명제들을 구별하지 아니한다.

40) Reinach, Grundlagen, 692면; 688면 이하. Schönfeld는 실정법이 "법의 가능성일 뿐이지 그 자체가 법은 아니다"는 이유를 들어 '실정법의 선험성'을 지적한다. 그에 따르면 법학에서 선험성의 개념은 매우 광범위하게 확장되어서 텍스트의 맥락상 본질적인 개념들에만 국한되지 아니한다. Die logische Struktur der Rechtsordnung,

좀 더 깊게 보면 구체적이고 역사적인 모든 사건을 시간적으로 제약하는 개별성의 문제는 선험적인 법이론과 법현실 간의 이러한 충돌에 기인하는 바, 바로 국가이론적인 인식의 영역에서 이 개별성의 문제는 정신적인 현실을 대상으로 하는 '본질분석'과 엇물려있다.

이를테면 정치현실 속에서 한 제도의 정신적인 내용이 언제, 어디에서 또한 어떤 우연한 외적 형태 속에서 접근되든 이와 무관하게 동일성이 유지되는 것이라고 한다면, 역으로 그 어떤 실증적인 형상이 본질분석의 대상으로 선택되는 것 또한 중요한 의미를 갖지 못한다. 다른 한편으로는 실체적으로 동일한 제도들을 대비하는 기술적인 가능성을 통해서 비교법적인 본질분석의 의미로 이해되는 비교법학의 방법론에도 새로운 방향성과 함께 전통적인 비교법적 방법과는 다른 새로운 의미가 주어진다.

현상학적으로 발견되는 국가이론적인 본질인식[41]은 필연적으로 초월론적 의미에서 가치강조적인 것이어야만 할 필요는 없다. 본질적인 것의 영역이 항상 가치와 연관되는 것은 아니기 때문이다. 본질적인 것의 영역에는 반가치적인 것과 가치와 무관한 것도 포함될 수 있다. 이러한 점에서 현상학은 가치관계적인 법탐구와 구별된다.[42]

같은 이유에서 현상학적인 '본질영역'(Wesenssphäre)은 다의적인 '의미영역'(Sinnsphäre)과도 구별된다.[43] 현상들 중에는 그것의 부정적

1927, 37면. 정반대로 선험성의 개념을 좀 더 좁게 파악하는 의견은 Emge, Das Aoriori und die Rechtswissenschaft, Archiv für Rechts- und Wirtschaftsphilosophie, Bd. 21, 1928, 519면 이하.

41) 여기에서는 현상학의 관점과 형태이론(Gestalttheorie), 즉 공학적으로 표현하자면, 전체 중 일부분에서 생기된 것은 전체의 내적인 구조적 법칙들에 의해서 결정되는 것으로 보는 이론이 내적으로 연관된다는 점만을 지적한다. 이에 관해서는 Wertheimer, Über Gestalttheorie, 1925, 7면.

42) 이러한 의미 있는 일반적인 문제에 대한 상세한 논의는 Litt, Individuum und Gemeinschaft, 27-28면.

43) Hartmann이 '현상에 대한 이론적인 의미의 파악'과 '순수현상학'을 구별하는 것도

인 가치관계성 때문에 인식론적 분석의 의미관계성을 도외시하고 터무니 없는 것으로 여겨지는 것들도 있다. 하지만 의미영역이 본질영역에 비해 필연적으로 더 좁은 것은 아니다. 오히려 본질영영과 의미영역이 내용적으로 일치하는 것도 가능하다. 따라서 예컨대 특정한 공법적 제도와 같은 가치적인 현상에 대한 분석은 항상 이 본질개념의 궁극적인 특수한 의미내용도 드러낸다. 결국 사회적 현상들에 대하여 비현상학적인 방법으로 의미를 이해하거나 부여하는 것도 가능하다. 말하자면 어떤 제도의 의미가 본질과 무관하고, 오로지 합목적적인 것으로 여겨지는 경우라면 그렇다.[44] 이러한 범주에서는 '본질영역'에 비해서 '의미영역'이 더 광범위한 것일 수도 있다.

이제까지의 방법론적 고찰을 통해 기본적인 공법적 개념들을 해명할 수 있는 길이 제시되었다. 이에 따라 점차적으로 모든 국가론[45]에 기본이 되는 개념들이 '본질분석'의 방법을 통해 명백하게 설명되면 국가법이론의 정신과학적 구조[46]도 그 토대가 정립된다. 이러한 의미에서 대의의 본질과 그것의 정치적, 이론적 의미를 적확하게 이해하는 가운데 보다 상세하게 기술하는 시도가 필요하다.

같은 맥락에서 이해된다. Metaphysik, 167면.

44) 이러한 맥락에서 보면, 예컨대 의회주의는 그것의 본질적인 토대가 소멸되었다고 하더라도 목적론적인 관점에서 보면 오늘날에도 여전히 정당화될 수 있다. 궁극적으로는 현실상황 하에서 국민국가의 공동생활을 위한 좀 더 합목적적인 조직이 발견될 수 없다는 것을 시사하는 것만으로도 정당화될 수 있다.

45) 이는 국제법이론의 경우에도 해당한다.

46) 이에 관해서는 Holstein, Vom Aufgaben und Zielen heutiger Staatsrechtswissenschaft, AöR, N.F. Bd. 11, 24면 이하, 특히 31면.

제2장
생태철학과 심층생태주의의 헌법적 함의
- '녹색성장' 개념의 의미 확산과 심화를 위한 시론*

I. 머리말 - 문제의 제기

'녹색성장'의 개념이 유행이다. 세계적으로 이른바 '저탄소사회'(Low Carbon Society)의 슬로건이 한창이다. 우리 정부도 2008년 8월 15일 정부수립 60주년 대통령 기념사를 통해 국정의 핵심어젠다로 '저탄소 녹색성장'(Low Carbon, Green Growth)을 내세우며 국제적인 흐름에 합류하였다.

정부는 저탄소사회화, 녹색기술의 성장동력화, 고도의 융합기술 진흥, 일자리 창출, 탄소세 등 친환경적인 세제개혁의 추진 등 10가지의 전략적인 방안을 제시하여 전방위적으로 정책에 적극 반영하고 있다. 2010년 1월에는 '저탄소 녹색성장기본법'을 제정하여 "경제와 환경의 조화로운 발전을 위하여 저탄소(低炭素) 녹색성장에 필요한 기반을 조성하고 녹색기술과 녹색산업을 새로운 성장동력으로 활용함으로써 국민경제의 발전을 도모하며 저탄소 사회 구현을 통하여 국민의 삶의 질을 높이고 국제사회에서 책임을 다하는 성숙한 선진 일류국가로 도약하는 데 이바지함을 목적"(제1조)으로 하는 법제를 마련함으로써 관련 정책의 적극적이고 효율적인 추진에 힘이 더해지고, 필요한 재원의 조달책의 강구, 탄소거래 관련 법제나 세법 등 후속 관련 법제의 정비도 한층

---

* 연세 공공거버넌스와 법, 제2권 제1호, 2011.2, 25-53면.

가속화될 것으로 기대되고 있다. 또한 2020년까지 배출전망치(BAU)의 30%를 감축하겠다는 과감한 목표를 제시한 바 있다.

이러한 정부의 정책기조와 적극적인 대응은 국제사회의 보편적인 흐름에 순응하는 정치적 선택이었다. 적어도 정치경제학적인 관점에서 과잉도, 과속도 아닌 적확한 합류라고 할 수 있다. 기후변화 문제에 대한 외면, 부정, 그리고 마지못한 수긍과, 그에 따른 일반 시민들의 정서적 참여나 정치적, 정책적 조치가 뒤따르지 않는 초기의 미온적인 반응은 순식간에 과거의 일이 되어버렸고, 무엇보다도 기후변화의 문제가 인류의 생존이라는 차원에서 더 이상 이론적 가설이 아니라 현실인 것은 우리나라도 그 예외가 될 수 없기 때문이다. 또한 후술하는 바와 같이, 어엿한 OECD 가입국가이기는 하지만 이른바 '신흥발전국'에 속하는 우리나라의 정치적, 경제적 입장이 구미 선진국들과는 물론이고 저개발국들과도 크게 다른 것은 사실이나, 그것은 미시적이고 기술적인 대책을 모색하는 전술 차원에서는 고려해야 할 조건이기는 하지만, 협력과 동참의 여부나 그 시기를 정하는 전략적 결단에서는 전혀 머뭇거림을 정당화할 수 있는 합리적인 이유가 될 수 없었기 때문이다.

다만, 다분히 서두름 속에서 합류하다 보니 준비작업이 소홀하였던 것은 아닌지 되돌아 볼 적시가 바로 지금이 아닌가 싶다. 필요 재원을 조달하기 위한 중장기적인 재정계획도 수립해야 하고, '저탄소정책'을 위한 시장의 조성과 세제를 비롯한 관련 법제의 정비도 서둘러야 할 때이기도 하지만, 최근에 '탄소배출권 거래제'의 도입과 시행시기에 관해서도 좀처럼 이견의 폭이 좁혀지지 않고 논란이 증폭되고 있는 현상에서도 잘 알 수 있듯이, 이들 시급한 작업과 함께 또는 이들 작업의 효율적인 진행을 위해서라도 우선 '녹색성장'의 함의를 되짚어 보는 것이 필요한 시점이기 때문이다.

국정의 핵심 어젠다로서 또한 법적 개념으로서 '녹색성장'의 개념이 우리 공동체 구성원들이 환경보전에 대한 새로운 인식의 지평을 확장하고 세상과 삶에 대한 의식을 전환하는데 필요한 경험과 사유의 계기, 그리고 담론의 공간을 충분하게 확보해줄 수 있는지 그 크기와 깊이를 이른바 '심층생태주의'의 관점에서 가늠해본다. '녹색성장'의 개념을 통해서 정책당국자를 포함하여 일반 국민이 얼마나 적실한 철학과 가치를 공유하고 있는지 짚어보고 또한 우리 헌법상 '인간의 존엄성' 규정에 대한 해석론을 통해서 '생태철학'과 '심층생태주의'의 헌법적 함의를 살려나갈 수 있는 가능성과 한계를 검토하면서 '녹색성장' 개념의 의미 확산과 심화의 계기 및 그 단서를 찾아본다.

Ⅱ. '녹색성장' 개념 - 의미의 확장과 심화의 필수성

우선 '녹색성장기본법'에 따르면 '녹색성장'은 "에너지와 자원을 절약하고 효율적으로 사용하여 기후변화와 환경훼손을 줄이고 청정에너지와 녹색기술의 연구개발을 통하여 새로운 성장동력을 확보하며 새로운 일자리를 창출해 나가는 등 경제와 환경이 조화를 이루는 성장"으로 그 개념이 정의되어 있다(제2조 제2호). 또한 같은 조문 제3호부터 제7호까지 기술, 산업, 제품, 생활 및 경영에 녹색의 수식어를 붙여서 그 뜻을 규정하고 있는 바, 그 핵심은 기후변화의 심각성에 대한 인식을 전제로 '저탄소, 즉 "화석연료(化石燃料)에 대한 의존도를 낮추고 청정에너지의 사용 및 보급을 확대하며 녹색기술 연구개발, 탄소흡수원 확충 등을 통하여 온실가스를 적정수준 이하로 줄이는 것"(동 조 제1호)을 공동의 목표를 내재화한 것이다. 요컨대, '녹색성장'은 환경보전과 함께 경제성장도 지속시켜 나가겠다는 의지와 희망이 함축된 전략의 표현이다.

전술한 바와 같이, 정부가 제시한 '저탄소사회'를 지향하는 '녹색성장'은 적확한 정치적, 정책적 선택이었다. 그런데 전략의 중심축이고 핵심토대인 '녹색성장'의 개념이 기후변화문제의 심각성에 대한 바른 인식과 협력적인 태도를 이끌어낼 수 있는 철학과 윤리의 기반을 확보하고 있는지 또한 '녹색기술', '녹색산업' 등 녹색의 전술적 수단들이 녹색성장전략의 지속적이고 효과적인 실천을 위한 조건과 연계되어 있는가에 대해서는 비판적인 재검토가 필요하다. 주지하는 바와 같이, 기후변화의 문제는 '지구온난화'라는 말 그대로 그 원인과 영향이 필연적으로 전 세계의 범주에서 주어진다는 점에서 지구촌의 모든 부락과 구성원들의 협력과 동참이 없이는 효과적인 대응이 원천적으로 불가능한 '전체의 문제'이다. 또한 오늘날 우리가 당면한 기후변화의 문제는 국가와 개인의 잠정적인 절제나 부분적인 생활개선만으로 피하거나 늦출 수 없고, 경우에 따라서는 '녹색기술'로도 해결될 수 없는 최악의 상황에 대비해야 하는 '적응의 문제'이기도 하다. 문제해결의 출발점은 문제의 본질과 심각성에 대한 인식을 공유하고 포괄적이고 근본적인 자기반성의 계기와 그 단서를 마련하는 것이다. 말하자면 특정한 관점이 아니라 인식과 가치 및 행동에 관한 '관점의 다발'인 패러다임과 기본적인 사회조직의 방식의 변화를 요구하는 '근본의 문제'이기 때문이다. 더 나아가서 기후변화의 문제는 그 대응의 기본전략을 설계하고, 구체적인 방안을 선택 및 조합하여 시행해나가는 과정에서 적어도 과도적으로는 계층과 집단, 산업영역과 대기업과 중소기업 또는 개별 기업, 그리고 지역 간에도 막대한 비용부담과 직간접적인 손익의 편차가 불가피한 경우가 적지 아니하고,[1)] 또한 경우에 따라서는 장래의 기대이익은 물론이고, 기득권의

1) 탄소배출권 거래제를 시행하는 경우 감축투자비와 배출권 구입에 우리나라 산업계 전체가 부담해야 하는 비용은 매년 약 5조 6,000억 원에서 최대 14조 원에 이르는 것으로 추정되고, '녹색성장위원회가 제시한 일정표에 따라 2013년부터 시행되는 경우에 특히 철강, 자동차, 조선 등 대표적인 중후장대산업이나 발전부문 등의 경우에는 국제경쟁력의 저하와 함께 생산량감축에 따른 고용악화나 물가상승 등 경제사회적 파급영향이 국민경제에도 큰 부담이 될 것으로 전망되고 있다. 이에 관해서는 탄소배출권 거래제의 시행시기와 관련하여 유보론을 주장한 권문식의 토론문 참조. 한국일보, 2011년 1월 17일 23면. 세계 최고 수준의 에너지고효율 국가라는 점에서 우리나라와 평면적으로 비교할 수는 없지만, 최근에 일본에서 탄소배출권 거래제의 2013년 시행

포기까지도 일방적으로 요구해야 하는 점에서 형평의 요청과 함께 합리적인 조정과 설득의 중요성이 특히 부각되는 '정치경제학의 문제'이다.

기후변화문제의 이러한 다면적 특성에 비추어 볼 때, 우리가 사용하고 있는 '녹색성장'의 개념은 좀 더 넓고 깊은 철학과 가치를 담을 수 있는 인식과 경험의 틀로 또한 근본적인 자기반성과 개방된 대화의 계기를 제공해줄 수 있는 담론의 공간으로 발전시켜 나가는 것이 필요하다. 이러한 맥락에서 우선 비판적으로 재검토하고자 하는 것은 '녹색성장'의 개념이 지나치게 지속적인 경제성장 또는 이른바 신수종사업의 육성에 초점을 맞춘 산업구조개편의 전략의 일환으로만 편향되게 설정되어 있는 것은 아닌가 하는 점이다. 전체적으로 과도한 낙관의 전망을 전제로 성장의 가능성과 과실만을 강조하고, 반면에 상당한 고통과 비용이 수반되는 책임과 의무, 자기희생과 양보가 불가피한 부정적인 측면이 상대적으로 소홀하게 취급되고 있다는 점에 대한 우려이다. 비록 '녹생성장기본법'은 '경제와 환경이 조화를 이루는 성장'을 기본목표로 설정하고 있고 또 제2조 제6호와 제7호에서 각각 '기후변화의 심각성에 대한 인식'을 주문하면서 '일상생활에서 에너지를 절약하여 온실가스와 오염물질의 발생을 최소화'하는 절제된 생활의 책임을, 또 한편 기업에 대해서는 '녹색경영'의 책임, 즉 '자원과 에너지를 절약하고 효율적으로 이용하며 온실가스 배출 및 환경오염의 발생을 최소화'하는 사회적, 윤리적 책임을 강조하고 있기는 하지만, 정작 왜 그래야만 하는지 그 근본적인 이유에 대해서는 '경제와 환경의 조화'라는 추상적인 명제만을 제시하고 있을 뿐이다.

하지만 개인과 기업의 자원 및 에너지의 절약과 환경오염물질의 최소화에 대한 책임은 가장 중요하고 기본적인 실천지침이기는 하되, 기

계획이 일단 유보된 것은 경제단체연합을 중심으로 한 일본 산업계의 강한 반발 때문인 것으로 분석되고 있다. 이에 관해서는 오오구시 다쿠야, 박명섭/권현준(역), 탄소배출권 - 거래와 시장, 아카데미프레스, 2009. 7, 105면.

후변화문제에 대한 포괄적인 대응의 관점에서는 가장 초보적인 행동수단이다. 말하자면 일상생활과 기업의 생산 및 경영활동에서 개인적인 소비습관이나 구체적인 생활방식 또는 사고와 행태만을 개선하면 되는 일이다. 그런데 이 정도의 도구적 변화만으로 대응하기에는 문제가 너무 크고, 심각하다. 기후변화가 초래할 막대한 비용과 피해를 줄이기 위해서는 가능한 정책의 즉각적인 시행과 함께 수 십 년 뒤를 내다보는 장기계획의 수립이 필수적인데, 단기적인 정치의 속성과 통합적인 사회조직방식의 부재 때문에 그 가능성을 확신할 수 없다.[2)]

문제의 다면적인 특성에 대해서는 전술한 바 있거니와, 특히 이 문제는 우리의 일상생활에서 거품을 제거하는 것을 넘어서 우리가 당연한 것으로 여기는 안락과 쾌락, 그리고 기본적인 편익에 대한 포기, 즉 알맹이까지도 포기할 것을 요구하고 있기 때문이다. 또한 기후변화의 문제는 적어도 부분적으로, 단기적으로는 성장 자체의 일부 포기나 의도적인 저성장까지도 요구할 수 있고, 이에 대한 대응의 전략과 정책은 거시적으로 또 미시적으로 자원과 소득의 (재)분배효과를 수반하는 중대한 정치적 선택일 수밖에 없다. 경제주체들 간에, 산업분야 및 개별기업들 간에, 또한 정부 부처들 간에 이해관계의 첨예한 대립도 불가피하다. 관련 당사자들 간에 상생과 공존의 공동체질서에 대한 기본적인 신뢰와 절제를 토대로 하는 '협력의 태도'가 필수적인 것은 바로 이 때문이다. 여기에서 '녹색성장'의 개념을 재정립하고자 하는 것도 바로 이 '협력의 태도'를 이끌어내는 데 필요한, '좀 더 깊은 물음들'(deeper questions)[3)]을 던지고 그에 대한 답을 함께 찾아내고자 하는 대화의 일환이라고 할 수 있다.

---

2) Mark Maslin, 기후변화의 정치경제학, 조홍섭(역), 한겨레출판, 2008, 248면.
3) Arne Naess, "Deep Ecology", F. Capra, The Web of Life, Anchor Books, 1997, 7면에서 재인용.

Ⅲ. 생태철학(ecosophy)[4]과 '심층생태주의'(deep ecology)[5]

1. 생태철학과 '심층생태주의'의 관계

이른바 생태주의의 대표적인 선도자라고 할 수 있는 A. Naess는 생태주의와 관련하여 물음과 구체적인 실천의 관점에서 다음과 같은 4가지의 접근단계를 제시한다(아래 표 1 참조).[6] Naess는 총체적인 관점에서 이른바 '생명철학'의 일환으로 생태주의의 윤리적 타당성과 객관성을 제시한다. 그의 이른바 '심층생태주의'는 기후변화의 문제가 더 이상 늦

---

4) 영미권에서는 '생태철학' 대신에 '환경철학'이라는 용어가 일반적으로 사용되고 있지만, 대체로 '반응용윤리'의 인식틀, 즉, 후술하는 바와 같이 '인간중심주의'의 극복을 통한 인간과 자연의 조화라는 지향점과, 전통적인 형이상학적 전제와 그에 따른 도덕이론과의 단절을 주문하는 철학적 입장에서는 차이가 없다. 이에 관해서는 구승회, 생태철학과 환경윤리, 동국대학교출판부, 2001, 236면. 현대의 생태철학의 개념이 서양에서 유래된 것이기는 하지만, 그 바탕인 세계관과 생명관은 오히려 동양 또는 우리의 전통적인 사상과 정서에 더 가깝다고 할 수 있다. 이러한 점에서 우리의 독창적인 과학문화를 정립해나가야 한다는 학문론적 전제 하에 기존의 생명개념, 즉 하나하나의 개별 생명체들에 대한 경험을 통해서 이들이 지닌 공통점을 추상하여 정립한 생명개념과는 그 내포와 외연이 크게 다른 이른바 '온생명'(global life)이라는 개념을 통해 제시된 새로운 생명관은 시사하는 바가 매우 크다. 장회익, 삶과 온생명, 솔, 1998, 167-218면. 자연과학적 성찰을 토대로 하여 생태철학을 체계화하고 정치한 생태윤리의 프로그램을 제시하는 데는 뒤쳐졌지만, 우리의 과학 문화적 토대가 근본적으로 생태철학의 세계관 및 가치관과 맥락을 같이 한다는 점에서 적어도 근원적인 철학과 사상 및 정서의 잠재력에서 뒤질 것이 없다는 자신감을 가져봄직하다. 정신적 조건과 관련하여 이원적인 세계관과 방법론을 가진 서양에서는 의식의 혁명, 즉 인식패러다임의 변화가 필요하지만, 우리의 경우에는 잠시 잊었던 문화적 기억을 되살리기만 하면 되기 때문이다.

5) 생태철학을 토대로 하는 생태주의는 크게 '심층생태주의'와 사회적 생태주의(social ecology) 및 여성주의적 생태주의(feminist ecology) 또는 생태여성주의(ecofeminism)로 대별되는데, 이 세 가지 입장들은 서로 경쟁관계에 있기보다는 생태주의의 패러다임에서 중요한 측면들을 상이한 시각에서 접근하는 것으로 이해된다. Fritjof Capra, 잎의 책, 8면. 다만, 이 글에서는 생태주의적 생활양식과 적극적인 환경보호에 대하여 이상적인 철학적, 정신적 토대를 제공해주는 것으로 평가되는 '심층생태주의'에 초점을 맞춘다.

6) Arne Naess, Ecology of Wisdom, Alan Drengson/Dill Devall(ed.), Counterpoint, 2008, 33면.

으면 파국을 면하기 어렵고 또한 부분적이고 피상적인 대응만으로는 극복될 수 없다고 보는 절박한 '생태론적인 문제인식'과 이를 토대로 한 치열하고 근본적인 반성적 사유의 결과가 응축된 생태철학의 핵심실천 전략의 표현이라고 할 수 있다. 말하자면, 생태철학에 의해 도덕적 정당성의 토대가 제공되는 '심층생태주의'는 일면 생태중심의 철학과 가치체계를 제도와 행동으로 연결해주는 매개체인 동시에, 또 한편 구체적인 실천의 관점에서 보면 생태철학을 구현하는 구체적인 정책들과 대응 방안들이 적실성과 계속성을 확보할 수 있게 해주는 정신적 기반이기도 하다.

제일 높은 또는 깊은 차원의 개별 종교의 교리적인 논의나 문화철학적 접근은 여기에서 생략하고,[7] 생태철학의 개념을 중심으로 하여 그 핵심적인 내용만을 간략하게 살펴본다. 우선 생태철학은 그 원래 용어인 'ecological philosophy'의 합성어인 'ecosophy'의 어원에서부터 담론의 차원과 기본적인 함의를 가늠해볼 수 있다. 'eco'는 라틴어의 'oikos', 즉 "household"(살림)의 뜻을 갖고, 'sophia'는 "wisdom"(지혜)를 뜻하는 단어인 바, 'ecosophy'는 "살림의 지혜"라는 의미이다.[8] 다만, 여기에서 '살림'의 의미는 개별 가구나 가정 또는 공동체의 차원보다는 더 넓은 의미, 즉 "지구살림"(Earth household)을 뜻하는 것으로 이해되는 바, 요컨대, 어원으로 본 생태철학은 전 지구 차원에서 생명의 조건에 관심을 갖는 새로운 패러다임의 철학이다.

---

7) 실제로 서양의 전통적인 세계관과 형이상학적 전제에 대한 근본적인 재고를 요구하는 생태철학의 뿌리는 유대-기독교적인 전통에 기초한 철학의 환경윤리적 토대로서의 적실성에 대한 회의에 있다. 실제로 영미권을 중심으로 하여 좀 더 자연친화적인 동양의 종교와 사상에서 생태철학의 돌파구를 찾으려는 다양한 시도가 있어 왔다. 이에 관해서는 구승회, 생태철학과 환경윤리, 동국대학교 출판부, 2001, 233-244면.

8) 이에 관해서는 A. Naess, 앞의 책, 32면.

〈표 1〉 Four Levels of Organization
For the Questioning and Articulation of Total Views

	Level Ⅰ 궁극적인 철학	기독교, 불교, 생태철학 등	
물음의 깊이 ↑	Level Ⅱ 운동의 기본원칙	평화운동, 깊은 생태주의, 사회정의운동	↓ 구체화의 정도
	Level Ⅲ 정책	A, B, C 등	
	Level Ⅳ 실천행동	W. X. Y 등	

이렇게 '지구살림의 지혜'로 이해되는 생태철학은 우선 학문론의 관점에서 보면 유기체, 사회체제 및 생태체계 등 살아있는 체계의 모든 차원에서 생명에 대한 새로운 이해, 즉 자연과학과 정신과학의 경계를 허무는 통합의 방법론을 취하고,[9] 인식론의 관점에서 보면 일종의 '패러다임의 변환', 즉 근본적이고 포괄적인 세계관의 혁신에 해당되고, 또한 문화사적 관점에서 보면 거의 신앙적 성격의 근본적인 믿음과 의식의 전환을 내용으로 하는 점에서 거의 종교적 차원의 가치와 윤리의 혁명을 지향한다.[10] 무엇보다도 생태철학은 인간(人間), 말 그대로 사람과 사람을 포함하여 지구 또는 자연세계(입장에 따라서는 비생물체인 물질을 포함)와 인간이 대립되는 이원적 관계에 있는 것으로 보지 않는다. 자연과 인간의 관계를 근원적으로 서로 의존하는, 일종의 공생(co-life)을 위한 조화와 협력의 동반자의 관계로 본다.

---

9) 지구 자체를 자정력을 갖는 의인화된 인간 외의 정신적 존재, 말하자면 유기체적 구조의 하나의 '살아있는 생명체'로 보는 J. Lovelock의 이른바 'Gaia가설'이 대표적인 예이다. A New Look at Life on Earth(1979), 가이아, 홍욱희(역), 갈라파고스, 2003. 생명개념과 관련한 Gaia개념에 대한 분석과 비판으로는 장회익, 앞의 책, 178-187면 참조.

10) 이에 관한 개요는 F. Capra, 앞의 책 3-13면. Capra는 생태철학의 관점과 원칙들을 제대로 이해하고 구현하기 위한 수단으로 이른바 '생태학적 독해'(Ecological Literacy)를 제시한다. 이에 관해서는 297-304면.

관점에 따라서 강조점은 다를 수 있겠지만, 생태철학의 핵심은 조화와 평형이고, 그 공통된 실천지침은 '인간중심주의'에 대한 반성이다. 또한 자연과학적인 물리적 관점과 정신과학적인 도덕적, 윤리적 관점의 조화의 가능성과 필요성을 강조하는 생태철학은 단순히 파편화된 폐쇄적인 지식이 아니라, 개방적인 규범성을 함축하는 일종의 통합적 지혜로 이해될 수 있다. Naess의 말대로, 생태철학은 규범과 규칙, 전제 및 가치의 우선순위에 대한 공언과 함께 전 우주의 상태에 관한 새로운 가설들을 포함하는 바, 말하자면 생태철학의 지혜는 오염이나 자원, 인구 등의 사실과 관련된 상이한 변수들과 그에 따른 변화들을 단순히 과학적으로 기술하고 예측하는 데 그치는 것이 아니라 가치우선순위의 변화와 그에 따른 정책변화의 당위적인 지침을 제공하기 때문이다.[11]

요컨대, 새로운 세계관과 가치관을 토대로 하는 총체적인 문제인식 및 예지와 함께 윤리학적 호소가 농축되어 있는 생태철학은 '심층생태주의'의 도덕적 정당성의 철학적, 가치적 근거를 제공하고, 반면에 '심층생태주의'는 생태철학을 구현하기 위한 매개체 또는 전략적 교두보에 해당하는 바, 양 자는 이념과 원리 및 제도 또는 실천의 연관체계 속에서 그 자체가 서로 연계 및 의존되는 상보적 관계에 있다.

2. '심층생태주의'의 기본관점과 원칙

인간과 자연의 조화를 위하여 인식과 가치 및 행동의 근본적인 새로운 변화를 주문하는 생태철학은 '심층생태주의'의 플랫폼(platform)[12]

---

11) Arne Naess, "The Shallow and the Long Range Deep Ecology Movement: A Summary, Inquiry 16"(1973), 95-100면, Alan Drengson/Bill Deval(ed.), 앞의 책, 32면에서 재인용함.

12) A. Naess는 전술한 4차원의 접근틀 속에 '깊은 생태주의'를 자리매김하면서 platform이라는 용어와 연관하여 사용하고 있다. 기반이나 탑승대 등 일상적인 의미와 함께 정당의 정강 또는 선거공약의 뜻도 포함되는 점을 고려하여 의도적으로 용어를 선택한 것으로 여겨진다. 이 글에서도 의미의 특정이 필요한 경우 외에는 이러한

과 연결되어 지구촌 차원의 풀뿌리운동으로 확산되고 있다. 전술한 바 있듯이 '심층생태주의'는 생태철학의 가치관과 세계관을 수렴하여 효과적인 대응수단으로 연결해주는 전략적인 연결고리인 동시에, 구체적인 제도와 정책 및 행동에 대하여 기본적인 지침과 윤곽을 제공한다. 말하자면 생태철학으로부터 새롭게 제기되는 다양한 문제인식을 수용하여 '깊은 물음'으로 정리하고 답을 찾아가는 담론의 공간이고, 이를 옮겨 담아서 상시적으로 정치와 행정, 교육 및 개인과 기업의 일상생활의 현장으로 전달해주는 탑승대이다.

Naess는 현대의 환경보호론을 대별하는 유용한 기준으로 생태주의의 깊이를 제시한다. 이에 따르면, 우선 '얕은 생태주의'(shallow ecology)는 생태계의 보호와 환경보전의 명제는 공유하지만 인간중심적인(anthropocentric or human-centered) 세계관과 가치질서를 고수하는 입장이다.[13] 즉 자연이 그 상위의 중심 또는 그 바깥에 있는 인간을 보필하는 것으로 보는 인식틀 속에서 인간을 모든 가치의 유일한 근원으로 전제한다. 이러한 가치질서에서 자연에는 주체로서의 인간의 생명과 삶을 위한 객체와 수단으로서의 효용만 인정될 수 있을 뿐이다.

이에 반해 '심층생태주의'는 기본적으로 인간과 자연환경이 분리되어 있는 것으로 보지 않는다. 이른바 '주체와 객체'의 전통적인 인식틀을 해체하고, 이른바 '전체적인 관점'(holistic view)에서 생태계 전체를 유리된 객체들의 집합체가 아니라 서로 연결되어 있고 의존되는 현상들의 '관계망'(network of relations)으로 이해한다. 모든 살아 있는 존재의 내재적인 가치를 인정하는 전제 하에, 인간도 '생명의 망'(the web of life) 전체 속에 있는 하나의 홑 줄에 불과한 것으로 보는 것이다.[14] 이

함축의 뜻을 살리는 의미에서 영문용어를 그대로 사용한다.

13) Capra, 앞의 책, 7면.

14) A. Naess, 앞의 책 106-39면; Capra, 앞의 책, 7-8면.

러한 생태철학적인 세계관과 생명관은 '심층생태주의'의 핵심인 '보다 깊은 질문'의 배양토가 되는 바, 인간과 자연, 생물체와 비생물의 물질, 정신과 신체, 가치와 사실을 분리하는 근대 이후의 데카르트식 단절적 이원주의를 완전히 부정하는, 자연과학을 넘어서는 하나의 근본적인 형이상학(metaphysics)적 차원의 인식패러다임의 전환과 그에 따른 새로운 환경윤리의 정립을 촉구하는 계기와 근거를 제공한다. Naess가 제시하는 다음 8가지의 '심층생태주의의 기본원칙'은 현대의 과학, 산업, 성장지향적인 물질주의적 세계관의 토대와 삶의 방식 자체에 대한 '깊은 물음'에 대하여 '인간중심주의'의 극복과 윤리적 관심과 배려의 범위를 생태계 전체로 확장할 것을 요구하는 최소한의 답을 환경윤리의 강령으로 표현한 것이라고 할 수 있다.

<The platform principles of Deep Ecology>[15)]

1) 모든 생물체는 내재적인 가치를 갖는다.
2) 생명의 풍부성과 다양성은 내재적인 가치를 갖는다.
3) 기본적인 수요를 충족하기 위한 경우 외에 인간은 이 풍부성과 다양성을 감소시킬 수 있는 권리를 갖지 못한다.
4) 인간을 위한 것이 적어지고 다른 생명체에 좋은 것이 많아지면 인간에게도 좋을 수 있다
5) 오늘날 다양한 생태계에 대한 인간의 개입의 범위와 성격은 더 이상 지속될 수 없고, 지속가능성은 점점 감소되고 있다.
6) 결정적인 개선을 위해서는 사회적, 경제적, 기술적 그리고 이데올로기적으로 근본적인 변화가 요구된다.
7) 이데올로기적 변화에는 근본적으로 생활수준의 향상보다는 좀 더 나은 삶의 질을 추구하는 것이 포함된다.

---

15) A. Naess, Life's Philosophy, 108-109면, 앞의 책 28면에서 재인용함.

8) 위에 적시된 사항들을 용인하는 사람들은 직간접적으로 필요한 변화를 위해 기여하는 노력을 기울여야 할 책임을 진다.[16)]

---

16) Naess는 '심층생태주의운동'의 지지자들이라면 기꺼이 적응할 수 있을 것으로 생각되는 생활방식들을 망라하여 일상생활에서 지켜야 할 다음 25가지의 지침을 제시한다. 1) 단순한 수단의 사용: 필요 이상으로 복잡한 도구와 수단을 피할 것. 2) 가장 직접적으로 자체적으로 가치가 있는 것에 기여하고 또 내재적인 가치가 있는 활동을 선택할 것 단순히 보조적이고, 내재적인 가치를 갖지 못하거나 또는 근본적인 목표와 거리가 있는 활동들을 피할 것. 3) 반과소비주의를 실천할 것. 이 부정적인 태도는 1번과 2번에 적시된 행태에서 비롯된다. 4) 모든 사람들이 향유할 수 있도록 충분히 공급할 수 있는 범위 내에서 재화에 대한 감수성과 감사하는 마음을 유지하고 확대하기 위해 노력할 것. 5) 어떤 것이 새 것이라는 이유만으로 새로운 것을 좋아하는 의식(neophilia)을 없애거나 줄일 것. 6) 내재적인 가치에 충실하기 위해 노력하고, 분주함보다는 행동하기 위해 노력할 것. 7) 사람들 간에 인종적, 문화적 차이를 용인할 것: 차이를 위협으로 보지 말 것 8) 개발도상국가의 상황에 대한 관심을 유지하고, 궁핍한 사람들보다 지나치게 높은 생활수준을 피하기 위해 노력할 것(전 지구적인 생활양식의 연대성을 유지할 것). 9) 보편적으로 유지될 수 있는 생활양식(동료 인간이나 다른 종에 대한 부정의를 초래하지 않으면서도 지속이 가능한 생활양식)을 수용할 것. 10) 경험의 강도보다는 깊이와 풍부함을 추구할 것. 11) 단순한 인위적인 생활보다는 가능한 한 의미 있는 일을 수인하고 선택할 것. 12) 틈이 날 때마다 가능한 한 긍정적인 경험의 많은 측면들을 실현하기 위해 노력하는, 복합적이되 번잡하지 않은 생활을 이끌어 나갈 것. 13) 사회(Gesellschaft)보다는 공동체(Gemeinschaft) 속에서 삶을 일구어나갈 것. 14) 소규모 농업, 임업, 어업 등과 같은 일차적 생산활동을 받아들이거나 참여할 것. 15) 욕망보다는 필수적인 수요만을 충족하기 위해 노력할 것. 16) 단순히 아름다운 장소를 방문하는 것보다는 자연 속에서 사는 시도를 할 것; 관광을 피할 것(다만 때로는 관광시설을 이용하기는 할 것). 17) 취약한 자연 속에 있을 때에는 '힘을 가하지 말고 흔적이 남지 않도록'(light and traceless) 생활할 것. 18) 아름답거나 눈에 띄는 또는 좁은 의미의 효용만을 생각하기 보다는 모든 생명형태들을 용인할 것. 19) 결코 생명을 단순한 수단으로 사용하지 말 것. 그것들을 자원으로 활용할 때에도 그 내재적인 가치와 존엄성에 대해여 유의할 것. 20) 개나 고양이 등 애완동물들과 야생동물의 가치가 상충되는 경우에 야생동물을 보호하기 위해 노력할 것. 21) 개인적인 생활양식뿐만 아니라 지역의 생태계도 보호하기 위해 노력하고, 자신의 공동체를 생태계의 한 부분으로 생각할 것. 22) 자연에 대한 과도한 개입을 불필요하고, 불합리하고 또한 불경한 것으로 개탄하는 것 외에도 그 개입에 책임이 있는 사람들을 저주하지는 않되, 그 자체를 교만하고, 파괴적이고 또한 범죄적인 것으로 저주할 것. 23) 충돌이 있는 경우 단호하게 행동하고 비겁하지 않게 행동하기 위해 노력하되, 다만 언행의 비폭력성이 유지되어야 함. 24) 다른 사람들의 행동방식이 실패할 때 직접 행동에 동참하거나 또는 비폭력적으로 지원할 것. 25) 채식주의를 실천할 것. A. Naess, Ecology of Wisdom, 앞의 책, 140-141면.

Ⅳ. '인간의 존엄성'과 '심층생태주의'의 헌법적 함의

1. 개요

생태계 전체에 대한 근본적인 인식의 전환과 모든 생활영역에서 생태윤리의 생활화를 요구하는 '심층생태주의'는 우선은 개인과 기업에 대한 윤리적 요청이지만, 궁극적으로는 공공선의 실현이라는 정치적 과제로 주어진다. 인류공동체 전체의 차원에서 근원적이고 총체적인 문제로 주어져 있지만, 반면에 정치경제적인 이해관계가 크게 엇갈리는 문제로 주어진 환경위기에 대하여 유효한 해결책을 강구하는 선도적인 역할은 일차적으로 국가의 몫이기 때문이다. 또한 전술한 바와 같이 자연에 대한 적실한 이해가 자연스럽게 정치경제적 합의로 직결되어서 구체적인 제도와 정책으로 표현될 수 있는 것은 아니다. 기본적으로 막대한 비용부담이 수반될 수밖에 없고,[17] 비용부담배분의 불균형성을 포함하여 보상으로 해소될 수 없는 손해와 혜택의 적지 않은 편차 또한 불가피하다. 현실적인 경제 및 사회상황, 특히 정치지형의 변화에 휩쓸리지 않고 생태윤리에 충실한 정책과 프로그램이 수립되고, 지속되기 위해서는 관심과 배려, 조정과 설득의 정치가 필수조건임은 물론이다.

그 자체가 가치적 타협의 산물이고 최고의 정치경제규범인 헌법이 생태계보전의 당위성에 대한 규범적 토대와 함께 그 실천을 위해 필수적인 합리적인 조정과 설득의 준거를 제공하는 '녹색헌법'이 될 수 있고

17) 대내적인 비용부담은 차치하더라도, 국제적인 합의과정에서 요구받게 될 비용만 해도 막대하다. 예컨대, 누적된 대기탄소량에 역사적으로 누적된 책임을 지는 선진부국들이 후진 빈국들에게 갚아야 할 이른바 '생태부채'(ecological debt)는 개발도상국들의 대 선진국 전체 부채를 초과하는 1조 8000억 달러에 이르는 것으로 추정된다. 이에 관해서는 D. Green, 주성수(역), 빈곤에서 권력으로, 이매진, 2008, 480-481면 참조. 2009년 현재 약 8300억 달러로 전 세계 총생산의 약 1.4%를 차지하는 우리나라의 몫으로 최대한 보수적으로 1%만 잡는다고 하더라도 18조 원에 달한다.

또 그래야만 한다고 믿는 것은 바로 이 때문이다. 다음에서는 우리 헌법상 가치질서체계의 정점에 있는 헌법 제10조의 '인간의 존엄성' 개념을 중심으로 하여 헌법해석론상 생태윤리와의 접점을 찾고, 그 함의를 발전시켜나가야 할 필요성과 그 가능성을 검토해본다.18)

2. 생태윤리와 '인간의 존엄성'

인격의 주체로서 모든 인간에게 내재적인 윤리적 가치로서 부여되는 '인간의 존엄성'은 우리 헌법의 가치질서체계상 정점에 있는 최고의 가치이다. 헌법의 궁극적인 존재의의는 인간의 존엄과 가치의 실현에 있기 때문에 헌법을 준거로 하는 모든 국가작용에 대하여 '인간의 존엄'은 구속력 있는 지침과 한계를 제시한다. 그 구체적인 규범적 의미와 기본권으로서의 효력에 대해서는 견해가 다르지만, '인간의 존엄성' 규정의 이념적 근원을 자연법사상에서 찾는 점에 대해서는 이견이 없는 것으로 보인다. 이데올로기적인 스펙트럼에 따라 헌법철학 및 헌법이론적 근거와 범주, 그리고 그 강조점이 다를 수는 있겠지만, 그 핵심은 선국가적이고 초국가적인 천부인권을 강조하면서 그 당위성과 규범적 실천의 과제에 대하여 결정적인 윤리적, 철학적 토대를 제공한 자유주의적 인권사상을 뿌리로 하는 근대의 인권사상이라고 할 수 있을 것이다.19)

---

18) 같은 맥락에서 헌법해석론상 초점을 맞출 수 있는 대표적인 헌법조항들로는 환경권과 함께 국가목표규정의 형식으로 국가 및 국민의 '환경보전 노력의무'를 규정한 제35조를 비롯하여, 기타 제12조의 영업의 자유, 제23조의 재산권 등 경제활동 관련 기본권규정들을 들 수 있을 것이다. 또한 우리 헌법상 최고의 가치지표인 '인간의 존엄성' 규정에서 생태윤리적 함의에 대한 공감대를 도출할 수 있다면, 이는 예컨대, 탄소배출권거래제도가 직업의 자유 등의 기본권을 침해하는지 여부에 대한 과잉금지심사를 하는 경우에, 목적의 정당성은 물론이고, 특히 법익균형성의 원칙과 관련하여 공익의 우위성에 대한 유력한 토대가 될 수 있을 것이다. 배출권거래제의 직업의 자유와 관련한 과잉금지심사에 관해서는 한상운, 「온실가스 배출권거래제의 헌법적 정당성에 관한 사례분석」, 공법연구, 2010.12, 제39집 제2호, 440-444면.

19) 이에 관해서는 허영, 한국헌법론, 박영사, 2010, 330면.

이러한 관점에서 '인간의 존엄'을 인간의 내재적인 인격가치에 대한 도덕적 평가를 핵심으로 하는 하나의 문화적인 개념으로 본다면 그 규범적 의미는 필연적으로 '인간중심주의'와 연관되어서 파악될 수밖에 없다. 예컨대, 개인의 종교나 사상에 따라 전지전능한 절대자나 신의 존재를 전제하는 경우에는 '인간의 존엄성' 자체를 인정하기 어렵겠지만, 개인 차원에서의 생각과는 무관하게 이를 헌법상 객관적인 규범으로 수용한 '인간의 존엄성' 규정에는 인간을 지배하는 존재자에 대한 부정의 뜻이 내재되어 있기 때문이다.[20] 하지만, 전술한 바와 같이 '심층생태주의'의 윤리적 강령이 '인간중심주의'의 포기 또는 적어도 상당한 자제를 요구하는 생태철학의 세계관과 가치관, 특히 '지배와 복속'의 관점이 아니라 '조화와 공생'의 관점에서 생태계 모든 존재의 내재적인 상호 연관성과 의존성의 특성을 주목하는 맥락에서 보면, 생태계 내에서 인간을 독립된 존재로 이해하고, 인간의 생태적 안전에만 초점을 맞추어서 자연에 대한 배려의 이유와 그 대상의 범위를 설정하는 기존의 '인간중심주의'의 의미구조와 그 속에서 파악되는 '인간의 존엄'의 개념으로는 새로운 생태윤리의 철학과 정신을 살려나갈 수 있는 가능성이 희박하다.

환경윤리는 인간과 대비되는 도덕적 관심 및 배려대상의 범위에 따라 '강한 인간중심주의', '의식(감각)중심주의', '생명(생물)중심주의' 및 '생태중심 전체론' 등 네 가지로 대별되는데,[21] 우선 기본적으로 인간과 자연을 대립되는 이원적 관계에 있는 것으로 전제하는 '강한 인간중심주의'는 '인간에 의한, 인간을 위한, 인간 중심의 환경윤리'의 한계와 이에 따른 가치적 우선순위의 고착성 때문에 도덕적 관심과 배려의 대상으로 포섭할 수 있는 생태계의 범위가 제한될 수밖에 없고 또한 구체적인 실천의 정책과 프로그램도 일관성과 계속성을 확보하기 어렵기 때문

20) 정종섭, 헌법학원론, 박영사, 2010, 400-401면.
21) 이에 관한 개략적인 논의로는 특히 구승회, 앞의 책, 298-308면.

이다. 둘째로 '의식중심주의'는 의식을 가진 모든 자연존재에게 도덕적 관심 또는 배려가치를 인정하는 입장이다. 동물을 비롯하여 의식과 감각을 갖는 고등생물에 대한 보호론의 핵심논거라고 할 수 있다. 생각건대, 이 입장은 '의식' 자체가 상대적인 개념일 뿐만 아니라, 인간의 가시권 또는 감응능력의 한계가 그대로 도덕적 배려의 범위를 정하는 기준으로 적용된다는 점에서 본질적으로 인간 중심의 이원적인 세계관에 따른 '인간중심주의'의 틀을 벗어나지 못한 것으로 보인다. 셋째로 생물계 전체를 도덕적 배려의 대상으로 포섭하는 '생명중심주의'와, 마지막으로 세계를 하나의 유기체적 구조를 갖는 복합체로 보고 물질세계를 포함하는 생태계 전체를 도덕적 관심으로 대상으로 하는 '생태중심 전체주의'가 있다. '생명중심주의'와 '생태중심 전체론'은 둘 다 전체론적 세계관을 토대로 하는 바, '인간의 탈중심화'(decentering)를 요구하는 '깊은 생태주의'의 플랫폼을 공유하고, 따라서 적어도 '인간중심주의'의 편협성의 한계를 넘어선다는 점에서 일단 전향적인 환경윤리로 평가될 수 있다.

다만, 여기에서 관심은 단순히 이 네 가지 환경윤리관에 대한 철학적 평가나, 도덕적 배려대상의 적정성에 대한 가치판단에 있는 것이 아니다. 생태계위기의 사태에 대한 공유인식의 지평을 넓히고 유효한 대응책을 마련해야 하는 정치적 과제와 관련하여 헌법상 '인간의 존엄성'의 개념 속에서 환경윤리의 요청들을 수용해야 할 필요성과 그 가능성을 검토하고자 하는 것이다. 말하자면, 세계관과 가치관의 철학적 깊이만을 추구하거나, 대중적 인기에 영합하는 이른바 이데올로기적인 전위성 또는 진보성이 아니라 현실정합성과 함께 구체적인 실천의 가능성을 동시에 확보할 수 있는 규범적, 현실적 조건을 찾아내는 것이 관건이다. 공동체 구성원 모두가 환경문제의 심각성에 대하여 공감하고 함께 고민하고 동참하는 협력적인 태도를 갖추는 것이 그 핵심이다. '인간중심주의'를 벗어난 전체론적 환경윤리가 하나의 전위적인 문제제기와 정서적인 호소의 차원을 넘어서 구체적인 정책과 프로그램으로 이어지지 못하고 있는 것은 바로 그 철학적 토대인 세계관과 생명관이 '논증의 문제'가 아니라 일종의 자연에 대한 '직관적 경험'의 문제라는 점에서 그 근원이 찾아진다. 적어도 아직은 과학적인 증명을 통해 사실을 확인하고 또 그 사실을 전제로 하여 도덕적 가치판단의 객관성을 확보하는 것이 불가능한 바, 인식 또는 사고의 방식과 함께 근본적인 가치관의 변화까지 요구하는 낯선 생태윤리에 대하여 공감대가 쉽게 형성될 수 없기 때문이다.

3. '무지의 전제'를 통한 '심층생태주의'와 '인간중심주의'의 조화

이러한 공감대 흠결의 한계를 갖는 생태철학의 정신과 가치를 구체적인 실천을 전제로 하여 제도와 정책의 규범플랫폼인 헌법, 특히 핵심적인 가치개념인 '인간의 존엄'의 해석을 통해 수렴할 수 있는 가능성은 우선 그 진리성의 한계를 인정하는 데서 찾아진다. 한계 자체를 부정하면서 공감을 요구하는 것은 무조건적인 개종을 주문하는 것과 다르지 않다. 선교가 아닌 헌법해석론, 즉 이견의 존재를 전제로 하여 조화와 타협을 지향하는 개방적인 담론의 광장에서 그 한계의 부정을 통한 한계극복의 계기와 단초는 이른바 '무지의 전제'에서 찾아진다. '인간의 존엄성'에 대한 유력한 철학적 근거의 하나로 제시되는 '의식'(consciousness)의 능력, 즉 자신이 무엇인가를 안다는 것뿐만 아니라 그 앎(knowledge) 자체에 대하여 알 수 있는 인간의 인식능력에는 '무지에 대한 앎'도 포함되는 것으로 이해되어야 한다. 헌법해석론의 차원에서 쉽게 벗어나기 어려운 '인간중심주의'를 고수하는 경우에도 현 상태에서의 인간의 인지능력을 기준으로 하는 앎 속에서만 '인간의 존엄'의 근거를 찾고, 인간의 생존과 안락을 위한 효용에만 가치를 부여하면서 '존엄한 인간'의 지속가능성을 극대화하려는 것은 유아독존의 자기확신에 불과하다. 전술한 바와 같이 '인간의 존엄성'은 자연법사상에서 유래된 것이기는 하지만, 정작 '자연'과는 아무 관계도 없는 인간세계의 명제일 뿐이다. 역사적인 관점에서 볼 때, '인간의 존엄성'규정의 규범적 의미는 국가권력과 국민 또는 공동체 전체와 개인의 관계에서 반전체주의를 선언한 것이고, 헌정사적으로 본다면 신이나 군주 등 절대자를 포함하는 강자 또는 다수의 지배집단이 부정하고 유린하였던 소수 약자집단에 속하는 인간의 내재적인 가치를 회복시킨 것이다. 자정체로서 자원과 생명의 순환에 자신을 그대로 맡기는 인간 이외의 생태계는 지배의 탐욕도, 과도한 욕망을 충족시키기 위한 부정직도 없기 때문에 '인간의 존엄성'을 알지도 못하고, 그렇기 때문에 그것을 침해한 일도 없다.

리프킨의 말대로, 인간이 역사 속에서 형성해 온 모든 단계의 의식은 정도의 차이가 있을 뿐 여전히 우리의 문화 속에 현존하고 있다.[22] 그 의식들 속에는 아마도 세계를 하나의 유기체적 전체로 이해하는 생태윤리적 의식의 파편들이 신화나 종교 또는 심리학적 틀의 형태로 생생하게 간직되어 있을 것이다. 기후변화로 인해 인간이 다른 모든 생물들과 공유하면서 전적으로 의존하고 있는 생태계 전체가 위험에 빠지고, 하나의 종으로서 인류의 생존 자체가 절박한 위협에 처해 있는 상황에서 모든 인간이 공유해야 하는 것이 무엇인지는 이미 문제가 아니다. 생물학적 관점에서 볼 때 답은 분명하게 주어져 있는데 '인간의 탈중심화'를 용납하지 않는 '인간중심주의'의 장막에 가려서 그것을 제대로 인식하지 못하고 있을 뿐이다.

자의적이고 편협한 '인간중심주의'를 고수하지 않는 한 외면할 수 없는 생태철학의 핵심주문이 자연에 대한 적실한 이해를 통해 인간의 본성을 되짚어볼 것을 촉구하는 것이라고 한다면, '인간의 존엄성'을

22) J. Rifkin, 이경남(역), 공감의 시대, 민음사, 2010, 733면.

'인간중심주의'를 토대로 하는 정언명제에서 가설의 단계로 격하시켜서 인간(人間)이 아니라 자연 속에서, 즉 인간과 자연의 내재적인 의존관계에서 재구성하는 것이 이 촉구에 부응하는 시발점이 될 것이다. '무지에 대한 앎'이 필수적인 전제조건임은 물론이다. 개념 내재적으로 존엄의 주체는 유일무이하다는 전제 하에 인간만이 그 주체로 인정될 수 있다는 것인지,[23] 그렇다면 그 근거는 무엇인지, 인간이 중심이고 나머지 모든 생태계는 환경(環境), 말 그대로 인간을 둘러싼 주변이기 때문에 그렇다고 한다면 무한의 생태계 속에서 과연 중심과 주변의 구분이 성립될 수 있는 것인지 또는 중심에 있는 것이, 좀 더 정확하게 표현한다면 스스로 중심에 있다고 생각하는 자의식 또는 그 의식능력 자체가 도덕적인 가치판단의 객관적인 준거가 될 수 있는 것인지 등등 자기정당화의 폐쇄적인 순환론을 벗어나서 보면 '무지의 전제'가 불가피한 화두들이 잇닫는다. '심층생태주의'의 생명관과 가치관에 대한 동의 여부와 무관하게 겸손과 절제의 태도가 요구되는 것은 바로 이 때문이다.

예컨대, 의식능력이 있는 인간의 공동체와 의식능력과 언어, 정의, 그리고 민주주의도 없는 생태계를 구별하는 입장에서 생태계로부터 인간의 가치나 단점 등에 관해서 아무 것도 배울 것이 없다고 보는 경우에도 가장 중요한 한 가지, 즉 수 십 억년에 걸친 '공생의 진화' 속에서 찾아지는 '지속가능한 삶의 방법'을 배울 수 있고 또 그래야만 한다고 주장하는 생태윤리[24]를 외면하는 태도는 인간 의식의 핵심요소인 반성

23) 1991년 7월 1일부터 시행된 「동물보호법」에는 2007년 1월 26일 전부개정(법률 제8282호)의 기회에 "인류의 복지의 증진과 동물 생명의 존엄성을 고려하여 실시하여야 한다"는 동물실험의 원칙이 명시적으로 규정되었다(제13조 제1항). 헌법상 '인간의 존엄성'과 그 규범적 의미와 내용이 다를 수 있고 또 그럴 것으로 생각되지만, 법률 차원에서 동물을 '존엄'의 자격을 갖는 도덕적 배려의 대상으로 포섭한 것은 적어도 '강한 인간중심주의'를 넘어서 '의식중심주의' 단계의 생태윤리를 입법적으로 수용한 것으로 볼 수 있다는 점에서 주목된다.

24) Capra, 앞의 책, 298면.

의 능력을 스스로 부정하는 것이다. 또한 생물계 또는 생태계 전체를 도덕적 배려의 대상으로 포섭하지 않는 경우에는 인류공동체의 생존이 지속될 수 있는 자연환경의 보전이 불가능하다고 보는 전체론적 생태윤리에 대해서도 적어도 아직까지는 공유하기 어려운 '주관적인 직관의 경험'이라고 하더라도 그 철학과 정신을 반성과 담론의 자리에서 원천적으로 배척하는 것은 생태위기시대에 적합한 태도가 될 수 없다. 빨리 내닫거나 무엇인가를 하는 것과 함께 또는 그 보다 앞서서 무엇인가를 하지 않으면서 머물고 또는 늦추는 것에 더 관심을 가져야 하는 불확실성의 시대에 '무지의 전제'와 자기절제의 요청이 특히 강조되는 것은 비로소 이들에 의해서만 '건강한 머뭇거림'(healthy hesitation)[25]을 가능하게 하는 도덕적 다원주의(moral pluralism)가 형성될 수 있기 때문이다.

이러한 맥락에서 무한의 변양을 함축할 수 있는 인간 신체의 잠재력의 크기와 가능성에 관한 스피노자의 절제된 인식, 즉 인식론 차원에서 '무지의 전제'에 대한 들뢰즈의 독창적인 해석이 주목된다. 존재론적 차원에서 이른바 '큰 윤리적 물음'들과 관련된 함축의 주체인 동시에 그 대상이기도 한 인간의 신체에 내포된 잠재력의 크기와 가능성이 논증이 될 수 있는 것이 아니라 오로지 경험적 근거에 의해서만 가늠될 수 있다고 보는 것은 이 문제를 단순히 지식상의 결함인 '무지의 문제'로 돌리는 것이 아니라 "미래의 감응적 진화가 가지는 실험적이고 개방적인 특성의 문제"로 이해하는 태도로 파악되어야 한다는 것이다.[26] 같은 맥락에서 '무지의 전제'를 다양성과 균형성의 조건이 유지되는 가운데 진행되는 '개방적인 감응의 진화'의 필수적인 조건으로 이해한다면, 이른바 "위험으로서의 앎"과 "기회로서의 무지"[27]라는 법학 차원의 문제의

25) Done E. Marietta Jr., Beyond Certainty: A Phenomenological Approach to Moral Reflection, Lexington Books, 2004. 64면.

26) 이에 관해서는 이정우(역), 싹트는 생명, 2005, 33면.

27) 이 논제에 관해서는 W. Hoffmann-Riem, "Wissen als Risiko-Unwissen als

식은 극단의 불확실성에 대처해야 하는 생태기시대의 헌법해석론상 생태윤리의 함의를 발전시켜 나가고 또 그 실천의 토대로 공동체 구성원들의 윤리적 공감대를 확장해 나가야 하는 관점에서도 매우 적실한 것으로 주목된다. 이러한 의미의 '무지의 전제'와 이에 따른 절제의 태도를 유지한다면, 한편으로는 '인간중심주의'를 벗어난 생태윤리 및 그에 함축된 의미와 가치의 잠재적인 가능성을 원천적으로 배제하는 폐쇄적인 태도와, 또 한편으로는 당장 '인간중심주의'의 완전포기를 요구하는 성급하고 비현실적인 태도를 동시에 피해나갈 수 있을 것으로 생각된다.

생태계 전체 또는 적어도 생물계 전체를 도덕적 배려의 대상으로 포섭할 것을 주장하는 심층생태주의자들의 윤리적 입장에 대하여 회의적인 사람들이 제기할 수 있는 의문, 즉 "그렇다면 사람보다 동물을 또는 물질세계를 더 선호한다는 것인가?"라는 질문에 대하여 Naess가 제시하는 답은 양 극단의 불합리한 태도를 지양하면서 '심층생태주의'와 '인간중심주의'의 조화의 가능성을 찾아낸 모범답안으로 생각된다: "동물이나 야생의 보호를 위한 열정과는 무관하게 심층생태주의자들도 우선 동료 인간들에 대한 특별한 의무들은 인정한다. 우리가 지향하는 것은 관심과 배려의 대상을 인간에서 비인간으로 전환하는 것이 아니라 이 배려를 확장하고 심화하는 것이다. 배려의 잠재능력이 항구적이고 제한된 것이라거나 또한 어떤 종에 대한 배려가 증대되는 것이 필연적으로 다른 대상에 대한 배려의 감소를 초래할 것이라고 보는 가정은 확인되지 않은 추측일 뿐이다."[28]

Naess의 인식에 따라, '심층생태주의'와 '인간중심주의'의 조화의 당위성을 전제로 그 가능성을 주목하는 관점에서 보는 경우, 우리 헌법

Chance", in; Ingo Augsberg(Hr.), Ungeswissheit als Chance, Mohr Siebeck, 2009, 17-38면.

28) A. Naess, 앞의 책, 311면.

상 '인간의 존엄성' 규정은 어떤 특정한 생태윤리와도 연계되어 있지 않고, 다만 내재적인 선악의 가치판단을 유보하면서 모든 가치의 균형성과 다원성을 강조하는 생태철학적인 태도, 즉 투쟁을 통한 지배와 배제가 아니라 조화와 통합을 지향하는 동반적 협력의 태도를 요구하는 것으로 이해된다. 궁극적으로 인간의 생명과 인류공동체의 지속가능성을 전제로 하는 동 규정에 '존엄한 인간'의 생존을 위한 조건에 관심을 가질 것을 요구하는 명령이 포함된다고 본다면, 헌법상 '인간의 존엄성'의 개념과 심층생태주의, 즉 '인간에 의한 인간의 지배'뿐만 아니라 '인간에 의한 자연의 지배'도 부정하면서 '인간의 탈중심화'와 '도덕적 배려대상의 확장'을 주장하는 전체론적 생태윤리는 상충되는 것이 아니라 상호 포섭이 가능하고 또 당위적으로 그래야만 하는 상보적인 관계에 있다.

요컨대, 생태위기의 심각한 사태와 헌법규범의 교차점에서 볼 때, '인간의 존엄성' 개념에는 '인간중심주의'에 대한 포기의 뜻이 포함되어 있는 것으로 이해된다. 하지만 '인간중심주의'의 포기나 심대한 수정이 '인간의 존엄성'의 폐기를 의미하는 것은 아니다. 오히려 그것을 지속하기 위한 필수조건으로서 일종의 사고의 혁신, 즉 근본적인 인식틀의 변화를 요구하는 것이다. 이러한 혁신의 요청에 부응하는 해석론을 통해서 재정립되는 경우에 '인간의 존엄성'의 개념은 생태철학 및 생태윤리와의 교섭을 통해서 인간의 본성과 자연에 대한 적실한 이해의 새로운 계기와 단서를 함축할 수 있게 되고, 이를 토대로 하여 '심층생태주의'와 '인간중심주의'의 조화를 지향하는 헌법해석론에 유용한 창구와 공간을 제공할 수 있을 것이다.

V. 맺는 말

EU를 중심으로 한 27개 나라에서의 성과가 잘 보여주듯이 기후변화문제에 대한 환경정책 중에 가장 실효성이 클 것으로 기대되는 탄소배출권거래제의 도입 여부와 그 시행시기를 둘러싸고 논란이 계속되고 있다. 녹색성장위원회가 제시한 일정에 따르면 2013년부터 온실가스배출권을 사고 팔수 있게 되는데, 과연 예정대로 시행될 수 있을 것인지는 장담할 수 없는 실정이다. 녹색성장위원회와 환경부는 2011년 중에 국회에 관련 법안을 제출하여 준비작업을 서두르겠다고 하고, 반면에 산업계와 지식경제부는 강력한 반대의견을 고수하고 있다. 조속한 시행을 주장하는 적극론은 온실가스 감축이 '경제문제'가 아니라 '생존의 문제'이기 때문에 더 이상 배출권거래제의 시행을 미루는 것은 정당화될 수 없다고 한다. 반면에 시행시기를 좀 더 늦추어야 한다는 신중론의 입장에서는 국내 산업의 국제경쟁력 격감과 국민경제적 부담을 그 이유로 제시한다. 한마디로 논의가 충분하지 않은 상황이다.

'저탄소 녹색성장기본법'이 제시하고 있는 '국민경제의 발전'과 '국민의 삶의 질 향상', '국제사회에서 책임을 다하는 성숙한 선진 일류국가로의 도약' 등의 목적을 위한 기본지침, 즉 '경제와 환경의 조화'가 추상적인 슬로건을 넘어서 구체적인 제도와 정책으로 추진되는 경우에 부문별 또는 계층별로 득실의 이해관계가 크게 엇갈릴 수밖에 없다. 문제에 대한 접근 이전에 문제에 대한 합의, 말하자면 기후변화문제의 본질과 심각성에 대한 공유인식의 지평을 확대하는 노력을 주문하고 또 대응책을 마련하고 시행해나가는 과정에서 형평성의 요청을 각별하게 강조하는 것도 바로 이 때문이다.

'녹색성장'의 개념은 '경제와 환경의 조화'를 위한 전략적 플랫폼이다. "에너지와 자원을 절약하고 효율적으로 사용하여 기후변화와 환경

훼손을 줄이고 청정에너지와 녹색기술의 연구개발을 통하여 새로운 성장동력을 확보하며 새로운 일자리를 창출해 나가는 등 경제와 환경이 조화를 이루는 성장"이 경제논리에 따른 극심한 갈등과 이해관계의 대립을 극복하고 지속되기 위해서는 구성원 대다수가 일상생활에서의 크고 작은 불편을 포함하여 막대한 비용부담과 손해 등의 부정적인 영향을 수인할 수 있는 협력의 태도를 갖추고 있어야만 한다. 국가의 입장에서는 경제적 여건이나 정치지형의 변화와 무관하게 이 불가피한 부정적인 측면을 충분히 고려하여 장기적이고 거시적인 조정계획을 수립하고, 정치한 정책과 프로그램을 마련하여 일관되게 집행해나가야 하는 것은 물론이다. '녹색성장'의 개념이 경제논리를 넘어서 '심층생태주의'의 철학과 정신을 토대로 하는 생태윤리의 도덕적인 차원에서 그 의미가 확산되고 심화되어야만 하는 이유는 바로 여기에 있다.

다분히 작위적인 접근이라는 비판을 예상하면서도 헌법상 '인간의 존엄성' 규정에서 생태철학과 '심층생태주의'의 함의를 찾아보려고 한 것은, 이러한 시론 자체가 생태철학적 담론의 원칙, 즉 인식과 주장의 균형성과 다양성에 부응하는 것이고 또한 그 논증과 결론에 흠결이 있다고 하더라도 적어도 '배움의 다양성'을 위해 필요한 '실수의 다양성'(diversity of mistakes)[29]에는 일조하는 의미가 있을 것으로 믿기 때문이다.

29) Capra는 생태주의에 충실한 공동체에 필요한 요소로 해석과 학습양식의 다양성과 함께 '실수의 다양성'을 강조한다. 앞의 책, 304면.

제3장
법철학 및 법이론으로 본 '법적 문제'로서 사법적극주의*

Ⅰ. 들어서며

공사직을 막론하고 중요한 직책과 관련한 인사가 있을 때, '소극적이다'라는 인물평을 들어 본 기억이 없다. 우수한 능력과 좋은 품성을 갖추고 있다는 점에 덧붙여 대개의 경우 '매사에 적극적이다'라는 점을 강조하고, 우리는 일반적으로 그것을 능동적이고 전향적인 태도로 이해하고 긍정적인 것으로 받아들인다. 특히 고위 공직자라면 더더욱 그러하다.

하지만 법관의 경우는 사뭇 다르다. 특히 대법관의 인물평으로 일반적으로 청렴성이나 치밀함, 성실함 등과 함께 진보 또는 보수의 성향 등을 거론하지 적극성을 적격의 요소로 강조하는 경우는 찾아보기 어렵다. 정치인에게 소극적이라고 하는 것만큼 경멸의 수식어는 아닐지 몰라도, 법관에 대한 열정적이고 적극적이라고 하는 평은 다분히 부정적이거나 뭔가 어울리지 않는 것으로 여겨진다. 적어도 사법행정의 부문이 아니라 법관의 고유업무인 재판의 직무와 관련해서 보면, 법관에게는 오히려 '절제'(restraint)의 소극적인 태도가 바람직한 것으로 보는 세간의 법관상이 그 바탕에 있는 것이 아닌가 싶다. 생각건대, 이는 법, 그리고 말 그대로 '법을 맡고 있는' 사법(司法)과 법관의 역할에 대한 보

---

* 법학연구, 제27권 제1호(2017.3), 연세대 법학연구원, 39-100면.

수적인 인식과 기대, 말하자면 법을 신이나 자연 또는 전통이나 관습, 아니면 인위적으로 조직된 입법자든 법관에 앞서 선재하는 법창조자에 의해 사전에 확정 및 완결된 상태로 주어진 전범(典範)이나 규준으로 보고, A. Kaufmann[1]이 오래 전에 '세계사를 조작한 거대한 오류'라고 단언하였지만 여전히 자주 회자되는 Montesquieu의 말대로 법관을 단순히 '법을 말하는 입'(la bouche, qui prononce les parole de la loi)으로 이해하는 전통적인 관념이 여실히 반영된 것으로 생각된다.

논의의 맥락과 초점은 다를지언정, 법철학이나 법사학, 법사회학 등 이른바 '기초법학'을 포함하여 법도그마틱을 중심으로 하는 고전적인 법학방법론을 비롯한 다양한 일반법이론을 망라하는 법학의 전 영역에서는 물론이고, 특히 후술하는 바와 같이 정치학, 경제학, 심리학, 언어학 등 다른 학문과의 학제적 연구의 과제로 관심의 대상이 되어 온 '사법적극주의'(judicial activism) 또는 '사법소극주의'(judicial restraint)의 문제도 이러한 현상과 엇물려 있는 중요한 법학적 현안의 하나이다.

법관은 적극적인가 아니면 소극적인가? 과거에 그랬었다면 앞으로도 그럴 것인가? 적극적이어야 하는가? 아니면 자제해야 하는가? 일반적으로, 획일적으로 어떤 태도를 바람직한 것으로 볼 수 있는가? 차별화된 관점과 개별적인 접근이 필요하다면 그 준거는 무엇인가? 처음으로 되돌아가서, 도대체 어떤 태도가 적극적인 것이고, 소극적인 것인가? 정의(定義)가 가능하고 필요한 것인가? 실증적 또는 기술적인 관점에서든, 평가적인 관점에서든, 아니면 더 나아가서는 이른바 '규제적 이념'(regulative ideal)의 차원에서든 사법을 형용하는 수사로서 적극과 소극의 개념 자체가 정의될 수 없고, 그렇기 때문에 문제 자체가 성립되지 않는 이른바 '사이비문제'에 불과한 것은 아닌가? 이러한 일련의 질문

---

1) A. Kaufmann, "Recht als Maß der Macht"(1958), in; Rechtsphilosophie im Wandel, 2. Aufl., 1984, 38면.

들은 또 다른 차원, 즉 법과 정치 또는 법과 도덕의 관계의 관점에서 법관 대신에 법을 대입하여도 전혀 이상할 것이 없는 '법적 문제'로 재구성될 수 있다. 바람직한 법, 법원 및 법관의 역할 또는 역할기대라는 문제제기의 관점에서 전후방의 인과관계가 명확하게 분별되기는 어렵지만, 오히려 논리적으로 연관되는 문제 또는 접근의 관점과 방법에 따라 동일한 문제가 달리 표현된 것으로 이해된다.

지난 9월에 임명된 김재형 신임대법관은 취임사에서 '사법신뢰회복'의 절실함을 강조하면서 "법현실을 정확하게 파악하고 균형감각과 합리적 사고를 바탕으로 국민의 신뢰와 공감을 얻을 수 있도록 모든 역량을 쏟아 부을 것을 다짐한다"고 포부를 밝혔다. 또 한편 이 인복 전대법관도 퇴임에 즈음한 인터뷰에서 '사법신뢰의 추락'이라는 언론의 표현에 이견을 제기하면서 대한민국 판사가 '세계 어디에 내놔도 손색이 없을 만큼 훌륭하다'는 평가와 함께 법관의 제1의 덕목으로 '실력'을 거듭 강조하였다. "외부에서는 판사의 덕목이 용기라고 하지만 제일 중요한 것은 실력입니다. 열정만이 전부가 아닙니다… 법이론과 철저한 논리로 설득은 못해놓고 반대만 하거나 독특한 의견을 내서는 안 됩니다. 실력이 있어야 용기 있는 판결을 할 수 있는 것입니다. 실력보다 소신 위주로 판결하는 것은 위험합니다…"[2] 나름 타당하고 훌륭한 내용의 포부와 소회를 당당하고 담담하게 밝힌 것으로 생각되지만, 유감스럽게도 이 글의 관심사인 '사법적극주의' 또는 '사법소극주의'에 대한 분명한 긍·부정의 입장이나, '태도에 대한 태도'(attitude about attitude),[3] 즉 이

---

2) 법률신문 2016.9.5. 법조라운지 B1-2면.

3) 미연방 제7항소법원의 판사인 Easterbrook은 사법적극주의와 관련하여 보수와 진보 간에 어떤 유의미한 차이가 없다는 실증적인 연구논문을 마무리하면서 '적극주의'(activism)라는 용어 자체의 폐기를 주장하였다. "Do Liberals and Conservatives Differ in Judicial Activism?", 73 Colorado Law Review, 2002, 1401, 1410면. 후술하는 바와 같이, 이는 대법관들의 보수 또는 진보적 성향에 따른 Supreme Court의 소극 또는 적극적인 태도를 실증적으로 연구하는 행태론적 접근의 관점과 방법에 대

문제 자체에 대하여 어떻게 생각하는지에 관해 직접 표명한 의견이나 그것을 추측해볼 수 있는 단서는 찾아볼 수 없다. 이 전 대법관이 말하는 '실력'도 '법이론과 철저한 논리'의 단서로 짐작은 가지만, 정확한 취지는 알 수 없다.

하지만, 대개 그러하였었기 때문에 각별하게 놀랍고 실망스러울 것은 없지만, 요식적으로 진행된 김 대법관후보자에 대한 국회의 인사청문회에서 그나마 법 및 법관의 역할에 대한 기본적인 이해와 태도의 편린을 엿볼 수 있었고, 문제제기를 위한 실마리를 찾을 수 있는 것은 다행이다. 김 대법관은 양심상 병역거부와 관련하여 대체복무제에 대한 질문에 대하여 대법원이 전원합의체 판결에서 다수의견을 통해 종교적 이유의 병역거부를 유죄라고 판단하였고, 헌법재판소도 양심적 병역거부와 관련된 병역법 규정이 합헌이라고 결정했다는 점을 제시하면서 "국민의 충분한 의견 수렴을 거쳐 공감대가 형성된다면 엄격한 심사와 조건 아래 대체복무의 길을 열어주는 방안을 적극 검토할 필요가 있다"는 입장을 밝혔다. 이 사안에 대한 김 대법관의 태도는 사법적극주의인가 소극주의인가? 본인에게 직접 묻는다면 어떻게 답했을 것인지 궁금하다. 국민의 공감대형성이라는 조건을 달았지만, 기본적으로 대체복무제에 긍정적인 의견을 제시한 점에서 진보적인 입장으로 보인다. 하지만 논리적으로나 실증적으로 정치적 성향의 의미에서 진보주의가 사법적극주의와 일치되지 않거니와, 행간의 뜻을 읽어낸다고 하더라도 김 대법관의 답에서 '사법적극주의'에 대한 태도를 가늠할 수 있는 분명한 단서는 찾아볼 수 없다.

우선 대법원의 판례와 헌법재판소의 합헌결정을 제시한 것을 기본

하여 무관심을 넘어서 그 무용성을 적극 증명하여 비판하는 대표적인 입장이라고 할 수 있다. 이에 관해서는 J. A. Segal/H. J. Spaeth, The Supreme Court and The Attitudinal Model Revisited, Cambridge Univ. Press, 2002; M. J. Gerhardt, "Attitudes About Attitudes", 101 Michigan Law Review, 2003, 1733-1763면.

적으로 선례를 존중하겠다는 뜻으로 이해한다면 사법소극주의의 태도로 추측할 수 있겠지만, 관건은 대법원의 판례와 헌재의 결정에 대한 긍정 또는 부정의 소견인데, 그것은 표명되지 않았다. 또한 '국민적 공감대'와 '엄격한 심사와 조건'을 전제로 대체복무의 길을 열어주는 방안을 적극 검토할 필요가 있다는 의견도, 그에 대한 결정은 정치적 결정, 즉 법을 만드는 입법자의 몫이라는 전제 하에 이른바 '관찰자'의 입장에서 법률의 개정이 필요하다는 입법정책적 의견을 제시한 것인지, 아니면 현행 병역법의 해석, 말하자면 '합헌적 법률해석' 또는 '헌법지향적 법률해석'을 통해서 대체복무제를 비롯하여 양심상 병역거부의 문제에 대한 전향적인 해결책을 모색하는 것이 가능하고 필요하다고 보는 것인지 알 수 없다. 전자의 경우라면 사법소극주의이고, 후자라면 사법적극주의의 태도라고 볼 수 있는데 어떤 입장인지 궁금하고, 그래서 아쉽다.

Ⅱ. 문제제기

1. 사법적극주의 - 진보와 보수

법학 또는 법학방법론의 논제로서 '사법적극주의'는 '사법소극주의'의 반명제로 부각되어 왔다. 논리적으로 사법소극주의가 좋은 것이라면 적극주의는 나쁜 것이다. 하지만 A. Maslow의 말을 빌리면,[4] 망치 외에 도구를 알지 못하거나 갖지 못한 방법론적 제약으로 인해 오히려 세상을 못으로 간주하는 것에 비유될 수 있는 이른바 '기계적인 법률학'(Mechanical Jurisprudence)이나, 그 이론적 토대인 '개념법학' 및 '법실증주의'의 방법론에 집착하지 않는 한 '사법소극주의'도 바람직한 법관의 태도로 단정하기는 어렵거니와, 법원 또는 법관에 대한 보수적인 '역할기대'와 그에 따라 '적극적인 사법'을 일종의 '모순의 형용'(oxymoron)

4) The Psychology of Science, 1966, 15면.

이나 폄하의 수식어로 사용하는 경향은 여전하다.

기계적인 이항대립의 논리형식에서 사법적극주의를 흔히 잘못된 결정이나 법관의 그릇된 태도와 동일시하는 '비난의 용어'로 사용하고는 하지만, 실제로 대부분의 경우에 적극적이라는 용어는 그 정의조차 유보된 상태에서 실체적인 정치적 입장에 따른 비판을 정당화하기 위한 수사학적 수단일 뿐이다.5) 흔히 적극주의 또는 소극주의와 실증적으로, 논리적으로 연계된 것으로 오해하는 가운데 법관, 특히 대법관의 정치적 성향으로 주목되는 이른바 진보주의와 보수주의 간의 교차의 맥락에서 보면, 보수에서 진보 쪽으로 정치적 무게중심이 옮겨지는 경우 보수주의자들은 법원과 법관에 대하여 적극주의의 포기와 소극적인 절제의 태도를, 진보진영의 입장에서는 정반대의 주장을 한다. 말하자면 전자의 경우 보수진영에서는 진보적 법관들이 과거에 내려진 보수적 결정들을 그대로 추종하기를 원하는 이른바 '진보적인 사법소극주의'(liberal judicial restraint)를 요구할 것이고, 반대로 진보 측의 입장에서는 그것들을 적극적으로 폐기 및 변경할 것을 주문할 것이다. 또 한편 법원에서 보수주의가 새로 부상하는 경우라면 진보주의자들은 법관에 대하여 절제의 태도, 말하자면 이른바 '보수적인 사법적극주의'(conservative judicial activism)의 포기를 주문할 것이다.6)

하지만 법관의 진보주의 또는 보수주의적 성향이 사법적극주의에 대한 긍부정의 일관된 태도로 연관되지는 않는다는 점, 그리고 오히려 보수와 진보진영 간에 사법적극주의에 대한 태도들이 그 정치적 입지와 맥락에 따라 상대적으로 엇갈려서 나타난다는 점에 대한 실증적인 해명과 확인이 바른 문제제기를 위한 반성의 시사점과 단서를 제공해주기는

5) R. D. Elliott, "Judicial Activism and the Threat to Democracy", 53 Univ. New Brunswick Law Review, 2004, 199면.
6) F. H. Easterbrook, 앞의 논문, 1401면.

하지만, Easterbrook이 단정하듯이 '사법적극주의'라는 용어와 논제 자체에 대한 폐기를 주장하는 근거가 될 수는 없다.[7)]

아무튼 특히 대법관 후보자에 대한 인사청문회 등에서 시사적으로는 사법적극주의라는 용어보다 오히려 더 많이 회자되거니와, 정치적 의미에서 진보주의와 보수주의의 대립구도와 연관하여 사법적극주의의 문제를 제기하고 접근하는 것이 거의 실익이 없고, 오히려 굳이 '정치적 의미에서 보수주의'와 '사법소극주의의 의미에서 보수주의'를 구별하는 것과 같이 개념의 혼란을 초래할 우려가 있다는 점에 대한 확인은 문제제기의 단계에서 유용한 가치가 없지 않다.

우선 소극적인 측면에서 관심의 폭을 줄여주는 점에서 필요하다. 말하자면 '이데올로기 비판론'이나 정치학, 사회학적인 행태론의 관점에서라면 몰라도, 법이론 및 법학방법론의 범주에서 법관의 주관적인 이데올로기적, 정치적 성향인 보수주의 또는 진보주의가 관심의 대상은 아니고, 적어도 법관의 바람직한 역할과 덕목을 논하는 차원에서 규범적 가치판단의 대상으로 주목할 필요는 없다는 점을 해명해준다. 다른 한편 적극적인 방향에서는 보수 또는 진보주의의 정치적 성향과는 다른 법학방법론의 맥락, 즉 '법관의 법률기속' 또는 영미권에서 대중적인 용어로는 '법에 대한 충실'(fidelity to law)의 논제에 초점을 맞추어서 사법적극주의가 유의미한 법적 문제로 제기될 수 있다는 점과 그 이유를 되새기게 하는 실마리를 제공한다.

여기에서 '법에 대한 충실'은 법과 법률을 동일시하는 법실증주의나 이른바 '명백사실설'을 부정하거나 또는 적어도 그것을 전면적으로 인정하지는 않는 개방된 법이론적 차원의 명제이다. R. Dworkin이 간명하게 설명하듯이, 일반인들이 흔히 오해하는 바와 같이 이른바 '명백한 사실', 즉 법률가나 법관들에게는 쉽게 확인될 수 있는 사실로서 법이

7) 앞의 논문, 1410면.

주어져 있고, 따라서 법이 무엇인가에 대해 이견이 있을 수 없다는 전제하에, 견해차이를 보이는 일방은 법을 준수하는 것이고, 반면에 타방은 법에 불복종하거나 법을 무시하는 것으로 보는 것과는 거리가 멀다.[8) 법이 무엇인가에 관해 견해가 엇갈리는 법관들 간의 문제가 아니라, 입법부나 법원의 선판례 등에 의해서 내려진 '제도적 결정'으로 주어진 '있는 법'과 법관 자신이 바람직한 법으로 판단하는 '있어야 할 법'이 다른 경우에 어떤 태도를 취할 것인가 하는 법관 개인의 전인격적인 번민과 연관되는 명제이다.

Dworkin은 흥미로운 사례를 들어 이해를 돕는다. 예컨대 자신이 발견해낸 법을 적용하면 크리스마스 이브에 과부 한 사람을 눈보라 속으로 내쫓는 결정을 내릴 수밖에 없는 경우에, 이를 달갑지 않게 생각하더라도 이 법을 그대로 집행해야만 하는지 여부에 대한 법관의 실존적 고민과 관련하여, 사법소극주의의 입장에서는 이 제약을 받아들이지 않는 법관을 민주주의를 파괴하는 '나쁜 법관'으로 비난하고, 적극주의의 입장에서는 불행이나 부정의를 고려하지 않고 법을 기계적으로 시행하는 법관을 정의보다 법을 우위에 놓는 '나쁜 법관'이라고 폄하한다고 한다.[9)]

8) 장영민(역), 법의 제국(Law's Empire, 1986), 2004, 22면.

9) 위의 책, 23면. 과부가 아니라 고령의 노인이 당사자인 점 말고는 거의 내용이 같은 되새겨봄직한 우리 법원의 판례가 있다. 대전고법 2006.11.1. 선고 2006나1846 판결[각공2006.12.10.(40), 2570]. 임대주택의 실수요자인 고령의 무주택자가 처의 병수발 때문에 직접 대한주택공사를 찾아갈 수 없어 자신의 돈을 관리하고 있던 딸을 통해 딸 명의로 임대차계약을 체결한 후 혼자서 임대주택에서 생활해 온 거주자를 우선분양권에 관한 임대주택법 제15조 제1항 제1호의 '임차인'으로 본 판결이다. 설시문의 일부를 전재한다.

『가장 세심하고 사려 깊은 사람도 세상사 모두를 예상하고 대비할 수는 없는 법이다. 가장 사려 깊고 조심스럽게 만들어진 법도 세상사 모든 사안에서 명확한 정의의 지침을 제공하기는 어려운 법이다. 법은 장래 발생 가능한 다양한 사안을 예상하고 미리 만들어두는 일종의 기성복 같은 것이어서 아무리 다양한 치수의 옷을 만들어 두어도 예상을 넘어 팔이 더 길거나 짧은 사람이 나오게 된다. 미리 만들어 둔 옷 치수에 맞지 않다고 하여 당신의 팔이 너무 길거나 짧은 것은 당신의 잘못이니 당신에게 줄 옷은 없다고 말할 것인가? 아니면 다소 번거롭더라도 옷의 길이를 조금 늘이거나 줄여 수선해 줄 것인가? 우리는 입법부가 만든 법률을 최종적으로 해석하고 집행하는 법원이 어느 정도 수선의 의무와 권한을 갖고 있다고 생각한다. 이는 의회가 만든 법률을 법원이 제멋대로 수정하는 것이 아니라 그 법률이 의도된 본래의 의미를 갖도록 보완하는 것이고 대한민국헌법이 예정하고 있는 우리 헌법체제의 일부라고 생각한다… 가을 들녘에는 황금물결이 일고, 집집마다 감나무엔 빨간 감이 익어 간다. 가을걷이에 나선 농부의 입가엔 노랫가락이 흘러나오고, 바라보는 아낙의 얼굴엔 웃음꽃이 폈다. 홀로 사는 칠십 노인을 집에서 쫓아내 달라고 요구하는 원고의 소장에서는 찬바람이 일고, 엄동설한에 길가에 나앉을 노인을 상상하는 이들의 눈가엔 물기가 맺힌다. 우리 모두는 차가운 머리만을 가진 사회보다 차가운 머리와 따뜻한 가슴을 함께 가진 사회에서 살기 원하기 때문에 법의 해석과 집행도 차가운 머리만이 아니라 따뜻한 가슴도 함께 갖고 하여야 한다고 믿는다. 이 사건에서 따뜻한 가슴만이 피고들의 편에 서있는 것이 아니라 차가운 머리도 그들의 편에 함께 서 있다.』

같은 지면에 놓고 비교해봄직 하다고 생각되어 원심을 파기한 대법원 판결(2009.4.23. 2006다81035)의 이유도 일부 전재한다.

『법은 원칙적으로 불특정 다수인에 대하여 동일한 구속력을 갖는 사회의 보편타당한 규범이므로 이를 해석함에 있어서는 법의 표준적 의미를 밝혀 객관적 타당성이 있도록 하여야 하고, 가급적 모든 사람이 수긍할 수 있는 일관성을 유지함으로써 법적 안정성이 손상되지 않도록 하여야 한다. 그리고 실정법이란 보편적이고 전형적인 사안을 염두에 두고 규정되기 마련이므로 사회현실에서 일어나는 다양한 사안에서 그 법을 적용함에 있어서는 구체적 사안에 맞는 가장 타당한 해결이 될 수 있도록, 즉 구체적 타당성을 가지도록 해석할 것도 또한 요구된다. 요컨대, 법해석의 목표는 어디까지나 법적 안정성을 저해하지 않는 범위 내에서 구체적 타당성을 찾는 데에 두어야 할 것이다. 그리고 그 과정에서 가능한 한 법률에 사용된 문언의 통상적인 의미에 충실하게 해석하는 것을 원칙으로 하고, 나아가 법률의 입법 취지와 목적, 그 제·개정 연혁, 법질서 전체와의 조화, 다른 법령과의 관계 등을 고려하는 체계적·논리적 해석방법을 추가적으로 동원함으로써, 앞서 본 법해석의 요청에 부응하는 타당한 해석이 되도록 하여야 할 것이다. 한편, 법률의 문언 자체가 비교적 명확한 개념으로 구성되어 있다면 원칙적으로 더 이상 다른 해석방법은 활용할 필요가 없거나 제한될 수밖에 없고, 어떠한 법률의 규정에서 사용된 용어에 관하여 그 법률 및 규정의 입법 취지와 목적을 중시하여 문언의 통상적 의미와 다르게 해석하려 하더라도 당해 법률 내의 다른 규정들 및 다른 법률과의 체계적 관련성 내지 전체 법체계와의 조화를 무시할 수 없으므로, 거기에는 일정한 한계가 있을 수밖에 없다… 원심은 이 사건에서의 특별한 사정에 대한 구체적 타당성 때문에 위와 같은 법적 안정성의 요청이 후퇴되어야 한다고 판단한 것으로도 보인다. 하지만, 특별한 사정이 있는 예외적 사안을 구체적 타당성 있게 해결한다는 명분으로 위와 같은 법률 해석의 본질과 원칙을 뛰어넘을 수는 없다.

굳이 부연하자면, 여기에서 관심은 후술하는 바와 같이, 법관 자신이 찾아낸 '있는 법'의 집행이라는 당연한 '합법성'의 제약을 부정하는 것이 아니라, 법관의 법준수의무와 법개선노력의무, 합법성과 정당성의 간극 속에서 '사법적 합리성'(judicial reasonableness)을 벗어나지 않는 범위에서의 '법에 대한 충성', 말하자면 '사법재량'(judicial discretion)의 여지가 있는 한에서 법관의 바람직한 역할에 대한 적극 또는 소극의 태도를 묻는 것이다. 이 태도는 이른바 '헌법(재판)실증주의시대'의 재판실무상 '합헌적 법률해석' 또는 이른바 '헌법지향적 법률해석'에 대한 기본적인 인식과 태도로 발현되는 점에서 궁극적으로는 헌법의 이념과 원리를 비롯하여 개별 기본권의 의미와 가치에 대한 정치 및 도덕철학적 입장과 연관되는 점에서 '헌법충실의무'에 대한 법관의 의식과 '자기이해'의 문제이기도 하다.

2. 법관의 법감정

(1) 사법적극주의와 법감정 - '중화'(中和)의 도(道)

사법적극주의에 대한 비판론자들의 가장 큰 우려는 사법의 주관성이다. 폐쇄적이고 완결된 개념체계로 이해되는 법체계와, 실증성에 의해 확보되는 객관적인 법 및 그에 따른 합리적인 사법적 결정에 법관의 주관적인 자의의 요소가 인입되는 것을 상정할 수 없는 전통적인 법이론이나, '기계적인 법관'의 역할만을 기대하고 요구하는 개념법학이나

무엇이 구체적 타당성 있는 해결인가 하는 문제는 차치하고서라도, 법률 해석의 본질과 원칙에서 벗어나 당해 사건에서의 구체적 타당성 확보라는 명분으로 1회적이고 예외적인 해석이 허용된다면, 법원이 언제 그와 같은 해석의 잣대를 들이댈지 알 수 없는 국민은 법관이 법률에 의한 재판이 아닌 자의적인 재판을 한다는 의심을 떨치지 못할 것이며, 이는 법원의 재판에 대한 국민의 신뢰를 크게 해칠 뿐만 아니라 모든 분쟁을 법원에 가져가 보지 않고서는 해결할 수 없게 함으로써 법적 안정성을 심히 훼손하게 될 것이기 때문이다.』

법실증주의적 법학방법론에서 가장 경계하였던 것은 법관이 자신의 주관적인 가치관이나 세계관, 도덕철학, 정치적 성향, 기타 정책적 판단과 소신에 따라 법을 변경하거나 자신이 스스로 법을 만드는 것이었다. 교조적인 논의의 틀을 벗어나기는 하였지만, 사법의 주관성에 대한 이러한 우려와 경계의 태도는 오늘날의 주류법학에서도 상당 부분 그대로 유지되고 있다. 이러한 태도를 시종일관 지배하는 핵심요소는 궁극적으로 인간의 공동체생활 속의 질서와 평화, 안전추구, 그리고 가치의 정당한 배분과 조정을 통한 정의구현의 중요한 결정, 즉 법운용의 주관자는 선출되지 않은 법관 또는 법원이 아니라 오롯이 민주적 정당성을 갖고 정치적 책임을 지면서 결정을 내리는 의회입법자이어야 한다는 '법치국가' 또는 '법의 지배'의 결정체계에 대한 정치적, 정책적 판단이다.

위헌법률심판과 관련한 헌법도그마틱의 명제로 제시되는 '사법자제'의 요청이 이러한 입장이 가장 극명하게 표출되는 것이거니와, 다만 이러한 자제요청은 법률을 해석하고 적용하는 일반적인 사법실무에서도 법문의 한계나 의회입법자의 존중 등 '합헌적 법률해석' 또는 '헌법지향적 법률해석'의 한계에 대한 이론적 논의에서도 그대로 반영되고 있다. 헌법과 법률을 해석하고 적용하는 작업이 도덕철학적인 가치판단이나 정치 및 정책적 판단이 아니라 전통적인 의미에서 '법적 판단', 즉 고전적인 법학방법론상의 도그마틱적 규준(canon)에 의해 엄격하게 제약되는 가운데 민주적인 입법자에 의해 실증적으로 선결되어 법문으로 정리되어 제시된 법률에 대하여 개념분석의 방법으로 수행되는 연역의 '법적 추론'에 해당되는 것으로 볼 수 없는 경우에 법관은 기본적으로 자신의 '사법적 재량'과 그에 따른 독자적인 결정을 자제해야 한다고 하는 사법소극주의가 그것이다.

후술하는 바와 같이, 정치적 성향이나 가치적 선판단과 무관한 법의 해석과 적용은 있을 수 없고, 따라서 적어도 '포섭의 도그마'와 그에 집착하는 '기계적인 법관'의 관념이 보편적인 법이론 및 법실무상 방법론적 전제로 상정될 수 없다는 점이 규명된 지 오래거니와, 법 및 법관의 역할에 대한 기대 및 이와 관련되는 '규제적 이념'의 맥락에서 궁극적인 지향점인 법의 '객관성'(objectivity)과 금기시되는 법의 '자의성'(arbitrariness)의 간극 속에서 사법실무상 객관적인 동시에 타당한 '합리적인 법'을 확보하기 위한 최적의 방법이 무엇인지에 관한 법이론적 논의는 한창 진행형이다. 다만, Dworkin의 비유를 빌려 말하자면,[10] '법의 제국의 수도'로서 법원과 '법의 제국의 왕자'로서 법관의 역할에 대해서 'Solomon'에 대한 기대보다는 '법의 지배'(rule of law)가 아니라 '법관에 의해 만들어진 법의 지배'(rule of law made by judge)의 '자의성'과 '법관국가'(juristocracy; Richterstaat)의 위험성을 경계하는 논변은 여전히 건재하다.

아무튼 사법소극주의자들의 입장에서 볼 때, 사법적극주의는 주어진 법에 따라 법적 분쟁을 해결하는 것을 넘어서 자신의 주관적인 가치관과 정치적 성향 및 정책적 판단에 따라 법을 노골적으로 왜곡하는 것을 법이론적으로 분식하는 명제일 뿐이다. 실증적으로 확인 및 확정된 법체계에서 '사법재량'의 여지를 거의 인정하지 않는 T. Campbell식의 '재판윤리'(ethics of adjudication)나, 법실증주의의 근거로 제시되는 이른바 '민주주의적 실증주의'(democratic positivism)의 관점에서도[11] 사법적극주의는 주어진 규칙을 그 의미에 맞게 적용하지 않았거나 또는 주어진 '법원'(法源)에서 준거를 찾을 수 없는 규칙을 적용한 것을 정당화하는 변명에 불과한 것으로 본다.

법이론의 차원에서 사법적극주의에 대한 회의적인 태도와 필연적으로 연관되는 것은 아니지만, 사법적 결정에 영향을 미치는 요소로서 법

10) 위의 책, 567면.
11) 이에 관한 상론은 "Democratic Aspects of Ethical Positivism"; A. Glass, "The Vice of Judicial Activism", in; T. Campbell/J. Goldsworthy(ed.), Judicial Power, Democracy and Legal Positivism, 2000, 3-36면; 355-369면.

관의 주관적인 법감정에 대하여 거의 외면하거나 백안시하여 왔던 일반적인 경향은 다분히 법관의 법인식작업을 '법의 형성'이 아니라 '법이성의 진리'로 주어진 법의 '발견'으로만 보았던 서구 주류법학의 전통적인 이해에 기인한다. 출신과 정치적 성향으로 보아 법감정의 요소에 대하여 상대적으로 전향적인 의견을 갖고 있을 것도 같은 Sotomayor 대법관조차도 인사청문회에서 "사실에 대하여 느낌을 적용하는 것이 아니라 사실에 대하여 법을 적용하는 것"(not applying feeling to fact but applying law to facts)이 법관의 책무라고 단언하면서, "법관이 증언에만 귀를 기울이는 아무런 감정도 없는 로봇은 아니되, 다만 법관에게 허용되는 유일한 대응방법은 그것을 인정하되 제쳐놓는 것일 뿐이다"라고 말한 것은 시사하는 바가 적지 않다.[12)]

기술한 바와 같이, 법감정이 사법적극주의의 명제와 논리필연적인 연관성이 있는 것은 아니다. 다만, 그렇다 하더라도 적어도 기존의 법률과 최고법원의 선판례 등 기존의 '제도화된 결정'을 존중하되, 사법재량의 범위 내에서 그 개선을 위한 노력의무를 외면하지 않는 '비판적인 복종'의 태도에 필수불가결한 동인인 바, 사법적극주의에 대한 논의와 연결하여 법관 주관적인 희로애락애오욕의 감정 자체와 그에 대한 태도의 문제를 법적 문제로 인식하고 접근하는 것은 가능하고 필요하다. 『중용』(中庸)에 나오는 희로애락으로부터 자유로운(喜怒哀樂之未發) 이른바 '중'(中)의 신적인 경지를 기대하거나, 로봇의 무감(無感)을 요구할 수는 없고, 그 불가피성을 인정하되 절도(節度)를 주문하는(發而皆中節) '화'(和)의 도(道)는 법관에게도 또는 법관에게야말로 해당된다.

---

12) Confirmation Hearing on the Nomination of Hon. Sonia Sotomayor, To Be anAssoc. Justice of the Supreme Court of the United States: Hearing Before the S. Comm. on the Judiciary, 111th Cong. 121 (2009); http://frwebgate.access. gpo. govcgi-bingedoc. cgi? dbname=111senatehearings&docid=f5694. pdf (statement of J. Sonia Sotomayor).

그 어떤 법해석방법도 자기정당화될 수 없고, 궁극적으로는 정치철학에 의해 정당화될 수밖에 없다고 본다면, 이상의 척도로 보면 항상 오차가 불가피한 '주어진 법'에 대한 법관의 분노와 환희, 희망과 실망 또는 절망의 감정은 해석적 개념이되, Dworkin[13]의 말대로, '구성적 해석'의 대상인 법의 해석과 적용에서 중요한 요소로 주목되어야 한다. Dworkin[14]이 말하는 '법의 꿈', 그리고 주어진 현실의 구체적인 법에 의해 정해지는 이른바 '포괄적 통합성'과 법관이 선언하고 시행해야 하는 법으로서 '순수통합성'의 사이에서 '오늘의 법'에 도전하면서 '내일의 법'의 가능성을 살려나가야 하는 법 및 법관의 '프로테스탄트적 성격'과 '박애적 태도'의 동인은 이성이 아니라 감정이다. '법 너머에 있는 법'(law beyond law)[15]을 찾아가는 계기와 단초는 법감정이기 때문이다. 법관이 제1의 수신으로 여겨지는 바, "나치즘으로부터 우리들을 보호해주는 것은 이성이 그것이 잘못된 것임을 증명해줄 것이라는 믿음이 아니라 분노(outrage)이다"라는 Singer의 단언은 비단 극단적인 불법과 무법, 즉 Radbruch가 말하는 '도저히 참을 수 없는 정도의 부정의'의 상황에만 해당되는 것은 아니다.[16]

(2) 법관의 법인식작업의 본질과 법감정

이른바 '파리병 속의 법률학'(jurisprudence in fly-bottle)[17]으로 비유되는 전통적인 법이론과 '기계적인 법해석자'를 '이상적인 법관'(ideal judge)으로 전제하는 법학방법론의 틀 속에서 '무감냉정한 법관'을 일종

---

13) 앞의 책, 575면.
14) 앞의 책, 567-575면.
15) 앞의 책, 557면.
16) J. W. Singer, "The Player and the Cards: Nihilism and the Legal Theory", 94 Yale Law Journal, 1, 1984, 55면.
17) S. Hershovitz, "The End of Jurisprudence", 124 The Yale Law Journal, 2015, 1160, 1193면.

의 '문화적인 정본'(a cultural script)으로 보는 인식을 토대로 하여 법감정의 문제를 원천적으로 관심권 밖에 두거나, '감성적인 법관'을 이른바 '형용의 모순'이나 경멸적인 비난의 표현으로 단정하는 것은 이른바 '감성적 인식론'(emotional epistemology)을 비롯하여, 법관의 법인식작업을 포함하는 인식작업의 본질과 구조에 대한 심리학, 뇌과학 등의 분야에서의 눈부신 과학적 연구성과를 외면하는 것일 수밖에 없다. 법감정의 개념 자체가 불분명하였고 또한 그 효용에 대해서도 의견이 일치되지는 않았지만, 법감정의 역할에 관심을 계속 가져왔던 법현실주의자들, 그리고 20세기 후반에 부각된 이른바 '법과 감정 운동'(law-and-emotion movement)의 문제제기와 연구성과들도 마찬가지이다.[18)]

여기에서 법관의 법감정에 대한 상론은 약하고, 필자가 기존에 발표한 논문의 내용을 선별 발췌하여 전재하는 것으로 대체한다. 다만 사법적 결정에 영향을 미치는 요소로서 법감정을 부인할 수 없는 엄연한 현실, 그리고 이 현실 및 법감정이 동인으로 작용되는 법인식작업의 본질을 작위적으로 외면해 온 점에서 적어도 부분적으로는 이론적 토대가 와해된 전통적인 법학방법론의 한계에도 불구하고, '법과 감정 운동'이 이미 법이론의 계보에 이름을 올렸다고 할 수 있는 '법과 경제'학파 만큼 '사법적 감정'(judicial emotion)의 문제를 법이론적 논제로 부각시키지는 못하였다는 점과 함께, 성급한 예단으로 배척할 것이 아니라 앞으로 적극적으로 관심을 갖고 연구되어야 할 문제라는 점만을 밝혀둔다.[19)]

---

18) 이에 관한 상론으로는 T. A. Maroney, The Persistent Cultural Script of Judicial Dispassion, 99 Colorado Law Review, 2011, 629면.

19) 법감정의 문제가 법이론과 법도그마틱의 논의에 본격적으로 편입되지 못한 이유는 세 가지로 정리된다. 첫째는 사법적 감정(judicial emotion)의 개념 자체가 이론적 관심의 대상으로 초점을 맞출 수 없는 정도로 정의되지 못한 것이다. 법감정을 주목하는 현실주의자들은 직관이나 정치적 성향, 프로이드가 말하는 무의식 등 다양한 개념들을 이른바 '비이성'의 족보에 무차별적으로 인입하여, 감정이 무엇이고 그 역할이 무

『법해석론상 진지한 논제로 관심을 갖는 법관의 양심과 분노의 태도는, 규범과 현실의 교차점에서, 그리고 비관과 절망의 한가운데서 낙관의 근거와 희망의 단서를 찾고, 이성과 감성 그리고 윤리와 도덕의 융합을 통해 정의를 구현해나가기 위하여 항상 인간존재 및 법의 한계와 함께 그 가능성을 탐색하는 '해석론'의 구도 속에서만 상정되는, 법관이 지녀야 하는 일종의 '생리적 지표'(somatic marker)[20]이다. 여기에서 몸을 뜻하는 그리스어 'soma'를 어원으로 하는 생리적(somatic)이라는 것은, 도덕적 결정을 함에 있어서 이성과 함께 감성의 요소를 강조하는 맥락에서, 사람들이 여러 가지 선택 대안들 중에 특정한 것을 선별하여 즉각적으로(immediately) 용인하거나 배척하게 되는 동인으로 경험하는 어떤 긍정적인 또는 부정적인 느낌을 강조하는 의미를 내포한다. 이 느낌은 Gadamer가 말하는 "음식을 선택하고 거부하는 활력 있는 감각의 확실성만큼 높은 것"으로 단순히 육체적인 것만이 아니라 공생체로서 몸과 마음이 동시에 작용되는 감지력으로 이해된다. '진리와 방법'에서 Gadamer가 이른바 '놀이'(Spiel)를 중심으로 한 '철학적 해석학'의 맥락에서 제시하는 핵심개념인 '교양'(Bildung), '취미'(Geschmack) 또는 '공감각'(common sense)과 유사한 것으로 이해하여도 무리가 없을 것으로 생각된다.[21]

엇인지에 관하여 이론적으로 접근할 수 있는 토대를 조성하지 못하였다. 둘째는 사법적 감정을 '논의하기 부적합한 진리', 필수불가결한 향도 또는 규범적으로 가변적인 어떤 것 등 어떤 것에 초점을 맞출 것인지 아직 정리되지 못한 것이다. 셋째는 이론적으로 불가피한 추상적인 결론, 즉 상황과 사안에 따라 필요한 만큼의 적절한 감정에 대한 주문을 구체적으로 특정할 수 있는 준거를 제시하기 어려운 난점이다. 위의 논문, 632면.

20) A. R. Damasio, Decartes' Error: Emotion, Reason, and the Human Brain, 1994, 173면 이하.

21) H.-G. Gadamer, 이길우 외(역), 진리와 방법 I, 문학동네, 2000, 41-76면, '감지력'에 관해서는 91면. 이에 관한 간명한 해설은 특히 R. J. Bernstein, Beyond Objectivism and Relativism: Science, Hermeneutics, and Praxis, University of

말하자면 어떤 결정을 내려야 할 것인지 고민하는 과정에서 자신의 선택과 판단이 가져 올 긍정적인 결과와 부정적인 결과에 유의하게 만드는, 이성과 함께 감성이 일종의 '공생체'(symbiosis)로서 작용하는 느낌이다. 합리적인 고려를 배척하는 것이 아니라 대안을 줄여서 선택할 수 있게 단순화하여 결정과정의 정확성을 제고하는 가능을 갖는 이 느낌은 법관의 '법적 판단'의 행위에도 그대로 적용된다. 적어도 법의 해석과 적용, 즉 '포섭'(Subsumtion)의 작업을 '하나의 순수한 형식논리적인 판단 및 추론'으로 이해하는 '법형식주의'(legal formalism)의 틀을 집착하지 않는 한 그렇다.

A. Kaufmann이 단언하는 바와 같이, 법을 말한다고 할 때 법관은 "항상 자기 자신, 즉 자신의 선이해의 어떤 부분을 말하는 것이다.[22] 그렇지 않다면 그는 법률과 사건을 전혀 대응시킬 수 없다." 이미 극복된 법실증주의에서 전제하는 바와는 정반대로, 법규범이 해석에 앞서 '순수한 객관성'(reine Objektivitaet)과 '순수한 사물성'(reine Sachlichkeit)을 지니는 확정된 상태로 선재하는 것이 아니라, 해석의 결과물, 즉 "법관 자신의 선판단, 확신, 관심 및 의견(개인적인 것이든 사회적인 것이든) 등과 함께 자신의 인격을 끌어들이는 '이해'(verstehen)의 과정" 속에서 비로소 산출되고 형성되어 나가는 것으로 본다면, 도대체 이 작업에 앞서, 이 과정의 바깥에 있는 법의 '객관적 옳음'은 존재하지 아니한다.[23] 법률과 사태에 대한 이해는 단순한 '앎의 작업'이 아니라 일종의 '수행'의 인격적 행위, 즉 이해의 주체가 전인격을 걸고 하는 창조적인 법형성의 행위인 바, 법관의 법해석행위와 판결을 판단하는 기준은 구체적인 판

Pennsylvania Press, 1985, 118-126면.

22) "Durch Naturrecht und Rechtspositivismus zur juristischen Hermeneutik", in; Beiträge zur Juristischen Hermeneutik sowie rechtsphilosophische Abhandlungen, 1984, 87면.

23) 위의 논문, 87면.

단 및 결정의 과정 바깥에 있는 '법의 옳음'이 아니라 이해와 행위의 주체의 인격, 즉 법관의 이성과 감성, 그리고 윤리의 합체인 '생리적 지표' 및 결정의 상황과 연계되어야만 한다. 법관의 중립성의 명제는 바로 이 '생리적 지표'를 자신의 성찰 속으로 끌어 들이는 과정에서 요구되는, 특수한 공직자로서 법관에게 각별하게 요구되는 공평무사(公平無私)의 공직윤리를 의미하는 것일 뿐이다. 정의를 지향하고, 부정의에 대하여 분노하는 양심의 '생리적 지표' 자체를 형성하고 발전시켜 나감에 있어서 법관은 철저하게 비중립적이어야 한다. 말하자면 정의와의 동맹관계를 항상적으로 유지해 나가야 한다.』[24]

『자연과학적 방법을 기초로 하는 '도덕적 추론'의 모델에 따라 이해하는 입장에서는 도덕적 판단도 가설의 제시와 검증, 그리고 결론에 이르는 추론의 한 과정으로 본다. 도덕적 판단은 우선 관련되는 준거를 탐색하고, 이를 변별한 후, 이론작업을 통하여 준거들을 조합하여 결론(정)에 도달하는 단계적인 논리적 작업이라는 것이다. 그렇다고 해서 이 추론의 전 과정이 의식적이고 통제되는 작업으로만 진행된다고 보는 것은 아니고 또한 부분적으로 편견과 오류가 발생되고 개입될 수 있는 가능성 자체를 부인하는 것은 아니다.[25] 다만, Galloti의 포괄적인 개념정의, 즉 추론을 "결론(목표, 초점: 필자 부기)에 도달하기 위해 '주어진 정보'(일단의 전제들)를 변환하는 정신적 활동"[26]으로 정의하는 입장에서 보면 그 개념론적 핵심은 '외연'과 '내포'의 양 측면에서 다음 두 가지로

24) 저자가 2012년에 발표한 판례평석의 일부인데, 핵심 표제어인 '생리적 지표'(somatic-marker)를 법감정으로 치환하여도 읽으면 무리가 없고, 또한 법감정의 본질과 특성에 대한 이해에 도움이 될 것으로 생각된다. '거창사건'에 대한 대법원판결(2008.5.29. 2004다33469)평석 - '견벽청야'(堅壁淸野)의 군사작전과 법리구성의 구조적 유사점을 주목하며, 저스티스, 통권 제129호, 212.4, 316-317면.

25) J. Haidt, 강인구(역), 도덕적 판단에 대한 사회적 직관주의 모델, 2003. 37면.

26) K. M. Galotti, "Approaches to studying formal and everyday reasoning", Psychological Bulletin, 1989, Vol. 105, No. 3, 333면.

정리된다. 전자는 이성과 감성, 그리고 추론(reasoning)과 상상(imagination)을 독자적인 또는 상호 배척관계에 있는 별개의 능력이나 성향으로 보는 종래의 입장[27]에서는 이성적 사유에 포함되는 것으로 보기 어려운 일정한 범주의 정신적 또는 심리적 과정을 포섭의 개념정의에서 배제하는 것이다. 예컨대 순간적이고 직관적인 반응으로 구성되는 어떤 생각이나 상상, 한 단계의 정신적 과정으로 나타나는 '찰나적인 통찰', 기타 분석되지 않은 상태의 무모한 반응, 정보처리과정을 포함하지 않는 단순한 기억의 재생 등은 추론의 정의에서 배제된다.[28] 후자, 즉 '내포'의 측면에서는 추론의 전체 진행과정에 대하여 추론자 스스로 인식한다는 점, 그리고 적어도 의도적이고 통제되는 다단계의 과정으로 진행되는 정보처리작업으로서의 특성을 추론 형식의 도덕적 판단의 본질적인 요소로 보는 것이다. 인식 또는 판단작업으로서 형식과 준거자료, 기타 실제 효과 등 상이한 점이 없지는 않지만, 도덕적 추론과 판단에 대한 이러한 전통적인 합리주의적 입장, 그리고 이에 대한 반론의 대강과 요체는 그 대상을 '법적 추론'과 판단으로 대치하여 그대로 이해하여도 전혀 무리가 없다. 전술한 바와 같이, 당위와 현실, 법과 도덕을 준별하는 법실증주의의 인식론적 전제의 오류는 이미 확인된 지 오래되었고, 이 '오류의 전제'를 고수하지 않는 한, 도덕적 판단과 법적 판단이 '한 마당'에서 샅바를 같이 걸고 가장 궁극적인 철학문제의 하나인 "인간의 행위를 바르고 그르게 만드는 것은 무엇인가?"(What makes actions right or wrong?)[29]라는 화두와 씨름하는 '실재'(reality)는 부인될 수 없다. 또한

27) 이러한 입장에 대한 심층적인 분석과 비판, 특히 상상이 건강한 추론에 미치는 영향에 대해서는 D. N. Perkins, The Mind's Best Work, 1981. 추론과 모험적인 상상의 밀접한 관계에 대해서는 D. N. Perkins, "Reasoning as Imagination", Interchange, Vol. 16, No.1, 1985, 14-26면.

28) K. M. Galotti, 위의 논문, 333-334면.

29) P. Thagard는 순번을 매기 않는 전제 하에 '실재란 무엇인가?'(What is reality?), '실재를 어떻게 알 수 있는가?'(How do we know reality?), '삶은 왜 살만한 가치가 있는 것인가?'(Why is life worth living?)라는 문제들을 근본적인 철학의 질문들로

이른바 '실증적 합리주의'를 토대로 하는 과학자형 사고와 접근의 전형으로서 자연과학의 방법론을 차용하여 법학과 법해석방법론에 적용한 것이 법실증주의 및 형식주의적 개념법학이고, 법실증주의와 자연법론의 전통적인 대립구도를 변증법적으로 지양하여 '현상'(phenomenon)으로 파악되는 법의 본질적인 양면성, 즉 합리적 측면과 연계되는 '실정성', 그리고 비(초)합리적 측면과 관계되는 '자연법성'을 수렴하여 제3의 대안을 제시한 것으로 평가되는 것이 '법학적 해석학'이거니와, 인식과정의 본질과 구조, 특히 '이성과 감성' 또는 '의식과 무의식'의 기능적 관계에 대한 존재론적, 인식론적 관점의 근본적인 상위와 연관되는 점에서 논의의 궤적과 맥락이 다르지 않기 때문이다. 이는 도덕적 판단의 준거가 되는 실체적인 내용은 판단과 결정 및 그에 따른 실천행위의 맥락 속에서 필연적인 연계를 통해서만 발견될 수 있다고 보는 이른바 '맥락주의'(contextualism)의 관점에서도 다르지 않다. 도덕적 판단의 문제에 대하여 철학적 방법보다는 현상학적인 접근이 더욱 유효하다는 것을 강조하면서, 특정한 상황에서 결정주체 또는 결정에 대한 비평자에게 구체적인 도움을 주어야 하는 윤리학이 '논리' 또는 '단순하고 추상적인 결정과정'으로 환원될 수는 없다고 본 D. E. Marietta의 인식은 법적 판단의 경우에도 타당한 것으로 여겨진다.30)

따라서, 전술한 바와 같이 법감정을 '법문제와 관련된 인간의 직관적인 가치감정'이라고 한다면, 이는 오롯이 도덕적 선판단의 핵심요소

제시한다. The brain and the meaning of life, 2010, 3면.

30) D. E. Marietta Jr., 앞의 책, 49-50, 61-62면. 특히 도덕적 판단이 '추상적인 결정절차'로 환원될 수 없다고 본 점에서 N. Luhmann의 Legitimation durch Verfahren(1969)의 핵심내용이라고 할 수 있는 이른바 '체계이론'(Systemtheorie)에 대한 Esser의 비판과 현상학적 인식론의 토대를 같이 한다. 특히 법적 확신(자신의 판결의 옳음이나 의견이나 판단의 대안들에 대한 법관의 판단의 옳음에 대한 확신)의 획득과 통제에 대한 방법 및 방법론을 제시하지 못한다는 점, 말하자면 법적 확신의 체험적 과정은 인식론의 범주를 훨씬 넘어서는 것으로 보는 점에서 그러하다. Esser, 앞의 책, 특히 21면; 205-216면.

이고, 결국 이 글에서 법관의 법인식과정을 이성과 감성이 상호 영향을 주고받는 통합적인 인식과정으로 보고, 그 과정 속에서 법적 결정 또는 판단의 요소로서 법감정의 문제를 논구하는 것은 우선 도덕적 추론과 도덕적 판단을 동일시하는 합리론과 인식(방법)론의 차원에서 법과 도덕을 준별하는 법실증주의, 그리고 이른바 '포섭도그마'의 오류를 법이론적으로 규명하고, 더 나가서 '법적 확신'에 이르는 법관의 법인식과정에 대한 보완적인 인식모델을 제시하고자 하는 데 그 목적이 있다. 제2장이 전자의 과제에 초점을 맞춘 법이론적 논의였다고 한다면, 여기에서 관심은 도덕적 판단의 요소로서 감성의 요소와 직관의 인식체계의 중요성을 주목하는 이른바 '사회적 직관주의'의 모델을 비롯한 현대 심리학의 연구성과를 원용하여 '법적 추론'과 법관의 법인식작업을 동일시하는 입장에서 '도덕적 선판단'의 과정과 결정요소로서 법감정과 그 중요성을 외면하고 간과해 온 종래 법이론 및 법학방법론의 편견을 보정하는 것이다.』[31]

3. 사법적극주의의 잠정적 정의 및 논제획정

사법적극주의는 사실 주로 영미법권에서 많이 회자되는 화두이다. 특히 미국에서는 Supreme Court의 진보 또는 보수의 정치적 성향과 관련한 대중적인 관심과 더불어 우선 위헌법률심사에서 의회의 정치적 결정에 대한 존중의 정도, 즉 법률에 대한 위헌결정에 대한 적극적인 또는 소극적인 자제의 태도에 초점을 맞추어 지속적으로 논의되어 왔다. 독일을 비롯한 대륙법계에서는 상대적으로 위헌법률심사와 관련하여 이른바 '기능적합적 기관구조'(funk- tionsgerechte Organstruktur)의 관점에서 헌법재판의 객관적인 기능법적 한계나 적정한 통제밀도에 대

31) "법인식작업의 본질 - 법이성과 법감정", 언어권력으로서 사법권과 헌법, 2014, 44-47면.

한 이론적 분석에 집중하여 왔고, 사법적극주의든 사법자제든 적합한 답을 찾을 수 있는 논제가 아니라는 시각이 지배적이다.[32] 일반적인 사법실무와 관련해서도 근본적으로는 법언어학을 비롯한 법철학의 차원에서 또한 권력분립론의 관점이나 법해석방법론 및 법도그마틱의 차원에서 주로 법관의 법형성권의 인정 여부나 또는 그 적정한 정도에 대한 객관적인 준거를 찾는 이론적 논의에 집중해왔지 법관의 정치적 성향이나 그와 연관된 사법적극주의 또는 소극주의의 태도는 관심의 대상이 아니다.

하지만 요즘에 유행하는 화두인 'Governance' 담론을 거론하지 않더라도, 거의 모든 사회문제가 정치적 결정, 즉 의회입법을 통해 내려지고 또한 잠재적으로 모든 법률이 위헌심사의 대상이고, 더 나아가서는 합헌적 법률해석 또는 헌법지향적 법률해석을 통해 법원 또는 법관이 사실상 새로운 법을 창조할 수 있는 헌법실증주의의 법치국가체제에서, 법이론적 논의의 경향과는 무관하게 법적 문제로서 사법적극주의의 함의와 '지향성'(Intentionality) 또는 '주목성'(aboutness)은 본질적으로 다르지 아니하다. 앞에서 사법적극주의와 관련하여 진보 또는 보수의 정치적 성향과 법감정의 문제를 다룬 것도 같은 문제에 대한 관심이 미국과 독일의 경우에 다른 맥락에서 반영된 것인 점을 보여주기 위한 것이었다.

우선 사법적극주의에 대한 잠정적인 정의로 '사법재량이 존재하는 범위에서 독자적인 결정에 대한 법관의 적극적인 태도'로 규정한다.[33] 직간접적인 동인이 되는 가치적 선판단이나, 진보 또는 보수의 정치적 성향이나 법감정 등과는 무관하게, 오로지 합법성과 정당성 간의 간극

---

32) 대표적으로는 K. Hesse, "Funktionelle Grenzen der Verfassungsgerichtsbarkeit"(1981), in: P. Häberle/A. Hollerbach(Hg.), Ausgewählte Schriften, 1984, 311-322면.

33) 사법적극주의 및 사법소극주의의 개념정의와 관련된 상론으로는 J. Daley, "Defining Judicial Restraint", in: T. Campbell/J. Goldsworthy(ed.), 앞의 책, 279-314면.

속에서 사법재량의 가능성과 한계에 대한 법이론적 인식, 그리고 사법재량의 여지가 있는 경우 어느 지점까지 법적 고민과 상상을 끌고 나갈 것인가에 관한 긍정적이고 전향적인 관심과 실천의지의 정도만을 준거로 한다.

둘째는 일단 위와 같이 정의되는 사법적극주의가 법적 문제로 성립된다고 전제한다. 논리적으로 법관의 적극 또는 소극의 태도는 '사법재량', 말하자면 결정의 대안들이 다수 존재하는 경우에만 법학의 논제가 될 수 있다[34]. Luhmann[35]의 말대로 "이미 완전히 결정되어 있는 것은 더 이상 결정될 수 없다." 선결되어 주어진 답을 재확인하는 것에 불과한 경우에는 발견의 정오(正誤)나 그 정확도만이 문제가 될 뿐이고, 따라서 설득과 정당화, 책임과 연계된 법적 문제로서 사법적극 또는 소극주의는 원천적으로 성립될 수 없기 때문이다.

Wittgenstein의 '규칙적용의 모순'(Paradoxie der Regelanwendung)이나 Derridas의 '해체론'과 연관되는 이른바 'Post-modern'법이론에서 말하는 바, 즉 '근본적으로 결정될 수 없는 문제들만이 결정의 대상이 될 수 있다'(Only those questions that are in principle undecidable, we can decide)[36]고 하는 '결정의 모순'(Paradoxie der Entscheidung)[37]에 집착하는 경우에도 법관의 태도는 진지한 법학적 논제가 될 수 없다. '대

---

34) 사법재량(judicial discretion)은 법철학의 근본적인 문제들과 연관되는 일반적 논제로서 대표적인 법적 논증론의 문제일 뿐만 아니라, 권력분립, 법관의 법률기속, hard case와 easy case의 구별, 법의 해석과 제정의 분리 등 법 도그마틱의 주요 논제들과 관련된다. 상대적인 개념으로 이해하는 입장에서 '재량'에 관한 상론으로는 M. Klatt, "Taking Rights Less Seriously. A Structural Analysis of Judicial Discretion", Ratio Juris, Vol. 20, 2007, 506-529면.

35) N. Luhmann, "Die Paradoxie des Entscheidens", Verwaltungsarchiv 84(1993), 287면.

36) H. v. Foerster, Luhmann의 위 논문에서 재인용. 287, 289면.

37) 이에 관한 상론은 Ch. Becker, Was bleibt? Recht und Postmoderne, 2014, 92-103면.

안부재'가 아니라 '무제한의 대안'을 제시하는 점에서 논리적으로 주관적인 사법재량과 그에 따른 독자적인 결정의 가능성과 필요성을 부정하는 것은 아니라고 하더라도, 적어도 약화된 의미에서라도 법이론적으로 접근 및 수용의 가능성이 전제되는 객관적인 규범적, 방법론적 제약 자체를 전면 부인하는 전제 하에서는 사법실무상 '제도적인 권위'와 이론화될 수 없는 '자의적인 선택의 불가피성'을 용인하는 것 외에 다른 대안을 상정할 수 없고, 적어도 당위적인 법관의 태도에 관한 문제제기는 포기할 수밖에 없다.

다음 장에서 법이론의 개관하는 것은 사법적극주의가 이른바 '사이비문제'가 아니라는 점을 해명하는데 초점을 맞춘 것이고, 이어서 '법도그마틱 이론'을 논의하는 것은 '이론을 위한 이론'의 차원이 아니라 사법실무와 연관된 실용적인 문제로 접근할 수 있는 가능성과 함께 구체적인 접근의 관점과 단서를 제시하고자 하는 것이다.

셋째는 당대의 대표적인 사법적극주의자로 평가되는 이스라엘 전 대법원장 A. Barak의 말대로, 일련의 연속체(continuum) 중에 사법적극주의와 사법소극주의는 양 극단에 해당하는 것이고, 적극이든 소극이든 그 정도가 유의미한 법적 문제로 논의될 수 있을 뿐이다.[38] 또한 획일적인 기준에 따른 절대적인 접근은 배제된다. 영역과 층위 및 사안의 내용에 따라 사법재량의 범위와 한계, 필요성과 대응의 양식이 다를 수밖에 없는 점에서 차별화 및 개별화된 접근이 불가피하다. 타당한 관점을 설정하고 그 기준을 정리해내는 것이 관건이다. 여기에서 별도로 논의하지는 않지만, 헌법재판소의 재판관과 일반법원의 법관은 물론이고, 하급법원의 법관과 최고법원의 법관에 대한 역할기대도 달리 설정되어야 할 것이다.

---

38) The Judge in a Democracy, 2006, 266면.

넷째로 사법적극주의의 문제나 그에 대한 태도의 문제, 즉 '태도에 대한 태도'(attitude about attitude)는 사회상황과 헌법재판제도를 비롯한 법적 문화와 밀접하게 연관되는 문제이다. 또한 헌법기초자의 이른바 '원의도'(original intention)의 규범적 의미와 그 비중에 대해 활발하게 토론이 벌어지는 미국과 달리, 우리나라도 마찬가지이지만, Canada나 독일과 같이 그렇지 않은 경우에 '원의도'에 대한 태도는 상대적으로 중요한 의미를 갖지 못한다. 궁극적으로 입법의 수준을 결정짓는 정치제도와 문화, 법원 또는 법관에 대한 신뢰도, 대중의 법의식 등 법사회학적인 요소들도 중요한 변수가 될 것이다.

Ⅲ. 사법적극주의로 꿰어 본 법이론 개관

1. 개요

법이론은 법철학과 법실무를 연결해주는 매개체이다. '법학은 묻고, 법철학은 답한다'라고 말할 때, 법학은 입법의 단계에서든 사법의 범주에서든 구속력이 있는 결정의 실무를 위한 '구체적인 정의'를 묻고, 보편적인 규범과 가치 및 그 근거를 천착하는 법철학은 기본적으로 '추상적인 정의'를 탐구한다. 이 '추상적인 정의'에 관한 답과 이를 둘러싼 논의를 '구체적인 정의'의 문제와 답으로 연결시키는 것이 바로 법이론의 몫이다. 법이론은 정의의 정의(定義)에 대하여 확정적인 답을 제공할 수는 없고, 보편타당한 정의의 준거를 제시할 수는 없지만, '그래서 어쨌다는 것이고, 어떻게 하자는 것인가?'(So What?)라는 반문에 대하여 문제의 구조와 맥락을 관통해서 볼 수 있게 하고 또한 구체적이고 개별적인 정의에 대한 물음에 대하여 '토론의 규준'(Diskussionsschemata)을 제공하여주는 과학적 토대이다.

정의에 따라 정도의 차이가 있기는 하지만, 관념이 아니라 '행위를 지향하는 과학'(action- oriented science)으로서 법이론은 적어도 미약하게라도 또는 간접적으로라도 법적 결정, 특히 '법적 추론'을 통한 사법적 결정의 범주에서 가능한 한 확고하고 검증가능한 합리적인 방법과 객관적으로 타당한 기준을 모색하는 법도그마틱과의 연결의 가능성이 전제되지 않는 경우에는 그 의미와 효용이 인정되기 어렵다고 보는 것도 바로 이 때문이다. 후술하는 바와 같이, 법도그마틱의 '탈도그마화'(Entdogmatisierung)와 개방된 법이론적 구성의 가능성과 필요성을 주목하는 입장에서 사법적극주의의 명제로 법이론을 꿰어서 개관하는 것도 법철학과 법실무의 간극 속에서 보다 법실무에 연접한 지점에서 사법적극주의가 법학의 논제로 성립된다는 전제를 재확인하고, 문제의 함의와 구조를 해명하고자 하는데 초점을 맞춘 것이다.

2. 전통적인 개념법학 - 법실증주의

결론부터 말한다면, 법규범을 법제도와 법원리, 또는 이들이 수렴, 응축되어 정리된 일반적이고 추상적인 개념들로 구성된 폐쇄적이고 완벽한 의미체계로 이해하는 전통적인 법이론이나, 체계론의 관점에서 논리적으로는 외부요소라고 할 수 있는 이른바 '근본규범'(Grundnorm)을 가설적인 정당성의 근거로 제시하기는 하되 '법률=법'의 논리형식으로 법의 존재와 효력을 실정법의 위계체계 내에 국한하여 접근하는 법실증주의이론의 차원에서 법관의 개인적인 가치관이나 세계관, 주관적인 정치적 성향은 물론이고, 적극 또는 소극의 태도는 법적 문제로 상정되지 않는다.

이른바 Pandekten 학파를 비롯하여, Savigny, Puchta 등을 대표로 하는 독일의 전통적인 '개념법학'(Begriffsjurisprudence), 영미법권의 경우 Austin이나 Hart 등의 '분석법학'이 전자의 법이론이라면, 후자는 이른바 '순수법학'을 표방하는 H. Kelsen의 법실증주의이론으로 대표되는 바, 이러한 법이론의 맥락에서 법관의 역할은 역사적 사실로 주어진 규범의 개념체계 또는 법률이라는 실증적인 규범형식으로 완결된 상태로 주어진 규범체계 속에서 개념을 분석하는, 법학(만)의 특유한 독자적인 방법을 통해 법을 '발견'하는 것에 국한되는 것으로 전제된다. 말하자면 '옳은 순수성'(richtige Reinheit)[39]으로 꿰어진 법원론(法源論)과 법효력론 및 법학방법론의 관점에서 보면, 선결된 결정으로 주어진 법을 순정한 연역적 추론의 방법에 따라 해석하여 기계적으로 적용하는, 이른바 '기계적인 법관'을 넘어서는 법관의 역할에 대한 기대는 원천적으로 관심을 가질 필요도 없었고, 논리적으로 상정될 수도 없었다. 명백한 역사적 사실 또는 논리적으로 '헌법의 최고규범으로서 효력'을 전제하는 내용의 '근본규범'과 헌법을 정점으로 하는 위계적인 실정법체계로 설정된 체계 자체의 정당성은 법학적 고민과 논의의 대상이 아니거니와,[40] 법률의 효력의 근거에 대한 질문에 대하여 자연법 및 자연법과 유사한 모든 논거는 부인된다. 오로지 확인과 검증이 가능한 실증의 사실, 말하자면 헌법에 규정된 절차와 방식에 위배되지 않는 입법 자체만이 유일한 근거로 인정된다. 체계 내에서 정당성을 구현하는 법적 숙고와 결정의 주체는 오롯이 의회입법자라는 것과 함께, 실증적인 민주적 협의와 정치적 결정을 통해 정당성에 대한 숙고와 가치적 판단은 종결된 것이고, 법관은 합법성만 주목하면 되는 기술적인 법집행자에 불과한 것으로 설정하는 권한 또는 기능배분의 결정도 헌법 차원에서의 정치적 결단에 의해 선결된 '정당한 법체계'의 핵심적인 내용이다.

실정헌법에 수용된 고전적인 법실증주의이론, 특히 일종의 '규제적 이념'(regulative ideal)으로 상정된 이른바 '포섭의 도그마'(Subsumtionsdogma)

---

39) R. Seinecke, "Richtige Reinheit oder reine Richtigkeit, -Rechtslehre nach Hans Kelsen und Karl Larenz", JZ, 2010, 279-287면.

40) 이에 관한 주목되는 논의는 M. Jestaedt, "Geltung des Systems und Geltung im System", JZ, 2013, 1009-1021면.

를 고수하는 형식적인 개념법학적 방법론의 맥락에서는 법률해석상 대안선택의 가능성을 전제로 하는 사법재량은 인정될 수 없고, 따라서 적어도 앞에서 정의한 의미의 사법적극주의는 원천적으로 법적 문제로 성립될 수 없다. 법의 객관성과 보편성을 추구하는 수단으로 법률과 법을 동일시하는 형식론과 법개념체계의 폐쇄적인 구조 속에서 엄격한 '논리적 추론'의 인식방법만을 인정하는 이른바 '순수법학'의 입장에서는, 예컨대 Dworkin이 말하는 '법의 꿈'이나, 적극적이든 소극적이든 이에 대한 법관의 태도와 같은 주관적인 우연(偶然)의 요소는 법학 및 법학방법론의 순수성을 오염시키는 이데올로기적 이물질로 금기시된다. 장래의 모든 해석가능성을 고려하여 입법자가 법문의 의미를 확정할 수 있고 또 그래야만 한다는 법실증주의의 요청에 따르면, 적어도 법과 '법적 추론'(legal reasoning)의 법발견의 방식을 알고 있어야 하는 법률전문가, 특히 법관의 법해석 및 적용작업은 사실상 '연산'(演算: algorithm)의 방법과 다르지 않다는 점에서, '법적 진리'로 선결되어 주어진 '유일한 정답'을 찾아냈는지 여부, 즉 '정오'(正誤)의 관점에서만 인식 및 평가될 수 있기 때문이다.[41)]

사법적극주의를 법적 문제로 수용할 수 없는 이러한 '포섭의 도그마'가 법학방법론상 가장 극명하게 드러나는 것이 이른바 '3단계이론'이다. '조건과 결론의 형식'(Wenn-Dann Form) 속에서 대전제로서 일종의 '공준'으로 확립된 해석방법을 통해 법텍스트에 담긴 의미, 즉 조건의 법규범을 발견해내는 법해석의 단계와, 소전제로서 사태파악의 단

---

41) 법실증주의적 입장에서 사법소극주의를 대표 할 수 있는 보수성향의 Scalia 대법관이 낙태나 인종, 성평등, LGBT 권리 등과 관련된 사건에서 진보적 성향의 Kennedy, O'Connor 대법관에 대하여 이른바 '무법의 추론'(lawless reasoning)이라고 폄하하면서 '적극주의'의 코드로 비난한 것도 실제로는 '사법권의 완력적 사용'(muscular use of judicail power)보다는 그들이 취한 법해석의 방법과 그 결과들에 초점을 맞춘 것이라는 평설도 같은 맥락에서 타당한 것으로 이해된다. L. Tribe/J. Matz, Uncertain Justice - The Robert Court and The Constitution, 2014, 164-165면.

계, 그리고 이 개념과 파악된 사태의 부합에 대한 판단, 즉 조건의 충족 여부를 조사하는 '포섭'을 각각 단절된 상태에서 순차적으로 진행되는 독자적인 단계의 인지적 사유작업으로 이해하는 논리형식 속에서 주관적인 또는 주관적일 수밖에 없는, 그렇기 때문에 비논리(illogical)[42] 또는 반논리적인 법관의 주관적인 태도는 법 또는 법해석작업과 친할 수 없는 '불상용(不相容)의 이질적인 것'인 것으로 여겨질 수밖에 없다. '사법(司法)의 비도덕성(amorality)'을 비롯하여 사법소극주의로 귀착되는 '개념주의(conceptualism)', '사실로서 법의 확정성(determinacy)' 등과 같은 법형식주의(legal formalism)의 핵심명제들에 대하여 변용을 가하는 이른바 '포용적 실증주의'(in- clusive positivism)[43] 또는 '연성 실증주의'(soft positivism)[44]에서 주장하는 바와 같이, '3단계이론'의 핵심인 '법적 추론'의 방법이 문의에 집착하여 곧이곧대로 법문을 해석하는 의미의 '문리해석'(literalist interpretation)과 동일한 것은 아니라고 하더라도 이러한 결론은 달라질 것이 없다. 또한 '논리해석'을 비롯한 '체계적 해석', '역사적 해석' 등의 객관적인 법해석방법의 틀에 법관의 윤리적 판단이나 도덕적 확신 등과 같은 주관적인 태도가 판단요소로 인입될 수 있는 여지를 인정하더라도 마찬가지이다.[45] 법관의 독자적인 역할과 그에 따른 간접적인 또는 부차적인 영향을 인정한다고 하더라도, 특히 M. Kriele가 강조하는 '결정책임'(Entscheidungsverantwortung)[46]의

42) 여기에서 '비논리적인'의 용어는 상식이나 실질적인 가치공준에 부합되지 않는다는 의미, 예컨대, '법적 논증(legal argument)은 논리적인데, 그 결론은 비논리적이다'라는 말이 논리적으로 모순이 아닌 것과 같은 맥락에서 '타당하지 않은' 것과는 다른 기술적(記述的)인 의미, 즉 본질적으로 논리적인 설명 및 입증과 친하지 않다는 뜻으로 사용된 것임을 밝혀둔다. 이와 관련해서는 N. MacCORMICK, Legal Reasoning and Legal Theory, 1978, 39면.

43) S. C. Shapiro, Legality, 2011, 267-281면.

44) B. Leiter, Introductionin; B. Leiter(ed.), Objectivity in Law and Morals, 2001, 4면.

45) B. Leiter, "Objectivity, Morality, and Adjudication", 위의 책, 54-57면.

46) 이에 관해서는 Theorie der Rechtsgewinnung, 2. Aufl., 1976, 312-320면.

전제 하에 '법을 획득'(Rechtsgewinnung)하여 구체적인 법적 결정을 내리는 '현실세계의 법관'(real-world judge)이 아니라 입법자에 의한 선결정의 결과인 '법률에 대한 충실'(Gesetzestreue)과 '법의 발견'(Rechtsfindung)을 위한 '방법론적 꼼꼼함'(methodische Sorgfalt)[47]만 주의하면 되는 '이상적인 법관(ideal judge)[48]이라면 어떻게 할 것인가?'라는 추상적인 질문에만 초점을 맞추는 맥락 속에서 그것은 유의미한 관심사가 아니기 때문이다.

여기에서는 법과 법관의 역할에 대한 오늘날의 기대에 부응하기에 '파리병'만한 용적의 법이론은 너무 협소하고 단순하며, '파리병' 속에서만 통용되는 기계적인 법학방법론은 망치만을 도구로 갖고 세상을 못으로만 인식하고 다루려고 하는 것과 다르지 않다는 점만 지적하고, 구체적인 이론적 검토와 비판은 다음 절에서 진행한다.

3. 탈 '포섭도그마'의 법이론

(1) 법학적 해석학(juristische Hermeneutik)

기술한 '포섭의 도그마', 즉 법을 폐쇄된 개념의 논리체계로 간주하는 전통적인 개념법학을 극복한 것이 현대 법학방법론이 가장 자랑스러워하는 전리품이라고 한다면,[49] 그 전공은 우선 이른바 '법학적 해석학'(juristische Hermeneutik)의 몫이다. Kaufmann이 단언하는 바와 같이, 실정법률의 법문과 초법률적인 자연법 중 하나만을 집착하는 법실증주의와 자연법론 간의 오랜 싸움이 종언을 고한지 오래되었거니와, 현대의 법철학에서 존재와 당위의 단절적 이원주의를 극복하고 법에 대

47) 위의 책, 312면.
48) 이에 관해서는 C. R. Sunstein/A. Vermeule, "Interpretation and Institutions", 101 Michigan Law Review, 2003, 898면.
49) Ch. Becker, 앞의 책, 74면.

한 새로운 정당화의 수단과 방법을 제시한 수많은 이론적 시도들은, 상이한 철학적인 토대에 따라 적잖은 차이가 있었지만, 한 가지 공통된 전제가 있었다. "법이 더 이상은 절대적이고 보편타당한 당위규범들의 체계로 규정되지는 아니하고 또한 실정법률과 법이 동일시되지는 않는다"고 보는 입장이 그것이다.50) 후자의 전제는 바로 전통적인 개념법학과 교조적인 법실증주의의 이론적 토대, 즉 실증성에 의해 보증되는 법률의 '옳음'(Richtig- keit), 말하자면 실정법률의 효력와 정당성을 필연적인 것으로 전제하고 체계초월적인 비판을 금지하는 '합법성=정당성'의 논리형식에 대한 파기선언에 다름이 아니다. 파기선언의 이유와 그 후 대안의 모색에서 많은 차이가 있음에도 불구하고, 공통된 법이론적 출발점은 가변적이고 역사적인 사태와 규범, 존재와 당위의 교차적인 관계 속에서 법의 '옳음'은 법규범 속에만 자리 잡고 있는 것은 아니고, 현실 속의 생활사태들에도 내재되어 있다는 것에 대한 존재론적 인식이다.51)

합헌적인 절차에 따라, 즉 실증적 과정을 통해 법률을 제정하는 입법자와 헌법과 법률에 의거한 사법적 결정의 주체인 법관을 연계시키는 헌법실증주의체제, 즉 U. Neumann을 빌려 말하자면, '합헌의 법률=유효한 현행법의 규범'에 대한 묵시적 확인을 토대로 하는52) 법운용체제에서 법규범 확정의 준거와 사법적 결정을 위한 출발점의 선택을 법관의 임의에 맡겨놓는 것에 동의하지 않는 점에 국한해서 보면, 오늘날 거의 모든 법학자와 법관은 법실증주의자라고 할 수도 있을 것이다.53)

50) 앞의 논문, 79-80면.
51) 앞의 논문, 81면.
52) 윤재왕(역), 구조와 논증으로서의 법(U. Neumann, Recht als Struktur und Argumentation, 2007), 2013, 313면.
53) F. Müller/R. Christensen/M. Sokolowski, Rechtstext und Textarbeit(1997), 이덕연(역), 법텍스트와 텍스트작업, 2005, 22-24면. 독일 연방헌법재판소에 의해 반복 사용되는 '법관에 의한 규범제정금지'의 명제도 같은 맥락에서 그 취지가 이해된

하지만 '포섭의 도그마'를 고수하는 실증주의적 법이론과 그것을 극복한 법이론들 간의 결정적인 차이는 그 출발점인 법문의 본질과 법문을 다루는 법관의 법인식작업의 기능과 구조에 대한 이해이다. 법원론(法源論) 및 법효력론의 차원에서 입법자에 의해 확정된 의미가 저장되어 있는 법문의 바깥 또는 법률의 뒤나 위에 있는 도덕률이나 자연법 등의 모든 상위법과 그것을 명분이나 매개로 하는 법관의 도덕적 확신과 주관적인 가치판단을 철저하게 배척하는 입장이 전자이고, "어떠한 전제조건 아래서 실정법에 대하여 효력을 갖는 법규범이라는 지위를 부여해야 하는가?"라는 법효력의 문제와 함께 그 배후에 있는 더 근원적인 물음, 즉 "어떠한 경우에 '법규범의 효력'이라고 말하는 것이 '의미'를 지닐 수 있는가"[54]라는 질문을 제기하고, 실천적인 형성작업으로서 법인식작업의 본질과 법관의 법창조적 역할의 가능성과 필수성을 주목하여 '포섭의 도그마'를 극복한 법학방법론이 '법학적 해석학'으로 대표되는 후자의 입장이다.

현대 언어학의 시조라고 할 수 있는 F. D. Saussure를 비롯하여 언어기호의 불확정성을 밝힌 R. Wittgenstein이나 철학적 개념의 우연성을 해명한 R. Rorty, 모든 언어적 표현을 해석행위로 파악하는 '해석주의'(interpretationism)에 따라 언어의 '상호주관성'을 주장한 D. Davidson, 의미론적 '추론주의'(Inferentialismus)와 '총체주의'(Holismus)를 토대로 하는 '규범적 실용주의'에 따라 언어적 이해를 개별 화자와 해석자 상호간의 '규범적 게임'으로 형식화한 R. B. Brandom 등의 (언어)철학자들

다. 입법자의 과중한 부담을 피하기 위해서는 구체적인 사건에 대하여 효력 있는 법의 의미로 이해되는 법규범은 필연적으로 법관이 결정할 수밖에 없지만, 그럼에도 불구하고 권력분립의 핵심인 법제정에서 입법자의 주도적인 영향력행사와 법관의 법률기속의 헌법적 요청이 폐기되지 않으려면 법관의 법형성과정의 출발점인 규범텍스트는 외부에서 주어져야만 한다는 논리이다.

54) 윤재왕(역), 앞의 책, 313-314면.

은 차치하고,[55] 이념(개념)과 기호(언어), 그리고 이념(개념) 및 기호(언어)와 경험적인 현실(사태) 간의 '존재론적 불일치'(ontologische Inkompatabilität)를 해명하여 개념법학 및 교조적인 법실증주의의 근본적인 언어학적 오류를 확인시켜 준 점에서 보건대, G. Herder, F. Schleiermacher, W. Dilthey, M. Heidegger, H.-G. Gadamer, P. Ricoeur 등으로 대표되는 '철학적 해석학'이 원용된 것이기는 하되 '법학적 해석학'은 바로 이러한 '포섭의 도그마'의 극복이라는 법이론적 선회에 합류한 법학방법론들의 총칭으로 보아도 무리가 아니다. "법률텍스트는 그 자체를 준거로 해서는 결코 이해될 수 없고, 그것이 이해될 수 있기 위해서는 항상 '선이해' 또는 '선판단'을 필요로 한다"는 이른바 '해석학적 순환'(hermeneutischer Zirkel)[56]에 대한 인식과, 개념을 형성하고 그것을 타인에게 전달하는 과정 자체가 경험적 현실과 언어의 filter를 거쳐야하고, 그렇기 때문에 수신자와 환경 및 전달의 맥락 등의 영향을 받을 수밖에 없다고 보는 인식론적 전환이 그 핵심이다.[57]

'법학적 해석학'이 주목하는 '해석학적 순환' 속에서 법률의 해석과 적용은 법률텍스트를 읽는 것이 아니라 '이해'하는 작업이다. 단순히 소극적으로 확정된 메시지를 전달받고 수용하기만 하는 정보수신이 아니고, '의도'(Intention)와 연관되는 하나의 의미론적 구성의 작업이다. 실천적이고 형성적인 '행위'(action), 이른바 '화행'(話行: speechact)이다. 법률은 법해석적업의 '출발자료'(Ausgangsdatum)일 뿐이고, 당위의 의미덩어리인 '규범'은 법률의 해석에 앞서 존재하는 것이 아니라 해석의 결과로 주어지는 것이라고 하는 F. Müller[58]의 확언도 같은 맥락에서

55) 이른바 '언어적 전회'에 초점을 맞춘 언어철학사 개론서로 주목되기도 하지만, 이에 관한 상론과 생략된 개별적인 문헌인용을 대신하여 G. W. Bertram, Sprachphilosophie zur Einführung(2011), 정대성(역), 언어, 의미 그리고 철학, 박이정, 2015.

56) A. Kaufmann, 앞의 논문, 86면.

57) J. M. Adeodato, "Antworten der Juristischen Dogmatik auf zwei wichtige Probleme der Rechtsphilosophie", Rechtstheorie 41, 2010, 289면.

58) 이덕연(역), 위의 책, 17-24면.

이해된다.59) '법률텍스트'(Gesetzestext)를 법과 정치 간의 '월경안내자'(Grenzgänger)60)라는 표현이 시사하듯이, 법률은 정치의 산물로 주어진 '법률텍스트'를 유효한 자료로 하는 이른바 '구성적 실천행위'인 텍스트작업(Textarbeit)을 통해서 비로소 구체적이고 역사적인 법으로 형성된다. 사실에 대한 인식과 가치판단 및 실천의 요소를 포함하는 법해석작업의 구조적 복합성과 함께 법관의 창조적인 법형성자로서 역할과 기능을 해명한 J. Esser의 탁견은 가감 없이 읽어봄직 하다.

『외견상 법적용은 사태와 적용규범의 이른바 포섭이라는 연역의 논리형식으로 진행되는 단일한 행위인 듯 보이지만, 결정적인 요소는 이 추론에 선행하는 판단, 즉 분쟁규율의 필요성여부와 그 크기, 그리고 규범의 부합성, 말하자면 인식된 필요성에 부응하는 규범의 적합성에 대한 판단이다. 이 두 가지 판단을 위해서는 사태에 대한 있는 그대로의 완전한 규명과 평가만으로는 부족하고, 이를 넘어서는 사전적인 숙고가 필요하다. 즉 어떤 관점에서 사태를 평가해야 하는지가 관건이고, 이는 준거규범에서 찾아진다. 이 준거규범을 찾는 것 자체도 (단순히 개념에 대한 논리적인 추론작업으로만 진행되는: 필자 부기) 체계적인 탐색행위가 아니라 주어진 사태의 상황에서 또한 법체계적 관계와 법정책적 결과와 관련하여 고려되어야 하는 다수 규범들의 효용에 대한 평가가 요구되는 복합적인 작업이다.』61)

---

59) 이와 관련해서는, 법관을 이른바 '제2단계의 입법자'(Gesetzgeber zweiter Stufe)로 이해하는 관점에서 법적 문제로서 '법관의 법률기속'에 내포된 언어학적 문제를 천착한 R. Christensen, Was heißt Gesetzesbindung?, 1989, 특히 13-22면 참조. 법학방법론과 연계하여 '언어적 의미'(sprachliche Bedeutung)의 객관성에 초점을 맞추어 '법문의 한계' 및 그 이론화의 가능성과 한계를 정밀하게 분석한 연구는 M. Klatt, Theorie der Wortlautgrenze, 2003.

60) M. Nussbaumer, "Grenzgänger - Gesetzestexte zwischen Recht und Politik", in; U. Haß-Zumkehr(Hg.), Sprache und Recht, 2002, 181면.

61) Vorverständnis und Methodenwahl in der Rechtsfindung, 1972, 31면.

요컨대, Montesquieu의 '법률을 말하는 입'이 아니라 '법규범의 창조적 형성자'로서 법관이 하는 법해석작업은 개념상 필연적으로 형성자가 자신의 인격 중의 무엇인가를 그 형성의 작업에 인입하는 것을 의미한다는 점에서 '법학적 해석학'의 맥락에서 사법적극주의의 문제가 법학, 특히 법학방법론상 중요한 관심사로 부각되는 것은 당연하다. 오히려 '법학적 해석학'에서 강조하는 것은, 이 경우에 법관의 주관적인 태도가 자의적인 결정으로 귀착될 수 있는 위험성을 인정하는 전제 하에, 사법재량에 늘 작용되기는 하지만 대개는 은폐되는 주관적인 동기들이 현출되고 또한 방법론상 논증관계 속에 편입되어야 한다는 것이다. 다만, Kaufmann이 토로하는 바와 같이, 궁극적으로 '정당한 법'이 법관 자신의 성찰과 법학적 논증, 그리고 참여자들 간의 간주관성을 지향하는 합의를 통해서 창출될 수밖에 없다고 한다면,[62] '법학적 해석학'은 적절하게 문제를 제기하고, 그 구조를 명확하게 해명하기는 하였지만, 법이론과 법실무상 관심사인 자의적(恣意的)인 사법적 결정을 피할 수 있는 방법, 즉 검증이 가능한 합리적인 기준에 따라 객관적 진술을 할 수 있는 법학방법론적 기법을 발전시키지는 못하였고, 법형성의 과정에서 구체적으로 법관에게 요구되는 적극 또는 소극적인 태도에 대해서도 각별한 관심을 갖지 않았던 것으로 생각된다.

(2) '법학적 해석학' 이후의 분화된 '결정(체계)이론'

'포섭의 도그마'의 법존재론적 토대라고 할 수 있는 법에 대한 이해, 즉 법을 완결된 개념들의 폐쇄적인 논리체계로 보는 인식을 극복한 것이 '법학적 해석학'의 법이론적 성과의 핵심이라고 한다면, '결정(체계)이론'은 '법학적 해석학'에 의해서 해명된 '법체계의 개방성과 역동성'이라는 추상적인 단서를 구체적인 법이론으로 수용하여 정치화하고, 그

62) 위의 책, 88면.

것을 법사회학적 관점들과 연계하여 문제 및 문제해결 중심의 실용적인 법학방법론으로 연결해낸 법이론들이라고 할 수 있다. 법을 폐쇄된 규율체계로 이해하되, 그것을 사법적 결정에 앞서 외부에서 완결된 상태로 주어지는 '정적인 체계'가 아니라 자기반성적이고 '역동적인 체계'로 이해하고 또한 법의 총체적 체계의 형식성을 부인하면서, 독립된 전체로 이해되는 사회의 다른 '하부체계'(subsystems)와의 관계 속에서 합리화된 결정체계로서 법과 사법적 결정의 기능적 구조 및 그 실용적인 사회규율기능을 주목하는 N. Luhmann으로 대표되는 결정체계론적 법이론이다.[63)]

이데올로기적 비판론을 제외한다면, 전술한 바 있듯이, 일면 합헌적인 실정법률을 출발의 준거로 하는 점에서 오늘날 거의 모든 법학자와 법실무가들을 법실증주의자이고, 타면 합헌적인 실정법률을 출발점으로 하되 법의 '체계적 총체성의 형식'과 함께 해체 또는 격하된 '순정한 연역적 추론'의 빈자리를 채우는 과제를 주목하는 오늘날의 거의 모든 법이론과 법학방법론은 '결정(체계)이론'으로 집합된다고 할 수 있다. 다만, 이른바 '체계사고'(Systemgedanken)를 토대로 하는 현대 법학방법론이 개가를 울리는 핵심이 개념법학의 극복인 점에서 일종의 아이러니이기는 하지만, Savigny로 대표되는 전통적인 개념법학 자체가 당시에는 '체계사고'의 정점에 있었던 법이론이었다는 점을 고려하면, 양자의 이론 및 법학방법론상 차이는 '체계사고'의 유무가 아니라 '체계사고'의 대상인 법의 존재와 법효력의 근거에 대한 근본적인 이해, 그리고 결정기제로서 법의 기능 및 법적 결정의 주체로서 법관에 대한 '역할기대'의 상위에서 찾아진다. 현대적인 '결정(체계)이론'은 단순히 다른 version의 '체계사고'가 아니라, 지나치게 단순화된 '체계사고'를 변증법적으로

---

63) 대표적으로 "Funktionale Methode und juristische Entscheidung", AöR Bd. 94, 1969, 1-31면.

극복한 새로운 차원의 '체계사고'를 수용한 법이론들이라고 할 수 있다. 말하자면 작위적으로 단원체로 상정되는 '이른바 내적 체계'(das sog. innere System)에 국한되었던 법체계의 범주를 다원적인 가치와 사실이 상호 의존 및 연계된 '복잡계'로 주어지는 사회현실을 향해 개방하여 그 지평을 전방위적으로 확장하고, 체계에 대한 인식의 차원을 격상시킨 법이론들이다.

여기에서 따로 상론하지는 않지만, 개념법학의 형식주의를 비판하는 일련의 법이론들은 법학방법론의 관점에서 보면 사실상 이른바 '탈체계화'의 주장까지 포함하는 새로운 차원의 '체계사고'가 다양한 관점에서 수용되어 표현된 '분화된 결정(체계)론'이라고 할 수 있다. 예컨대, 거슬러 올라가면 개념 또는 총체적인 개념체계와 함께 또는 그보다 앞서 가치를 주목한 R. Jhering의 '이익법학'(jurisprudence of interest)에서부터 법정책적인 또는 현실적인 이유에서 초기에는 법실증주의의 입장을 취했었지만 결국 '법적 안정성'보다 '정의'의 법이념을 우선시킨 G. Radbruch, 권리보호에 초점을 맞추어 일반적인 법원리를 강조한 Dworkin의 이른바 '자연법 없는 자연법이론'이 그러하고, '법사회학'의 중요성을 해명 및 부각시킨 Ehrlich나, 이른바 '자유법운동'(free law movement)을 제창한 Kantorwicz나 Fuchs를 비롯하여 반형식주의의 선두에 있었다고 할 수 있는 미국의 법현실주의자들도 법의 형식성, 특히 논리적인 개념체계로서 법의 폐쇄성과 완결성을 근본적으로 부정하고, 사회적으로 구성되는 법의 개방성과 법적 결정의 근본적인 불확정성을 강조한 점에서 같은 계보에 포함할 수 있다.

다분히 기술적(記述的)인 법이론이기는 하되, 비판법학운동이나 Derridas류의 해체주의적 법이론과는 달리 법의 불확정성과 사법적 결정의 비객관성을 상대적인 것으로 이해하면서 최근의 인지과학적 연구성과를 토대로 하여 경험적인 인지모델에 따라 좀 더 '인간화된 재판학'을 모색하는 영미법철학계의 최근 논의[64]도 '개방된 결정(체계)이론'의 일환으로 이해된다. '법학적 해석학'이 강조하는 사태와 규범간의 교차적인 관계와 함께, 법텍스트를 매개로 하여 자기반성을 계속하면서 이 양자에 대하여 눈길을 번갈아주는 법해석자의 법인식작업, 즉 복합적이고 입체적인 '법적 추론'의 역동성을 주목하면서 '논증적 인식대상으로서의 법문제'를 새롭게 접근하는 것도 궁극적으로는 사법적 결정에 이르는 법관의 법인식작업의 본질과 구조를 해명하기 위한 것이기 때문이다.[65]

특히 기술적(記述的) 이론에 대한 것이기는 하지만, '법에 대한 비판을 촉진하고, 법적 판단과 사법적 결정의 효율성을 높이는데 기여할 수는 있을 것이나, 법관의 법적 결정을 정당화하는 필요충분조건을 제공하지는 못한다'고 하는 총평[66]은 기본적으로 위에서 개관한 '탈 포섭도그마' 및 '법학적 해석학' 이후의 법이론들 전체에도 해당된다. 하지만, 폐쇄된 개념체계로 법을 이해하는 법의 단순화와 헌법을 정점으로 하는 위계적인 실정법체계의 형식화, 그리고 순수한 연역논리적 작업으로만 전제하는 법해석방법론의 단원화와 같은 전통적인 법이론의 핵심을 부정한 '법학적 해석학'과 그 후의 현대 법이론들에서 사법적 결정의 정당화를 위한 필요충분의 조건을 제공받기를 기대하는 것은 무리이다. 개방된 이후 법체계의 지평과 공간은 너무 광활하고, 형식의 전후와 상하에 있는 실체, 즉 윤리와 도덕 등의 가치적 요소와 현실세계가 다차원의 입체적인 '복잡계'로 주어진 법환경 속에서 이상이 아닌 법실무 차원의 법해석방법론에서 다원적인 분화 외에 수렴과 통합[67]의 대안을 찾는

---

64) 이에 관한 상론은 박은정, "법관과 법철학", 서울대학교 법학, 제53권 제1호, 2012, 310-311면.

65) 위의 논문, 310면.

66) 위의 논문, 310면.

67) 이른바 '통합법학'(Integrative Jurisprudence)에 대해서도 '이상적인 법학'의 차원에서라면 몰라도, 적어도 법학방법론적 수용의 가능성이나 법실무상 실용성에 대해서는 회의적일 수밖에 없는 것도 같은 맥락에서이다. Herold Berman, "Toward an

것이 사실상 불가능해진 점에서 그러하다.

Luhmann의 결정이론에 대해서도, 적확한 문제제기를 한 점은 인정하되 스스로 초점을 맞춘 실용적인 해결책을 제공하지는 못한 것으로 평가하는 것도 같은 맥락에서 이해된다. Luhmann 스스로 제시하는 바와 같이, 법체계의 통일성에 대한 성찰에서 '옳은 결정'을 위한 기능적 프로그램, 즉 '결정에 대한 결정'(Entscheiung über Entscheidung)[68]의 문제로 초점을 바꾼 법학방법론적 전환의 맥락에서 "수많은 결정들을 세부적으로 통제될 수 있는 관계 속에 자리를 잡게 만드는데 도움을 주는 다소간에 좋은 근거들을 제시"하는 것과 이를 통해 법적 결정의 복잡성을 감축시키는 것을 법적 논증의 핵심기능으로 본다면,[69] 적어도 법적 결정의 목적 및 그 결과의 관점에서 법학적 논증에 유의미한 방법론으로서 그 가치와 효용이 인정되지만, 법적 결정, 특히 사법적 재량의 결정을 이론적으로 포착하여 법실무상 적용가능한 방법과 준거를 제시하는 데는 실패한 것으로 평가되고, 그 이유는 결정모델의 구체적인 적용을 위한 사례의 선별과 범주화의 한계, 그리고 결정복잡성의 감축을 위한 전제조건이 너무 많다는 점에서 찾아지기 때문이다.[70]

(3) 소결

Barak이 '법문을 종착점이 아니라 출발점으로 삼는 법관', '법지식만 갖고 재판하지 아니하는 법관', '사회와 사회의 문제 및 여망을 아는

Integrative Jurisprudence: Politics, Morality, History", 76 California Law Review, 793(1988); M. Klatt, Integrative Rechtswissenschaft, Der Staat 54(2015), 469-499면.

68) M. Klatt, 위의 논문, 21면.

69) Die soziologische Beobachtung des Rechts, 1986, 32면.

70) B. Schlink, "Inwieweit sind juristische Entscheidungen mit entscheidungstheoretischen Modellen theoretisch zu erfassen und praktisch zu bewältigen?", in; H. Albert u.a., (Hg.), Rechtstheorie als Grundlagenwissenschaft der Rechtswissenschaft, Jahrbuch für Rechtssoziologie und Rechtstheorie, Bd. 2, 1972, 344면.

법관', '법이 전부가 아니고, 법이 내재적으로 생명력을 갖는 폐쇄체계가 아니라는 것을 아는 법관' 등을 '좋은 법관상'으로 제시하면서 단언하는 바와 같이, 법과 법의 발전을 설명하고 법관의 사법적 결정에 대하여 '필요충분한 정당화의 조건'을 제공해줄 수 있는 하나의 법이론은 더 이상 존재하지 아니한다.[71] '포섭도그마'의 파기와 함께 실종된 법적 사고의 확실성[72]의 보완과 통합의 안정성을 더 이상 기대하기 어렵게 된 법학방법론의 파편화와 주변부화, 그리고 그에 따른 법학의 동요는 고스란히 법적 결정의 주체인 법관의 당혹감으로 이어진다.[73] 더 이상 법문만 보고, 논리적인 분석과 연역적 추론의 작업을 통해 답을 '발견'만 해내면 되는 법관이 아니라, 사태와 규범을 오가며 법과 함께 법의 전후, 좌우, 상하에 있는 세상과 세상 속의 사람들의 의식과 그것들의 변화, 즉 역사도 주시해야 하고, 자기 자신까지도 늘 성찰하면서 '결정되어 있지 않은 문제' 또는 '결정될 수 없는 문제'에 대하여 사실상 전방위적인 정당화의 부담을 안고 구속력 있는 결정을 내려야 법관에게 어떤 능력과 태도를 주문할 수 있는가?

사법실무와 법철학의 경계를 넘어서는 이른바 '통합법학'(Integrative Jurisprudence)의 수행자로서 법관의 역할을 강조하기도 하지만,[74] 무너진 것은 법철학과의 경계만이 아니다. 법학과 다른 모든 학문들 간의 칸막이도 무너졌다. 위에서 개관한 바와 같이, 통합을 지향하되, 다원적 분화의 상태에 머물러 있는 상황에서, 적어도 개념에 대한 논리적인 세공작업의 차원을 넘어서 경험적이고 규범적인 차원까지 포괄하여 사법

71) 앞의 책, 307-309면.

72) 이에 관한 상론은, 특히 '법률학적 방법'(juristische Methode)의 정치적 기능을 주목하면서, 그 독자성에 대한 이데올로기적 비판의 가능성과 필요성 및 그 한계를 포괄적으로 해명한 G. Haverkate, Gewißheitsverluste im juristischen Denken, 1977. 참조.

73) M. Klatt, "Integrative Rechtswissenschaft", Der Staat 54(2015), 469면.

74) 이에 관해서는 박은정, 위의 논문, 305면.

적 결정의 정당화를 위한 필요충분한 조건을 제공할 수 있는 법이론과 법학방법론을 더 이상 기대하기 어렵다. 또 한편 현실적으로 '널리 통달'하다는 의미의 '박사'법관도 상정할 수 없다. 그렇다면 '통합법학'의 수행자로서 법관의 역할에 대한 기대와 주문은 법관의 태도 자체보다는 '태도에 대한 태도'(attitude about attitude)의 문제에 초점을 맞추어서 '지적 겸손' 및 정의가치의 구현에 대한 '깊은 열정'의 덕목과 함께 '좋은 법관상'에 대한 적극적인 관심과 성찰의 필요성을 강조한 것으로 이해되어야 할 것이다.

4. '논증이론'(argumentation theory)

(1) 개요

전술한 바와 같이 법학방법론의 독자성과 학문으로서 법학의 자기이해의 기반이 심각하게 흔들리고 있고, 이는 그대로 법관의 동요와 사법적 결정의 불안정성으로 나타나고 있는 바, 법이론의 차원에 국한해서 보면 이러한 현상의 근원은 법 및 법적 결정의 안정성을 담보해주던 폐쇄적인 법규범체계의 개방 또는 해체라고 할 수 있다.

실정법만을 법으로 전제하는 개념정의에 따르면, 실정법에 의거하여 결정을 내릴 수 없는 이른바 '불확실한 사안'에 대하여 법관은 법 바깥의 기준에 따라 판결을 내릴 수밖에 없다고 보거니와, 성문화된 법률의 전체와 동일한 것으로 보는 형식주의적 법개념이 극복되고, 법해석의 종착점이 아니라 출발점으로서 법텍스트의 자리가 극단적으로 전위되면서 사실상 법관이 법을 해석하여 적용하는 모든 사법적 결정은 재량적 판단이 아닌 것이 없게 되었다. 전통적인 개념정의에 따라 법관이 의존하는 사법적 재량의 기준을 '법외적인'(außerrechtlich) 또는 비법적인(nichtrechtlich) 기준으로 분류한다면,[75] 그것은 적어도 이론적으

75) 이준일(역), 법의 개념과 효력(R. Alexy, Begriff und Geltung des Rechts, 1992),

로는 법 및 법학의 파산선고로 귀결되고, 또한 이른바 '확정적 명령'으로 주어지는 규칙의 적용방식이라고 할 수 있는 '포섭'의 방식에 포함될 수 없는 법해석방법을 법학방법론의 범주에서 배제하는 방법론이라면 그 역시 마찬가지다.

Schmidt Glaeser가 예시하는 바와 같이, 법관이 법적 결정의 과정에서 어떤 시나 자신의 아이들과의 경험을 생각하여 반영한다면, 그 역시 이미 법학방법을 통해 인식의 요소로 선별된 '법적인 어떤 것'을 생각한 것이다.[76] 법전은 유력한 것이기는 하되, 유일한 결정준거 또는 '준거의 준거'는 아니다. 또한 분야와 사안에 따라 정도의 차이가 있을지언정, 입법단계에서 적용의 준비가 완결된 상태로 주어지는 '규칙'(Regel), 즉 구성요건이 충족되면 선확정된 법적 효과를 발생시키는 규범을 기계적으로 적용하는 것에 그치는 사법적 결정은 존재하지 아니한다. 실제 사법적 결정의 많은 부분이 법관이 '자동화된 포섭기계'(Subsumtionsautomat)같이 선확정된 '규칙'을 찾아내어 적용하기만 하는 단순명료한 작업으로 보일지라도, 그것은 상대적인 차이일 뿐이지 본질은 다르지 아니하다. 법적 문제로서 그 양적인 크기와는 관계없이 이론적으로든 법실무상으로든 관심의 대상이 아닌, 이른바 '제도적인 지식'으로 단순하게 처리될 수 있는 틀에 박힌 사안의 경우에도 사실판단과 법률판단에 있어서 '사법적 재량'의 여지가 없다고 보는 법관의 재량판단이 전제되는 것이기 때문이다.

아무튼 '포섭의 도그마'가 극복된 후에 사법적 결정의 주체인 법관은 우리가 갑자기 드넓은 광장에 나설 때 경험하는 현기증(眩氣症)과 비슷한 당혹감을 피할 수 없는 상황에 있다고 할 수 있다. 사법적 결정은 더 이상 중립성과 독립성으로 표상되는 법관의 제도적 권위와 형식이라

2007, 104면.

76) A. Schmitt Glaeser, Vorverständnis als Methode, 2004, 131면.

는 필요조건만으로 정당화될 수 없게 되었고, 궁극적으로는 Metaphysik으로의 회귀를 강요하는 바, 경험적 차원의 과학적 증명과 도덕 및 정치철학의 차원에서 모색될 수밖에 없는 규범적 정당화의 부담을 피할 수 없게 되었기 때문이다. 실제로 대다수 판결에서 명시적으로 '설시'(說示)되지 않는다고 하더라도, 그것은 후술하는 이른바 '번역불가능성' 때문이거나 또는 easy case의 경우 실무상 편의에 의해 생략된 것일 뿐이다. 사태를 어떻게 보았고, 법률을 어떻게 해석하였으며, 본질적으로 교호적 관계에 있는 사실판단과 법률판단을 어떻게 연결시켰는지 등등에 관해서 가치적 선판단의 관점과 적용한 방법, 그리고 판단의 실체적인 준거를 분명하고 소상하게 제시하는 것은 명실상부 법관의 법적 책무이다. 박 은정 교수가 말하는 법의 '트릴레마'는 법관의 '트릴레마'이기도 하다. 특히 '정치의 사법화(司法化)'를 비롯하여 중요한 경제, 사회, 문화적 갈등들이 법적 문제로 비화되어 궁극적으로는 사법적 결정에 의해 정리되는 전방위적인 '사법화'와 이에 따른 '판례실증주의'의 경향 속에서 '법관법'의 의미와 역할이 급속하게 증대되는 시대상황에서는 더욱 그러하다.77)

『법은 적나라한 '현실'이면서도 이 현실을 '이념'에 연관짓고, 종래는 이 인간사에 대해 돌이킬 수 없는 실존적 '결정'을 감행하는 '트릴레마'의 숙명을 안고 있다. 법은 결코 다른 식으로는 다룰 수 없는 갈등해결을 위해 이 '트릴레마' 속에서 불완전한 합의를 추구해가는 것이기에, 인간사에 관한 그 어떤 이론도 법의 그것만큼이나 불안정하지는 않을 것이다.』78)

---

77) 국가권력구조상 법원판결의 의미가 급증하고 있는 점을 주목하면서 대상영역을 범주적으로 구분하여 '법관법'에 대한 체계적이고 통일적인 접근의 이론적 기반을 모색한 최근의 연구로는 이계일, "법관법의 대상영역과 규범적 힘에 관한 연구", 연세대 법학연구원, 법학연구, 제26권 제3호, 2016, 209-257면.

78) 앞의 논문, 300면.

(2) '법적 논증이론'(legal argumentation theory)의 가능성과 한계

전통적인 법이론과 법학방법론이 외면해 온 사법적 결정의 정당화라는 논제를 법학의 핵심문제의 하나로 해명하고 부각시킨 것이 '법학적 해석학'의 성과라고 한다면, 앞에서 개관한 그 이후의 모든 법이론과 법학방법론들은 법적 결정에 대한 '실질적인 정당화', 즉 '합법성'과 '정당성'을 동일시하는 '형식적 정당화'를 대체 또는 보정하는 경험적 차원의 과학적 정당화 그리고 가치철학적인 차원의 규범적 정당화의 방법과 수단을 모색한 시도들이라고 할 수 있다. 전술한 Luhmann의 결정이론을 비롯한 체계이론들이 결정의 구조적, 기능적 조건과 그 구체적인 결과에 초점을 맞춘 합리화된 결정모델을 통해 법적 결정의 기능적 효율성과 객관적인 타당성을 포착하여 법적 결정의 정당화를 모색한 사회과학적 정당화론이었다고 한다면, Posner로 대표되는 이른바 '법과 경제'(Law and Economics)이론은 비용편익분석의 방법으로 구현되는 '효율성의 원칙'에 따라 모든 법적 결정에 대한 정당화의 가능성과 타당성을 주장한 법경제학적 정당화론이었다. '체계'와 이른바 '생활세계'(Lebenswelt)를 구별하면서, 결정의 실질적인 내용이 아니라 합리적인 토론과 대화의 규칙과 그에 따른 '소통'(Kommunikation)의 과정 자체를 정당성의 근거로 제시하는 Habermas의 '대화론'도 법적 결정의 정당화론으로 주목된다.

정태적인 법적 추론, 즉 형식주의적인 연역논리의 방법을 넘어서 '개념'이나 '체계'가 아니라 '문제'와 '결정과정'에 초점을 맞추어 기능적 프로그램을 모색한 이들 결정이론들은 일면 사실판단과 법률판단의 논증을 연결시키는 역동적인 법적 추론의 요청에 부응한 점에서 그 효용이 인정된다. 하지만, 타면 '개념'과 '형식' 대신 '문제'와 '실체'에 집중하면서 '법적 문제를 섬세하게 가공하고 (불가측의) 유추를 제한하는'[79]

79) N. Luhmann, Das Recht der Gesellschaft, 1993, 396면.

법개념의 특유한 기능과 법적 추론의 형식적 구조에 특유한 효용, 말하자면 사회평화와 질서의 유지라는 법과 법관에 대한 보수적인 역할기대를 충족시키는데 필요한 최소한의 법치국가적 요청, 즉 법적 결정의 안정성과 가측성, 객관성과 합리성을 담보하는 법 및 사법의 '안전판'(安全瓣)기능에는 상대적으로 큰 관심을 기울이지 못한 점에서 그 한계 또한 부인할 수 없다. 가장 주목해야 할 유력한 법학방법론으로 이른바 '법적 논증이론'을 제시하는 것도 이러한 맥락에서이다.[80]

일단 주목과 믿음을 요구하면서 어떤 명제를 진지하게 주장하거나 결정을 정당화하는 준거를 논리적으로 제시하여 설득하는 작업을 '논증'이라고 일단 정의한다면, 법명제와 법적 결정의 정당화는 가장 정형화된 '논증모델'의 하나라고 할 수 있을 것이다. 여기에서 상론은 약하되, 일반적인 '논증이론'이 관심을 갖는 핵심명제, 즉 어떤 주장이나 결정의 타당성의 근거로 제시되는 '근거의 토대'라고 할 수 있는 '근본적인 관점', 실증적인 자료, 사실, 증명수단, 비교형량, 범주화 및 그에 따른 주안점 등에 대한 우리의 지향과 판단이 조종되고 관리될 수 있다는 전제와, 이 전제 하에 모든 근거제시(Begründung)의 타당성은 그것을 위하여 제시되는 논증이 '표준화된 요청'을 충족시키는 경우에만 인정될 수 있다고 보는 인식을 그대로 수용한다면,[81] 법적 결정, 특히 사법적 결정의 정당화와 설득을 위한 논증의 맥락에서 결국 관심은 다분히 '형식'으로 재귀되는 이 '표준의 체계'와 개별적인 표준들에 의거한 '증명과 논증'[82]의 조건과 구조, 그리고 범주화와 판단 및 비판의 방식을

80) 이에 관한 개관과 상론으로는 김영환, "법적 논증이론의 전개과정과 그 실천적 의의", 한국법철학회(편), 현대법철학의 흐름, 1996, 126-182면.

81) 이에 관한 상론은 S. Toulmin, Der Gebrauch von Argumenten, 2. Aufl., 1996, 특히 17-43면.

82) 자의적이고 불특정한 것으로 보이는 가치판단에 대하여 합리적인 기준을 모색하는데 초점을 맞춘 이른바 '새로운 수사학'(Neue Rhetorik)를 제시한 Ch. Perelmann에 따르면, 사실판단의 영역에서 '증명'(Beweis)과 실천적인 이성의 영역에서 주도적인

규정하는 인식 및 결정구조의 기능적 효용과 그 한계에 모아진다. 특히, 굳이 부연하자면 '논증이론'이 제시하는 '표준들'을 충족시키는 근거에 대한 숙고, 즉 전통적인 법학방법론에 따르면 입법의 단계에서 실증적으로 정리되어 종결된 것으로 보았던 경험적, 가치철학적, 규범적 차원의 실체적인 정당화작업을 법관의 주관성이 개입될 수밖에 없는 사법적 재량의 단계에서 '논증'의 '형식'으로 수행하는 것이 얼마나 타당성과 효율성을 담보할 수 있을 것인가, 달리 말하자면 형식주의와 함께 파기된 '포섭'의 형식적 구조로 확보되던 합리화의 기능과 효용의 빈자리를 얼마나 채울 수 있는가에 대한 관심이다.[83)]

O. M. Fiss의 말대로, 일견 가장 기술적인(descriptive) 주장을 하는 것으로 보이지만, '효율성의 원칙'을 제시하는 '법과 경제'(Law and Economy)의 주장도 그 본질은 규범적인 것이거니와,[84)] 법적 결정의 정당화의 방법과 조건을 제시하는 모든 정당화론은 법의 당위적인 목적과 기능에 대한 규범적 관점을 전제로 하는 것이기 때문에 그 주장이 사회

역할을 하는 '논증'(Argumentation)은 구별된다. 전자의 경우 논리적 추론을 통해 대전제로부터 결론이 도출되지만, 후자에서는 나름 타당한 설득의 근거가 제시될 뿐이고 따라서 결론에 대한 승인 여부는 논거에 대한 승인과는 별개라고 한다. Das Reich der Rhetorik und Argumentation, 1980, 162면 이하. 김영환, 앞의 논문, 151면에서 재인용.

83) 법적 논증에 대한 상론으로는 특히 이 계일, "수사학적 법이론의 관점에서 본 법적 논증의 구조"; 하재홍, "법적 논증의 기초 - 대법원 판결과 페렐만의 신수사학", 김도균(엮음), 한국 법질서와 법해석론, 2013, 187-236, 237-274면.

84) 위헌법률심판상 헌법해석에 초점을 맞춘 주장이기는 하지만, Posner는 적어도 헌법사건을 판결하는 Supreme Court는 정치적 법원일 수밖에 없다는 전제 하에 조심스럽게 사법적 결정권에 대한 일정한 제약이 바람직한 것으로 보되, 입법부나 행정부에 대한 제약을 대가로 하여 법원의 결정권을 강화하는 의미의 사법적극주의를 배척하는 것으로 이해되는 사법소극주의를 문리해석의 방법을 중시하는 '보수적인 법해석방법론의 관점에서 제시되는 의견'(legalist opinion)이라기보다는 실용적인(pragmatic) 주장으로 파악하는데, 이러한 입장 역시 실용성에 대한 규범적 이해를 전제로 하고, '효율성'을 준거로 한 적정한 결정권배분의 결론을 취하는 점에서 그러하다. How Judges Think, 2008, 287-288, 323면.

현실이나 사법실무, 특히 법관의 자기이해와 거리가 멀다고 하는 단순한 비판으로 반증될 수는 없다.[85] 예컨대, '법과 경제'에 대하여 '모든 가치의 상대화'라고 하는 기본전제를 공박하는 것과 같이, 모든 정당화론은 법의 목적에 대한 기본적인 관점과 그 전제를 반박함으로써만 그 주장의 타당성이 부정될 수 있다. '형식'과 '실질'을 연계한 점에서 일종의 '통합결정이론'이라고 할 수 있는 '논증이론'은 특정한 관점을 전제하지 않는 점에서, 적어도 이론적으로는 유효한 공박을 원천적으로 피하고 있다고 할 수 있다. 하지만, Fiss가 법규범과 법관 역할의 독자성을 근본적으로 부정하는 '비판법학'과 '법과 경제'이론에 대하여 제시하는 '가치는 가치다'(Values are values)[86]라는 비판명제는 '논증이론'에 대해서도 유효하다. 법의 근본목적은 최대한의 법가치실현이고, 법관의 책무는 합의의 광장에서 특정한 관점과 선호(preference)를 둘러싸고 토론을 하는 것이 아니라 소송법규범을 통한 절차와 특수한 논증형식의 제약 속에서 법에 의해 권위가 인정되는 정의와 '공동선'의 추상적인 가치들을 구체적으로 정의하는 것이기 때문이다.

논증의 구조와 형식적인 표준들이 그 영역과 층위에 따라 다를 수밖에 없거니와, 여기에서 관심은 '법적 추론'이라는 특수한 논증형식의 기능적 효용과 그 한계에 모아진다. 법적 추론 역시 분야와 대상의 범주에 따라 다르다는 점만을 전제하면서, R. Alexy의 논증이론에 대한 비판적인 검토로 상론을 대신한다. 주로 헌법재판에서 사법적극주의를 뒷받침하는 논거로 제시되지만, 규범통제도 그 본질은 사법작용이고 또한 '비례성심사'와 관련된 이른바 '실제적 조화'(praktische Konkordanz)의 맥락에서 수행되는 '이익형량'(Gütersabwägung)은 일반적인 사법적 재량에서도 판단의 핵심이라고 할 수 있다. Alexy는 이른바 '논증적 대의'(argumentative Repräsentation)와 일종의 '메타원칙'(Metaprinzip)으

85) "The Death of the Law?", 72 Cornell Law Review(1986), 8면.
86) 위의 논문, 9면.

로서 '기본권보호의 원칙'을 연계하여 위헌법률심판에서 사법적극주의를 주장하는 바,[87] 그 핵심은 논증형식의 기능적 장점과 규범적 효용에 대한 긍정적인 인식이다. 말하자면 적어도 위헌법률심판에서 사법소극주의적 입장을 취하는 Habermas의 합리적인 토론과 대화의 절차에 비해서 기능적 장단점이 엇갈리는 것이되, 법관의 법적 추론의 형식을 통한 '논증적 대의'가 '기본권보호'라는 법가치의 실현에 더 유용하다고 보는 절차적 논거이다.[88] 제도론적 논의를 차치한다면, 궁극적으로 '연산규칙'(rule of arithmetic)에 따른 법익형량의 논증형식, 즉 '법익의 무게를 계량하여 균형을 맞추는 형식'(formular of weighing and balancing)으로 비례성심사를 하는 사법적 결정의 방법과 절차가 '정치적 합의'보다 더 합리적인 절차로 운용될 수 있는 효용과 당위적인 필요성이 있다는 인식이다.[89] 조건과 표준이 다르기는 하지만, '논리의 규칙'(rules of logic)에 따른 '포섭의 형식'(subsumption formular)과 논증의 형식을 취하는 점에서 유사한, 일면 형식적 구조가 제공하는 효율성과 객관성의 과실을 취하면서, 타면 '포섭의 형식'이 포착할 수 없는 실체적인 가치적 정당화의 요청에도 부응하는 법적 결정의 방법이 바로 논증의 형식

87) "Grundrechte, Demokratie und Repräsentation", Der Staat, Bd. 54(2015), 209면.

88) 이에 대한 비판으로는, 대표적으로 법도그마틱과 법학방법론의 관점에서 법원칙으로서 이익형량의 형식에서 법적 결정에 활용될 수 있는 지침들을 기대할 수 없다고 보는 N. Luhmann, Das Recht der Gesellschaft, 1993, 397-398면을 비롯하여 T. Vesting, "Gegenstandsadäquate Rechts- gewinnungstheorie - Eine Alternative zum Abwägungspragmatismus der Bundesdeutschen Verfassungsrechts?", Der Staat, Bd. 41, 2002, 73-90면; K.-H. Ladeur, Kritik der Abwägung in der Grundrechtsdogmatik, 2004, 12-18면; "Der Wandel der Rechtssemantik in der postmodernen Gesellschaft - Vor der Subsumtion zur Abwägung und zu einer Semantik der Netzwerke", Rechtstheorie Bd. 45, 2014, 467-486면. Alexy를 변호하는 입장의 재반론으로는 M. Schladebach, "Praktische Konkordanz als verfassungsrechtliches Kollisionsprinzip", Der Staat Bd. 53, 2014, 263-283면.

89) "On Balancing and Subsumption. A Structural Comparison", Ratio Juris Vol. 16(2003), 433-449면.

에 의한 법익형량이라는 것이다.

Posner와는 달리 '모든 가치의 상대화'를 전제로 하지는 않지만, 공리주의적 관점과 '모든 가치의 계량화'의 가능성을 전제로 하는 점에서, 특히 가치를 측량할 수 있는 보편적인 비중의 척도가 없고, 또한 언어 또는 개념의 불확실성에 따른 언어를 매개로 하는 논증의 근본적인 불확정성을 차치하더라도, 형식적인 구조를 유지하는 경우에도 본질적으로 형이상학적인 가치의 문제는 논리적 언어와 문법에 의거하는 법적 추론의 논증에서 다분히 이질적인 것이 아닐 수 없을 뿐만 아니라, 궁극적으로 가치형량은 법관의 가치선호가 반영되는 주관적인 결정일 수밖에 없다는 등등의 비판들에 대하여 어떻게 응답할 것인지가 논증이론의 숙제로 남아 있다. Alexy는 이른바 '진정한(wahre) 논증적 대의'의 구현을 위한 두 가지 근본적인 조건을 제시하는 것으로 즉답을 피하고 있다. '좋은(옳은) 논증', 그리고 '충분히 많은 합리적인 시민', 말하자면 '좋은(옳은) 논증을 수용할 수 있는 능력과 의지를 갖춘 시민'의 존재가 그것이다.[90] 후자의 조건이 대의민주주의의 성패를 결정하는 핵심요소라고 한다면, 전자의 조건의 충족은 결국 옳은 논증의 능력을 갖춘 법관의 존재에 달려 있다.

재판을 논증형식으로 진행되는 특수한 대화라고 한다면, Fiss가 토로하듯이, 이 대화를 주관하고 그 결론에 따라 최종결정을 내려야 하는 법관의 책무는 거의 인간의 한계를 넘어서는 힘든 일이거니와,[91] '기본권보호원칙'과 유사한 내용의 '권리보호의 원칙'을 근본적인 법원리로 강조하면서 이 원리의 구현에 최적화된 '이상적인 법관상'으로 Dworkin이 제시하는 'Hercules법관'[92]을 실제 법정에서 만날 수 있는 가능성 또는 그에 대한 기대의 크기가 관건이다. 'Hercules법관상'이 비단 헌법

90) "Grundrechte, Demokratie und Repräsentation", Der Staat, Bd. 54, 2015, 212면.
91) 앞의 논문, 8면.
92) 장영민(역), 앞의 책, 특히 497-570면.

재판을 하는 대법관이나 헌법재판관에만 국한되는 것이 아니라고 한다면, Hercules법관이 사법소극주의자가 아닌 것은 물론이되, 적극주의자도 아니라고 하는 Dworkin의 인식도[93] 일반 법관에 그대로 적용될 수 있는 것인가? 논증이론이 제시하고 기대하는 법관상으로 답해질 수 있을 것으로 생각되는 바, 말하자면 독자적인 사법적 결정에 대한 적극 또는 소극의 태도 자체가 아니라 사실판단과 법률판단을 연결시키는 역동적인 법적 추론에 요구되는 정당화, 즉 논증책임에 대한 진지하고 적극적인 태도를 기준으로 정의되는 적극주의자, 즉 Alexy의 용어를 빌려 말하자면, '논증적 대의자'(argumentativer Repräsentant)의 역할에 충실한 법관이 그것이다.

(3) 소결 - 입법자와 법관의 '공생체'(Symbiose)관계

우리 법원의 '논증적 대의자'로서 역할과 자기이해에 대해서는 획일적으로 단정하기 어렵지만, 적어도 사법적극 또는 소극주의의 관점에서는 양면적으로 평가할 수밖에 없는 듯하다. 일면 기본적으로 법창조자가 아니고 법집행자로서 법원의 역할에 대한 기대가 일반적이고, 법원 스스로도 이를 공식적으로 부정하지 않는 듯하지만,[94] 타면, "우리 법원은 결코 법적 안정성을 위하여 개별적 정의(형평)를 희생시키지 않으려 한다"[95]는 표현이 적확한지, 적어도 일반적으로 그러한지는 의문이되, 재판실무에서 구체적 타당성, 사법판단의 정책성 등을 명분으로 하여 다분히 사법적극주의적인 입장에서 법원의 법형성권을 행사하여 사실상 '대의적 입법자'로서 법창조적 기능을 수행하는 경우를 찾아보기 어렵지 않은 것도 사실이다. 하지만, 법창조적 법형성과 법의 흠결을 보정하거나 (입)법의 명백한 실수나 모순을 교정하고 해소하는 법형성을

93) 장영민(역), 554면.
94) 오세혁, "한국에서의 법령해석 - 우리나라 법원의 해석방법론에 대한 비판적 분석", 김도균(엮음), 앞의 책, 7면.
95) 위의 논문, 8면.

분명하게 구별하는 문제는 법학방법론상 의미가 없지는 않지만, 급변하는 사회적, 경제적 상황과 과학기술의 발전 등에 즉응(卽應)할 수도 없고 또한 그래서도 아니 되는 오늘날 입법여건 속에서 보면, 더 이상 경직된 경계선을 긋는 '구획'의 관점에서 접근될 문제는 아니다. 국가운영체계에 대한 근본적인 견해차이를 감안하더라도, 적어도 입법자와 법관의 지위를 일종의 '주종관계'로 보는 방법론의 틀 속에서 이른바 '법관국가'(Richterstaat)를 경계하는 관점에서만 문제를 제기하고 답을 구하는 것은 비현실적이다. 법관과 입법자가 법치국가의 제도적 보장을 위한 일종의 '공생체'(Symbiose)로서 유연한 역할분담과 공조작업을 통해 급변하는 상황에 적응해나가야만 하는 현실,[96] 분야에 따라 차이는 있되 다분히 사법적극주의를 불가피하게 만드는 오늘날의 법환경을 주목하는 관점에서 보면, 관건은 법적 안정성과 정의 또는 합목적성이라는 근본적인 법이념적 가치들을 어떤 관점에서 어떻게 선택하고 절충하였는지 그 준거와 방법을 논증하여 정당화하고 설득하는 것이다. 말하자면 사법적극주의와 소극주의 중에 선택과 그에 대한 획일적인 긍부정의 평가가 아니라, 영역과 층위 및 사안에 따라 차별화하여 접근되어야 하는 그 적정한 적극 또는 소극의 정도와 그에 대한 논리적 해명이 관건이다.

김영환 교수가 "논거의 내용적 수준보다는 제도적 사실의 권위가 지배적인 우리의 법이론과 법실무", 특히 거의 대부분 개념법학적인 '포섭의 도그마'로 판결을 정당화하지만, 법률의 흠결이나 법개념의 불확정성 등으로 그것이 어려운 경우 "거침없이 법외적 사회규범으로 치닫는" 우리의 사법실무상 논증이론의 수용가능성과 역할에 대한 회의적인 의견을 피력하면서,[97] 그럼에도 불구하고 또는 그렇기 때문에 법적 논증이론이 우리에게 시사하는 바를 찾아서 정리한 것이 주목되는 것도 같

96) G. Hirsch, "Auf dem Weg zum Richterstaat?", Juristen Zeitung, 2007, 856면.
97) "법적 논증이론의 전개과정과 그 실천적 의의", 한국법철학회(편), 현대법철학의 흐름, 1996, 181면.

은 맥락에서이다.

『법적 결정이 '논증'이라는 점에서 판결의 근거를 단지 경직된 법률의 개념 안에서만 모색하는 현재의 지배적인 경향은 결코 정당화될 수 없으며, 다른 한편 판결은 동시에 '법'에 관한 논증이므로 법체계와의 논리적 연관성을 밝힘이 없이 무작정 개괄적인 사회규범을 원용하는 것도 마찬가지로 설득력이 없다… 바로 이러한 이유에서 법적 논증이론을 향한 우리의 행보는 한편으로는 법해석학적 개념의 논증구조를 밝혀 그 타당성을 검토하는 동시에, 다른 한편 법적 논거의 사회윤리적인 바탕을 체계적으로 이론화하는 데에 있을 것이다.』[98]

Ⅳ. '도그마틱 이론'(dogmatische Theorie) 구성의 가능성과 한계

1. '논증적 대의자'로서 법관과 '도그마틱 이론'

'논증적 대의자'로서 법관의 고유한 책무는 법에 의해 권위가 인정되는 정의가치들에 대하여 구체적인 의미를 부여하는 사법적 결정, 즉 확정적 해석과 명령을 통해 그 가치 또는 법화된 가치인 권리들을 보호하는 것이다. 일종의 '통합적인 법학방법론'으로 이해되는 전술한 논증이론에서 결국 난문으로 남는 것은 다양한 관점들과 다분히 형이상학적인 규범적 전제들의 상위를 전방위적으로 포착하는 것인데, 그 핵심은 결국 단순한 선호의 차이가 아니라 다양한 정치 및 도덕철학의 판단기준들의 상충에 기인하는 보편타당한 가치척도 부존재의 문제, 즉 비교형량의 대상인 권리 또는 법원리에 담긴 법가치들에 대한 측량과 그 측량의 결과를 논증의 형식으로 수렴하는 것의 어려움이다.

---

98) 위의 논문, 182면.

전술한 바와 같이, 정의에 대한 법철학의 질문에 대하여 확정적인 답을 제공할 수는 없지만, 정의를 구체적으로 정의하는 법실무상 문제의 구조를 관통해서 볼 수 있게 하고, 개별적인 정의문제에 대한 '토론의 규준'을 제공하는 것이 법이론의 역할이라고 한다면, 논증의 형식적 구조에 포함된 기능적 장점과 실용적 효용의 크기는 결국 법적 논증이론과 법도그마틱을 연결시키는 법학방법론, 말하자면 '법도그마틱 이론'의 가능성과 법실무상 효용에 달려 있다. '법도그마틱 이론'은 논증형식의 '표준'과 관련하여 '이중의 부정', 즉 '순정한 논리적 추론방법의 경험적, 규범적 부정합성'과 '순정한 가치판단작업의 객관성'에 대한 부정을 출발점으로 하여 법적 추론의 형식적 구조의 효용과 함께 가치판단의 객관성과 타당성을 동시에 확보하고자 하는 법이론적 시도이다.[99] 그 핵심내용은 분석적 차원에서 그 고유한 효용이 부정되지 않는 형식적인 논리작용과 함께 법익형량에 필수불가결한 주관적인 가치판단 및 그 자체가 '역동적인 학제간 토론'(dynamische interdisziplinäre Diskussion)으로 이해되는 '구성'(Kon- struktion)의 대상이고 결과인 '사실' 또는 '현실'[100]에 대한 인식을 '도그마틱 이론'을 매개로 하여 법적 추론의 논증형식에 편입시켜서 법적 결정을 '도그마틱 이론'의 체계 속에서 검증이 가능하고 합리적인 기준에 따라 통제하는 것이다.[101]

이러한 '도그마틱 이론'이 가능하고 필요한 결정적인 이유는 오롯이 법적 논증이론에 필수불가결한 형식적 구조에서 찾아진다. 법적 논증이 사실판단의 문제와 함께 실천적 문제도 다루는 법적 추론의 형식이라고

99) A. Podlech, "Rechtstheoretische Bedingungen einer Methodenlehre juristischer Dogmatik, in; Rechtstheorie als Grundlagenwissenschaft der Rechtswissenschaft", H. Abert u.a.(Hg.), Jahrbuch für Rechtssoziologie und Rechtstheorie, 1972, 500면.

100) H.-J. Strauch, Wie wirklich sehen wir die Wirklichkeit?, Juristen Zeitung, 2000, 1020면. 이에 관한 심층연구로는 P. Waltzlawick, Wie wirklich ist die Wirklichkeit?, 1978, Piper Verlag.

101) Podlech, 앞의 논문, 501면.

하더라도, 그것은 사실과 실천의 문제를 그 자체로 다루는 것이 아니고, 항상 이론적으로 체계화된 법적 개념의 형식을 빌려서 또는 그 속에서 논의하는 것이기 때문이다. 말하자면 사실 및 가치의 판단과 실천의 문제들이 법이론적 개념으로 치환되어 논의된다는 것이다. 다만, 그렇다고 해서 법이 다른 사회체계들을 지배하는 식의 치환은 아니다. 법이 도덕, 경제 또는 종교의 독점적 득세를 제어하는 것이기는 하되, 그 방법은 논의의 독점이 아니라 상충되는 사회체계들 간의 대화와 토론을 강제하여 그 결론을 '성찰'(Reflexion)의 여과과정을 거쳐서 법적 추론의 형식으로 정리해내는 것이다.[102)]

법적 논증이론의 관점에서 볼 때, '법도그마틱 이론'은 "우리가 오류에 빠지지 않도록 보호해주기는 하지만, 우리가 말해야 하는 것을 말해주지는 않는"[103)] 법텍스트와 해석방법론적 공준이 아니라 이론적 결정의 문제에 초점을 맞추어 바로 이 성찰과 정리의 과정에서 중요한 관점과 요소들을 선별하여 법적 판단에 반영할 수 있는 합리적인 조건과 방법을 설정하려는 이론적 시도의 일환이라고 할 수 있다. 결국 관건은 형식, 즉 도그마틱으로의 회귀이되, 다만 '포섭도그마'를 극복한 '성찰의 도그마틱', 현실 및 실천의 문제와의 교섭창구가 개방된 '열린 도그마틱', 그리고 사실증명과 가치판단의 내용을 포함하는 '정보담지자(Infrormationsträger)로서 도그마틱'의 구성을 모색하는 것이다.

하지만 "하나의 질서체계 속에서 수행되는 체계내적인 판단기호들에 대한 세밀한 가공작업"[104)]으로서 도그마틱을 의심의 대상이 될 수

---

102) R. Christensen/K. D. Lerch, Dass das Ganze das Wahre ist, ist nicht ganz unwahr, Juristen Zeitung, 2007, 443면.

103) '사료'(史料: Quelle)와 사료해석 및 역사이론의 관계를 해명하면서 R. Koselleck이 "완전히 틀리거나 신빙성이 없는 해석을 감행하거나 받아들이는 것을 막아주는 이른바 '사료의 거부권(Vetorecht)'을 강조하면서 한 표현이다. Vergangene Zukunft, Suhrkamp, 1989, 206면.

104) J. Esser, 앞의 책, 91면.

없는 전제된 진리들을 토대로 하는 순정한 체계내적인 과정으로 보는 전통적인 이해에 따르면, 이러한 구상과 기획은 개념부터 이른바 '형용의 모순'이라는 비판을 면할 수 없다. 법률텍스트이든, 그에 대한 당대의 이해이든 또는 독자적인 권위의 준거들로 정립된 법원칙과 기본적인 법개념 및 결정의 규칙들을 단일한 총체적 구조로 체계화하여 이를 통해 법에 대한 예측과 검증이 가능한 이해와 구체적인 사례에 대한 효율적인 적용의 가능성을 확보해 주는 것이 법도그마틱의 핵심과제라고 한다면,[105] 법도그마틱의 탈도그마화, 개방화, 실질화의 구상은 한편으로는 법의 무모순성과 안정성을 담보해주는 법체계의 통일성, 다른 한편으로는 '법학적 방법'(juristische Methode)의 핵심요소인 법적 결정의 '예측가능성'(Vorhersehbarkeit)과 '추수(追隨)가능성'(Nachvollziehbarkeit)[106]을 위한 필수조건인 법의 형식성의 요청과 조화되기 어렵다. 법도그마틱은 통시적 차원과 공시적 차원이 교차되는 사실판단의 경험과 규범에 대한 이해를 위해 프로그램화된 수단이고, 그 핵심은 오롯이 형식적 구조이기 때문이다. 이러한 점에서, 전통적인 '이성법'의 맥락 속에서 "언어의 과학적 의미론으로 조탁된 합리적인 논증"의 한계와 아울러 '은유와 환유의 사용이 불가피한 수사학적 논증의 필요성'을 강조하면서 '법과 춤의 엮음'이라는 낯설지만 흥미로운 화두를 던진 이상돈 교수의 시도가 주목되기는 하지만,[107] 동서양의 문화권을 넘어서는 의미에서라면 몰라도, 고전발레에서 장르의 구조적 형식성을 넘나드는 의미의 보

---

105) 이에 관한 상론으로는 W. Brohm, "Die Dogmatik des Verwaltungsrechts vor den Gegenwartsaufgaben der Verwaltung", in; VVDStRL 30(1972), S. 246ff.; M. Klatt, "Integrative Rechtswissenschaft", Der Staat, Bd. 54, 2015, 488-492면. 임 웅 교수가 형법 도그마틱의 기능으로 제시하는 '예견이 가능하고 통제가능한 형법적용', '확실하고 공평한 형법적용', '형법해석에 있어서 합리화와 자의배제' 등은 법도그마틱에 일반적인 것으로 보아도 무리가 없다. 형법총론, 1999, 10면.

106) A. Schmitt Glaeser, 앞의 책, 128면.

107) 법의 춤, 2012, iv-v.

편성 또는 보편화의 가능성을 기대[108]하는 것은 무리가 아닐까? '형식의 논리'와 '의미의 논리'[109] 사이의 깊고 넓은 간극을 고려하건대, 난해한 현대무용의 메시지를 고전발레의 형식으로 담아내는 것이 얼마나 가능하고, 필요한 것인지 의문이다. 형식을 공(空)으로 비유한다면, 적어도 법학방법론의 범주에서 '공즉시색'(空卽是色)의 명제는 공이 공으로서의 본질과 구조가 유지되는 조건 하에서만 그러하다. 형식은 말 그대로 형태와 방식일 뿐이기 때문이다.

법의 해석이 W. Dilthey가 말하는 역사(철)학 차원에서의 '이해와 해석'(Verstehen und Deuten),[110] 즉 모든 기능들이 통합되고, 모든 정신과학적 진리들이 수렴되는 정신과학적 방법의 범주에 속하는 것으로 볼 수 있는지 여부를 떠나서, '진실한 진술'(wahre Aussagen)과 '진술의 상대성의 인정과 고려'라는 역사학에 대한 두 가지의 상반되는 요구는[111] 법학에도 해당한다. 판단의 주체에게 '옳은 것으로 보이는 것'(what seems right)을 기준으로 하여 객관성을 주장하는 이른바 '주관주의'(subjectivism)가 법학자의 논변일 수는 있겠지만, 법관이 '주관적 객관성'에 기댈 수 있는지는 의문이다. 전체 공동체에게 옳은 것으로 보이는 것을 준거로 하여 진리를 판단하는 '최소 객관주의'(minimal objectivism)나, 이상적인 조건 하에서 옳은 것으로 여겨지는 것을 기준으로 제시하는 '순화된 객관주의'(modest objectivism)도 마찬가지이다.[112] 적어도 상징적

---

108) 이에 관해서는 위의 책, 125-130면.

109) Bergson에 의해 열린 20세기 형이상학의 완성자라고 칭해지는 G. Deleuze의 의미론, 특히 개념과 사건, 의미와 사건, 의미와 존재를 동일시하는 새로운 구조주의적 관점을 시사하는 대표적인 저작의 제목이다. 이정우(역), 의미의 논리(Logique Du Sens: 1969), 1999, 해제("들뢰즈와 사건의 존재론"), 23-38면.

110) W. Dilthey, Gesammelte Schriften, Bd. 7, 2. Aufl., 1958, 205면. R. Koselleck, 앞의 책, 177면에서 재인용.

111) R. Koselleck, 앞의 책, 176면.

112) B. Leiter, "Objectivity and the Problems of Jurisprudence", 72, Texas Law Review 187(192), 1993. 법 및 법해석의 객관성에 대한 심층연구서는 이 서평논문의

인 의미에서 생사를 가르는 치열한 대결, 즉 대화가 아니라 서로 상대방에 대하여 '삶과 죽음의 주재자'(Herr über Leben und Tod)의 자리를 차지하기 위한 소송에서 패배하는 개인과 집단에 대하여 결과의 객관적 타당성을 설득해야만 하는 맥락에서는 그러하다.[113] 그렇다면 '상충의 무리(無理)'에 대한 지적만으로 반박될 수 없는 모순의 요구와 질문에 대해서는 논리를 넘어서는 '수사학'으로 응답할 수밖에 없는 것 아닌가? 하지만, 객관적인 논리적 정합성을 담보하는 형식적 구조가 핵심인 법도그마틱에 이러한 '수사학'을 담아내려는 이론적 추론 자체가 이미 모순 아닌가? 잇달아 연상되는 법철학, 법이론적 난문과 함께, 궁극적으로는 판결의 형식으로 '진실한 진술'을 해야 하는 법관이 봉착하게 되는 이러한 딜렘마의 요구에 대하여 '법도그마틱 이론'이 유효한 반박 또는 대응의 수단을 제공할 수 있는 가능성과 그 한계에 대해서는 해명과 판단을 유보한다.

아무튼 법도그마틱의 효용, 특히 분석적 차원에서의 그 의미에 대해서는 한편에서는 '법학의 전범', 다른 한편에서는 '논리학의 한계'를 지적하면서 법률학을 '법의 수학'으로 전락시켰다고 할 정도로 극단적인 긍부정의 평가가 엇갈리고 있지만,[114] 적어도 오로지 분석의 차원에만 집착하고 다른 모든 것들은 관심권 밖에 두는 법학과 동일시하는 전제하에 법도그마틱의 한계만을 주목하는 것은 타당하지 않다. 법학과 법관이 근본적인 가치문제를 늘 반복하여 고민해야 하는 부담을 덜어주고, 수범자에 대하여 법적 안정성과 예측가능성을 확보해주는 법도그마틱의 특유한 기능을 차치하더라도, 사회과학은 물론이고 자연과학과도 연계되는 사실의 경험적 차원과 함께 불가불 철학, 윤리학 등 형이상학으로

대상인 K. Greenawalt, Law and Objectivity, 1992. 와 함께 M. H. Kraemer, Objectivity and the Rule of Law, 2007.

113) 이덕연(역), 앞의 책, 36-37면.

114) M. Klatt, "Integrative Rechtswissenschaft", Der Staat 54(2015), 488-489면.

귀착되는 규범적 차원도 포괄하는 법도그마틱 구성의 가능성을 원천적으로 배제하는 것은 성급한 예단이다. ‘결정여지’(Entscheidungsspielraum)의 크기 외에 입법과 사법작용을 법이론적으로 달리 볼 차이는 없다고 보는 인식에는 동의할 수 없지만,[115] ‘도그마틱 이론’의 구성을 일종의 ‘창조적인 역할수행’(kreative Leistung)으로 평가하면서, ‘유효한 실정법에 배치되지 않는 조건 하에서 부정의를 피할 수 있는 가능성’을 최적화하는 ‘법도그마틱 이론’을 주목하는 Podlech의 기대는 여전히 유효하다.[116]

2. 소결

‘도그마틱 이론’의 핵심내용인 이른바 ‘도그마틱적 구성’(dogmatische Konstruktion)의 법학방법론적 함의는 Dworkin이 시나 회화 등 예술작품에 대한 ‘창조적 해석’에 비유하여 설명하는 ‘구성적 해석’(constructive interpretation),[117] 즉 “대상이나 관행을 그것이 속하는 형식이나 장르에서 가능한 최선의 예로 만들기 위해 목적을 부여하는 해석”[118]과 다르지 아니하다. 또한 전술한 ‘통합법학’의 구상과도 그 출발점과 지향목표가 다르지 아니한 바, 사법적극주의와 관련된 논의도 달리 더할 것이 없다. 다만, 앞에서 인용한 김영환 교수의 비판 중에, 판결의 근거를 단지 경직된 법률의 개념 안에서만 모색하는 “결코 정당화될 수 없는” 경향과 법도그마틱이 궁해지는 순간 바로 무작정 개괄적인 사회규범을 원용하는 관행에 대한 반성과 개선이 ‘법도그마틱 이론’과 법관의 적극적인 생산적 역할의 효용을 확대해 나가기 위한 선행조건이라는 점만을 밝혀둔다.

115) A. Podlech,앞의 논문, 501면.
116) 위의 논문, 특히 498-502면.
117) 이에 관한 상론으로는 김도균, “우리 대법원 법해석론의 전환”, 김도균(엮음), 276-279면.
118) 장영민(역), 앞의 책, 83면.

V. 마무리를 대신한 되물음

법관이 법적 추론과 그 결론인 판결을 정당화하는 '법적 논증'의 양식 중에 절대적으로 피해야 하는 횡설수설, 중언부언으로 법적 문제로서 사법적극주의를 논의한 내용 중에 법이론 및 법학방법론을 개관한 부분은 하나의 질문과 그에 대한 답으로 요약할 수 있다: 연역적인 논증이 법적 결정을 정당화하는데 충분하지 않다면, 또는 충분한 것으로 보자는 약속이 더 이상 유효하지 않다면, 그것은 어떻게 정당화될 수 있는가? 적어도 논리적으로 완벽한 객관성의 요청에 부응하는 정당화는 불가능하다. 설령 가능하다고 하더라도 그것을 완벽하게 언어로 논증하는 것은 불가능하다. 법해석작업을 일종의 '예술'(Kunst)로 이해하는 입장에서 법관을 작곡자와의 관계에서 피아노 연주자로 비유하는 것은 단순한 흥미를 넘어서는 함의가 있다고 생각하거니와, '이성'(Vernuft)과 감성(Herz), 그리고 기술(Technik) 세 가지를 훌륭한 피아니스트의 덕목으로 제시하는 Horowitz가 자신이 하는 Chopin연주의 정당성(?)을 논증할 수 있는가?[119)]

입법자와 법관의 관계를 작곡자와 연주자의 관계로 비유할 수 있는가? 그렇다면 법관은 어떻게 해야 하는가? 사법적극주의가 법적 문제로 성립이 되고, 적어도 '태도에 대한 태도'는 법학과 법실무상 중요한 관심사로 계속 논의되어야 한다는 점을 확인하면서 되묻건대, 'Hercules법관'은 사법적극주의자인가, 소극주의자인가? 집요하게 법과 언어의 관계를 탐구해 온 J. B. White가 '번역으로서 정의'(justice as translation)라는 명제를 제시하며 법관이 하는 일을 '번역불가성'(nontranslatability)의 관점에서 시와 거의 다를 것이 없는 법을 번역하는 것으로 파악하면서 "나는 얼마나 많은 정의를 확보하고 있는가?"(How much do I get it?)라는 우

---

119) G. Hirsch, 앞의 논문, 858면.

문 대신에 제시하는 현문들에 대하여 우리는(입법자는, 법관은…) 어떻게 답할 수 있을 것인가? "우리는 서로에게 누구인가?", "너의 우주(universe) 속에 있는 나, 그리고 나의 우주 속에 있는 너의 자리는 어디인가?", "어떤 기대를 불러일으키는 어떤 이해들(understandings)을 토대로 하여 우리는 말하는가?", "우리는 어떤 세상과 어떤 관계들을 함께 만들어 가는가?"[120)]

자신의 마음속에 있는 이른바 '난쟁이'(homunculus)[121)]의 조종을 받으면서 법해석의 번역작업과 함께 법적 추론의 과정과 결론을 설시문에 담아내는 '이중번역자'로서 법관의 일을 이해한다면, 사법적극주의와 소극주의 또는 절충주의가 선택형의 답지가 될 수 있는가? dilemma도, trilemma도 아니고, infinitilemma 아닌가?[122)] 사실의 불확실성과 가치(관)의 혼돈으로 징표되는 복잡(극)다원사회에서, 특히, '자연 및 인간 공동체와 조화되는 법체계'를 지향하는 '법의 생태학'[123)]의 관점에서 법에 대하여도 그대로 적용된다고 생각되는 '지속가능한 발전'(sustainable development)의 명제와 관련하여 법과 법관의 기능과 역할에 대하여 우

---

120) Justice as Translation, 1990, 233면.

121) 'homunculus'는 현대 심리학과 인지과학에서 인간의 인식과정을 주재(主宰)하는 '궁극적인 통제자'(the ultimate controller)로 상정되는 가상의 존재이다. 이에 관해서는 J. S. Uleman, "A Framework for Thinking Intentionally about Unintended Thoughts", in; J. S. Uleman/J. A. Bargh, Unintended Thought, 1989, 431-432면.

122) "심리학은 homunculus가 없이는 불가능한데, 정작 homunculus를 포함한 심리학은 순환론 또는 무한회귀의 운명을 피할 수 없는 바, 결국 심리학 자체가 불가능하다"고 하는 D. C. Dennett의 근본적인 회의가 법관의 심리에도 적용된다고 한다면, 법학도 불가능한 것 아닌가? Brainstorms: Philosophical Essays on Mind and Psychology, 1978, 122면,

123) 이른바 '체계적 생명관'(The Systems View of Life)이라는 메타 세계관을 주창해 온 물리학자이며 생태학자인 F. Capra와 U.C. Hastings 법과대학 교수인 U. Mattei의 주목되는 최근 저서의 제목이다. The Ecology of Law-Toward a Legal System in Tune with Nature and Community, 2015. Capra의 '체계적 생명관'에 관해서는 Capra/P. L. Luisi, The Systems View of Life, 2014. 특히 '체계적 사고'에 대한 요론은 63-83, 362-393면 참조.

리는 무엇을 기대하고, 기대할 수 있는가? 역시 법관은 결코 취할 수 없는 방법인 되물음으로 대답을 피하면서 마무리한다.

앞에서 소개한 '주택임대차법' 관련 사건에서 원심 법관은 '나쁜 법관'인가? 대법원이 설시하는 바와 같이, "어디까지나 법적 안정성을 저해하지 않는 범위 내에서 구체적 타당성을 찾아야 하는 법해석의 목표"를 외면하고… "당해 사건에서의 구체적 타당성 확보라는 명분하에 법률해석의 본질과 원칙"에서 벗어난 1회적이고 예외적인 해석을 한 것인가? "법률에 의한 재판이 아닌 자의적인 재판을 한다는 의심"을 야기하고, 궁극적으로 "모든 분쟁을 법원에 가져가 보지 않고서는 해결할 수 없게 함으로써" 법적 안정성을 심각하게 훼손시키는 '무법의 적극주의'인가? 아니면 "법률의 내용이 심하게 비합리적이거나 반도덕적인 경우", "사회변화로 규범상황이 변한 경우"에 허용되는, 즉 법과 판결의 '도덕적 가치'에 의해 정당화될 수 있는 '법률문언을 넘은 해석' 또는 '법률문언에 반하는 해석'인가?[124)]

최근에 대법원은 치열한 법리논쟁을 뒤로 하고, 민법 제840조 제6호의 이혼사유와 관련하여 "유책배우자의 이혼청구를 허용하지 아니한 종래의 판례를 변경하는 것이 옳다는 주장은 아직 받아들이기 어렵다"고 보는 입장에서 7:6으로 '유책주의'를 유지하는 판결을 내렸다.[125)] '파탄주의'를 수용해야 할 현실적인 사회환경의 변화와 유책배우자의 미성년자녀와 상대배우자에 대한 보호의 방안 등에 대한 기본적인 견해 차이에도 불구하고, 다수의견과 소수의견 모두 '혼인과 가족생활은 개인의 존엄과 평등을 기초로 성립되고 유지되어야 하며, 국가는 이를 보장한다'고 규정한 헌법 제36조 제1항을 대전제로 제시하고 있다. 그런데 이 국가의 보장의무를 구체적으로 어떻게 실현할 것인지에 관해서

124) 박철, "법률의 문언을 넘은 해석과 법률의 문언에 반하는 해석", 김도균(엮음), 앞의 책, 102-103면. 참고로 이 논문의 저자는 원심판결을 내렸던 부장판사였다.

125) 대법원 2015.9.15. 2013므568(전원합의체).

대법원이 결정권을 갖는 것인지, 말하자면 헌법상 '의회유보의 원칙'만을 고려하더라도 민주적인 의회입법자에 의해 정치적으로 결정되어야만 하는 사안이 아닌지 여부에 대한 논의는 전혀 찾아볼 수 없다. 그렇다면 일단 소극적인 태도를 취한 것으로 볼 수 있는 소수의견을 낸 대법관을 포함하여 대법관 모두가 사법적극주의자인 것은 아닌가? 헌법해석론상 논의는 별론으로 하되, 바람직한 적극주의인가?

주지하는 바와 같이, 유럽은 이미 오래고, 최근 Supreme Court의 적극적인 판결도 있었거니와 미국에서도 제도적으로 인정된 동성혼인에 대하여 우리 입법자와 법원은 여전히 강고한 부정의 의견을 유지하고 있다. 이 문제 역시 의회입법자에게 결정권이 유보된 사안으로 본다면, 위헌논란은 차치하고, 동성혼을 인정하는 입법이 있기 전까지는 헌법지향적인 법률해석을 통해 법원이 적극적으로 대안을 모색할 수 있는 가능성은 전혀 없는 것인가?[126] 또한 가정컨대, 동성혼을 인정하는 내용으로 민법이 개정된다면, 헌법재판소와 대법원은 어떤 태도를 취할 것인가?

헌법재판소도 합헌의견을 유지하고 있고,[127] 대법원에 의해 거듭 파기되기는 하였지만, 이른바 '양심상 병역거부'와 관련하여 병역법 제88조의 규정상 '정당한 사유'에 '양심상의 결정'이 해당되는 것으로 해석한 하급심 판결들이 적지 아니하거니와,[128] 이 경우 단순히 '튀는 판결'로 폄하하는 것이 타당한 비판인가? '양심의 자유'나 '신앙의 자유'의

---

126) 대법원은 원칙적으로 성전환수술을 통한 성별정정을 법적으로 승인하는 전향적인 판결을 내린 바 있다. 2006.6.22.자 2004스42(전원합의체 결정). 이 판결의 법해석론적 쟁점에 관한 상론은 김도균, 앞의 논문, 283-293면.

127) 헌재 2004.8.26. 2002헌가1; 2004.10.28. 2004헌바161; 2011.8.30. 2009헌가7.

128) 대표적으로 서울남부지방법원 2004.5.21. 2002고단3941. 최근에 처음으로 항소심(2016년 10월 18일, 광주지방법원 형사항소3부)에서도 양심상 병역거부를 무죄로 본 판결이 나왔다: "국가는 소수자 권리 주장에 인내만 요구하지 않고 관심을 기울여야 한다"고 지적하면서, 대체복무제의 도입에 대한 전향적인 태도를 주문하였다.

보호의무에 충실한 '법익형량', 말하자면 '실제적 조화의 원칙'에 부응하는 '건강한 사법적극주의'로 볼 수 있는 것 아닌가? 이 문제에 대한 결정 역시 의회입법자의 몫일뿐이고, 정의에 좀 더 가까이 다가서는 현실적 대책, 즉 '대체복무제'의 도입을 선도할 수 있는 사법적 재량의 여지는 없는가?[129]

대법원의 이른바 '새만금판결'[130]에서 제시된 소수의견은 사법적극주의인가? 그렇다고 한다면, 무리인가? 합리인가?

『자연환경을 보전할 필요성 못지않게 국민경제의 균형 있는 발전을 위하여 개발사업을 추진할 필요성 또한 부인할 수 없는 것이므로, 개발사업을 추진할 것인지 여부는 당해 사업으로 얻을 수 있는 국민경제적인 가치와 이로 인하여 훼손되는 자연환경의 가치를 비교하여 결정할 수밖에 없고, 이러한 가치비교를 위해서는 일단은 개발사업의 가치와 자연환경의 가치를 모두 경제적인 가치로 환산하여 비교·교량하는 방법을 따를 수밖에 없다고 할 것이다… 개발사업을 취소하여야 할 정도의 사정변경이 생겼는지 여부를 판단함에 있어서도, 환경 변화로 인하여 나타날 구체적 위험성이나 훼손될 환경 가치의 중대성 등에 관하여 어느 정도의 가능성까지는 입증하였지만 정확하게 확인되는 정도까지는 이르지 못한 입증의 중간영역이 있을 때에, 그 사업이 대규모 사업으로서 환경 변화의 영향력이 미치는 범위가 아주 넓고 예측되는 환경 변화의 폐해가 심각한 것이어서 혹시라도 그 가능성이 현실화되는 것을 도저히 용인하기 어려운 사정이 있는 경우라면, 무조건 원고 측이 그 사정변경과 취소의 필요성에 대하여 입증을 다하지 못한 것으로 보아 원고의 청구를 기각할 것이 아니라, 희생되는 환경의 가치나 환경 훼손으로 인한 폐해의 위험성과 관련하여 경제성이나 안전성이 확인되지 않

---

129) 이와 관련하여, 특히 '정당한 사유'에 양심에 따른 병역거부를 포함하지 않는 것으로 해석하는 한 헌법에 위반된다고 본 한정위헌의견(이강국, 송두환 재판관)이 주목된다.
130) 대법원 2006.3.16. 2006두330(전원합의체).

은 것으로 보아 사업의 강행을 재고할 상황에 처한 것으로 판단하는 것이 더 합리적이라 할 것이다.』

위력에 의한 업무방해죄(형법 제314조 제1항)와 관련하여, 대법원은 근로자의 노동3권(헌법 제33조 제1항)을 적시하며 쟁의행위로서 파업이 언제나 업무방해죄에 해당하는 것으로 볼 것은 아니라는 점을 확인하면서, "근로자들이 집단적으로 근로의 제공을 거부하여 사용자의 정상적인 업무운영을 저해하고 손해를 발생하게 한 행위가 당연히 위력에 해당하는 것을 전제로 노동관계 법령에 따른 정당한 쟁의행위로서 위법성이 조각되는 경우가 아닌 한 업무방해죄를 구성한다는 취지"로 판시한 대법원 판결들(1991. 4. 23. 선고 90도2771, 1991. 11. 8. 선고 91도326, 2004. 5. 27. 선고 2004도689, 2006. 5. 12. 선고 2002도3450, 2006. 5. 25. 선고 2002도5577)에 대하여 일정 부분 의견을 변경하기는 하였지만, "전후 사정과 경위 등에 비추어 사용자가 예측할 수 없는 시기에 전격적으로 이루어져 사용자의 사업운영에 심대한 혼란 내지 막대한 손해를 초래하는 등으로 사용자의 사업계속에 관한 자유의사가 제압·혼란될 수 있다고 평가할 수 있는 경우"에는 집단적 노무제공의 거부도 '위력'에 해당하여 업무방해죄가 성립한다고 보는 입장을 견지하였다.[131] 이에 대하여 반대의견은, '단순 파업'도 예외적인 상황에서는 작위로서 위력에 해당한다는 입장에 서더라도, 위력의 해당 여부에 관하여 다수의견이 제시하는 판단기준에 대해서는 동의할 수 없다고 하며 다음과 같이 설시하였다. 동 판결에서 다수의견과 반대의견을 사법적극주의 또는 소극주의로 분류 및 평가하는 것이 가능하고, 필요한가? 그렇지 않다면 견해차이의 근원은 무엇인가?

『단순 파업이 쟁의행위로서 정당성의 요건을 갖추지 못하고 있더라도 개별적 근로관계의 측면이나 집단적 근로관계의 측면에서 모두 근본

131) 대법원 2011.3.17. 선고 2007도482(전원합의체).

적으로 근로자 측의 채무불이행과 다를 바 없으므로, 이를 위력의 개념에 포함시키는 것은 무엇보다 죄형법정주의의 관점에서 부당하다. 또한 파업 등 쟁의행위가 정당성을 결여한 경우 쟁의행위를 위법하게 하는 각각의 행위에 대하여는 노동조합 및 노동관계조정법에 별도의 처벌규정을 두고 있어 같은 법 위반죄로 처벌할 수 있으므로, 위법한 단순 파업이 위력에 의한 업무방해죄를 구성하지 않는다 하더라도 위법의 원인행위 자체에 대한 처벌의 공백이 생기는 것이 아니다. 따라서 근로자들이 단결하여 소극적으로 근로제공을 거부하는 파업 등 쟁의행위를 하였으나 폭행·협박·강요 등의 수단이 수반되지 않는 한, 같은 법의 규정을 위반하여 쟁의행위로서 정당성을 갖추지 못하였다고 하더라도 당해 쟁의행위를 이유로 근로자를 형법상 업무방해죄로 처벌할 수는 없고, 근로자에게 민사상 채무불이행 책임을 부담시킴과 함께 근로자를 노동조합 및 노동관계조정법 위반죄로 처벌할 수 있을 뿐이며, 그것으로 충분하다.』

우여곡절 끝에 제정되고 헌법재판소가 합헌결정을 내렸지만, 시행과정에서 적잖은 혼란이 예견되고, 궁극적으로는 법원의 과부담으로 이어질 것으로 우려되는 「부정청탁 및 금품 등 수수의 금지에 관한 법률」과 관련하여, 향후 동 법상 '공직자', '직무관련성' 등 불확정개념들에 대한 법원의 법해석방침 자체도 관심의 대상이기는 하지만, 법원이 형법상 뇌물죄 등을 판단하면서 '대가성'에 대하여 좀 더 적극적인 태도를 취했었다면, 예외적인 입법이 불가피한 사회현실을 감안하더라도, 적어도 규율대상의 광범성 및 과도한 획일성만으로도 상당한 정도로 무리한 것으로 여겨지는 입법은 피할 수 있지 않았을까? …

제4장
'탈 포섭도그마'의 법인식작업과 법관의 법감정 - '새만금 판결'의 소수반대의견을 주목하며*

I. 머리말

"오해는 이해의 한 형식이다." Wittgenstein[1]의 말을 빌려 말하자면, '오류는 원인뿐만 아니라 근거도 있고, 따라서 오류는 오류를 범하는 자의 올바른 지식 안에 편입될 수 있다'는 인식은 법 및 법원의 법적 판단과 결정의 오류의 경우에도 적용될 수 있다. 법을 만들고 집행하는 입법자과 법집행자도 마찬가지이지만, 법을 유권해석하고 적용하는 법관의 경우에도, 또는 정당화의 논증을 설시해야 하는 법적 의무를 지고 이른바 '법적 추론'(legal reasoning)의 작업을 하는 법관의 법인식작업의 경우야말로, 오류가 있다면 그 원인과 함께 근거가 있고, 그것이 편입되는, 달리 표현하자면, 그것을 정당화하는 오류의 논리와 지식의 체계가 분명하게 드러난다.

환경법의 운용, 특히 환경책임과 관련된 입증책임의 문제와 연관하여 '새만금 판결',[2] 특히 소수 반대의견의 법리구성을 주목하는 이 글의 관심사는 동 판결의 핵심 법적 판단과 결론에 대하여 찬반의견을 개진하는 것이 아니다. 법적 판단에 이른 법인식과정에 대한 현상학적 접근을 통해 법관의 인식작업 속에서 일종의 전(前)의식 또는 초(超)의식적

---

* 법학연구, 제24권 제4호(2014.12), 연세대 법학연구원, 97-127면.
1) 확실성에 관하여, 이영철(역), 33면, 74번.
2) 대법원 2006.3.16. 선고 2006두330(전원합의체).

요소라고 할 수 있는 법관의 법감정(Rechtsgefühl)이 작용되었다는 것을 해명하는데 초점을 맞춘다. 이미 극복된 지 오래되었으나, 여전히 우리의 법이론과 재판실무에서 공고한 위상을 유지하고 있는 이른바 '포섭의 도그마'에 대한 비판적 담론이 그 핵심이다.

따라서 본고는 다음 두 가지 사항을 전제로 한다. 첫째는, 이 경우는 소수 반대의견 자체가 명시적인 예증이기 때문에 전제 자체가 사족이지만, 대부분의 법적 판단에서 법해석방법론의 한계를 넘어서지 않는 범위에서 법리구성의 선택가능성이 없지 않다는 일반적인 전제이다. 따라서 법리의 선택과 구성에 오류가 없는 한, 해석에 앞서 결정되어 선재하는 법규범을 단순히 발견해낸다는 의미에서 법률을 해석하여 적용했을 뿐인 법관(원)에게는 어떤 책임을 물을 수 있는 하등의 이유가 없다는 면책의 논리는 성립되지 않는다.

둘째는 해석방법과 해석론상 가능한 다른 선택의 대안이 없지 않은 법리적 상황에서 법원이 오류의 선택을 한 것은 결국 법관의 '법적 확신'에 영향을 미친 범감정에 기인한다는 전제이다. 후술하는 바와 같이, '법적 추론'의 작업을 근본적으로 논리적이고 형식적인 사유작업, 즉 인지과정으로 파악하여 주관적인 '감정'의 개입을 금기시하거나 가능한 한 배척되어야 하는 것으로 보는 전통적인 법학방법론은, '이성'과 함께 또는 '이성'보다 우선하여 '감성'을 중시하는 인식론을 확립한 현대 심리학의 유력한 연구성과들을 거론할 것도 없이, 이른바 '포섭의 도그마'(Subsumtionsdogma)의 오류를 통렬하게 비판하고 극복해낸 '법학적 해석론'(juristische Hermeneutik)에 의해서도 더 이상 설득력을 갖지 못하는 것으로 확인되었다.

요컨대, 이 글에서 관심의 대상은 새만금 판결에서 입증책임문제에 대한 소수 반대의견의 법리 및 법적 판단의 결론이 아니라 그 바탕과 배후에 있는 생태철학의 토대와 생태윤리적 문제의식, 그리고 그것이 응축되어 반영된 법관의 법감정이다. 말하자면 생태계를 상호의존(interdependence)의 '삶의 망'(web of life)[3]으로 보는 세계관,[4] 생태계와 아픔을 공감할 수 있는 능력, 그리고 공존과 상생의 동반자의식이 도덕적인 선판단으로 집약되고, 그것이 다시금 구체적인 법인식과정 속에서 법감정으로 전환되어 법적 판단으로 표출된 것으로 보는 입장에서, 인식요소로서 감성의 요소를 주목해 온 현대 심리학의 연구성과를 원용하여 법학방법론과 법해석론의 맥락에서 법감정의 필수성 및 그 중요성과 함께 그에 대한 통제 및 책임추궁의 당위성을 규명하고자 하는 것이다.

Ⅱ. '새만금 사건' 판결 - 반대의견

'새만금 판결'에서 제시된 반대의견은 입증책임문제와 관련한 법리구성의 참신함, 특히 '입증의 중간영역', 즉 "환경 변화로 인하여 나타날 구체적 위험성이나 훼손될 환경 가치의 중대성 등에 관하여 어느 정도의 가능성까지는 입증하였지만 정확하게 확인되는 정도까지 입증하지 못한 경우"를 상정하여 "환경 변화의 영향력이 미치는 범위가 아주 넓고 예측되는 환경 변화의 폐해가 심각한 것이어서 혹시라도 그 가능성이 현실화되는 것을 도저히 용인하기 어려운 사정이 있는 경우라면 희생되는 환경의 가치나 환경 훼손으로 인한 폐해의 위험성과 관련하여 경제성이나 안전성이 확인되지 않은 것"으로 본 것도 주목되지만, 그보다는 향후 우리 법원이 좀 더 환경친화적인 방향으로 해석론을 전개해 나가야 할 당위적인 방향과 그 가능성을 가늠하고 전망하는 데 매우 유용한 생태윤리적 관점을 제공한 것으로 여겨진다. 특히 겸손과 절제의

3) 이에 관해서는 F. Capra, The Web of Life, 1997, 특히 297-304면.

4) 여기에서 세계관은 존재론의 범주에 국한되는 의미는 아니고, 삶의 본질과 연관되는 가치론 및 인식론 차원의 명제이기도 하다. L. Margulis와 D. Sagan의 말대로 '상호의존성'은 과학적인 용어라기보다는 정치적인 어휘이기 때문이다. What is Life?, 1995, 20면.

태도는 이른바 '무지의 전제'를 십분 고려한 것으로 최고법원으로서의 위상에 걸맞는 담론의 수준과 무게를 잘 보여주는 증좌로도 여겨진다. 또한 이러한 생태철학적 토대와 생태윤리적 문제인식의 확장된 지평 속에서 환경권을 기본권으로 보장하고 있는 우리 헌법 제120조 제2항의 '균형 있는 개발'의 요청에 '자연환경과 인간의 편익 사이의 균형'도 포함되어 있는 것으로 보는 헌법해석론도 '인간중심주의'를 탈피한 점에서 관심을 끈다.

아무튼 여기에서 관건은 전향적인 생태윤리적 의식이 법인식과정에 인입되어 구체적인 법적 판단, 특히 입증책임의 문제와 같은 법기술적 판단과 그에 필요한 정밀한 법리구성에까지 중요한 영향을 미친 점에 대한 확인이다. 이는 법적 판단의 요소로서 법관의 법감정을 간과하고 외면해 온 '포섭의 도그마'와 전통적인 법학방법론의 오류를 극명하게 드러낸 예증이라고 할 수 있다. 폭과 깊이를 유지하면서 축약할 수 있는 표현능력 때문이기도 하지만, 그보다는 원문을 통해서 법인식과정 속에서 '법이성'과 함께 '법감정'이 어떻게 구체적인 법적 판단에 반영되고 연결되었는지 보는 것이 최선이라고 생각되어 설시문을 발췌하여 전재한다.

『인류를 비롯한 지구상의 모든 생명체는 지구라는 환경에 기초하여 생존하고 있다. 인간의 생존은 지구환경에 절대적으로 의존하고 있으며 그 환경조건의 변화에 따라 생존 자체가 위협받기도 하고 엄청난 재앙에 맞닥뜨리기도 한다. 지구상 생명체의 변천 역사에서 몇 가지 환경조건의 변화로 인하여 심지어는 한 생물종 자체가 멸종에까지 이른 사례를 우리는 알고 있다. 인간의 능력은 무한하고 놀랄 만한 정도로 문명을 발달시켜 이제는 지구를 거의 정복할 단계에 이르렀다고 자만하고 있지만, 대기 중의 탄산가스 농도가 몇 퍼센트만 변하여도, 북극 바닷물의 온도가 몇 도만 상승하여도, 지구 중력이나 자전속도가 조금만 변하여도 인간의 생존조건에는 엄청난 변화가 초래되고 경우에 따라 당장 수억의 인류가 죽음에 직면하게 될 수도 있다는 것이 학자들의 연구에 의하여 속속 드러나고 있다. 얼마 전 동남아시아에서 발생한 지진해일(쓰나미) 사태 때는 지구의 표피 중 지극히 작은 일부분이 몇 초간 꿈틀거린 것으로 인하여 단 몇 분 만에 수십만 명의 인간이 일시에 생명을 잃기도 하였다.

인간은 강한 것 같지만 이와 같이 지극히 취약하고 지구환경에 전적으로 생존을 의탁하고 있다. 그런데도 인간은 아직 지구환경이 인간의 생존에 미치는 영향을 아주 작은 일부밖에 알지 못하고 그 대부분은 알지 못하는 미지의 영역으로 남겨두고 있다. 이와 같이 인간의 생존에 절대적으로 영향을 미치는 지구환경의 의미와 가치를 제대로 알지 못한 상태에서 함부로 환경을 변화시키는 것은 지극히 위험한 일이고 경우에 따라서는 자기 생존의 기반을 파괴하는 어리석은 일이다. 별 문제 없을 것으로 생각하여 자연환경을 변화시킨 것이 나중에는 엄청난 악영향을 미치는 결과로 나타난 경우를 우리는 여러 번 경험하고 보아 왔다.

따라서 우리 헌법이나 환경관련 법령에서도 인류 생존의 토대를 이루는 자연환경을 무분별한 개발과 이용으로부터 보호하여야 한다는 시대적 요청을 반영하여, 자연환경 보전의 가치가 개발에 따른 가치보다 우선적으로 보호되어야 할 가치임을 분명히 하고 있는 것으로 보아야 한다.

한편으로, 자연환경을 보전할 필요성 못지않게 국민경제의 균형 있는 발전을 위하여 개발사업을 추진할 필요성 또한 부인할 수 없는 것이므로, 개발사업을 추진할 것인지 여부는 당해 사업으로 얻을 수 있는 국민경제적인 가치와 이로 인하여 훼손되는 자연환경의 가치를 비교하여 결정할 수밖에 없고, 이러한 가치비교를 위해서는 일단은 개발사업의 가치와 자연환경의 가치를 모두 경제적인 가치로 환산하여 비교·교량하는 방법을 따를 수밖에 없다고 할 것이다. 그런데 개발사업의 가치는 경제적 가치로 환산하여 평가하기가 용이한 반면, 자연환경의 가치에는 생물종의 다양성, 생태적 안정성의 유지 등과 같이 경제적인 가치로 평가하기 어려운 가치도 있고, 장래에 이용될 가능성은 있으나 현재로는 이용되지 않고 있는 가치나 현재의 환경에 대한 지식으로는 제대로 알 수 없는 가치와 같이 평가의 대상 자체에 포함시키기 어려운 가치도 있다. 따라서 훼손되는 자연환경의 가치를 경제적인 가치로 환산할 수 있는 부분만을 평가하여 개발사업의 가치와 비교·교량하는 것만으로 자연환경의 가치를 충분히 고려하였다고 할 수 없고, 개발사업의 국민경제적인 이득이 당해 사업에 소요되는 비용과 이로 인하여 훼손되는 자연환경 가치의 경제적 평가액 등의 손실을 합한 것보다 상당한 정도로 우월한 경우에 비로소 개발사업을 추진할 수 있는 당위성이 인정될 수 있다고 할 것이다.

또한, 개발사업을 취소하여야 할 정도의 사정변경이 생겼는지 여부를 판단함에 있어서도, 환경 변화로 인하여 나타날 구체적 위험성이나 훼손될 환경 가치의 중대성 등에 관하여 어느 정도의 가능성까지는 입증하였지만 정확하게 확인되는 정도까지는 이르지 못한 입증의 중간영역이 있을 때에, 그 사업이 대규모 사업으로서 환경 변화의 영향력이 미치는 범위가 아주 넓고 예측되는 환경 변화의 폐해가 심각한 것이어서 혹시라도 그 가능성이 현실화되는 것을 도저히 용인하기 어려운 사정이 있는 경우라면, 무조건 원고 측이 그 사정변경과 취소의 필요성에 대하여 입증을 다하지 못한 것으로 보아 원고의 청구를 기각할 것이 아니라, 희생되는 환경의 가치나 환경 훼손으로 인한 폐해의 위험성과 관련하여 경제성이나 안전성이 확인되지 않은 것으로 보아 사업의 강행을 재고할 상황에 처한 것으로 판단하는 것이 더 합리적이라 할 것이다.』

Ⅲ. '탈 포섭도그마'의 관점에서 본 법인식작업과 법관의 법감정

1. 법감정의 개념과 의의

추상성과 보편성을 고려하여 '차이와 동일의 확인'이라는 개념정의의 일반적 요청에 충실하게 말하자면 법감정은 '법문제와 관련된 인간의 직관적인 가치감정'이라고 할 수 있다. 법의 본질과 개념, 그리고 (법)인식과정에서 이성 및 감성적 요소의 영향 및 그 상호관계에 대한 철학적, 심리학적 이해에 따라 법감정의 개념은 다양하게 정의될 수 있지만,[5] 여기에서 상론은 약하고, 다만 위 개념정의에 포함된 세 가지 하부개념, 즉 법, 직관, 가치감정의 요소를 단서로 한 간략한 분설을 통하여 유사한 개념과의 '차연'(差延)을 확인하여 본고에서 초점을 맞추고 있는 일종의 심리적 현상으로서 '법관의 법감정문제'의 범주를 획정하고, 세 가지 특수한 측면을 부각시킨다.

이러한 맥락에서 접근하는데 법감정의 의미를 세 가지로 구별하여 파악한 E. Riezler[6]의 견해는 문제의식의 교두보로서 또한 비판의 단서를 탐색하는데 유용한 선도연구로서 여전히 유효하다. 그에 따르면 법감정은 세 가지 종류의 '느낌'으로 구별되는 바, 1) 현행법이 무엇인가에 대한 감정, 2) 무엇이 법이어야만 하는가에 대한 감정, 3) 법과 일치하는 것, 즉 합법적인 것이 실현되어야만 한다는 감정이 그것이다. 첫째

5) 법감정의 개념에 관한 개괄적이고 총합적인 논의는 E. -J. Lampe(Hrs.), Das sogenannte Rechtsgefühl, 1985., 12-36면. 국내문헌은 대표적으로 임웅, 법감정에 관한 연구, 법철학연구, 제1권, 1998, 87-90면.

6) E. Riezler, Rechtsgefühl, Rechtspsychologische Betrachtungen, 3. Aufl.,1969. M. Rehbinder, Fragen an die Nachbarwissenschaften zum sog. Rechtsgefühl, JZ 1982, 3면에서 재인용함. 이에 관한 개략적 논의와 비판은 M. Kriele, Rechtsgefühl und Legitimität der Rechtsordnung, in; E. -J. Lampe(Hr.), Das sogenannte Rechtsgefühl, 23-24면.

는 현행법을 직관적으로 파악하고 옳게 적용하는 능력을 내용으로 하는 이른바 '실증적 법감정'이고, 두 번째는 '이상적 법감정'이다. '법의 이상'(Rechtsideal)에 대한 감성적 경향의 뜻이다. 마지막으로 세 번째는 흔히 법철학에서 법의 효력근거를 설명할 때 중요시되는 공동체적 감정으로서 현존하는 법질서에 대한 존중, 말하자면 준법의식을 뜻하는 '일반적인 법감정'(allgemeines Rechtsgefühl)이다.[7)]

하지만, 인식과정 속에서 감정적 요소의 중요한 또는 우선되는 영향을 상당 부분 규명해낸 인식철학 또는 심리학, 그리고 법관이 '법적 확신'에 이르는 법인식과정을 비롯한 모든 '법적 결정'에서 법감정이 독자적인 요소로 작용한다는 인식이 정론으로 자리를 잡은 오늘날 법학방법론의 흐름을 고려하면, 포괄적인 '법감정' 개념의 전제 하에 그것을 세 가지 종류로 구분하는 것은 적실성이 인정되기 어렵다. M. Kriele[8)]가 지적하는 바와 같이, 통합적인 일종의 '융복합의 인식과정'으로 이해되는 법인식 또는 법적 판단의 작업에서 그 영향이 교차되는 상호의존관계에 있지만 또는 바로 그러하기 때문에 이론적으로 분명하게 구별되어야 하는 인식의 부분 또는 측면들을 사유함(Denken), 느낌(Fühlen), 의도함(Wollen) 등 세 가지로 구분하는 것이 가능하고 필요하다고 보면, 법감정의 '세 측면' 또는 '세 종류'를 구별하는 Riezler의 개념틀은 재검토되어야 한다. 법감정문제의 지평을 일종의 '지향계'(intentional system)

7) Riezler의 3분설은 특히 두 가지 관점에서 학문적, 실무적 가치를 높게 평가할 수 있다. 우선 법감정의 근원에 관한 이른바 '생래설'과 '획득설' 간의 논쟁의 무용성을 분명하게 재확인하는 점이 주목된다. 또한 법과 법감정의 상호 영향관계를 해명하고, 2원적 대립구도의 해소 이후의 문제, 즉 법감정이 생래적인 소질과 함께 역사와 현실환경 및 그 속에서의 경험과 교육 등 후천적인 요인에 의해서도 영향을 받는다고 보는 절충설 이후에 부각되는 문제들에 대한 분화된 접근방법의 필요성과 가능성을 제시한 것은 후속 연구에 미친 영향이 지대하다고 할 수 있다. 이에 관해서는 M. Rehbinder, Fragen an die Nachbarwissenschaften zum sog. Rechtsgefühl, JZ 1982, 2-3면; K. Obermayer, Über das Rechtsgefühl, JZ, 1986, 1면.

8) M. Kriele, 앞의 논문, 23면.

로 상정될 수 있는 법존재 또는 법실천의 영역 전체로 확장하는 데는 유용하였지만, '지향대상'(intentional object)의 근본적인 이질성, 그리고 '감성적 경향'의 본질과 특성을 제대로 포착할 수 없는 한계를 갖기 때문이다.[9] 말하자면, 예컨대 1)의 '실증적 법감정'은 법문제의 해결은 위한 준거로 실정법의 의미, 즉 규범을 탐색하는 논리적인 사유작업과 연관되는 점에서 '이성적인 인지'의 속성에 초점을 맞춘 '법인지'(Rechtswissen)로, 3)의 '일반적인 법감정'은 실정법질서의 정당성, 달리 말하자면 실정법의 효력을 시민들이 용인하는지 또는 얼마나 용인하고 지지하는지, 그리고 이것에 의해 결정되는 일반 시민의 준법의식과 연관된 '의지의 문제'인 바, 이 경우는 '법의지'(Rechtswille)의 독자적인 개념으로 대체되어야 한다. 결국 이러한 용어사용례에 따르면 법감정은 2)의 '이상적 법감정', 즉 "정의의 관점에서 수행되는 실정법에 대한 도덕적 판단"의 능력 또는 이 도덕적 판단력과 연관된 '감성적 경향'이라는 독자적인 개념으로 정립되는 바, 이는 바로 이 글에서 복합적인 인식과정으로서 파악되는 법관의 법적 판단 또는 법실천의 행위 속에서 선재하는 규범을 일방적으로 수용하는 의미의 법발견에 해당하는 '법인지'와 도덕적인

9) 철학용어로서 '지향적 자세'는 "어떤 (인식 또는 교섭: 필자 부기)대상의 행위를 그 대상이 스스로의 '믿음'과 '욕구'를 고려하여 '행위'를 '선택'하는 합리적 행위자라는 전제 아래 이해하는 전략"을 말하고, '지향계'는 어떤 대상을 지향하는 행위자나 인식주체의 의도나 목표, 믿음 또는 욕망과 그 대상이 드러내는 믿음과 욕망의 특수한 내용이 서로 민감하게 반응하고 교섭하는 체계를 뜻한다. 직접인용한 부분과 이에 관한 세밀하고 깊은 논의는 D. C. Dennett, 이희재(역), 마음의 진화(Kinds of Minds), 2006(1996), 59-60, 71면. 다른 존재를 바라볼 때 '지향적 자세'를 위한다는 것이 그 존재를 의인화하는 것과 유사하고 또한 이것이 매우 유용한 발상이라고 한다면, 잠정적으로 긍정의 입장을 전제로 하되, 이 발상을 "공허한 비유와 거짓말 사이에서 줄타기"를 하는 심정으로 신중하게 그 존재가 법인 경우에도 해당하는 것으로 보려는 시도가 '경솔한 연구자의 심각한 오류'로 귀결되는 오류일지, 아니면 "현상의 밑바닥에 깔려 있는 통일성을 드러내고 중요한 실험들로 관심을 끌고 또한 다양한 영역에서 튼실하고 알찬 관점"을 제시하는 정론이 될지에 관한 판단은 일단 유보한다. 직접 인용한 부분은 Dennett, 위의 책, 60-61면.

감정상 최소한 현행 실정법질서의 근간과 대강을 정당한 것으로 인정하는지 여부와 그 정도에 따라 결정되는 '법의지'를 개념상 공제하고 남게 되는 의미의 법감정과 외연을 같이한다.

이와 같이 '법인지'와 '법의지'의 개념과 구별되는 독자적인 의미로 법감정의 용어를 사용함으로 해서 '정당성의 문제'와 '법감정의 문제'를 동일시함으로써 야기될 수 있는 어의혼란과 그에 따른 문제인식의 오류의 잠재적인 위험성을 피할 수 있고, 자연스럽게 보편적이고 추상적인 '정당성문제'의 '법인지의 문제' 및 '법의지의 문제'로서의 구체적인 본질과 구조가 부각되어 '법인지'와 '법의지', 그리고 '법감정'의 통합적이고 복합적인 상호관계 속에서 법감정의 독자적인 의미와 기능을 주목하면서 '정당성문제'를 접근할 수 있게 된다.

요컨대, 법감정은 일종의 '지향계' 속에서 '지향대상'으로서 '법인지' 및 '법의지'와 상호 영향을 주고받는 관계에 있고, 이 복합적인 통합관계 속에서 또한 이 관계의 특수성을 주목하면서 제기되고 접근되어야 하는 '정당성문제'의 맥락에서 '도덕적인 판단능력'에 유보되어 있는 독자적인 의미영역으로 그 외연이 획정된다.

2. '외연'과 '내포'의 재확인 - 유사 개념과의 구별

이러한 법감정 개념의 전제 하에 세 가지 구성개념, 즉 법, 직관 및 가치감정의 요소에 대한 간략한 분설을 통해 유사개념들과 구별하고자 하는 것은, 논리학을 빌려서 말하자면, 바로 법감정개념에 포섭되는 사물 또는 사물들의 집합인 '외연'을 좀 더 명료하게 하는데 도움이 되는 동시에, 더 나아가서 이 사물 또는 사물들의 집합을 선택하고 결정하는 특별한 준거이고 '지향성'(intentionality)의 방식인 '내포'(intensionality)의 포착을 위해 생략될 수 없기 때문이다.

우선 법감정의 '지향대상'으로서 법은 '실체'가 아니라 일종의 '과정'

또는 '행위'로서 존재론적 의미가 전제된다. 이에 관해서는 다음에 상술할 것이되, 아무튼 여기에서 우선 확인하고자 하는 것은 법관을 비롯한 모든 법해석자에게 이른바 '객관적인 소여'로서 확정된 법이 주어져 있지는 않다는 명제이다. 주어진 법이 있다고 한다면 그것은 보이는 또는 보이지 않는 '법텍스트'이고, 이는 사태와의 상호 교섭을 통해서 가공되면서 법을 구성하고 법을 형성해나가는데 필요한 원자료일 뿐이다. Kaufmann[10]이 적확하게 표현하는 바와 같이, 이러한 관점에서 보면 해석되는 법텍스트와 함께 법해석자의 법감정도 '해석학적 상황'의 한 구성부분이고, 결국 이른바 법탐색자로서 법관은 그 자체가 법발견과정의 한 부분이라고 할 수 있다. 우선 '인지적 작업'으로 파악하여 접근되어야 할 '법인지'와 직관적인 도덕적 판단력과 관련된 '법감정'을 종류의 논리형식이 아니라 개념적으로 분리하는 것은 바로 이 '법해석학적 상황'과 그 속에서 두 요소의 상호연관성을 부정하는 것이 아니라, 오히려 통일된 복합관계를 주목하면서 그 관계를 세분하여 파악하기 위한, 말하자면 '통합을 위한 구별의 전략'이다. 또한 실정법형식의 법을 매개로 또는 소재로 하는 도덕적 판단에 중점을 두는 의미에서 법감정은 현행법과는 직접 관련되지 않고, "오로지 정의의 문제에 직면해서 작용하는 감정"인 정의감정과 구별된다. 이는 또한 일견 '형용의 모순' (contradictio in adjekto)[11]으로 여겨지지만 주목되어야 하는 표제어로서 '지성적인 감정'(intellektuales Gefühl)의 함의, 특히 후술하는 바와 같이 최근 실험심리학의 다양한 실증적인 연구를 통해 규명되고 있는 감정이 논리적인 인지작업에 미치는 중요한 영향[12]에 유의하고자 하는 의도에도 부합된다.

---

10) Gedanken zu einer ontologischen Grundlegung der juristischen Hermeneutik, in; Beiträge zur Juristischen Hermeneutik sowie weitere rechtsphilosophische Anhandlungen, 1984, 92면.

11) M. Rehbinder, 앞의 논문, 3면.

12) 특히 I. Blanchette/S. Gavigan/K. Johnston, Does Emotion Help or Hinder

또한 법감정은 법 및 법문제에 대한 직관적인 판단인 경향인 점에서 '법의식'(Rechtsbewußtsein)과는 구별된다. 법감정은 즉각적이고 감각적인 반응의 현상으로 나타나지만, '법의식'은 '일정한 사유와 성찰'을 통해 축적된 심리상태이고, 이것에는 "계획된 목적을 향하여 조종하는 정신작용"까지도 포함시킬 수 있다.13) 또한 내용의 특성을 기준으로 하여 법감정은 일반적, 추상적, 단선적이고, '법의식'은 특수적, 구체적, 복선적인 점에서 구별하거나, 명료성의 관점에서 '일차적인 심리적 요소'로서 '법의식의 씨앗'이라고 할 수 있는 법감정과 법감정이 성숙되어 사유의 명료성을 확보한 의식으로서 '법의식'을 구별하기도 한다.14) 다만, 일견 즉각적이고 통제되지 않는 감각적 반응, 즉 심리학에서 말하는 '자동적인 과정'(automatic process)으로 이해되어 온 직관적 판단의 구조와 메커니즘에 대한 새로운 이해, 특히 후술하는 바와 같이 인식과정을 '자동적인 과정'과 '통제되는 과정'(controlled process)의 두 가지 종류로만 구별하는 이원론을 지양하는 보다 다원화된 구별모델에 따르면 이 구별은 다분히 상대적인 것으로 볼 수 있다.

마지막으로 '가치감정'은 법감정의 근원인 동시에, 법의 인식 또는 법실천의 과정에서, 특히 조종의 수단인 법이 법문제의 해결에 필요한 적합한 법규범 또는 적합한 선택의 준거를 제공하지 못하는 경우, 말하자면 법관 자신이 입법자로서 새로운 규범을 창조해야만 하는 경우에 법관의 '법적 판단', 즉 법관법의 질을 결정하는 도덕적인 판단능력의 핵심요소이다. 후자의 맥락에서 관심의 대상은, 정확하게 말하자면, 가치 자체가 아니라 '가치평가체계'(evaluative system)이다. G. Radbruch에 따라 '법이념에 봉사하는 특수한 현실'이 법이고, 따라서 법학을 가

Reasoning? The Moderating Role of Relevance, Journal of Experimental Psychology: General, Vol. 143.3, 2014, 1049-1064면.

13) 임웅, 앞의 논문, 89면.

14) 위의 논문, 89면.

치관계적인 학문이라고 한다면, 법학방법론 또는 법이론의 관점에서 주목하는 법감정은 법이성과 법현실의 상호작용 속에서 형성되고 작동되는 '가치평가체계'와 관계되는 감정이고, 결국 평가 또는 판단의 대상에 대한 관심과 주의(注意) 여부와 그 방향과 정도에 결정적인 영향을 미치는 '법감정'과 그 핵심인 '가치감정'의 지속적인 영향 하에 운용되는 '가치평가체계'는 전체 공동체와 개인, 당위와 현실의 상호교차관계 속에서 또한 자연법성과 실정성이라는 법존재의 이중적 속성과 연계하여 고려되어야 한다. 이성과 현실의 변증법적인 교섭의 맥락에서 법의 역사성을 강조하는 것도 그래서이거니와, 법감정의 요소로서 가치나 '가치평가체계', 그리고 그 속에 내포된 가치판단척도의 보편성과 객관성을 이념적 목표로 제시할 수는 있다고 하더라도 그것이 '간주관성'(Intersubjektivität)이 아니라 '절대성'(Absolutheit)의 의미라면 용인될 수 없는 것도 이 때문이다. 따라서 실질적인 가치윤리학을 법학에 끌어들인 이른바 현대 자연법론자들이 법감정을 하나의 '가치기관'(Wertorgan), 즉 초실정법의 절대적이고 객관적인 가치척도에 대한 하나의 진정한 인식원(認識源)으로 보는 경우에도15) 그 역사성과 가변성을 부정할 수는 없다는 점에서 논리적 모순을 피하기 어렵다. 자연법적 관점에서 흔히 현행법과 직접적인 관련성이 배제된 상태에서 논의되는 '정의감정'이나 본질적으로 주관성이 부각될 수밖에 없는 '법양심'(Rechtsgewissen)과 법감정을 구별하는 것은 이러한 맥락에서도 가능하고 필요하다.16)

요컨대, 이러한 점에서 볼 때, '가치감정'에서 방점의 자리는 '지향대상'인 '가치'보다는 '감정'이라고 할 수 있는 바, 이는 궁극적으로 가치의 보편성과 객관성이라는 이상과 특수성과 주관성의 현실 간의 변증법

---

15) Rehbinder, 앞의 논문, 3면.

16) 다른 관점에서의 논의이지만 '정의감정' 및 '법양심'과 법감정의 구별에 관해서는 임웅, 앞의 논문, 88-89면. 법관의 양심에 관해서는 이덕연, 헌법 제103조에서 법관의 독립과 양심, 공법연구 제38집 제2호, 2009.12, 349-375면.

적인 대립 속에서 지양(止揚)의 계기를 마련하고 또한 건강한 조화점을 찾아낼 수 있는 일종의 '감성능력', 말하자면 이성에 의해 복속되거나 치환될 수 없는 법감정의 독자적인 의미와 기능에 대한 주목의 요구로 귀착된다.

3. '생리적 지표'로서 법감정

다음 꺽쇠 안의 내용은 저자가 2012년에 발표한 판례평석의 일부인데, 핵심 표제어인 '생리적 지표'(somatic-marker)를 법감정으로 치환하여도 읽으면 무리가 없고, 또한 전술한 법감정의 본질과 특성에 대한 이해에 도움이 될 것으로 생각되어 가감 없이 전재한다.

『법해석론상 진지한 논제로 관심을 갖는 법관의 양심과 분노의 태도는, 규범과 현실의 교차점에서, 그리고 비관과 절망의 한가운데서 낙관의 근거와 희망의 단서를 찾고, 이성과 감성 그리고 윤리와 도덕의 융합을 통해 정의를 구현해나가기 위하여 항상 인간존재 및 법의 한계와 함께 그 가능성을 탐색하는 '해석론'의 구도 속에서만 상정되는, 법관이 지녀야 하는 일종의 '생리적 지표'[17]이다. 여기에서 몸을 뜻하는 그리스어 'soma'를 어원으로 하는 생리적(somatic)이라는 것은, 도덕적 결정을 함에 있어서 이성과 함께 감성의 요소를 강조하는 맥락에서, 사람들이 여러 가지 선택 대안들 중에 특정한 것을 선별하여 즉각적으로(immediately) 용인하거나 배척하게 되는 동인으로 경험하는 어떤 긍정적인 또는 부정적인 느낌을 강조하는 의미를 내포한다. 이 느낌은 Gadamer가 말하는 "음식을 선택하고 거부하는 활력 있는 감각의 확실성만큼 높은 것"으로 단순히 육체적인 것만이 아니라 공생체로서 몸과 마음이 동시에 작용되는 감지력으로 이해된다. '진리와 방법'에서

17) A. R. Damasio, Decartes' Error: Emotion, Reason, and the Human Brain, Penguin Books, 1994, 173면 이하.

Gadamer가 이른바 '놀이'(Spiel)를 중심으로 한 '철학적 해석학'의 맥락에서 제시하는 핵심개념인 '교양'(Bildung), '취미'(Geschmack) 또는 '공통감각'(common sense)과 유사한 것으로 이해하여도 무리가 없을 것으로 생각된다.[18)]

말하자면 어떤 결정을 내려야 할 것인지 고민하는 과정에서 자신의 선택과 판단이 가져 올 긍정적인 결과와 부정적인 결과에 유의하게 만드는, 이성과 함께 감성이 일종의 '공생체'(symbiosis)로서 작용하는 느낌이다. 합리적인 고려를 배척하는 것이 아니라 대안을 줄여서 선택할 수 있게 단순화하여 결정과정의 정확성을 제고하는 가능을 갖는 이 느낌은 법관의 '법적 판단'의 행위에도 그대로 적용된다. 적어도 법의 해석과 적용, 즉 '포섭'(Subsumtion)의 작업을 '하나의 순수한 형식논리적인 판단 및 추론'으로 이해하는 '법형식주의'(legal formalism)의 틀을 집착하지 않는 한 그렇다.

Kaufmann[19)]이 단언하는 바와 같이, 법을 말한다고 할 때 법관은 "항상 자기 자신, 즉 자신의 선이해의 어떤 부분을 말하는 것이다. 그렇지 않다면 그는 법률과 사건을 전혀 대응시킬 수 없다." 이미 극복된 법실증주의에서 전제하는 바와는 정반대로, 법규범이 해석에 앞서 '순수한 객관성'(reine Objektivitaet)과 '순수한 사물성'(reine Sachlichkeit)을 지니는 확정된 상태로 선재하는 것이 아니라, 해석의 결과물, 즉 "법관 자신의 선판단, 확신, 관심 및 의견(개인적인 것이든 사회적인 것이든) 등과 함께 자신의 인격을 끌어들이는 '이해'(verstehen)의 과정" 속에서

18) H.-G. Gadamer, 이길우 외(역), 『진리와 방법 I』, 문학동네, 2000, 41-76면, '감지력'에 관해서는 91면. 이에 관한 간명한 해설은 특히 R. J. Bernstein, Beyond Objectivism and Relativism: Science, Hermeneutics, and Praxis, University of Pennsylvania Press, 1985, 118-126면.

19) "Durch Naturrecht und Rechtspositivismus zur juristischen Hermeneutik", in; 앞의 책, 87면.

비로소 산출되고 형성되어 나가는 것으로 본다면, 도대체 이 작업에 앞서, 이 과정의 바깥에 있는 법의 '객관적 옳음'은 존재하지 아니한다.[20] 법률과 사태에 대한 이해는 단순한 '앎의 작업'이 아니라 일종의 '수행'의 인격적 행위, 즉 이해의 주체가 전인격을 걸고 하는 창조적인 법형성의 행위인 바, 법관의 법해석행위와 판결을 판단하는 기준은 구체적인 판단 및 결정의 과정 바깥에 있는 '법의 옳음'이 아니라 이해와 행위의 주체의 인격, 즉 법관의 이성과 감성, 그리고 윤리의 합체인 '생리적 지표' 및 결정의 상황과 연계되어야만 한다. 법관의 중립성의 명제는 바로 이 '생리적 지표'를 자신의 성찰 속으로 끌어 들이는 과정에서 요구되는, 특수한 공직자로서 법관에게 각별하게 요구되는 공평무사(公平無私)의 공직윤리를 의미하는 것일 뿐이다. 정의를 지향하고, 부정의에 대하여 분노하는 양심의 '생리적 지표' 자체를 형성하고 발전시켜 나감에 있어서 법관은 철저하게 비중립적이어야 한다. 말하자면 정의와의 동맹관계를 항상적으로 유지해 나가야 한다.』[21]

Ⅳ. 탈 '포섭도그마'와 법관의 '법감정'

1. 포섭의 도그마와 법감정

법실증주의이론, 특히 이른바 '포섭의 도그마'를 고수하는 형식적인 개념법학의 관점에서 법관의 법인식작업상 결정요소로서 '법감정'은 기본적으로 금기시되거나 유의미한 영향력은 부정된다. 법의 객관성과 보편성을 추구하는 수단으로 법률과 법을 동일시하는 형식론과 법개념체계의 폐쇄적인 구조 안에서 엄격한 '논리적 추론'의 인식방법에 집착하

20) 위의 논문, 87면.
21) 이덕연, '거창사건'에 대한 대법원판결(2008.5.29. 2004다33469) 평석 - '견벽청야'(堅壁淸野)의 군사작전과 법리구성의 구조적 유사점을 주목하며, 저스티스, 통권 제129호, 212.4, 316-317면.

는 이른바 '순수법학'의 입장에서는 법의 효력근거로서든, 법적 결정의 요소 또는 준거로서든 법감정은 관심의 대상이 아니다. 오히려 법규범 및 법적 결정의 객관성과 보편성의 요청을 전제하고 지향하는 법학 및 법학방법론의 순수성을 오염시키는 이데올로기적 이물질로 배척될 뿐이다. 특히 법을 알고 있거나 또는 법발견의 방법, 즉 '법적 추론'(legal reasoning)을 알고 있어야 하는 법률전문가, 특히 법관의 법해석 및 적용작업에서 법감정은 법인식상 오류의 잠재적인 근원으로서 절대 배제되어야 할 '심리학적 사실'로서는 주목될 수는 있을지언정 방법론의 범주에서는 원천적으로 불필요한 것으로 여겨진다.

법감정을 금기시하는 이러한 인식은, 법인식의 대상과 방법론을 작위적으로 축소하고 의제한 점에서 일종의 '구조화된 구조'라고 할 수 있는 이른바 '3단계이론'에서 극명하게 드러난다. 즉 대전제로서 공준으로 확립된 방법을 통해 법텍스트에 담긴 의미, 즉 규범을 발견해내는 법해석의 단계와, 소전제로서 사태파악의 단계, 그리고 이 개념과 파악된 사태의 부합에 대한 판단, 즉 '포섭'을 각각 단절된 상태에서 순차적으로 진행되는 독자적인 단계의 인지적 사유작업으로 이해하는 논리형식 속에서 주관적인 또는 주관적일 수밖에 없는, 그렇기 때문에 비논리(illogical) 또는 반논리적인 법감정은 근본적으로 객관성을 토대로 하고 또한 지향하는 법 또는 법해석작업과 친할 수 없는 '불상용(不相容)의 이질적인 것'인 것으로 여겨질 수밖에 없다.[22] 3단계이론의 핵심인 추론의 '논리'(logic)가 문의에 집착하여 곧이곧대로 법문을 해석하는 '문리

22) 여기에서 '비논리적인'의 용어는 상식이나 실질적인 가치공준에 부합되지 않는다는 의미, 예컨대, '법적 논증(legal argument)은 논리적인데, 그 결론은 비논리적이다'라는 말이 논리적으로 모순이 아닌 맥락에서와 같이 '타당하지 않은' 것과는 다른 기술적인 의미, 즉 본질적으로 논리적인 설명 및 입증과 친하지 않다는 뜻으로 사용된 것임을 밝혀둔다. 이와 관련해서는 N. MacCORMICK, Legal Reasoning and Legal Theory, 1978, 39면.

해석'(literalist interpretation)과 동일한 것은 아닌데, '논리'에 초점을 맞추어 비판을 하지만 실제로는 대부분 '문리해석'을 대상으로 하여 공격을 했다고 할 수 있는 이른바 '법현실주의자'(Legal Realist)들의 착시(錯視)에 대한 Hart의 날카로운 지적을 인정한다고 하더라도,[23] '논리해석'을 비롯한 '체계적 해석', '역사적 해석' 등의 법해석방법론의 틀에 '법감정'이 직접적인 판단요소로 편입될 수 있는 여지가 없는 것은 마찬가지이다. 법관의 인식과정에서 법감정의 간접적인 또는 부차적인 영향을 인정한다고 하더라도, '현실세계의 법관'(real-world judge)이 아니라 당위와 존재의 단절을 전제로 '이상적인 법관(ideal judge)이라면 어떻게 할 것인가?'[24]라는 질문에만 초점을 맞추고 또한 그렇기 때문에 '객관적인 진리'와 '주관적인 견해'를 준별하는 전통적인 철학의 명제[25]에 집착하여 애매하고 근거가 불명확한 감성적 느낌이나 직관적 판단 등을 철저히 외면해 온 형식주의적인 법학방법론에서 그 유의미성은 결코 고려할만 한 것이 되지 못하고 또한 그래서도 아니 된다는 인식론적 전제하에 관심은 커녕 원천적으로 '주목금지'의 대상일 뿐이기 때문이다.

하지만, Fechner가 명쾌하게 정리한 바와 같이, 순수법학이론은 '과학적인 방법론'을 통해서 권력요소를 배제하려고 한 반권력적 구상이었지만, 동시에 그 인식방법론 자체는 특정한 가치판단을 전제로 한 '이데올로기적 술화'였다.[26] '정의=강자의 이익'의 명제를 객관적인 법으로

---

23) H.L.A. Hart, The Concept of Law, 1961, 132-137면. M. S. Moore, The Plain Truth about Legal Truth, Harvard Journal of Law and Public Policy, Vol. 26, No. 1, 2003, 25면 주석 7번 재인용함.

24) 이에 관해서는 C. R. Sunstein/A. Vermeule, Interpretation and Institutions, 101 Michigan Law Review, 2003, 898면.

25) 이에 관해서는 강진철, 법해석학-영미에서의 논의를 중심으로, 한국법철학회(편), 1996, 117-120면.

26) E. Fechner, Ideologie und Rechtspositivismus, in; W. Maihofer(Hg.), Ideologie und Recht, 1969, S. 97ff.

포장해주는 '은폐된 이데올로기'의 오용에 대해서는 되짚어볼 것도 없거니와, 법실증주의의 원조인 일반적인 실증주의와는 정반대로 법실증주의의 핵심요소인 과학적 이데올로기의 요체는 '사실의 절대화'가 아니라 오히려 '사실의 절대적인 부정'이다.[27] 말하자면, 인식대상의 존재의 문제와 인식방법의 문제 또는 인식(입증)의 불가능성과 부존재를 혼동한 것이다. '무지의 오류'에 따른 것이었든 아니면 의도적인 이론적 의제였든, 법감정을 금기시한 것도 맥락을 같이 한다.

A. Kaufmann이 단언한 바와 같이, 기본적으로 법을 '추상적이고 확정된 규범'과 동일한 것으로 보는 잘못된 법개념정의에서 비롯된 '포섭의 도그마'는 '전제의 오류'에 의해 '예정된 오류'일 뿐이었고, 대부분의 도그마가 그러하듯이, 이 오류가 오랜 동안 정론의 자리를 보전해왔던 것은 그것을 지적하고 극복하려는 시도들이 합리적인 이유 때문이 아니라 특정한 이념과 체제의 수호와 연관된 이데올로기적인 동기들에 의해 금기시되는 상황에서 그 실현을 거의 기대하기 어려웠었기 때문이다.[28] 이성보다는 감성에 의해, 법치화보다는 민주화에 의해 실현되었다고 여겨지는 이른바 '패러다임의 전환'에 의해 비로소 '포섭의 도그마'와 그것을 둘러쌓고 있었던 개념법학방법론의 방어벽이 해체되고 극복된 오늘날 포섭'(Subsumtion) 또는 '포섭'이 포함된 법해석작업은 더 이상 선재하는 법을 단순히 적용하는 '하나의 순수한 형식논리적인 추론'으로만 이해되지 않는다. 법인식주체가 전인격을 걸고 법을 형성 또는 실현해나가는 결단적 행위, 즉 일종의 '인격의 행위'(ein Akt der Persönlichkeit)로 파악된다. Kaufmann이 인용한 Engisch에 따르면 "법을 찾는 사람은 자기 자신을 완전히 지워버릴 수 없고 또한 그래서

27) 위의 논문, 107면.
28) Die ipsa res iusta - Gedanken zu einer hermeneutischen Rechtsontologie, in; 앞의 책, 58-59면.

도 아니 된다. 오히려 자신을 지키고 끼워 넣어야만 한다".[29] 해석론상 이견의 여지가 없는 이른바 '정리된 법'(the settled law)에 의해서 '하나의 옳은 답'(right answer)에 이르는 간명한 길이 안내되지 않는 법문제, 이른바 '어려운 사건'(hard case)의 경우 더욱 부각되기는 하지만, 당연히 일반적으로 요구되는 법관의 '제도적 역할'(institutional role)[30]이 '자동포섭기'(Subsumtionsautomat)로 전락되지 않기 위해서 또한 그렇게 되지 않도록 우리가 정작 요구하는 것은 우선 당연한 전문가로서 법률지식과 함께, 또는 그보다 앞서서, 삶의 경험과 경륜을 바탕으로 하는 자기반성의 자세와 도덕적 판단력, 그리고 이들이 응축된 법관의 인격이다.[31] 법감정은 바로 이 인격의 토대이고 핵심이다.

2. 법인식과정과 '선이해'

법발견작업, 특히 법관이 하는 재판의 이러한 '인격의 행위'로서의 가치평가와 가치실천의 요소를 포함하는 구조의 복합성, 결정체계의 맥락에서 법형성 및 법발전의 기능은 이미 오래 전에 J. Esser[32]에 의해 주목되고, 충분히 해명되었다. 구체적이고 다양한 예들을 통한 치밀한 논증도 압권이지만, 거시적인 법학방법론의 차원에서, 특히 준거규범을 탐색하고 선택하는 법해석의 작업과 단순한 사실확인을 넘어서 사태의 규범적 의미에 대한 평가가 포함되는 사태파악의 상호의존적인 교차관계, 그리고 이 교차적 관계의 토대이고 중심축이라고 할 수 있는 이른바

29) K. Engisch, Wahrheit und Richtigkeit im juristischen Denken, 1963. Gedanken zu einer ontologischen Grundlegung der juristischen Hermeneutik, in; 앞의 책, 91면에서 재인용.

30) 이와 관련해서는 M. K. Temin, Toward an Account of the Truth of Proposition of Law, Cincinnati Law Review, Vol. 49, 1980, 341-349면.

31) A. Kaufmann, 위의 논문, 91면.

32) Vorverständnis uns Methodenwahl in der Rechtsfindung, durchgesehene und ergänzte Ausgabe, 1972.

'선이해'(Vorverständnis)와 연계된 '포섭'의 본질과 구조를 규명한 탁월한 성과는 전통적인 '포섭의 도그마'에 대한 최종적인 사망선언으로 보기에 모자람이 없다.

『외견상 법적용은 사태와 적용규범의 이른바 포섭이라는 연역의 논리형식으로 진행되는 단일한 행위인 듯 보이지만, 결정적인 요소는 이 추론에 선행하는 판단, 즉 분쟁규율의 필요성 여부와 그 크기, 그리고 규범의 부합성, 말하자면 인식된 필요성에 부응하는 규범의 적합성에 대한 판단이다. 이 두 가지 판단을 위해서는 사태에 대한 있는 그대로의 '완전한'(vollständig) 규명과 평가만으로는 부족하고, 이를 넘어서는 사전적인 숙고가 필요하다. 즉 어떤 관점에서 사태를 평가해야 하는지가 관건이고, 이는 준거규범에서 찾아진다. 이 준거규범을 찾는 것 자체도 (단순히 논리적인 추론작업으로만 진행되는: 필자 부기) 체계적인 탐색행위가 아니라 주어진 사태의 상황에서 또한 법체계적 관계와 법정책적 결과와 관련하여 고려되어야 하는 다수 규범들의 효용에 대한 평가가 요구되는 복합적인 작업이다.』[33]

'포섭의 도그마'가 극복된 이상, 그 앞과 뒤에서 노정을 같이 해 온 사유의 결과들, 말하자면 개념이나 텍스트에 대한 이해작업을 포함하여 일반적인 인지과정에서 인지적 판단 또는 결정의 핵심요소로서 감정의 필수불가결성과 중요성을 새롭게 조명하고 실증적으로 세밀하게 분석 및 입증해나가고 있는 현대의 인식철학과 심리학의 유력한 연구성과들, 그리고 이러한 흐름과 궤를 같이 하고 있는 것으로 여겨지는 '법학적 해석학'(juristische Hermeneutik)[34]이 제시하는 설득력 있는 법학방법

33) 위의 책, 31면.

34) A. Kaufmann, Durch Naturrecht und Rechtspositivismus zur juristischen Hermeneutik, in; 앞의 책, 79-88면; R. Ogorek, Hermeneutik in der Jurisprudenz, in; Aufklärung über Justiz: Zum Problem des richtigen Gesetzesverständnisse, 2008, 105-119면. 국내 문헌으로는 특히, 강진철, 앞의 책, 97-125면.

론을 외면하지 않는 한, 법관의 법인식작업에 대한 이해에서 또한 '법적 판단'에 이르는 법인식과정 자체에서 법관의 법감정은 결코 금기시되거나 경시될 수 없다. Essser도 의미의 탐색작업으로서 법해석에서, 결정 대상인 사태의 법적 의미와 법적 판단의 준거로 고려되는 규범들의 규율의도에 대한 법적용자의 이해, 즉 '선판단'의 영향이 불가피하고 필연적일 수밖에 없음을 지적하면서, 이러한 결정상황 속에서 법률가들에게 요구되는 능력으로 법학교육을 통해 획득한 능력, 즉 '명백하게 관련 없는 것'과 '추측컨대 관련되는 것'을 구별하고 또한 경쟁관계에 있는 규범들을 특정한 체계적 위계질서에 따라 효력을 판별하는 능력과 함께 합리적인 사건해결을 위한 판단력과 법감정 또는 법실무가들이 말하는 '감식력'(Judiz)을 각별하게 강조하고 있다.[35] 법현실주의 또는 실용주의적 관점에서 주목하는 것인 점에서 맥락은 좀 다르지만, 이른바 '법과 경제'(Law and Economy)의 대표자인 동시에 미국 항소법원 연방법관이기도 한 R. Posner[36]가 법관의 감성을 포함하여 기질이나 경험, 개인적 배경 및 이데올로기가 재판에 미치는 영향을 강조하는 것도 이른바 '개념법학'의 틀을 벗어나서 실제 일종의 통합적인 심리적 과정으로 진행되는 법인식작업의 본질에 초점을 맞춘 것인 점에서는 다르지 아니하다.

3. '법학적 해석론'과 법감정

'법학적 해석론'의 입장에서도 전통적인 개념법학과 달리 법관이 '법적 확신'에 이르게 되는 인식과정을 대전제와 소전제 및 '포섭'이 각각 단절된 채 순차적으로 진행되는 것으로 이해하지 않고, 법텍스트작업, 즉 법개념의 이해를 내용으로 하는 법해석작업과 법을 적용해야 하

---

35) 위의 책, 31면.
36) Judicial Method: Internal Constraints on Judging, in; How Judges Think, 2008, 174면.

는 대상인 사실을 확인하는 사태파악의 작업이 선후의 관계가 아니라 서로 영향을 주고받는 상호교차의 관계 속에서 동시적으로 진행되는 것으로 보는 바, 이러한 관점에서 법관의 법인식작업은 결코 일방적으로 선재하는 법규범을 일방적으로 수용하고 기계적으로 적용하는 것이 아니라 적극적으로 법규범을 형성하는 구성적 행위로 파악되기 때문이다. 어떤 것이 먼저라고 할 것 없이 자신을 아는 인식주체로서 그리고 윤리적, 정치적 정체성의 주체로서 자신을 늘 의식하고 반성하면서 법텍스트 또는 규범, 그리고 사태 사이를 왕래하며 눈길을 번갈아 주는 교호적이고 입체적인 인식과정 속에서 수행되는 법관의 법실천행위는[37] 어떤 위치와 어떤 단계에서도, 그리고 어느 한 순간과 부분도 법관의 '인격' 또는 '관점'과 단절된 상태에서 진행되지 않는다.

이러한 맥락에서 볼 때, 오늘날의 법학방법론에서 또는 본서에서 주목하는 바와 같은 부류의 판례를 평석하는 논의에서 법관의 범감정을 주요 논제로 다루지 않는다면, 서두에서 언급한 바와 같이 그것은 '무지의 오류'나 '이데올로기적 동기'[38] 둘 중의 하나에 기인되는 것으로 판

---

37) 이에 관해서는 K. Engisch, Logische Studien zur Gesetzesanwendung, 3. Aufl., 1963, 15면. A. Kaufmann, 63면, 주석 49번에서 재인용함.

38) 법실증주의에서 법관이 헌법국가의 중립성의 원형으로 전제되고, 법관의 중립성은 체제에 내장된 당위의 요청으로 의문을 가질 수도 없고 또한 그럴 필요도 없는 절대명제인데 반해, 이데올로기 담론의 차원에서 법체제와 법운용주체의 중립성 자체를 부정하는 이른바 '비판법학'의 입장에서 법관의 편파성은 은폐되어 있지만 구조적으로 내장된 핵심장치이고 체제유지의 필수적인 수단으로 여겨지는 바, 폭로와 규명의 대상일 뿐이다. 논의의 맥락상 여기에서 상론은 약하되, 다만 당위명제의 절대성이 의문제기금지의 합당한 이유가 될 수 있는 것은 '반증의 가능성' 자체가 상정되지 않는 이념세계에서나, 아니면 자기정당화의 작위적이고 폐쇄적인 이론체계 속에서만 성립될 수 있고 또한 적어도 '법률을 말하는 입'이 아니라 현실과 당위의 교차점에서 전인격을 걸고 법을 형성해나가는 이데올로기와 감정의 주체, 말하자면 '현실 세상의 법관'의 공평무사성에 대하여 문제를 제기하는 것은 법률가에게 지극히 당연한 관심사라는 점만을 재확인해둔다. 아무튼 이러한 맥락에서 '비판법학'의 비판에 대한 유효한 방어전략은 비판의 대상, 특히 법관의 파당성에 대한 의문 자체를 금기시 하는 법실증주의적 관점이 아니라, 그 가능성과 필요성을 인정하는 전제 하에, 특히 실증적인 반

단될 수 있다. 다소 성급한 예단일 수도 있겠으나, 다만 이에 대한 반박은 전술한 '포섭도그마'의 오류에 대한 지적과 다음의 인식론에 대한 적확한 반론이 없이는 유효할 수 없다. 즉 사안의 영역과 내용에 따라 상대적인 차이는 있겠고, 또한 그 자체가 법감정이 작용된 것이라고 볼 수 있거니와,[39] 아무튼 법리적 논증 또는 판결문상 명시적으로 표현 또는 반영되었는지 여부나 그 정도와 무관하게 법관의 법감정은 법관의 '법적 확신' 또는 '포섭'을 경유하여 최종적인 '법적 결정'에 이르는 과정에서 - 전술한 Esser의 말대로 '선이해'를 매개로 하여 또는 '선이해'와의 연관체계 속에서 '구별되지만 단절될 수 없는' 상호교섭의 관계에 있지만, 작위적으로 나누어서 말하자면 - 사태의 속성과 그 규범적 의미를 파악하고 또한 법개념을 해석하는 입체적이고 복합적인 인식과정의 모든 단계와 부분에서 윤리적 관점과 이익 또는 가치형량의 단서 그리고 법해석의 방법과 준거를 선택 또는 조합하는데 시종일관 유의미한 영향을 미친다는 점이 그것이다.

4. 도덕적 선판단과 법감정

자연과학적 방법을 기초로 하는 '도덕적 추론'의 모델에 따라 이해하는 입장에서는 도덕적 판단도 가설의 제시와 검증, 그리고 결론에 이르는 추론의 한 과정으로 본다. 도덕적 판단은 우선 관련되는 증거를 탐색하고, 그 비중을 변별한 후, 이론작업을 통하여 증거들을 조합하여 결론(정)에 도달하는 단계적인 논리적 작업이라는 것이다. 그렇다고 해서 이 추론의 전 과정이 의식적이고 통제되는 작업으로만 진행된다고 보는 것은 아니고 또한 부분적으로 편견과 오류가 발생되고 개입될 수

증에 초점을 맞추어 수립되어야 한다. 본서에서 법관의 법감정을 논구하는 것도 그 일환이라고 할 수 있다.

39) 앞의 책, 31면.

있는 가능성 자체를 부인하는 것은 아니다.[40] 다만, Galloti의 포괄적인 개념정의, 즉 추론을 "결론(목표, 초점: 필자 부기)에 도달하기 위해 '주어진 정보'(일단의 전제들)를 변환하는 정신적 활동"[41]으로 정의하는 입장에서 보면 그 개념론적 핵심은 외연과 내포의 양 측면에서 다음 두 가지로 정리된다. 전자는 이성과 감성, 그리고 추론(reasoning)과 상상(imagination)을 독자적인 또는 상호 배척관계에 있는 별개의 능력이나 성향으로 보는 종래의 입장[42]에서는 이성적 사유에 포함되는 것으로 보기 어려운 일정한 범주의 정신적 또는 심리적 과정을 포섭의 개념정의에서 배제하는 것이다. 예컨대 순간적이고 직관적인 반응으로 구성되는 어떤 생각이나 상상, 한 단계의 정신적 과정으로 나타나는 '찰나적인 통찰', 기타 분석되지 않은 상태의 '즉각적인 반응'(gut reaction), 정보처리과정을 포함하지 않는 단순한 기억의 재생 등은 추론의 정의에서 배제된다.[43] 후자는 추론의 전체 진행과정에 대하여 추론자 스스로 인식한다는 점, 그리고 적어도 의도적이고 통제되는 다단계의 과정으로 진행되는 정보처리작업으로서의 특성을 추론 형식의 도덕적 판단의 본질적인 요소로 보는 것이다.

인식 또는 판단작업으로서 형식과 준거자료, 기타 실제 효과 등 상이한 점이 없지는 않지만, 도덕적 추론과 판단에 대한 이러한 전통적인 합리주의적 입장, 그리고 이에 대한 반론의 대강과 요체는 그 대상을 법적 추론과 판단으로 대치하여 그대로 이해하여도 전혀 무리가 없다.

---

40) Haidt, 위의 책, 37면.

41) K. M. Galotti, Approaches to studying formal and everyday reasoning, Psychologicasl Bulletin, 1989, Vol. 105, No. 3, 333면.

42) 이러한 입장에 대한 심층적인 분석과 비판, 특히 상상이 건강한 추론에 미치는 영향에 대해서는 D. N. Perkins, The Mind's Best Work, 1981, 추론과 모험적인 상상의 밀접한 관계에 대해서는 D. N. Perkins, Reasoning as Imagination, Interchange, Vol. 16, No. 1(1985, 봄), 14-26면.

43) K. M. Galotti, 위의 논문, 333-334면.

전술한 바와 같이, 당위와 현실, 법과 도덕을 준별하는 법실증주의의 인식론적 전제의 타당성은 이미 부정된 지 오래되었고, 이 '오류의 전제'를 고수하지 않는 한, 도덕적 판단과 법적 판단이 '한 마당'에서 샅바를 같이 걸고 가장 궁극적인 철학문제의 하나인 "인간의 행위를 바르고 그르게 만드는 것은 무엇인가?"(What makes actions right or wrong?)[44]라는 화두와 씨름하는 '실재'(reality)는 부인될 수 없다. 또한 이른바 실증적 합리주의를 토대로 하는 과학자형 사고와 접근의 전형으로서 자연과학의 방법론을 차용하여 법학과 법해석방법론에 적용한 것이 법실증주의와 형식주의적 개념법학이고 또한 법실증주의와 자연법론의 전통적인 대립구도를 변증법적으로 지양하여 법의 본질적인 양면성, 즉 합리적 측면과 연계되는 '실정성'과 즉 비(초)합리적 측면과 관계되는 '자연법성'을 수렴하여 제3의 대안을 제시한 것으로 평가되는 것이 '법학적 해석학'이거니와, 인식과정의 본질과 구조, 특히 '이성과 감성' 또는 '의식과 무의식'의 기능적 관계에 대한 존재론적, 인식론적 관점의 근본적인 상위와 연관되는 점에서 논의의 궤적과 맥락이 다르지 않기 때문이다.

따라서, 전술한 바와 같이 법감정을 '법문제와 관련된 인간의 직관적인 가치감정'으로 본다면, 이는 오롯이 도덕적 선판단의 핵심요소이고, 결국 이 글에서 법관의 법인식과정을 이성과 감성이 상호 영향을 주고받는 통합적인 인식과정으로 보고, 그 과정 속에서 법적 결정 또는 판단의 요소로 법감정의 문제를 논구하는 것은 우선 도덕적 추론과 도덕적 판단을 동일시하는 합리론과 인식(방법)론의 차원에서 법과 도덕을 준별하는 법실증주의, 그리고 이른바 '포섭도그마'의 오류를 법이론적으로 규명하고, 더 나가서 '법적 확신'에 이르는 법관의 법인식과정에

---

44) P. Thagard는 순번을 매기 않는 전제 하에 '실재란 무엇인가?'(What is reality?), '실재를 어떻게 알 수 있는가?'(How do we know reality?), '삶은 왜 살만한 가치가 있는 것인가?'(Why is life worth living?)라는 문제들을 근본적인 철학의 질문들로 제시한다. The brain and the meaning of life, Princeton Univ. Press, 2010, 3면.

대한 보완적인 인식모델을 제시하고자 하는 데 그 목적이 있다. 제2장이 전자의 과제에 초점을 맞춘 법이론적 논의였다고 한다면, 여기에서 관심은 도덕적 판단의 요소로서 감성의 요소와 직관의 인식체계의 중요성을 주목하는 이른바 '사회적 직관주의'의 모델을 비롯한 현대 심리학의 연구성과를 원용하여 '법적 추론'과 법관의 법인식작업을 동일시하는 입장에서 '도덕적 선판단'의 과정과 결정요소로서 법감정과 그 중요성을 외면하고 간과해 온 종래 법이론 및 법학방법론의 편견을 보정하는 것이다.

다만, 당연한 것이라 사족같이 보이지만, 생략할 수 없는 단서가 하나 있는 바, 말하자면 직관과 감정의 중요성을 강조한다고 해서 전통적인 합리론적 관점이나 '법적 추론'의 중요성을 간과하는 것은 아니다. 또한 L. Green이 법실증주의의 대가인 Hart의 명저 『The Concept of Law』 제3판(2012)에 추가된 '개설'에서 양식이 다르다는 전제 하에 법이론과 함께 법과 재판의 정치성을 강조하면서 적시한 바와 같이,[45] 그렇지 못하다고 하더라도 법은 경우에 따라서는 객관적인 체 해야만 한다는 것을 부인하는 것도 아니다. 여기에서 관심은 우선 법이성적 판단과의 관계 에서 도덕적 선판단과 법감정이 중요하고 또한 어떻게 영향을 미치는가 하는 것에 모아지는 것이기는 하되, 그렇다고 해서 합리론적 모델과 같이 법이성과 법감정을 서로 무관한 독립적인 또는 상호 배척적인 별개의 변인(變因)으로 보는 것은 아니고, 법감정과의 관계에서 법이성의 중요성과 그 영향 또한 주목의 대상이다.

45) Introduction, xv면.

V. 보론 및 결론

(1) '인식'의 개념에 대한 통일된 정의는 여전히 찾아보기 어렵지만, '인식'은 대체로 인지, 주의, 생각, 언어, 사유, 상념, 행위, 반응, 동인 등 뇌를 필수적인 토대로 하는 것으로 여겨지는 다양 다양한 종류의 기능들을 기술하는 용어로 사용된다.[46] 다만 여기서는 인식을 전술한 바와 같이 P. Thagard[47]가 존재론과 인식론을 아울러서 제시한 철학의 근본적인 질문들, 즉 '실재'와 '실재에 대한 앎의 방법', '삶의 가치', 그리고 '인간행위의 바르고 그름에 대한 판단의 준거'의 문제들에 대하여 답을 탐색하는 모든 '정신적 작업'(mental work)을 포괄하는 개념으로 사용한다. 다만, 여기에서 '정신적 작업'이란 '몸과 마음' 또는 '이성과 감성'의 관계에 대하여 단절적인 이원론이 이해하는 맥락에서와는 달리 포괄적인 뜻을 갖는다. 말하자면 일반적으로 사용되는 단순한 '육체적 작업'과 구별되는 것이되, 그 내용은 '논리적인 추론'의 형식을 요소로 하는 '이성적인 사유작업'을 뜻하는 '인지작업'과 함께 감성의 직관적인 반응을 요소로 하는 '감각'을 포함하는 또는 '감각'이 더 우선되고 중요한 요소로 작용되는 일종의 '융복합의 정신적 작업'으로서 '지각행위'에 해당하는 개념으로 사용된다.

(2) '법의 발견', '법의 구체화' 또는 '법의 형성' 중에 그 어떤 것으로 보든, 아니면 복합적인 것으로 이해하든 간에 '법적 확신'에 이르는 법관의 법인식작업도 이러한 포괄적인 의미의 '정신적 작업', 즉 '인식' 개념의 외연을 벗어나지는 않는다. 말하자면 법을 소재 및 준거로 하여 상대적으로 확립된 형식의 프로그램, 즉 정립된 법해석방법론과 절차법

46) C. Morawetz, Faszination Gehirn: Eine kurze Einführung in die kognitive Neurowissenschaft, in; R. V. Alexandriwicz/Th.-Ch. Gablonski/J. Glück(Hg.), Psychologie, 2014, 63면.

47) 위의 책, 3면.

규칙에 따라 특별한 효력을 갖는 법적 판단에 이르는 '정신적 작업'이라는 점에서 특별한 양식의 '인식'이고, 그래서 이 특수성은 각별하게 주목되어야 하는 것이기는 하되, 다만 그렇다고 해서 그것이 철학이나 심리학 등 인접 학문분야에서의 '인식' 및 '인식과정'에 대한 괄목할 만한 연구성과들을 외면하는 것을 정당화하는 이유가 될 수는 없다. 특히 '심리적인 인식과정'인 법관의 법인식작업에서 법감정의 중요성과 그 영향을 논구하는 맥락에서는 더더욱 그러하다.

(3) '법적 확신'에 이르는 과정을 전통적인 3단계론과 달리 법관이 법과 사태에 대하여 눈길을 번갈아 주는 일종의 '순환적 인식'의 과정으로 보는 '법학적 해석론'에 대해서 전술한 바 있거니와, 이러한 관점에서는 인식의 주체인 법관도 주어진 법텍스트를 기계적으로 분석하여 사태에 적용하는 이른바 '자동포섭기'(Subsumtionsautomat)가 아니라, 자신의 전인격을 투입하는 법해석과 사태파악의 작업에 앞서 또는 그 속에서 상시적으로 '자아'(self)에 대한 반성을 하는 '자기해석적 존재'(self-interpreting being)[48]로 상정된다. 말하자면 도덕적 판단 및 도덕적 선판단과 시종일관 연통되어 진행되는 법적 판단의 '진행과정' 속에서 인식주체로서 법관이 그 자신 해석의 대상이기도 한 일종의 매개체로 공여되는 것으로 보는 것이다.

(4) 이러한 매개체로서 공여되는 법관은 '이상적인 법관'(ideal judge)이 아니라, '현실 세계의 법관'(real-world judge)이다. 흔히 법관을 일종의 성직자라고 하거나 또는 훌륭한 법관을 '사도'(使徒)로 칭하는 표현을 빌려서 말하자면, 절대적으로 보편타당한 법을 뜻하는 '이상적인 법'을 상정하는 경우 그것을 우리는 신 또는 신의 말씀(Words)과 같은 개념으로 볼 수 있는 바, 법관은 성직자가 그러한 것처럼 당연히 신이 아닌 사

48) Marya Schechterman, The narrative self, in; Shaun Gallagher(ed.), The Oxford Handbook of The Self, 2011, 395면.

람으로서 신의 뜻과 말씀을 헤아리고 전달하는 '사자'(使者)일 뿐이다. 또한 그 뜻을 헤아리는데 준거가 되는 법텍스트도 개방된 구조의 규칙으로 주어진다.

(5) 본질적으로 불확정적일 수밖에 없는 개방된 법텍스트에 대한 법관의 작업에서, '보기 좋은 장난감'(pretty plaything)이 아니라 일종의 규칙인 점에서 당연히 법에게도 해당되는 기대, 즉 적어도 법관이 무엇을 법이라고 말할 것인지 예측하거나 또는 타당한 판결을 내리는 법관을 확보하는데 도움이 되는 한에서 중요한 법의 효용[49]은 충족되기 어렵다. 불완전한 사람과는 거리가 먼 '이상적인 법관이라면 어떻게 법을 해석하고 적용할 것인가?'라는 물음과 '이상적인 추론'의 방법에만 초점을 맞추는 전통적인 법학방법론을 넘어서, 그 자체가 감성의 동인과 무관한 것일 수 없기는 하지만, 아무튼 합리적인 '사유'(Denken)의 가능성과 함께 주관적인 세계관과 가치관을 갖고 있는 감정과 욕망의 주체로서 '현실 세계의 법관'의 속성과 한계를 주목해야 하는 것은 바로 이 때문이다.

---

49) Karl N. Llwellyn, The Bramble Bush, 4th ed., 2008, 7면.

제5장
'헌법적 정체성'의 확립과 '자기교육'으로서 헌법교육*

I. 헌법과제로서 '헌법적 정체성'의 확립

헌법을 '이념과 원리 및 제도의 통일된 복합체'라고 한다면, '헌법적 정체성'(constitutional identity)의 핵심은 이 복합체를 관통하는 가치질서에 대한 공감이다. 이는 곧 우리 공동체의 가치적 항상성을 유지하고, 지속가능하고 가치상향적인 발전을 위한 문화적 토대이고 자산이다. '헌법적 정체성'은 특정한 문화적, 역사적인 요소들로 구성되는 환경에 따른 산물이기도 하지만, 그 역동성에 초점을 맞추어 미래의 발전을 위한 소중한 자산으로 파악하는 관점에서 보면[1] 청소년들에 대한 인권

* 헌법판례연구, 제15권(2014.2) 109-124면.
이 글에서 '헌법적 정체성' 및 '헌법적 애국심'과 관련된 부분은 2013년 6월에 발표한 바 있는 논문("헌법적 정체성 확립의 과제와 북한이탈주민의 헌법적 지위", 저스티스, 제136호, 특히 44-49면)의 상당 부분을 보정, 재편하여 발표한 글임을 밝혀둔다. "'헌법적 정체성'의 확립과 '자기교육'으로서 헌법교육, 연세 공공거버넌스와 법", 제4권 제2호, 2013.8, 3-20면. 헌법의 성패의 상당 부분이 '헌법적 정체성' 확립의 수준, 그리고 이를 뒷받침하는 동시에 그것에 의해서 적잖이 규정되는 헌법재판의 적실 및 부실성에 의해 결정된다고 보면, 그 결과에 따른 영향을 가장 오랫동안 누적된 무게로 받을 수밖에 없는 청소년들의 '헌법적 정체성'을 가다듬어 나가는 것은 우리나라와 사회의 '지속가능한 발전'의 관건이고, 따라서 청소년들에 대한 바른 헌법교육은 현재 국가운영과 사회발전을 주도하는 기성세대에게 주어진 필수적이고 당위적인 헌법적 의무이다. 이러한 맥락에서 보면 헌법재판소의 결정은 대부분 그 자체가 국가와 사회의 발전에 중차대한 의미를 갖는 것이기도 하지만, 더 나아가서는 민주시민정치교육, 특히 청소년들에 대한 헌법교육에서 가장 효과적인 교재이기도 하다. 헌법판례평석에 초점을 맞추고 있는 『헌법판례연구』에 이 글을 다시 담아내는 것이 지면낭비의 비난을 받을 정도로 그 의미와 효용

및 준법교육은 인간의 존엄성을 최고의 이념으로 하는 우리 헌법규범과, 역사적 경험이 '전적'(澱積)[2]되어 형성된 집단적인 문화적 기억과 그 속에 내재된 진보의 동인을 계속 발전시켜 나가는 데 가장 중요한 과제이다.

청소년에 대한 인권 및 준법교육은 우선 헌법교육이고, 정치교육이다. 이 교육의 목표는 헌법질서와 '헌법적 정체성'의 주체인 시민(citizen)으로서 헌법의 가치질서체계와 자유민주적 법치국가의 헌정체제에 대하여 소극적으로 용인하는 것이 아니라 적극적인 이해와 수용, 그리고 더 나아가서 참여와 수호의 의지까지 갖추는 태도를 확립하는 것이다[3]. 그 핵심은 W. F. Murphy가 제시하는 이른바 '창조하는 시민'(creating citizen), 즉 "상호의존의 현실 및 상호존중의 윤리적, 규범적 요청에 대한 인식과 믿음"을 공유하는 민주시민의 육성이다.[4]

교육내용의 본질과 성격의 측면에서 볼 때 헌법교육은 어린아이에 대한 언어교육과 유사하다. '헌법적 정체성'을 함양시키는 헌법교육은 정치, 역사 및 사회, 정신문화적 배경과 환경에 따라 접근의 관점과 방법이 다를 수밖에 없는 문제이기는 하지만, 그 본질은 언어교육이다. '헌법적 정체성'의 확립을 어린이가 말을 배워나가는 것에 비유하면서 부정과 비유, 그리고 환유를 헌법적 정체성을 확립해나가는 '헌법적 담론'(constitutional discourse)의 수단으로 제시하는 M. Rosenfeld[5]의 해

이 없지는 않겠다고 생각한 것도 이 때문이다.

1) G. J. Jacobsohn, Constitutional Identity, Harvard Univ. Press, 2010, 348면.

2) 이 개념에 관해서는 리쩌허우(李澤厚), 황희경(역), 역사본체론, 들녘, 2004, 162-163면.

3) 현행 「국적법」은 일반귀화의 요건으로 5년 이상 대한민국에 주소가 있을 것을 비롯하여 독자적인 생계능력과 함께 "국어능력과 대한민국의 풍습에 대한 이해 등 대한민국 국민으로서의 기본소양을 갖추고 있을 것"(제5조 제5호)을 규정하고 있는 바, 여기서 '대한민국의 국민으로서의 기본소양'의 핵심은 바로 대한민국 헌법의 가치질서에 대한 공감과 이해, 즉 '헌법적 정체성'을 확립하는 것으로 이해된다.

4) W. F. Murphy, Constitutional Democracy, 2007, 342면.

5) M. Rosenfeld, The Identity of the Constitutional Subject, Routledge, 2010, 37-69면.

명은 예사롭지 아니하다. 청소년들이 자긍심과 비판정신, 그리고 개방성과 자유주의적인 관용의 태도를 갖춘 민주시민으로 커나가는 것은 처음으로 접하는 외국어를 배우는 것과 마찬가지로 '헌법의 언어'(constitutional langue), 즉 헌법텍스트 속에 담겨 있는 기호의 형식체계와 문법을 습득하고, 이를 공용어로 하여 기호와 문법체계를 활용하는 방식, 즉 '헌법적 술화'(constitutional parole)의 방식을 익히는 과정과 다를 것이 없다.[6)]

이러한 인식에 따르면, 어린아이가 인격적 정체성을 확립해가는 과정에서 자신이 욕망하는 대상에 합체되지 못하는 경우 스스로 일종의 결핍을 경험하게 되는데, 이 과정에서 주체로서 정체성을 획득하기 위해서 어린아이는 언어의 상징적 질서를 통해서 타인과 관계를 맺어야만 한다. 하지만 어린아이는 자신의 최초의 정체성을 타인, 말하자면 부모에 의해서 주어진 이름을 통해서 갖게 되는 것과 마찬가지로, 언어규칙은 '외부'로부터 부여되는 점에서 어린아이에게 이 관계맺음은 극도의 낯섦이 불가피한 일종의 소외이다.[7)] 이 소외를 극복하고, 오롯이 자신의 정체성을 확립하는 것은 자신의 목적을 위해 타인의 언어를 '재전유'(再專有: reappropriation)함으로서만 가능하다.

그러나 이러한 언어의 '재전유'는 필요조건일 뿐 충분조건은 되지 못한다. 민주시민교육은 자유민주주의의 '사회어'(Sozialekt), 특히 "사랑과 법적 지위, 그리고 사회적 연대"[8)]를 세 축으로 하는 개인 간의 '상호인정'의 태도와 연관되는 '인간의 존엄성', '자유'와 '평등', '상호존중'의 언어를 습득 또는 체화시키는 것이다. 우선 자기 자신에 대한 실천과 타인에 대한 존중의 명제를 제시하는 자유와 민주적 법치주의가 무엇을

---

6) 이에 관해서는 H. Schweber, The Language of Liberal Constitutionalism, Cambridge, 2007, 139면 이하. 'langue'와 'parole'의 관계를 '법적 규칙'(legal rules)과 '법적 주장'(legal arguments)의 관계로 대비하는 D. Kennedy의 해명도 같은 맥락에서 주목함직 하다. A Semiotics of Critique, 22 Cardozo Law Rev.(2002), 1178면.

7) Rosenfeld, 앞의 책, 38면.

8) A. Honneth, 문성훈/이현재(역), 2011, 인정투쟁, 특히 313-327면.

의미하는지를 깨우치게 하는 민주시민교육, 특히 아동과 청소년들에 대한 헌법교육은 (헌)법언어공동체인 '우리' 속의 '나'에 대한 이해를 전제로 하는 '자기교육'이고 '자기도야'이다.[9] 그 요체는 개인적 또는 집단적인 경쟁과 협력 속에서 가치적 공감대로서 헌법의 의미를 함께 탐색하고 형성해나가는 '대화'이다.[10] 말하자면 헌법교육은 과거의 토양에서 수확한 과실을 나누어 주는 것이 아니라, 바로 이 '대화', 즉 다원적인 민주공동체의 시민으로서 사유하고, 동료 시민들과 대화를 나누는 '열린 마당'에 미래를 위해 "신선한 씨앗"[11]을 뿌리는 것이다. '헌법의 언어'를 먼저 체득한 기성세대의 시민이 상시적으로 자기반성을 계속해나가면서, 과잉도, 과소도 아닌 적정한 교육과 함께 '자유의 언어'로 생각하고, 듣고, 말할 수 있는 담론의 기회를 최대한 제공하는 것이다. Gladstone의 말대로 "사람을 자유에 익숙하게 만드는 것은 오로지 자유뿐이다."[12]

Ⅱ. 민족주의에 대한 반성의 관점에서 본 민족(공동체)과 헌법공동체

민족공동체와 헌법공동체는 중첩될 수도 있고 또는 완전히 동일하거나 매우 친밀한 관계에 있는 구성원들로 형성될 수 있으나 그 정체성의 토대와 본질은 구별된다. 민족공동체가 혈연과 언어를 비롯하여 공

9) H.G. Gadamer, 손승남(역), 교육은 자기교육이다, 동문선, 2004, 8-12면.

10) "타인에 대한 우월한 지위를 확보하기 위한 기술이 아니라 상호존중의 자격이 있는 개인인 우리 자신에 대한 좀 더 심층적인 긍정을 성취하기 위한 수단"으로서 '자유로운 대화'(liberal conversation)의 의의와 효용을 강조하는 B. A. Ackerman의 인식은 일반적인 민주시민교육에서도 그러하지만, 특히 청소년교육의 맥락에서 더욱 적확한 것으로 여겨진다. Social Justice in the Liberal State, Yale Univ. Press, 1980, 374면. 특히 "Why Dialogue?", The Journal of Philosophy, 86, 1989, 16면 이하 참조.

11) L. Wittgenstein, 이영철(역), 문화와 가치, 책세상, 2006. 29면.

12) BVerfGE 33, 86에서 재인용.

통된 '과거의 집단적인 기억'과 그 속에 침적된 정신문화적 유산을 요소로 한다면, 민주시민교육은 '헌법의 언어' 속에 체화되어 있고 또한 그것을 준거로 하여 발전시켜 나가야 하는 가치공감대, 즉 '헌법적 정체성'을 개인적, 집단적으로 확대하고 심화시켜 나가는 것이다.

'헌법적 정체성'의 본질을 이른바 '가치변환적 가치'(transvaluate value)의 형성, 즉 새로운 이념과 가치로 기존의 가치관과 태도를 반성하고 갱신해나가는 과정 및 그 결과로 이해하는 Rosenfeld는 '동일성'(sameness) 또는 '자아'(selfhood)를 토대로 하여 구성되어 나가는 '헌법적 정체성'이 일면 미래를 향한 '동일성'의 기획과, 타면 과거의 기억을 토대로 하는 '자아'의 이미지 상호간의 역동적인 교차작용을 통해서 형성되는 것으로 파악한다.[13] 이에 따르면 미래를 향한 소망의 기대와 기획, 그리고 과거의 기억과 이에 터잡은 '자아'는 경우에 따라서 상보적일 수도 있고, 상충될 수도 있다는 점을 강조한다.[14] 후자의 맥락에서 '헌법적 정체성'의 확립이라는 과제와 관련하여 '민족' 또는 '민족적 정체성'의 함의와 양자 간의 역기능적 영향관계를 해명하는 것은, 우리 사회가 다문화사회로 본격적으로 진입하고 있는 점에서는 물론이되, 보편적인 시민정치교육, 특히 청소년을 대상으로 하는 헌법교육에서 더욱 중요한 의미를 갖는다.

E. H. Carr의 말을 빌려서 말하자면, '헌법적 정체성'은 '과거와 현재간의 대화' 속에서 형성되어 나간다. 말하자면, 개인적으로, 집단적으로, 또는 개인과 집단의 교차적인 관계 속에서 과거와 미래가 만나고 있는 현재 시점에서의 자아의 동일성을 매개로 하여 '미래의 기획'에 의해서 과거를 다시 기억 및 재구성하고, 이를 토대로 하여 현재의 자아를 구체적으로 반성 및 재평가하며, 그 결과가 다시 미래의 기획에 반영되는 상시적이고 통시적이며, 역동적인 환류(feed-back)의 과정 속에서

13) M. Rosenfeld, Constitutional Identity, in; M. Rosenfeld/A. Sajo(ed.), The Oxford Handbook of Comparative Constitutional Law, 2012, 757면.
14) Rosenfeld, 위의 책, 757면.

발전된다. 결국 이 환류과정을 얼마나 건강하고 역동적으로 이끌어 나가는가 하는 것이 '헌법적 정체성'의 미래기획과 구체적인 실행프로그램의 성과에 결정적인 요인이 된다고 보면 민족주의에 대한 구체적인 반성의 요청은 절실하다.

'민족이 민족주의를 낳은 것이 아니고, 민족주의가 민족을 낳았다'라는 서구적인 시각을 그대로 대입하기에는 우리 민족공동체의 역사문화적 조건과 환경, 특히 제국주의의 모태가 아니라 제국주의의 침탈에 대한 저항의 이데올로기, 즉 민족자결주의의 역할, 그리고 분단체제 하에서 민족공동체가 분열된 상태에서의 참혹한 전쟁경험, 권위주의적인 독재체제와 민주화의 경험 등의 역사적 이력은 독특하다. 하지만 민족을 '상상의 공동체'(imagined community)[15]로 보면서 근대 이후 극심한 실질적 불평등과 수탈에도 불구하고 어떻게 수평적인 동료의식이 유지될 수 있었는가 하는 의문과 함께 그 정신문화적 근원과 효용에 대하여 제기되는 문제들은 우리에게도 해당한다. 정치경제학적 관점에서 시대의 화두인 극단적인 '사회양극화'의 문제와 관련하여 달리 표현한다면, 이러한 극심한 소득불평등과 소외와 결핍의 상황에서도 어떻게 사회통합의 구심점으로서 연대의식이 유지될 수 있겠는가 또는 그 주된 토대가 바로 민족주의였다고 한다면 앞으로도 그 역할의 수행이 가능하고 또 바람직한 것인가 하는 문제이다. 요컨대, 민족주의와 민족주의를 토대로 한 우리 정치공동체의 지속가능성의 문제이다.

이러한 맥락에서, 한국사회에서 민족주의의 상당한 정치사회 및 문화적 역할을 인정하면서도 "아직도 민족주의인가?"[16]라는 반어적 질문을 통해 제기하는 고민거리, 예컨대 "다양성이 거부되고, 일방적 교화를 반복하는 한국사회의 갈등"의 근원이 민족주의에 있는 것은 아닌가, 시

15) 윤형숙(역), 상상의 공동체, 나남출판, 2002(원저: Benedict Anderson, Imagined Communities: Reflection on the Origin and Spread of Nationalism, 1991).
16) 곽준혁/조홍식(편), 아직도 민족주의인가, 한길사, 2012.

민의 공화주의적 덕성, 즉 "시민적 자유와 책임을 통해 구성해온 도덕적, 시민적 품위"에 대한 관심과 반성에 민족주의가 오히려 장해가 되는 것은 아닌가 하는 등등의 문제제기는[17] 곱씹어봄직 하다. 요컨대, "민족주의 없는 애국심"[18]의 명제와 같은 맥락에서 '민족주의 없는 헌법적 정체성'이 이론적으로, 현실적으로 가능하고 또한 타당한 것인가의 문제가 관심의 대상이다.

Ⅲ. '일통지정'(一統之政)[19]의 준거 및 지향점으로서 '헌법적 애국심'

이러한 관점과 문제의 제기는, 유럽통합에 대한 정치적 기대와 유럽이라는 특수한 환경에 초점을 맞추고 있는 것이기는 하지만, J. Habermas가 민족주의의 대안담론으로 제시한 이른바 '헌법적 애국심'(constitutional patriotism)과 적어도 문제인식의 구조, 특히 출발점과 지향점을 공유한다. 여전히 상당한 수준에서 민족이 개별 국가의 정체성의 기본단위로 지속되는 가운데 유럽연합 차원에서의 정체성과 정치적 충성심을 어떻게 확보할 수 있는지에 대한 이론적, 철학적 논의의 지평 속에서[20] 적어도 '우연을 운명으로 만들어 왔던 마술'[21]인 감성적이고 폐쇄적인 또한 배타적인 민족주의의 패러다임이 더 이상 유효한

17) 위의 책, 프롤로그, 6면.
18) 위의 책, 프롤로그, 12면.
19) 위대한 사상가 혜강 최한기 선생은 「人政」(1860)에서 "나라를 다스리고 집안을 통솔함(爲邦御家)에 있어서 일관된 어떤 로직(logic)이 있어야 한다는 뜻"의 '일통지정'을 사람을 헤아리고(測人), 가르치고(教人), 뽑고(選人), 그리고 쓰는데 있어서(用人) 기본지침으로 제시하고 있는 바, 이는 현시점에서 청소년에 대한 헌법교육의 맥락에서도 그대로 유용하다. 이에 관해서는 김용옥, 혜강 최한기와 유교, 통나무, 2004, 14-17면.
20) 이에 관해 상세한 논의와 비판적 검토는 J.-W. Müller, Constitutional Patriotism, Princeton Univ. Press, 2007, 93-147면.
21) 윤형숙(역), 앞의 책, 32면.

통합의 토대와 축이 되기는 어렵다는 점을 인식하고, 탈민족(주의)의 새로운 연대의 근원을 모색하는 시도 속에서 제시된 것이 바로 '헌법적 애국심'의 명제이기 때문이다.[22] 그 핵심은 애국심의 근거를 더 이상 혈연이나 언어 및 영토의 공유성, 기타 문화적 습속과 유산과 같은 감성적인 민족주의적 요소가 아니라, 보편성과 특수성이 교차되는 가운데 상호 이해와 포용, 그리고 타협을 요소로 하는 다원적 민주주의의 정치문화와 헌법의 기본이념, 즉 '헌법적 정체성'에 대한 합의와 공유에서 찾는 것이 가능하고 또 바람직하다는 믿음과 기대이다.[23]

담론의 조건과 환경이 다른 Habermas의 '공론장이론'과 '헌법적 애국심'이 실질적인 가치적 준거에 대한 합의보다는 절차에 대한 합의를, 그 의미에 대한 투쟁의 과정이 아니라 보편성과 특수성 간의 긴장에서 비롯되는 의미형성의 과정[24]을 중시하고 있는 점에서 그것을 정치한 검토 없이 그대로 수용하는 것은 무리다. 하지만 민족주의 패러다임의 한계를 주목한 Habermas의 기본적인 문제인식, 그리고 민족문화들 간의 차이에 대한 상호인정을 토대로 하는 '탈민족적 민주주의'로 방향을 설정한 것은 우리에게도 매우 중요한 시사점을 제공해준다. 단일언어와 단일혈통을 중심축으로 하는 우리의 특유한 민족주의담론과, 민족의 명제가 무조건적인 충성을 요구하는 명분, 말하자면 비판을 허용하지 않는 "애국이념이 체화된 신성한 개념"[25]으로 여전히 유지되고 있는 우

---

22) 홍승헌, "하버마스의 헌정적 애국심", 곽준혁/조홍식(편), 앞의 책, 321면.

23) 이에 관해서는 위의 책, 303-305면. H.-U. Wehler가 사회의 내부적, 외교적 문제를 평화적으로 해결할 능력이 없는 것을 민족주의의 '근본적인 맹점'으로 지적하면서 점차적으로 사회통합과 정치적 정당화를 돕는 능력을 상실하게 될 것으로 전망하고, 민족주의를 대신하여 현대 국가의 정당성을 보장하는 새로운 프로그램으로 '민주주의적 입헌주의', '법치국가', '사회보장국가', 그리고 '생태학적으로 조절되는 경제성장능력'을 제시하는 것도 같음 맥락에서 이해되고, '헌정적 애국심'은 이 프로그램들의 집합개념에 다름이 아니다. 이용일(역), 허구의 민족주의, 푸른역사, 2009, 168-178면.

24) J.-W. Müller, 앞의 책, 143면.

25) 윤형숙, 앞의 책, 저자 해설, 280면.

리 사회의 정치적 정체성에 대하여 구체적으로 반성하고, 대안을 모색할 수 있는 당위적 지침과 단서로 활용해야 한다.

권위주의시대에 국가와 민족에 대한 충성을 강요하는 조작된 정치적 이데올로기로 악용된 부분을 차치하더라도, 적어도 전체 또는 국가를 위해 개인의 자유와 권리에 대한 희생을 요구하는 신화화된 절대적인 명분으로서 민족주의는 그것이 향후 우리 공동체의 정체성의 토대로 지속되기는 어렵다. 그러나 관념적 차원에서 극복의 당위성을 말하는 것은 상대적으로 쉽다. 문제는 그것에 내재된 한계를 직시하고, 정치, 사회, 문화적 생활의 구체적인 모습 속에서 그것이 어떻게 표출되고 있는지 분석 및 평가하는 것이다. 여기에서 관심대상은 미래 우리 사회의 주역이 될 청소년들에게 기성세대가 기대하고, 또한 스스로 제시해야 하는 '헌법적 정체성'의 관점에서 작용되는 민족주의의 순기능과 역기능의 문제이다.

의견의 불일치를 해소하거나 또는 적어도 사회적 비용을 최소화하는 방향으로 문제를 완화하는 담론에서의 관건은 인식의 불일치가 아니라 인식의 상위에 대한 태도의 변화에 있다고 보는 Ch. L. Stevenson의 윤리학적 담론을 원용하여 말하자면,[26] 민족주의에 대한 반성은 의견불일치의 근원을 탐색하는 작업인 동시에 의견의 불일치에 대한 태도를 바르게 정립하기 위해서 민족주의에 의해 선점 또는 포착되어 있는 담론체제를 해체하고, 민족주의와 유력한 대안담론의 하나인 '헌법적 애국심'의 정신적, 철학적 담론의 준거로서의 효용과 한계를 비교 검토하는 것이다.

상론을 생략한 채 예단하는 것은 성급하다는 비난을 피하기 어렵겠지만, 민족 또는 민족주의가 청소년에 대한 '계몽의 수사'로 여전히 유

26) "The Nature of Ethical Disagreement". in; R. Schafer-Landau(ed.), Metaehtics, Vol. Ⅲ, 2008, 304면.

효한 것인지, 얼마나 유효한지 적어도 비판적인 성찰이 필요하다는 점은 부인할 수 없을 것으로 생각된다. '한 민족'이라는 이념주의(ideologism)적 논리로 '우리는 하나'임을 일방적으로 요구하는 것은 상대적으로 쉽고, 쉬운 만큼 매력적일 수 있다. 하지만 관건은 그 논리를 현실적인 문제의식 속에 체화하고, 구체적인 삶 속에서 지속가능한 태도로 유지 및 발전시켜 나가는 것이다. 대안모색의 관점에서 말하자면, 특히 공감의 토대로서 민족을 상상해내기를 기대하기 어려운 현재 그리고 미래의 젊은 세대들에게는 선택가능한 이념과 체제 및 제도의 대안들에 대한 실증적인 비용-편익분석의 결과를 제시하는 식의 방법으로 그에 수반되는 의무와 부담의 수인에 대하여 동의를 이끌어 내는 것이 더욱 효과적인 설득의 수사(修辭)가 될 수 있다. 이러한 관점에서 필요한 수사를 담아내고 뒷받침할 수 있는 더 효과적인 헌법공동체의 담론으로서 '민족주의 없는 애국심', 즉 '헌법적 애국심'의 효용을 가늠하는 것이다.

다만, 굳이 재확인을 생략할 수 없는 것은 이러한 민족주의에 대한 반성의 요청이 정치적, 역사문화적 수사로서 민족 개념을 전면적으로 부정하자는 것은 아니라는 점이다. 극심한 고통과 비애의 집단적 기억을 공유하고 있고, 그래서 '아픔을 같이 할 수 있는 능력'과 다르지 않은 것으로 생각되는 한(恨)과 정(情)의 감성이 특유한 우리 민족공동체의 역사적 기억의 본체는 부정과 극복의 대상이 아니라, 해방과 진보의 인자를 내포하고 있는 소중한 자산으로 보전해 나가야 한다. 비판적인 입장에서 주장하는 바와는 달리, '헌법적 애국심'의 관념도 공동체 구성원들에게 과거와 민족, 민족전통과의 단절과 결별을 요구하는 것은 아니다. 이른바 '애착' (attachment)과 '변경'(revision) 그리고 '재애착'(re-attachment)의 계속되는 비판적 과정[27] 속에서 과거에 집착하는 어떤 특수한 주장이 아니라 주장 자체의 개방성과 다원성을 확보하는데 초점을 맞추는 '헌법적 애국심'의 관

---

27) J.-W. Müller, 앞의 책, 141-142면.

념이 비판적으로 극복하고자 하는 것은 민족주의를 비롯하여 그 어떤 것이든 특정한 '주의'가 공동체의 유일한 도덕적, 정신적 준거로 득세하는 세상이다. 일종의 터부로 설정되어 특정한 도덕공동체를 고착시키는 절대화된 민족주의가 아니라면, '헌법적 애국심'은 오히려 다원적 민주주의의 틀 속에 민족주의를 수용하여 발전시켜 나갈 수 있는 이념적 토대가 될 수 있다.

관건은 이 토대 위에서 제공되는 개방적이고 역동적인 담론의 공간과 지평을 확장해 나가는 것이고, 이를 위한 필수적인 요소로서 갱신의 기회를 지속적으로 제공하는 것이다. 민족주의에 대한 구체적인 반성과 극복의 당위성, 그리고 그 지향점은 바로 이러한 정신문화적 요청, 즉 민족주의의 정신과 열정이 응축된 역사문화적 토대 중에 살려나가야 할 순기능적 가능성의 부분과, 비판적으로 극복해나가야 할 역기능의 부분을 가려내는 자기성찰의 선결과제에 대한 숙고 속에서 찾아진다. '헌법적 애국심'은 바로 이 숙고의 당위성에 대한 인식과 실천에 매우 유용한 '일통지정'의 준거가 될 수 있다. J. Benda가 우려하는 바와 같이, '헌법적 애국심'도 그리고 '헌법적 애국심'에 의해 대체 또는 여과된 민족주의도 '이성'과는 전적으로 다른 감성적인 '이성의 열정'(passion of reason)일 수밖에 없다고 하더라도,[28] 이는 자기성찰과 갱신의 노력에 대하여 절망적인 포기를 선언한 것이 아니다. 오히려 "열정과 회의주의에 대하여 공간을 허용하는 '정치적 애착'(political attachment)의 한 형식"[29]을 제시하면서, 냉정한 이성과 열정적인 감성 간의 적정한 조화를 도모해야 하는, 고민스러운, 고민할 수밖에 없는 숙고 과정의 본질적인 개방무한성과 함께 당위적인 계속성의 요청을 확인한 것으로 이해된다.

---

28) J. Benda, Discourse à la nation européenne, 20-21면. J.-W. Müller, 앞의 책, 144-145면에서 재인용.
29) J.-W. Müller, 앞의 책, 145면.

이러한 문제인식은, 특히 본격적으로 다문화사회를 직면하고 있는 우리 사회의 현 상황에서는 물론이고 또한 언제 어떻게 맞게 될지 모르는 한국통일의 과정에서 또한 통일한국에서 남한 시민에게 큰 부담과 희생을 요구하게 될 낙후된 북한의 경제발전과 사회복지체제 구축의 문제와 관련해서도 각별한 의미를 갖는다. 젊은 세대의 통일에 대한 관심과 열망이 급속하게 감소하는 경향이 뚜렷하고, 이 추세를 되돌리는 것이 어렵다고 본다면 이러한 희생과 부담의 당위성을 이끌어내는 데 필수적인 정신적, 사회심리적 준거, 즉 충분한 양적, 질적 크기가 담보되는 애국심의 토대로서 민족주의의 가능성과 한계가 면밀하게 검토되어야 한다.[30] 통일의 당위성과 필요성에 대한 기본의식과 관련해서도 마찬가지이지만, 북한이탈주민문제에 대한 기본인식, 특히 탈북민에 대한 정착지원의 수준과 내용 등에 대해서도 의견의 일치를 기대하기 어렵다면, 정치적 담론 및 정책론의 차원에서 관심은 '의견의 불일치' 자체보다는 '의견의 불일치에 대한 태도', 그리고 이 '태도에 대한 인식의 상위'에 모아져야 한다. 민족주의에 앞서서 또는 적어도 '절제된 민족주의'와 함께 '헌법적 애국심'을 정신적, 철학적 토대로 가다듬어 나가는 인식의 전환과 그에 따른 정치한 민주시민 교육프로그램의 기획과 실행이 절실하게 요구되는 것은 바로 이 때문이다.

---

30) 이러한 점에서 서울대 통일평화연구원이 발표한 '2011 통일의식조사'(2012년 9월 26일)의 결과가 주목된다. 139-158면. 전체적으로 남한주민들의 통일에 대한 열망이 급속하게 식어가는 경향을 드러낸 동 조사결과에 따르면, '통일이 필요하다'는 답은 전체적으로 2008년 63.8%에서 올해 53.7%로 10% 포인트 이상 하락했다. 특히 20대 청년들의 경우 53.3%에서 40.8%로 급락한 점이 주목된다.

제2편

개헌명제로 본
헌법규범과 사회현실

제6장
헌법개정이 改正인 이유*

개헌론이 부상하고 있다. 사실상 이미 시작되었다고 할 수 있는 대선 레이스에서 개헌문제가 의제선점의 수단으로 적극 활용되는 경우에는 개헌논쟁이 보다 조기에 과열될 가능성도 없지 아니하다. 노무현 대통령이 당선 직후에 제시하였던 개헌논의의 일정도 '2006년 초 시작, 연말 마무리'였다.

언론보도에 따르면, 정치권의 개헌문제에 관한 의견은 천차만별이지만, 주로 통치구조부분에 관심을 가지고 있고, 특히 대통령중임제에 대해서는 별로 이견이 없는 듯하다. 헌법학계의 논의도 개헌의 필요성에 대해서는 대체로 공감하는 분위기 속에서 각론으로 가면 의견이 분분하지만, 적어도 대통령중임제나, 결선투표 및 정부통령 러닝메이트 선거제도의 도입 등에 관해서는 대다수가 긍정의 입장을 보이고 있다.

백가쟁명의 개헌론에 한마디 거들고 싶은 의욕과 나름대로의 생각이 없지는 아니하지만, 사견은 접는다. 다만 차제에 헌법개정의 본질과 의미를 되새겨 보고, 개헌논의의 과정에서 유의해야 할 요청들을 재확인하고 당부하는 작업은 생략되거나 연기될 수 없다.

헌법'개정'의 한자어는 改定이 아니라 改正이다. 항상 '옳은 결정'이어야만 한다는 당위적인 의미가 내포된 개념이다. 여기에서 '옳은 결정'의 요소에는 내용과 함께 과정과 절차의 정당성도 포함된다. 오히려 실제 결정내용의 '옳음'은 그 과정과 절차에 의해서 결정된다고도 할 수

---

* 서울신문, 2006.2.24, 열린세상.

있다. 가치규범이고 통합규범인 헌법은 그 자체가 정치적 타협의 산물이기도 하지만, 하나의 '옳은 결정'의 합리적인 체계이고, 그 핵심은 조화와 타협의 명령이다. 사회적 갈등과 대립이 날로 심화되고 있고, 지역할거의 정치구도와 패거리 선거문화가 여전한 상황에서, 더구나 대선정국과 엇물린 개헌논의에서 조화와 타협의 명령은 더욱 절실하다. 향후 개헌논의과정에서 반드시 유의해야만 할 요청을 세 가지만 제시해본다.

우선 타협의 가능성이 없거나 희박한 의제를 선거전략용으로 활용하는 것은 절대금물이다. 승패를 가릴 수밖에 없는 대선의 투쟁과정에서 타협점을 찾기 어려운 개헌론은 사회통합만 해치는 '고비용 무효율'의 가장 '나쁜 결정'이 될 수밖에 없다.

둘째는 신중성의 요청이다. 개헌은 그 효용과 역기능에 대한 정확한 예측을 토대로 해야 한다. 예컨대, 대통령중임 허용의 문제도 긍정적인 측면뿐만 아니라, 부정적인 관점에서의 숙고도 필수적이다. 그것은 단순히 권력행사의 기간이 3년 연장되는 산술적인 문제가 아니라, 권력의 질적 크기를 기하급수적으로 팽창시키는 근본적인 구조변경이기 때문이다. 반드시 그에 상응하는 통제장치보완의 방안과 연계하여 논의되어야만 한다.

셋째는 절제의 요청이다. 보수와 진보의 건강한 타협을 주문하는 "현실적인 것은 이성적이고, 이성적인 것은 현실적이다"라는 헤겔의 명언은 개헌논의에서 더욱 빛을 발한다. 현행 헌법은 헌정사상 최초로 여야 합의 하에 개정되어서 자유민주적 가치공동체의 정체성을 다지고, 네 번의 평화적 정권교체의 소중한 경험을 축적하면서 20년 가까이 지속되고 있는 '현실'이다. 이 '현실' 속의 '이성적인 것'을 섣부른 진보의 명분으로 간단하게 부인하는 것은 비현실적이다. 영토조항만 해도 여러 가지 상황변화에 따라 그 적실성에 대한 재검토는 필요하지만, 여론몰이식의 의제상정은 자제되어야 한다. 이 조항은 예컨대, 만일 북한정권이 급작스럽게 붕괴되는 상황이 벌어졌을 때 우리의 당사자 지위를 뒷받침할 수 있는 유력한 법적 근거이기 때문이다.

적어도 이 세 가지 지침이 준수되면서 진행된다면, 아무리 치열한 대선정국 속에서의 개헌논의라도 조화와 타협을 통한 '옳은 결정'을 도출할 수 있을 것으로 믿고, 여기에다 정치의 창조적인 상상력이 더해지는 '옳고도 멋있는 결정'에 대한 기대, 지나치게 낙관적이지만 해로울 것은 없는 희망도 가져볼 수 있을 것이다.

제7장
신중, 신중 또 신중해야 할 개헌*

개헌론이 급물살을 타고 있다. 제60주년 제헌절 기념식사에서 신임 국회의장도 적극 추진하겠다는 뜻을 천명하였다. 부산한 개헌론에 팔소매 걷어붙이고 싶은 의욕과 정리된 생각이 없지는 아니하지만, 관심이 집중되고 있는 대통령 4년중임제와 의원내각제 도입론과 관련해서만 사견을 더하면서 개헌의 방향과 내용보다는 개헌논의 과정에서 필히 유의해야 할 타협과 신중한 절제의 요청을 되새겨본다.

모든 개헌논의의 과정에서 처음부터 끝까지 견지되어야 할 최우선의 요청은 타협이다. 헌법의 '개정'은 항상 옳은 결정이어야만 한다는 당위적인 의미에서 改定이 아니라 改正의 한자로 통용된다. 옳은 결정의 요소에는 내용과 함께 그 과정과 절차의 정당성도 당연히 포함된다. 오히려 결정내용의 옳음은 합리적인 과정과 절차에 의해서만 담보된다. 사회적 분열과 갈등이 날로 심화되고, 지역할거의 정치구도가 여전한 상황에서 타협의 요청은 더욱 절실하다. 타협의 가능성이 없거나 희박한 개헌의 의제를 정략의 수단으로 제안하는 것은 절대 금기사항이다.

특히 이 점은 대통령의 정치적 결단에 의한 발의가 아니라, 요즘과 같이 국회가 개헌논의를 선도하는 상황에서 더욱 각별하게 주목되어야 한다. 개헌에 대한 최종결정은 당연히 국민의 몫이되, 다만, 개헌의 과정에서 정치권의 선도적인 역할이 가능하고 긴요한 부분은 바로 여론을 수렴하여 개헌의 기조를 구상하고, 그에 적합한 양식을 선택하는 전략

* 법률신문, 2008.7.28, 13면, 법조광장.

적인 결정인 바, 이는 바로 국회의 몫이다. 이 '정치문제'에 합의원리에 충실한 타협 외에 다른 해법이 있을 수 없음은 물론이다.

둘째는 신중한 절제의 요청이다. 개헌은 그 효과와 역기능에 대한 보수적인 관측을 기초로 진행되어야 한다. 예컨대, 4년중임제의 문제도 긍정의 측면뿐만 아니라 부작용과 역기능에 대한 검토도 필수적이다. 중임은 단순히 기간이 3년 늘어나는 산술적 차원의 권력연장이 아니라 권력의 질적 크기가 기하급수적으로 팽창되는 문제이기 때문이다. 헌법재판소와 대법원, 감사원 등의 헌법기관구성에서부터 주요 공공기관 및 공기업의 임원인사에 대한 대통령의 인사권한을 그대로 둔 채 임기만 연장하는 것은 어불성설이다. 반드시 대통령의 인사권을 대폭 축소하거나 견제의 실효성을 확보할 수 있는 제도보완의 대안과 함께 묶어서 논의되어야 한다.

정치적 책임을 물을 수 없는 단임제의 결함도 사회상황과 대의정치의 수준, 권력집단의 구조, 특히 정당민주화 등에 대한 면밀한 분석과 함께 검토되어야만 한다. 물론 단임제는 정부의 국정운영에 대한 평가가 상당 부분 인격화된 대통령 개인에 대한 신임과 연계될 수밖에 없다는 점에서 심각한 제도부정합의 문제가 아닐 수 없다. 하지만 그렇다고 해서 중임제로 이 문제가 근본적으로 해결되는 것도 아니다. 2차 또는 3차 범위에서 중임이 한정될 수밖에 없다고 본다면, 시점이 다를 뿐이지 궁극적으로 선거를 통해 대통령에 대하여 정치적 책임을 물을 수 있는 기회의 제약은 불가피하기 때문이다. 현실과 규범의 교차관계 속에서 상대적인 차선의 대안으로 중임제가 선택될 수는 있겠지만, 이 역시 근본적으로는 국정운영의 책임을 분담하고 공유하는 제도적, 제도외적 조건과 연계하여서만 그 순기능의 효과를 가늠할 수 있을 뿐이다.

이러한 관점에서 보면, 결국 관건은 선거를 통한 정치적 책임의 추궁이 대통령 개인의 인격화된 책임이 아니라 대통령을 중심으로 한 국정운용의 주도세력, 즉 여당에 대한 신임여부에 초점이 맞추어져서 정치적 책임의 연대성과 계속성이 담보되는 것이다. 4년중임제의 경우, 이른바 '현직 프레미엄'을 감안하면 대개의 경우 현직 대통령이 재차 후보자로 공천될 가능성이 크고 또 재선되는 경우 8년의 장기간에 걸쳐서 함께 국정을 운영하게 된다는 점에서 '87년에 대통령직선제 도입 후 계속되어 온 단절과 은폐의 정략, 말하자면 차기 대선에 임박하여 여당이 대통령과의 정치적 책임의 공유를 파기하여 적어도 외형적으로 보면 인격화된 대통령 개인에 대한 역사적, 도덕적 책임 외에는 정치적 책임을 물을 수 있는 대상 자체가 해체 또는 은폐되는 파행을 어느 정도 방지하는 효과를 기대할 수 있을 것이다. 그러나 이 제도적 효과 역시 특히 건강한 민주적 정당체제가 정비되어 있지 않는 경우에는 단순히 시점을 늦추는 것 이상의 순기능을 담보하지는 못한다.

또 한편, 책임정치원리의 관점과 함께 이른바 '승자독식게임'으로 진행되는 대선의 부작용이나, 과도한 권력집중 등을 제시하면서 의원내각제 도입론이 정치권 일부에서 강하게 개진되고 있다. 하지만 정부형태를 바꾸는 것은 권력분립원칙의 핵심인 견제와 균형의 총체적인 메커니즘을 새로운 패러다임에 맞추어 설계하는 것이라는 점에서 조심스럽게 접근되어야 한다.

우선 의원내각제는 기본적으로는 정부여당과 야당이 대립되는 구조인 점에서 데카르트식의 이원적 인식론을 토대로 한다. 이러한 이원주의적 인식론과 연관되는 이른바 '대립주의'와 '이원주의'의 정치사상적 전통이[1] 우리 정치현실에 얼마나 잘 접목될 수 있는지의 문제는 차치하더라도, 우리 사회의 특수한 갈등구조와 정치의 후진성, 특히 타협을 통한 조화의 경험부재와 정치력의 미흡함 등만을 고려해도 실패에 대한

---

1) 허영, 한국헌법론, 2008, 706면 이하 참조

우려가 적지 않다. 물론 정반대의 방향에서 바로 이러한 열악한 조건과 환경 차제가 의원내각제 도입의 당위성과 필요성을 뒷받침하는 유력한 논거로 제시될 수 있다. 말하자면 상당한 무리가 따르더라도 의원내각제의 제도를 통해서 정치발전의 획기적인 동인을 창출하는 것이 더 효과적이고, 특히 대통령제 정부형태 하에서는 조화와 타협의 정치문화와 기술을 발전시켜 나갈 수 있는 교육과 훈련의 기회 자체를 가질 수 없다고 보는 논리다. 그러나 이러한 주장 역시 지나치게 성급한 예단은 아닌지 비판적인 성찰이 필요하다. 특히 이른바 '패거리선거'와 그에 따른 정치세력의 지역할거구도의 현상을 고황(膏肓)의 문제로 인식하고, 의원내각제만이 이를 제도적으로 수렴할 수 있는 유일한 대안이라는 주장은 잘못 출제된 문제에 대한 '정확한 오답'일 뿐이다.

'승자독식'의 문제나 권력통제의 부실에 대한 지적도 일면 의원내각제의 장점에 대한 반증의 논거로 설득력이 없지는 아니하지만, 이 또한 상당부분은 제도외적인 환경조건에 의해서 규정되는 상대적인 것일 뿐이다. '승자독식'의 문제만 해도 대통령제 정부형태 자체에 수반되는 현상이 아니고, 합리적인 인사법제의 개선과 운영을 통해서 얼마든지 해결될 수 있는 문제이다. 대통령에 대한 견제장치의 무용성의 문제도 '헌법실패'의 결과로 단정하기에는 그 원인이 보다 복잡다양하다. 예컨대, 현행 헌법 제82조에 규정되어 있는 부서제도의 내부적 권력통제장치로서의 실효성은 궁극적으로 국무총리와 국무위원들의 정치인으로서의 '공직윤리'(Amtsethos)에 달려 있는 바, 말하자면 필요한 경우 흔쾌히 자리를 걸고 대통령에게 '해임에 따른 정치적 부담'과 '비판과 이견의 수용 또는 절충'을 대안으로 제시할 수 있는 신념과 용기가 없는 총리와 장관이라면 소기의 견제효과는 기대할 수 없다.

결국 사람의 문제인 이러한 정치문화적 조건은 의원내각제에서도 전혀 다르지 아니하다. 오히려 더욱 중요한 요소로 작용된다. 이런 자격

미달의 인사들이라면 독자적인 민주적 정당성의 지분을 갖는 국회의원으로서 내각에 참여한다고 해도 결과는 전혀 다를 것이 없을 것이기 때문이다. 대화와 토론을 활성화하고, 책임정치원리에 충실하고자 하는 것이 의원내각제 개헌론의 핵심취지라고 한다면, 사람을 비롯한 정치문화적 조건, 특히 정당의 민주화와 선거문화의 변화가 선행되지 않고서는 이 역시 제대로 발현되기 어렵다. 더구나 소수보호의 정치문화가 착근되지 못한 상황을 고려하면, 그나마 부분적으로라도 작동되는 전체기관으로서 국회의 정부통제기능마저 형해화되는 결과가 제도적으로 고착되는 최악의 결과가 초래될 수도 있다.

개헌논의에서 시종일관 유의해야 할 요청으로 타협과 신중한 절제의 자세를 되새겨보았다. 맺으면서 재삼 강조하고자 하는 것은 '어떤 내용으로 개헌을 해도 지금보다 더 나빠질 일은 없다'는 무모한 자신감에 대한 경계이다. 쉐보르스키가 민주주의에서 금기시되어야 할 것으로 강조한 '특정한 형태의 신념', 즉 수와 규칙에 의한 어떤 하나의 결정과 그에 따른 결과가 모두에게 최상이고 합리적일 것이라는 '확실성의 신념'[2]이 득세하는 분위기 속에서 성급하게 개헌이 진행된다면 얼마든지 더 나빠질 수 있다. 개헌은 신중, 신중 또 신중해야 할 문제이다.

2) 민주주의와 시장, 임혁백 역, 136면

제8장
'고도'(Godot)와 개헌 - 부조리의 개헌론

헌법개정 논의가 한창이다. 정세균 신임 국회의장은 취임 일성으로 개헌을 "더 이상 논의의 대상이 아니라 의지의 문제"로 규정하면서 20대 국회의 역사적 과제로 개헌의 당위성을 역설하였다. 제68주년 제헌절 기념식에서는 2년이라는 시간표까지 제시하였다. 제20대 국회의원을 상대로 한 최근의 전수조사를 보면, 설문에 응한 의원 217명 중에 '개헌이 필요 없다'고 답한 의원은 13명에 불과하였고, 개헌안 의결정족수인 재적의원 3분의 2 이상을 넘어서는 203명이 '헌법 개정이 필요하다'고 답하였다. 대체로 개헌의 필수성과 가능성은 불문가지인 것으로 보는 전제 하에, 개헌의 시기와 폭, 특히 대통령 중임제, 의원내각제 또는 이원집정부제 등 정부형태를 중심으로 한 통치권력구조의 개편에 초점을 맞춘 주장과 논설, 예측과 전망들이 난무하고 있다.

이른바 '부조리 연극'의 효시로 알려져 있는 '고도를 기다리며'(En attendant Godot)에서 '고도'가 온 것 같은 분위기다. 미국 초연 때 연출자 A. Schneider가 '고도'가 누구이고 또 그 의미가 무엇인가라고 작가 S. Beckett에게 묻자, "내가 그것을 알았다면 작품 속에 썼을 것"이라고 답한 '고도', 수많은 관객과 평론가들의 문답 속에서 신, 정의, 자유, 빵, 희망… '아무 것도 아닌 것'으로 추측된 그 '고도'가 과연 드디어 왔는가?[1] '고도'가 아니라, '오늘 밤에는 못 오고 내일은 꼭 오겠노라'는 '고도'의 말을 전하는 소년이 온 것은 아닌가? 소년이 사라지면서 1막이

1) 오증자, 번역본, 작품해설, 164면 이하 참조

끝나고, 2막의 다음 날에도 똑 같은 상황이 반복되듯이 하염없이 또 기다려야만 하는 것은 아닌가? 혹시 소년이 '고도'인 것은 아닌가? 도대체 '고도'가 있기는 한 건가?

뜬금없이 웬 '고도'타령인가 싶겠지만, 기억컨대 대통령 중임허용을 내용으로 한 이른바 'one point 개헌'을 제안하였던 노무현 정부 이래 정치상황에 따라 부침의 과정을 거쳐 작금에 이른 개헌논의가 저자에게는 마치 한 편의 전형적인 '부조리 연극'과 전혀 다를 것이 없어 보인다. 등장인물이나 환경, 대사와 구성 등 모든 요소들이 신기할 정도로 '고도를 기다리며'의 그것들과 구조적으로 상응한다. 특히 극적 사건도 줄거리도 없이 황당무계한 대사와 무의미한 동작만 지루하게 반복되는 가운데, 어제 일은 물론이고 방금 전의 생각과 질문조차 기억하지 못한 채 되풀이되는 '왜 (럭키는) 짐을 땅바닥에 내려놓지 않느냐?'는 물음은 간헐적으로 불쑥 제기되었다 블랙홀론이나 시기론에 막혀서 머쓱하게 내려지곤 했던 개헌논제의 부조리한 단속의 이력을 그대로 연상케 한다.

무엇을 어떻게 바꿀 것인가? 한마디 거들고 싶은 의욕과 나름대로 정리된 의견이 없지는 아니하지만, 이제까지 백가쟁명의 언설만으로도 이미 충분하다. 최근에 경제학자 조윤제 교수가 신문칼럼[2)]의 제목으로 제시한 "개헌, 정치인 헌법학자 전유물 아니다"라는 경계(警戒)에 유의하면서, 그가 말미에 덧붙인 결론, 즉 "정치인들과 헌법학자들에게만 맡겨져서 급조되는 개헌이 아니라 시간이 걸리더라도 이 나라 지성, 시민들의 폭넓은 토론과 공동적 모색을 통해 방향을 잡아나가야 한다."라는 당부를 말머리 삼아 개헌작업의 본질적인 부조리성을 짚어본다.

신중한 접근과 함께 폭넓은 토론과 대화의 필수성을 재확인하고, 재삼 강조하는 것은 당연하고 적확하다. 조화적 통합의 정치경제규범인

---

2) 중앙일보, 2016.7.14. 31면

헌법은 토굴 속에서 용맹정진을 끝낸 선사의 현답이나 소녀의 시화첩에 담긴 몽상이 아니고, 그 핵심은 치열한 삶의 역사와 현실 속에서 조탁(彫琢)과 침적(沈積)의 과정을 거쳐 형성된 가치적 공감대이고, 헌법전은 이를 바탕으로 한 정치적 타협의 내용과 함께 미래의 타협의 방침과 준거, 그리고 그 형식을 정리하여 담아 놓은 일종의 '사회계약서'인 바, 모든 공동체 구성원의 적극적이고 자율적인 참여와 개방된 대화는 헌법의 성립요건인 동시에 계약의 이행, 즉 헌법규범의 실천을 담보하는 최소한의 필요조건이기 때문이다.

개헌의 폭과 내용에 따라 상대적인 양적 차이는 없지 않겠지만, 일종의 유기체로서 헌법의 통일성을 고려하면 모든 개헌은 본질적으로 '부분적인 헌법제정'이다. 자율적이고 개방된 대화와 토론을 통한 타협이 아니라 타율적인 조종과 강요에 의해 또는 대다수 시민들의 무관심과 외면 속에서 일부 집단 또는 계층만의 뜻이 반영된 '박제된 합의'로 헌법이 개정된다면, 우리 헌법에 규정된 국민투표의 절차를 거치더라도 또는 그 실질적인 내용의 타당성 여부와는 무관하게 그것은 개념론상 개악(改惡)의 개정(改定)이지 개정(改正)이 아닐 뿐 더러, 그 개악의 영향은 개정된 부분에 국한되지 않고, 최고규범으로서 헌법의 권위와 그 규범적 효력을 담보하는 이른바 '헌법적 애국심'(constitutional patriotism)을 치명적으로 손상시키는 결과를 초래한다.

그러나 개헌의 과정과 방법에 우선 초점을 맞추어 대화와 토론의 필수성을 확인 및 강조하는 논설과 경계의 조리는 이론의 담장을 넘어서면 적실성의 한계가 분명하게 드러난다. 구체적인 개헌의 현실상황과 맞닿는 순간 '고도'를 기다리며 에스트라공과 블라디미르가 나누는 부조리의 대사와 별로 다를 것이 없다고 할 수 있을 정도로 황당하고 무용하게 된다.

합의된 정치원리로서 민주주의는 '타협의 미학'을 추구하는 정치의 성패 또는 그 전제조건인 소통의 수준에 의해 그 명운이 결정된다. 지금 우리의 현안인 개헌문제가 그러하듯이, 당위와 현실 간의 교차점에서 대부분의 개헌은 바로 정치가 이 타협의 과제를 제대로 수행하지 못하는 기능상실 또는 기능부전상태에 빠진 경우 타협의 핵심인 소통의 토대와 틀을 재편하거나, 관점의 다발, 즉 역사와 현실에 대한 인식패러다임에 새로운 전기를 제공하여 공감대를 갱신하고 확충하는 비상의 수단이다. 주권의 실체성과 집합적인 주권자로서 국민의 주체성의 해체를 확인하면서 '실천적 이성'을 추구하는 '소통의 형식' 자체를 헌법국가와 통치권력의 정당성의 근거로 보는 Habermas의 '대화론'(Diskurstheorie)의 관점과 논리가 개헌논의에서 더욱 그 타당성이 주목되는 것도 바로 이 때문이지만, 구체적인 현실 속에서 드러나는 '소통론'의 한계 또한 간과되어서는 아니된다.

C. R. Sunstein의 말대로, '필요한 경우에는 타협이 가능하게 만들고, 타협이 불가능한 경우에는 그것을 불필요하게 만드는 것'이 다원사회에서 상호존중과 함께 사회적 안정성을 추구하는 헌법 또는 민주정치의 핵심과제라고 한다면,[3] 개헌은 이 과제수행의 전제조건인 상하, 전후 및 좌우 간의 입체적인 대화, 즉 다층적이고 통시적이며 상호적인 사회적 '소통'의 network이 제대로 작동되지 못하여 필요한 타협을 가능하게 만들지도, 타협이 불가능한데 그것을 불필요하게 만들지도 못하는 폐색(閉塞)의 '불합리한 다원주의'(unreasonable pluralism) 상황을 타개하는 보충적이고 최후적인 헌정 수단이라고 할 수 있다. 그런데 문제는 '정치의 정치'인 점에서 이른바 '메타 정치'라고 할 수 있는 개헌도 유사한 구조적 한계에서 벗어날 수 없는 점이다. 대화와 토론, 즉 소통을 통한 정당성도 '정작 필요한 경우에는 불가능하고, 실제로 가능한 경

3) One Case At A Time, 1999, 50면

우에는 불필요하다'고 하는 역설의 딜렘마가 바로 그것이다. 말하자면, 헌법적 가치와 규범 자체를 새로 형성해나가고, 대화와 결정틀의 개편을 공동으로 모색할 수 있는 소통의 전제조건이 충족되어 있거나 또는 적어도 그것을 확보할 수 있는 여건이라면 실제로 개헌은 불필요하거나, 반면에 그렇지 못한 경우라면 기능적합적인 개헌은 원천적으로 기대하기 어려운 것이다.

국가지배구조나 정치경제질서의 근본적인 개편이 없이는 지금 이 땅의 주요 현안들을 해결하기 어렵고, 우리 사회의 '지속가능한 발전'을 기대하기 어렵다는 점에 대한 폭넓은 공감대를 토대로 하는 점에서 작금의 개헌문제에 대한 인식의 지평이 과거의 그것과는 사뭇 다르다. 하지만 '무엇을 어떻게 바꿀 것인가'라는 개헌의 핵심과제에 대하여 개방된 토론과 대화를 통해 '가능하지만 불필요한 타협'이 아니라 '절실하게 필요하지만 현실적으로 (거의) 불가능한 타협'을 가능하게 만드는데 필요한 최소한의 소통의 윤리와 그 구조적 조건을 갖추고 있는지는 의문이다. 개헌의 실질적인 내용 및 그 결과보다 그 과정과 방법을 우선 고민해야 하는 것도 바로 이 때문이다.

그래서 결국 어쨌다는 것이고, 무엇을 어떻게 하자는 것인가? 시작도 끝도 없는 순환론 속에서 답하기 어려운 반문은 '고도'에게 떠넘기는 수밖에 없다. 그렇다면 '고도'는 누구인가? 기다리는 '고도'는 왔는가? 언제까지 더 기다려야 하는가? 도대체 '고도'가 있기는 한 건가? 부존재의 현존?… 개헌은 부조리다!

제9장
'살림'의 명제로 본 경제헌법 재정헌법의 개정론*

I. 개요 - 문제의 제기

경제협력개발기구(OECD) 국가들 중 최고의 자살률, 출산률 세계 최하위… 최고의 헌법적 가치로 '인간의 존엄성'을 보장하고, '모든 국민은 행복을 추구할 권리를 가진다'(헌법 제10조)고 규정하고 있는 대한민국이라는 공동체의 오늘의 모습이다. 다른 지표들을 더 살펴보지 않아도 또는 이른바 '5030' 등 다른 그 어떤 긍정적인 경제 및 사회지표들을 주목한다 하더라도 절박한 회의 속에서 되묻지 않을 수 없다. 무엇이 행복인가? 우리 헌법이 보장하고 있는 '인간다운 생활을 할 권리'(제34조 제1항)란 무엇인가? 근면과 자조, 개혁과 혁신 등 수많은 슬로건 속에서 지난 수십 년간 우리가 매진해 온 선진화와 경제성장의 의미와 가치는 무엇인가? 이것이 우리가 지향하고 추구해온 '민주화' 또는 '민주화 이후의 민주화'인가?

이러한 되물음과 연관하여 '시대정신과 헌법개정'이라는 오늘의 주제는 두 가지 꼭지의 논제로 나누어서 접근될 수 있다고 생각된다. 첫째는 오늘 이 땅에 발 딛고 있는 우리의 시대정신은 무엇인가 하는 것이고, 둘째는 시대정신을 찾고, 실천해내는데 필요한 가치적 공감과 그 구체적인 실현의 전략적인 틀과 규범적 방침을 우리 헌법이 충분히 제공하고 있는가 하는 것이다. 여기에서 시대정신이라는 거대담론을 펼칠 입장은 되지 못하지만, 한 가지 분명하게 제시할 수 있는 것은 시대정신

---

* 연세 공공거버넌스와 법, 제7권 제1호(2016. 2), 39-110면.

은 명사가 아니라 동사라는 것이다. 시대정신은 이미 주어져 있는 어떤 것을 발견해내는 것이 아니라 그것을 함께 일궈나가는 일종의 '문화적 과정'이다. 그 핵심은 소통과 화합, 즉 조화적 통합이다. 이러한 관점에서 보면 두 꼭지로 나눈 두 가지 논제, 즉 시대정신을 찾는 것과 그 구현을 위한 전략과 방안을 마련해내는 것은 '구별되지만 단절될 수 없는' 하나의 연계과제로 통합의 마당, 말하자면 헌법개정의 필요성과 그 방향을 짚어보는 대토론의 광장으로 귀착된다.

헌법 자체가 정치적 타협을 통해 시대정신을 담아낸 산물이거니와, 헌법개정에 대한 논의의 과정, 즉 가치규범, 정치경제규범, 생활규범으로서 헌법의 가능성과 한계를 짚어 보는 것은 시종일관 대화형식의 소통과 화합으로 진행되어야 한다. 헌법개정의 필요성 또는 적시성에 대한 논의는 일면 오늘 우리 공동체의 현황과 미래에 대한 인식과 전망, 타면 현행 헌법의 기능적 성패에 대한 규범적 평가가 교차되는 지점에서 출발한다. 분야와 사안에 따라 크기가 다르겠지만, 이견이 있을 수밖에 없을 것이다. 오히려 다양한 이견은 건강한 담론의 필수적인 조건이다. 따라서 헌법개정의 담론에서 결론에 대한 성급한 예단은 금기이기도 하거니와, 결론이 어떻게 나느냐 하는 것 자체가 관건이 아니다. 타협과 함께 절제의 요청을 강조하는 것도 그 때문이다. 설령 치열한 논의를 거쳐 개정이 필요 없다거나 또는 필요하지만 지금이 적시는 아니라는 결론을 내리더라도 그것이 건강한 토론의 과정을 거쳐 문제인식의 지평과 가치적 공감대를 확장하고 심화하는 계기가 된다면 그 자체로 의미와 효용은 충분한 것이기 때문이다. '시민에게 국가를 되돌려 줘라'는 명제를 제시하는 독일 공법학자 P. Kirchhof의 말을 빌리면, 헌법은 "당대의 문화수준과 이 문화수준과 교섭하는 법사상에 따라 형성되는, 법에 대한 지금 여기에서의 근본적인 질문에 대한 답"이다.[1] 말하자면

1) Das Gesetz der Hydra Gebt den Bürgern ihren Staat zurück!, Dreomer, 2006. 116면.

헌법은 역사적 경험을 미래로 투사하는 문화사적 기억을 기록해 놓은 법문화의 산물로서 최고규범으로서 법적 구속력을 갖는 이념과 원리 및 제도의 복합체이다. 또한 헌법은 하나이지만, 가치규범, 정치규범으로서 고도의 추상성을 특성으로 하는 헌법의 해석론은 다양할 수 있고 또한 그래야 한다. 원론의 차원에서 단언하자면 헌법적 정언명제라고 할 수 있는 '타협과 조화'를 지향하는 민주적인 숙고의 결론이라면 헌법은 다양한 해석론을 통해 이른바 '통상적인 정치과정'을 거쳐서 내려지는 대부분의 정치적 결단과 정책적 지혜를 담아 낼 수 있는 충분한 폭과 깊이를 갖고 있다.

헌법개정에 대한 논의의 시발점은 바로 헌법이 당대의 시대정신이 제시하는 문제에 대하여 답을 찾아가는 출발점과 기본적인 방침, 그리고 담론의 틀을 제공하는 역할을 제대로 수행하고 있는지 그 가능성과 한계를 가늠하는 것이다. 이 글에서 초점을 맞추고 있는 경제헌법과 재정헌법이야말로 가장 구체적인 실물 정치 및 정책과정과 연관된 분야이기 때문에 개헌 관련 논의에서 더더욱 당위와 현실에 대한 입체적이고 심층적인 정치경제학적 문제인식의 공유와 함께 이데올로기적 차원에서의 타협이 요구된다.

경제헌법 및 재정헌법의 개정의 필요성과 당위성을 논하는 차원에서 시대정신이 무엇이고, 시대정신이 '응답하라!'고 요구하는 질문이 어떤 것인지 가늠을 잡는 것은 천학비재의 깜냥으로는 접근조차 어려운 난제이다. 오늘날의 상시화된 위기상황에서는 더더욱 그러하다. 하지만 열린 마음의 눈으로 보면 난제일수록 답은 현장에서 찾아야 한다는 말대로 시장과 거리, 그리고 TV 화면과 신문의 지면에서 적확한 문제인식의 단초는 찾아진다. (청년)실업문제, 비정규직 문제, 소득양극화, 빈자들의 곤궁함, 사회안전망의 부실, 재정건전성의 악화… 특히 전 지구적 차원의 문제이기도 하지만 대중과 엘리트 간의 전통적인 대립이나 상대적인 소득격차의 문제를 넘어서 극소수 최상층(overclass)의 '삶의 기회'(life-chance)와 대다수 사람들의 '삶의 기회' 간에 메울 수 없는 격차를 벌려만 가는 구조적 문제는 우리 사회공동체의 정체성에 대해서도 심각한 회의를 불러일으키고 있다. 악화 일로에 있는 각종 사회지표로 나타나는 이러한 추세가 계속 이어진다면 '상부상조'와 '공생'(co-life)의 문화와 가치적 공감대의 토대가 멸실되어 성장이든 발전이든 우리 경제와 사회의 지속가능성 자체를 기대하기 어려운 상황에 이를 수도 있다. 양자택일 식의 맥락에서 성장의 중요성과 시장경제의 효용 자체를 근본적으로 부정하는 것은 아니되, 대다수 시민들의 '삶의 기회'를 침식하는 불균형 성장, 극소수 부자들의 강건한 근육질 팔과 연결된 '보이지 않는 손'(invisible hand)의 시장 메커니즘이 현 상태 그대로 계속된다면 사회적 대타협을 전제로 하고 또한 사회적 대타협으로 수렴되어야 하는 그 어떤 실행가능하고 지속가능한 해결책도 기대하기 어렵기 때문이다.[2)]

Robert B. Reich가 '소수가 아닌 다수를 위하여'(For the Many Not the Few)라는 부제를 달아서 펴낸 최근 저서[3)]에서 적확하게 해명하고 있는 바와 같이, 자본주의에 대한 위협은 더 이상 공산주의나 fascism이 아니라 시장경제체제에 대한 대다수 시민의 신뢰 기반이 무너지고, 사회통합이라는 외부재가 더 이상 생산되지 못하고 있는 것이다. 자유주의와 사회민주주의 또는 '자유 시장'과 국가(정부)의 역할이나 공과에 대한 도식적인 보수와 진보의 틀에 얽매인 종래의 담론은 이제 새로운 논제에 초점을 맞추어야 한다. '좋은 불평등'을 촉매로 한 공정경쟁의

2) 재벌개혁 등 주요 현안들에 대한 정치한 분석과 평가를 제시하면서 대안모색의 당위적 지침으로 '동반성장' 과 '경제민주화'의 명제를 재조명한 최근의 주목되는 논의는 박상인, 동반성장과 경제민주화 잘 되고 있는가?, 제28회 동반성장포럼(2016.1.7.).

3) Saving Capitalism, 2015, Introduction, xii.

질서와 가난과 질병으로부터 '위대한 탈출'(The Great Escape)[4]의 기회를 제공하였던 '자유 시장'(free market)이 왜, 어떻게 해서 이렇게 변질되었는가? 부와 힘의 공고한 연결고리를 움켜쥐고 있는 기업권력은 통제될 수 있는가? 오늘날 시장이 실제로 어떻게 조직되고 있으며 또한 '게임의 규칙'이 도덕적으로, 경제적으로 공정하고 타당한가? 이러한 근본적인 의문에 대한 진지한 성찰과 함께, 지난 수십 년간 우리가 견지해 온 경제 및 사회정책의 패러다임과 기본 제도들의 적실성에 대한 전반적인 재검토와 방향전환을 모색해야 하는 것은 더 이상 미룰 수 없는 절박한 과제이다. 성장과 배분, 여전히 치열한 경제학적 담론의 논제로 남아 있지만, 적어도 우리 사회의 현 상황에서 분명한 것은 양적 개념인 경제성장률이나 평균개념인 1인당 국민소득에 집착하는 성장 위주의 경제정책은 더 이상 타당하지 않다는 점이다.

잘못 제기한 문제에 대한 100% 옳은 답은 최악이다. 바르게 제기한 문제에 대한 답이라면 그것이 옳다면 최선이고, 미흡한 답이라도 그것이 우리가 취해야 할 차선의 방책이다. 본고의 관심사는 이러한 근본적인 고민 속에서 바르게 문제를 제기하고, 그에 대한 답을 찾아가는데 최고의 정치경제규범인 우리 경제헌법과 재정헌법이 충분한 대화와 토론의 공간을 제공하고, 유효한 규범적 지침을 제공하고 있는지 여부이다. 상론은 후술하는 참고자료로 대신하되, 여기에서는 결론의 대강만 제시한다.

우선, 경제기본조항이라고 할 수 있는 헌법 제119조를 비롯하여 재산권, 직업의 자유, 계약의 자유 등 경제적 기본권들의 복합체로 경제질서를 구성하고 있는 현행 경제헌법은 부분적인 보정은 몰라도 그 대강은 개정의 당위성과 필요성이 없다. 특히 아직 확실하게 정의되지 못한 개념이고 또한 선거용 슬로건으로 이용 또는 악용되기도 하면서 제119

4) A. Deaton, The Great Escape - health, wealth and the origins of inequality, 2013.

조에 규정되어 있는 '경제민주화'의 명제를 둘러싸고 격론이 거듭되고 있지만, '경제민주화'를 소수가 아닌 다수를 위한 경제, 즉 공정한 경쟁과 기회의 평등, 정의로운 분배, 생산과 노동의 가치 제고, 공생의 생태윤리 등의 개방된 융합개념으로 이해한다면, 이는 앞에서 제기한 근본적인 의문들에 대한 바른 문제인식을 공유하고, 상향적인 국민적 토론을 통해 합리적인 해결의 방향과 대안을 찾아가는데 유용한 출발점과 지침을 제공해주는 소중한 규범적 자산으로 평가된다.[5] 재검토되어야 할 문제점이 적지 않다고 생각되지만,[6] 최근에 국회에서 입법이 추진되고 있는 '사회적 경제 기본법'(안)의 주요 내용도 '경제민주화'의 당위적 요청에 부응하는 시도의 일환으로 여겨진다. 요컨대, 경제헌법의 경우 필요한 것은 개정이 아니라 절제와 열린 태도가 요구되는 전향적인 해석론이다.

다음 제2절에서 경제의 지속가능성의 명제와 함께 이른바 '살림의 규범학'으로 경제의 개념을 재설정하고, 정치경제학적 패러다임의 전환, 특히 대다수 사람들의 자유를 침식하는 사회에서 힘의 불균형을 인정하지 않으면서 자유를 외치고, 신자유주의의 교조적인 시장신봉주의에 대한 근본적인 비판적 성찰의 필수성을 강조하는 것은 그것이 바로 시대정신을 지향하는 헌법해석론의 지평을 확장하고 실질적인 변화의

5) 장하성은 소득불평등과 양극화현상으로 드러나는 한국 자본주의의 모순을 시장체제 자체가 아니라 왜곡된 시장체제, 말하자면 시장경제의 기본적인 규범과 질서가 지켜지지 않은 데 기인하는 것으로 보면서, '자본주의의 대안으로서 제3의 체제는 없다'는 전제 하에 '경제민주화'를 넘어서 '함께 잘사는 정의로운 자본주의'를 지향할 것을 주문하고 있지만, 민주적인 제도와 절차를 통한 사회적 합의를 비롯하여 소득불평등의 해소, 비정규직 문제 등 노동문제 해결, 재벌개혁 등 그가 제시하는 정치철학적 명제와 구체적인 정책방안들은 '경제민주화'의 명제 속에 충분히 수렴될 수 있는 것으로 생각된다. 한국자본부의, 2014, 특히 403-603면 참조. '경제민주화'에 관한 추가적인 논의는 아래 주석 46번 참조.

6) 근본적인 비판론은 권재열, 사회적 경제 기본법(안)에 대한 비판적 고찰, 『경제법연구』, 제14권 3호(2015.12), 3-35면.

가능성을 살려나가는 첫걸음이라고 생각되기 때문이다.

반면에 재정헌법의 개정의 필요성에 대해서는 적극적인 검토와 대안의 모색이 필요하다고 본다. 국가재정운용상의 정치적, 정책적 결정을 규범적으로 포착해내고, 재정권력에 대한 실효성 있는 통제장치를 확보해야 하는 헌법규범적 과제의 측면에서 보면 우리 헌법은 거의 재정맹(finanzblind)의 '결정흠결'의 상태라고 할 수 있다. 현대 국가에서 권력통제론의 제1의 관심대상이 재정권력이라는 원론적인 차원의 문제인식에서는 물론이고, 최근에 '누리과정' 예산을 둘러싼 중앙정부와 지자체 간의 대립과 갈등을 비롯하여 후술하는 바와 같이 상시적인 예산팽창의 현상과 급증 일로에 있는 국채문제만을 보아도 조세와 재정지출의 구조와 기본적인 재정제도에 대한 재검토가 필요하다는 점이 확인된다. 재정헌법을 전면 재구성하는 차원의 헌법개정론이 시급하다.

Ⅱ. 경제(질서)의 '지속가능성' - '살림'으로의 정향과 이행

1. 개요

'살림'이라는 실천적 명제의 차원에서 볼 때 하나의 하부체제 또는 부분적인 현상으로 상정되는 경제는 문제인식의 관점에서든, 해결책을 고민하는 차원에서든 주목될 수도, 주목할 필요도 없다. 정치와 사회, 특히 사회적 가치와 지식의 체계와 환경의 요소가 큰 시스템의 구조 속에서 경제와 엇물려 있고, 이들 요소들이 선형이 아니라 입체적이고 교차적인 인과관계 속에서 이른바 '복잡계'를 구성하고 있기 때문이다. '복잡계'의 맥락에서 경제는 이른바 '분절'(articulation)의 방법론의 차원에서 일단 "희소한 자원의 효율적인 배분을 통한 재화와 역무의 생산과 배분"이라는 전통적인 개념을 넘어서 동태적이고 개방적인 과정 또는 그 속에서 생동하는 일종의 유기체로 보는 인식전환을 모색하는 것

이 가능하고 또한 필요하다.[7)]

이러한 인식전환의 연장선상에서 경제의 '지속가능성', 즉 '살림'으로의 정향을 위한 전제로 경제의 개념 자체를 종래 보다 더 넓고 깊은 의미를 내포하는 것으로 외연을 확장하고, 이 개념틀 속에서 '살림'으로의 이행을 위한 전략의 핵심, 즉 좋은 경제질서의 모델을 정립할 수 있는 현실적, 규범적 가능성과 한계, 그리고 가능성을 살려나갈 수 있는 토대가 확보될 수 있다.

2. '살림의 규범학'(Eco-Nomics)[8)]으로 전환 - '지속가능성의 경제학'

"지구는 시간적으로 발전하지만 성장, 즉 양적 증대는 없다. 성장이 없는 유한한 지구의 한 하부체계인 경제도 결국은 이와 유사한 발전의 패턴에 순응해야 할 것이다."[9)] '환경적으로 지속가능한 경제개발'이라

---

7) 이러한 관점에서 경제의 개념과 이에 부응하는 경제(학)이론에 대해서는 D. Orrell, 김원기(역), 경제학혁명(원저명: Economyth), 행성:B웨이브, 2011, 특히 325-355면.

8) 'economics'의 어원을 보면 'eco'는 라틴어의 'oikos', 즉 'household'의 뜻을 갖는 말이다. 이에 관해서는 A. Naess, The Ecology of Wisdom, A. Drengson/B. Devall. ed., Counterpoint, 2008, 32면. '살림'이라는 우리말은 통상 한 가정을 꾸려 살아나가는 일 또는 그 형편을, 또 한편으로는 무엇인가 만드는 과정에서 원래 정한 치수보다 조금 더 넉넉하게 하는 것을 뜻하는 동시에 '살다'라는 동사의 사동태형의 명사로 죽어가는 것을 회생시키는 의미 또는 예컨대, 나무나 돌의 결을 거스르지 않으면서 작품을 가공해 나가는 것과 같이 자연과 사물의 이치를 섬기는 뜻을 담아 낼 수 있다. '살림을 꾸려 나가는 일 또는 그에 필요한 세간'이라는 뜻의 '살림살이'라는 말도 시사하는 바가 적지 아니하다. 이 글에서 '살림'은 이러한 함의의 폭과 깊이가 최대한 반영되는 포괄적인 개념으로 사용한다. 다르지 않은 맥락에서 예컨대, 김지하는 "생태계 내부 또는 배후의 '숨겨진 질서'와 그로부터 발생하는 보이지 않는 생성과 영성의 창조적 활동의 오묘한 그물망"을 주목하는 이른바 '생명세계관'을 제시하면서 생명에 내장된 '결의 모심'을 '살림'의 기본인 동시에 생명운동의 기초원리로 주장한다. 생명과 자치, 솔, 1996, 특히 45-47, 53면.

9) Robert Goodland, Herman Daly, Salah El Serafy, Introduction to Environmentally Sustainable Economic Development: Building on Brudtland, The World Bank Environment Working Paper, no. 46, July 1991, 2-3면.

는 제목의 세계은행보고서에 첨부된 소개문의 단호하고 간명한 경구이다. 성장이 모두 좋은 것이거나 모두 나쁜 것은 아니지만, 생태계 전체와 함께 존망의 분기점에 선 또는 이미 분기점을 지난 인류에게 필요한 것은 성장(growth)이 아니라 가치상향적 발전(development)이다. 물리적 확장과 물질적 편익의 증대는 존속의 가능성을 해치지 않는 한 발전에 필수불가결한 범위에 한해서만 용인하되, 그것은 공평하고, 실천이 가능한 것이어야만 한다.[10)]

자원고갈, 온실가스배출, 종의 감소 등의 파멸지수가 스키 점프대처럼 급증하는 그래프를 지켜보고 있는 인류에게 양적 성장의 포기는 불가피한 것이고, 상당한 고통이 수반될 수밖에 없는 힘들고 불편한 것이다. 하지만, 근본적으로 항상적인 재생산의 순환이 있을 뿐 성장은 없는 지구의 생태계가 스스로 건강을 회복하여 인류에게 존속의 기회를 허락할 것이지 확신할 수 없다고 하여도 지금 우리가 할 수 있는 것은 멈춰서거나 필요한 경우 뒤로 몇 발 물러서는 소극적인 무대응의 대응, 말하자면 포기와 절제 외에는 없다. 울창한 삼림과 수많은 종을 한 순간에 파멸할 수는 있어도 기술과 시장, 국가 등 그 인간의 그 어떤 능력과 제도로도 풀 한 포기, 조그만 벌레 한 마리도 만들어낼 수는 없기 때문이다.

그러나, Meadow[11)]의 말처럼, 감상적인 낙관론과 마찬가지로 구제불능의 비관론도 거짓인지는 모르겠지만, "우리 집" 말고 열쇠를 넘겨주고 물러나거나 옮겨 갈 다른 집이 없는 상황에서 "현재의 성공과 실패, 그리고 미래의 가능성과 장애요인에 관해 진실을 발견하여 말하고자 하는 결의"와 "보다 나은 미래에 관한 비전을 꾸준히 응시하면서도 현세계의 고통을 시인하고 참아나갈 용기" 외에 다른 것이 참일 수는 없고, 다행히 이 부분은 우리 스스로 적극적으로 확인하고 만들어 나갈

10) D. H. Meadow et al,, The Limits to Growth, 1972, 296면.
11) 위의 책, 297면.

수 있는 인간의 영역에 속한다. 비록 규모와 밝기는 충분하지는 않지만 녹색신호가 나타나는 곳도 없지 아니하다. 특히 일단의 과학자들 사상가들, 그리고 활동가들이 발전시키고 있는 "새로운 (정치)경제학"의 분야가 주목된다. 이미 1960년대에 시작된 녹색환경 또는 생태 경제학(green, environmental, ecological economics)[12]이나, '제도경제학'(institutional economics) 등의 정치경제학,[13] 이른바 '지속가능성의 경제학'(economics of sustainability)[14]을 비롯하여 이른바 '잡종경제학'(Heterodox Economics)[15]이 그것이다. 아직 파편적이고 연계성이 부족하기는 하지만 이들 경제사상과 이론들에 공통된 정치 및 도덕철학의 관점과 방법론적 토대는 바로 전술한 '탈중심화'의 전제와 '살림의 패러다임'이라고 할 수 있다. 이들 일단의 경제사상과 이론들에서 녹색신호를 보고, 박제화된 신화를 벗어난 새로운 '좋은 경제학'을 희망하고 기대하는 것은 이들이 공유하고 있는 '탈중심화'의 전제와 '살림'의 패러다임의 방법론들 자체가 '진실을 말하려는 결의'와 '고통을 감내하려는 용기'의 표상인 바, 이른바

12) 환경경제학의 개요와 대강에 관해서는 조영일(역), 환경경제의 이해 - 환경경제학입문, 금문서적, 1998, 5-21면.

13) Chang Ha-Joon, Breaking the mould: An institutionalist political economy alternative to the neo-liberal theory of the market and the state, Cambridge Journal of Economics , Sep. 2002, 539면 이하; 장하준, 그들이 말하지 않는 23가지; 김화정/안세민(역), 부키, 2010.

14) 이에 관해서는 특히 Ger A. J. Klaassen/Johannes B. Opschoor, Economics of sustainability or the sustainability of economics: different paradigms, Ecological Economics, 4(1991), 93-115면.

15) 여기에서 '잡종'으로 번역한 'hetero'는 그리스 원어의 뜻에 따르면 두 가지 의미를 갖는다. 첫째는 둘 중의 다른 하나라는 의미로 여기에서는 당대의 정통에 대한 다른 대안을 제시하고, 둘째는 단원주의에 반대되는 다원주의의 맥락에서 다양한 또는 다양한 다수를 포함하는 것의 의미를 갖는 바, 경제학담론을 구성하는 이론과 방법론 및 지식들의 다원성에 대한 긍정을 내포한다. R. F. Garnett, Introduction: Pluralism and The Future of Heterodox Economics, in: John T. Harvey, Robert F. Garnett, Jr., Future Directions for Heterodox Economics, The University of Michigan Press, 2008, 1면.

정통과 중심의 오만과 편견, 그리고 그에 따른 독단과 지식의 불균형에 대한 구체적인 반성의 결과인 동시에 스스로 항구적인 자기부정을 통한 변증법적 진화의 길을 열어놓고 있는 점에서 '경제학의 지속가능성'(sustainability of economics)이 전혀 불가능한 상태는 아니기 때문이다.

또한 최근에 프랑스를 비롯한 영미권에서 일부 경제학 교수와 학생들에 의해 시도되고 있는 '폐쇄적 경제학 이후 운동'(Post-Autistic Economics Movement)에서 부각되고 있는 것 같이 이들의 사상과 방법론은 이른바 정통경제학과 그 중심에 있는 절대적인 단원주의에 반대하는 일종의 '지성운동'(intellectual movement)이고,[16] 그 저변에는 세계관과 가치관의 상대주의적 다원주의가 자리 잡고 있다. 철학적 문제가 "나는 (길을) 훤하게 알지 못한다"라는 형식을 갖는 문제이고,[17] 하나의 사물을 다양하게 보고 묻는 것이 철학하는 것이라고 한다면, 세계와, 세계 속의 하나의 종인 인간의 존재와 삶의 목적과 가치에 대한 철학적 사유, 즉 다원적인 이해와 질문을 통해서 "좀 더 개방되고 과학적인 경제학"과 이를 위한 선행조건으로 "경제학과 경제학강의의 전면적이고 철저한 개혁"을 요구하는 것이다.[18]

이러한 '새로운 경제학'의 당위성과 필요성이 부각되는 불확실성의 시대, 복잡계의 시대, 지속불가능성의 시대, '살림' 패러다임의 시대적 흐름 속에서 어떤 주류 경제학파에게도 경제문제에 대한 최종적이고 전면적인 해결책을 확보하고 있다는 유아독존의 입장은 허락될 수 없다. 예컨대, "모든 것이 다 잘 될 테니 시장에 맡기고, 아무 것도 바꾸지 마라", 즉 '그냥 나둬라'는 식의 자유방임주의적인 시장만능의 시각과 그 결과로 나타나는 보수주의의 정책이 제시하는 다음과 같은 거짓, 적어

---

16) 이에 관해서는 Jean-Philippe Bouchaud, Economics needs a scientific revolution, Nature, Vol. 455, 30. Oct. 2008, 1181면.

17) Ludwig Wittgenstein, 이영철(역), 철학적 탐구, 2006, 100면, 123번.

18) Bouchaud, 앞의 글.

도 부분적으로는 참이 아니거나 과장인 궤변들과 그 거짓과 궤변들을 은폐하고 분식하는 경제학자들이 더 이상 정통의 이름으로 비판이 허용되지 않는 성곽 속에서 엄호될 수는 없다: 경제는 경제법칙으로(만) 설명할 수 있다. 경제의 주체는 독립적인 개인들이다. 경제는 안정적이다. 경제적 위험은 통계를 이용해 쉽게 조절할 수 있다. 경제는 합리적이고 효율적이다. 가격은 늘 옳다. 시장체계는 자동적으로 우리가 원하는 미래를 실현시켜 줄 것이다. 기술이 모든 문제를 해결해 줄 것이다. 경제는 공정하다. 경제성장은 영원히 계속될 수 있다. 경제성장은 우리를 더 행복하게 한다. 경제적 성장은 모두에게 그리고 항상 좋은 것이다.[19]

2008년 금융위기 이후 런던 정경대학교를 방문하였던 엘리자베스 영국 여왕이 던진 물음에 대하여 어떤 답이 있었는지 알 수 없다. "금융위기가 닥칠 것을 왜 아무도 모르고 있었습니까?"[20], "왜 평등이 모든 사람들에게 더 좋은지"에 대하여 실증적 조사의 정치한 결과를 제시하면서 Wilkinson과 Picketty는 반문하고, 확인한다. 전례 없는 성장과 풍요에도 불구하고 "왜 우울과 불안의 지수는 이렇게 높은가?"[21] 대다수의 사람들은 '소비주의'(consumerism)와 '물질주의'(materialism)가 우리들이 소중하게 여기는 가치들과 가족과 친구, 그리고 공동체와 함께 더 많은 시간을 보내기를 원하는 소망에 배치됨을 감지하고 있는데, 왜 우리들은 이들에서 벗어나지 못하고 있는가? 또한 대다수 사람들이 불평등이 분열을 초래하고 사회의 건강을 해치는 것으로 알고 있는데, 이 상식은 단순히 '다수의 오류'인가?

시장에서 '최대 다수의 최대행복'이 실종되고, '1%의 행복과 99%의

---

19) D. Orrell, 김원기(역), 앞의 책, 20면; D. H. Meadows, 황건(역), 앞의 책, 296면.
20) C. Giles, "The vision thing", Financial Times, 25 Nov. 2008.
21) Richard Wilkinson, Kate Picketty, The Spirit Level Why Equality is Better for Everyone, Penguin Books, 2010, 274면.

불행'의 극심한 소득의 불균형이 확인된 지 오랜 데,[22] 전지전능한 '보이지 않는 손'의 신화와 "시장 외에 다른 것을 믿지 말라"는 강령은 교회당이나 박물관이 아니라 여전히 헤게모니를 유지하고 있다. '어플루엔자'(affluenza)[23]나 '프리케어리트'(precariat)의 문제, (불)평등과 (불)행복의 문제들, 그리고 엘리자베스 여왕의 물음에 답할 수 없는 또는 답을 회피하는, 반증의 가능성을 전제하는 '민주적인 과학'이 아닌 "종교로서 경제학"(Economics as Religion)[24]의 시장신봉주의가 지배적 이데올로기로 계속되는 한 '살림의 규범학'을 지향하는 '선한 경제학'이 설 자리는 없다. '살림'의 '지속가능성'도 기대하기 어렵다. 경제와 경제학 그리고 시장의 '살림'을 위하여 경제학에서의 '(시장)종교의 개혁', 즉 '과학적인 '혁명'이 필요한 이유이다.[25]

---

22) B. Gates가 어떤 주점에 들어가면 그 곳 고객의 평균소득 또는 재산은 급상승할 것이지만, 그렇다고 주점에 이미 앉아 있던 고객들이 부자가 되는 것이 아니라는 것은 초등학교 수학으로도 간명하게 알 수 있는 것일진대, 1인당 GDP, 즉 '평균소득'의 증감 여부와 그 원인에 대한 진단은 여전히 경제학의 주류 논제 중의 하나인 것은 - 만일 이것이 주류경제학자들의 이데올로기적 편집에 따른 의도적인 것이나 가식적인 것이 아니라고 한다면, 보수 또는 신보의 입장을 떠나서 - 놀라운 일이다. 이에 관해서는 특히 Paul Krugman, 예상한 외 3인(역), 미래를 말한다(원저: Conscience of a Liberal, 2007), 현대경제연구원, 2008, 159-161면.

23) Oliver James가 풍요(affluence)와 독감(influenza)를 합쳐서 만든 조어로 돈과 재산, 외모와 명성 등 표피적이고 물질적인 요소에 집착하여 행복을 추구하는 물신주의적인 가치관이 만연한 현상을 뜻한다. Blind feminism has hurt our children, Times, 15 Feb. 2007, D. Orrell, 김원기(역), 앞의 책, 314면에서 재인용.

24) Robert Nelson, Economics as Religion, Pennsylvania State Univ. Press, 2002. 같은 맥락에서 Stanford대학교 철학교수인 Sam Harris의 종교의 편집과 그에 따른 갈등상황에 대한 진술은 시사하는 바가 적지 않다. "모든 신앙은 근본적으로 중요한 점에서 일치한다. 다른 믿음 또는 불신자에 대한 '존중'은 신이 승인한 태도가 아니다." 종교의 종말(원저: The End of Faith, Norrton, 2004), 김원옥(역), 한언출판사, 2005,

25) Bouchaud는 고전 경제학이 현실 속의 '야생의 시장'(wild market)을 파악할 수 있는 그 어떤 인식틀도 갖고 있지 못하다고 단언하면서 경제학의 '과학적 혁명'의 필요성을 제시하였다. 앞의 글.

3. 경제헌법과 경제의 지속가능성 - '살림'의 담론과 혁명의 시발점으로서 헌법

Wittgenstein[26)]은 '오류는 원인뿐만 아니라 근거도 있다'라고 말하면서 자문하고 답한다: "이렇게 말해질 수 있는가? 즉 대충 말해서: 오류는 오류를 범하는 자의 올바른 지식 안에 편입될 수 있다." "우리가 어떤 명제를 전적으로 확신한다는 것은, 모든 개인이 각각 그것을 확신한다는 것만이 아니라, 우리가 과학과 교육을 통해 결합되어 있는 하나의 공동체에 속한다는 것도 뜻한다."[27)]

전술한 바와 같이, 생태계 전체와 함께 자살하는 공멸이 아니라 환경과 사회, 그리고 경제의 동반지속을 가능하게 하는 상생과 조화, 즉 '살림'으로의 선회와 이를 위해 필요한, '과학적 혁명'(scientific revolution)을 통한 '신화의 경제학'에서 '인간의 경제학'으로의 이행은 이견에 대한 긍정과 대화의 당위성에 대한 인정, 그리고 구체적인 반성과 고통을 감수하려는 용기가 없이는 불가능하다. "오류를 범하는 자의 올바른 지식 안에 편입될 수 있는" 오류가 지속되는 것은 바로 우리가 속해 있는 공동체 전체의 정신적, 철학적 토양 속에서 그 원인과 근거가 찾아진다. 공동체의 존속을 위한 가치적 타협과 사회의 조화적 통합을 지속시켜나가기 위한 이념의 지표와 함께 정치적 의사결정과 사회적 조직의 체계를 정하고 있는 최고의 정치경제규범인 헌법은 그 자체가 경제의 '지속(불)가능성'의 문제와 이에 내포된 오류를 진단하고 해결하는 데 필요한 공론의 마당인 동시에 기본적인 담론의 방향과 단서를 제공해준다. 특히 사회적 대타협이 필요한 경우에는 더욱 그러하다. 특정한 역사적, 사회적, 경제적 조건들에 대한 정치적, 이데올로기적인 대응이 반영된 헌

26) L. Wittgenatein, 이영철(역), 확실성에 관하여, 2006, 33면, 74번.
27) 위의 책, 77-78면, 298번.

법은 변혁의 결과물인 동시에 수단이다.

바람직한 경제체제모델의 정립을 위하여 공동체 '살림'의 지표와 단서를 마련하는 것은 바로 변화와 지속의 변증법적 조화를 지향하는 헌법과 헌법이론이 당면하고 있는 핵심과제의 하나이다.[28] 이 과제가 정치선진화의 차원에 국한되는 것이 아니고, 이른바 '민주화 이후의 민주주의'의 발전, 즉 상당 기간 계속된 '민주화 이전'의 특정한 역사적, 환경적 요인에 의해 규정되는 정치경제체제인 시장의 구조와, 그 토대인 동시에 조건이라고 할 수 있는 사회체제의 근본적인 대안을 모색하는 것임은 물론이다.

Ⅲ. 경제헌법 개정

1. 헌법 제119조

(1) 개요

우리 헌법은 전문에서 국민의 자유로운 경제활동의 기회가 최대한 보장된다는 기본이념을 천명하고 있다. 또한 제119조 제1항에서는 '대한민국의 경제질서는 개인과 기업의 경제상의 자유와 창의를 존중함을 기본으로 한다'고 규정하여 기업의 자유를 명시적으로 보장하면서, 제2항에서는 '국가는 균형있는 국민경제의 성장 및 안정과 적정한 소득의 분배를 유지하고, 시장의 지배와 경제력의 남용을 방지하며, 경제주체간의 조화를 통한 경제의 민주화를 위하여 경제에 관한 규제와 조정을 할 수 있다'고 규정하여 시장과 기업규제에 대한 일반적인 헌법적 근거를 마련해 놓고 있다. 또한 현행 헌법은 119조 외에 비교법적으로 거의 유례를 찾아보기 어려울 정도로 상세한 개별 경제조항들(제120조-제127

28) 이에 관한 구체적인 논의로는 이덕연, 경제선진화와 (경제)헌법의 효용, 『공법연구』, 제36집 제4호, 2008.6, 55-91면 참조.

조)을 두고 있다.

현행 헌법 제119조에 해당하는 기본조항의 부분적인 내용의 수정과 개별 경제조항들의 추가 및 변화가 없지는 않았지만, 이러한 구조의 경제헌법의 대강과 기본적인 내용은 제헌헌법 이래 거의 그대로 유지되고 있다.[29] 국내외 정치환경의 변화만큼이나 또는 그 이상으로 변한 국가와 사회의 양적, 질적 변화, 특히 경제규모를 고려할 때 이러한 경제헌법불변의 현상은 최고규범으로서 헌법의 보수적 경직성만으로는 설명되기 어렵다. 현재 및 미래지향적인 관점에서는 더욱 그러하다. 전 세계가 한 단위의 시장으로 주어진 무한개방경쟁체제 속에서 시장을 조정해 나갈 수 있는 독자적인 영향력은 물론이고, 여과와 적응을 위한 충분한 시간을 요구할 수도 없는 입장에 있는 우리에게 이른바 '신자유주의'의 기치 아래 제시되는 '세계주의적 독트린'은 취사선택의 대안으로 주어져 있지 아니하다. 이러한 시급하고 절박한 문제상황은 자연스럽게 이제까지의 경제 및 경제법의 정책기조에 대한 반성과 그에 따른 수정과 보완을 위한 선택과 집중의 전략을 요구하고 있다. 그동안 사회구조와 경제환경의 변화에 따라 양상을 달리하면서 논의되어 온 경제헌법개정의 문제를 이 시점에서 재론하는 것은 바로 이 전략의 효율적인 수립과 실행을 담보할 수 있는 토대를 마련하는 의미를 갖는다.

지금 여기에서의 논의가 이제까지의 해석론 중심의 이론적 논란을 그대로 다시 반복하는 의미의 재론이 되어서는 아니 되는 것은 바로 이

29) 제헌헌법 제 84조 - "대한민국의 경제질서는 모든 국민에게 생활의 기본적 수요를 충족할 수 있게 하는 사회정의의 실현과 균형있는 국민경제의 발전을 기함을 기본으로 삼는다. 각인의 경제상 자유는 이 한계 내에서 보장된다" > 제5차개정(제3공화국)헌법 제 111조 제1항 - "대한민국의 경제질서는 개인의 경제상의 자유와 창의를 존중함을 기본으로 한다." 제2항 - "국가는 모든 국민에게 생활의 기본적 수요를 충족시키는 사회정의의 실현과 균형있는 국민경제의 발전을 위하여 필요한 범위 안에서 규제와 조정을 한다." > 제8차개정(제5공화국)헌법(1980) 제120조 제3항 신설 - "독과점의 폐단은 적절히 규제 조정한다."

때문이다. 우선 핵심쟁점에 대한 검토와 함께 이전의 논의성과와 그것의 법제도와 판례 및 정책을 통한 수용의 현황과 문제점을 정리하여 기본적인 문제인식을 공유하고, 현안으로 주어진 헌법개정의 문제, 즉 그 필요성과 적정범위에 대한 헌법이론 및 헌법정책적 입장의 차이와 일단 현 시점에서의 그 조정 또는 타협의 가능성과 한계를 분명하게 확인할 수 있는 헌법학계 차원의 '공인준거'가 제공되어야 한다. 또한 유의해야 할 것은 기본적으로 이론과 현실의 교차점에 있는 헌법개정의 논제 자체의 속성과 본질에서 연유되는 것이기도 하지만, 경제헌법개정의 문제는 헌법현실, 특히 전 세계가 단일시장으로 통합된 지구촌시대의 무한경쟁체제와 그 속에서의 우리 경제와 기업의 현주소, 우리가 활용할 수 있는 독자적인 대응수단과 그것을 뒷받침해주고 대안선택의 폭을 확대시켜 나갈 수 있는 정치경제 및 사회문화적 여건 등 복합적이고 가변적인 변수들에 대한 정확한 인식과 예측을 토대로 접근되어야 한다는 점이다.

바로 이러한 관점에서 요구되는 현실에 대한 입체적인 인식과 장기적인 전망의 필수성은 경제헌법개정의 현안에 대하여 헌법학계의 정리된 입장을 제시하는 것과 그것을 목적으로 하는 이 글의 효용의 범위와 한계를 규정한다. 이 글에서 제시되는 검토의견과 결론의 내용은 그 자체가 최대한 '절제와 균형'의 요청에 따른 것인 동시에 정치권을 비롯한 관련 집단과 학계에 대하여 엄격한 '절제와 균형'을 주문하는 뜻이 내포되어 있음을 밝혀둔다. 다음에서는 우선 우리 헌법상 경제헌법의 기본조항에 해당되고, 그렇기 때문에 당연히 논란의 핵심이 되는 헌법 제119조와 관련된 기존의 해석론상의 이견을 비롯한 기본적인 쟁점과 단서들을 정리하고, 향후 경제헌법개정논의에서 그 필요성과 방향 및 범위에 대한 기본적인 판단의 준거로 삼아야 할 것을 검토하고 결론을 제시한다.

(2) 이견과 쟁점

1) 개헌론 - 적극설

개헌론은 대체로 제119조를 전면 삭제하거나,[30] 동조 제2항의 전부 또는 일부, 특히 '경제의 민주화'[31]부분을 삭제하자는 의견과, 제2항에 '필수성원칙'(Erforderlichkeitsprinzip)을 추가하여 국가의 경제개입의 요건을 강화하자는 견해로 구별된다.[32]

개헌론의 핵심 논거를 한마디로 축약하면 경제현실과 헌법규범 간의 근본적인 괴리의 보정을 요구하는 것이라고 할 수 있다. 국가주도의 경제발전모델을 뒷받침해왔던 현행 경제헌법은 근본적으로 변화된 사회경제구조와 시장 및 기업, 특히 세계화된 무한경쟁구도의 현실을 수용할 수 있는 기본틀로서 이미 그 효용을 기대할 수 없다는 인식이다. 이러한 인식은 일차적으로는 이제까지 특히 경제 및 재정정책에 대한 헌법의 규범력이 취약했고, 결과적으로 일방적으로 국가의 경제개입을 거의 무제한 허용하고 경제적 자유를 제한하는 방향으로 운용되어 온 과거의 경험에서 비롯된 것이기는 하지만, 보다 근본적인 이유는 앞으로 입법자를 비롯한 정책결정권자들과 헌법해석자들이 시장과 기업의 자율성을 확대하는 방향으로 전향적으로 헌법을 해석하고 법과 정책의 운용을 선회할 가능성에 대하여 비관적으로 보고 있는 점이다. 더욱이 이 가능성에 대하여 긍정적으로 전망하는 경우라도 그것을 단순히 정치

---

30) 대표적인 예로는 김정호, 『경제헌법 개정을!』, 자유기업센터, 1998. 헌법 제119조의 전면 삭제를 주장하는 이 견해는 동 조항 자체를 근본적으로 '대중의 권력남용을 막아내지 못한 헌법의 역부족'에 따른 산물이라고 전제한다. 특히 54면 참조.

31) 예컨대 전광석은 '경제민주화'의 요청이 '수사적인 의미'는 몰라도 '법적 의미'는 갖지 못하는 것으로 전제하면서, 경제주체 상호간의 의사소통을 통한 투명하고 공개적인 기업운영을 요구하는 정도의 의미를 갖는 것으로 이해한다. 『한국헌법론』(2006), 688면.

32) 이 견해에 대해서는 김성수, 헌법상 경제조항에 대한 개정론, 공법학회 제129회(2006년 5월) 발표논문집, 171-173면 참조.

과정 또는 정책결정권자의 의지에만 맡겨 놓기에는 변화의 속도와 시점이 문제가 되고 또한 중장기적인 차원에서 시장친화적인 경제정책기조의 안정성과 일관성을 신뢰할 수 없다고 보는 회의적인 인식도 잠재적이기는 하지만 개헌론의 중요한 동인으로 지적될 수 있다.

2) 신중론

경제헌법규정 자체에 대한 극단적인 회의론을 비롯하여 헌법 제119조 전체 또는 일부를 삭제하자는 적극적인 개헌론의 입장에서 제시하는 다양한 논거들 중 헌법정책적인 담론의 의제에서 배제될 수 있는 것은 하나도 없다. 개헌논의와는 무관하게 경제헌법규범과 경제현실 및 그 상호 관계에 대한 근본적인 재검토의 필요성은 투자와 자원배분을 국가가 주도하는 경제개발5개년계획이 제6차로 마무리된 1990년대 초반 이후 또는 적어도 국가의 경제관리능력의 한계가 극명하게 드러난 1997년의 외환위기 이래 늘 현안으로 제기되어 온 것이기도 하다. 또한 세계 최저 수준의 저출산률과 급속한 사회고령화, 소득 양극화와 고용문제 등 그에 따른 사회적 갈등의 심화 등 대내적인 문제를 비롯하여 중국경제의 급성장 등 경쟁구도의 개편, 기타 안보상황의 변화 등 대외적인 변수들은 장기적이고 거시적인 차원에서 새로운 Governance체제의 수립을 요구하고 있다. 국가와 경제의 관계에 대한 반성과 향후 바람직한 경제질서에 대한 헌법정책적 차원의 담론은 이러한 전략계획수립의 출발점인 동시에 발전의 방향과 선택가능한 전술대안의 범위를 정하는 기본틀을 짜는 핵심작업이다.

하지만 이러한 반성과 담론의 필요성과 긴박성이 바로 경제헌법의 개정의 필수성과 그 방향 및 개정시기를 예단할 수 있는 충분한 근거가 되지는 못한다. 경제헌법, 특히 기본조항인 제119조의 전면 또는 부분 개정론에 대해서 신중론을 주장하는 입장에서 대체로 논의의 필요성 자체에 대해서는 동의하면서도 성급한 결정은 피해야 한다는 유보적인 견해를 제시하고 있는 것도 바로 그 때문이다. 또한 중장기적인 관점에서 개헌의 필요성을 긍정하는 입장에서도 그 범위와 시기의 적절성 여부는 또 다른 논제로 고민해야 한다는 조심스러운 견해를 부기하는 것도 같은 맥락에서이다.[33] 현안으로서 개헌문제와 연결하여 보면 이 문제는 차제에 진행될 개헌이 헌법개혁 차원의 전면개정과 소폭의 부분개정 중에 어떤 방향으로 갈 것인지와 연계되어서 최종입장이 정리될 수밖에 없는 문제이기도 하다.

이러한 헌법정책적인 측면에서의 이견과도 연결되는 것이기는 하지만, 적극설 또는 개정론과 신중론 간의 기본적인 입장의 차이는 결정적으로 제119조의 해석론상의 이견, 좀 더 정확하게 표현하면 전향적인 해석이 가능한 규범적 공간, 즉 잠재적인 효용의 크기에 대한 평가와 그 공간의 확장과 활용의 가능성에 대한 기대와 전망이 엇갈리는 데서 비롯된다. 예컨대, 제119조의 제1항과 제2항을 '선후와 비대칭관계' 또는 '원칙과 예외의 관계'로 파악하면서도 제2항의 불확정개념으로 인해 헌법규범의 불확실성이 초래되고, 결과적으로 정부의 시장개입에 대한 무제한적인 수권근거로 인정되어 왔다는 점을 지적하고, 이상적으로는 동 조항을 폐지하고 '기본권제한의 한계조항'인 헌법 제37조 제2항으로 대체하는 것이 바람직한 대안이 될 수 있다는 견해가 제시되고 있는 바,[34] 이는 결국 객관적인 '국가목적조항' 성격의 제119조 제2항이 '정책규범' 또는 '행위규범'으로서는 물론이고, 적어도 경제적 자유와 관련된 개별 기본권의 해석과 심사에서 고유한 규범적 효용을 갖지 못한다고 보는 해석론을 전제로 한다.

여기에서 이러한 해석론의 타당성에 대한 판단은 일단 유보한다. 다

33) 길준규, 경제행정법의 전제로서의 경제질서, 『공법연구』, 제28집 제2호(2000.1), 471면; 이덕연, 한국의 경제헌법질서상 기업의 자유, 『공법연구』, 제29집 제1호(2000.11), 178-179면.

34) 김성수, 전게논문, 169-173면 참조.

만 다음에 기술되는 제119조의 해석론은 동 조항의 규범적 효용과 그것의 기능적 확장의 가능성을 굳이 비관적으로만 볼 이유는 없다는 점과 함께 정치 및 사회경제적 환경조건에 따라 유연하게 접근해야 할 개헌문제와 관련하여 성급하게 선택가능한 대안의 범위를 지나치게 축소해 놓을 필요는 없다는 점에 대한 해명의 논거로 제시되는 것임을 밝혀둔다.[35)]

(3) 제119조 해석론의 공간

1) 기본조항 - '경제헌법의 지도원칙'[36)]

현행 헌법의 경제기본조항인 제119조의 핵심은 우리 경제질서가 자유방임의 시장경제를 지향하지 아니하는 동시에 계획통제경제도 지양한다는 '지도원칙'에 대한 확인이다.[37)] 말하자면 우리 헌법은 양 극단의 대안을 배격하고, 이른바 중용을 지향하는 혼합경제체제의 '제3의 길'을 제시하고 있다고 할 수 있다. 그 노선을 수정자본주의원리를 바탕으로 하는 이른바 '사회적 시장경제질서'(soziale Marktwirtschaftsordnung)로 보는 점에서는 헌법학자들 간에 대체로 의견이 일치되고 있다.[38)] 헌법

---

35) 이 부분은 공법학회 제119회 학술대회(국가경제와 공법질서)에서 저자가 발표했던 논문, 한국헌법의 경제적 좌표-시장(기업)규제의 범위와 한계, 『공법연구』 제33집 제2호(2005.2) 중 11-20면의 내용을 극히 일부를 보완하여 전재한 것이다. 기본적인 입장의 변화도 없고 또한 그 동안 그럴 만한 큰 상황의 변화도 없었다고 생각되기 때문이다.

36) 헌재결 2004.10.28. 99헌바91.

37) 헌재결 1989.12.22., 88헌가13. 판례집 1, 378면.

38) 예컨대 허영, 『한국헌법론』(2006), 158면, 권영성, 『헌법학원론』(2006), 167-168면. '자유주의적 시장경제와 사회주의적 계획경제를 변증법적으로 통합'한 사회적 시장경제질서를 채택한 것으로 보는 견해도 같은 맥락이다. 홍성방, 『헌법학』(2003), 974면, 주석 43 참조. 일부 학자들은 독일에 특유한 '사회적 시장경제'의 개념과 구별하는 의미에서 '사회조화적 시장경제'라는 개념을 사용하고 있는데, "시장경제를 기본으로 하면서, 사회조화적 요구를 실현하기 위하여 국가가 경제에 대한 규제와 조정을 할 수 있는 경제질서라는 의미"라는 설명에 따르면 그 내용상 차이는 없는 것으로 생각된다. 황적인/권오승, 『경제법』, 1996, 41면 이하. 동 개념의 적확성을 부인하는 입장은 권영설, 국가와 경제-경제질서의 헌법적 기초, 『공법연구』 제16집(1988), 10면; 정순훈,

재판소의 입장도 다르지 아니하다.[39)]

그런데 헌법 제119조는 그 '제3의 길'의 구체적인 노정에 대해서는 분명한 표지판과 한계선을 제시하지 못한다. 물론 자유와 평등이념의 조화를 요구하는 중용의 지침이 아무런 가치전제나 규범적 결정도 포함되어 있지 아니한 무정향적인 것은 아니다. 다만 전술한 바와 같이 지난 수 십년간 그래 왔고 또한 개정론자들이 지적하는 바와 같이 고도의 개방성 때문에 경제정책에 관한 통제규범, 행위규범으로서 구체적인 규준력, 특히 국가의 무분별한 규제와 경제개입을 제한하고 실효성 있는 한계를 설정할 수 있는 규범적 효용에 대한 회의가 문제가 되는 바, 그 가능성과 한계를 검토해 본다.

2) '윤곽규정'의 크기와 지형 - '최적화명령'

고도의 개방성과 추상성을 특징으로 하는 제119조는 국가의 경제에 관한 규제와 조정의 한계를 설정하는 규율(Regel)적 성격의 '윤곽규정'(Rahmensordnung)으로 보기에는 그 윤곽 자체가 불명확하다. 물론 일정한 정도의 규범의 개방성은 규범목적상 법기술적으로 필요한 양식이다. 경제정책의 목표를 설정하고 수단을 선택하는 결정권자에게 경제헌법의 기본조항을 통해서 구속력 있는 구체적인 지침과 한계를 제시하는 것은 입법기술상 불가능하거나 또는 가능하다고 하여도 헌법정책적인 관점에서 타당하지 아니하다. 국민경제목적을 위한 국가의 경제계획과 정책이 바람직한 것인지, 필수적인 것인지 여부 또는 어떤 범위에서

우리 헌법상 경제질서와 경제규제의 한계, 『공법연구』 제16집(1988), 173면; 『경제헌법』(1993), 230면; 김형성, 경제헌법과 경제정책의 헌법적 한계, 헌법과 경제정책포럼(2004.6.15. 한국법학원) 발표논문, 7-9면. 또한 헌법 제119조 제1항과 제2항을 '내적 연관관계'에서 파악하는 입장, 즉 '개인의 경제적 자유를 보장하면서 사회정의를 실현하라는 내용의 경제헌법상의 근본적인 목표설정규정'으로 보는 견해도 '시장 대 정부'의 대립구도에 초점을 맞추는 행위규범 및 통제규범으로서 헌법 제119조의 의미 및 그 법적 효력과 관련해서는 차별성이 부각되지 못한다. 한수웅, 한국헌법상의 경제질서, 『공법학의 현대적 지평』, 심천 계희열박사 화갑기념논문집, 1995, 173면 이하.

39) 헌재결 1996.4.25, 92 헌바 47. 판례집 8-1, 380면.

바람직하고 필수적인 것인지는 본질적으로 법규범을 통해서 대위결정될 수 있는 문제가 아니기 때문이다.[40] 말하자면 경제에 대한 구체적인 규제와 조정의 수단이 자유와 책임이 조화되는 '사회적 시장경제질서'에 부합되는 것인지, 경제관련 법률이 개별 집단의 이익에 치우친 것인지 또는 경쟁자들과의 관계에서 중립적인지 여부 등의 문제에 관하여 제119조의 해석을 통해 헌법재판소나 법원이 정책적 판단을 대신하는 것은 적절하지 못하다.

이러한 관점에서 볼 때 결국 제119조는 우선 경제정책에 대한 헌법적 한계선으로서보다는 성장의 동력을 극대화할 수 있는 자유경쟁시장의 효율성과 거래의 공정성 및 과실배분의 형평성을 조화시키는 경제정책결정권자에 넓은 재량의 공간을 제공하는 것으로 이해된다. 말하자면 이 공간은 국제규범과 시장의 현실, 그리고 우리의 경제사회적 여건에 부합되는 최선 또는 차선의 제도를 선택하고 경제정책을 수행해 나갈 수 있는 '실천적 조화의 공간'이고, 이 공간에는 헌법규범이 지나치게 경제정책의 결정과 집행의 영역에 개입하지 말라는 분명한 뜻이 포함되어 있다.

우리 헌법은 이 경제정책의 공간 속에서 이루어지는 구체적인 경제정책결정에 대하여 지침을 주고 있는 바, 이른바 '최적화의 명령'(Optimierungsgebot)[41] 이 그것이다. 이 개념은 국가권력행사에 대한 제한의 형식이라는 점에서는 '과잉금지의 명령'과 동일하지만 행위규범, 통제규범으로서 그 구체적인 구조와 내용은 분명히 구별된다. 과잉금지의 원칙이 공공복리실현의 정

---

40) P. Badura, Wachstumsvorsorge und Wirtschaftsfreiheit, in: R. Stoedter/W. Thieme(Hg.), Hamburg- Deutschland-Europa, Fs. f. H. P. Ipsen(1977), S. 369.

41) Vgl. R. Alexy, Theorie der Grundrechte, 1986, S.75ff.; W. Hoppe, Die Bedeutung von Optimierungsgeboten im Planungsrecht, DVBl. 1992, S. 853ff.; Th. Wuertenberger, Rechtliche Optimierungsgebote oder Rahmensetzungen fuer das Verwaltungshandeln?, VVDStRL 57(1999), S. 139ff.; P. Lerche, Die Verfassung als Quelle von Optimierungsgeboten?, in: G. Burmeister(Hg.), Verfassungsstaatlichkeit, Fs. f. K. Stern zum 65. GT(1997), S. 197ff.

책목적과 기본권을 제한하는 정책수단 간의 관계에서 목적의 정당성과 수단의 적합성, 필수성 및 상당성을 판단기준으로 하는 이른바 '한계의 한계'설정의 기준인데 반해서, '최적화의 명령'은 목적과 목적 간의 관계에서 조정의 적정성에 대한 판단기준을 제시한다.[42]

3) '최적화명령'과 '소명의무' - 현실정합적 해석

'최적화명령'은 과잉금지원칙과 마찬가지로 실질적인 가치판단의 척도를 제공하지는 못한다. 결정의 과정과 절차상의 객관적인 지침이다. 주지하는 바와 같이 정책결정권자의 경제현상에 대한 인식과 예측 및 그에 따른 규제와 조정의 필요성에 관해서는 폭넓은 판단여지와 재량이 인정된다. 다만 상충하는 헌법상 원리나 법익에 대한 합리적인 비교형량, 위험과 불확실성의 요소에 대한 충분한 고려 등 정책결정과정상의 의무를 부과한다.

제119조 제1항과 제2항은 국가의 경제개입에 대한 '원칙과 예외의 규율형식'(Regel- Ausnahme-Formel)을 취하고 있다.[43] '원칙'적으로 기업의 자유는 보장되고 '예외'적으로 필요한 경우, 필수적인 범위에 한하여 국가의 경제에 관한 규제와 조정이 허용되지만, 그 결정은 정책결정권자의 자의(恣意)에 맡겨져 있는 것이 아니라 '최적화의 명령'에 부합

---

42) '최적화명령'을 '넓은 의미', 보통의미, 좁은 의미'로 구분하고 '비례의 원칙'의 본질을 '최적화명령'으로 이해하는 입장에 관해서는 이준일, '원칙'으로서의 기본권과 비례성 '명령', 『공법연구』, 제28집 제1호(1999.10), 85면 이하. 다만 이는 논증양식의 공통점을 주목한 것이기는 하지만, 특정한 가치우선적 선판단의 전제 하에 제한의 한계를 설정하는 판단과 가치형성의 적정성에 관한 판단은 법리적으로 분명히 구별된다.

43) 비록 일관된 입장을 보이고 있지는 아니하지만, 이는 우리 헌법재판소가 출범 초기에 분명하게 확인한 바 있다. "현행 헌법이 제23조 제1항, 제119조 제1항에서 추구하고 있는 경제질서는 개인과 기업의 경제상의 자유와 창의를 최대한으로 존중·보장하는 자본주의에 바탕을 둔 시장경제질서이므로, 국가적인 규제와 통제를 가하는 것도 보충의 원칙에 입각하여 자본주의 내지 시장경제질서의 기초라고 할 수 있는 사유재산제도와 아울러 경제행위에 대한 사적 자치의 원칙이 존중되는 범위 내에서만 허용될 뿐이다." 헌재결 1989.12.22. 88헌가13, 판례집 1, 376면.

되어야만 한다는 의미로 해석된다. 이 헌법적 명령은 후술하는 바와 같이 경제입법에 대한 사법심사의 기능법적 한계 때문에 이른바 '통제밀도'가 낮을 수밖에 없지만, 그렇다고 해서 법적 구속력이 없는 단순한 정책프로그램이나 정치적인 요청에 그치는 것은 아니다.

'최적화명령'은 입법자의 예외결정, 즉 경제에 대한 개입과 조정의 목적과 이유 및 정책수단의 선택에 대한 가중된 '소명의무'(Darlegungspflicht)[44]를 부담지우는 구속력 있는 헌법적 지침이다. 우리 헌법상 '개인과 기업의 경제상의 자유와 창의의 존중'을 기본으로 하는 경제질서는 자유경쟁시장의 자동조절 또는 자기수정의 메커니즘의 효율성에 대한 기본적인 신뢰와, 역으로는 이른바 '계획합리성'에 대한 불신의 선판단이 전제되어 있다. 또한 사회국가실현의 필수적인 조건인 성장추동력을 유지· 확대해나갈 수 있는 최선의 방책은 기격신호를 통해서 시장참여자들에게 무엇을 해야 할지를 힘들이지 않고 끊임없이 말해주는 시장의 '자가정책과정'(self-policing process)이라는 점에 대한 확인도 포함되어 있다. 요컨대 시장에 대한 정부의 개입과 조정은 시장과 가격메커니즘에 대한 이러한 신뢰가 예외적으로 부인된다는 것이 충분히 소명되는 경우에만 허용된다.

예외를 엄격하게 제한하는 방향에서 그 소명의 정당한 준거로서 '관점의 목록'을 제시하고 있는 것이 제119조 제2항인데, 그 준거가 예외의 한계를 획정하기에는 고도로 불확정적이고 개방된 개념으로 규정되어 있을 뿐이다. 다만 개방성과 불확정성에 따라 행위규범, 통제규범으로서 미흡한 규준력은 결정의 과정과 절차의 측면에서 보완된다. 예외

44) Vgl. BVerfGE 79, 311(344ff.). 독일 연방헌법재판소는 기본법 제115조 제1항에서 '국민경제전체의 균형'에 대한 심각하고 지속적인 장애를 제거하기 위한 경우에만 예외적으로 허용되는 '투자'(Investition)목적 이외의 초과국채발행의 합헌성에 관한 결정에서 입법자의 '소명의무'의 개념을 제시하였다. 이에 관해서는 이덕연, 국채발행에 대한 헌법적 제한, 『헌법판례연구3』(2001), 514-516면 참조.

적으로 경제에 관한 규제와 조정에 나서는 입법자는 '국민경제의 균형성장과 안정', '적정한 소득분배', '시장지배와 경제력남용의 방지' 및 '경제주체 간의 조화를 통한 경제의 민주화'의 관점에서 구체적으로 어떤 심각하고 지속적인 문제점, 말하자면 '명백하고 현존하는 위험'이 있는지, 어떤 의도에서 시장과 기업의 자유를 제한하는 규제와 조정의 정책수단을 선택하였는지 또한 그 효과에 대한 전망은 어떻게 판단하였는지 분명하게 밝혀야만 한다.

다만 이 네 가지 경제정책적 국가목표들은 국가의 경제개입과 그에 수반되는 경제적 자유의 제한을 정당화할 수 있는 준거로서 설득력이 적어도 헌법개정 당시에 비해서는 전반적으로 크게 약화되었다. 우리 경제의 규모와 상황, 시장여건 및 기업구조, 특히 역행할 수 없는 무역과 자본시장의 세계화흐름과 그 속에서 주어진 국제규범화된 자유경쟁의 규칙과 통합된 세계시장질서, 그 속에서 우리 기업의 경쟁력 등 대내외적 경제여건과 현실에 따라 차별화될 수밖에 없기 때문이다.

우선 '균형 있는 국민경제'의 목표는 개발도상국가의 단계에서 국가의 위험인수를 전제로 자원의 배분과 투자계획을 국가가 주도하는 산업정책과 연관되는 경제목표이기 때문에 오늘날의 이른바 '제4차산업'과 IT, BT, NT 등 신 지식산업의 비중이 급격하게 확대되는 이른바 '지식기반경제'(knowledge-based economy), 즉 지식과 정보의 창출, 확산, 활용이 모든 경제활동의 핵심이 되는 현실에서 국가의 경제개입을 정당화하는 준거로서 설득력이 제한될 수밖에 없다. '적정한 소득분배'의 목표도 성장동력을 유지·확대해 나가는 이른바 '성장촉진형 재분배'나 사회국가원리의 실현방법인 소득재분배정책의 헌법적 근거로서는 몰라도, 우리의 현재 경제규모와 시장여건에 비추어 볼 때 소득분배를 직접적인 목적으로 하는 정책운용과 시장규제를 정당화할 수 있는 근거로 인정될 여지는 크게 좁아졌다.

'시장지배와 경제력남용의 방지'와 '경제민주화'의 경제목표는 상대적으로 시장과 기업경영에 대한 정부규제의 필요성과 정당성을 뒷받침할 수 있는 준거로서 설득력이 크다고 할 수 있다. 물론 이 경우에도 가능한 한 견제와 통제의 역할을 시장의 자정력에 맡겨야 한다는 대전제는 그대로 적용된다. 경제력의 집중 자체가 아니라, 카르텔의 잠재적인 위험성과 함께 집중된 경제력이 남용되는 것이 문제이기 때문이다. 예컨대, 시장지배와 경제력집중의 문제도 엄정하고 실효성 있는 기업공시제도나 증권거래법제 등 투명성을 확보할 수 있는 제도적 장치와, 이른바 '일감몰아주기' 등 내부거래(self-dealing)를 차단하고 견제할 수 있는 법제의 정비를 통해 기본적으로 자본시장과 합리적인 기업시스템에 의해서 해결되어야 한다. 이 부분은 전술한 바와 같이 빠르게 국제규범화되고 있는 이른바 '세계표준'들을 수용하는 방향으로 정리되어야 할 것이다. 다만, 예컨대 미국의 경우와 달리 우리나라 특유의 대기업집단들은 거의 대부분이 소유와 경영이 분리되어 있지 아니한 상태에서 대체로 20-33% 정도, 심지어는 10% 이하의 지분을 가진 지배주주가 경영권을 장악하고 있는 바, 소유가 분산되어 있고 소유와 경영이 분리되어 있어서 경영자통제에 초점을 맞추는 문제상황과는 근본적으로 다르다.[45)]

---

45) 이러한 점에서 미국식의 소유분산 및 전문경영의 모델과 소유집중 및 소유자경영의 모델은 각각 역사적, 제도적 배경을 달리 하기 때문에 획일적으로 그 우열을 논하기는 어렵고, 그 동안 역대 정부가 일관되게 초점을 맞추어 온 대기업의 소유분산정책은 적어도 경제적인 관점에서는 일종의 고정관념과 같은 것이고 또한 정부규제를 통한 인위적인 소유의 분산이 실질적으로 불가능하고 비효율적이라는 설득력 있는 지적은 규제수단의 선택과 관련하여 시사하는 바가 적지 아니하다. 김화진, 『소유와 경영』(2003), 70-71면. 같은 맥락에서 전환사채인수 등을 통한 편법 또는 탈법증여의 의혹이나 '대규모 기업집단'에 대한 출자총액제한제도의 개폐를 둘러 싼 논란 속에서 최근에 공정거래위원회가 연구용역의 결과로 발표한 '기업 내외부견제시스템 평가'(공정위 보도자료, 2006.9.20)의 내용, 특히 자산규모 6조원 이상의 기업집단의 외부견제시스템이 미흡하여 투명성지수가 크게 떨어진다는 평가결과도 주목된다.

과거 권위주의정권에 하에서의 (대)기업 편향적인 경제개입에 대한 반성의 맥락에서 노사간균형관계의 정립과 국가의 중립성을 요구하는 것으로 이해되는 '경제민주화'의 목표[46]도 정부의 중립성과 조정자로서 공정한 역할을 주문하는 것이다. 기업의 대형화와 성장동력 자체를 억제한다든지 또는 기업의 본원적인 경영전략적 판단의 영역에 해당되는 인력정책과 노동시장에 대한 정부의 획일적이고 전면적인 개입을 헌법적으로 정당화할 수 있는 이유와 근거가 될 수는 없다. 다만 최근에 전체 사회적인 차원에서 현안으로 제기되는 고용문제, 특히 비정규직 근로자의 문제와 관련해서는, 특히 헌법 제32조의 근로권에 따른 국가의무와 연계되어 국가개입의 당위성을 확인하고 그 범위 및 양식을 설정하는 관점에서 새롭게 주목된다.

---

46) '경제의 민주화'의 요청과 관련해서는 기술한 바 있거니와, '시장경제의 성격과 정치적 민주주의 사이의 관계에 대한 오해에서 비롯된 개념적 오류'라고 보는 입장에 동조할 수 없다는 점만을 재확인해둔다. LG경제연구원, 『한국경제 이렇게 바꾸자』, 104면. '경제주체 간의 조화를 통한 경제민주화'의 요청이 추가된 것이 제9차 헌법개정(1989년)을 통해서였고, 그 당시 정치, 사회적 민주화의 큰 흐름 속에서 전국적인 노사분규의 경험을 통해서 확인 정리된 것이 과거 권위주의정권의 대기업 또는 자본에 편향된 경제개입에 대한 반성과 경제활동에 관한 의사결정권의 적정한 배분, 특히 국가의 중립성과 노사 간의 균형관계의 확립의 필요성과 당위성이었다. 이러한 헌법개정의 시공간적 맥락에서 이해되는 '민주화'의 개념은 언어의 '수평적인 추상의 차원'이 아니라 '수직적인 구상의 차원'에서 해석되어야 한다. 추상적인 관점의 일방적인 해석을 전제로 개념의 애매모호함과 그에 따른 정책적 오용의 위험만을 강조하는 것은 설득력이 떨어진다. 예컨대 좌승희, 한국의 경제발전에 대한 새로운 해석(2003.10), 45면. 말하자면 여기에서 '민주화'의 개념은 정치원리로서 민주주의의 개념요소보다는 탈권위주의와 공정성 등과 같은 '통용어의 의미'(natural meaning)가 해석의 준거로 고려되어야 하는 은유적 개념으로 이해되기 때문이다. A. Kaufmann, Recht und Sprache(1983), in: Beitraege zur juristischen Hermeneutik sowie weitere rechtsphilosophische Abhandlungen, S. 106f. 이러한 맥락에서 보면 '경제의 민주화'의 핵심내용으로 '민주적인 노조와 농민 및 소비자조직', '기업공개와 지배구조개선'(주식분산), '독과점 및 경제력집중의 통제', '금융자율화', '경제계획의 신축성과 유연성' 등을 제시하는 입장이 설득력이 큰 것으로 여겨진다. 변형윤, 『경제민주화의 길』, 1992, 11-21면.

요컨대, 우리 헌법 제119조가 '원칙과 예외의 형식'으로 제시하고 있는 '최적화명령'에는 현실정합성의 실천지침이 포함되어 있고, 그에 따르면 제2항의 경제목표들을 근거로 하여 시장 및 기업규제를 수인할 수 있는 우리 헌법의 임계점은 전반적으로 크게 낮아졌고, 특히 '국민경제의 균형성장과 안정' 및 '적정한 소득분배'의 경제목표는 국가의 경제계획과 정부규제가 시장의 차별기능과 기업의 경영판단을 대신하는 것을 정당화할 수 있는 준거로서 그 설득력이 크게 감소되었다.

4) 통제규범 및 행위규범[47]으로서 효용과 그 한계

'소명의무'와 연계되는 '최적화명령'의 객관적인 지침이 시장규제에 대하여 행위규범 및 통제규범으로 적용될 수 있는 가능성과 필요성은 획일적으로 판단되지 아니한다. 다만 전술한 바와 같이 변화된 경제여건과 시장상황에 비추어 볼 때 제119조 제2항의 경제목표가 시장규제를 정당화할 수 있는 헌법상 준거로서의 지지력과 소명력은 상대적으로 크게 약화되었고, 그에 따라 '최적화명령'을 기준으로 설정되는 허용의 한계선, 즉 '최적점'(Optimierungs punkt)[48]을 넘어선 것이 명백한 경우에는 그 자체만으로도 위헌결정을 내릴 수 있는 가능성이 없지 아니하다.[49] 다만, 그 가능성의 크기는 구체적인 경제정책의 목표나 그와 관

---

47) 행위규범과 통제규범의 구별은 기본적으로는 헌법재판을 통한 합헌성통제의 기준으로서의 구속력의 구체성과 확정성을 기준으로 한 것이지만, 후술하는 바와 같이 작용의 단계와 양식의 관점에서도 다르다. 우리 헌재는 '인간다운 생활을 할 권리'와 관련하여 기준이나 구속력의 구체적인 차이점을 분명하게 제시하지 아니한 채 구별하고 있으나, 대체로 입법부와 행정부에 대한 행위규범으로서 기준은 상대적으로 높게 설정되지만 위헌판단의 근거로 적용될 수 있는 효력은 제한되는 것으로 보고, 통제규범의 경우에는 그 반대로 이해하고 있는 것으로 생각된다. 헌재결 1997.5.29. 94헌마33, 판례집 9-1, 553-554면.

48) Vgl. K. Stern, Das Staatsrecht der BRD, Bd. Ⅲ/2(1994), S. 835.

49) 이러한 가능성은 부실금융기관의 정리와 관련된, '금융산업의 구조개선에 관한 법률'에 대한 헌재 결정에서 소수의견을 통해서 그 일면이 감지된다. 헌재결 2003.11.27. 2001헌바35, 판례집15-Ⅱ/하, 239-241면; 2004.10.28. 99헌바91, 판례집 16-Ⅱ/하, 104면 이하.

련된 시장 및 기업현실과의 정합성에 따라 차별화된다.

일반적으로 경제현실에 대한 진단과 예측 및 경제계획과 조치의 필요성과 그 효과 등에 관한 고도의 정책적인 판단을 내용으로 하는 법률의 합헌성심사에서는 특히 폭넓은 입법형성의 자유가 인정된다. 그러나 그것이 무제한적인 것은 아니다. 우선 입법형성의 자유의 내재적 한계, 즉 합리적인 입법재량을 거쳤는지 여부, 예컨대 예측과 전망의 정책적 의사결정과정 속에서 정책의 객관적인 합리성을 담보할 수 있는 정도로 관련 자료에 대한 충분한 검토와 의견수렴을 거쳤는지 여부는 엄격한 헌법적 통제의 대상이고, 이를 검증할 수 있는 객관적인 헌법적 척도를 탐색하는 노력은 포기될 수 없다. 문제는 정책수단의 합헌성에 대한 실질적인 사법심사척도로 적용될 수 있는 통제기준을 제시하는 것이다.[50]

'최적화명령'의 재판통제규범으로서의 한계는 본질적으로 헌법재판의 기능법적 한계, 특히 '정치문제이론'(political-question-doctrine)에서와 마찬가지로 고도의 경제정책적인 판단과 법적 판단을 구별하는 입장, 즉 '경제문제'(economical-question)를 내용으로 하는 입법에 대한 헌법재판의 기능적 한계를 제시하는 논리형식에서 제기되는 문제이다.[51] 말하자면 우리 헌법과는 달리 독일 기본법에서와 같이 경제정책에 관한 실질적인 내용의 헌법규정을 두고 있지 않은 경우에 제기되는 이른바 헌법의 '경제정책적 중립성'과 연계된 논제라고 할 수 있다.

그러나 제119조 제2항의 불확정개념과 그에 따른 규범적 불확실성,

---

50) Vgl. H. Spanner, Zur Verfassungskontrolle wirtschaftspolitischer Gesetze, DOEV, 1972, S. 218; H. Krueger, Die verfassungsgerichtliche Beurteilung wirtschaftspolitischer Entscheidungen, DOEV 1971, S. 289ff.; F. Ossenbuehl, Die Kontrolle von Tatsachenfeststellungen und Prognoseentscheidungen durch das Bundesverfassungsgericht, in; C. Starck(Hg.), Bundesverfassungsgericht und Grundgesetz, Bd. 1, 1976, S. 459ff.; W. Hoppe, a.a.O., S. 861f.

51) H. Spanner, a.a.O., S. 217ff.

특히 헌법재판의 통제규범으로서의 불분명한 효용을 고려하는 경우에도 제119조를 '비대칭관계'를 바탕으로 하는 '원칙과 예외의 형식'과 객관적인 '최적화명령'으로 이해하고, 이 명령에 포함되어 있는 입법형성에 대한 객관적인 한계와 지침으로서 '최적점'을 좌표로 하여 특히 헌법재판을 그 실천의 방향과 지침을 정착시켜 나간다면 동 규정의 고유한 규범적 효용을 유지하고 살려 나갈 수 있는 가능성은 열려있다.

또한 여러 가지 제도와 현실의 변화에 따라 경제에 관한 국가의 규제와 조정, 특히 시장과 기업에 대한 직접적이고 경쟁제한적인 규제를 수인할 수 있는 우리 헌법의 '임계점'이 전반적으로 크게 낮아진 상황에서 '최적화명령'의 객관적인 지침이 경제정책과 입법에 대한 합헌성통제의 준거로서 규범적 효력을 가질 수 있는 가능성은 재판통제규범으로서의 작용에만 국한되지 아니한다. 법적 구속력이 없는 헌법정책적인 차원의 이른바 '입법방침'으로서의 효력과는 구별되는 행위규범으로서 작용되는 독자적인 기능영역이 주목되어야 하는 것도 바로 그 때문이다.

이 행위규범은 단순히 헌법재판을 통해 위헌 또는 합헌 여부에 대하여 가부간의 판단을 하는 근거로서 적용되는 통제규범과는 그 작용공간과 적용양식이 다르다. 우선 행위규범은 이미 확정된 정책과 입법에 대한 사후의 헌법재판통제의 단계에서만 적용되는 것이 아니라, 법원의 합헌적 법률해석 및 적용의 단계에서는 물론이고 정책과정의 전반에 걸쳐서 적용된다는 점에서 작용의 공간이 훨씬 넓고, 그 양식도 다양하게 발전시켜 나갈 수 있다. 또한 위헌성 판단의 근거로 고려될 수 있는 가능성도 가부 간의 결정이 아닌 제3의 중간영역, 즉 경제정책의 최대한의 헌법정향성과 현실정합성을 동시에 수렴해낼 수 있는 공간으로 확대할 수 있다.[52]

52) Vgl. W. Leisner, Verfassungsschranken der Unternehmensbelastungen, NJW 1996, S. 1516.

요컨대, 행위규범은 경제입법의 타당성에 대한 단순한 헌법정책적 의문이나 권고의 단계는 아니고, 동시에 명백한 위헌의 단계도 아닌 '위헌에 근접한 회색지대'의 공간을 확보하고, 헌법의 정책규범으로서의 기능을 적정한 범위로 조절할 수 있게 하는 유용한 수단이다. 예컨대 구체적이고 개별적인 기업규제의 위헌성을 판단하는 경우 이 행위규범은 시장과 기업경영의 상황과 여건 등 전반적인 경제현실과 당해 규제의 비용편익분석[53]의 결과나 예측에 따라 정부와 입법자에 대한 사법적 통제에서부터 단순한 정책적 권고와는 구별되는 차별화된 위헌근접성, 즉 위헌결정의 위험성에 대한 경고와 예고 또는 신중한 정책결정에 대한 요청의 근거 등으로 탄력적으로 활용될 수 있다.

(4) 소결론 - 개정제안

이제까지 논의에 따르면 규범적 효용의 크기와 그 활용가능성에 대한 긍·부정의 평가나 기대와는 무관하게 국가의 경제적 개입을 허용하는 근거규정으로든, 그에 대한 제한 및 한계규정으로든 또는 헌법이론적 담론의 준거로든 그 동안 제119조를 근거로 하여 논의 및 정리된 '규범저장고'로서의 효용 자체는 적어도 전적으로 부인되지 아니한다. 특히 이제까지 소홀하게 취급해 온 제119조의 '정책규범' 또는 '행위규범'으로서의 잠재적인 효용에 대해서도 아직 충분히 숙고되지 못하였다는 점도 인정하지 않을 수 없다.

최고의 정치경제규범인 헌법의 개정은 현실적인 합의가능성의 크기와 함께 항상 '진보와 보수의 변증법적 통합'의 명제를 지향해야 한다. 특히 경제헌법의 개정은 국민의 폭넓은 공감대형성의 필요조건과 함께

53) 행정규제기본법(제7조 제1항)은 중앙행정기관의 장이 규제를 신설 또는 강화하고 할 때에는 규제영향분석을 하도록 하고 있는 바, 필요성 등과 함께 규제의 시행에 따라 규제를 받는 집단 및 국민이 부담하여야 할 비용과 편익의 비교분석(제4호)과 경쟁제한적 요소의 포함 여부(제5호)를 고려하도록 적시하고 있다.

경제현실에 대한 정확한 인식과 대내외의 환경변화에 대한 장기적인 예측과 전망을 바탕으로 논의되어야 한다. 경제헌법이 변화된 경제환경과 여건에 규범력을 발휘하지 못하는 객관적인 한계에 대한 관련 전문가 집단의 확인과 일반 국민에 대한 해명과 설득의 필수성이 강조되는 것도 바로 이 때문이다.[54)]

이러한 점을 종합하건대, 헌법개혁 차원의 전면개정이 아닌 부분개정의 방향으로 진행된다는 전제 하에, 다음과 같은 내용이라면 전혀 안정성을 해치지 않는 범위에서 국민의 공감대형성과 정치권의 합의, 적지 않은 이견에도 불구하고 헌법학자들을 비롯한 관련 전문가들 간의 절충의 가능성을 기대해 볼 만한 개정안으로 논의해 볼 수 있을 것으로 생각된다.

제119조

제1항 - 현행 규정 유지

제2항 - 국가는 균형 있는 국민경제의 성장 및 안정과 적정한 소득의 분배를 유지하고, 시장의 지배와 경제력의 남용을 방지하며, 경제주체 간의 조화를 통한 경제의 민주화를 위하여 <필요한 경우에 한하여 법률이 정하는 바에 따라> 경제에 관한 규제와 조정을 할 수 있다.

2. 개별 경제헌법조항

(1) 쟁점

현행 헌법은 경제질서에 관한 총론적 규정인 제119조 외에도 제120조 이하에서 '국토의 효율적인 개발과 보전'(제122조), '균형 있는 지역경제육성'(제123조 제2항), '중소기업보호'(제123조 제3항), '소비자보호'(제124조), '대외무역의 육성'(제125조), 심지어는 농수산물의 가격안정을

54) 김성수, 전제논문, 178면.

통한 농어민이익보호'(제123조 제4항)와 같은 개별경제정책에 이르기까지 다양한 '국가목적조항' 형식의 명시적인 계획수권과 입법위임 규정들을 두고 있다.

이러한 개별 경제헌법 규정들의 필요성 여부와 헌법정책적 문제점에 관해서는 대체로 부정적인 의견이 부각되는 가운데 논란이 적지 아니하다.[55] 정치 경제 및 사회의 구조와 환경의 변화에 따라 탄력적으로 운용되어야 하는 경제정책의 기능과 특성을 고려할 때 특정한 집단과 부문에 대한 우선보호를 헌법에서 정하는 것에 대한 원론적인 차원의 의문과 중장기적인 차원에서 제기되는 개정론에 대해서는 이견이 없다.[56]

문제는 그 범위와 적시성이다. 이 문제는 앞에서 제119조의 개정론과 관련하여 제기된 적극적인 개헌론과 신중론 간의 쟁점의 배경과 구조 및 검토결론, 특히 전향적인 해석을 통한 규범적 효용의 유지와 확대의 가능성에 대한 논의와 기본적인 맥락을 같이한다. 요컨대, 현시점에서의 우리의 경제상황과 사회의 구조 및 환경변화에 대한 인식과 발전방향에 대한 예측과 전망 또한 그에 맞는 법정책적 대응방안의 모색에 있어서 충분한 공감대가 형성되었는지 또는 그것이 가능한지 예단하기 어렵다.

---

55) 개별 헌법조항들에 대하여 대체로 삭제를 분명하게 주장하는 입장은 정종섭, 『헌법학원론』, 179-182면.

56) 참고로 개별 규정들의 개략적인 연혁을 정리해 보면 다음과 같다. 제120조 - 제헌헌법 제85조 이래 비슷한 내용으로 계속 유지. 제121조 - 제헌헌법(1948) 제86조 이래 존치. 제122조 - 제3공헌법(제5차개헌:1962) 제114조 신설. 제123조 제1항(농어업보호육성) - 제3공헌법(제5차개헌) 제115조 신설; 제3항(중소기업보호육성) - 제5공헌법(제8차개헌:1980)) 제124조 제2항 신설; 제4항(농어민이익보호) - 현행 헌법 제123조 제4항 신설; 제5항 - 제3공헌법(제5차개헌) 제115조 신설. 제124조 제5공헌법(제8차개헌) 제125조 신설. 제125조 - 제2차개정헌법(1954) 제87조 신설이후 제5차개헌 때 '법률이 정하는 바에 의하여'의 부분이 삭제되고 유지. 제126조 - 제헌헌법 제88조 이래 유지. 제127조 제1항 - 제3공헌법(제5차개헌) 제118조 신설; 제2항(국가표준제도) 현행 헌법 신설.

후술하는 바와 같이 소작제도금지와 경자유전원칙을 규정하고 있는 제121조 제1항에 대해서는 거의 폐지론으로 의견이 모아지고 있지만, 기타의 개별 경제헌법조항들의 효용에 대해서는 대부분 판단을 회피하거나 유보하고 있다. 결과적으로 다양하지만 조심스럽다는 점은 공통된 이러한 입장들은 획일적인 개헌반대론으로 연결되는 것은 아니다. 다만 적어도 개별 경제헌법규정들에 대한 일괄폐지론에 대해서는 반대하는 전제 하에, 개별 규정들에 대한 차별화된 검토의 필요성을 강조하면서 충분한 공감대를 형성할 수 있는 깊고 넓은 논의를 요청하는 신중론으로 결집된다는 점은 확인할 수 있다.

따라서 여기에서 관심의 대상은 '최적화명령'을 담고 있는 제119조와 이들 개별 경제헌법규정들이 어떤 관계에 있는지, 특히 총론적 규정인 제119조의 행위규범, 통제규범으로서의 적용에 각론적 성격의 개별 국가목적조항들이 어떤 영향을 미치는가 하는 것이다.

(2) 해석론

우선 이러한 객관적인 '국가목적조항'이 국가의 기본권보호의무의 측면에서선 주관적 공권의 측면에서건 기본권적 법익과 상충되는 경우, 예컨대 중소기업의 보호와 대기업의 경영의 자유 또는 소비자보호와 기업의 자유가 상충되는 경우, 적어도 통제규범의 관점에서 보면 정책결정권자에 대하여 '프로그램적 규정' 이상의 어떤 규범적 효력을 가질 수 있는지 의문이다. '경자유전의 원칙'(제121조)과 같이 특별한 헌정사적 배경이 고려된 경우를 포함해서 이러한 구체적인 경제목표들은 개방된 '최적화의 명령'에 당연히 수렴될 수 있고 또한 그렇게 되었어야 바람직한 것으로 생각된다. 개별적인 경제정책사항들이 헌법상의 '국가목적조항'으로 규정됨으로써 헌법차원에서 경제입법자에 대하여 구속력 있는 경제정책적 지침을 제시한 것이지만, 오히려 헌법현실에서는 그 개방성의 폭은 그대로인 채 시장규제와 기업의 자유를 제한하는 경제정책을 정당화하는 방향에서 일방적으로 '최적화명령'의 규범적 효력만 희석시키고, 결과적으로는 경제에 관한 규제와 조정을 하는 정부와 입법자의 '소명의무'만 감면해주는 근거로 작용되어 왔다.

그러나 전술한 제119조의 해석론과 연결해서 볼 때 제120조 이하의 '국가목적조항'을 근거로 하는 경제입법, 계획 등의 경우에도 개별 경제헌법조항에 담겨져 있는 객관적인 지침들이 그 위헌성에 대한 주장과 판단의 독자적인 준거로 적용될 가능성과 필요성은 적어도 원천적으로 부인되지 아니한다.[57] 또한 그 크기는 상당부분 시장개입의 현실정합성과 그에 대한 정부와 입법자의 '소명'의 타당성과 설득력에 달려 있다. 말하자면 각론이 총론에 포섭되는 것이지, 그 반대는 아니 되는 바, 제120조 이하의 헌법규정들을 근거로 하는 경제정책 또는 경제계획의 경우에도 그 입법 및 정책목적의 정당성에 대한 '소명의무'는 면제되지만, '경제에 관한 규제와 조정'을 하는 정책수단의 선택과 조합의 적정성에 대한 '소명의무'는 상대적으로 감면될 뿐, 기본적으로는 제119조의 '최적화명령'이 그대로 적용된다. 그 내용과 전향적인 헌법해석의 가능성에 대해서는 제119조와 관련하여 전술한 부분으로 대신한다.

(3) 개정제안

제119조와 관련하여 기술한 바와 같은 맥락에서 공감대형성이 가능할 것으로 여겨지는 최소한의 범위에서 개정안을 제시해 보면 다음과 같다.

57) 그 타당성과 설득력에 대한 평가와는 무관하게 그 동안 수많은 경제입법에 대하여 헌법재판소가 개별 경제헌법조항을 유력한 논증의 준거로 활용하였던 적지 않은 결정례들만을 보아도 그러하다. 예컨대 1989.12.22. 88헌가13(국토이용관리법 위헌확인);1993.7.29.89헌마31(국제그룹해체); 1996.4.25. 92헌바47(축협법위헌확인); 1996.12.26. 96헌가18(자도소주); 2000.6.1. 99헌마553(농협법위헌확인).

ⅰ) 제120조

제1항 - 광물 기타 중요한 지하자원 수산자원 수력과 경제상 이용할 수 있는 자연력은 법률이 정하는 바에 의하여 일정한 기간 그 채취 개발 또는 이용을 특허할 수 있다.(유지)

제2항 - 국토와 자원은 국가의 보호를 받으며, 국가는 <법률이 정하는 바에 의하여> 균형 있는 개발과 이용을 위하여 필요한 계획을 수립한다.

ⅱ) 제121조

제1항 - 국가는 농지에 관하여 경자유전의 원칙이 달성될 수 있도록 노력하여야 하며, 농지의 소작제도는 금지된다.(삭제)

제2항 - 농업생산성의 제고와 농지의 합리적인 이용을 위하거나 불가피한 사정으로 발생하는 농지의 임대차와 위탁경영은 법률이 정하는 바에 의하여 인정된다.

ⅲ) 제122조 - 국가는 국민 모두의 생산 및 생활의 기반이 되는 국토의 효율적이고 균형 있는 이용 개발과 보전을 위하여 법률이 정하는 바에 의하여 그에 관한 필요한 제한과 의무를 과할 수 있다.

국가는 국민 모두의 생산 및 생활의 기반이 되는 국토의 효율적이고 균형있는 이용 개발과 보전을 위하여 <필요한 경우에 한하여> 법률이 정하는 바에 의하여 그에 관한 제한과 의무를 과할 수 있다.[58)]

ⅳ) 제123조 - 각 항 공히 '국가는 … 한다.'에 '필요한 경우에 한하여 법률에 정하는 바에 의하여'를 추가

ⅴ) 제124조 - 국가는 건전한 소비행위를 계도하고 생산품의 품질향상을 촉구하기 위한 소비자보호운동을 법률이 정하는 바에 의하여 보장한다.(유지)

58) 다만 이 조항은 내용상의 연관성을 고려할 때 제120조 제2항과 통합하여 규정하는 것이 규정체계상 적절할 것으로 생각된다.

vi) 제126조 - 국방상 또는 국민경제상 긴절한 필요로 인하여 법률이 정하는 경우를 제외하고는 사영기업을 국유 또는 공유로 이전하거나 그 경영을 통제 또는 관리할 수 없다.(유지)

vii) 제127조 - 제1항, 제2항의 '국가는 … 한다'에 '법률이 정하는 바에 의하여'를 추가

Ⅳ. 재정헌법 개정의 필수성과 당위성

1. 문제의 제기

(1) 재정헌법 현황

독일 현대 재정법학의 태두인 Hettlage의 정의에 따르면, 재정헌법은 "국가의 예산, 재산, 채무경제영역 및 조세관련 기본질서영역에서의 재정과정을 규율하는 헌법규범의 총체"이다.[59] 이 정의에 따른다면 현행 헌법상 실체재정법은 거의 전무하다. 예산의 편성, 심의, 확정 및 결산에 관한 권한과 절차규정(헌법 제54조-제57조, 제89조, 제97조)을 비롯하여 국채모집(제58조), 조세법정주의(제59조), 재정부담과 연계되는 조약에 대한 국회동의권(제60조) 등 예산결정과정과 재정운용에 관한 기술적이고 형식적인 절차규정만을 두고 있을 뿐, 우리 헌법상 재정운용에 대한 실체법적인 지침과 한계에 관한 규정은 거의 전무하다.

물론 우리 헌법상의 '경제조항', 즉 '개인과 기업의 경제상의 자유와 창의를 존중함을 기본'으로 하되, '균형 있는 국민경제의 성장 및 안정과 적정한 소득의 분배를 유지하고, 시장의 지배와 경제력의 남용을 방지하며, 경제주체 간의 조화를 통한 경제의 민주화'를 위하여 국가가 경제에 관해 규제와 조정을 할 수 있다고 규정하고 있는 헌법 제119조는

59) K. M. Hettlage, Die Finanzverfassung im Rahmen der Staatsverfassung, VVDStRL 14 (1956), S. 4.

정책의 기능적 연관성의 관점에서 보면 재정조항이기도 하다. 오늘날 거의 통상적인 경제정책수단으로 활용되는 이른바 '기능적 재정'(functional finance)의 운용에 대한 포괄적인 수권 및 한계규정으로 이해되기 때문이다. 사실상 모든 재정운용이 간접적으로라도 경제현상과 연관되지 않는 경우는 없다는 점을 차치하더라도 국가의 재정을 통한 의도적이고 직접적인 경제개입, 예컨대 재정수지나 예산집행시기의 조절이나 기타 연기금운용을 포함하여 재정투융자사업의 우선순위의 조정 등의 정책결정권에 대한 실체법적인 수권 및 제한의 헌법적 근거는 제119조 제2항에서 찾을 수밖에 없다. 다만, 후술하는 바와 같이 제119조 제2항의 재정통제규범으로서의 기능적 한계에 비추어 볼 때 동 조항은 국가의 재정정책결정에 대한 사실상 백지위임에 가까운 포괄적인 수권규정으로서 확인되는 규범적 효용에 비해서 상대적으로 재정통제, 특히 헌법재판을 통한 재정통제의 준거로서 적용될 수 있는 가능성은 희박하다. 요컨대, 재정운용상의 정치적 정책적 결정을 법적으로 포착하는 과제의 측면에서 보면 우리 헌법은 거의 '재정맹'[60]의 상태이다.

반면에 정치규범, 정책규범 또는 결정 및 통제체계로서 헌법의 특성과 기능의 관점에서, 특히 통제수요의 현실적인 크기와 규범적 당위성을 기준으로 보면 예산결정 등 재정에 대한 통제는 제1의 헌법사항이다. "재정권력도 '조직된 권력'(verfasste Gewalt)으로서만 정당화된다"는 P. Kirchhof[61]의 단언에는 두 가지 중요한 시사점이 담겨져 있다. 재정권력에 대한 헌법적 규율의 부적합성을 예단해 온 기존의 성급한 기피의식과 특히 세출분야의 예산결정에 대한 헌법적 통제를 거의 방기해 온 헌법학과 헌법현실에 대한 반성과 발상전환의 촉구가 그 하나이

60) Vgl. J. Isensee, Steuerstaat als Staastform. Fs. H.P. Ipsen, S. 412.
61) Finanzgewalt und Verfassungsgerichtsbarkeit, in: K. Stern(Hg.), 40 Jahre Grundgesetz, 1990, S. 132.

고, 둘째는 형식과 절차뿐만 아니라 실체법의 측면도 포함해서 헌법도그마틱과 헌법정책의 차원에서 재정운용의 정당성과 합리성을 확보하기 위한 적극적인 노력이 필요하다는 점에 대한 지적이다.

(2) 헌법의 흠결 - 무결정의 결정?

기술적인 차원에서 편제상의 변화는 있었지만, 우리 헌법은 제헌헌법 이래 변함없이 예산결정을 포함하여 재정운용에 직접 적용되는 실체법적 규정은 두고 있지 아니하다. 이에 대한 헌법정책적 평가는 이 법상태가 원천적인 또는 후천적인 '재정맹'의 재정헌법흠결인지 또는 재정을 헌법적 규율과 통제로부터 자유롭게 놓아두려고 한 결정, 말하자면 목적과 의도가 분명한 적극적인 헌법적 결단으로 볼 것인지에 대한 진단을 선결사항으로 한다.

우선 헌정사의 관점에서 제헌헌법 당시의 재정의 환경조건, 특히 국가와 사회 및 경제의 관계구조나 독자적인 재정운영의 경험이 전무하였던 현실상황과, 또 한편 재정기능과 재정권력의 특수성을 주목하지 못하는 몽테스큐의 3권분립론과 이른바 '침해유보설'을 기초로 한 당시의 재정과 재정법의 관계에 대한 기본적인 인식틀을 고려하면 예산과정상의 권한, 절차 및 형식에 관한 규정만을 두고 재정운영에 관한 실체적인 지침과 한계를 헌법에 규정하지 않은 것은 극히 자연스러운 결정이었다고 할 수 있다. 말하자면 재정권력에 대한 실체적인 헌법통제의 당위성과 필요성이나 그 구체적인 수단과 방법 등에 관한 대안을 놓고 헌법정책적으로, 이론적으로 진지한 고민과 검토를 거쳐서 내려진 선택과 결정은 아니었다.62)

---

62) 이와 관련해서 국회의 독자적인 예산증액 및 신비목의 설치를 금지하는 현행 헌법 제57조의 규정이 제헌헌법(제91조 제3항)에 포함된 것이 '전적으로 당시 헌법 기초위원이었던 유진오 박사의 개인적인 판단에 의한 것'일 뿐이라는 흥미로운 헌정사적 배경설명은 재정헌법 전체에 해당되는 것으로 보아도 무리가 없을 것으로 생각된다. 옥동석,

형식적 법치주의의 시각을 벗어나지 못하였던 당시의 헌법이론의 인식틀 속에서 '침해유보설'과 연계된 법률유보의 원칙은 '형식적인 법률'과 '실질적인 법률'을 구별하는 '법률이원론'과 마찬가지로 기본적으로는 행정권의 주체인 군주와 시민의 대표인 의회 간의 정치적인 정전협정이 유효하였던 19세기의 시대상황 하에서만 타당한 구시대의 법이론이고 개념이었다.[63] 이에 따르면 '자유와 재산권의 제한'에 해당되지 않는 행정작용의 범주, 이른바 특별권력관계를 비롯하여 예산지출 측면의 재정권의 행사는 이른바 '법으로부터 자유로운 국가내부영역'으로서 법률유보 원칙의 적용이 배제되었고, 따라서 예산결정을 포함하여 일체의 재정권의 행사에 대한 형식과 절차에 관한 규정 외에 실체적인 헌법적 통제와 법적 규율의 문제는 원천적으로 고려대상이 아니었다. 말하자면 조세법정주의와 의회의 예산결정권을 비롯하여 헌법에 규정되어 있는 기본적인 권한과 형식 및 절차의 조건 하에서 구체적인 재정운영은 전적으로 의회와 행정부의 정치적, 정책적 판단과 재량에 맡겨져야 하는 것이기 때문에 오히려 헌법 또는 법률의 접근으로부터 보호되어야 할 영역으로 인식되었다.

요컨대, 적어도 법이론의 관점, 특히 (재정)정책과 법의 관계에 대한 기본적인 인식의 측면에서 보면 우리 헌법의 '재정맹'상태는 원천적인 '헌법의 흠결'은 아니었다. 말하자면 진지한 법정책적 전략에 따른 적극적인 헌법적 결단이었다고 할 수는 없겠지만, 헌법이론 및 헌법정책의 인식틀에 따른 '무결정의 결정'이었다고 할 수 있다.

(3) 현 시점에서의 헌법정책적 평가

전술한 바와 같이 제헌헌법의 '재정맹'의 상태는 9차에 걸친 헌법개

예산법률주의의 의의와 입법과제, 『국가재정관련법제의 현안과 과제(II)』, 55-56면.

63) W. Schmidt, Einfuehrung in die Probleme des Verwaltungsrechts, S. 8.

정을 거쳐 현행 헌법에 이르기까지 변함없이 계속되고 있다. 적어도 현 시점에서 근본적인 상황변화를 고려하지 아니하고 '무결정의 결정'이라는 제헌 당시 또는 과거의 일정 시점까지의 진단결과를 그대로 수용할 수 없음은 물론이다.

제헌 이후 헌법국가정립의 초기단계나 전후 복구에 전념할 수밖에 없었던 1950년대까지는 차치하더라도, 권력통제규범 및 정치규범으로서 헌법의 규범력 자체가 전체적으로 극히 미약하였던 군사독재의 상황과 자원배분과 경제발전전략을 국가, 좀 더 정확하게 표현한다면 정부가 주도하였던 이른바 '개발독재'의 헌법현실 하에서 재정에 대한 헌법규범적 통제의 문제는 원천적으로 헌법개정의 의제로 상정될 수 없었다. 헌법학계에서도 독자적인 논제로 재정통제나 재정헌법개정의 문제가 제대로 논의된 예를 찾아보기 어렵다.

더 이상 진지한 검토와 숙고의 결론이라고는 볼 수 없는 현 시점에서 우리 헌법규범의 '재정맹'의 상태는 - 적어도 더 이상은 현실상황논리로 변명될 수 없다고 한다면 - 학문적 부정직이나 게으름 또는 의도적인 외면과 방치 둘 중의 하나로 설명할 수밖에 없다. 예컨대 현행 재정헌법이 재정민주주의와 재정법치주의의 실현을 위한 절차적, 형식적인 규정만을 두고 있는 것을 의회입법자에게 '극히 폭넓은 입법형성의 자유'를 허용하는 것으로 이해하고, 이 자유의 공간을 '헌법으로부터 자유로운 영역'이라기보다는 '헌법적 기대와 처방'의 결과로 보는 견해[64]도 결과적으로는 '무결정의 결정'을 용인하는 과거답습의 논리를 벗어나지 못한다. 현 시점에서 우리에게 요구되는 것은 그 '헌법적 기대와 처방'의 현실정합성을 평가하고, 국가의 재정운용체계상 재정헌법규범의 효용을 헌법정책적 전략구도와 연결하여 설명해내고, 만약에 그것이

64) 홍준형, 국가재정법 개혁의 방향과 과제, 법제연구원, 『21세기 재정법의 과제와 전망』 (2005.6), 22면.

미흡하다면 헌법이론 또는 헌법도그마틱을 통한 보완의 가능성과 한계를 검토하고, 헌법개정의 대안에 대한 모색을 포함하여 구체적인 대안을 제시하는 것이다.

요컨대, 사회국가 - 급부국가 - 조세국가의 기능적 연계구조로 표현되는 국가와 사회 및 경제의 관계구도의 변화나 그에 따른 재정규모의 확대와 재정기능의 변화, 행정국가현상 등 재정정책의 환경조건의 변화를 고려하여 헌법의 '재정맹'의 상태가 재검토되어야 한다. 접근과 논의 자체가 없었지만, 그것이 법과 정책 또는 헌법과 재정정책 간의 적정한 분계선설정의 관점에서 재정정책의 고도의 전문성이나 예산결정의 유연성과 현실적응의 요청 등을 고려하여 재정운영에 대한 실체법적 규율을 계속 포기 또는 자제해 온 암묵적인 헌법정책적 전략의 결과인 것인지, 만약 그렇다면 그러한 상황인식과 전략적 판단의 타당성은 여전히 또는 앞으로도 유효한지 검토되어야 한다.

2. 헌법정책적 대안 - 재정헌법 개정의 필수성과 그 범위

(1) 개요

현행 헌법상 재정헌법의 공백이 체제 자체의 자기수정과 보완을 통해 메워질 수 없는 '헌법의 흠결'로 판단된다면 체제 자체가 보정되어야만 한다. 다만 여기에서 규율의 대상은 일반적인 국가작용과는 구조와 특성이 다른 재정행위라는 점에서 장기적이고 포괄적인 헌법정책적 전략구도 하에 신중하게 접근되어야 한다. 극히 가변적인 경제상황에 신속하고 유연하게 대응해 나가야 하고 또한 거시 및 미시의 차원을 통괄하여 목적과 수단을 조율하고 자원배분의 우선순위를 정하는 예산과 재정정책의 결정에서 필수적으로 요구되는 효율성과 '적재적시성'의 요청은 예민한 현실감각과 고도의 전문적인 정책분석과 판단능력에 의해서만 확보될 수 있다. 또 한편 한정된 재원을 배분하는 예산의사의 결정은 항상 집단과 계층 또는 세대 간의 현실적인 이해득실이 상충될 수밖에 없기 때문에 정치적 합리성의 요청이 강조된다. 이 정치적 합리성은 정치적 책임을 지는 대의기관의 토론과 타협을 통한 공정한 대의경쟁의 과정 속에서 형성되는 것이지, 상위의 판단준거를 전제로 한 법리적 형량을 통해 발견되는 것이 아니다.

재정운용을 실체적인 헌법규정으로 포착하려는 헌법정책적 전략의 설계에서 관건은 이러한 정치 및 정책적 결정의 순기능을 보장하고, 그 역기능을 최소화하는 것이다. 그런데 이는 헌법의 최고규범성과 경직성 및 헌법해석의 방법론적 정형성이 이 순기능의 공간인 정치형성과 정책재량의 자유와 함께 재정운영의 신뢰성과 가측성을 동시에 수렴해낼 수 있는 기능영역, 말하자면 헌법의 정치규범 및 정책규범으로서의 입지에 대한 확인을 선결과제로 한다.

요컨대, '재정헌법의 흠결'에 대한 최종확인, 말하자면 최후의 보정수단으로서 헌법개정이 불가피한 범위를 획정하기 위해서는 추가적으로 이른바 '실질적 의미의 헌법', 즉 법률을 수단으로 하는 보정의 가능성과 한계가 검토되어야 한다. 헌법제정권자의 의도나 기대와는 무관하게 헌법규범의 구조와 특성상 체제의 자기수정과 보완의 일차적인 책무는 입법자의 몫이기 때문이다. 또한 재정헌법규정이 신설된다고 하여도 대개는 광범위한 판단여지를 인정할 수밖에 없는 고도의 불확정개념이 불가피한데 그것이 불필요한 헌법논쟁을 양산하는 부작용을 초래하거나 또는 단지 상징적인 의미를 갖는데 그치는 것이 아니라는 점도 검토되어야 한다.

(2) 재정헌법개정의 적정범위

1) 개요

이제까지 논의의 결론을 축약해보면, 우선 재정현황과 재정운용의 여건에 비추어 볼 때 '재정통제흠결'의 현상이 심각하고, 이 문제가 단순히 부분적이고 기술적인 차원에서 예산제도의 보완이나 운영개선만을 통해서 해결될 수 있는 문제가 아니라 근본적으로 국가운영의 틀을 새롭게 짜는 재정개혁의 차원에서 접근되어야 하는 문제라는 점을 정리하였다. 이러한 문제인식 하에 '재정통제흠결'의 문제가 '헌법의 흠결'에서 비롯된 것인지, 말하자면 현행 헌법을 개정하지 아니하고 재정통제의 흠결을 메울 수 있는 대안을 검토한 결과, 적극적인 헌법도그마틱을 통한 보완을 전제로 하는 경우에도 기능적 권력통제모델이 근본적인 해결대안이 될 수는 없고, 특히 헌법재판통제도 재정통제수단으로서는 크게 미흡하다는 것과 마지막으로 '기본법'의 형식을 포함하여 일반 입법차원에서의 보완책도 근본적인 한계가 있음을 확인하였다. 요컨대, 재정운용에 대한 법적 포착의 과제와 관련하여 헌법개정 이외의 처방으로는 치유되기 어려운 '헌법실패'의 최종진단이 그 결론이고, 헌법개정의 적정한 범위와 구체적인 방안을 모색하는 것이 과제로 남아 있다.

2) 절제의 요청

재정통제의 측면에서 '헌법의 흠결'이 확인되었다고 해서 무조건 지금 당장 헌법개정이 추진되어야만 하는 것은 아니다. 구체적인 헌법개정안에 대한 논의에 앞서 적정한 범위를 설정하기 위한 숙고가 선행되어야 하는데, 시종일관 다음과 같은 세 가지 관점이 유지되어야 한다.

첫째, 거시적이고 장기적인 관점에서 접근해야 한다. '헌법의 실패'가 예산제도의 부분적인 기능결함이나 재정운용상의 기술적인 정책실패의 결과가 아니라 상호 조건관계 속에서 사회국가-재정국가-조세국가로 연계되어 있는 국가운영체계의 부정합성, 특히 대의제도나 관료제도, 선거양태 등의 다원적 민주국가체제에서 비롯되는 구조적인 결함이라는 점에서 재정헌법개정의 문제는 전체 국가운영의 체계와 방식을 근본적으로 재편하는 구도 속에서 검토되어야 한다.

또한 재정정책의 결정은 극단적인 위기상황은 물론이고, 통상적인 예산의 수급에 대한 정확한 예측이 불가능한 조건 속에서 급변하는 경제 및 사회상황에 신속하고 유연하게 대처해 나가야만 하는 이른바 '적응유보'사항이기 때문에 일반적인 국가작용과 동일한 관점과 기준에 따라 법적 안정성, 예측가능성, 신뢰보호 등의 법치국가적 요청에 부응하는 '법률유보' 등의 특정한 규율형식에 유보될 수는 없다. 재정에 대한 헌법의 직접적인 규율, 특히 정책결정에 대한 지침과 한계 등 실체법적인 규율의 경우 더더욱 그 역기능과 부작용에 대한 신중한 검토가 요구되는 것도 그 때문이다. 언제가 될지 모르지만 통일한국의 상황을 포함하여 상존하는 경제위기의 가능성 까지 포함하여 대비하는 장기적인 예측과 전망 속에서 헌법개정의 적정한 범위가 검토되어야 함은 물론이다.

둘째, '보충성의 요청'이 각별하게 요구된다. 재정운용에 대한 실체법적인 한계의 실정헌법화[65]를 비롯하여 재정 및 재정통제에 대한 헌법적 규율의 범위를 확대하는 것은 국가에 거의 백지위임되어 있는 재정주권의 일부를 회수하고, 신탁수권자로서 국민이 직접 재정정책의 결정에 개입하고, 견제할 수 있는 통제수단을 확보하는 것을 의미한다. 전술한 바와 같이 이는 재정의 효율성과 건전성의 측면에서 현대 다원적 민주국가의 대의정치제도와 권력통제의 틀의 기능에 대한 회의를 전제로 한다. 말하자면 재정정책결정의 유연성을 고려하여 거의 무규율의 상태라고 할 수 있을 정도로 개방해 놓은 입법형성의 자유와 정책재량의 공간이 헌법의 기대와는 달리 자의적이고 방만한 재정운용의 역기능만을 초래하였고, 앞으로도 그 순기능을 기대하기 어렵다고 보는 비관적인 인식과 전망이다.

---

65) Buchanan의 재정헌법론에 관해서는 'Power to Tax' 외에 'Democracy in Deficit'(1978) 와 'Liberty, Market and State'(1986) 또한 요론으로는 'Constitutional Constraints on Governmental Taxing Power', in : Ordo Bd,30(1979), S. 349ff. 참조.

그러나 이러한 인식과 전망만으로 곧 바로 헌법규범의 정치대체가 정당화될 수는 없다. '정치의 헌법화'에는 필연적으로 '헌법의 정치화'가 수반되고, 이는 궁극적으로 상호 대체될 수 없는 독자적인 역할을 갖는 정치와 헌법의 기능을 동시에 훼손시킬 위험을 내포한다. 우선 한편으로는 부분적으로라도 주요 재정정책에 대한 구체적인 지침과 한계를 헌법에 명시적으로 규정하는 것은 창조적 상상력을 핵심요소로 하는 정치의 공간을 전체적으로 위축시키고, 이는 결국 재정운용의 유연성과 탄력성을 저하시키는 결과를 초래하게 된다. 또 한편으로는 대부분 불확정개념으로 구성되는 이른바 '원칙-예외'의 형식과 개방적인 헌법규정이 불가피하고, 이에 따른 판단여지와 개방된 공간은 정치형성과 정책재량으로 채워질 수밖에 없는데, 사회적 갈등과 정책판단상의 이견이 정치과정을 통해서 정리되지 못하는 경우 '정치문제'가 무분별하게 '헌법문제'로 비화될 위험성이 남게 된다. 정치적 합리성과 정책의 타당성은 국민을 대상으로 하는 공정한 설득경쟁, 즉 토론과 타협의 정치과정을 통해서 형성될 수 있는 것이지, 헌법도그마틱과 헌법재판형량을 통한 탐색의 대상이 아니다. 또한 일정한 재정정책에 대한 결정권의 회수, 즉 국민이 직접 결정하는 것도 순기능에 대한 기대보다는 역기능에 대한 우려가 크다. 원론적인 차원에서 지적될 수 있는 직접민주제의 부작용과 과중한 비용부담은 차치하더라도 국민이 직접 결정한다고 해도 그것은 상정된 의제에 대한 가부간의 결정에 국한되고, 의제의 구체적인 내용과 그 상정여부는 결국은 대의정치과정을 통해 선결될 수밖에 없기 때문이다.

요컨대, 대의정체체제의 기능에 대한 불신을 이유로 제시되는 구체적인 재정정책결정의 실정헌법화와 직접민주제적인 결정방법의 성패나 그 효용도 궁극적으로는 체제의 자정력과 그것을 뒷받침해주는 정치의 역할에 따라 결정되는데, 정작 그러한 필요조건이 갖추어져 있지 않은 경우에는 오히려 '정치의 헌법화'와 '헌법의 정치화'의 역기능과 부작용만이 증폭되는 악순환, 말하자면 재정정책결정의 유연성에 대한 심각한 제약과 함께 헌법의 규범력 및 헌법재판의 권위가 동시에 훼손되는 결과가 초래될 위험이 크기 때문에 헌법개정의 차원에서 제시되는 대안들은 최소한의 범위에서 최종적인 보충의 수단으로만 모색되어야만 한다.

셋째, '의심스러운 경우 보류우선'의 지침에 따라 판단되어야 한다. 전술한 두 가지 관점은 일관성과 안정성 보다는 상대적으로 유연성과 탄력성이 각별하게 요구되는 재정을 규율대상으로 하기 때문이다. 문제는 이러한 요청에 부응하는 예측과 판단의 대상이 급변하는 경제 및 사회적 환경조건의 변수이고 또한 대안의 가능성과 효용에 대한 검토도 현시점에서 종래의 성과만을 평가하는 것이 아니라 앞으로의 정치발전의 잠재적 가능성과 추세에 대한 전망까지 포함하여 체제의 자정력을 가늠하는 것이기 때문에 적지 않은 경우에 이른바 '판단불명'(non liquet)의 상황이 불가피하다는 점이다. 헌법개정의 필요성을 주장하는 측을 원고에 해당되는 식으로 보고 소송법상 '입증불명'의 경우에 적용되는 객관적인 입증책임의 기준을 그대로 적용할 수는 없겠지만, 헌법개정, 특히 재정헌법개정의 맥락에서 요구되는 소명 또는 설득의 책임은 적어도 일반적인 보수와 진보 간의 토론장에서의 그것보다는 훨씬 더 가중될 수밖에 없다. 말하자면 합리적인 의문이 남아 있는 '판단불명'의 경우 일단 헌법개정은 보류되어야 한다.

3. 결론 - 헌법개정 제안

(1) 개요

재정헌법개정의 적정한 범위의 설정에서 요구되는 이러한 세 가지 관점은 결국 '엄격한 절제'의 요청으로 수렴된다. 이제까지 본 논문에서 '헌법의 흠결'에 대한 최종진단을 최대한 보류하고 헌법개정 이외의 대안, 말하자면 '기본법'형식을 포함하여 일반 입법차원에서의 대안에서부터 기능적 권력통제의 틀 속에서 헌법의 행위규범 및 통제규범으로서 다양한 규범적 효용을 포착해내는 헌법도그마틱의 적극적인 이론구성과 그에 따른 헌법적 규율과 통제기능의 확대 및 보완의 가능성, 특히 재정통제수단으로서 헌법재판의 효용을 상세하게 검토한 것도 바로 이 절제의 요청에 따른 것이다.

다음에 제시하는 네 가지 헌법개정의제는 이러한 '엄격한 절제'의 요청에 따라 다음 세 가지 공통된 기준에 부합되는 최소한의 범위에서 선별된 것이다.[66] 첫째는 재정운용의 현황과 이제까지 축적된 시행착오의 경험에 비추어 볼 때 장기적인 전망 속에서도 거의 상수로 간주할 수 있는 재정운용의 여건과 그에 부응하지 못하는 재정운용체계의 구조적 한계에 대한 확인이다. 둘째는 정책의 유연성보다는 또는 유연성을 포기해서라도 법적 안정성이 우선되어야 할 필요성이다. 셋째는 정치의 역할과 대의정치의 기능 현황 및 잠재적인 발전가능성에 대한 최대한의 긍정적이고 낙관적인 평가와 전망을 전제하는 경우에도 체제의 자정력을 통한 보완과 개선을 기대하기 어려운 내재적인 흠결성이다.

(2) 국채발행 제한

1) 우리나라 국채문제의 현황과 과제

우리나라의 경우에 현재까지는 감내할 수 있는 상황이지만, 중장기적으로 보면 지금 당장 다잡지 않는 경우에는 재정위기의 문제를 그 여파만 걱정하고 대응하면 되는 '남의 일'이 아니다. 이미 상당 기간 지속되어 왔고, 장래에도 중장기적으로 불가피할 것으로 전망되는 국채규모 급증의 추세는 재정불안에 대한 우려가 기우가 아님을 잘 보여준다. 자

66) 여기에서 상론은 약하되, 다만 같은 기준을 적용하는 경우 중앙정부와 지방자치단체 또는 지방자치단체 상호간의 '재정조정제도'를 헌법에 직접 규정하는 방안도 적극 검토되어야 할 것이라는 점은 밝혀둔다.

세한 지표는 여기에서 생략하되, 다만, 정부의 발표에 따르면,[67] 2012년에 448조 2000억원으로 증가될 것이고, 2013년에는 증가율을 1-3% 수준에서 억제하고 2014년부터는 더 이상 국채의 추가발행은 하지 않고 상환만하는 것으로 하여 2015년에는 약 470조 원 수준에 그치는 선에서 재정을 운용하겠다고 하였었는데, 이미 수포로 돌아간 것은 주지의 사실이다. 2014년 말 현재 이미 498조 원을 넘어 섰고, 2015년에도 추가경정예산 편성 등으로 약 50조 원이 증가되어 10월 말 현재 국채발행 잔액은 548조 2000억 원에 이르고 있다. 일반정부부채와 비금융공기업부채를 합한 공공부문국채(D3)는 2015년 말 현재 1000조 원을 넘어 선 것으로 추산되고 있다.

최근 남유럽 국가들의 재정위기를 '남의 집 일'로 보지 않고 반면교사로 삼아서 '살림'의 이모저모를 되짚어보는 것은 긴박한 '우리 집 일'이다. 우리나라 재정의 지속불가능성에 대한 우려를 결코 거짓이나 또는 과민한 것으로 볼 수 없게 만드는 환경을 점검하고자 하는 것은 바로 이 때문이다. 특히 재정의 지속가능성을 규정하는 핵심조건의 하나인 국채문제의 정치경제적 함의를 주목하면서 국채발행에 대하여 헌법적 한계를 설정해야 하는 현실적 이유를 제시하고,[68] 이 당위성을 전제로 국채규모급증의 추세를 전환하기 위한 정치적 결단과 그에 부응하는 실행가능하고 지속가능한 정책적 선택의 필수성을 확인한다.

2) '위기예방'이 아닌 '위기조치'로서 대응해야 할 헌법문제로서 국채문제

1997년 말 외환위기 이후에 국채규모가 줄곧 급증함에 따라 국채발행의 제한과 감축의 문제가 상시적인 현안으로 주목되고 있다. 특히 정치권에서의 논란은 국가채무의 개념, 즉 산정방식을 둘러싸고 그 규모

67) 기획재정부가 국회에 제출한 '2011-2015년 국가채무관리계획', 2011년 10월 2일.

68) 국채발행의 헌법적 한계에 관한 헌법해석론, 헌법정책론적 논의는 이덕연, 국채발행에 대한 헌법적 제한, 『헌법재판연구3』, 헌법판례연구회(편), 2001.11, 499-518면; 재정헌법의 흠결에 대한 헌법정책적 평가, 한국법제연구원, 2005.11.

에 초점이 맞추어져 있다. 산정기준에 따라 정부·여당과 야당 간에 적지 않은 견해차를 보이고 있는 국채규모에 대한 정치적인 논란의 허실은 접어두되, 다만 분명한 것은 투입한 공적자금의 부실화위험도를 감안하여 판단하는 경우 어떤 기준에 따라 산정하건 국채규모의 항상적인 급증의 추세와 그 내용은 크게 우려할 만한 것이다.

국가부도의 최악의 상황에서부터 이른바 '기능적 재정운용'의 잠재력 고갈과 국가경쟁력의 약화 등 과도한 국채부담에 따른 심각한 위험과 부작용을 경고하면서 이구동성으로 대책마련을 촉구하는 재정학자들조차도 국채문제의 해결이 더욱 어려워질 것으로 전망하는 것은 단순히 '고양이 목에 방울달기'를 기대하기 어려운 정치와 정부의 역할에 대한 회의적인 판단 때문만은 아니다. 보다 근본적인 원인은 재정지출규모의 증대를 불가피하게 만드는 재정운용의 여건에서 찾아진다. 예컨대 P. Heller[69]는 세 가지의 구체적인 이유를 적시하는 바, 인구의 고령화추세, 지구온난화현상 및 급속한 세계화의 추세에 따른 고용불안이 그것이다. 이는 우리나라의 경우에도 다르지 아니하다. 오히려 세계 최저수준의 출산률, 급속한 고령화의 추세를 고려하건대 현재 수준의 사회복지체제가 그대로 유지된다고 하더라도, 향후 상당한 수준까지는 집중적으로 급증될 수밖에 없는 사회복지수요와 이른바 '내장된 국채' (implizierte Staatsverschuldung)[70]의 부담 등은 더더욱 불리한 조건으로 추가된다.[71] 요컨대, 정치적 부담 때문이든 잠재경제성장률의 둔화 등 경제적 요인 때문이든 조세수입을 늘리는 것은 한계가 분명

---

69) 이준구, 재정학, 2004, 625-626면에서 재인용.

70) 연금지급의무와 같이 1회계년도원칙에 따른 계리에서 당장 예산에서는 나타나지 않지만 실제로는 부담능력의 결손을 의미하는 예견되는 장래의 예산부담을 말한다. 이에 관해서는 Markus Moesl, Nachhaltigkeit und Haushaltsrecht, in: Nachghaltigkeit als Verbundbegriff, Wolfgang Kahl(Hg.), Mohr Siebeck, 2008, 576-577면.

71) 안종범, 복지지출의 전망과 과제, 지속가능한 복지체계와 재정정책, 2011.11.2., 한국경제연구원 주최 세미나 자료집, 9-11면.

한데, 반면에 재정지출에 대한 수요는 오히려 큰 폭으로 늘어날 수밖에 없는 딜레마가 불가피하다는 것이다. 특히 우리의 사회복지인프라는 사회보장 및 복지체제가 이미 상당한 정도로 정비되어 있는 국가들과는 비교하는 경우 여전히 크게 미흡하기 때문에 우리는 재정의 블랙홀을 이제 막 대면하고 있는 단계에 있을 뿐이다. 언제, 어떤 상황에서 닥치게 될지 모르지만 통일한국의 상황도 우리만의 특유한 부담이다. 국가채무의 계산을 둘러싸고 정치권에서 간헐적으로 벌어지는 정쟁차원의 논란이나, 그 와중에서 다른 OECD 국가들과 비교할 때 상대적으로 우리나라의 국가채무의 규모는 아직은 위험한 수준이 아니라는 늘 반복되는 정부 당국자의 답변은 국채문제의 해결을 정치권에 맡길 수는 없겠다는 인식을 공유할 수 있는 기회는 제공할지언정 문제의 실상과는 거리가 멀다.

우리 정부가 공식통계기준으로 채택하고 있는 IMF의 기준, 즉 '정부가 상환의무를 지고 상환금액을 예측할 수 있는 경우'에 한해 국가채무에 포함하도록 하는 기준은 재정운용의 여건이 천차만별인 상황에서 국제적인 비교를 가능하게 하는 하나의 통일된 통계기준이고 또한 재정계획과 운영상 '현재 시점에서의 확정된 국가채무'라는 독자적인 의미와 기능을 갖는 유용한 통계자료의 생산을 위한 기준이라는 점에서 그 자체가 문제가 되는 것은 아니다. 문제는 의도나 취지와는 무관하게 정부의 공식통계가 국가부채문제에 대한 착시현상을 야기할 위험이다. '현재 시점에서 확정된 국가채무'의 지표상 나타나는 위험은 국채문제의 일부분일 뿐이고, 재정운용에 심각한 부담이 될 실질적인 위험의 관리라는 관점에서 보면 빙산의 일각에 지나지 않는다. 막대한 공기업 채무를 별론으로 하더라도, '국가채무'의 개념이나 공식적인 통계기준과는 무관하게 국가보증채무나 연금이나 사회보험과 관련된 채무, 기타 공적자금의 손실 등 현시점에서 확정되지는 않았지만 상환이 유예된 것일 뿐이지 일정한 오차범위72) 내에서 국가의 부담이 확실하게 예측되는 이른바 '잠재적 국가채무' 또는 '암묵적 국가채무'는 적어도 국채문제와 연계하여 인식되어야만 한다. '암묵적인 국가채무'와 통상적인 재정운용과정 속에서의 적자채무는 그 발생원인과 정책결정의 절차와 형식이 다르고, 따라서 그것을 제한하고 해결하는 방법과 형식, 특히 법적 통제수단도 다를 수밖에 없기는 하지만, 국채문제의 실상과 그에 대한 대응방안모색의 긴박성은 현 시점에서 예측되는 전체 재정상태의 맥락 속에서만 제대로 인식될 수 있기 때문이다.

아무튼 거시경제정책의 지표로 나타나는 현재 우리나라의 재정건전성과 국채규모는 다른 OECD국가들에 비해서 상대적으로 양호하고, 적은 것은 사실이다. 문제는 급증의 추세와 국채의 구조이다. 최근의 그리스 재정위기는 물론이고, 천문학적인 규모의 국채문제로 고민하고 있는 대다수 선진국들의 예를 보더라도 국채는 일정한 단계 이전에 증가추세를 제어하지 못하는 경우에는 통제불능의 상태에 빠지게 되는 속성을 가지고 있다. 더욱이 누적되는 국채가 이자상환비용이나 일회적인 소모성지출용인 경우에는 단순한 속도의 부담에 그치지 아니한다. 낭떠러지 앞에서 급발진하는 상황이다. 이는 투자목적의 국채인 경우에도 그것이 다른 소모성지출에 따른 기회비용의 우회적인 보전수단에 해당된다면 마찬가지이다. 사회보장관련 법제의 확대 시행과 고령화에 따른 복지수요의 급증 등에 소요되는 막대한 부담금과 공적부조비용 등이 그 대표적인 예라고 할 수 있다.

요컨대, 언제일지 모르지만 대비해야 하는 통일의 변수는 차치하더

72) 다만 예컨대 장래 채무불이행의 위험도를 추정하여 현재가치로 할인된 액수를 기준으로 하는 보증채무의 경우에는 오차범위가 상대적으로 크지 않겠지만, 국민적 합의의 도출과 정치적 결단에 달려 있는 연금제도개혁과 운영개선의 가능성과 시점 등 극히 불확실한 변수를 고려해야 하는 연금부채의 경우에는 정확한 액수를 산정하기 어려운 것이 사실이다. 그러나 현 제도가 지속되는 조건 하에서의 연금부채의 액수는 거의 정확하게 예측될 수 있다.

라도, 우리의 경우에도 이미 '위기예방'의 단계는 지났다. 재정위기는 이미 시작되었고, 유효한 '위기조치'가 취해져야만 하는 '위기관리'의 상황이다. 이른바 '보편적 복지' 또는 '선별적 복지'에 대한 논의를 비롯하여 최근에 복지문제가 제1의 정치의제로 대두되고 있는 바, 전혀 비효율적인 담론의 양태에도 불구하고 일단 다행으로 생각하는 것은 적어도 재정문제, 특히 헌법의 명령이라고 할 수 있는 재정건전성의 요청과 사회 전체 차원에서 국민적 타협의 당위성과 필요성에 대하여 주의를 환기시키는 계기가 될 것이라는 기대 때문이다. 아무튼 사회복지체제의 선택이 여전히 현안으로 남아 있는 현 단계에서 국가의 복지과제에 대한 근본적인 논의와 연계하여 적정한 경제사회정책의 기조를 설정하고, 이 체계 속에서 적정한 재정의 규모와 운용방침을 설계하고, 국채규모 감축, 적어도 신규 국채발행의 최대억제가 원칙으로 전제되는 조건 하에서 필요한 추가재원의 조달방안을 포함하는 중장기적인 국가경영계획이 마련되어야 한다.

3) 국채발행의 헌법적 제한

재정적자와 국채의 문제는 세계화된 문제이다. 그것은 특정한 몇몇 국가만의 현상이 아니고, 특수한 위기상황에서 비롯된 잠정적인 현상도 아니다. 또한 거의 모든 국가에서 특정한 사회집단이나 정치세력의 부분적이고 간헐적인 정치적 압력이나 그에 부응한 특정한 정부의 일시적인 재정운용의 실패에 따른 결과가 아니고 만성화된 경향으로 고착되었다. 복지국가체제와 다원화된 사회구조 속에서 정당을 축으로 운영되는 대의민주정치체제에서 예산규모의 항구적인 증대와 재정적자의 누적의 추세는 정치권 또는 정부의 절제와 결단에 의해 완화 또는 역전되기를 기대하기 어려운 것이 현실이다.[73]

---

73) 대의정치의 구조적인 문제에서 국가채무의 발생원인을 찾는 입장으로는 장선희, 국가부채관리를 위한 법적 과제, 『공법연구』, 제33집 제5호(2005.6), 296면 이하.

국가부도의 최악의 상황에서부터 이른바 '기능적 재정'운용의 잠재력 고갈과 국가경쟁력의 약화 등 과도한 국채부담에 따른 심각한 위험과 부작용을 경고하고 이구동성으로 대책마련을 촉구하는 재정학자들조차도 국채문제의 해결이 더욱 어려워질 것으로 전망하는 것은 단순히 '고양이 목에 방울달기'를 기대하기 어려운 정치와 정부의 역할에 대한 회의적인 판단 때문만은 아니다. 보다 근본적인 원인은 재정지출규모의 증대를 불가피하게 만드는 재정운용의 여건에서 찾아진다. 예컨대 P. Heller[74]는 세 가지의 구체적인 이유를 적시하는 바, 인구의 고령화, 지구온난화현상 및 급속한 세계화의 추세가 그것이다. 요컨대, 정치적 부담 때문이든 경제성장률의 둔화 등 경제적 요인 때문이든 조세수입을 늘리는 것은 한계가 분명한데, 반면에 재정지출에 대한 수요는 오히려 큰 폭으로 늘어날 수밖에 없는 딜레마가 불가피하다는 것이다.

생각건대, 이러한 전망이 우리나라의 경우에도 그대로 적용되는 것은 물론이고, 상세한 데이터를 제시할 것도 없이 이미 이 세 가지 조건이 가장 극대화된 양상으로 중첩되어 나타나고 있고, 앞으로도 더욱 심화될 것으로 보는 예측에 이견이 없을 것이다. 특히 우리의 사회복지인프라는 사회보장 및 복지체제가 이미 높은 수준에서 정비되어 운용되고 있는 대부분의 선진국가들과는 비교할 수 없을 정도로 열악하기 때문에 우리는 재정의 블랙홀을 이제 막 대면하고 있는 단계에 있을 뿐이다.[75] 언제, 어떤 상황에서 닥치게 될지 모르지만 통일한국의 상황도 우리만의 특유한 부담이다. 국가채무의 계산을 둘러싸고 정치권에서 간헐적으

74) 이준구, 앞의 책, 625-626면에서 재인용.

75) 국회예산정책처의 자료(우리나라 관리재정수지의 현황과 시사점 및 미국 재정절벽 사태와의 비교; 2015.12.16)에 따르면, 우리나라의 국가채무비율은 경제수준, 인구고령화 등을 고려하면 다른 주요 국가들에 비해 크게 낮은 상태가 아닌 것으로 분석되고 있다. 2034년에 한국의 국가채무는 GDP 대비 65.2%에 이를 것으로 예측되고, 이 시점부터는 재정수지와 국가채무가 '음'의 관계가 되어 국가채무를 재정수지 흑자로 줄일 수 없는 상황에 이르게 될 것이 우려된다. 경향신문, 2015년 11월 16일자 참조.

로 벌어지는 정쟁차원의 논란이나, 그 와중에서 OECD 국가들과 비교할 때 상대적으로 우리나라의 국가채무의 규모는 아직은 위험한 수준이 아니라는 정부의 반복되는 상투적 항변은 국채문제의 해결을 정치권에 맡길 수는 없겠다는 인식을 공유할 수 있는 기회를 제공할 뿐이다.

우리 정부가 공식통계기준으로 채택하고 있는 IMF의 기준, 즉 '정부가 상환의무를 지고 상환금액을 예측할 수 있는 경우'에 한해 국가채무에 포함하도록 하는 기준은 재정운용의 여건이 천차만별인 상황에서 국제적인 비교를 가능하게 하는 하나의 통일된 통계기준이고 또한 재정계획과 운영상 '현재 시점에서의 확정된 국가채무'라는 독자적인 의미와 기능을 갖는 유용한 통계자료의 생산을 위한 기준이라는 점에서 그 자체가 문제가 되는 것은 아니다. 문제는 의도나 취지와는 무관하게 정부의 공식통계가 국채문제에 대한 착시현상을 야기할 위험이다. '현재 시점에서 확정된 국가채무'의 지표상 나타나는 위험은 국채문제의 일부분일 뿐이고, 재정운용에 심각한 부담이 될 '실질적인 위험'의 관리라는 관점에서 보면 빙산의 일각에 지나지 않는다. '국가채무'의 개념이나 공식적인 통계기준과는 무관하게 국가보증채무나 연금, 사회보험과 관련된 채무, 기타 공적 자금의 손실 등은 현시점에서 확정되지는 않았지만 상환이 유예된 것일 뿐이지 일정한 오차범위 내에서 국가의 부담이 확실하게 예측되는 이른바 '잠재적 국가채무' 또는 '암묵적 국가채무'는 적어도 국채문제와 연계하여 논의되어야만 한다. '암묵적인 국가채무'와 통상적인 재정운용과정 속에서의 적자채무는 그 발생원인과 정책결정의 절차와 형식이 다르고, 따라서 그것을 제한하고 해결하는 방법과 형식, 특히 법적 통제수단도 다를 수밖에 없기는 하지만, 국채문제의 실상과 그에 대한 대응방안모색의 긴박성은 현 시점에서 예측되는 전체 재정상태의 맥락 속에서만 제대로 인식될 수 있기 때문이다.

어쨌든 IMF의 기준에 따른 정부의 공식통계와 우리나라의 국채문제가 아직은 위험한 수준이 아니라는 판단을 그대로 받아들인다고 하더라도 일반적으로 예측되는 재정환경과 재정상태에 비추어 볼 때, 별도의 대책이 없이도 국채문제를 위기 전의 관리가능한 범위 내에서 포착할 수 있는 여유시간은 거의 남아있지 아니하다. 중언부언을 피하고 헌법정책적인 차원에서 인식되는 문제상황을 요약해 보면, 우선 재정운용의 정치적, 정책적 여건을 고려 할 때 현 시점에서는 물론이고 중장기적으로도 정치권에서 실효성 있는 해결책이 마련되기를 기대하기는 어렵고, 적극적인 헌법도그마틱의 뒷받침을 전제하는 경우에도 헌법재판을 포함한 사법적 통제를 비롯하여 현행 헌법체제 내에서 가동될 수 있는 기능적 권력통제수단들이 해결대안이 될 수도 없는, 요컨대 체제의 자정력에 의한 문제해결이 회의적인 상황이라고 할 수 있다. '국가재정법'에는 재정경제부장관이 매년 국채와 차입금의 상환실적과 상환계획, 증감에 대한 전망 등을 포함하는 '국가채무관리계획'을 수립하여 10월 31일 까지 국회에 제출하는 것을 의무화하는 규정 등이 포함되어 있으나 그 실효성은 의문이다. 이는 한편으로는 이러한 정도의 형식적인 절차규정으로도 충분한 대응방안이 될 수 있을 것이라고 보았다면 문제인식에 문제가 있는 것이고, 또 한편 그렇지 않다면 '특단의 대책'을 모색할만한 정치력이 모자라다는 반증 이상의 의미를 갖지 못하는 것으로 생각된다.

결국 최종적으로 남는 대안은 헌법개정의 차원에서 적정한 통제수단을 모색하는 것이다. 그 구체적인 방안은 크게 두 가지 양식으로 구별된다. 우선 전체 예산지출증대의 총량에 대한 외적 규제를 통해서 실질적으로 국민의 부담으로 귀착되는 적자채무의 발생원인을 원천적으로 차단하는 방안이 검토될 수 있다.[76] 예컨대 재정증가를 GDP 증가율과

76) 이에 관한 상론은 최승필, 총량적 채무규율의 도입에 관한 법제도적 검토, 국가채무와 재정준칙, 한국재정법학회/한국조세연구원 공동 정책세미나 자료집(2013.2.19.), 65-82면.

연동시켜서 그 이하로 제한하되, 그 이상의 예산증대가 불가피한 경우에는 국회에서 재적의원 3분의 2 이상 등 특별정족수의 찬성으로 결정하도록 하거나[77] 또는 국민투표를 통해서 국민의 동의를 구하는 방식이다.[78] 두 번째는 2009년에 개정된 독일 기본법 제109조 제3항과 제115조 제2항 제1문과 같이 실질적인 균형예산의 원칙과 함께 구체적인 실체적 한계기준을 헌법에 직접 규정하는 것이다.[79]

우선 정량 또는 정률의 기준으로 지출예산규모의 확대를 제한하는 방안은 일견 가장 간명하고 효과적인 통제수단으로 생각되지만, 실제 예산과정 속에서 실효성이 확보될 수 있을지는 의문이다. 기준이 되는 경제성장률이나 GDP 증가율 자체가 경제상황에 따라 가변적일 수밖에 없는 추정치이기 때문에 이를 기준으로 하는 지출총액제한방식의 규제는 원천적으로 엄격하게 적용될 수 없고, 현실적으로는 사후의 정치적 통제와 연계되는 자율적인 억제수단으로서 효용을 가질 뿐이기 때문이다. 추가경정예산편성의 우회로를 차단하는 것이 쉽지 않다는 점도 고려되어야 한다. 또한 특별정족수에 따른 결정이나 국민투표의 방식도 재정정책의 유연성에 심각한 장애를 초래하는 역기능에 대한 우려를 떠나서도 예산의 과잉과 과소가 병존하는 예산구조의 불균형이 문제가 되는 상황에서 획일적으로 전체 예산규모를 제한하는 경우 정치적 영향력이 취약한 예산이 우선 삭감되는 결과가 초래될 것이라는 설득력 있는

77) 윤성식, 전게서, 538면.

78) 보다 구체적인 사례는 이덕연, 헌법과 재정법, 『헌법의 규범력과 법질서』, 정천 허영 박사 정년기념논문집(2002), 907-910면 참조.

79) 이와 관련해서는 이덕연, 국채발행의 헌법적 한계, 『헌법판례연구(3)』, 508-517면; 장 선희, 전게논문, 306-307면 참조. 독일에서는 국가채무증가를 억제하는데 기존 헌법규정의 한계를 인식하고 이른바 '제2차 현방주의개혁'을 통해 '채무제로'(Nullverschuldung) 또는 '신규채무금지'(Neuverschul- dungsvetrbot)의 원칙에 따라 실체적인 국채규모총량 규제를 내용으로 하는 헌법개정을 단행하였다. 이에 관한 상론은 정문식, 독일헌법상 국가 채무제한 - 독일연방헌법 채무제한조항의 개정내용과 현실을 중심으로, 『공법연구』, 제41집 제3호(2013.2), 225-258면.

지적도 주목된다.[80)]

독일의 기본법과 같은 형식으로 원칙적으로 '투자'목적과 연계된 국채발행만을 허용하는 이른바 '원칙과 예외 규정'양식의 헌법적 제한의 경우에도 우선 재정정책결정의 정치적 합목적성과 유연성에 대한 장애가 문제가 됨은 물론이다. 특히 내수기반이 취약하고 대외의존도가 높은 경제구조와 여전히 열악한 사회복지기반 등 여러 가지 경제 및 사회여건에 비추어 볼 때, 이른바 '기능적 재정'의 역할과 기능이 각별하게 요구되는 우리의 재정운용여건상 '기능적 재정'수단으로서 국채의 활용가능성을 현 시점에서 제한하는 것이 '적시성의 요청'에 부합되는지 의문이 제기될 수 있다. 또한 헌법해석론의 관점에서는 '투자'와 예외허용의 요건이 고도의 '불확정 법개념'이기 때문에 국채발행에 대한 통제규범으로서 실효성을 기대하기 어렵다는 점도 고려되어야 한다.

또한 '투자' 목적의 비용과 연계시키는 헌법적 제한의 실효성의 문제도 궁극적으로는 합리적인 결정체계의 문제, 즉 이른바 '기능적합적 기관구조'의 관점에서 논의되는 정치와 헌법 또는 정치와 헌법재판소 상호간의 적정한 역할분담의 원론적인 문제가 재정정책결정과 관련하여 부각되는 것일 뿐이다. 독일의 예에서 볼 수 있듯이 일차적으로 의회의 정치적 결정에 맡겨져 있는 국채발행의 여부 또는 그 규모를 결정하는 재정문제가 헌법재판소에 '헌법문제'로 회부되는 것은 여당과 야당간의 이견이 정책결정과정 속에서 해소되지 못하고 여론의 추이도 불분명한 극히 예외적인 상황에서만 가능하다. 헌법정책의 차원에서 보면, 이러한 상황을 헌법규범의 '개방된 공간' 속에 그대로 수용하는 결정체계와 헌법재판소의 주재 하에 헌법을 준거로 하여 헌법해석방법론의 틀 내에서 진행되는 종심성격의 토론기회를 추가적인 보충수단으로 마련

---

80) H. H. v. Arnim, a.a.O., S.1288.

해두는 결정체계는 결정대상의 성격과 구조 및 정치적, 정책적 환경조건에 따라 선택가능한 대안으로 주어져 있는 것일 뿐이다.

생각건대, 국채발행과 관련하여 정치적 결정과정 속에서 타협이 도출되지 못하는 경우, 추진하는 입장에서든 반대 측에서든 헌법의 토론마당에서 설득과 반대의 기회를 갖는 것은 합리성과 효율성의 관점에서 상당한 순기능을 기대할 수 있을 것이다. 합리적인 정책결정체계로서 대의제도를 이해하는 관점에서 보면, 정치적 결정은 정치적 상상력과 여론 및 전문가들의 식견이 수렴되어 정치적 합리성과 함께 정책적 타당성을 확보해 나가는 순화된 '투쟁절차'이고, 일단 이 '투쟁절차'에 맡겨져 있는 정책은 민주적 정당성의 크기에 따른 잠정적인 다수의 권위에 의해 결정된다.[81] 그러나 이 '투쟁절차'의 핵심은 국민에 대한 설득작업이고, 궁극적으로 그 승패를 결정하는 것도 설득력의 크기이다. 정치적 결정과정 자체가 국민을 설득하기 위한 설명과 토론의 수단이라고 한다면, 이 과정에서는 물론이고 합의와 타협에 이르지 못하는 경우에 헌법의 언어는 재정전문가들의 난해한 수식과 전문용어나 정치적인 수사(修辭)보다 훨씬 더 유효한 설득력을 가질 수 있다. 또한 헌법도그마틱과 헌법재판의 '형량절차'는 정치적 타협과 정책전문가들의 식견이 균형성이 확보되면서 수렴될 수 있는 의사당이나 정책토론장과는 기능과 구조가 근본적으로 다른 대체 불가능한 토론마당이기도 하다.[82]

또 한편, 이른바 '원칙과 예외'형식의 '윤곽규정'을 통해 정치적 형성과 정책적 재량판단의 공간을 충분히 넓게 개방해 놓는다면, 국채발행에 대한 헌법의 실체법적 제한 자체가 재정정책의 유연성을 크게 해치

81) Vgl. P. Kirchhof, Finanzgewalt und Verfassungsgerichtsbarkeit, in: K. Stern(Hg.), 40 Jahre Grundgesetz, S. 119f.

82) '투쟁절차'와 '형량절차'에 관해서는 H. H. v. Arnim, Ungleichgewichte in der finanzpolitischen Willensbildung und ihre verfassungstheoretischen Konsequenzen, in; C. Boeret/H. Siedentopf(Hg.), Verwaltung und Verwaltungspolitik, S. 113f.

지 않으면서 적어도 정책기획의 단계와 정책결정과정에서 절제와 신중을 자연스럽게 유도할 수 있는 '과속방지턱'의 효과를 나타내어 국채발행에 대한 상당한 억지력을 가질 수 있을 것으로 생각된다.[83)]

부작용과 역기능에 대한 우려도 충분히 고려되어야 함은 물론이다. 헌법소송의 남발이나, 정치적 책임을 지지 않는 헌법재판소에게 과중한 결정권한과 부담이 집중되는 문제점 등이 적시될 수 있을 것이다. 다만 이러한 우려가 충분한 설득력을 가질 수 있는 정책결정의 환경조건, 즉 토론과 타협의 정치과정을 무시하는 무분별한 야당과 극단적인 사법적극주의로 치닫는 헌법재판소, 이들에 대한 견제를 기대하기에는 균형감각이 모자라는 populism이 득세하는 상황이라면 그 어떤 방안에 대한 논의도 무익할 것이다. 여건과 결론에 대한 성급한 예단을 자제하면서도 '바로 지금' 진지하게 검토해야만 하는 대안으로 국채발행에 대한 실체법적 지침과 한계를 명시적으로 규정하는 헌법개정을 제시하는 것도 의회와 헌법재판소 등 결정참여자들의 절제에 대한 최소한의 기본적인 신뢰를 전제로 정치구조와 결정체계의 결함을 보완하자는 것일 뿐이다.

(3) 기금형식의 제한

헌법의 근거 없이 운용되는 기금의 세출형식이 헌법이 개방해 놓은 적정한 공간의 범위 내에 있는 것인가의 문제가 또 하나의 헌법정책적 현안으로 주목된다. 최근에는 금연정책의 수단으로 주장되는 대폭적인 가격인상과 엇물려서 담뱃값에 부가되는 '특별부담금' 형식의 '국민건강부담금'과 이 부담금으로 조성되는 '국민건강증진기금'의 '형식오용' 문제[84)]와 함께 경기활성화 목적으로 주식투자 및 인프라건설 투자비용 등으로 기금을 적극적으로 활용하겠다는 정부 방침을 둘러싸고 논란이

83) 이에 관한 상론은 이덕연, 전게논문, 510면.
84) 이 문제에 관해서는 김성수/이덕연, 국민건강부담금과 건강기금의 헌법적 문제점, 『공법연구』, 제32집 제5호(2004), 707-735면 참조.

거듭 부각되고 있다.

일반적으로 기금은 특정한 목적사업에의 지출과 연계된 특정한 자금을 자율적으로 유연하게 집행할 필요가 있는 경우에 예산과는 별도로 운용되는 세출형식이다. 우선 여기에서 관심의 대상이 아닌 금융성 기금이나 연기금 등을 제외하고, 세입과 세출의 측면을 구분해서 '국민건강기금'과 같이 '특별부담금'을 세입원으로 하는 경우에는 세입의 형식 자체에 특정한 행위의 유도나 금지 또는 이해관계의 조정 등의 정책목적과 연계된, 이른바 '목적세'(Zwecksteuer)에 해당되는 특정한 정책기능이 내포되어 있다. 또 한편 세출 측면에서 보면 기금은 전체 예산과정에서 벗어난 독자적인 지출단위로 설정되는 자금집합체로서 특정한 목적사업의 계속적이고 안정적인 집행을 위한 고정재원을 사전에 확보하여 주고, 자율적이고 신속한 집행을 뒷받침해주는 정책수단으로 이해된다.

그러나 이러한 정책적 순기능이 엄격한 요건 하에서만 허용되는 세출형식으로서 기금의 예외성을 부인하는 논거가 되지는 아니한다. 우선 예산 외에서 이른바 '칸막이식'으로 운용되는 기금에 대하여 제기되는 가장 중대한 헌법적 우려는 의회의 예산결정권의 교두보인 동시에 예산결정의 투명성과 공개성을 보장하는 핵심수단인 '예산단일성의 원칙'의 근간을 해칠 수 있다는 점이다. 특히 전체 기금운용의 규모나 개별 기금의 자산규모가 큰 경우에 이 헌법적 우려는 단순한 우려에 그치지 아니하고 법치국가원리에 위배되는 이른바 '형식오용'의 문제로 부각된다. 기금형식의 남용은 개별 사업의 단위에서는 물론이고, 단일한 예산절차 속에서 전체 예산배정의 우선순위와 완급을 통합하여 조율할 수 없게 만들어서 재정정책기조의 일관성이 유지되기 어렵게 되고, 결과적으로는 자원배분의 효율성과 예산구조의 균형성, 재정정책의 효율성을 저해하는 역기능을 초래하기 때문이다.

따라서 기금은 '원칙과 예외의 관계'에서 특별한 정당화사유가 인정되는 경우에만 허용되는 예외적인 세출형식이어야 한다.[85] 일반적으로 기금운용을 헌법적으로 정당화하는 이유로는 당해 사업의 계속성과 안정성 및 효율성을 확보하기 위한 자산의 집중과 독립, 전문적이고 탄력적인 자율관리의 필요성 등이 제시되고 있지만, 적어도 이 예외가 법치국가원리에 위배되는 '형식오용'[86]의 비난을 면하고 헌법적으로 정당화되기 위해서는 적어도 헌법도그마틱과 판례를 통해서 제시된 '특별부담금'의 헌법적 정당화요건[87]에 준하는 정도의 '가중된 '소명부담'이 요구된다. 이 '소명부담'은 내용상으로는 실체적인 정당화요건을 요구하는 것이지만, 헌법실무상으로는 이른바 '이론적으로는 엄격한 것이지만, 실제로는 치명적인'(strict in theory, but fatal in fact) 형식 및 절차적 요건으로서 무분별한 기금에 대하여 '단일통합예산'으로의 복귀를 명령하는 사법통제의 결정적인 준거가 된다.

그간 일부 기금을 통폐합시키는 조치를 취하고 있고, 기금사업에 대한 국회의 심의·의결절차 등 일부는 '기금관리기본법'의 개정(2001.12.31., 법 6590호)을 통해 보완되기도 하였고, '국가재정법' 제5장(제62조-제85조)에 기금의 적정한 운용을 위한 다양한 절차와 형식규정을 마련해 놓았다. 그러나 이러한 조치와 운용절차의 개선은 부분적인 보완책일 뿐이

85) Vgl. F. Kirchhof, a.a O., 104.

86) 기금의 '형식오용'문제는 이른바 '조세국가'의 원리와 관련하여 세출형식의 '명확성'과 '구속성'과 함께 기금의 예외성이 강조되면서 재정작용의 분야에서 특히 엄격한 법적 통제가 가능하고 필요한 '헌법문제'로 주목되고 있다. 김성수/이덕연, 전제논문, 728면 이하. 원래 '조세국가원리'는 국가의 영리활동에 대한 헌법적 한계의 근거로 제시되었고, 목적세 성격의 특별부담금이 재정정책수단으로 많이 활용되면서 부담평등의 원칙과 관련하여 논의범위가 확대되었으나, 세입형식에 대한 헌법적 제한의 관점에서는 그 실익이 크지 않다는 인식이 확대되었다. 최근에는 오히려 세출형식의 선택에 대한 헌법적 제한에 초점을 맞추어서 논의가 진행되고 있다. Vgl. R. Hendler, Umweltabgaben und Steuerstaatsdoktrin, AöR 1990, S.595ff. mit Fn. 49. '조세국가'에 관한 조세법 측면에서의 개괄적인 논의로는 차진아, 조세국가의 헌법적 근거와 한계, 『공법연구』, 제33집 제4호(2005), 307면 이하.

87) 이에 관해서는 김성수/이덕연, 전제논문, 716-719면 참조.

고, 일반예산으로의 대폭 전환을 전제로 가능한 한 불요불급한 기금을 과감하게 통폐합하는 것만이 근본적인 해결책이 될 수 있다.

문제는 현실적으로 정치적 결단에 의해 근본적인 해결책이 마련되기를 기대하기는 어렵고, 반면에 추상적 규범통제제도를 채택하고 있지 아니한 우리의 헌법재판제도상 헌법도그마틱에 의해 제시되는 '단일통합예산'으로의 복귀명령이 실효성을 확보할 수 있는 제도적 장치가 없다는 점이다. 말하자면 헌법소원 또는 위헌법률심사제도를 통해 수입의 측면에서 '특별부담금'형식에 요구되는 헌법적 정당화요건의 충족 여부는 통제될 수 있지만, 지출의 측면에서 기금형식 자체에 대한 헌법적 통제수단은 결여되어 있기 때문이다.

결국 전술한 바와 같이 '특별부담금'의 헌법적 정당화요건과 관련하여 판례를 통해 축적된 헌법도그마틱의 이론구성이 기금의 경우에 그대로 원용될 수 있고 또한 거의 헌법규정에 그대로 담아내도 될 정도로 정리되어 있다고 한다면, 정리를 위한 일정한 유예기간을 두되 '원칙과 예외'의 형식으로 엄격한 요건 하에서만 기금형식을 허용하는 내용의 헌법개정은 상대적으로 국채문제 등 다른 사안에 비해서는 역기능과 부작용에 대한 큰 부담 없이 전향적으로 검토해볼 만한 충분한 이유가 있다고 생각된다.

⑷ 추가경정예산편성의 규율강화

'국가의 모든 세입과 세출의 예산안 계상'을 요구하는 '예산완전성의 원칙'과 함께 동 원칙에 '단일예산'의 요청이 추가된 내용의 '예산단일성의 원칙'은 이른바 '예산원칙'의 핵심이다. 이들 원칙은 일견 예산계리상의 기술적인 형식지침으로 보이지만, 재정운영의 통일성과 투명성 및 의회의 예산통제권의 실효성을 확보하기 위한 필수불가결한 헌법차원의 예산제도로서 실질적인 기능의 관점에서 보면 '주권성'을 갖는 재정권력, 즉 '재정주권'을 국가에 위임하기 위한 헌법적 전제조건인 동시에 효과적인 재정통제의 필수조건이기도 하다.

이러한 '예산단일성의 원칙'의 의미와 기능에 비추어 볼 때 우리 헌법상 이른바 '특별예산제도'가 금지되는 것은 물론이고, 단일예산의 효용을 저해할 우려가 있는 예산제도나 계리방식은 원칙적으로 허용되지 아니한다. 굳이 헌법의 통일성을 제시하지 않더라도 추가경정예산제도를 규정하고 있는 현행 헌법 제56조는 이른바 '원칙과 예외'의 규율형식, 말하자면 추가경정예산안의 편성은 원칙적으로 금지되지만, 사정변경에 따라 예산변경이 불가피하게 된 예외적인 경우에만 허용될 수 있다는 수권 및 제한규정으로 이해된다. '예산에 변경을 가할 필요가 있을 때'라는 허용요건이 엄격하게 축소해석 되어야 함은 물론이다.

추가경정예산안의 편성이 거의 관행화되어 이른바 '가을예산'으로 전락한 우리 재정운용의 현실은 이러한 의미와 취지의 헌법규범과 거리가 멀다. 최근만을 보아도 외환위기 이후 예외 없이 연속으로 상당한 규모의 추경예산이 편성되어 왔다. 대규모 자연재해발생의 경우를 제외하면 거의 대부분이 세수추계의 오차에 따른 세입추가와 취약계층지원이나 경기부양 목적의 '추가예산'이었다. 과도한 국방예산 등으로 인해 상대적으로 높은 우리나라의 예산경직도를 감안하여도 이러한 추경예산편성의 정례화의 관행은 '원칙과 예외'를 뒤바꿔 놓은 위헌적인 현상이 아닐 수 없다.[88] 우리 재정여건의 특수성과 급변하는 경제상황 등을 이유로 제시하지만, 그것들은 합리적인 예산편성과 과학적인 세수추계의 프로그램개발의 필요성에 대한 논거는 될지언정 불가피한 예측오류로 설명하기에는 설득력이 떨어진다. 대부분이 이미 일정한 오차범위 내에서 상수로 주어져 있는 변수이기 때문이다. 이제까지의 추경예산편

88) 여론의 감시를 피하고, 상대적으로 이완된 국회심의를 기대하여 의도적으로 본예산안에 포함시키지 아니하거나 또는 본예산심의 때 삭제된 항목을 되살리는 등 편법적인 악용의 위험성도 문제점으로 지적되고 있다. 윤성식, 전게서, 50-51, 239면.

성이 사정변화에 따라 불가피하였던 것으로 정당화한다면, 이미 25%대를 넘어서 결코 낮다고 할 수 없는 조세부담률이나 경제성장률의 저하 등의 경제 및 재정여건을 감안할 때 앞으로 그 정도 수준의 변수가 없는 재정운용의 상황은 거의 기대하기 어렵고, 결국 헌법 제56조는 추경예산편성에 대한 포괄적인 수권규정 외에 제한규정으로 의미는 상실될 수밖에 없다. '재정민주주의'의 교두보로서 의미를 가지는 '예산단일성의 원칙'에 위배되는 결과임은 물론이다.

현행 국가재정법은 헌법 제56조에서 추경예산편성의 허용요건으로 규정되어 있는 '예산에 변경을 가할 필요가 있을 때'를 보다 구체화하여 '전쟁이나 대규모 자연재해의 발생'(제1호), '경기침체, 대량실업, 남북관계의 변화, 경제협력과 같은 대내외 여건의 중대한 변화의 발생 또는 발생우려'(제2호), '법령에 의하여 지출요인이 발생하거나 증가하는 경우'(제3호)로 제한하고 있다. 이러한 방안은 여론의 관심 제고와 그에 따른 정치심리적인 압박의 효과를 가져올 수 있을지는 몰라도 그 실효성은 회의적이다. 이 규정을 '제한적인 열거규정'으로 본다고 하여도, 전술한 바와 같이 이 세 가지 경우에 해당되는 경우는 앞으로 거의 통상적인 상황일 뿐만 아니라, 특히 제2호의 다분히 일반조항적인 성격의 요건은 요건구체화를 통한 엄격한 제한의 효용을 기대하기 어렵게 만드는 우회로가 될 수 있기 때문이다.

또한 법원론(法源論)의 측면에서 볼 때, 일반 법률에 규정해 놓은 이러한 제한요건이 실제 재정정책결정 및 예산과정에서 어떤 절차를 통해서 어떤 양식으로 통제규범으로서 실효성을 확보할 수 있을 것인지도 의문이다. 예컨대, 추경예산을 편성하려는 정부 여당과 야당 또는 국회 소수당의 정책적 이견이 끝까지 타협점을 찾지 못하는 경우 헌법소송의 창구가 열려있지 않은 경우에 법률차원의 요건제한은 프로그램적 성격의 예산방침이나 일반적인 입법형성차원에서의 행위규범 이상의 효력을 가질 수는 없기 때문이다.

결국 위 법안의 취지가 정당하고 타당하다고 한다면, 그 요건을 수정 보완한 내용으로 헌법 제56조를 보완하는 대안이 남는다. 이 대안에 대한 전향적인 검토의 필요성과 단서는 국채문제와 관련하여 전술한 내용이 원용될 수 있을 것으로 생각된다.

⑸ 감사원의 지위와 기능의 재설정

노무현 정부의 출범 초기에 감사원의 회계검사기능을 국회로 이관하는 방안이 주요 개혁방안의 하나로 제기되어 직접 당사자인 국회와 감사원을 중심으로 한동안 격론이 벌어지다가 언제인지 모르게 의제가 실종되어 버렸다. 드문 경우가 아니기 때문에 의제실종의 냄비현상 자체가 새삼스러울 것은 없지만, 그 내용과 성격상 다른 개혁현안들에 비해서는 차분하게 접근될 수 있었고, 국회가 아니라 감사원이 소속되어 있는 대통령에 의해서 제안되었다는 점에서 실현가능성이 큰 상황에서 추진될 수 있었던 매우 유용한 의제가 심도 있게 논의되지 못하고 내려진 점에서 아쉬움이 적지 아니하다.

이러한 맥락을 떠나서도 우리 헌법상 감사원을 국회 소속으로 하지 아니하고, 예산편성과 집행의 최고결정권자인 동시에 최종책임자인 대통령 소속 하에 둔 것은 원론적인 차원에서도 재검토되어야 할 문제의 하나였다. 다만 새삼스럽게 아쉬운 것은 감사원의 기능과 지위에 관한 논제가 단지 그 소속기관을 대통령과 의회 둘 중 어디로 할 것인가의 문제에 국한되는 것이 아니라, 전체적인 재정개혁 또는 권력통제체계의 개편의 차원에서 접근될 문제라는 점이 토론과정을 통해서 부각될 수 있었는데 그렇게 되지 못하였다는 점이다. 재정통제의 측면에서 부각되는 권력통제모델의 기능적 결합과 그에 따라 새로운 재정통제수단의 모색이 불가피하다는 점은 앞에서 상술하였거니와, 여기에서 주목하고자 하는 것은 특히 구조와 기능상의 내재적인 한계 때문에 의회의 예산통제나 헌법재판을 포함한 사법통제를 통해서는 기대하기 어려운 '지출통제자' 또는 '경제성통제자'의 역할을 수행할 최적의 기관으로서 감사원이 새롭게 주목되고 있는 이론적 동향이다.

이러한 흐름에 비추어 보면, 감사원의 회계검사기능의 국회이관문제를 둘러싸고 벌어졌던 헌법논쟁, 즉 현행 헌법 하에서 국회이관의 가능성 여부와, 그것이 불가능하다면 국회가 독자적으로 회계검사기능을 수행할 수 있는지 여부 등에 관한 헌법해석론 차원의 논제는 헌법개정의 필요성과 가능성을 전제로 하는 헌법정책의 차원으로 그 외연이 확장되어야 할 것으로 생각된다. 이 확장된 지평 속에서 독립된 제4부로 하는 대안도 포함하여 감사원의 기본조직에 관한 다양한 선택과 조합의 대안이 논의되어야 하고, 그와 연계하여 감사원장 및 감사위원의 임명방법이나 감사원의 적정한 직무범위와 권한 등이 근본적으로 재검토되어야 하기 때문이다.

또한 재정개혁의 차원에서 논의되고 있거나 실제로 시행되고 있거나 추진되고 있는 다양한 방안들, 예컨대 국회의 재정통제권 강화를 위한 제도개선방안들은 물론이고, top-down 방식이나 성과중심의 예산편성제도, '수입-지출 균형원칙'(Pay-As-You-Go)[89] 등 다양한 예산개혁조치들의 시행 및 그 성패도 회계검사자와 정보제공자, 정책자문역의 역할을 동시에 수행하는 감사원의 선도 및 지원기능과 감사원과의 적정한 공조협력체계의 확립에 달려 있다는 점도 헌법개정의 필요성을 뒷받침해주는 논거인 동시에 그 구체적인 개정의 방향과 내용을 검토하는 과정에서 고려되어야 하는 단서로 주목된다.

---

89) 이에 관한 상론은 장철준, 수입-지출 균형원칙(Pay-As-You-Go)의 재정헌법적 의미 - 미국에서의 운용 현황을 중심으로, 『헌법학연구』, 제16권 제4호(2010.12), 391면 이하.

제3편

헌법규범과 정치

제10장
조약동의 관련 권한쟁의
- 조약비준에 대한 국회동의 관련 개별 국회의원의 권한쟁의심판 청구인적격*

I. 머리말

2007년 7월 26일 헌법재판소는 조약비준에 대한 국회동의권과 관련된 권한쟁의에 대하여 각하결정(7:1)을 내렸다. 저자는 동 사건 공개변론(2007년 6월 14일)에서 청구인 측(강기갑 등 민노당 소속 국회의원 8명)의 참고인으로 의견을 제출한 바 있는 데, 헌재의 결론과 논증에 대하여 아쉬움과 이견이 적지 아니하다.

그 아쉬움을 개인적인 소회로 넘기고 말기에는 헌재의 설시에 납득하기 어려운 흠결, 특히 '자유위임원칙'의 헌법적 의의와 효용에 대한 오해와 그에 따른 논증의 방향과 구조상의 문제점이 있을 뿐만 아니라, 향후 조약과 관련된 유사 문제가 재발될 가능성이 적지 않다고 생각되어 헌재가 제시한 논거에 대한 재검토의 필요성과 그 이유를 제시한다.

Ⅱ. 사건개요 및 결정요지

1. 사건개요

본 사건은 조약의 비준에 대한 국회동의절차와 관련하여, 피청구인인 대통령에 의해서 헌법 제60조 제1항의 국회동의권 및 헌법 제40조,

---

* 헌재결 2007.7.26. 2005헌라8. 헌법판례연구 제9권, 2008.2, 77-101면. 이 글은 『공법연구』 제36집 제1호(2007.10), 521-539면에 발표된 논문을 일부 보완한 것임.

제46조 제2항, 국회법 제114조의2 등에 근거한 국회의원의 심의표결권이 침해되었다는 이유로 청구된 권한쟁의심판사건이다.

관련 조약의 내용과 체결비준과의 추이는 다음과 같다. 정부는 WTO 설립을 위한 마라케쉬 협정 부속서 1가 중 '관세 및 무역에 관한 일반협정'(1994)에 대한 마라케쉬 의정서에 부속된 대한민국 양허표 일부 개정안과 같은 내용의 조약을 WTO 회원국과 체결하는 과정에서, 협상에 주도적으로 참여하였던 미국 등과는 동 개정안과는 별도로 당사국 간에 개별조약을 체결하기로 하였고, 정부는 일부 관련 국가와 개별적으로 양허안을 합의하였다. 대통령은 그 가운데 쌀에 대한 관세화 유예기간의 연장 및 그 대가에 관해 미국, 이집트, 인도와 체결한 3건의 별지목록의 합의문[1)]을 포함시키지 아니한 채 동 개정안만을 담은 조약 동의안을 국회에 제출하여 2005년 11월 23일 국회동의를 얻어 비준하였고, 동 조약은 이미 시행 중에 있다.

2. 결정요지

헌재는 각하결정의 이유로 두 가지를 제시하였다. 우선 전체기관으로서 국회의 의사가 다수결에 의하여 결정된 경우 그 결과에 반대하는 소수의 국회의원에게 권한쟁의심판의 청구인적격을 인정하는 것은 다수결의 원리와 의회주의의 본질에 어긋난다는 점을 지적하였다.또 기관 내부에서 민주적인 토론과 대화를 통해 의사를 결정하려는 노력 대신에 모든 문제를 소송에 의해 해결하려는 남소에 대한 우려를 고려할 때, 별도의 명시적인 법규정이 없는 현행법 체계 하에서 이른바 '제3자소송담당'은 허용될 수 없다고 보았다.

---

1) 이미 2004년 말에 본 사건의 청구인인 민주노동당 소속 강기갑 의원이 정보공개청구를 하였으나, 쌀 관세화협정이 진행 중이라는 이유로 거부된 바 있다. 다만, 2005년 10월 18일에 개최된 공청회와 관련하여 5명의 전문가 진술인들을 비롯한 일부 관계자들이 열람을 한 바는 있으나 그 구체적인 내용은 여전히 비공개상태에 있다.

또 헌재는 '제3자소송담당'이 아니라, 개별 국회의원 자신의 청구인 적격의 문제와 관련해서는 국회의원의 심의표결권은 국회의 대내적인 관계에서만 행사되고 침해될 수 있을 뿐 다른 국가기관과의 대외적 관계에서는 원천적으로 침해가 문제될 수 없다고 보았다. 말하자면 국회의원의 심의표결권은 국회의원들 상호간 또는 국회의원과 국회의장 사이와 같이 국회 내부적으로만 법적으로 연관될 뿐이고, 대통령 등 국회 이외의 국가기관 사이에서는 권한침해의 직접적인 법적 효과가 발생하지 아니한다는 것이다. 요컨대, 대통령이 국회의 동의 없이 조약을 체결·비준하였다고 하더라도 개별 국회의원의 심의표결권의 침해와는 무관하다는 판단이다. 또 한편 별개의견(이동흡 재판관)은 별지목록의 합의문이 법적 구속력이 없는 단순한 일종의 '신사협정'이기 때문에 국회동의가 필요한 조약에 해당되지 않고, 따라서 원천적으로 심판의 대상 자체가 존재하지 않는다고 보았다. 이 사건 합의문이 조약체결의 국내절차를 거치지 않은 점, 일반적인 조약과 다른 명칭과 형태, 이해관계국과의 관계에서 신의에 기초하여 작성되었다고 볼 수 있는 정황 등을 이유로 제시하였다.

다만, 1명의 재판관(송두환)은 적어도 교섭단체 또는 그에 준하는 정도의 실체를 갖춘 의원집단에게는 '제3자소송담당'의 형식으로 청구인 적격을 인정하는 반대의견을 제시하였다. 의회의 헌법적 권한이 행정부에 의해 침해되는 경우에 의회의 다수파 또는 특정 안건에 관한 다수세력이 권한쟁의심판 등 견제수단을 취하지 아니하는 상황에서는 일정한 요건 하에 의회의 소수세력이 국회를 대신하여 권한침해를 다툴 수 있는 법적 지위를 갖도록 할 필요가 있는 바, 바로 '제3자소송담당'을 그 구체적인 방안으로 인정할 필요가 있다는 것이다.

Ⅲ. 논점정리 및 전제검토

1. 논점정리

이 사건은 대통령이 피청구인이라는 점에서 이전의 국가기관 간 권한쟁의사건들과는 구별되지만, 그것이 사태와 헌법규범 어떤 측면에서든 국회의원 또는 교섭단체의 청구인적격을 인정해 온 헌재의 확립된 의견에 대하여 재론의 필요성을 시사하는 단서가 되지는 아니한다. 헌재는 우선 '제3자소송담당'이 허용될 수 없음을 확인하면서, 국회의원 자신의 청구인적격을 부인하는 이유로 다른 국가기관과의 대외적 관계에서 국회의원의 심의표결권의 침해가 직접 연관될 수 없다는 점을 제시하였다.

본안판단의 대상이기는 하되, 만일 청구인 측의 주장대로 본 사건 별지목록의 합의문이 국회동의를 필요로 하는 것이라면 대통령이 동의안을 제출하지 아니하거나 또는 일부 내용을 누락한 채 동의안을 제출하는 것은 대의과정의 핵심인 심의표결권 행사의 기회 자체를 원천적으로 박탈한 것이라는 점에서 적어도 권한침해의 가능성 자체를 부인하는 견해는 수긍하기 어렵다. 적어도 요건심사단계에서의 판단으로는 지나치게 성급한 예단이라는 점에서 찬성할 수는 없지만, 오히려 별지목록의 조약을 국회동의가 필요한 조약이 아니라 법적 구속력이 없는 일종의 '신사협정'으로 판단한 별개의견이 법리상 무리가 덜하다.

또 한편 동 사건은 규범통제의 가능성의 관점에서 국내법과 같이 취급하기 어려운 국제조약과 관련된 권한쟁의라는 점에서 특수성이 고려되어야 한다. 다만, 억측인지 모르겠으되, 헌재의 각하결론과 그 논증상의 결함이 법리적으로나 현실적으로 부담이 적지 않은 조약의 유·무효 확인과 연계되는 본안판단을 원천적으로 회피하려는 선판단에서 비롯된 것은 아닌가 하는 의문이 없지 아니하지만, 조약과 관련해서는 핵심

논점만 정리하는데 그친다.

요컨대, 본 평석의 주된 관심은 두 가지 전제, 즉 '제3자소송담당'의 허용성에 대한 판단유보와 본 사건 별지목록 조약의 국회동의 필요 여부가 적법성판단의 단계에서 간단하게 부정될 만큼 명백하지는 않다는 유보적 예단을 전제로, 대통령과의 대외적 관계에서 국회의원의 심의표결권 침해의 직접적인 연관성을 간명하게 부인한 의견에 대한 비판적 검토와 국회대의과정의 본질과 구조, 특히 자유위임원칙의 헌법규범적 의미와 효용에 대한 헌재의 이해부족을 지적하는데 모아진다.

2. 권한쟁의제도의 특성과 기능

국가기관 간 권한쟁의심판제도는 국가기관 상호간에 헌법적 권한 및 의무의 존부와 그 행사에 관하여 다툼이 있고, 그것이 자체적으로 조정, 해결되지 못하는 경우에 헌법재판소가 유권심판함으로써 '헌법적인 권한관계'를 명확하게 확인하여 그 다툼이 원활한 국가운영에 장애를 초래하는 소모적인 정치적 분쟁으로 지속되지 않도록 최대한 단시간 내에 종결해주는 데 그 목적과 의의가 있다.[2)]

이러한 점에서 권한쟁의제도는 헌법재판의 기능 중에서 헌법보호와 권력통제 및 정치적 평화유지 등의 객관적인 기능이 부각되는 전형적인 객관적 소송이다. 개인의 권리구제에 우선 초점을 맞추는 주관적 소송과 달리 헌법의 정치규범으로서의 특성과 기능, 특히 헌법규범과 헌법현실의 갭 속에서 안정성과 유연성, 정당성과 효율성을 동시에 살려나가면서 헌법의 규범적 효력을 보장하는 객관적인 헌법보호기능이 주목되어야 한다.

이러한 맥락에서 권한쟁의심판에서는 본안판단은 물론이고 청구인적격 등 요건심사의 단계에서도 관련되는 소송법제도나 정치법제와 함

2) 헌재결 1997.7.16. 96헌라2, 판례집 9-2, 163면 참조.

께 권력구도나 정당구조, 선거문화 등 제도외적인 정치현실과 규범환경을 입체적으로 고려하는 균형적인 관점과 시각이 요구된다.

3. 두 가지 전제 검토

(1) '제3자소송담당' 문제

여기에서 상론은 생략하지만, 법상 명시적인 근거규정이 없는 경우에도 헌법과 법률의 해석을 통해 국회의 부분기관 또는 개별 국회의원의 전체기관인 국회를 위한 '제3자소송담당'의 심판청구를 인정할 수 있는지 여부는 이론적으로 논란이 되고 있다.[3] 민법상 대리인 또는 소액주주대표소송과는 그 구조와 기능이 다르고 또 타인의 이름으로 타인의 권한을 주장하는 것도 아닌 '제3자소송담당'은 계쟁대상인 권한의 주체도 아니고 또 독자적으로 권한을 행사할 수도 없는 조건 하에서 자신의 이름으로 그 권한을 주장한다는 점에서 독특한 기능과 소송법적 구조를 갖는다.[4]

하지만 개별 국회의원이 '제3자소송담당'의 형식으로 권한쟁의심판을 청구할 수 있는지 여부는 별다른 실익이 없다.[5] 개별 국회의원이 독자적인 헌법기관의 지위에서 인정되는 헌법 및 국회법상의 권한침해를 이유로 직접 당사자로서 권한쟁의심판을 청구할 수 있을 뿐만 아니라, 설령 '제3자소송담당'이 인정된다고 하더라도 그것이 단계적으로 선행되어야만 하는 것은 아니기 때문이다. '제3자소송담당'의 헌법상 의의와 인정의 논거로 제시되는 소수보호와 여당과 야당 간의 기능적 권력통제

---

3) 이에 관해서는 김선택, 헌법사례연습, 2001, 1000면 이하; 이성환, 권한쟁의심판에서의 당사자능력과 당사자적격, 공법연구, 제33집 제2호(2005.2), 209-211면; 헌재결 1998.7.14. 98헌라3. 긍정적인 입장으로는 허영, 헌법소송법론, 2007, 307면 이하.

4) 허영, 전게서, 309면.

5) 예컨대, 김선택, 조약체결에 관한 정부 국회간 권한배분, 한국헌법학회 국제경제법학회 공동학술대회 발표문2006.11.18, 45면; E. Benda/E. Klein, Verfassungsprozessrecht, 2001, S. 416; K. Schlaich, Das Bundesverfassungsgericht, 2. Aufl., Rn. 81ff.

를 통한 헌법보호[6]의 실효성은 적어도 전체기관인 국회의 동의권과 함께 또는 논리적으로 그에 앞서 개별 국회의원의 권한침해가 연관되는 동 사건과 같은 대심구조에서는 소송실무상 각별한 의미를 갖지 못한다. 다만 예컨대, 본 사건과 달리 여당이나 유력 다수야당 교섭단체 소속의 국회의원이 당론을 거슬러서 개별적으로 권한쟁의심판을 청구한 경우라면 우선 '자유위임원칙'의 관점에서, 야당 소속 교섭단체가 청구한 경우에는 '야당보호'의 관점에서 접근될 수 있을 것이다.

여기에서는 입법정책과 법도그마틱의 관점에서 공히 고려해야 할 두 가지 기본적인 단서만 제시한다. 헌재가 설시하고 있는 바와 같이, 첫째는 특정한 기능과 연계하여 구체적인 법적 지위와 권한이 조직화된 '전체기관'(Gesamtorgan)은 원칙적으로 조직법 또는 소송법상 명시적인 근거규정이 있거나, 그렇지 않은 경우에는 다수에 의해 위임되거나 적어도 명시적인 반대가 없는 경우에만 '부분기관'(Teilorgan)에 의해 대표될 수 있다는 점이다. 각각 전체 국민의 대의기관인 국회와 개별 국회의원의 경우, 전체와 부분간의 구조와 기능적 관계가 일반적인 기관과는 다르다는 점을 감안하여도 그것이 개별 국회의원의 의회 전체에 대한 대표성을 당연히 인정해야만 하는 근거가 되지는 못한다.[7] 독자적인 헌법기관인 개별 국회의원은 공공복리를 지향하는 '추정적 국민의사'를 찾는 과정에서 추상적인 '관념적 크기'의 전체 국민을 대표하는 것이고, 반면에 '전체기관'으로서 국회는 대의과정을 통해 형성된 구체적으로 확정되었거나 또는 잠재적으로 확정될 수 있는 '실증적인 기관의사'를 대표하는 것이기 때문이다.[8]

---

6) 허영, 전게서, 309면.

7) 부인론의 대표적인 예로는 D. C. Umbach, FS. Zeidler, Bd. II(1987), S. 1252f.; E. Benda/E. Klein, a.a.O., Fn. 71에서 재인용.

8) 예컨대, 동의안제출을 요구하는 결의안이 발의되었고, 그것이 부결된 경우에 다수의 의사에 반해서 소수 또는 개별 국회의원이 '제3자소송담당'의 형식으로 국회의장을

둘째는 전술한 경우에 해당되지 않음에도 불구하고 개별 국회의원의 국회 전체에 대한 대표성이 인정되기 위해서는, 기관 전체와 부분의 헌법적 지위와 권한이 상호 불가분의 관계에 있기 때문에 '전체기관'의 대표성 속에 포괄되지 않고서는 '부분기관'의 독자적인 권한의 침해가 주장될 수 없는 조건이 충족되어야 한다는 점이다. 그런데 본 사건의 경우도 그러하듯이, 이에 해당되는 경우는 실제로 찾아보기 어렵다.[9)]

결국, 실제 가능성은 희박하겠지만 현실적으로 교섭단체나 국회의원 개인의 '제3자소송담당'은 다음과 같은 경우에 인정될 수 있을 것이다. 예컨대, 국회에서 동의안제출을 요구하는 내용의 결의안이 발의되어서 과반수의 찬성으로 의결되었는데 정부가 동의안을 제출하지 않는 상황에서 국회의장이 권한쟁의심판 등의 조치를 취하지 않는 경우나 또는 정부가 제출한 비준동의안이 부결되었음에도 불구하고 당해 조약이 시행되는 경우에는 특정한 내용의 실증적인 기관의사가 이미 확정되어 있는 점에서 설령 다수가 반대하는 경우라고 하더라도 국회의원 개인 또는 교섭단체가 자신의 이름으로 국회 전체의 확정된 의사를 대표하여 국회의 권한회복을 위한 '제3자소송담당'을 담당하는 것이 문제가 될 것이 없다.[10)]

상대로 권한쟁의심판을 청구하는 것을 허용한다면 그것은 다수결원칙과 국회의 의사자율권에 대한 침해의 문제를 떠나서도 국회전체를 대표하여 국회 자신을 상대로 하는 '자가소송'을 인정하게 되는 논리적 모순을 피하기 어렵다.

9) 소수보호의 관점에서 원내교섭단체(Fraktion)에 한해서 다수의사에 반해서라도 '제3자소송담당'(Prozess-standschaft)을 인정하고 있는 독일의 확립된 해석례는 그것이 정당국가화 현상에 따른 정부여당 대 야당의 2권분립구도를 제도적으로 용인하는 것이고, 그에 따라 의회의 정부통제기능이 사실상 야당교섭단체로 이전되는 중차대한 결과를 가져오는 것인데, 정부형태를 포함하여 정당의 체제와 구조, 선거문화와 대의구조 등 제도 및 제도외적 여건이 크게 다른 우리가 그대로 원용할 수 있는 것이지는 의문이다. Vgl. BVerfGE 1, 351(359); 2, 347(365f.). Benda/Klein, a.a.O., RN. 1022.

10) 이 문제와 관련된 다양한 견해의 소개와 원칙적인 긍정론으로는; 조약체결에 관한 정부 국회 간 권한배분, 한국헌법학회 국제경제법학회 공동학술대회 발표문, 2006.11.18,

요컨대, 조약에 대한 국회동의권의 의미와 기능을 확정된 기관의사, 즉 대의의 결과에만 초점을 맞추지 아니하고, 토론과 대화를 통한 상호 설득과 타협의 대의과정을 주목하는 관점에서 파악해야 한다는 점을 고려하면 일반적인 '전체와 부분'의 관점에서 국회의 동의권과 개별 국회의원의 심의표결권을 분리하여 취급하는 것은 설득력이 떨어진다. 다만, 이 문제와 독자적인 헌법기관으로서 개별 국회의원의 청구인적격은 별개의 문제이다. 말하자면 '제3자소송담당'을 부인하는 관점과 그에 따른 논거는 개별 국회의원의 청구인적격에 대한 부정론의 근거로 원용될 수 없다. 이론적으로 두 가지 소송형식은 병렬의 관계에서 선택적 청구의 대안으로 검토될 수 있는 것이고 또한 설령 '제3자소송담당'이 인정된다고 하더라도 그것이 단계적으로 선행되어야만 하는 것도 아니기 때문이다.

(2) 대외적 관계에서 심의표결권침해의 연관성

형식적으로 보면 국회동의권이라는 것이 전체기관인 국회의 권한으로서 그 구성원인 국회의원의 국회 내부에서의 토론과 타협의 결과로 행사되는 것인 점에서 개별 국회의원의 심의표결권과는 분명히 구별된다. 하지만 그 실질을 보면 동의안에 대한 의결 또는 부결을 통한 동의권한의 행사는 전체 국민을 대표하는 국회의원과 교섭단체들의 개별적 또는 집단적 대의, 말하자면 '국가이익을 우선'하여 '양심'에 따른 토론과 설득의 과정에 따른 결과일 뿐이다. 이는 소송법상 권한쟁의심판의 청구인적격 인정으로 연결되는 필연적인 논거가 되는 것은 아닐지라도,[11] 적어도 논리적으로 개별 국회의원의 심의표결권과 연관되지 않으면서 국회의 동의권에 대한 침해만이 문제가 되는 경우는 거의 상정하기 어렵다.

45면. Benda/Klein, a. a. O., S. 416; K. Schlaich, a.a. O., Rn. 81ff.

11) 이 점과 관련해서는 이명웅, 국회의원의 심의표결권이 침해될 수 있는지 여부(헌재결정 연구), 법률신문, 2007.8.27. 14면.

현실적으로 가능성이 극히 희박한 경우이겠지만, 예컨대, 국회에 제출된 조약비준동의안이 정상적인 심의표결절차를 거쳐 부결되었음에도 불구하고 대통령이 조약비준을 강행하는 경우가 있다면, 우선은 탄핵사유에 해당되는 헌법침해의 사태가 되겠지만, 법리상 개별 국회의원의 심의표결권에 대한 침해와는 무관하게 전체기관으로서 국회의 동의권에 대한 침해도 주장될 수 있을 것이다. 그러나 이러한 예는 정상적으로 진행된 국회대의과정의 결과로 확정 및 행사된 국회의 동의권한이 사후적으로 침해된 경우이지만, 본 사건과 같은 경우는 적어도 별지목록의 합의문에 대한 국회의 동의권행사의 내용을 결정하는 대의과정, 즉 국회의원 심의표결권의 행사기회 자체가 사전에 원천적으로 봉쇄된 것이라는 점에서 국회의원 심의표결권의 침해와 국회동의권의 침해가 상호 아무 연관도 없는 유리된 것일 수는 없다. 말하자면 전체기관인 국회의 동의권이 침해되었기 때문에 국회의원의 심의표결권 침해가 문제가 되는 것이 아니라, 오히려 우선 개별 국회의원의 심의표결권에 대한 침해에 따른 결과로 또는 적어도 그것과 함께 국회의 권한침해가 문제가 되는 것으로 이해되어야 한다.

또한 헌재의 논리를 그대로 받아들인다면, 예컨대 12.12. 사태 이후 전두환 등 신군부세력에 의해 주도된 일련의 다단계쿠데타 과정에서 벌어진 사태와 같이, 대통령에 의해 선포된 비상계엄에 대하여 그 해제요구의 여부, 즉 전체기관으로서 국회의 계엄해제요구권의 행사 여부에 대하여 심의하고 표결하기 위해 등원하는 국회의원들의 회의참석이 대통령의 명령에 의해서 물리적으로 저지되는 경우에도 국회 이외의 다른 국가기관과의 '대외적 관계'이기 때문에 국회의 권한에 대한 침해만이 문제가 될 뿐이고, 개별 국회의원의 심의표결권을 침해하는 직접적인 법적 효과는 인정되지 않는다는 납득할 수 없는 결론도 피할 수 없다.

요컨대, 헌재는 그 연관성 부인의 논거로 '대외적 관계'를 제시하였는데, 본 사건에서 문제가 되는 조약비준에 대한 국회동의절차에서와 같이 전체기관인 국회의 동의권행사의 핵심적인 선재조건인 개별 국회의원의 심의표결권행사의 기회 자체가 바로 대통령과의 '대외적 관계'에서만 그것도 일방적으로 결정되는 사정에 대해서는 아무런 설명이 없다. 국회의원의 심의표결권 침해가 이른바 '날치기통과'의 경우와 같이 통상적으로 '대내적 관계'에서 문제가 되는 것은 사실이지만, 본 사건에서와 같은 '대외적 관계'에서도 - 또는 오히려 권한침해의 발단이 바로 '대외적 관계'에서 비롯되었기 때문에 - 직접 연관될 수 있는 것 아닌가?

(3) 소결

결국, 헌재는 개별 국회의원의 '제3자소송담당'을 부인하는 동시에 대외적 관계에서 국회의원의 심의표결권이 침해될 가능성이 없다는 이유로 대통령을 상대로 하는 국회의원의 권한쟁의심판 청구인적격을 부인하였다. 그렇다면 후술하는 바와 같이 본 사건과 같은 권한쟁의는 현재 법상태에서 명시적으로 소권을 인정하는 헌법 또는 법률상의 근거규정이 있기 전까지는 헌재의 개입 없이 그대로 정치현실에 맡겨둘 수밖에 없게 되는데, 과연 이러한 관점과 그에 따른 해석의 결론이 무리한 '사법적극주의'에 대한 합리적인 '사법소극주의'로 설명될 수 있는 것인지 또 후술하는 바와 같이 명시적인 규정이 없는 같은 법상태에서 의견을 변경하여 국회 전체가 아닌 교섭단체 및 국회의원 개인의 청구인적격을 인정하는 타당한 결정을 내린 헌법해석의 적극성이 왜 이 경우에는 적용될 수 없는 것인지 등에 대한 답은 헌재의 몫이다.[12)]

---

12) 결정문을 간단하게 작성하려는 의도에서 생략되었는지는 모르겠으되, 저자는 '헌법소송실무에 대한 오해'가 아니라, 바로 이 논점이 기술적인 이유로 생략될 수 있을 정도로 간명하게 결론이 나오는 것이 아니하는 점에서 그러한 인식과 그에 따라 필요한 만큼의 양과 질을 갖춘 답을 전혀 제시하지 않은 것을 '논증상의 중대한 흠결'로 평가하여 지적한 바 있다. 법률신문, 2007.8.13, 15면. 이에 대한 반론은 이명웅, 전게평석문.

Ⅳ. 개별 국회의원의 당사자적격 인정 여부

1. 개요

국회교섭단체와 국회의원의 권한쟁의심판 청구인적격은 원칙적으로 인정하는 견해가 통설이다. 헌재의 입장도 부인하는 결정[13)]의 의견을 변경하였는 바, 헌법재판소법 제62조 제1항 제1호의 규정을 한정적인 '열거조항'이 아니라 '예시조항'으로 해석하여 국회의원의 청구인적격을 인정하는 일관된 입장을 견지하고 있다.[14)] 99헌라1의 결정까지는 국회의원의 청구인적격을 부인하는 소수의견이 있었지만, 2002헌라1의 결정에서는 견해가 통일되었다. 다만 종래의 결정들은 국회 내부의 의사진행 및 정리행위와 관련된 권한쟁의, 즉 국회의장을 상대로 국회의원들이 심판을 청구한 권한쟁의사건이었고, 본 사건은 국회의원이 대통령을 피청구인으로 하여 제기한 권한쟁의로서 그 '헌법적 권한의무관계'의 구도가 다르다는 점에서 차별화된 취급과 논증이 요구되는지 여부에 대한 검토가 필요하다.

기술편의상 결론부터 제시한다면, 사태와 헌법규범 어느 측면에서든 국회의원의 청구인적격을 부인하는 방향으로 재검토해야 할 어떤 헌법이론적 단서도 발견되지 아니하고, 오히려 인정의견을 보강하는 방향에서 헌법해석의 '관점'이 더욱 부각된다.

2. 관점의 차별화의 필요성 - 선택과 조합의 대안

이제까지 권한쟁의사건 중에 국가기관 간 권한쟁의심판은 전부 소수당 교섭단체나 국회의원들이 국회의장을 피청구인으로 하여 제기된 것들이었다. 다만 전술한 바와 같이 처음으로 반대의견 없이 국회의원

13) 헌재결 1995.2.23. 90헌라1.

14) 헌재결 1997.7.16. 96헌라2; 1998.7.14. 98헌라1; 2000.2.24. 99헌라1; 2003.10.30. 2002헌라1.

의 청구인적격을 인정한 2002헌라 1사건의 경우와 그 이전의 일련의 사건들은 - 형식적으로는 차이가 없지만 - 실질적으로는 대립의 구조와 성격이 구별된다. 말하자면 전자의 경우 외견상으로는 국회의장이 피청구인이기는 하지만, 실제 쟁점은 정당 또는 교섭단체와 소속 국회의원 간의 권한관계에 관한 다툼이었고, 후자의 사건들은 대부분 국회 다수당과 소수당 간의 정치적 대립이 핵심이었다.

이러한 점에서 최초로 전원일치로 국회의원의 청구인적격을 인정한 전자의 결정은 대안으로 주어지는 헌법해석의 두 가지 관점, 즉 자유주의적 대의민주제와 연관된 '자유위임원칙의 관점'과, 정당국가적 대의제, 특히 정당을 축으로 한 집단적 대의현상과 연계된 '소수보호의 관점' 둘 중에 전자의 관점을 우선 선택한 결론이었다고 한다면, 반면에 이전의 결정들은 국회와 정부가 아니라 정부여당과 야당을 양극으로 하는 일반적인 정치적 대립구도를 전제로 한 '소수보호의 관점'에 따른 해석론이었다.

요컨대, 전자의 결정에서 본안판단의 결론은 정반대로 정당국가적 관점에서 논증되었다는 점을 별론으로 하더라도, 적어도 국회의원의 청구인적격의 문제는 정당을 축으로 운영되는 집단적 대의민주제의 헌법현실, 특히 이른바 '여당과 야당 간의 2권분립구도' 속에서 권한쟁의제도의 정치적 분쟁해결기능에 초점을 맞춘 '소수보호의 관점'에서 정리되었다고 할 수 있다.

그러나 국회의원의 청구인적격의 문제와 관련하여 '정당국가의 관점' 또는 '소수보호의 관점'과 '자유위임원칙의 관점'이 항상 획일적인 논증구도 속에서 양자택일의 대안으로만 주어지는 것은 아니다. 전술한 바와 같이 권한관계의 대립구도의 유형과 사안에 따라 '관점선택의 관점'이 달라질 수 있을 뿐만 아니라, 또한 '관점'들 간의 보완적인 조합의 대안도 가능하다.

동 사건에서와 같이 국회의원이 국회의장을 상대로 권한쟁의심판을 청구하는 것이 아니라 국회의 동의권침해를 이유로 하는 '제3자소송담당'과는 무관하게 직접 정부 또는 대통령을 피청구인으로 하여 심판을 청구하는 경우, 일반적으로는 정당국가적 관점과 연계된 '소수보호의 관점'이 우선될 것이지만, 예컨대 여대야소나 여소야대의 의석구도, 심판을 청구한 개별 국회의원의 여야 소속(무소속의 경우 포함) 또는 여야당 간의 합의에 따른 국회 전체의 의견과 개별 국회의원의 의견이 대립되는 경우 등 구체적인 사태의 구조와 내용에 따라 '야당보호' 또는 중립적인 의미의 '소수보호'의 관점, '자유위임원칙'의 관점들이 다양한 방향에서 선택 및 조합될 수 있을 것이다.

이 선택과 조합의 방향과 결론은 기본적으로 교차적 관계에 있는 헌법규범과 사태에 대한 선판단에 의해 규정된다. 다만, 동 사건의 경우에는 그 구도와 양태로 보아서 종래 긍정적인 해석론의 준거가 된 '야당보호'의 관점과, 대립구도에 따라서는 배제관계에 있을 수도 있는 '자유위임원칙'의 관점이 개별 국회의원의 청구인적격을 인정하는 방향에서 상보적인 관계로 조합된다. 이 사건의 청구인적격문제와 관련하여 '야당보호'의 관점을 재론할 이유는 없고, 다만 정당국가적 대의제의 헌법현실 속에서도 결코 자유위임원칙의 핵심적인 규범적 의미와 가치가 부인될 수는 없다는 점과 그 이유를 간단히 정리해본다.

3. '자유위임원칙'의 헌법규범적 의의와 효용

대의기관을 구성하는 선거를 비롯한 정치과정과 국가의 정책결정이 정당 및 교섭단체의 축과 도관에 의해서 주도되는 정당민주주의의 헌법현실 속에서 고전적인 대의제도의 틀 속에서 정립된 국회의원직의 자유위임원칙의 헌법규범적 의미와 가치가 그대로 유지될 수는 없다. 유권자와 개별 국회의원 간의 인간적인 신임관계와 '개별적 대의'를 요소로 하는 고전적인 대의제도의 원형이 이른바 '집단적 대의현상'과 그에 따른 '정당기속' 또는 '교섭단체기속'이 불가피한 정당국가의 현실에 그대로 대입될 수는 없기 때문이다.

하지만 그렇다고 해서 '자유위임관계'가 완전히 '명령적 위임관계'로 변환 대체된 것으로 보거나 또는 헌법해석의 관점으로 정당국가의 관점의 일방적인 우선성을 전제로 이른바 '원칙-예외의 형식'에 따라 '자유위임원칙'의 헌법규범적 의미와 가치를 사실상 부인하는 헌법해석론이 타당하다는 결론을 내리는 것은 지나치게 성급한 예단이 아닐 수 없다. 적어도 아무런 유보조건 없이 정당국가의 헌법현실에 복속시키기에는 '자유위임원칙'에 의해서만 담보될 수 있는 순기능에 대한 헌법적 기대, 역으로 말하면 전면적인 '정당기속'에 의해 초래될 수 있는 역기능의 위험의 크기가 예사롭지 아니하다.

이러한 맥락에서 관건은 상충되는 헌법해석의 관점들 간의 적정한 절충과 타협을 통한 헌법규범과 헌법현실의 조화인데, 이 조화의 방안은 대의제도의 기능을 규정하는 정치제도를 포함하여 사회구조나 선거문화, 정당의 구도와 구조 등 제도외적인 복잡다양한 환경조건의 현황과 변화에 대한 포괄적이고 입체적인 분석과 중장기적인 예측을 기초로 해서만 모색될 수 있다. 또한 구체적인 제도설계와 운용에 대한 헌법적 지침은 사태의 구조와 성격에 따라 적정하게 차별화하여 탐색될 수밖에 없다. 다만 여기에서는 이 절충과 타협의 탐색과정에서 간과되어서는 아니 되는 '자유위임원칙'의 헌법철학 및 헌법정책론적 함의만을 강조한다.

우리 헌법 제46조 제2항은 국회의원이 '국가이익을 우선'하여 '양심'에 따라 직무를 행하여야 한다고 규정하고 있다. 우선 국가이익우선의 지침은 공공복리지향의무를 뜻하는 바, 여기에서 '양심'은 자연인 개인의 '양심'과는 구별된다. 국민 전체를 대표하는 공직자로서 국회의원의 직무상 공공복리실천의무와 연계된 '양심'은 의회민주주의원리에서 일종의 '규율적 이념'(regulative Idee)인 '이성적 대화와 논증'의 요청에 대한 거부를 정당화하는 관점이 될 수 없다. 더욱이 입법부담을 비롯하여 양적 질적으로 직무부담이 크게 증대된 환경 속에서 개별 국회의원이 다양한 생활영역의 복잡한 사안에 대하여 전방위적으로 전문적인 식견을 갖고 독자적인 판단을 할 수는 없다. 정당국가의 '집단적 대의현상'은 이러한 대의환경에 적응하여 국회의원 직무수행의 양식이 자연스럽게 변화된 결과라고 할 수 있다. '집단적 대의'는 동료 국회의원 또는 정치적 이념과 기본적인 정강정책의 기조를 공유하는 같은 정당 및 교섭단체 소속 국회의원들의 '이성'과 전문적 식견에 대한 기본적인 신뢰를 전제로 역할을 분담하는 구조이고, 따라서 이 속에서 '양심'은 다분히 집단적인 공동책임과 연계된 '양심'일 수밖에 없다.[15)]

그러나 이러한 인식론적 언어인 '이성'과 '공동책임의 양심'으로 윤리철학적 언어인 '양심'에 내포되어 있는 헌법철학적 의미와 헌법정책론적 의미와 가치가 다 설명될 수는 없다. 우선 '양심'은 그것이 국회의원의 공직의무와 연관된 것이라도 본질적으로 개인, 즉 사람만이 주체가 될 수 있기 때문이다. 조직과 전체는 품격은 가질 수 있지만, '양심'의 토대이고 원천인 인격의 주체는 될 수 없다. 또한 전체가 단순한 부분의 합이 아니라 그것을 넘어서고 또 집단과 조직이 이성적 대화의 동인을 상실하지 않기 위해서는 개인(부분)과 사람의 독자성이 보장되어야 한다.[16)] 다원적 대중사회에 상존하는 '집단적 양극화'(group polarization)와 '의제된 진리'의 폭포현상(cascade)에 대한 경고[17)]는 관념적인 크기의 국민 전체를 대표하는 대의기관 전체 또는 통일된 조직으로서 국회와, 정치결

---

15) E. V. Heyen, Ueber Gewissen und Vertrauen des Abgeordneten, Der Staat Bd. 25, 1986, S. 52.

16) 이 점에 관해서는 이덕연, 정당국가적 대의민주주의에서의 선거와 정당에 대한 헌법재판소결정 평석, 헌법실무연구 제5권(2004), 150면 이하.

17) C. R. Sunstein, Why Societies Need Dissent, 2003, pp. 78, 111.

사체인 정당 및 교섭단체의 경우에 더욱 각별하게 주목되어야 한다. 전술한 정당국가적 대의민주제의 현실, 특히 지도자나 정강정책에 대한 국민투표적 성격이 강화되고 있는 정당 중심의 선거경향이나 그에 따른 정당을 통한 권력통합현상 등을 고려할 때 정당과 교섭단체 전체와 조직의 독재화나 과두화의 위협은 단순히 이론의 차원에서만 상정되는 것이 아니라 현실화될 수 있는 가능성이 더욱 크기 때문이다.[18)]

의원내각제정부형태는 차치하더라도 정당 중심의 선거법제나, 사실상 정당득표에 의해 의석수가 정해지고 정부가 구성되는 등 정당국가적 대의제도가 정착된 독일에서도 여전히 자유주의적 대의민주주의의 원칙, 특히 그 핵심인 자유위임원칙의 규범적 효용을 경시하지 않는 이유도 다른 데 있지 아니하다.[19)] 특히 대부분은 야당교섭단체가 청구하는 경우이지만, 개별 국회의원 자신의 헌법상 권한침해를 이유로 하는 권한쟁의심판의 청구인적격의 문제에 대하여 학설상 이견을 찾아보기 어렵고, 연방헌법재판소가 일관되게 인정하는 입장을 견지하고 있는 것도 같은 맥락에서 이해된다.[20)]

이러한 문제인식은 상대적인 효용의 크기는 다르지만, 비단 극단적인 독재화의 위험과 관련된 예외적인 경우에만 해당되는 것은 아니다. 기본적으로 '선택과 집중'으로 역할을 분담하고 책임을 공유하는 '집단적 대의'의 통상적인 과정에서도 상당 부분 그 결론의 타당성과 그에 대한 신뢰의 크기를 결정하는 것은 절차적 정당성이고, 절차적 정당성의 핵심은 의사결정과정에서 부분과 개인에게 반성적 사유의 계기를 제공하고 이견과 비판을 제기할 수 있는 기회를 최대한 보장하는 것이다.

---

18) 정당국가의 부정적인 측면에 대해서는 장영수, 한국헌법의 장래와 정당민주화의 의미, 공법연구 제30집 제3호(2002.2), 9면.

19) Vgl. Heyen, S. 35ff.

20) Vgl. E. Benda/E. Klein, a.a.O., S. 416; BVerfGE 10, 10f.; 60, 379f.; 62, 32; 70, 350f.; 80, 208f.; 94, 365; 99, 29f.

요컨대, 자유위임원칙의 헌법규범과 정당국가의 헌법현실은 획일적이고 전면적인 선후 또는 배제의 관계에서 선택의 대안으로 주어지는 것이 아니라, 국회의원 개인의 '양심'과 집단 전체와 조직에 대한 신뢰 및 그와 연계된 '공동책임의 양심'에 초점을 맞춘 관점들 상호간에 절충과 타협을 통한 조화적 통합의 과제로 주어진 것으로 이해된다. 기술한 바와 같이 적정한 타협점은 사태의 맥락과 구조 및 규범환경의 다양한 변수들에 따라 차별화될 수밖에 없다. 다만 전술한 '자유위임원칙'에 내포된 헌법철학적, 헌법정책적 함의와 또 한편 정당기속과 교섭단체기속이 자연스럽게 유도 내지는 사실상 강제되는 정당국가의 구조적 조건들을 고려하면, 국회의원직의 자유위임관계의 핵심, 즉 직무상 '양심' 이외의 어떤 선입견과 지시에 의해서도 강제되지 않을 자유, 특히 '공동책임의 양심'에서 벗어나서 독자적인 책임을 감수하면서 이견을 제시할 수 있는 기회 자체는 제도적으로 최대한 보장되어야 한다는 지침은 확인할 수 있다.[21)]

V. 조약과 관련된 사태의 특수성

1. '최대한 조기종결'의 요청

본 사건은 조약의 비준에 대한 동의안을 국회에 제출하지 아니한 대통령의 부작위로 인해 국회의원의 헌법적 권한, 즉 심의참여 및 표결권을 침해하였다는 이유로 청구된 권한쟁의라는 점에서도 종래의 국가기관 간 권한쟁의사건들과는 사태의 성격이 구별된다.

---

21) 이러한 점에서 2002헌라1 사건에서 국회의원이 양심에 따라 독립하여 표결하는 권한을 '불가침, 불가양의 권한'으로 보고, 개별 국회의원의 '국민전체 대표성'을 강조한 권성 재판관의 반대의견은 시사하는 바가 적지 아니하다. 헌판집 15-2(하), 37면 이하.

우선 학설상으로는 긍정설과 부정설이 교차되고 있지만,[22] 우리 헌재는 확립된 의견으로 긍정하고 있는 바,[23] 조약에 대한 규범통제의 가능성 여부에 대한 상론은 약한다. 다만, 조약의 국제법규범으로서의 특성, 특히 국제법상 효력과 국내법상 효력이 상호 조건관계로 연계되어 있지 아니하고 별도로 분리되어 발생된다는 점에서 조약에 국내법적 규범통제의 원용에 대해서는 회의적인 의견이 우세한데,[24] 이는 국가 간의 고도의 정치적인 타협의 결과인 조약의 법목적과 기능상의 이질성을 고려할 때, 사법심사를 통한 위헌심판의 경우에 초래되는 국가의 권위와 신뢰 실추, 국제법적 책임 등 규범통제제도를 조약에 적용하는 경우 법적으로, 현실적으로 정리 및 수습하기 어려운 문제들이 불가피하기 때문이다.

특히 조약의 체결을 정부가 주도하고, 대통령의 비준에 대한 동의, 즉 사실상 사후추인의 형식을 통해서 국회가 통제하는 결정의 구조와 과정에 따른 한계[25] 속에서 위헌조약의 국내법적 효력발생을 제지하는 방법으로 규범통제보다는 조약탈퇴가 바람직하고, 규범통제를 원용하는 경우에도 사전적 또는 예방적인 규범통제가 적합하다는 의견이 압도적으로 우세한 바,[26] 본 사건과 관련하여 이러한 헌법정책론적 논의에서 주목되는 지침은 '최대한 조기종결'의 요청이다.

---

22) 대표적으로 허영, 한국헌법론(2007), 177면 이하; 정종섭, 헌법학원론(2007), 225면 이하 참조.

23) 예컨대, 헌재결 1995.12.28. 95헌바3; 1999.4.29. 97헌가14; 2001.9.27. 2000헌바20.

24) 국회의 동의를 얻지 못한 조약의 국제법적 효력과 관련해서 조약법협약 제46조의 해석에 따라 '명백하고도 본질적으로 중요한' 국내법규(예컨대 헌법 제60조 제1항)에 위반으로 무효인 경우에는 예외적으로 국제법상으로도 무효를 주장할 수 있다는 견해도 조심스럽게 제시된다. 예컨대, 이상석, FTA의 비준과 동의, 대한변협신문, 2007.8.13. 5면. 다만, 이론적인 주장을 넘어서 현실화될 수 있는 가능성은 희박할 것이다.

25) 김선택, 전게논문, 37면 이하 참조.

26) 정종섭, 전게서, 226면; 최승재, 조약 이행입법에 대한 규범통제에 대한 시론, 법률신문 2007.5.28, 연구논단.

2. 적절한 해결방법의 대안부재

이러한 조기종결요청의 관점에서 본 사건의 사태, 즉 이미 시행 중인 조약의 별지목록에 포함된 내용이 헌법 제60조 제1항에 의거 그 비준에 국회동의를 별도로 필요로 하는 사항인지 여부와 관련하여, 비준동의안을 국회에 제출해야 하는 대통령의 헌법상 의무와 당해 조약의 비준에 대한 국회의원의 심의표결권의 존부 및 국회동의 없는 대통령의 비준행위의 위헌 여부에 대한 다툼은 그 구조와 성격상 권한쟁의심판 이외에 다른 효과적인 해결방법이 없다.

우선 행정소송법상의 기관소송이 대안이 될 수 없고,[27] 본 사건의 경우 공포되지 아니한 점에서 위헌심사의 대상이 될 수 있는지부터 의문이지만, 설령 조약에 대한 규범통제가 가능하다고 하더라도 그것은 적어도 신속성의 관점에서 적절한 해결방법이 될 수 없다. 개인의 구체적인 권리와의 관련성보다는 우선 '국민에게 재정적 부담을 지우는 조약'과 관련된 본 사건의 경우도 그러하지만, 추상적 규범통제제도를 채택하고 있지 아니한 제도적 상황에서 사후적인 규범통제로 설계된 구체적 규범통제제도인 위헌법률심판은 권리침해의 직접성과 구체성 또는 책임성 등 적법성요건 때문에 그 자체가 극히 제한적으로 허용될 수밖에 없고 또 사후의 개별적이고 우연한 사정에 의해 제기 여부가 결정되는 행정소송법상 항고소송이나 입법불법으로 인한 손해에 대한 국가배상청구소송 등과 연계된다는 점에서 그러하다.

3. 소결 - 적법성판단과 본안판단의 연계성

전술한 바와 같이 국가기관간 권한쟁의심판에서 국회의원의 당사자능력과 청구인적격을 인정하는데 아무런 문제가 없다면, 본 사건에서

27) 행정소송법 제3조 제4호. 헌재결 1997.7.16. 96헌라2. 헌판집 9-2, 164면 참조.

적법성판단의 핵심쟁점은 결국 당해 별지목록 합의문의 비준이 헌법 제60조 제1항에 의거 국회의 동의를 필요로 하는지 여부, 말하자면 헌법해석과 법률(조약)해석을 통해 내려지는 본안심사단계의 판단과 연계된다. 요컨대, 당해 조약에 대한 대통령의 비준이 국회동의를 필요로 하지 않는다는 점이 의문의 여지없이 분명하게 확인되지 않는 한 적법성은 인정되어야 한다.

Ⅵ. 맺는 말

본 사건에서 전체기관으로서 국회의 동의권침해를 이유로 하는 '제3자소송담당'의 경우는 별론으로 하되, 적어도 개별 국회의원의 청구인적격문제에 관해서는 종래 국가기관 간 권한쟁의심판에서 헌법재판소가 확립한 의견을 재검토할 아무런 이유가 없다.

다만 이전의 권한쟁의사건에 대한 결정례에서는 '정당국가'의 관점이 청구인적격을 인정하는 해석론의 준거였다고 한다면, 동 사건에서는 '소수보호'의 관점과 연계된 국회의원직의 '자유위임원칙'이 핵심논거가 된다는 점이 다른데, 개별 국회의원이 대통령을 피청구인으로 한 동 사건의 대항구조에 따른 이 차이는 국회의원의 청구인적격문제에 대한 재론의 단서가 되지는 아니한다. 오히려 인정론을 보강하는 방향의 논거가 된다.

법목적과 결정절차, 효력발생의 요건 등이 국내법과 다른 조약에 대한 동의와 관련된 사건이라는 점도 국회의원의 청구인적격을 부인해야 할 이유가 되지는 아니한다. '최대한 조기종결'의 요청과, 다른 적절한 대안이 없다는 점 등이 긍정의 논거로 추가될 뿐이다.

요컨대, 국회가 정부가 주도하는 조약의 체결과정에 참여하거나 사전적으로 통제할 수 있는 수단을 전혀 갖추지 못한 현 상황에서 비망록,

각서 또는 합의문 등 그 형식을 어떻게 하든 적어도 조약비준에 대한 국회동의권의 핵심인 사후통제기능조차 형해화할 수 있는 형식오용의 잠재적인 위험성을 안고 있는 별지목록 형식의 조약의 허용범위와 한계, 즉 국회동의 요부에 대한 기준을 정리하는 본안판단이 진행되었어야 했다. 더욱이 한미 FTA체결을 계기로 EU와도 FTA협상이 이미 진행중이고, 앞으로 다양한 조약체결이 동시다발적으로 추진될 것이 예견되는 상황에서 향후 본 사건과 유사한 분쟁이 재발될 가능성이 높다는 점을 고려하면, 차제에 관련 쟁점을 정리할 수 있는 유용한 기회를 피할 이유는 전혀 없었다.

제11장
지젝(Zizek)의 관점에서 본 기초선거 정당공천문제*

I. 문제의 제기

2012년 제18대 대통령선거에서 새누리당과 박근혜 후보는 위헌우려, 책임정치의 실종 등의 이유를 들어 '상향식 공천'을 하겠다면서 슬그머니 기초선거 정당공천 폐지의 공약을 파기했다. 마찬가지로 공약했었던 민주당과 '새정치연합' 측도 지난 3월 26일 '새정치민주연합'으로 헤쳐 모이면서 '기초선거 무공천'을 재삼 확인하였지만, 4월 10일에 '국민과 당원의 뜻'을 명분으로 하여 급반전, 공천을 하기로 번복하였다.

중앙정치에 예속된 지방자치의 현실과 그것이 지방분권의 실현과 균형발전에 결정적인 장애가 되고 있다는 점, 그리고 이러한 현상이 중앙집권적 정당구조와 그에 따른 '하향식 공천'의 관행 및 지역구 국회의원들의 과잉개입에서 비롯된다는 점에 대해서는 이견을 찾기 어려울 것이다. 공약, 그것도 핵심공약을 파지(破紙) 버리듯이 파기하는 정치권의 무경우의 행태와 이로써 야기되는 대의정치와 정당민주주의에 대한 근본적인 불신과 냉소도 새삼 재론할 필요조차 없다.

하지만, 대의민주정의 불가피성과, 대의제도의 요소인 정당의 존재와 '정치적 도관기능'의 필수불가결성을 부인할 수 없다면, 말하자면 답답하고 안타까운 마음에 심정적으로는 기대고도 싶은 무정부주의와 현실적인 정치통합체로서 국가를 해체하는 대안을 선택하는 것이 불가능

---

* 법률신문, 2014.5.15, 연구논단.

하다면 무관심과 외면이 답이 될 수는 없다. 시민 모두가 '관찰자'가 아니라 '관계자', 즉 참여자로서 관심을 갖고 직시하고, 비판적으로 사유하는 것만이 유일한 방책이다. 불신과 냉소는 불가피한 것이기도 하지만, 그 자체가 문제는 아니다. 문제는 '비이성적인 현실'로 인해 야기된 불신과 냉소에 함축되어 있는 소망과 기대, 그리고 분노의 에너지를 건강하게 수렴하여 '현실적인 이성'으로 연결시키는 것이다.

Ⅱ. 지젝의 이데올로기 비판론

오늘날 이데올로기 비판의 담론을 선도한다고 해도 과언이 아닌 지젝은 에코(U. Eco)의 이데올로기 비판의 핵심테제, 즉 전체주의가 '공식적인 단어에 대한 독단적인 집착'과, '웃음 내지는 냉소적인 초연함의 결여'에 기인하는 것으로 보는 인식을 정반대의 역설로 반박한다.[1)] 민주주의건 전체주의건 오늘날 '냉소적인 거리두기'가 일종의 '게임의 일부'일 뿐이지, '냉소적 초연함'이 이데올로기의 가면 뒤에 숨겨져 있는 거짓을 간파하지 못하는 '순진한 의식'을 극복한 징표가 될 수는 없다는 것이다. 마르크스의 유명한 테제, 즉 "그들은 알지 못한 채 그것을 행한다"(Sie wissen das nicht, aber sie tun est)는 이데올로기 비판의식이 적어도 현대사회의 현실에는 적용될 수 없다고 본다. 오히려 오늘날 이데올로기적 왜곡은 사태의 본질 자체에 내장되어 있고, '냉소'는 보편적인 이데올로기의 지배적인 기능양식이라고 주장한다. 말하자면 "그들은 잘 알지만, 그럼에도 불구하고 여전히 그것을 행한다"(Sie wissen das, aber sie tun est). 요컨대, '냉소적 이성'은 더 이상 순진하지 않다는 것이다.

지젝은 이러한 '계몽된 허위의식의 역설'을 토대로 하여 전통적인 이데올로기 비판의 무용성을 논증하면서 이른바 '증상적 독법', 즉 "이

---

1) 『이데올로기의 숭고한 대상』, 이수련(역), 2013, 59면 이하

데올로기로 하여금 스스로가 구성되기 위해, 즉 자신의 일관성을 유지하기 위해 억압해야 했던 것, 다시 말해 자신의 빈 구멍을 대변하게 하는" 텍스트 해석방법이 더 이상 유효한 독법이 될 수 없음을 단언한다.[2] 라캉(J. Lacan)을 경유하여 헤겔을 변증법적으로 지양함으로써 '이데올로기에 대한 새로운 접근법'을 모색하는 지젝은 이를 통해 우리가 '탈-이데올로기의 조건' 속에서 살고 있다는 'post- modernism의 올가미'에 걸려들지 않으면서 오늘날 보편화된 냉소주의, 전체주의, 허약한 민주주의 같은 이데올로기 현상들을 적확하게 파악할 수 있을 것으로 기대한다.[3]

이러한 기대와 전망 속에서 지젝은 자신이 속한 세계의 한계를 벗어날 수 없는 숙명적인 현실과 그에 따른 주체의 근본적인 한계를 전제하면서, 동시에 이 한계 자체를 주체의 구성적인 힘으로 경험할 수 있는 가능성의 지평을 열어보이고자 한다. 하지만, 헤겔에 의존하여 라캉을 누비고 난 후 지젝이 제시하는 '전제의 정립'과 '정립의 전제'의 논리, 특히 '주체폐기'의 명제, 말하자면 철저히 무의미한 우매함 속에서 받아들이는 실재와 이것이 상징화된 것 사이의 간극을 열어놓기 위해서는 주체가 더 이상 자신을 주체로 전제하지 않는 것, 즉 자신의 주체성 자체를 폐지하는 대가를 지불해만 한다는 사변적인 이데올로기 이론 역시, 긍부정의 입장을 떠나서, 독해능력의 한계를 절감케 할 뿐이다.

다만, 올바르게 독해하였는지 잘 모르겠다는 전제 하에 또는 적어도 얼토당토않은 해석은 아닐 것으로 믿는 입장에서 읽건대, 역사와 세상 속에 존재하는 또한 주체가 문화활동을 통해 생산한 기호들을 거쳐서 (라캉의 말을 빌린다면 '누벼서') 주체에 이르는 반성, 즉 리쾨르(P. Ricoeur)가 말하는 '구체적인 반성'의 필수성과 당위성을 인식론적으로 확인하

2) 위의 책, 64면
3) 위의 책 31면

는 동시에 그 실천을 촉구하는 것이 핵심논지가 아닌가 추측해본다.[4] '전체와 부분'의 관계를 단순한 인식론적 관점에서 수직적인 것으로 이해하는 이른바 '강한 전체론'(starker Holismus)이 아니라 실제를 토대로 하여 '형태와 지평'의 수평적인 구도로 파악하는 '약한 전체론'(schwacher Holismus)과 연접해있는 것으로 보아도 무리는 아니지 않을까 싶다.

Ⅲ. 오인과 집착에 따른 잘못된 의제설정

현실적으로 그렇기도 하지만, 실제로는 그렇지 않으면서 단순히 지면의 제약을 이유로 내세우는 '이데올로기적 방식'(?)으로 생략하는 중간의 '누빔논의'는 독자의 독법에 맡기고, 무식한 작자만이 취할 수 있는 과감한 비약의 논법으로 떠오르는 상념을 제시하는 것으로 마무리한다.

한마디로 말하자면, 작금의 기초선거 정당공천폐지의 의제는 원천적으로 상정에서부터 공론의 중간과정 및 그 종결에 이르기까지 시종일관 잘못된 것이었다. 우선 정치적인 관점에서 보면, 문제제기 자체가 잘못된 것이었다. 하향식 공천의 관행과 국회의원의 과도한 개입 등이 지방자치 민주화에 결정적인 장애가 된다면 그것을 바로잡을 수 있는 제도와 정치환경의 개혁 과 개선방안을 모색해야지 정당공천제 자체의 폐기를 주장하는 것은 그 자체가 하향식의 비민주적인 인식에 따른 성급한 즉응적 문제제기에 지나지 않는 바, 전술한 이데올로기 비판론의 맥락에서 말하자면 '강한 전체론'의 수직적인 인식론과 연접한 이른바 '진정한 민주주의'의 명제와 본질이 다르지 않다. 지젝의 말대로, 모든 민주주의에서 부패하고, 무능력한 보통사람들에 의해 통치될 가능성을 완전히 제거할 수는 없다. 부정과 비효율의 위험도 마찬가지이다. 관건은 근원적인 흠결의 위험성을 직시하면서 완화와 개선의 노력을 계속 해나

4) 『해석의 갈등』, 양명수(역), 2001, 514면

가는 것이다. 원래 좀 야비하고, 비능률적인 것이 민주정치이다. 사람과 세상 자체가 그럴진대, '순정한 민주주의'를 기대하는 것은 비현실적이고, 따라서 실제적이지 못하다. 그렇기 때문에, 지젝이 단언하는 바와 같이, 이러한 내재적인 위험과 결함이 제거된 '진정한 민주주의'를 추구하는 것은 민주주의 차제를 폐기해버리는 정반대의 결과를 초래하게 된다. '순정성'은 철저하게 전체주의의 명제이다.[5]

또한 근본적으로 '불순한' 헌법의 관점에서 보아도 기초선거 정당공천의 여부는 '연불연'(然不然)의 '불구부정'(不垢不淨)의 문제이다. 오히려 정당의 '정치도관의 순기능'을 주목하고, 지방자치의 정치형성적 기능이나 정당의 지방선거참여를 전향적으로 평가하는 헌법재판소의 판례경향에 따르면,[6] 정당 스스로 공천을 하지 않는 것은 몰라도, 기초선거 정당공천의 금지가 법제화된다면 그것은 위헌으로 판단될 가능성이 농후하다. 이러한 맥락에서 볼 때, 정당과 '풀뿌리 민주주의'의 핵심인 기초지방자치를 격리 및 단절시키는 공천폐지가 얼마나 진지한 검토를 거쳐 이른바 '정치개혁' 또는 '새 정치'의 핵심의제로 설정되었던 것인지 의문이다. 과거의 심각한 폐단에 대한 기억과 함께 개혁의 필요성과 당위성에 대한 인식을 전적으로 공유하는 전제 하에 재삼 곰곰이 생각해 보아도, 극히 소박한 정략적 계산법이나 순정한 허위의 이데올로기에 사로잡혀서 현실과 당위로서 '정치'와 정치법인 '헌법'을 제대로 보고 '사유'하지 못한 상태에서, 즉 '구체적인 반성'을 거치지 않고 내린 '비정치적인 결정'이었던 것으로 여겨진다.

"반복에 대한 금지는 사유로부터 오는 것이지 기억으로부터 오는 것이 아니다." 곱씹어봄직한 알랭 바디우(A. Badiou)의 말이다.[7]

---

5) 위의 책, 28면
6) 특히 2003.1.30, 2001헌가4 참조
7) 『세기』, 박정태(역), 2014, 12면;(법률신문, 2014.5.15. 11면, 연구논단.)

제12장
긴급조치와 국가배상책임*

I. 개요 - 문제의 제기

유신헌법 하에서 발령된 대통령의 긴급조치는 '국가배상법에서 정한 공무원의 불법행위로 볼 수 없기 때문에 긴급조치로 체포·구금된 피해자는 국가배상을 받을 수는 없다'는 취지의 대법원 판결[1]과 정반대로 국가의 배상책임을 인정한 1심 판결이 항소심에서 잇따라 뒤집어졌다.

서울고법 민사8부(재판장 여민숙 부장판사)와 민사34부(재판장 최규홍 부장판사)는 긴급조치 9호 위반 혐의 등으로 옥고를 치른 뒤 재심에서 무죄가 확정된 송 모씨와 그 가족들이 국가를 상대로 낸 손해배상 청구소송(2015나2053047)과, 긴급조치 9호 위반 혐의 등으로 191일 동안 수감됐다가 재심에서 무죄 판결을 받은 차 모씨와 그 가족들이 낸 손해배상 청구소송(2015나2053016)에서 "유신헌법이 대통령의 헌법수호 의무를 명시하고 있는 만큼, 긴급조치 9호는 명백히 확립된 헌법·법률상의 권리를 침해한 것이 분명하다"는 취지로 국가의 배상책임을 인용한 1심 판결[2]을 취소하고 원고패소 판결했다. 두 재판부 모두 대법원 판결의 취지대로 "사후적으로 법원에서 위헌·무효로 선언됐더라도 유신헌법에 근거한 대통령의 긴급조치권 행사는 고도의 정치성을 띤 국가행위로서 정치적 책임을 질 뿐 국민 개개인에 대한 관계에서 민사상 불법행위를

---

* 법률신문, 2014.5.15, 연구논단.

1) 2015.3.26. 2012다48824: 아래 설시문 참조

2) 서울 중앙지법 민사8부: 재판장 김기영 부장판사

구성한다고 볼 수 없다"고 밝혔다.

혁명적 전기가 없지는 않았지만, 우리 헌정사는 헌법규범의 차원에서 볼 때, 과거와의 단절을 전제로 새로운 법질서를 창조하는 혁명의 방식이 아니라 단절과 연속의 계기들이 엮여서 점철된 점진적인 민주화의 노정을 밟아왔다. 그렇기 때문에 (헌)법이론의 차원에서 법효력론과 법해석론상 논리적 일관성과 정치철학 또는 도덕적 정합성의 조건을 동시에 충족시키는 해결책을 찾기 어려운 것이 우리의 현실이다. 과거청산의 문제, 특히 국가불법행위의 잔재를 청산하는 문제가 역사적, 정치적 현안에 그치지 아니하고, 법리적 모순을 풀어야 하는 난제로 주어지는 것은 바로 이 때문이다.

만시지탄(?)이지만 헌법재판소[3]와 대법원[4]이 경쟁하듯이 유신헌법 제53조에 따라 발령되었던 긴급조치에 대하여 위헌·무효를 확인하였지만, 법이론 및 법해석론의 차원에서 충분히 해명되었다고 보기 어렵다. 우선 헌재는 "유신헌법도 그 시행 당시에는 헌법으로서 규범적 효력을 갖고 있었음을 부정할 수 없다"고 전제하지만, 그렇다고 해서 긴급조치를 이미 폐기된 유신헌법을 준거로 하여 위헌 여부를 판단하는 것은 "유신헌법 일부 조항과 긴급조치 등이 기본권을 지나치게 침해하고 자유민주적 기본질서를 훼손하는 데에 대한 반성에 기초하여 헌법 개정을 결단한 주권자인 국민의 의사와 기본권 강화와 확대라는 헌법의 역사성에 반하는 것으로 허용할 수 없다"고 보았다. 반면에 대법원은 긴급조치가 그 발령의 근거인 유신헌법 제53조 자체가 규정하였던 요건 자체를 결여하였을 뿐만 아니라, "민주주의의 본질적 요소이자 유신헌법과 현행 헌법이 규정한 표현의 자유, 영장주의와 신체의 자유, 주거의 자유, 청원권, 학문의 자유를 심각하게 제한함으로써 국민의 기본권을 침

3) 헌재 2013.3.21. 2010헌바70 등 병합
4) 2010.12.16. 선고 2010도5986 판결; 2013.4.18. 자 2011초기689 전원합의체 결정

해한 것"이므로 위헌·무효라고 판시하여 적어도 유신헌법이 위헌심사의 준거규범으로 배제되지 않는다는 입장을 취했다. 여기에서 상론은 약하되, 헌재가 우리 헌정사의 불연속성, 즉 단절의 측면을 주목하였다고 한다면, 대법원은 상대적으로 연속성을 강조한 것으로 여겨진다. 법철학 및 법이론의 관점에서 보면 정의와 법적 안정성의 원칙에 대한 형량에서 상대적으로 헌재는 정의에, 대법원은 법적 안정성에 더 큰 비중을 둔 것으로 이해된다.

Ⅱ. 대상판결의 요지

기술한 바와 같이, 긴급조치에 따른 손해에 대하여 국가배상책임이 인정되는지 여부의 문제는 그 외연과 내포를 넓고 깊게 보면 당위적인 법의 이상적 차원과 현실적인 법의 실제적 차원 또는 정치와 도덕, 그리고 역사와 연계되는 이른바 '통합적 법학'(integrative jurisprudence)의 전형적인 난제로 파악되지만, 본 평석은 국가배상책임을 부인한 대법원의 법도그마틱(Rechtsdogmatik)에 초점을 맞추어 판단오류의 법학방법론상 근원과 논증오류의 핵심만을 비판적으로 검토하는데 그친다. 난제라는 점을 고려하면 대법원 판결의 설시문은 납득하기 어려울 정도로 요약이 지나치게(?) 간단하기 때문에 그대로 전재한다.

『국가안전과 공공질서의 수호를 위한 대통령긴급조치(이하 '긴급조치 제9호'라고 한다)는 그 발령의 근거가 된 구 대한민국헌법(1980. 10. 27. 헌법 제9호로 전부 개정되기 전의 것, 이하 '유신헌법'이라고 한다) 제53조가 규정하고 있는 요건 자체를 결여하였을 뿐만 아니라, 민주주의의 본질적 요소이자 유신헌법과 현행 헌법이 규정한 표현의 자유, 영장주의와 신체의 자유, 주거의 자유, 청원권, 학문의 자유를 심각하게 제한함으로써 국민의 기본권을 침해한 것이므로 위헌·무효이다(대법원 2013. 4. 18.자

2011초기689 전원합의체 결정 참조). 그러나 긴급조치 제9호가 사후적으로 법원에서 위헌·무효로 선언되었다고 하더라도, 유신헌법에 근거한 대통령의 긴급조치권 행사는 고도의 정치성을 띤 국가행위로서 대통령은 국가긴급권의 행사에 관하여 원칙적으로 국민 전체에 대한 관계에서 정치적 책임을 질 뿐 국민 개개인의 권리에 대응하여 법적 의무를 지는 것은 아니므로, 대통령의 이러한 권력행사가 국민 개개인에 대한 관계에서 민사상 불법행위를 구성한다고는 볼 수 없다(대법원 2008. 5. 29. 선고 2004다33469 판결 참조).』

Ⅲ. 평석

위헌심판의 관할권 문제에 대한 논란은 차치하고, 대법원이 긴급조치를 위헌·무효로 판단한 선례를 재확인하면서도 국가배상책임을 부인하는 핵심논거는 이른바 '통치행위론'이다. 즉 '고도의 정치성을 띤 국가행위로서 대통령의 국가긴급권의 행사는 원칙적으로 정치적 책임의 대상을 질 뿐 국민 개개인의 권리에 대응하여 법적 의무를 지는 것은 아니므로 민사상 불법행위를 구성하는 것으로 볼 수는 없다'는 논지이다. 또한 동 판결에서 인용하지는 않았지만, 국회의 입법행위와 관련하여 국회의원은 원칙적으로 국민 전체에 대한 관계에서 정치적 책임을 질 뿐, 국민 개개인의 권리에 대응하여 법적 의무 내용이 헌법의 문언에 명백히 위반됨에도 불구하고 국회가 굳이 당해 입법을 한 것과 같은 특수한 경우가 아닌 한 국가배상법 제2조 제1항 소정의 위법행위에 해당된다고 볼 수 없다고 본 선례[5]도 헌법 제29조 및 국가배상법 제2조 제1항이 규정하고 있는 국가배상책임의 성립요건에 관한 대법원의 법리구성에 반영되었을 것으로 생각된다.

---

5) 대법원 1997.6.13. 선고 96다56115 판결 등 참조

결론부터 말한다면, 긴급조치 제9호 발령행위가 '공무원의 위법 유책의 직무상 불법행위'에 해당한다고 본 원심의 판단에 '국가배상법 제2조 제1항이 규정하고 있는 국가배상책임의 성립요건에 관한 법리'를 오해한 잘못이 있다고 본 대법원의 판단은, 우리의 복합적인 헌정사의 맥락에서 주어지는 '과거청산'과 이를 통한 법적 정의의 회복이라는 역사적 과제를 외면한 것임은 말할 것도 없고, 국가배상책임제도의 기본법리에 대한 오해에 따른 결론으로 여겨진다. 우선, 법의 이중성, 즉 법의 이념적 차원과 현실적 차원의 관계에 대한 법이론적 입장과 그에 따른 법학방법론상의 논의는 차치하더라도, 국가배상책임의 요건에 대한 대법원의 법리는 법이론사 박물관에서나 찾아볼 수 있는 해석론, 말하자면 오로지 '법수학'(Mathematik des Rechts)적인 논리분석의 방법인 이른바 '배타적인 법실증주의'와 그 핵심인 '포섭의 도그마'(Subsumtionsdogma)에 집착하는 이른바 '허수아비의 오류'(straw man fallacy)라는 점을 지적할 수 있다. 더욱이 대법원이 위헌심판관할권을 긍정하는 논거로 스스로 적확하게 판단하고 있는 바, "유신헌법에 근거한 긴급조치는 국회의 입법권 행사라는 실질을 전혀 가지지 못한 것으로서, 헌법재판소의 위헌심판대상이 되는 '법률'에 해당한다고 할 수 없다"[6]는 점을 떠나서 그 법률적 성격과 지위를 인정한다고 하더라도 긴급조치가 국가배상법 제2조 제1항의 위법행위에 해당하는 것으로 보는 법리구성의 가능성은 열려 있다.

긴급조치의 근거인 유신헌법 제53조 제4항이 긴급조치가 사법적 심사의 대상이 될 수 없다고 규정하고 있는 점에서 기술한 '포섭의 도그마'를 벗어나지 않는 한, 긴급조치를 위헌으로 판단한 것이 적어도 이론적 일관성의 요청에 위배되는 것이기는 하거니와, 아무튼 일종의 '법리

---

6) 대법원 2010.12.16. 선고 2010도5986 판결

적 비약'으로 여겨지는 파격의 방법론을 취하여 긴급조치의 위헌성을 확인한 대법원의 기본입장을 전제하는 경우, 국가배상책임을 부인한 대법원의 법리구성 자체도 '포섭의 도그마' 내에서 조차 논리적 일관성이 결여되어 있다.

우선 이른바 '통치행위'가 사법심사의 대상이 될 수 없다는 법리가 더 이상 유지되지 못하는 것은 재론할 필요도 없거니와, 국가배상청구권의 공법적 본질을 확인하는 전제 하에 자기책임론, 공무원의 주관적인 귀책사유를 넘어서는 객관적 책임론, 기관책임론 등 국가책임법리의 큰 흐름을 적시하지 않더라도 대통령의 국가긴급권 행사에 대하여 정치적 책임은 물을 수 있을지언정 국민 개개인에 대한 관계에서 (민사상) 불법행위를 구성한다고는 볼 수 없다는 논증은 납득하기 어렵다. 공무원의 직무상 불법행위에 대한 국가의 책임을 공무원의 지위가 아니라 공무상 기능에 초점을 맞춘 것으로 보는 확립된 법리에 따르면, 국가배상책임의 성립요건인 '공무원'의 범위는 국가책임이 인정되는 범위에 의해 규정되는 것이지,[7] 그 반대의 방향에서 설정되지 아니한다. 말하자면 행정작용을 비롯하여 사법 및 입법작용을 포함한 국가의 그 어떤 공적 기능의 영역도 원천적으로 국가배상책임에서 벗어날 수 없다고 보면, 집행공무원, 즉 행정청뿐만 아니라 정부는 물론이고 대통령, 국회 등 대의기관도 '공무원'의 범주에서 포함되는 것으로 보아야 하는 것이다.

Ⅳ. 맺는 말

"과거 권위주의 정권 하에서 사법부가 인권의 마지막 보루로서의 역할을 제대로 수행하지 못함으로 인하여 큰 고통을 당한 피고인에게 사법부의 일원으로서 깊이 사과드리고 이 사건 재심판결이 피고인에게 조

---

7) F. Ossenbühl, Staatshaftungsrecht, 1991, 12-13면

금이나마 위로가 되고 명예를 회복할 수 있는 계기가 되기를 진심으로 기원합니다." 형보다 나은 아우의 진솔한 자기반성과 위무의 변이다.[8] 그런데 "입법권 행사라는 실질을 전혀 가지지 못한 긴급조치"라는 대통령의 불법행위에 의해 처벌되었던 피해자가 재심을 통해 무죄가 선고되어도 국가의 배상책임은 인정될 수 없다?

[추가보론] '헌법지향적 국가배상법해석'의 가능성과 당위성*

I. 논의 확장 및 심화의 초점과 문제의 제기

위 소론을 발표하기 전에, 김중권 교수가 긴급조치로 인한 손해에 대하여 국가배상책임을 부인한 대법원 판결[9]과 관련하여 국가배상법상의 주관적 책임요소를 비판적으로 검토한 후, '주관적 책임요소와의 절연'에 대한 숙고의 필요성과 국가배상책임제도의 공법제도로의 자리매김의 당위성을 적확하게 제시한 바 있다.[10] 김 교수의 글을 매개와 단서로 하여 후술하는 바와 같이 본질적으로 그 자체가 '헌법문제'라고 할 수 있는 법해석방법론에 초점을 맞추어 대법원 판결의 위헌성을 확인하는 맥락에서 저자의 평석을 심화 및 확장하여 전개한다.

우선 헌법상 법치국가원리 및 효과적인 기본권보호 또는 구제의 요청을 준거로 제시하며 대위책임구조를 토대로 하는 국가배상 및 국가배상법제, 특히 현행 국가배상법상 주관적 책임요소의 법제체계상 문제점

8) 서울중앙지법 제27형사부 2013.5.23. 2011재고합10

* 헌법판례연구, 헌법판례연구학회, 제17권, 2016, 121-144면

9) 대법원 2014.10.27. 선고 2013다217962 판결

10) "국가배상책임상 주관적 책임요소와 법치국가원리적 문제점", 법률신문, 2015.10.12, 판례평석, 11면.

을 지적하고, 국가배상책임제도가 민사불법행위적 기조를 탈피해야 한다는 점을 확인하고 강조한 결론과 다음과 같은 핵심 논지에는 전적으로 의견을 같이 한다.

『법치국가원리는 국가에 대해, 그의 위법한 행위의 결과를 가능한 광범하게 제거할 것과 위법하게 행사된 공권력으로 인해 손해를 입은 국민에게 효과적인 상당한 손해보전을 행할 것을 명한다.[11] 국가배상책임제도는 법치국가원리와 (재판청구권을 통한) 권리보호보장을 보충하고 구체화한다. 위법한 행위로부터 비롯된 손해는, 행정소송(특히 취소소송)을 통해선 전혀 메워질 수 없거나 단지 국소적으로만 메워질 수 있다. 이런 법체계상의 흠결을 헌법 제29조의 국가배상책임제도가 메운다. 즉, 2차적 권리보호수단으로서의 국가배상책임제도는 1차적 권리보호를 필수적으로 보충한다. 그런데 국가배상법상의 주관적 책임요소의 존재는 행정소송상의 위법성판단과 국가배상법상의 (직무행위의) 위법성판단이 다르게 만들거니와,[12] 가해공무원의 고의나 과실의 존부가 국가책임인정의 궁극적인 기준이 되게 한다.[13] 이에 주관적 책임요소의 존재를 법치국가원리적 차원에서 심각하게 문제 삼아야 한다.』

또한 긴급조치의 위헌판단[14]에 대한 김 교수의 입장은 별도로 논의하지 않아 정확하게 어떤 것인지 모르겠지만, '긴급조치와 관련한 사법적 판단과 역사적 판단의 간격', 말하자면 긴급조치를 위헌으로 판단하였음에도 불구하고 제2차적 권리구제의 단계에서 긴급조치 또는 긴급조치의 집행으로 인한 손해에 대하여 국가의 배상책임을 부정하는, 또는 부정할 수밖에 없는 법리적 모순과 한계를 지적하고, 이 간격이 '어

11) BVerfGE 94, 100(103)
12) 최근의 예로 대법원 2011.1.27. 선고 2008다30703 판결
13) 최근의 예로 대법원 2011.2.24. 선고 2010다83298 판결
14) 긴급조치를 위헌무효로 선언한 헌법재판소의 결정(2010헌바70)과 대법원의 판결(2010.12.16. 2010도5986)에 대한 평석은 이재희, 유신헌법 제53조와 긴급조치의 위헌심사에 대한 검토, 『헌법재판연구』, 제2권 제1호(2015.6), 295-344면.

떤 식이든' 법치국가원리의 차원에서 메워져야한다고 촉구한 점에 대해서도 이견이 없다.

『국가배상법에 주관적 책임요소가 건재한 이상, 합헌적 법률해석마저도 한계를 지닌다. 현행의 행정구제의 문제점과 미비점은 법치국가원리의 관점에서 늘 성찰하여야 한다. 제도적인 국가책임의 보장인 헌법 제29조 제1항은 입법자가 넘을 수 없는 책임요건과 책임의 최소한의 보장을 포함한다. 판례가 때때로 이해하기 힘든 과실관(過失觀)을 드러내거니와,[15] 이제는 국가배상법제에서 주관적 책임요소와 절연하는 문제를 숙고할 필요가 있다. 여전히 지금도 일부 구동독지역에 통용되고 있으며, 과거 서독국가책임법의 모델이 되었던 구동독의 국가책임법[16]은 물론, 스위스 국가배상법[17]은 공무원의 유책성을 요구하지 않는다. 나아가 유럽연합법의 배상책임 역시 그러하다.[18] 엄혹한 지난 시절의 결과로써 법학적 형식주의와 정치적 실질주의는 종종 충돌하곤 하는데, 지나간 역사와 현재의 문제 상황에 대해 반복된 물음을 제기하여 법치국가원리적 대응을 마련하여야 한다. 긴급조치와 관련한 사법적 판단과 역사적 판단의 간격은 어떤 식이든 법치국가원리의 차원에서 메워야 한다. 그러나 군 정보기관이 법령상의 직무범위를 벗어나 민간인에 관한 정보를 비밀리에 수집·관리한 사건을 민사상의 불법행위 문제로 다룬 대법원 1998.7.24. 선고 96다42789 판결이 보여주듯이, 국가배상책임제도는 공법제도로 확고히 자리매김하지 못하고 있다. 하루바삐 공법제도로서의 본연에 맞춰 국가배상책임제도에서 기왕의 민사불법행위적 기조로부터 벗어나야 한다.[19]

---

15) 대법원 1995.7.14. 선고 93다16819 판결
16) 제1조 제1항
17) 제3조 제1항
18) 유럽연합운영방식조약(AEUV) 제340조 제2항
19) 상론 김중권, 행정법기본연구 II(2009), 151면 이하

주관적 책임요소를 규정하고 있는 이상, 현행 국가배상법상의 배상책임시스템은 분명 대위책임적 구조이다. 국가배상법의 구체적 법상황이 어떤 시스템의 본질을 파악하는 데 중요한 착안점이긴 해도, 그것이 헌법상의 본질을 전적으로 좌우할 순 없다. 여기서 헌법상의 배상책임시스템이 국가배상법상의 그것과 동일한지 검토가 필요하다. 우리는 1948.7.17.에 시행된 -지금의 제29조와 기본적으로 동일한- 제헌헌법 제27조가 마련된 다음, 국가배상법이 1951.9.8.에 제정·시행되었다. 국가배상법이 마련되기 전에는 민법의 불법행위론이 주효하였다. 국가배상법제의 형성에서 민법의 불법행위책임에서 출발한 독일과 왕정의 전통에서 국가배상법이 구축된 일본과 다른 역사를 가졌다는 것은 중요한 착안점을 제공하다. 우리의 경우 헌법상의 배상책임구조를 국가배상법상의 대위책임으로 전개할 필연적 이유가 없다. 헌법상의 배상책임의 성질을 독일과는 달리 국가배상법상의 그것과 분리시켜 검토할 수 있다. 따라서 헌법 제29조 제1항상의 불법행위를 고의나 과실이 전제된 위법행위를 의미하는 것으로 주장할 수도 있지만, 이는 명문에 반한다. 헌법학의 문헌에선 헌법상의 국가배상책임시스템이 자기책임이라는 입장이 다수이다. 국가배상에서 헌법이 자기책임적 기조를 지향할 경우, 하위법인 국가배상법의 대위책임적 구조는 조화되지 않는다. 이런 괴리는 당연히 국가배상법에 대해 위헌시비를 야기할 수 있다.』

다만, 여기에서 추가하여 논의하고자 하는 바는 긴급조치와 관련된 국가배상사건에서 배상책임을 부인한 대법원의 판결과 논증이 현행 국가배상법상 불가피한 필연의 법리구성인 것인지, 말하자면 합헌적 법률해석의 원칙 또는 헌법지향적 법률해석의 요청에 부합되는 것인지 여부이다. 헌법학계의 압도적인 다수설이기도 하거니와, 대체로 국가배상책임의 성질을 '자기책임'으로 보는 헌법규정 및 이론의 기조와 적어도 주관적 책임요소를 규정하고 있는 점에서 부정하기 어려운 국가배상법상의 대위책임적 구조가 합치되지 못하고, 이 괴리는 원천적으로 국가배상법에 대한 위헌시비의 소인이 될 수밖에 없다. 문제는 김 교수가 지적하는 바와 같이, 국가배상법상의 주관적 책임의 요소가 '합헌적 법률해석'의 한계로 작용될 수밖에 없는 것인지 여부이다. 좀 더 쟁점을 부각시켜서 달리 말하자면, 추측컨대 김 교수가 상정하는 바와 같은 법률개정이나 국가배상법제의 전면적인 개편 등의 법정책적 대응의 필요성은 별론으로 하되, 국가배상책임을 대위책임적 구조로 설정한 국가배상법상의 주관적 책임요소와 절연하고, 현행 국가배상법 규정을 '자기책임'의 기조에 따라 해석, 적용하는 것이 가능한지 여부, 즉 이 법리적 가능성을 취하는 것이 법문의 한계나, 입법취지 또는 목적 등 일반적으로 입법권의 존중이나 권력분립원칙을 근거로 하여 제시되는 '합헌적 법률해석'의 한계를 넘어서는 것인지, 더 나아가서는 일반적인 법해석방법론의 틀을 벗어나는 것인지 여부의 문제이다.

Ⅱ. '헌법지향적 국가배상법해석'의 가능성과 한계

긴급조치가 사후적으로 법원에서 위헌·무효로 선언되었다고 하더라도, 고도의 정치성을 띤 긴급조치와 관련하여 대통령은 원칙적으로 국민 전체에 대한 관계에서 정치적 책임을 질 뿐 국민 개개인의 권리에 대응하여 법적 의무를 지는 것은 아니라는 논거를 제시하면서 대통령의 긴급조치가 국민 개개인에 대한 관계에서 '민사상 불법행위'를 구성한다고는 볼 수는 없고, 따라서 국가배상책임의 요건이 충족될 수 없다고 본 대법원 판결에서 대법원이 어떤 법해석방법론을 취했는지, 어떤 관점에서 다양한 법해석방법론들 중에 어떤 입장을 우선 적용하였는지 또는 어떻게 조합 내지는 종합하여 판단한 것인지에 관해 명확한 설시는 전혀 없다. 헌법재판소와의 관계에서 관할권과 관련한 논란을 감수하면서 또한 전술한 바와 같이 기존의 대법원의 소극적인 입장을 고려하면 전통적인 법해석방법론의 기조를 크게 벗어나는 일종의 '파격'으로도 평가할 수 있는 바, 헌법해석 긴급조치에 대하여 위헌판결을 내린 대법원의 다분히 전향적인 역사적 관점과 그에 따른 적극주의가 어떤 이유에서 국가배상법의 해석과 적용에서는 반영되지 않은 것인지에 대해서도 명백한 추단의 단서가 찾아지지 않는다.

더욱이 사법심사의 절제가 요구되는 통치행위의 개념을 인정하면서도, 이른바 '한계의 한계'를 강조하는 조심스럽지만 확고한 대법원의 의견, 즉 "과도한 사법심사의 자제가 기본권을 보장하고 법치주의 이념을 구현하여야 할 법원의 책무를 태만히 하거나 포기하는 것이 되지 않도록 그 인정을 지극히 신중하게 하여야 한다"고 본 입장을 고려하건대, 이러한 취지가 국가배상법의 해석에는 반영될 수 없었던 배경과 이유가 궁금할 수밖에 없다.

다만, 기술한 바와 같이, 대통령의 긴급조치가 사후에 위헌으로 결정되었다고 하더라도 긴급조치와 관련하여 대통령의 정치적 책임은 물을 수 있지만, 국민 개개인의 권리에 대응하여 법적 의무를 지는 것이 아닌 점에서 긴급조치가 '민사상 불법행위'를 구성하지 아니한다고 본 대법원의 판단과 논증을 되새겨보면,[20] 그 핵심논거는 '주관적 책임요소'를 규정하고 있는 현행 국가배상법의 체계를 벗어날 수 없는 법해석방법론상의 한계인 것으로 추측된다. 앞에서 전재한 글에서 김 교수도 토로한 바와 같이, 국가배상책임의 대위책임적 구조와 국가배상법상 건재하는 주관적 책임요소를 부정하지 않는 한 - 동법 자체에 대한 위헌론을 별론으로 하더라도 - '합헌적 법률해석'의 가능성은 법문과 입법목적상의 한계에 따라 배제된다고 보는 헌법적 판단도 작용되었을 것으

20) 대법원 2004.3.26. 선고 2003도7878 판결; 2010.12.16. 선고 2010도5986 판결

로 생각된다.

다음에서 검토하고자 하는 것은 체계적으로 보면 크게 두 가지 내용으로 대별된다. 첫째는, 설시문의 행간에서 읽어낸 것이기는 하되, 대법원이 취했을 것으로 추측되는 이른바 '포섭의 도그마'를 토대로 하는 전통적인 '개념법학'의 법해석방법론의 범주를 벗어나지 않는 한 긴급조치에 대한 위헌판단에 적어도 간접적으로라도 적잖은 영향을 미쳤을 것으로 생각되는 전향적인 역사적 관점을 이어나가는 동시에 법치국가원리와 효과인 권리구제의 요청에 부응하는 '헌법지향적 법률해석'의 가능성은 배제될 수밖에 없는 것인지 여부에 대한 비판적인 검토이다.

결론부터 말하자면, 목적의 정당성이 모든 수단을 정당화하는 것이 아니거니와, 무리의 작위적인 방법이 아니더라도 '긴급조치와 관련한 사법적 판단과 역사적 판단의 간격을 어떤 식이든 법치국가원리의 차원에서 메워야만 한다'는 당연한 요청에 부응할 수 있는 법리의 공간이 없지 않다고 보지만, 설령 그렇지 않다면 또는 적어도 상당 부분 한계가 없을 수 없다고 한다면 일단 그 잠정적인 결론은 국가배상법의 '법률의 흠결'[21]에 대한 확인이 될 것이고, 그렇다면 대법원이 취한 전통적인

21) 어의상 일종의 불완전성을 암시하는 '흠결'은 그 자체에 대하여 특정한 실질적 징표가 존재하는 것이 아니고 어떤 구상이나 계획 또는 그 속에 내포된 의도의 완전상태를 상정할 수 있는 조건 하에만 사용될 수 있는 일종의 '관계개념'이다. 이에 관해서는 심헌섭, "법철학적 법학방법론-법철학과 합리적 법학방법-", 『법학』, 제24권 제1호, 서울대학교 법학연구소, 1983, 11면. '법률의 흠결'도 어떤 법률이 특정 사태(영역)에 대한 완벽한 규율을 추구하거나 또는 그러한 것으로 상정할 수 있는 경우에 그 기대상태에 미치지 못하여 부각되는 '상대적 불완전성'으로 이해된다. 보편적인 용례라고 할 수는 없지만, Larenz에 따르면 '법률의 흠결'은 개별 규범 차원의 흠결과 총체적인 법률 차원의 흠결 두 가지로 대별된다. 특정한 법률에 규정을 추가하거나 개정하지 않고서는 당해 법률규범 자체가 적용될 수 없는 경우, 즉 개별 법률에 불완전성이 내재되어 있는 '규범흠결'(Normlücke)이 전자의 경우이고, 반면에 후자의 경우는 기본적인 규율의 구상과 의도상 규율이 필요함에도 불구하고 규정 자체가 존재하지 않아서 규율 또는 규율체계의 전체가 불완전한 '법률흠결'(Gesetzeslücke) 또는 '규율흠결' (Regelungslücke)에 해당된다. 이에 관한 상론은 임미원, "법관의 법

법해석방법의 타당성 자체에 대한 법학방법론적 차원의 비판적인 검토와 함께 법관의 법형성을 통한 '흠결'의 보정의 가능성과 한계를 탐색하는 것이 과제로 남게 된다. 긍정적인 입장을 전제하되, 이 글에서 별도로 상론하지는 못하는, 다분히 이데올로기적 비판의 성격을 띠게 되는 이 두 번째 꼭지의 검토 결과에 대해서조차 부정적인 입장을 취하는 경우라면 국가배상법의 개정만이 유일한 해결책일 것이다. 궁극적으로는 법개정을 통해 흠결을 해소하는 것이 필수적이고 바람직하다고 보는 입장이지만, 법 및 법관의 역할과 기능에 대한 문제인식의 지평을 조금만 넓히고, 그에 따라 법해석방법론에 대한 전향적인 성찰의 계기가 마련된다면 현행 국가배상법 하에서라도 그 흠결을 보정할 수 있는 법리적 공간을 열려 있고, 이 가능성을 살려나가는 것은 헌법의 요청이고 주문이다.

Ⅲ. 법해석방법론상 비판적 검토

헌법이론적 논의는 별론으로 하더라도,[22] 유신헌법 하에서 합헌적으로 발령되어 규범적 효력을 갖고 시행되었던 긴급조치를 사후에 위헌으로 결정하여 무효화하였다면, 긴급조치로 인한 손해를 가능한 한 최대한 보전해주어야 하는 것은 헌법상 법치국가원리에 따른 당연한 요청이다. 불법행위의 예방 또는 그 해제 자체에 초점을 맞춘 제1차적 권리구제수단과 불법행위로 인해 침해된 권리구제에 초점을 맞춘 제2차적

형성에 관한 일고찰 - < 구 조세감면규제법> 한정위헌결정과 관련하여-", 『공법연구』 제41집 제1호, 2012, 175-178면. 보다 깊고 상세한 논의가 선행되어야 하는 것이기도 하거니와, 본고의 맥락에서 관심의 대상인 국가배상법의 흠결의 경우 어떤 유형에 해당하는 것으로 볼 것인가의 문제 자체가 법관의 법형성을 통한 보완의 가능성과 한계라는 핵심쟁점에 대한 논의의 결론에 따라 정해지는 것이기 때문에 여기에서는 일단 명확한 개념정의를 유보하고 '법률의 흠결'이라는 용어를 사용한다.

22) 이에 관한 상론은 이재희, 앞의 논문.

권리구제수단으로 합성된 효과적인 권리보호 및 구제제도는 원칙적으로 일관의 연계체계로 운용되어야만 한다.

또한 일차적으로 불법행위성이 확인된 경우 그로 인한 손해를 구체적으로 어떤 기준과 방식으로, 어떤 범위 또는 수준에서 보전해주어야 하는가는 원칙적으로 입법정책적인 결단에 맡겨져 있는 것이기는 하되, 다만 가능한 한 불법행위가 없었다면 지속되었을 법 및 권리의 원상태의 회복이라는 규범적 요청은 구속력 있는 헌법적 지침으로 존중되어야 한다. 이 지침은 일차적으로는 국가책임법제와 관련된 입법형성의 자유에 대하여 제약인 동시에, 법원에게는 '헌법지향적 법률해석'을 통한 법형성의 권한과 함께 의무를 부여하는 근거가 된다.

전술한 바와 같이, 대법원이 판단한 대로 대위책임의 틀 속에서 고의 또는 과실이라는 주관적 책임요소를 규정하고 있는 현행 국가배상법상 긴급조치의 위헌불법성이 확인되었음에도 불구하고 대통령의 고의 또는 과실이라는 주관적인 책임요건이 충족되지 않기 때문에 배상책임이 인정될 수 없다고 한다면, 이는 위에서 언급한 '연계원칙'에 대한 예외에 해당한다. 이 예외를 선택한 입법자의 결단이 각별한 사유에 의해 정당화될 수 없다면 그것은 헌법적 지침에 위반되는 '법률의 흠결'을 구체적으로 표출 및 확인시켜 주는 분명한 예증이 될 것이다. 불법국가의 잔재정리와 과거청산을 통한 정의회복 등 당위적인 역사적 관점에서든, 법치국가원리에 따른 효과적인 권리구제의 요청이든 원칙의 엄격한 적용에 대한 법리적, 역사적, 현실적, 역사적 근거와 이유는 충분하고 명백한데, 예외의 선택 또는 그에 따른 법체제의 지속을 정당화할 수 있는 근거나 입법자가 고려하였을 것으로 생각되는 이유는 쉽게 상정되지 않는다. 그렇다면 결국 현행 국가배상법도 헌정사적 과제나 법치국가의 지속가능한 운영에 필수불가결한 정의이념 및 그 실현수단인 법에 대한 신뢰 등 다양한 관점에서 특수한 경우이기는 하되, 법리적인 관점에서 보면 입법자가 (제대로) 고려하지 못한 사태의 출현이나 또는 예상하지 못한 상황 변화로 인해 야기되는 일반적인 '법률의 흠결'의 한 예일 뿐이다.

관심의 초점은 결국 현행 국가배상법에 대한 헌법지향적 해석과 적용, 즉 법관의 법형성을 통한 이 '법률의 흠결' 보완의 가능성과 한계에 모아진다. 전술한 바와 같이, 명시적으로 설시된 것은 없지만, 대법원이 취한 것으로 추측되는 이른바 '판덱텐 법학' 또는 '개념법학'의 틀 속에 안주하는 '포섭의 도그마'[23]와 이를 토대로 하는 전통적인 연역적 추론의 법해석방법, 굳이 예시하자면 각각 유리된 순차적인 단계로 전제되는 대전제(법개념의 해석), 소전제(사태파악), 포섭(Subsumtion)으로 구성되는 3단계론, 그리고 사태파악의 단계와는 유리된 독립된 대전제의 제1단계, 즉 법률규정의 해석, 말하자면 개념의 의미를 '발견'해내는 가치중립적이고 기술적인 분석적 방법으로서 Savigny류의 4단계 또는 7단계론의 정형화된 방법론을 벗어나지 않고서는 흠결을 보정할 수 있는 법형성의 가능성은 없는 것인지 여부가 우선 검토과제로 주어진다.

다만, 앞에서 전재한 평석문이 '포섭의 도그마'의 지양과 '개념법학'의 극복에 방점을 찍은 것이기는 하지만 바로 이 논점과 관련해서도 긍정적인 입장을 전제하면서 가능한 법리구성의 단서들을 제시한 것인바, 여기에서는 동일한 연장선상에서 고려되어야 하는 단서를 몇 가지 추가하는 것으로 논의를 가름한다.

우선 관건은 국가배상법상 건재한 주관적 책임요소, 즉 배상책임의 성립요건으로 규정된 '공무원'의 '고의' 또는 '과실'의 개념에 해석방법론상의 여지 또는 한계이다. 동 판결에서 대법원이 고도의 정치성을 주목하면서 '통치행위'로서 긴급조치의 본질과 특성을 강조한 것도 궁극적으로는 '공무원'으로서 대통령 개인의 고의 또는 과실 등 주관적인 책

23) '포섭도그마'의 내용과 방법론적 오류에 대한 상론은 졸고, "탈 '포섭도그마'의 법인식 작업과 법관의 법감정", 언어권력으로서 사법권과 헌법, 2014, 31-37면.

임요건이 성립되지 않는다는 점에 대한 논거로 이해된다. 하지만, 적어도 이미 극복된 지 오래된 기호분석적 기조의 개념법학을 고집한다면 몰라도, 그렇지 않다면 말 그대로 자연인 개인의 단위 또는 차원에서 '공무원'의 개념을 해석하고, '고의'와 '과실'의 책임요건을 심리학적 관점에서 자율적인 판단 및 그 가능성에 초점을 맞추어 윤리적 책임을 물을 수 있는 실증적인 근거, 즉 주관적인 심리상태로만 이해하고 판단하는 것은 어떤 방법론으로도 정당화될 수 없다. 적어도 획일적으로 그리하면 그렇다. 주지하는 바와 같이, 법문이 그대로 유지되는 상황 속에서 과실요건과 관련하여 이른바 '주관설'이 극복되고, '객관설'을 거쳐서 사실상 무과실책임에 근접하는 '조직과실' 또는 '기관과실'에 이르기까지 도그마틱이 발전되어 온 것만으로도 바로 이 점에 대한 반증으로 충분하다.

또한 국가배상법 입법 당시에 입법자가 고려한 규율 대상은 이른바 '권력적 사실행위'와 같이 공무원이 실무적인 법집행의 과정에서 불법행위로 손해를 끼치는 사태에 국한된 것이었다. 설령 문리해석의 한계, 즉 법문의 한계를 반론의 근거로 제시한다면, 왜 문리해석의 방법이 우선되어야만 하는 것인지, 축소해석과 확장해석, 유추해석과 반대해석 등등 논리적 해석의 맥락에서 어떤 방법과 기준이 왜, 우선되어야 하는지, 체계적 해석, 역사적 해석 등 다른 해석방법이 우선되거나 혼용될 수는 없는 것인지에 대해 먼저 해명해야 한다. '법의 발견'이 아니라 '법의 확보'(Rechtsgewinnung)와 '결정책임'(Entscheidungsverantwortung)의 명제를 제시하는 M. Kriele가 확인하는 바와 같이, 법학방법론이 지향하는 합리성과 전문성은 왜, 어떤 단계의 해석방법이 우선 적용되어야 하는지 또한 어떤 해석의 관점과 기준이 우선되는지에 대해 답을 찾는 고민의 과정에서 요구되기 때문이다.[24] '발견'의 작업에 그치는 것이

---

24) Theorie der Rechtsgewinnung, 2. Aufl., 1976, 314-315면.

아니라 '정당화'의 작업인 모든 법적 결정에 법치국가적 합리성과 통제가능성의 요청이 내재되어 있다고 한다면, 최고의 유권법해석기관인 대법원에 방법론상 정당화의 충실한 해명을 요구하는 것은 당연하다. 이 요구를 외면하거나 답을 제시하지 못한다면 그것은 '소통윤리'의 미흡함이나 '오만과 편견'의 교조적인 태도 또는 법학방법론에 대한 무지나 무관심 외에는 다른 이유가 있을 수 없을 것이다.[25] 형사판례이기는 하지만 다음 대법원의 설시문을 보면 적어도 후자의 경우는 아닐 것으로 생각된다.

『법률을 해석·적용함에 있어서는 법률규정의 문언의 어의에 충실하게 해석하여야 함이 원칙임은 말할 것도 없다. 그러나 법률 제정 당시에 입법자가 전혀 예상하지 못하였기 때문에 법률로 규정되지 않았거나 불충분하게 규정된 경우가 있을 수 있고, 이 경우에도 법원은 재판을 하지 않으면 아니 되므로 법원의 법형성적 활동이 개입될 수밖에 없다. 뿐만 아니라 법률에 명문의 규정이 있는 경우에도 시대가 바뀌고 사회가 달라짐에 따라 법과 실제 생활과의 사이에 불가피하게 간격이 생길 수 있으며, 이 때에 만일 명문규정의 엄격한 적용만을 고집한다면 그것은 법적 안정성이 유지될지는 모르나 사회생활의 유동·발전에 대한 적응성을 결여하는 중대한 결함이 생길 수 있으므로 이를 실제 생활에 부합하

25) 이러한 지적은 다음에 전재하는 바와 같이 결론적으로 국가배상책임을 인용하기는 하였지만, '명백한 헌법의 문언 위배'와 '대통령의 헌법수호의무 위반' 등을 지적하면서 대통령의 고의 내지는 과실을 인정한 원심판결에도 그대로 해당된다. 주관적 책임요소와 절연하지 못한 점에서 대법원의 입장과 다르지 않거니와, 그럼에도 불구하고 대통령의 책임을 인정하게 된 법해석방법의 해명은 전혀 없기 때문이다. 『긴급조치 제9호는 그 발동 요건을 갖추지 못한 채 목적상 한계를 벗어나 국민의 자유와 권리를 지나치게 제한함으로써 헌법상 보장된 국민의 기본권을 침해하고 헌법상의 기본질서인 자유민주적 기본질서에도 반하는 것이어서, 유신헌법에 의하더라도 그 내용이 헌법의 문언에 명백히 위반된다고 할 것이므로, 대통령이 긴급조치 제9호를 발령한 행위는 대통령의 헌법수호의무를 위반한 것으로서, 긴급조치 제9호를 발령한 대통령에게 고의 내지 과실이 인정된다.』(대전지법 2012.5.3. 2012나974)

게 해석할 사회적 필요가 생기게 된다. 이와 같은 경우 법원은 형식적인 자구 해석에 얽매일 것이 아니라 그 법이 구현하고자 하는 입법정신이 무엇인가를 헤아려서 그 입법정신을 실현하는 방향으로 법의 의미를 부여하여야 하며 그 실현을 위하여 필요한 한도 내에서 명문규정의 의미를 확대해석하거나 또는 축소·제한해석을 함으로써 실질적인 법형성적 기능을 발휘하여야 할 것이다. 일반적으로 모든 법은 법규정의 본질을 바꾸는 정도의 것이 아닌 한도에서 이를 합리적으로 해석함으로써 뒤쳐진 법률을 앞서가는 사회현상에 적응시키는 일방 입법기관에 대하여 법률의 개정 등을 촉구하는 것은 법원의 임무에 속하는 일이라 할 것이고, 그 뒤쳐진 법규정의 재래적 해석·적용이 부당한 결과를 초래한다는 것을 알면서도 법률 개정이라는 입법기관의 조치가 있을 때까지는 이를 그대로 따를 수밖에 없다고 체념해 버리는 것은 온당치 않은 태도라고 할 것이다.』[26)]

1980년 이른바 신군부에 의해 자행된 이른바 '언론통폐합조치'에 따라 강제로 폐업 및 국유화된 동아방송과 관련한 헌법소원심판사건에서 제시된 소수반대의견의 설시도 같은 맥락에서 주목된다.

『민법과 같은 사법(私法)은 대등한(혹은 대등할 수 있는) 당사자 사이에 적용되는 법률인데 이 사건의 경우에는 국가가 개인과 대등한 지위에서 법률행위를 한 것이 아니고 오히려 헌정중단사태를 빌미로 그 공권력을 무제한으로 증폭하여 사용한 경우이므로, 평범한 개인이 국가와 대등한 지위에 있었다고는 도저히 말할 수 없는 상황이었다. 이러한 상황에 대하여는 그에 딱 들어맞는 실정법규정이 없어 구제가 불가능하다고 재판부가 보기 쉽다. 그러므로 이를 해결하기 위하여는 의사표시이론의 보편적인 법원칙(자유 없는 의사의 무효)을 재확인하여 이를 이 상황에 적용

---

26) 대법원 1978. 4. 25. 선고 78도246 전원합의체 판결. 대법관 이돈희, 신성택, 이용훈의 다수의견에 대한 보충의견.

하는 결단이 필요하지만 이것이 실제로는 어려웠던 것이다. 또한 이와 같은 재산권의 귀속변동을 집행한 공무원의 행위는 법률에 근거한 것이 아니라는 점에서 비록 위법하긴 하지만 당해 공무원이 개인적 차원에서 고의나 과실로 법집행을 잘못한 경우가 아니고 정부가 결정한 정책의 집행을 담당한 것에 해당하여 대등한 관계에서 고의나 과실로 벌어진 불법행위와는 차이가 있는 것이므로 이러한 차이를 극복하고 이를 통상의 불법행위와 동일시하여 민법이나 국가배상법을 제대로 적용하려면, 제척기간의 적용이 배제되어야 하는 사유 또는 시효의 진행이 마땅히 정지되어야 하는 사유가, 제척기간이나 시효기간에 관한 실정법 규정들의 배후에, 선험적으로 전제되어 있음을 밝혀내는, 역시 새로운 법발견적(法發見的) 해석이 요구되었던 것이다.』[27]

또한 국가배상책임의 제정 당시에 주관적 책임요소를 규정한 것은 국가배상책임을 대위책임으로 본 법(이론) 및 현실상황과 연계되는 것인 바, 주관적 책임요소와 절연하거나 또는 적어도 부분적으로 수정하는 해석조차 할 수 없는 이유로 현행 국가배상법의 대위책임적 기조를 제시하는 것도 설득력이 없다. 우리가 계수한 독일 중심의 대륙법계에서 국가배상책임을 대위책임으로 이해한 것은 원래 근대 입헌국가의 정착시기에 '국가무책임사상'을 극복하고 국가책임법제를 마련하면서 군주무오류설의 잔재로 남았던 주권자무오류설의 기조를 단숨에 뛰어넘을 수 없는 상황에서 나름 선택가능한 법리구성을 위한 것이었다. 오래 지속되었기는 했지만, 민법상의 불법행위법제를 원용 및 준용한 것도 행정(구제, 소송)법의 미비와 이론체계의 미성숙에 따른 것일 뿐 국가책임법상 공무원의 불법행위와 그에 따른 손해배상책임을 민사상 불법행위가 본질적으로 동일한 것으로 본 것은 아니었다. 더욱이 앞에서 전재 인용한 바, 김중권 교수가 지적하는 바와 같이, 우리의 국가배상법제가

---

27) 헌재 2003.3.27. 2001헌마116, 헌재판례집 15-1, 313면.

민법의 불법행위책임에서 출발한 독일이나 왕정의 전통에서 국가배상법제가 마련된 일본과는 다른 역사를 가졌다는 점도 '발생사적 해석'의 관점에서 중요한 단서를 제공하다. 요컨대, 우리의 국가배상법상 배상책임의 대위책임으로 볼 하등의 필연적인 이유가 없는 것이다.

헌법지향적 법률해석이 체계적 해석방법의 일환이라고 한다면, 그렇다면 국가배상청구권을 규정하고 있는 현행 헌법 제29조와 대강이 다르지 않은 제헌헌법 제27조가 규정된 이후인, 1951.9.8.에야 국가배상법이 제정되었던 입법사를 논외로 하더라도, '공무원의 불법행위'로 인한 손해를 '국가'에 배상을 청구할 수 있다고 규정하여 고의나 과실 등 주관적인 책임요소는 명시적으로 규정되지 아니한 점을 고려하면 대위책임기조를 탈피한 국가배상법의 해석은 법리적으로 가능한 것인 동시에 헌법의 요청에 부응하는 것이기도 하다. 이른바 '물론해석'의 이견도 있을 수 있지만, '반대해석'의 관점에서 보면 대위책임의 구조를 전제하는 경우에는 상정하기 어려운 단서 조항의 형식으로 '공무원 자신의 책임이 면제되지 아니한다'고 규정한 것도 '체계적 해석'의 결론도 자기책임의 기조일 수밖에 없다는 점에 힘을 실어 준다.

더욱이 법치국가원리 구현의 핵심제도인 국가책임법제상 국가배상청권구권의 본질은 헌법이론의 차원에서 파악되어야 하는 '헌법문제'임은 물론이거니와, 헌법규범헌법학계의 압도적인 다수설이 줄곧 '자기책임설'의 기조를 유지하면서 국가배상청구권과 국가배상법을 공법적 법제로 보아 온 점을 차치하더라도,[28] 여전히 논란이 계속되고 있기는 하지만, 이른바 '선택적 청구권'의 인정 여부와 관련하여 행정법학계의 다양한 논의와 치열한 토론을 거쳐 현재 절충설의 입장으로 정리되어 있는 대법원 판례의 궤적[29] 속에서도 이미 '자기책임'의 기조는 충분히

---

28) 대표적으로 허영, 한국헌법론, 박영사, 2016, 627-629면; 한수웅, 헌법학, 법문사, 2016, 939-940면.

29) 대법원 1972.10.10. 선고 69다701 판결; 1994.4.12. 선고 93다11807 판결; 1996.2.15.

논의 및 반영되어 왔다고 할 수 있다. 다분히 실무상 권리구제의 편의성이나 구상권에 초점을 맞춘 것으로 여겨지는 절충설의 대위책임적 기조는 재고되어야 한다.

결론적으로, 이미 극복된 지 오래된 법실증주의와 교조적인 개념법학의 방법론에 집착하지 않는 한, 국가배상법의 해석에서 '대위책임'과 주관적 책임요소, 그리고 민법상 불법행위법제의 기조로부터 벗어나는 데 장애가 되는 법학방법론이나 법리적 한계는 없다. 법이론이나 법체계상 합리적인 근거와 이유에 따라 정해진 것이 아님에도 불구하고, 행정법원이 부재하던 상황과 엇물린 법원조직상 실무적이고 기술적인 이유, 그리고 여전히 지속되고 있지만 당사자소송이 활성화되지 못한 행정소송법 및 현실상황 등 다양한 이유로 국가배상사건을 민사사건으로 다루어 온 오랜 관행이 법해석방법론의 외피를 쓰고 국가배상법을 공법으로 자리매김하고 주관적 책임요소와 절연하는 '헌법지향적 국가배상법해석'에 허구의 족쇄로 작용하는 것은 아닌지 짐작해본다.

실무상 헌법소원심판 또는 한정위헌심판의 청구 및 승소의 가능성은 별론으로 하더라도, 위헌무효로 선언된 긴급조치로 인한 손해에 대하여 이른바 '통치행위론'과 연계하여 대통령의 주관적 책임요건이 충족되지 아니한다는 논거로 국가의 배상책임을 부인한 대법원의 판결은 위헌이다. 헌법적 요청인 법학방법론상 정당화해명을 해태한 점, 법치국가원리에 위배되는 점, 그리고 효과적인 권리구제의 요청에 부응하지 못하는 '위헌적 법률해석'을 한 점에서 그렇다.

선고 95다38677 판결.

제13장
통합진보당 해산결정*
- 판단의 정오(正誤)가 아니라 '수사'(rhetoric)로 본

Ⅰ. 서론

1. 문제의 제기

『기획된 해산 의도된 오판』[1) - 통합진보당(이하 '통진당'으로 약칭함)에 대한 해산심판사건[2)에서 통진당 측 소송대리인단의 일원이었던 변호사가 "명백한 오판에 대한 역사의 증명과 심판에 대한 기대와 그에 기여하고자 하는 의도"[3)를 갖고 낸 변론서의 제목이다. 동 사건의 변호인단을 대표하였던 변호사는 추천사를 통해 "민주주의에 대한 사망선고", "헌법재판소 자신의 존립근거를 뿌리째 뽑은 것"인 동 결정으로 대한민국은 "입헌주의의 보편적 원칙이 적용될 수 없는 어처구니없는 나라"로 전락했다고 단정하였다.[4) 헌법을 전공하는 법학 교수도 "숨은 목적과 퍼즐 맞추기라는 기상천외한 방법으로 통합진보당을 해산시킨" 동 결정은 "헌법을 유린하고 국민을 배신"한 '적나라한 국가폭력'이고, 설시는 "허술하고 가식적인 논리와 문법"으로 "헌법적 미사여구"를 동원한 "교언영색"에 불과하다는 요지의 추천사를 덧붙였다.[5)

---

* 헌법재판연구, 제2권 제1호(2015.6), 67-115면.
1) 이재화, 기획된 해산 의도된 오판, 글과 생각, 2015.
2) 헌재 2014. 12. 19. 2013헌다1, 판례집 26-2하, 1.
3) 이재화(주 1), 15쪽.
4) 김선수, 이재화(주 1), 4-6쪽.
5) 한상희, 이재화(주 1), 7-9쪽.

동 사건의 전말을 '기획된 해산'으로 단정하고, 동 결정을 헌법의 이름으로 헌법을 유린한 '의도된 오판'으로 보는 참여자 또는 관찰자에 대하여 전제된 기본적인 선인식에 대한 찬반론을 유보 또는 은폐하고 비판과 토론의 금도를 제시하는 것은 그 자체가 또 하나의 불순한 '기획과 의도'일 수밖에 없을 것이다. 정당해산심판을 청구한 정부 또는 정부의 배후에 있는 수구 보수세력과 헌법재판소가 야합하여 소수진보야당의 강제해산을 기획하고 실행한 것이라면 그것은 규명과 규탄의 대상이지 비평과 토론이 필요한 상황이 아니기 때문이다. 하지만 헌법규범과 헌법현실의 좁지 않은 간극에도 불구하고 적어도 우리 헌정의 현실이 "한국적 민주주의라는 논리로 유신을 정당화하던 그 논리"[6]에 의해 지배되는 헌법부재의 상태에 있다고 보지는 않는 입장에서 볼 때, 헌법수호의 교두보인 헌법재판소에 대하여 원천적이고 전면적인 불신과 극단적인 절망을 전제로 저항을 부추기는 듯 보이는 격문은 눈길은 끌지언정 동 결정에 대한 분석과 비판을 위한 공론의 마당에 참석을 권하는 초대장으로는 너무 극렬하다.

"최고법원의 판단은 그것이 옳기 때문에 최종적인 것이 아니라 최종적인 것이기 때문에 옳다"는 미국 연방대법원 판사였던 Robert H. Jackson[7]의 말대로 최고의 유권헌법해석 및 헌법재판기관으로서 헌법재판소의 최종결정 자체에 대한 승복 여부는 정치적으로든, 법적으로든 의문의 대상이 될 수 없다. 헌법재판을 포함한 모든 사법제도는 효과적인 분쟁해결수단으로서 재판의 본질과 기능, 특히 종심의 존재 자체와 그 권위에 대한 사전적 합의를 핵심요소로 하기 때문이다. 하지만 최종적인 사법적 결정에 대한 승복의 당위적인 요청이 비판과 토론의 공론장에 빗장을 거는 근거와 이유가 될 수는 없다. '정치법'인 헌법을 해석

6) 김선수, 이재화(주 1), 6쪽.
7) Brown vs. Allen, 344 U.S. 443, 540 (1953).

적용하는 헌법재판의 경우 일반적으로도 그러하거니와, 예컨대 위헌법률심사와 같이 정치적 토론의 내용과 결론의 위헌성을 판단하는 것을 넘어서 특정 정당의 정치적 경쟁의 참여자로서 적격을 심사하는 정당해산심판의 경우야말로 당사자의 입장에서든 관찰자의 입장에서든 그 입장과 관점의 차이에 따라 극심한 갈등은 불가피한 동시에 당연하고 또 필요하다. 사법적 결정으로 그 근원인 정치적 사회적 이견과 대립 자체가 해소될 수는 없기 때문에 헌재의 정당해산결정은 '법적 판단'으로서는 최종적인 것이지만, 그 당부를 둘러싼 '개방된 토론'에서는 출발점일 뿐이다. 주관적인 느낌인지는 모르겠지만, 분격의 감정이 조금은 가라앉은 이제, 찬반의 입장과는 무관하게 치열하되 가능한 한 성급한 예단을 배제하고 차분하게 진행되어야 하는 법리적 검토와 논쟁이 시작될 수 있고 또 그래야만 할 것으로 생각된다.

이러한 점에서 우선 본 평석에서 헌재의 결정을 '해산기획'의 예정된 결과에 불과하다고 보는 선판단의 당부는 논외로 한다는 점을 밝혀둔다. 그 자체가 헌재결정에 대한 비판론의 핵심으로 제시하는 바, 즉 '무리한 추단', 즉 합리적인 의심을 배제할 만한 정도로 객관적으로 증명되지 못한 추측으로 여겨지기 때문이다. 또한 헌재의 결정을 오판으로 평가하는 경우에도 헌재 또는 재판관들의 의도성에 대한 예단, 말하자면 법적 사유와 논증이 아니라 원천적으로 당파적인 이데올로기적 선호에 따라 결론을 내려놓고 그것을 헌법해석으로 포장하였을 뿐이라고 하는 인식도 본 평석에서 관심의 대상은 아니다. 헌재와 재판관들의 정치적 편향성과 이데올로기적 파당성, 그리고 해묵은 현안인 재판관임명방법의 문제점이 회의와 비판의 대상이 될 수 없는 것은 결코 아니지만, 최종심판관의 권위에 대한 제도적 합의와 절차에 대한 동의를 전제로 하여 일종의 게임형식으로 진행되는 헌법소송의 당사자가 판정 후에 Logos를 넘어서 심판관의 중립성을 포함하여 법적 양심 등 기본적인

Ethos에 대하여 근원적인 의문을 제기하는 것은 자가당착이거니와, 아무튼 법 또는 법해석 및 법관의 중립성에 대하여 근본적으로 회의적인 입장을 취하는 이른바 '비판법학'(Critical Legal Studies)이나 좌파법학자들을 비롯하여 '사법적극주의'의 입장을 취하는 법원 또는 법관에 대한 비판적인 견해들은 별론의 기회에 다룰 논제일 뿐이다.

요컨대, 본 평석의 초점은 설시문상의 헌법적 논증을 대상으로 하여 헌법해석과 적용, 그리고 소송절차상 개별적인 법적 판단의 결론과 그 결론에 이르는 법적 사유의 노정을 되짚어보면서 헌법 도그마틱의 차원에서 그 법리적 흠결 또는 미흡성 여부를 검토하고, 그 구체적인 지점과 내용을 지적하는 데 모아진다.

2. 논구의 범위

전술한 문제제기의 맥락에서 헌법적 논증을 대상으로 한 비판론은 한 마디로 헌재가 '법적 판단'이 아니라 '정치적 결정'을 내렸다는 것이다. 말하자면 객관적인 증거법칙에 따라 합리적인 의심을 배제할 만한 정도로 증명된 사실에 의해 사태를 파악하여 헌법을 해석 및 적용하지 아니하고, 막연한 의심과 추측만을 갖고 자신의 이데올로기와 정견을 실행하는 정략적 결단을 자행하였다는 것이다. 중립적인 입장에서 법리적 용어로 표현하면 결국 헌법소송절차에서 적용되는 증거법상 재량판단의 객관적인 한계를 넘어서는 자의적인 판단을 하였다는 비판이 그 핵심이다.

또한 특히 헌법해석방법론에 대입하기 어렵기는 하지만, 굳이 이른바 '포섭(包攝)의 도그마'(Subsumtionsdogma)를 기초로 한 '3단계론'의 틀에 맞추어 비판의 논거를 다시 정리해보면 대전제로서 정당해산심판제도의 본질과 기능에 대한 헌법이론적 인식 및 이를 토대로 한 정당해산요건 등에 대한 추상적인 헌법해석 단계에서의 결론과, 해산심판청구

사유로 제시된 개별 사실들을 소송절차 속에서 확인하여 사태를 총체적으로 파악하고 규범적으로 평가하여 해석의 취지에 따라 헌법을 구체적으로 적용하는 단계에서의 결론 상호간의 논리적 비일관성과 부정합성이 그 핵심이다. 즉 '사실확인'(Tatsachenfeststellung)의 오류를 포함하는 '포섭의 오류'에 대한 지적이다. 헌재의 해산결정을 "법치국가에서 도저히 상상할 수 없는 정도"로 무모하고, 무책임하고 비겁하기까지 하다고 격하게 비판하는 입장에서도 "정당해산의 법리 자체는 결론이 무색할 정도로 비교적 엄정했다."고 평가하고 있다.[8)]

따라서 쟁점 자체는 충분히 정리되어 제시되어 있다고 보거니와, 본 평석은 우선 헌재의 결정과정 자체는 물론이고 결론에 대한 비판론 역시 일종의 대화로 보는 관점에서 제3의 대화참여자로서 기존에 부각된 쟁점들, 특히 통진당의 목적이나 활동이 "우리 사회의 민주적 기본질서에 대하여 실질적인 해악을 끼칠 수 있는 구체적 위험성을 초래하였다"고 본 결론과 이를 뒷받침하는 개별 사실들에 대한 확인 및 그 위험성에 대한 심증(心證), 그리고 본 사건을 촉발시킨 '이석기 전 의원을 비롯한 일부 집단'(이하 '이석기 등'으로 약칭함)의 위헌성의 정당 전체로의 귀속성에 대한 재량판단의 당부에 대한 이견에 초점을 맞춘다. 별도의 헌법소송에서 심판된 바 있듯이,[9)] 헌법재판소법 제40조 제1항에 의거 정당해산심판절차에 민사소송법령을 준용하는 것의 헌법적 가능성과 한계, 특히 형사소송법상 증거법원리와 규칙이 준용되어야 하는 것인지 여부에 관한 상론도 생략될 수 없다.

전술한 바와 같이, 정당해산제도의 본질과 기능, 특히 한계가 있을 수밖에 없기는 하되 정당보호의 수단과 절차로서의 성격을 강조하고, 따라서 '민주적 기본질서 위배'라는 정당해산의 요건은 엄격하게 해석

---

8) 김종철, 법치주의 이름으로 헌법을 매장한 헌재, 한겨레 신문(2014. 12. 21.).
9) 헌재 2014. 2. 27. 2014헌마7, 판례집 26-1상, 310.

되어야 한다는 원론적인 이해와 해석방법론에 대해서는 별다른 이견이 없기 때문에 상론의 재론은 필요하지 않다. 다만, 보완과 강조의 차원에서 정당해산심판 제도의 핵심원리라고 할 수 있는 '방어적 민주주의' 또는 '투쟁적 민주주의',[10] 그리고 정당해산제도의 헌법철학적 토대인 '다원적 민주주의', 특히 '관용의 요청'과 그 한계의 관점에서 논의를 추가한다. 후에 상술하는 바와 같이, 법텍스트를 출발점으로 하는 법적 사유에서 법해석과 포섭을 포함한 적용의 부분작업들을 각각 분리된 채 단계별로 순차적으로 진행되는 것으로 보지 아니하고 순환 관계에서 상호 영향을 주고받는 입체적인 작업으로 이해하는 '법학적 해석론'은 특히 헌법해석의 경우 그 의미와 설득력이 더욱 부각되거니와, 이 추가논의가 무용한 재론이 아닐 수 있는 점은, 전술한 바와 같이 정당해산제도의 기본법리구성, 즉 추상적인 헌법해석의 취지 및 결론과 구체적인 사태파악과 포섭을 포함한 헌법적용, 즉 해산결정의 최종결론 간에 논리적 일관성과 정합성이 결여되어 있다는 비판에 대하여 그 당부를 판단할 수 있는 단서를 제공하거나, 더 나아가서 헌재가 미처 결정문에 담아낼 수 없었거나 그러지 못한 헌법적 사유의 일단을 확인하거나 보충할 수 있기 때문이다.

마지막으로, 헌재 결정문상 쟁점과 관련하여, 특히 국회의원직의 '자유위임원칙'과의 규범 조화적 헌법해석의 관점에서 법리적 근거가 충분히 제시되지 못하였다고 보는 입장에서 아쉬움이 없지는 않지만, 본 평석에서 정당해산결정과 함께 소속 국회의원의 의원직을 박탈한 것의 당부에 대해서는 논하지 않는다. 상론의 필요성이 없기 때문이 아니라 선택과 집중을 위해서이다. 기본적으로 헌법이나 법률에 명시적인 규정을 두는 것이 바람직한 것으로 보지만, 일부 이견에도 불구하고, 헌재가 설

---

10) 방어적 민주주의론의 발생사와 상세한 내용에 대해서는 송석윤, 정당해산심판의 실체적 요건-정당 해산심판제도의 좌표와 관련하여, 서울대학교 법학 제51권 제1호 (2010), 29-32쪽.

시하는 바와 같이 위헌성이 확인된 정당을 즉각 정치적 의사형성과정에서 배제하는 것은 정당해산결정의 실효성을 확보하는데 필수불가결하기 때문에 해산된 정당 소속 국회의원의 의원자격 박탈은 정당해산결정에 당연히 내장된 결정 사항을 재확인하는 것인 동시에 해산결정을 집행하는 수단이라고 보는 다수설과 입장을 같이 한다는 점만 밝혀둔다. 부분적으로는 정당해산제도의 본질과 기능에 관한 논의에서 연관되는 헌법이론적 관점과 근거가 제시될 것이다.

Ⅱ. 정당해산심판제도의 본질과 특성

1. 개요 - 법적 사유와 논증의 부정합

헌재는 정당해산심판제도가 발생사적으로도 정당보호절차로서의 성격이 부각된다는 것과 함께 정당의 목적과 활동이 민주적 기본질서에 위배되는 경우 예외적으로 제한될 수 있지만, 원칙적으로 모든 정당의 존립과 활동은 최대한 보장되어야 한다는 원칙을 분명하게 확인하였다. 생각건대, 이른바 '원칙과 예외'의 맥락에서 '최대보장의 원칙'을 강조하기 위한 논법으로 여겨지거니와, 헌재는 구체적인 예까지 가정하여 자상하게 부연설명을 추가하였다,

『설령 어떤 정당이 민주적 기본질서를 부정하고 이를 적극적으로 공격하는 것으로 보인다 하더라도 국민의 정치적 의사형성에 참여하는 정당으로서 존재하는 한 헌법에 의해 최대한 두텁게 보호되므로, 단순히 행정부의 통상적인 처분에 의해서는 해산될 수 없고, 오직 헌법재판소가 그 정당의 위헌성을 확인하고 해산의 필요성을 인정한 경우에만 정당정치의 영역에서 배제된다. 그러나 한편 이 제도로 인해서, 정당활동의 자유가 인정된다 하더라도 민주적 기본질서를 침해해서는 안 된다는 헌법적 한계 역시 설정된다.』

정당해산심판제도의 정당보호의 수단과 절차로서 본질과 기능을 적확하게 인식하고, 그에 따라 정당해산요건의 엄격한 해석과 적용의 방침을 확인해나가는 헌재의 기본적인 법리에 대해서는 해산결정에 대한 비난성의 비판론에서조차 이견을 찾아보기 어렵다. 하지만, 앞에서 거론한 '결론이 무색할 정도로 정당해산의 법리 자체는 비교적 엄정했다'는 역설적인 비판의 핵심논지가 그러한 것으로 생각되거니와, 적어도 그 내용이나 입장과 무관하게 상식을 갖춘 독자집단에게 결정문상 기본법리에 대한 선행 설시의 부분을 읽게 한 후 예상되는 결정을 물어본다면 거의 대부분이 기각결정을 선택할 것으로 믿는 입장에서 문제가 없지 않다고 한다면, 그 이유는 세 가지 중 하나일 것이다.

우선 정당해산제도의 본질에 대한 적확한 헌법철학적, 법리적 인식 및 이를 토대로 한 법적 사유와 구체적인 소송절차상 개별적인 법적 판단을 비롯한 최종 결론이 단절된 채 궤를 달리한 경우를 상정할 수 있다. 말하자면 '지행의 불일치'에 해당한다. 가정컨대, 재판관들이 이 '지행의 불일치'를 인식하면서 해산결정을 한 것이라면 그것은 비판론이 단정하는 '의도된 오판'이고, 결정문은 '가식의 교언영색'이라는 비난을 피할 수 없을 것이다.

둘째는 위의 경우에 해당되지만, 그 '지행불일치'를 의식하지 못한 경우 말하자면 객관적인 관찰자의 입장에서 볼 때 헌법철학적인 인식과 법리는 적확했으나, 그것이 소송절차상 구체적인 법적 판단과 최종 결론에 이르는 법적 사유의 전 과정에 충실히 반영되지 못한 경우이다.

이 경우라면 시종일관 법적 사유를 이끌어 나가기에는 동력이 떨어지는, 체화되지 못한 헌법철학과 의식이나 논리적 관철력의 흠결을 지적하면서 '오판'이라고 비판할 수는 있을지언정 그 '의도성'을 비난할 수는 없을 것이다.

셋째는 정당해산에 대한 적확한 법리에 시종일관 유의하는 가운데,

K. Engisch[11]의 말을 빌려 말하자면, 헌법규범과 사태에 대하여 충분히 번갈아가면서 눈길을 주어가면서 소송절차를 통해 나름 충분한 반성과 숙고를 거쳐 법적 판단을 하고 해산결정을 내렸음에도 불구하고, 이른바 J. Esser가 법학방법론의 맥락에서 해명한 '선이해'(Vorverständnis)를 포함하여 필연적으로 '도덕적 추론'과 연관되는 복합적인 작업인 법적 사유와 추론의 전 과정과 전모를 결정문에 충분히 담아내지 못한 것일 수도 있다.[12] 말하자면, 표현 또는 논증수단으로서 언어의 근본적인 한계로 인한 경우이고, 이 경우라면 헌재의 입장에서는 '오판'이라는 비판에 대하여 '오해'일 뿐이라고 항변할 수 있을 것이다.

특히 동 사건과 같은 hard case의 경우에 더욱 부각되지만, 근본적으로 '기하학'(geometry)의 형식이 아니라 일종의 '도덕성'(morality)에

---

11) K. Engisch, Logische Studien zur Gesetzesanwendung, 3. Aufl., 1963, S. 15. A, Kaufmann, Dieipsa res iusta Gedanken zu einer hermeneutischen Rechtsontologie, in; Beiträge zur Juristischen Hermeneutik sowie weitere rechtsphilosophische Anhandlungen, Carl Heymanns, 1984, S. 63에서 재인용.

12) 여기에서 이 문제에 관한 상론은 약하되, 다만 헌법의 해석과 적용의 경우에 복합성과 심층성이 더욱 부각되고, 따라서 법적 사유 또는 인식작업을 언어로 표현해내는 것의 한계가 더욱 부각된다는 점을 강조하면서 Esser의 해명으로 그 근거를 대신한다: 『외견상 법적용은 사태와 적용규범의 이른바 포섭이라는 연역의 논리형식으로 진행되는 단일한 행위인 듯 보이지만, 결정적인 요소는 이 추론에 선행하는 판단, 즉 분쟁규율의 필요성 여부와 그 크기, 그리고 규범의 부합성, 말하자면 인식된 필요성에 부응하는 규범의 적합성에 대한 판단이다. 이 두 가지 판단을 위해서는 사태에 대한 있는 그대로의 '완전한'(vollständig) 규명과 평가만으로는 부족하고, 이를 넘어서는 사전적인 숙고가 필요하다. 즉 어떤 관점에서 사태를 평가해야 하는지가 관건이고, 이는 준거규범에서 찾아진다. 이 준거규범을 찾는 것 자체도 (단순히 논리적인 추론작업으로만 진행되는: 필자 부기) 체계적인 탐색행위가 아니라 주어진 사태의 상황에서 또한 법체계적 관계와 법정책적 결과와 관련하여 고려되어야 하는 다수 규범들의 효용에 대한 평가가 요구되는 복합적인 작업이다.』 이덕연, 법인식작업의 본질 - 법이성과 법감정, 언어권력으로서 사법권과 헌법, 신조사, 2014, 34쪽; J. Esser, Vorverständnis und Methodenwahl in der Rechtsfindung, durchgesehene und ergänzte Ausgabe, Athenäum Fischer, 1972, S. 31.

대한 고도의 재량판단이 포함된 법적 추론[13]에서 수학적 정확성과 엄밀성이 담보될 수 없기 때문에 '객관적 진실'은 확인할 수도 없거니와, 그렇지 않을 것으로 믿고 기대하는 첫 번째 경우, 즉 '의도된 오판'이라면 학문적인 평석은 무의미하다. 그것은 정치적 규탄의 대상이고, 법적으로는 탄핵 또는 저항권의 행사가 요구되는 '헌법왜곡'일 뿐이기 때문이다. 따라서 본 평석에서는 해산결정 자체의 '오판' 여부에 대한 최종판단은 이른바 '연불연'(然不然)의 입장으로 마지막까지 미루되, 우선 나머지 두 경우 중 하나에 해당되는 것으로 전제하고, 결정문과 그 행간에서 읽어낼 수 있는 단서들을 분석하여 둘 중 어느 것에 해당하는지 추단해본다. 결과적으로 '오판'으로 판단되는 경우에는, '오해'도 '이해의 한 형식'이고, "오류는 오류를 범하는 자의 올바른 지식 안에 편입될 수 있고, 따라서 오류는 원인뿐만 아니라 근거도 있다"는Wittgenstein[14]의 말의 적확성을 짚어 보는 기회로 활용한다. 더 나아가서 '오판'으로 단정할 수 없는 경우라고 하더라도 적어도 개별적인 판단에서 부분적인 오류는 없는지 검토해본다. 기술한 바와 같이, 근본적인 이견은 없지만, 헌재의 정당해산제도와 관련한 기본법리에 대하여 다음에서 논의하는 것은 바로 이러한 맥락에서이다.

2. 정당해산심판제도의 딜레마 - 헌법수호와 정당보호

(1) 정당해산심판제도의 본질

이른바 '정당특권'을 수용한 우리 헌법상 정당조항 자체가 정당의 설립과 활동에 대한 '최대보장의 원칙'을 비롯하여 정당운영비용 국고보조제도까지 포함하는 당근과 함께 정당의 목적과 조직 및 활동의 민

13) 이에 관해서는 법형식주의에 대한 Dworkin의 비판론에 대한 논의와 함께 S. J. Shapiro, Legality, Belknap Harvard, 2011, pp. 264.
14) L. Wittgenstein, 이영철 옮김, 확실성에 관하여, 책세상, 2006, 33쪽, 74번.

주성의 요청을 비롯하여 강제해산이라는 채찍을 함께 마련한 것은[15] 근본적으로는 '민주주의의 dilemma'에 대한 양면적 대응의 결과라고 할 수 있다. 등록취소 등과 같이 정부의 독자적인 결정이나 행정기관의 일방적인 행정처분이 아니라 헌법재판소의 심판, 즉 엄정한 헌법소송절차를 통해서만 강제해산이 될 수 있게 한 정당해산심판제도는 그 자체가 '정당특권'의 핵심 당근인 동시에, 또 한편 엄격한 헌법의 요건 하에서만 허용되는 것이되, 일단 휘두르는 경우에는 '정당특권'의 박탈에 그치는 '태형'(笞刑)의 채찍이 아니라, 정당 조직 자체가 해체되고, 이른바 '대체정당'의 설립이 금지되고(정당법 제40조), 더 나아가 헌법과 법률상 명시적인 근거는 없지만, 헌재가 확인한 바와 같이 소속 국회의원의 의원직이 박탈되고 잔여재산까지 국고에 귀속되는 등(정당법 제48조 제2항·제3항) 그 법적 효과를 보면, 정당을 궁극적으로 '정치의 공론장'에서 완전히 배제하는 일종의 '정치적 사형'을 집행하는 장검(長劍)이라고 할 수 있다.

이러한 점에서 보면, 헌재도 분명하게 확인하고 있듯이, '정당존립의 특권', 특히 그 중에서도 "정부비판자로서 야당의 존립과 활동을 특별히 보장하고자 하는 헌법제정자의 규범적 의지의 산물"로 이해되는 정당해산제도는 민주적 기본질서의 보호수단이기는 하지만, 그 자체가 오히려 민주주의에 대한 치명적인 해악이 될 위험성을 내포하고 있기 때문에 그 운용 여하에 따라서는 일종의 '극약처방'이 될 수 있는 양면적인 제도이다. 말하자면 민주주의와 헌법에 의해 보장되는 정당의 자유가 자신의 모태이고 배양토인 민주적 기본질서를 파괴하는 수단으로 악용되는 경우, 민주주의에 대한 제약, 즉 정당의 자유에 대한 제한을 통해서 민주주의와 자유를 보호하는 극단적이고 예외적인 예방적 헌법보호

15) 이에 관해서는 이명웅, 정당조항의 양면성, 헌법논총 제13집(2002), 474쪽 이하.

의 수단이다. '타살'에 대한 무방비는 '자살'(Selbstmord)과 다를 것이 없거니와, 어떤 헌법과 민주주의도 자살을 용인할 수는 없다는 자명한 당위명제와 함께 "죽음에 대한 걱정으로 인한 자살"(Suizid aus Angst vordem Tode)[16]에 대한 병리학의 역설적인 우려 또한 외면할 수 없는 것은 바로 칼날과 같은 정당해산심판제도의 양면성 때문이다.

(2) 이상명제로서 '절제의 요청'과 현실명제로서 '중용(中庸)의 요청'

헌법적 한계의 단서를 부기하기는 하지만, 우선 정치적 비판자들에 대한 탄압의 수단으로 남용되지 않게 "매우 엄격하게 제한적으로" 운용되어야 한다는 점을 강조하고, '의심스러울 때는 자유 우선'(in dubio pro liberate)의 원칙이 정당해산심판에서도 적용되어야 한다는 점까지 성급하게(?)[17] 확인하고 있는 헌재 결정문의 기조도 그러하거니와, 일반적으로 이러한 양면성에 초점을 맞춘 정당해산심판제도의 본질에 대한 논의는 거의 예외 없이 제도운용의 기본지침으로 우선 '절제의 요청'을 강조한다. 생각건대, 이러한 논조는 역사적 경험에 따르면 '민주적 기본질서'의 파괴가 대부분 헤게모니를 장악한 정치세력이나 호전적인 정치권력자의 전횡에 의한 것이었지, 자유로운 정치적 의사형성의 과정에서 초래된 것이 아니었다는 역사적인 경험이 반영된 것인 점에서[18] 기본적으로 당연하고 타당하다. 또한 전적으로 동의하는 S. Zizek[19]의 말대로, 민주주의론에서 '순정성'은 민주주의와 대척점에 있는 전체주의가 상용하는 슬로건이다. 그 어떤 성숙한 민주주의에서도 부패하고 무능력

---

16) H. Meier, Parteiverbot und demokratische Republik, 1993, S. 146ff. M. Morlok, Parteiverbot als Verfassungsschutz - Ein unauflösbarer Widerspruch, NJW, 2001, S. 2932에서 재인용.

17) 이에 관해서는 아래 증거 관련된 논의(Ⅳ)에서 상술함.

18) H. Dreier, Grenzen demokratischer Freiheit im Verfassungsstaat, JZ, 1994, S. 752.

19) S. Zizek, 이수련 옮김, 이데올로기의 숭고한 대상, 새물결, 2013, 23쪽.

한 보통사람들에 의해 통치될 가능성을 완전히 제거할 수는 없지만, 다수 또는 주류의 시각에서 보면 일종의 '일탈'로 여겨질 수 있는, 헌재의 표현을 빌리면, 예컨대 헌법의 근본가치인 "민주적 기본질서를 부정하고, 적극적으로 공격하는 것으로 보이는", 낯설고 불편하고, 심지어는 혐오스럽기까지 한 소수 정치세력의 존재가능성도 마찬가지이다. 이러한 내재적인 위험과 결함이 제거된 '순정한 민주주의'를 추구하는 것은 민주주의 자체를 폐기해버리는 정반대의 결과를 초래할 뿐이라는 Zizek의 단언은 오히려 후자의 경우에 더욱 적확하다.

하지만, 이러한 일반적인 역사적 경험과 다원적 민주주의의 철학적 전제인 가치상대주의의 관점에서, 적어도 원론의 차원에서는 이견이 있을 수 없는 민주주의론은 정당해산심판제도의 설계나 운용의 출발점이나 기본관점으로서는 그 함의가 지대하고 소중하지만, 교과서에서 포착해내지 못하는 특수한 정치상황에서 구체적으로 적용될 수 있는 운용지침과 판단의 준거를 제공하지는 못한다. 진리와 정의가치의 상대화를 전제로 최대한의 '관용'과 '포용'을 요구하는 다원적 민주주의의 방침과 또 한편 평등한 자유시민들 간의 대화와 토론을 통한 개방된 정치적 경쟁질서 자체를 파괴하려고 하는 '민주주의의 적'에 대한 방어의 요청을 동시에 충족시킬 수 없는 이른바 '민주주의론의 dilemma'도 그렇듯이, 정당해산심판제도의 적정한 운용의 요청도 추상적으로는 문제될 것이 없다.

최대한의 자유와 민주적 개방성은 궁극적으로 최대한의 부자유와 민주주의의 종말, 즉 전체주의로 귀결될 수 있다는 이른바 '자유의 역설'(Paradox der Freiheit)과 '관용의 역설'(Paradox der Toleranz)을 이론적으로 수렴해낸 '방어적 민주주의'도 추상적인 이론의 차원에서는 dilemma라고 칭할 만한 정도로 문제될 것이 없다. 위험이 전혀 없는 개방과 포용이 있을 수 없고, 그렇다고 해서 폐쇄와 배제가 최선의 방책이 아니거니와, 개방과 포용을 기본 방침으로 하는 정치적 자유경쟁의 형식으로서 민주주의의 근원적인 흠결의 위험과 구조적인 취약성을 직시하면서 순화와 개선의 노력을 계속 해나가야 한다는 점만 강조하면 되기 때문이다. Ch. Möller의 말대로 민주주의는 급진적인 동시에 개방된 개념이고 정치적 구상이다.[20] 급진성은 과격한 속박과, 개방성은 유약성(柔弱性)으로 혼동되기 쉽다. 현실 속에서 운행되는 민주주의에는 늘 실제 이러한 추상적인 위험성이 구체적으로 현실화될 수 있는 가능성이 잠재되어 있다. Möller는 급진성과 개방성의 순기능을 살리고, 역기능의 위험성을 제어할 수 있기 위해서는 "명백하게 인식할 수 있는 한계를 갖는 넓은 '개활지'(開闊地)"(ein weites Terrain mit gut erkennbaren Grenzen)를 조성하는 것이라는 점을 재확인하면서, 특정한 가치적 선판단보다는 다양한 담론들 간의 경쟁을 통해 정의와 진리가 형성되어 나가야 한다는 논지의 '철학보다 민주주의가 우선'이라는 R. Rorty의 명제를 원용하여 관건은 '민주주의이론보다 민주주의가 우선'이라는 인식을 재정립하는 것이고,[21] 따라서 궁극적으로 "민주주의의 한계는 오로지 민주주의 자체에서만 주어진다"[22]는 점을 강조한다.

하지만, 전술한 바와 같이 '배척을 위한 배척'이 아니라 '포용을 위한 방어'를 지향하는 '방어적 민주주의론'을 바로 Möller가 말하는 '개활지'(開闊地)의 조성과 보전을 우선 지향하는 것으로 이해하는 관점에서 볼 때, '방어적 민주주의이론'은 바로 민주주의에 우선하는 특정한 민주주의이론이라기 보다는 '민주주의이론보다 민주주의가 우선'이라는 인식의 지평 속에서 급진적이고 개방적인 민주주의의 구조적 흠결과 취약성에 대한 보완과 개선의 필요성 및 당위성과 함께 구체적인 노력

20) Ch. Möller, Demokratie - Zumutungen und Versprechen, 2. Aufl., Klaus Wagenwach, 2009, S. 10. Nr. 3.
21) Ch. Möller (Anm. 20), S. 11, Nr. 4.
22) Ch. Möller (Anm. 20), S. 81, Nr. 109.

의 의무를 이론적으로 재확인한 것으로 보아야 한다.

이러한 노력과 '역설'에 대한 숙고의 산물인 정당해산심판제도가 강의실과 시험장이 아니라 힘과 이데올로기가 각축하는 정치현장에서 구체적인 헌법소송절차 속에서 헌법문제로 제기되는 것은 '원칙과 예외'에 대한 선택적 결단의 기로, 말하자면 원칙을 지켜야 할 이유와 예외를 선택해야 할 이유, 그리고 원칙의 고수 또는 예외를 선택할 경우 각각의 위험의 크기가 쉽게 판가름되고 교량될 수 없는 난제로 주어지는 한계상황에서이다. 그것이 한계상황에서 주어지는 난문(難問)인 것은 민주주의와 자유의 가치가 어느 일방만이 독점할 수 있는 명분과 논거가 아니기 때문이다. 이러한 문제구도 속에서 원래 정당화 소명부담의 유무를 기준으로 하는 이른바 '원칙과 예외'의 추상적인 담론형식은 소명부담의 합리적인 배분을 전제로 하는 정당화의 경쟁, 말하자면 '원칙과 예외'의 원칙과 '예외 없는 원칙은 없다'는 원칙 간의 동렬선상에서의 실질적인 토론으로 진행되는 구체적인 논증경쟁의 형식으로 전화(轉化)된다.

정당해산심판이 구체적인 헌법현안으로 부각되는 이러한 문제상황 속에서 관건은 '절제의 한계선', 즉 더 이상 관용으로 대처할 수 없을 정도로 민주주의와 자유의 핵심가치에 대한 합의를 파기하고, 적극적으로 공격하는 눈앞의 '자유의 적'(Feinde der Freiheit)에 대하여 더 이상 물러날 수 없는 마지노선을 확인하고, 최후의 방어수단으로 반격을 감행하는 것이다. 절박한 상황에서도, 또는 더 정확하게 표현하면 절박한 상황일수록 '투쟁적 민주주의'(streitbare Demokratie)의 수단이 더더욱 법치국가원리에 의해 엄격하게 규율되어야 하는 것은 당연하지만, '법치국가적 민주주의'가 민주주의에 대한 일방적인 무장해제의 법리로 적용되어서는 아니 된다. 일종의 '헌법적 금기'(verfassungsrechtliches Tabu)를 설정한 것이 '방어적 민주주의론'의 핵심인데,[23] 방어적 민주주의의

23) 이에 관한 상론으로는 J. Isensee, Tabu im freiheitlichen Staat, Schöningh, 2003, S. 45-49.

핵심제도의 하나인 정당해산심판제도의 실제 가동의 가능성 자체를 금기시하여 방어 및 공격수단으로서 그 기능을 원천적으로 봉쇄하고, 잠재적인 효용을 형해화하는 것은 또 하나의 금기시되어야 할 '과잉의 법리'이다. '절제의 요청'을 뒷받침하는 '최대한의 관용'은 최선의 방책이지만, '무제한의 관용'은 '민주주의의 자살'을 용인하는 무책임하고 무모한 자포자기의 방임일 뿐이기 때문이다.

헌법의 해석과 적용에 일반적으로 적용되는 '조화의 명제'는, 정당해산심판제도의 운용에서도, 구체적으로 말하자면, 정당해산심판을 청구하는 단계에서부터 적법성판단을 비롯하여 최종 결정에 이르는 헌법소송절차의 전 과정 속에서도 '과잉금지'와 '과소금지'의 요청을 수렴해내야 하는 '중용'의 요청으로 부각된다.

(3) 구체적인 문제상황 속에서 본 '중용'의 가능성과 한계 - 이른바 '특수상황론'

민주주의에 대한 고찰은 그 자체가 민주주의의 실천의 일환이기도 하거니와, 위에서 언급한 Möller가 강조하는 바와 같이, 민주주의에 대한 고찰은 민주주의적인 형식 속에서 진행되지는 아니하고 또 그래서도 아니 되기 때문에 구체적으로 실천되는 '민주주의의 실제'(demokratische Praxis)를 존중해야만 한다.[24]

민주주의의 방어수단으로 정당해산심판제도가 작동되는 구체적인 민주주의의 현장에서 '중용'의 요청은 성급함과 함께 지체도 용인될 수 없는 '적시성'(適時性)의 요청으로 부각된다. 다시 강조하여 말하자면 지나치게 공격적인 운용은 민주주의의 방어가 아니라 오히려 민주주의의 훼손을 초래하기 때문에 '절제'가 각별하게 요구되지만, 반면에 민주주의의 파괴를 방관하는 지체도 용인될 수 없다. 결국 관건은 '최후의 적

---

24) Ch. Möller (Anm. 20), S. 10, Nr. 4.

시점'을 판단하는 '중용의 지혜'인데, 헌법과 헌법이론은 요구는 하지만 그것을 구할 수 있는 구체적인 방책을 제공하지는 않는다. 전술한 바와 같이, 추상적인 이론의 차원에서는 문제가 없지만 실제 구체적인 적용의 차원에서는 난제로 주어지는 '민주주의의 dilemma', 즉 '포용의 요청'과 '배제의 요청' 간의 배리(背理)의 모순이 모든 정치게임의 참여자들이 공감한 가치판단의 전제와 정치과정 속에서 협상될 수 있는 논제의 구별이 이론적으로는 가능하지만 실제로는 판별이 어려운 상태로 혼합되어 있는데 기인하는 것과 마찬가지로,[25] 중용의 슬기가 요구되는 '적시성판단'의 난제도 추상적인 이론의 차원에서는 문제될 것이 없다. 특히 헌법제도가 그러하기도 하거니와, 근본적인 모순으로부터 자유로운 완벽한 제도 및 제도의 운용이 있을 수 없기도 하지만, 정당해산심판제도 자체가 말 그대로 이론적으로 문제될 것이 없는, '추상된' 핵심을 담아 낸 헌법제도이고, 구체적인 문제상황 속에서 요구되는 '운용의 묘'는 그 운용의 과정 속에서 찾아나갈 수 있을 뿐이다.

이러한 맥락에서 볼 때, 헌법규범과 헌법현실의 틈에서 작동될 수밖에 없는 실제 정당해산심판제도 운용상의 dilemma, 즉 실행은 가능하지만 방어의 수단으로서 극단적인 군소정당의 강제해산은 불필요한 데, 반면에 정작 자유민주적 기본질서를 해칠 위험성이 큰 위헌적인 유력정당에 대해서는 관철시키는 것이 어려운 헌법실현의 한계에 대한 Hesse의 지적은 적확하지만,[26] 추상적인 이론의 차원에서 '절제의 요청'을 우선시해야 한다는 관점의 근거로서 유력한 것일 뿐이다. 같은 맥락에서 실제 민주주의의 역사적 경험이나 정치현상을 주목하는 현실적인 관점, 예컨대, 자유민주적 기본질서의 파괴는 대부분 유력 정치세력이나 호전

25) U. Volkmann, Dilemmata des Parteiverbots, DÖV, 2007, S. 579.

26) K. Hesse, Grundzüge des Verfassungsrechts der Bundesrepublik Deutschland, 18 Aufl., C. F. Müller, 1991, Rn. 715 mit Anm. 5.

적인 정치 권력자에 의한 것이었지 이견이 되었든, 일탈이 되었든 소수 또는 비주류의 자유로운 정치적 참여에서 비롯된 것은 극히 드물다는 역사적 경험이나[27] 정당해산심판제도가 기존의 유력 정당들이 국외자들(Außenseitern)과의 경쟁을 회피하기 위한 수단으로 악용되는 경우 정치 생활역역에 새로운 자극과 에너지의 유입이 차단되어 민주정치의 역동성이 훼손된다는 정치현상을 직시하는 관점들에 대해서도 별다른 이견이 있을 것이 없다.[28]

하지만, 실제로는 저항권 행사의 문제로 주어지겠지만, 실현의 가능성을 떠나서 다수 정당이라 할지라도 민주적 기본질서를 해치는 경우라면 당연히 강제해산의 대상이 된다는 원론적인 전제 하에, 우리가 구체적인 헌법문제로 대면하게 되는 난제는 위에서 지적한 경우와는 다른, 극히 일상적인 정치생활의 상황 속에서 주어진다는 점을 유의해야 한다. 예컨대, 정치생활을 주도하는 다수 정당도 아니고, 또 한편 위헌성이 있다고 하더라도 정당해산제도의 실행 자체가 무용할 정도로 영향력이 극히 미미한 군소정당도 아닌 정당, 말하자면 '절제의 요청'에 따라

---

27) H. Dreier (Anm. 18), S. 752.

28) K. Hesse (Anm. 26), Rn. 715. 이러한 점에서 이른바 '법치국가적 이격'(rechtsstaatlicher Distanz), 즉 의견과 확신에 대한 국가의 중립의무와 민주적 기본질서가 자유, 즉 '자유로운 정신적 쟁론의 힘에 대한 신뢰(Vertrauen in die Kräfte der freien gesitigen Auseinandersetzung)를 토대로 한다는 점 등과 함께 "정당해산이 반대시위를 대신할 수 없다"는 점을 강조하는 Masing의 입장도 주목함직하다. J. Masing, Meinungsfrei-heit und Schutz der verfassungsrechtlichen Ordnung, JZ 2012, S. 591f. 같은 맥락에서, 통진당 사건과 같은 구체적인 사태와 관련하여 구체적인 상황이나 현실에 대한 인식 또는 인식의 차이와는 무관하게, "자유민주주의에 기초한 법치국가원리에 따라 기본권이 착실하게 보장되는 체제에서 그 한계적 상황을 선제적으로 제압하기 위한 제도"의 전제를 강조하면서, 이러한 전제가 없는 체제에서 '방어적 수단'을 내세우는 것은 "방어할 대상이 애당초 존재하지 않는다는 점에서 반자유민주의적 지배에 불과"하다고 보는 의견에 대해서도 이견이 있을 수 없다. 김종철, 민주공화국과 정당해산제도 - 통합진보당 해산심판청구를 소재로, 공법학연구 제15권 제1호(2014), 40쪽.

선거나 여론시장의 자정력에 맡겨 두기에는 상당한 지지를 받는 정당의 활동이 민주적 기본질서에 위배되는지 여부가 정당해산심판의 헌법문제로 이어지는 경우가 그것이다. 정치적, 군사안보적 상황이 크게 달라진 통일 이후의 시점에, 실제로 독일 연방헌법재판소에서 절차상의 문제로 적법성심사의 단계에서 각하되기는 하였지만, 연방의회와 연방참사원 및 연방정부가 공동으로 정당해산심판을 청구하였던 '독일국가민주당'(Nationaldemokratische Partei Deutschlands: NPD)의 사례만[29]을 보아도 이러한 경우가 민주정치가 성숙되지 못한 상황에서만 발생되는 것이 아님을 잘 알 수 있거니와, 프랑스를 비롯하여 최근에 재정위기에 봉착한 그리스 등 남유럽 국가들에서 목격하는 바와 같이 어려운 사회경제적 상황과 엇물려서 극우든, 극좌든[30] 이른바 '급진정당'의 위헌성의 문제가 이와 유사한 정치현안 및 헌법문제로 비화될 수 있는 가능성은 오늘날 민주주의에 보편적으로 잠재되어 있는 위기의 근원이다.

29) BVerfGE 107, 339 - NPD-Verbotsverfahren. 이 판결에 대해서는 vgl. J. Ipsen, Das Ende des NPDVerbotsverfahers, JZ, 2003, S. 485 ff. NPD는 연방의회선거에서는 한 번도 원내진출에 성공하지 못하였지만, 1966년 참여한 주의회 비례대표선거 중에서 바이에른주(Bayern)에서는 7.4%, 함부르크(Hamburg)에서는 3.9%, 헷센주(Hessen)에서는 7.9%, 1967년 참여한 주의회 비례대표선거 중에서 브레멘주(Bremen)에서는 8.8%, 니더작센주(Niedersachsen)에서는 7.0%, 라인란트-팔츠주(Nordrhein-Westfalen)에서는 6.9%, 잘란트주(Saarland)에서는 5.8%라는 비교적 높은 득표율을 보였으나, 이후 득표율이 점차 하락하여 1974년 이후부터는 0.1%-1.4%의 미미한 득표율을 기록하였다. 동 결정의 상세한 내용은 차진아, 독일의 정당해산심판의 요건과 판단기준에 대한 연구, 고려법학 제72호(2014), 117쪽 이하 참조.

30) NPD가 우파의 급진정당이라고 한다면, 유사한 맥락에서 독일 통일 이후 구 동독 지역의 일부 주의회선거에서 30%에 가까운 득표를 할 정도로 정치적 영향력을 확장하였던 '민주사회당'(PDS: Parteides Demokratischen Sozialismus - 2005년 7월에는 Die Linke와 합병하여 'Die Linke Partei' PDS, 2007년 6월에는 'Arbeit & Soziale Gerechtigkeit Die Wahlalternaive'와 합병하여 'Die Linke'로 당명을 변경함)은 좌파 급진정당의 예로 주목된다. 시종일관 '기본법'(Grundgesetz)의 존중을 천명하고, '권위주의적 사회주의'(autoritärer Soziialismus)와의 결별을 선언하였지만, 그 진정성에 대한 의문이 완전히 불식되지 않고 있다.

물론 이런 경우야말로 바로 '절제의 요청'이 구체적으로 재확인 및 실행되어야 하는 전형이라고 주장할 수도 있다. 유권자의 선거를 통한 정치적 판단에 대하여 다수를 대표하기는 하되 정치적 경쟁자이기도 한 유력 정당을 기반으로 하는 대의기관이 이의를 제기하고, 사법기관인 헌법재판소가 사법심사를 통해 그 결과를 취소하거나 변경을 가하는 것은 우선 국민주권의 이념에 합치되는 것으로 볼 수 없거니와, 특히 정책결정권과 분리하여 주권의 주체인 국민은 대의기관구성권만을 갖고, 정책결정은 선출한 다수대표에 자유 위임하되 정당들 간의 정치적 토론과 경쟁의 과정에 맡기는 대의민주주의에서 부분적으로라도 국민의 대표선출권 자체를 부정하는 것으로서 그 용인을 정당화할 수 있는 법리를 상정하기 어렵기 때문이다. 유권자가 선거를 통해 정당이 추천한 후보를 대표로 선출하여 정당의 정치참여적격을 판단하고, 정치적 경쟁구도를 구성한 결과가 설령 '민주적 기본질서'에 대한 위해를 초래한다고 할지라도 정치구도를 재편하고 그 위험을 해소하는 것은 오로지 유권자의 몫일뿐이고, 국가기관은 정당해산이 아닌 다른 수단을 통해 그 위험을 관리 및 제어는 할 수 있되 그 정치적 상황을 감내할 수밖에 없는 것은 시민 스스로 형성해나가고, 책임을 지는 정당국가적 민주주의에서 이상(異常)현상이 아니라 오히려 자연스럽고 불가피한 숙명이라고 볼 수도 있다. 또한 이러한 상황은 대부분이 기득권 정당 중심의 파행적인 정당체제와 그에 따른 편향된 정치적 지형과 그에 따른 '소수의 소외', 즉 '대의수요'와 '대의공급' 간의 심각한 괴리에 기인한다는 점에서 적어도 선거를 통해 선출된 소수대표와 그 모태인 정당은 정치의 공론장에 수용하기 어려울 정도로 거칠고 공격적인 행태를 보인다 하더라도 그것은 오히려 국민의 정치적 의사형성의 과정에 새로운 자극과 변화의 동인이 유입될 수 있는 유용한 창구가 될 수 있다는 점도 유력한 이유로 거론될 수 있을 것이다.

하지만, Weimar체제를 몰락시키면서 득세한 Nazi는 물론이고 굴곡의 우리 헌정사를 통해서도 숱하게 경험한 바와 같이, 유력한 다수 정당에도 그대로 해당되기는 하지만, 선거를 통한 유권자 지지의 크기가 정당의 목적이나 활동이 '민주적 기본질서'에 위배되지 않는다는 무오류의 증거가 될 수는 없다. 새로운 자극과 변화의 동인도, 설령 그것이 기존의 고착된 불공정한 정치적 경쟁질서에 기인한다고 하더라도, 그것이 자유경쟁의 기본조건인 '민주적 기본질서'의 파괴를 대가로 하여 수인될 수 없는 것은 물론이다. 생태론(ecology)의 핵심명제인 이른바 '실수의 다양성'(diversity of mistake)[31]까지 포함하는 '다양성'의 명제나, '건강한 머뭇거림'(healthy hesitation)[32]이라는 도덕적 다원주의의 요청도 생태계 전체의 건강성과 지속가능성을 위한 지침이지, 그것이 '다양성의 질서' 자체에 대한 부정과 파괴까지 방임하라는 것이 아니거니와, 이는 '정치생태계'의 경우에도 그대로 해당된다. 이러한 '정치생태계'의 지속 및 건강성 증진이라는 관점에서 볼 때, 추상적인 이론의 차원이 아니라 구체적인 정당해산문제, 특히 국민의 정치적 의사형성에 참여하여 선거를 통해 상당한 지지를 받은 정당의 위헌성이 문제로 부각되는 경우에도 정당해산심판제도는 빼낼 수 없는 '칼집 속의 칼'로 그대로 남아 있어야 하는가 하는 헌법정책 및 헌법해석론 차원에서의 고민거리와 함께, 헌법소송절차를 통해 접근하고 판단하는 맥락에서 '건강한 머뭇거림'의 요청과 그 한계를 설정하는 '중용의 지혜'를 구하는 것은 Solomon에게도 벅찬 난제이다.

헌재가 설시하는 바와 같이, 더욱이 우리는 "북한이라는 현실적인 적으로부터 공격의 대상으로 선포되어 있고, 그로부터 체제 전복의 시도가 상시적으로 존재하는 상황"에 있고, 우리 '정치생태계'의 민주적

31) F. Capra, The Web of Life, Anchor Books, 1996, p. 304.

32) D. E. Marietta Jr., Beyond Certainty - A Phenomenological Approach to Moral Reflection, Lexington Books, 2004, p. 4.

기본질서도 당연히 동일한 운명 속에서 '지속가능한 발전'을 도모해 나갈 수밖에 없다. 이른바 '진영논리'의 관점에서 헌재재판관들의 이데올로기적 편향성을 비판하는 입장에서는 '의도된오판'의 근원으로 지적하고 있지만, 정부의 정당해산심판청구의 당부와는 무관하게 적어도 적지 않은 우리 사회공동체의 구성원들이 위헌성에 대하여 진지한 우려와 의문을 갖고 있다고 여겨지는 한 진보정당의 정치참여적격을 판단하는 정당해산문제와 관련하여 정치규범인 헌법을 해석하고 적용함에 있어 우리의 '특수상황'을 의식하고 반영하는 것, 즉 "입헌주의의 보편적 원리에 더하여, 우리 사회가 처해 있는 여러 현실적 측면들, 대한민국의 특수한 역사적 상황 그리고 우리 국민들이 공유하는 고유한 인식과 법 감정들의 존재를 동시에 숙고"하는 것 자체가 금기시 될 수는 없다. 현재의 인식과 미래의 전망이 과거의 기억에 의해 지배되어서는 아니 되기도 하거니와 상투적인 정략적 슬로건으로 악용된 권위주의 시대의 정치적 이력은 물론이고, 기득권 정당들의 기능부전 및 그 근원인 편향된 정치적 지형과 파행적인 정치구도 등도 숙고의 대상인 또 다른 '특수상황'인 것이지, 그것이 '특수 상황'의 존재를 부정하는 논거가 되지는 못한다. 이른바 '특수상황론'이 '절제'와 '중용의 요청'을 일거에 제압하는 파행적인 정략과 정치상황이 발생하지 않아야 하고, 바로 이것이 민주주의의 자기보호수단인 동시에 그것이 자기위해를 초래하지 않게 하기 위한 안전장치로 도입된 정당해산심판제도의 '존재의 이유'임은 재론할 필요조차 없거니와, 아무튼 구체적인 헌법문제로 정당해산문제를 숙고하여 '중용의 지혜'를 구하는 것이 우리에게 또한 헌법재판소에게 더욱 난제로 주어질 수밖에 없는 '특수상황'인 것만은 분명하다.

3. 소결

헌법보호의 수단인 정당해산심판제도는 근본적으로 '헌법의 보호'와

'정당보호'가 한계선상에서 대립하는 dilemma의 상황에서 정당의 목적이나 활동이 '국가의 존립'을 해치거나 '민주적 기본질서'에 위배되는지 여부를 헌법재판소가 판단하여 그 요건이 충족되는 경우 정당의 정치참여자격을 강제로 박탈하는 제도이다. 따라서 헌법보호를 위한 최후 수단으로서 일종의 '극약처방'인 정당해산심판제도의 운용에서 보편적인 지침으로 요구되는 '절제의 요청'을 우선 유의해야 하는 것은 당연하지만, 그렇다고 해서 그것이 일방적으로 헌법과 민주주의의 자살을 용인하는 무제한의 '방임'을 요구하는 것일 수는 없다. 성급함과 지체를 동시에 피해야하는 '적시성'의 선택과 그것을 구하는 '중용의 지혜'를 강조한 것도 바로 이 때문이다. 또한 정당해산심판제도가 기본적으로 '정치생태계' 또는 '정치적 기후'(politischer Klimaschutz)[33]의 보전을 위한 수단으로 도입된 점을 고려하면, 그 구체적인 운용의 기본상황과 여건, 그리고 심판절차상 구체적인 판단의 방침도 지정학적 환경, 민주주의의 정착 또는 시민의 정치의식과 정당문화의 성숙도 등에 따라 다를 수밖에 없을 것이다. 우선 악용의 위험성을 경고하면서도, 이른바 '특수상황론'도 그 논의 자체를 금기시해서는 아니 된다는 점을 강조한 것도 같은 이유에서이다.

Ⅲ. 헌법소송절차상 민사(형사)소송법준용의 문제

1. 개요

전술한 바와 같이, 헌재의 정당해산결정에 대하여 매우 비판적인 입장에서도 추상적인 이론적 차원에서 정당해산제도의 기본법리를 설시한 부분에 대해서는 별다른 이견이 없거니와, 이제까지 정당해산심판제도의 본질과 의의를 되짚어보고, 그것을 토대로 하여 동 제도의 운용상

33) M. Morlok (Anm. 16), S. 2943.

핵심명제와 지침으로 '절제의 요청'과 함께 '중용'을 제시한 것도 헌재와 다른 관점이나 이견을 제기한 것은 아니다. 정당의 강제해산이 구체적인 정치현안 또는 헌법문제로 부각되는 한계적 문제상황을 해명하고, 단순히 일방적인 '절제의 요청'이 아니라 '성급함'과 함께 지나친 '지체'도 용인될 수 없는, 그렇기 때문에 dilemma적 상황에서 난제로 주어지는 '적시성의 요청'을 강조한 것도 헌재의 결정에 대한 비판보다는 보완의 맥락에서, 말하자면 설시문의 행간에서 읽어낸 부분을 정리한 것으로 이해해도 무리가 없을 것으로 생각된다. 다만, 혹시 이러한 독해가 무리한 추측의 오류라고 한다면, 정당해산제도에 대한 헌재의 기본적인 이해나 법리에 대한 비판이거나, 아니면 Rhetorik의 차원에서 논리적 부정합성으로 드러난 논증의 흠결을 보정한 것으로 볼 수도 있겠다.

결국 동 결정에 대한 평석의 초점은 본고에서 재확인 및 보완한 정당해산제도의 기본법리와 그것을 토대로 하는 '중용의 요청'의 맥락에서 해산결정의 근거로 제시된 개별 판단들이 헌재 스스로 제시한 방침, 즉 정당해산요건의 엄격한 해석과 적용의 방침에 합치되는지 여부에 대한 검토에 맞추어진다. 특히 증거채부나 증명수준 등과 관련된 소송법원칙 및 규율의 문제와 관련하여 정당해산심판절차에 민사소송법령을 준용하는 것의 당부를 둘러싼 헌법소송절차상의 쟁점과, 해산요건의 충족, 즉 이른바 '포섭'의 맥락에서 해산의 요건에 해당하는 '사실의 존부'에 대한 확인을 내용으로 하는 개별 판단의 타당성, 말하자면 통진당의 목적이나 활동이 '민주적 기본질서'에 대하여 '실질적인 해악을 끼칠 수 있는 정도의 구체적인 위험성'(이하 '위험성'으로 약함)이 인정되는지 여부와 심판청구의 이유나 판단이유에서 제시된 바와 같이 '위험성'에 대한 결정적인 증거로 제시되고 고려된, 이석기 전의원 사건을 통해 드러난 폭력적인 행태의 위험성이 통진당 전체에 귀속되는 것으로 본 판단의 당부가 핵심 대상이다.

우선 전자의 소송절차법적 쟁점에 대해서는, 예비적 작업으로 헌법재판의 이른바 '정치적 사법작용'으로서의 본질, 특히 '고도의 재량판단'이 불가피한 바, '심사방법의 스펙트럼'[34]이 매우 복잡할 수밖에 없는 정당해산심판제도의 구조적인 특성을 간략하게 되새겨보고, '헌법재판의 성질에 반하지 아니하는 한도 내'의 전제조건 하에 민사소송법을 포괄적으로 준용하도록 규정하고 있는 헌법재판소법 제40조 제1항에 대한 헌재의 합헌결정과,[35] 이에 대한 반론, 즉 '유사형사절차'로서의 특성을 비롯하여 객관성과 공익성이 부각되는 정당해산심판절차에서 원칙적으로 민사소송절차상의 변론주의가 아니라 직권탐지주의의 원칙이 적용되어야 하고 또한 특히 증거법과 관련해서는 형사소송법령이 우선 준용되어야 한다는 비판론의 핵심 논지를 간략하게 검토한 후, 궁극적으로 정당해산심판의 본질과 절차적 특수성에 맞는, 차별화된 독자적인 헌법소송법령이 창설되어 적용되어야 하는 것으로 보는 결론과 그 이유를 제시한다.

---

34) 이명웅, 헌법재판소 정당해산 결정의 본질적 의미, 법률신문(2014. 12. 29), 13쪽.
35) 헌재 2014. 2. 27. 2014헌마7, 판례집 26-1상, 310.

2. 헌법재판의 본질과 정당해산심판절차의 독특성

(1) '정치적 사법작용'으로서 헌법재판

헌법재판은 '정치적 사법작용'이다. 다양한 의미로 파악할 수 있지만, 여기서 '정치적'이라는 수식어는 그 대상과 판단의 기준 또는 방법 두 가지 측면에서 함의가 주목된다. 우선 사법심사의 대상으로 주어지는 사태가 이른바 '논증의 공화국'(republic of reasoning)이 아니라 정당을 포함한 정치세력들 간의 경쟁에 의해 운영되는 '합의의 공화국'(republic of consensus)의 국사인 생물정치라는 점이다. 둘째는 바로 그렇기 때문에 심사의 기준과 방법이 '비정치적인' 법적 분쟁을 대상으로 하는 경우와는 근본적으로 다를 수밖에 없다는 것이다. 일반재판에서는 터부시되는 정치 또는 현실에 대한 고려가 오히려 헌법재판에서는 필수적으로 요구되고 또한 헌법 자체가 고도의 추상적인 가치개념으로 구성되어 있기 때문에 불가피한 것이기도 하거니와, 헌법의 해석을 통한 심사기준의 확보는 일반법원의 재판과는 달리 '사전에 주어진 규칙과 기준'(pre-existed rule and standard)을 확인 또는 발견하는 것이라기보다는 오히려 규칙과 기준 및 규칙과 기준의 적용기준과 방법을 새로 정립 또는 구체화하는 형성의 작업으로 이해된다.

요컨대, 당연한 것이라 사족이기는 하지만 굳이 강조하자면 결과의 편향성이야 승패가 갈리는 재판에서 불가피한 것이거니와, 결코 자의적인 편향성을 뜻하는 '정략적인'의 의미가 아니라는 전제 하에 이해되는 '정치적인' 사법작용으로서 본질은 결국 '사태의 파악'에서부터 이와 교차적인 영향관계 속에서 동시적으로 또는 입체적으로 진행되는 헌법의 해석과 적용, 즉 심사의 기준과 방법을 확보하는 헌법재판에서 주관적인 가치관과 법감정 및 이데올로기적 성향이 개입될 수밖에 없는 고도의 '재량판단'(discretion)이 허용될 수밖에 없는 제도내재적인 특성으로 귀착된다. 또한 헌법재판제도는 원천적으로 '민주적 정당성'과는 다른 헌법철학 및 이론적 토대, 즉 '가치상대주의'가 아닌 '가치절대주의', 적어도 부분적으로는 '상대적 가치상대주의'와 '기능적 정당성'을 기반으로 하는 정치제도이다. 정의 또는 공공복리의 실현을 전적으로 정치적 경쟁에만 맡겨 두는 자유방임이 아니라, 자유경쟁을 최대한 보장하되 그것이 최선의 발견 또는 실천의 수단이 될 수 있는 최소한의 전제조건과 규칙을 정하고 그것의 유지와 관철을 법적으로 담보하기 위하여 수정을 가한 것이 바로 '법치국가적 민주주의'이고, 그 핵심이 바로 헌법재판제도이다. "정당의 목적이나 활동의 민주적 기본질서에 위배"라는 매우 엄격한 요건을 전제로 하여 정치적 경쟁의 당사자가 아닌 독립된 사법기관인 헌법재판소의 결정에 의해서만 정당을 강제로 해산시킬 수 있도록 한 것도 '경쟁 최대보장의 원칙'과 함께 그 예외, 즉 이 원칙의 핵심가치인 경쟁의 마당과 질서 자체를 부정하는 경우 경쟁참여자격을 박탈할 수 있는 최소한의 조건과 규칙을 마련한 헌법적 숙고의 결과이다. 정당해산심판제도의 설계와 운용에서, 특히 정부가 정당의 해산을 제소할 것인지 여부를 고민하는 재량 그리고 헌법재판소의 사법심사의 전 과정에서 유의해야 할 지침이거니와, 이 숙고를 통해 정리된 공감대는 크게 두 가지의 띠로 엮여져 있다.

첫째는 '민주적 기본질서'라는 헌법의 가치와 경쟁규칙, 특히 '상호인정(認定)'의 전제와 '말놀이'(Sprachspiel)로 진행되는 게임의 법칙에 대한 동의를 조건으로 하는 것이기는 하되, 경쟁 자체를 보호하는 것이지 경쟁자를 보호하는 것이 아니라는 점이다. 특정한 가치관이나 세계관을 선결된 '통합의 조건'으로 전제하고 정부와 헌법재판소가 선도자나 후견인으로서 게임을 주도하거나 선도하는 것이 아니라, '폭력적이고 자의적인 지배'를 원천적으로 배제하는 가치적 공감대, 즉 최소한의 '다양성의 조건'인 자유의 광장 자체와 그 안에서 진행되는 가치관 및 의사형성의 게임, 즉 정치적 경쟁에 참여하는 모든 시민(집단)의 평등한 지위를 보장하고, 중립적인 입장에서 게임을 관리하는 것이다. '절제의 요청'에 대해서는 전술한 바 있지만, 이 대목에서 다시 한 번 강조하자면 '정치생태계'의 건강성은 선거나 여론시장의 자정(自淨)시스템에 맡기는 것이 바람직하다고 보는 헌법규범적 인식에 따른 것이거니와, 이 '절제의 요청'에는 단기적이고 일차원적인 비용-편익분석과 그에 따른 즉응적인 접근의 방법으로는 포착할 수 없는, 인내의 기다림과 관용에 의해서만 실현될 수 있는 '비효율성의 효과성'에 대한 각별한 유의를 주문하는 뜻이 담겨져 있다.

둘째는 고도의 복합적이고 입체적인 정치적 판단이 불가피한 정당의 해산 여부를 사법심사를 통해 결정하도록 한 정당해산심판제도는 재판형식의 가능성과 그 한계에 대한 숙고의 결과이다. 정형화된 합리적인 토론형식이라고 할 수 있는 재판을 통해 정치적 결정을 내리도록 한 것은 사법심사의 기능적 한계, 특히 심사기준 및 방법의 불확정성과 불명확성에 따른 고도의 주관적인 재량판단의 불가피성을 간과한 것이 아니라, 오히려 그것을 분명히 인식하고 내린 제도적 결단이다. 일종의 hybrid의 선택이다. '규칙이 스스로 자신의 적용규칙을 제공할 수는 없고, 규범이 스스로 자신의 적용을 보장할 수 없다'는 인식은 더 이상 논란의 대상이 아니거니와, 이러한 일반적인 방법론의 명제는 헌법재판에서 가장 극명하게 드러난다. 헌법소송을 통해 정당해산심판을 하는 것은 - 상대적인 차이이기는 하되 일반적인 재판과는 달리 - 주관적인 가치판단과 정치적 고려에 따른 고도의 재량판단을 법원칙과 법률용어로 포장하여 은폐하려는 것이 아니라, 그것을 드러내되 자의성과 편향성을 배제할 수 있는 소송의 형식과 절차를 통해 공정성을 기반으로 한 설득력을 확보하고자 하는 것이다.

⑵ 정당해산심판절차의 독특성 - '민사소송에 관한 법령' 준용의 문제

1) 개설

정치적이되, 사법심사의 틀 속에서 진행되는 정당해산심판에서 종국판단에 이르는 심리의 과정 속에서 절차상 개별적인 재량판단들의 타당성의 가능성과 한계가 교차되면서 소송형식의 절차적 객관성이 가장 부각되는 부분은 사태파악, 즉 정당의 목적이나 활동이 '민주적인 기본질서'에 대해 실질적으로 해악을 끼칠 수 있는 정도로 구체적으로 위험한지 여부에 대한 판단이다. 무리한 비약과 사리적 오류에 따른 자의적이고 성급한 예단과 막연한 추단을 배제하는 '합리적인 증명', 말하자면 논증의무와 연계된 대심구조의 재판형식을 취하지 않는 경우 적용될 수 없는 객관적인 소송규칙과 증거법칙에 따른 심리 및 심증의 절차가 그 핵심이다.

그런데, 주지하는 바와 같이, 헌법재판소법은 제4장 제3절에서 정당해산심판의 절차에 관하여 규정하고 있지만 심리절차에 관한 구체적 규정을 두고 있지 않고 있기 때문에 일반심판절차에 관한 제22조부터 제40조까지의 규정이 정당해산심판 절차에도 그대로 적용된다. 헌법재판소법은 제40조의 포괄적인 준용규정에 의해 헌법재판의 성질에 반하지 아니하는 한 원칙적으로 민사소송에 관한 법령의 규정을 준용하도록 한 것 외에는 소송절차의 규율을 사실상 헌재에 맡겨 놓았다고 할 수 있을 정도로 심판절차에 대한 규율은 규범흠결의 상태로 방치되어 있다. 더욱이 제40조 제1항 후단 및 제2항에서 탄핵심판에는 형사소송법령을, 권한쟁의심판과 헌법소원심판의 경우에는 행정소송법을 함께 준용하되, 그것이 민사소송법령과 저촉되는 경우에는 각각 형사소송법령과 행정소송법을 우선 준용하는 것으로 규정하고 있는데, 반면에 정당해산심판에 대해서는 별도의 규정을 두고 있지 아니하다. 정당해산심판절차를 규율하는 유의미한 특별규정은 전무하다고 할 수 있다.

따라서 헌재법 제40조에 따라 정당해산심판의 본질에 위반되지 않는 범위 내에서 민사소송에 관한 법령이 준용된다고 보면, 결국 준용의 범위와 그 한계는 정당해산심판절차와 민사소송절차의 본질과 기능상의 차이나 실질적인 유사성 또는 그 정도에 대한 판단에 따라 달리 설정되는 바, 요컨대 핵심쟁점은 정당해산심판절차에 대한 규율의 흠결을 보충하기 위한 준용 법령의 선택, 즉 민사소송법령과 형사소송법령 중 어떤 것이 우선 준용되어야 하는지, 아니면 정당해산심판절차에 대한 독자적인 규율의 형성적 보충이 필요한 것인지에 대한 선택의 문제이다.

2) 헌재의 입장과 비판론의 핵심논지

헌재는 헌법재판의 심판절차에 적용되거나 준용될 법령에 대하여 명시적인 규정을 두고 있지 않고 있기 때문에 헌법소송절차와 관련하여 준용의 입법형식을 취하고 또한 준용 소송법령을 선택하는 것은 제도보장의 성격이 강한 절차적 기본권인 재판청구권의 적정한 실현을 보장하는 것이기 때문에 상대적으로 폭넓은 입법형성의 자유에 맡겨져 있다는 전제 하에, '헌법재판의 성질에 반하지 아니하는 한도'에서 민사소송에 관한 법령을 준용하도록 규정한 헌재법 제40조가 합헌임을 확인하면서 다음과 같은 논거를 제시하고 있다.[36]

i) 헌법재판의 진행에 차질이 빚어져 기본권을 보호하고 헌법질서를 유지하기 위한 헌법재판의 기능에 장애가 초래될 수 있는 불완전한 입법상황에서 흠결보충의 수단으로 다른 법령을 준용하는 입법방식을 선택한 것은 그 자체 입법목적의 정당성이 인정되는 바, 헌법원리에 위배되지 않는 한 입법형성의 자유에 속하고, 따라서 그 위헌 여부는 헌법재판의 본질에 반하여 공정성을 훼손할 정도로 현저히 불합리한 것인지

---

36) 헌재 2014. 12. 19. 2013헌다1, 판례집 26-2하, 1, 316-318.

여부를 기준으로 판단되어야 한다.

ii) '민사소송에 관한 법령'은 민사소송뿐만 아니라, 형사소송과 행정소송 등 소송절차 일반에 널리 준용되는 일반적인 절차법의 성격을 가지기 때문에(형사소송법 제65조, 제477조, 행정소송법 제8조 제2항 등), 특별한 심판절차규정이 없는 정당해산심판을 비롯한 헌법소송절차에 준용하는 것도 달리 볼 이유는 없다.

iii) 민사소송에 관한 법령 이외에 다른 절차법을 준용하는 것이 최선의 입법이라거나 당사자에게 항상 유리하다고 단정할 수는 없고, 또한 동 준용조항은 헌법재판의 성질에 반하는 경우에는 민사소송법령의 준용을 배제하고 있기 때문에 문제될 것이 없다.

iv) 정당해산심판의 성질에 반하는지 여부, 즉 준용 법령에 대한 최종 선택은 정당해산심판의 성질·준용절차 및 준용대상의 성격 등을 종합적으로 고려하여 판단될 수밖에 없고, 궁극적으로 정당해산심판의 요건뿐만 아니라, 제출된 증거의 성격이나 목적·입증취지 등을 종합적으로 고려하여 심판절차에서 적용될 법령을 결정하는 것은 구체적이고 개별적인 법률해석의 문제인 바, 이는 정당해산에 관한 독자적인 심판권을 부여받은 헌법재판소의 고유권한에 속한다.

v) 증거조사 및 사실인정 등과 관련하여 민사소송법의 적용으로 실체적 진실과 다른 사실관계가 인정될 수 있는 경우에는 정당해산심판의 성질에 반하는 것으로 그 준용이 배제된다고 보면, 당사자주의를 토대로 하는 민사소송절차에 따라 증거조사가 이루어질 경우 실체적 진실이 아닌 사실관계에 기초하여 정당해산 여부가 판단될 가능성은 문제될 것이 없다.

vi) 민사소송법령의 준용이 배제되어 법률의 공백이 초래되는 경우 정당해산심판제도의 목적과 취지에 맞는 절차를 창설하여 실체적 진실을 발견하고 이에 근거하여 헌법정신에 맞는 결론을 도출해내는 것은 헌법재판소의 고유한 권한이자 의무인 바, 적어도 증거조사와 사실 인정에 대해서는 형사소송법이 준용되어야 한다는 요청도 그 당위성과 필요성이 인정되는 경우라면 헌재는 그것을 수용해야만 하고 또한 그렇게 하는데 어떤 법적 장애도 없다.

요컨대, 헌재는 정당해산심판에 민사소송법령을 준용하는 것이 형사소송법령을 준용하는 경우에 비해 정당해산심판에서 청구인에게 불리하게 작용될 가능성이 없지는 않다는 점을 인정하기는 하지만, 헌재법 제40조 제1항이 일률적인 준용을 규정하지 않고 준용배제의 의무를 전제로 합헌적인 해석의 가능성을 열어 놓고 있기 때문에 "사적 이익의 조정과 분쟁 해결을 목적으로 하여 당사자들 사이의 상대적 진실을 확정하는 민사소송절차에 따라 증거조사가 이루어질 경우 실체적 진실이 아닌 사실관계에 기초하여 정당해산 여부가 판단될" 위험은 염려할 것이 없고, 따라서 '적어도 증거조사와 사실인정에 대하여는 형사소송법이 준용되어야 한다'는 주장도 동 준용조항을 위헌으로 볼 수 있는 논거가 될 수는 없다고 보았다.

다만, 헌재는 통진당해산 결정에서 동 준용규정에 대한 합헌결정 자체만을 적시하면서, "동 결정에서 밝힌 바와 같이 헌법재판소는 헌법재판소법과 헌법재판소 심판규칙, 그리고 헌법재판의 성질에 반하지 않는 한도 내에서 민사소송에 관한 법령을 적용하여 이 사건 심판절차를 진행하였다", 그리고 "2회의 변론준비기일과 18회의 변론기일을 진행하면서 당사자 쌍방의 변론을 듣고 증거조사를 실시하였고, 청구인이 제출한 갑 제1호증부터 갑 제2907호증의 2까지, 피청구인이 제출한 을 제1호증부터 을 제908호증까지의 서증 중 채택된 서증에 대하여 제출한 당사자가 입증취지 등을 진술하고, 상대방이 이에 대한 의견을 제시하는 방법으로 증거조사를 실시하였다"고만 설시하였다[37] 말하자면 동

37) 헌재 2014. 12. 19. 2013헌다1, 판례집 26-2하, 1, 15.

사건에서 적어도 증거조사와 사실인정에 대하여 민사소송법을 적용하는 것이 정당해산심판의 성질에 반하지 않는 것으로 보고 포괄적으로 또는 부분적으로 민사소송법령을 준용하였는지, 후자라면 민사소송법령을 적용한 절차와 개별 판단의 부분이 어떤 것인지, 아니면 민사소송법령의 준용이 정당해산심판의 본질에 반하는 경우로 보아 형사소송법령을 준용하였는지 여부 등등 준용규정을 구체적으로 어떻게 해석하였고, 절차규율의 흠결을 어떻게 보충하여 판단하였는가에 대해서는 전혀 언급하지 않았다.[38] '어떻게 왔고 또 어떻게 보았는가'라는 물음에 발로 걸어서 왔고, 눈으로 보았다고 대답하는 것과 다를 바 없다.

후술하는 바와 같이, 증거능력 자체가 아니라 적격증거의 증명력에 대한 판단, 즉 자유심증은 그 본질상 외부적으로 투명화 및 객관화되기 어렵기 때문에 그 판단의 세부적인 내역과 과정을 설시문에 담아내는 것은 쉽지 않다. 언어의 한계에 따른 불가피한 제약이다. 하지만, 비판론이 지적하듯이 '위험성'에 대한 판단에서 이른바 '엄격한 증명'이 아니라 '완화된 증명'의 기준을 선택하는 소송절차적 재량판단을 하였다고 본다면, 준용법령으로 민사소송법을 선택한 것으로 추측할 수 있을 것인데, 그렇다면 결국 증거조사와 사실인정에 민사소송법령을 적용하는 것이 정당해산심판의 성질에 반하지 않는 것으로 판단한 것인지, 아니면 '위험성'을 인정한 최종 판단이 형사소송법령을 준용하여 '엄격한 증명'의 기준을 적용한 증거조사와 사실확인에 따른 결론이라는 것인지 등등은 결론을 놓고 외부에서 접근하는 관찰자의 입장에서 확인하기 어렵다. 적어도 결정에 대한 분석과 비평, 즉 평석을 위한 기초적인 단서를 제공해야 하는 것은 생략될 수 없는 헌재의 몫이다.

이러한 헌재의 입장에 대한 비판적인 반론은 기본적으로 정당해산

---

38) 오히려 소수의견을 낸 김이수 재판관은 민사소송법을 준용하였음을 적시하고 있다. 헌재 2014. 12. 19. 2013헌다1, 판례집 26-2하, 1, 115.

심판의 본질을 형사소송절차와 유사한 것으로 보는 입장에서 다음과 같은 논거를 제시하여 헌재법 제40조를 정당의 해산과 민법상 사단의 해산을 유사한 문제로 파악하여 정당해산심판과 민사소송 간에 실질적인 유사성이 있다고 본 전제의 오류에서 비롯된 '입법의 오류'라고 단정한다.[39]

i) 정당의 특별한 지위와 기능, 그리고 정당의 강제해산에 내포된 잠재적 위험성을 고려하는 경우 정당해산의 문제를 민법상 사단의 해산과 유사한 것으로 볼 수 없다.

ii) 사인의 사법적(私法的) 권리의 확정과 실현이라는 민사소송의 주관적인 목적과 정당해산심판의 민주주의와 헌법의 보호라는 객관적인 목적은 근본적으로 다르다.

iii) 법질서의 유지라는 객관적 소송으로서의 기능과 함께, 일종의 '집단적 형벌'이라고 할 수 있는 정당의 강제해산을 비롯하여 대체조직의 금지나 형법상의 몰수형과 유사한 잔여재산의 국고귀속 등등의 법적 효과의 관점에서 보면, 정당해산심판절차는 민사소송보다는 형사소송에 훨씬 더 가깝다.

iv) 더욱이 범죄에 대한 사후적 진압에 초점을 맞춘 형사절차에 비해 예방적 헌법보호수단으로서 기능과 성격이 강하고, 그렇기 때문에 야당탄압의 수단으로 악용될 위험이 크기 때문에 정당해산제도의 심판절차는 형사소송절차 이상으로 법적 안정성과 투명성 등을 보장하는 방향으로 진행되어야 한다.

v) 특히 증거의 채부나 증명의 정도와 관련해서는 더더욱 엄격한 법치국가적 요건이 충족되어야 한다.

요컨대, 그 본질에 반하기 때문에 정당해산심판절차에 민사소송법

39) 정태호, 정당해산심판절차에 대한 민사소송법 준용과 한계, 경희법학 제49권 제4호 (2014), 127-129쪽.

을 준용하는 것은 타당하지 아니하며, 민사소송법 준용의 위헌성과 그에 따라 초래되는 결함은 특히 증거법영역에서 부각되기 때문에 적어도 증거조사와 사실확인에 대해서는 형사소송법이 준용되어야 한다는 결론이다. 더욱이 정당해산심판절차와 민사소송절차 간에 실질적 유사성이 크지 않은 점을 감안하면, 이러한 결론은 증거조사와 사실인정과 관련하여 "실체적 진실과 다른 사실관계가 인정될 수 있는 민사소송법의 규정은 … 정당해산심판의 성질에 반하는 것으로 준용될 수 없다"고 확인한 헌재의 의견과 그 대강이 다르지 않다는 점을 강조한다.[40]

3) 독자적인 정당해산심판절차 규율의 당위성과 필요성

헌법소송절차에 민사소송법령을 포괄적으로 준용하도록 한 헌재법 제40조에 대한 헌재의 합헌결정에 대해서는 찬반론이 엇갈리고 있거니와,[41] 여기에서 상론을 약하는 입법론의 차원에서도 이견의 폭이 좁지 않다.[42] 그 이유는 우선 민사소송이나 형사소송 등 다른 소송법영역에 비해서 상대적으로 일천한 운용경험에서 찾아지는 바, 이러한 점에서 포괄적인 준용의 입법방식은 유용하고 불가피한 것이었다고 할 수 있다. 하지만 '신생법'으로서 헌법소송법의 흠결 및 그 보충방법과 관련된 다양한 입법론적 평가의 근원은 헌법재판의 본질과 헌법소송절차의 제도적인 특성과 구조, 말하자면 '특별한 법원'으로서 헌법재판소가 관장하는 헌법소송을 규율하는 '특별한 소송법'으로서 헌법소송법의 정체성

---

40) 정태호(주 39), 129쪽.

41) 찬성의견으로는 특히 황도수, 정당해산심판청구의 절차규범모색을 위한 심포지엄 토론문, 서울지방변호사회(2014. 4. 23.) 58쪽 이하; 김용래/임진철, 정당해산심판의 몇 가지 절차적 쟁점에 대한 고찰, 법조 제697호(2014), 17쪽 이하.

42) 이에 관한 논의의 대강에 대해서는 김용래/임진철(주 41), 17-23쪽. 헌법재판의 일반심판절차를 중심으로 한 헌재법 개정방안에 대해서는 기존의 논의 소개(주석 2번)와 함께 허완중, 헌법재판소법 일반심판절차의 개정방향, 헌법학연구 제17권 제2호(2011), 199-230쪽.

에 대한 상이한 이해에 있다.[43)]

하지만, 민사소송법령 준용의 타당성 여부가 절차적 쟁점으로 부각된 본 사건에서 잘 드러나듯이, 헌법소송은 전체적으로 민형사소송 등 다른 소송과 준별되는 동시에 헌법소송의 유형별로도 그 구조와 특성은 천차만별이고, 따라서 구체적인 심판절차에 대한 규율도 가능한 한 정치하게 차별화된 형성이 요구된다. "헌법소송법의 완결성"까지도 고려하면서 "헌법소송법의 본질에서 출발하여 소송법적 정체성과 헌법재판의 특수성을 적절하게 조화"시키는 방향으로 헌재법 개정을 모색할 필요가 있다는 주장에 기본적으로 동의하지만, 그 조속한 실현가능성에 대해서 회의적일 수밖에 없는 것은 우선은 전체적으로 경험과 이론의 토대가 많이 미흡한 상황 때문이지만, 개별 헌법소송별로 세밀한 접근을 할 수 있는 여건이 성숙되지 못하였다고 보기 때문이다.

아무튼 여기에서 관심사인 정당해산심판절차가 그 전형적인 예라고 할 수 있을 것인데, 여기에서는 위에서 요약 정리한 바, 즉 기본적으로 민사소송법령의 포괄적인 준용이 문제될 것이 없다고 본 헌재의 결정과, 반면에 적어도 증거조사와 사실확인 등에 대해서는 형사소송법을 적용해야 한다는 논지의 비판론에 대하여, 헌재가 독자적인 '헌법재판절차 형성자'로서 정당해산심판절차에 특유한 규율을 생산하여 적용하였어야 한다고 보는 입장을 전제로 차별화된 제3의 대안의 모색을 위한 단서들을 제시하는 것으로 평석을 대신한다.

i) 전술한 바와 같이, 헌법철학 및 헌법이론의 차원에서 보면 민주주의원리와 법치국가원리를 절충한 헌법재판제도는 '정치의 사법화'와 '사법의 정치화'의 문제를 변증법적으로 극복하기 위한 헌법적 결단에 따른 제도인 바, '기본권보호의 최후의 보루'이고 '헌법수호자'인 헌법재판소는 '특별한 법원'으로서 '정치적 사법작용'을 수행한다. 이러한 헌법

43) 허완중(주 42), 202-206쪽.

재판소의 독자적인 헌법적 지위와 역할에 대한 이해는 정당해산심판절차에 '변론주의'와 '직권탐지주의' 두 가지 중 어떤 소송법원칙이 적용되어야 하는가 또는 어떻게 혼용될 수 있는가의 문제에 대하여 기본적인 관점을 잡는데 출발점이 된다. 여기에서 상론은 약하되, 다만, 적어도 변론주의가 적용되는 경우 피청구인, 즉 해산심판이 청구된 정당에게 일방적으로 불리한 것만은 아니라는 점과, 필요한 경우에는, 예컨대 피청구인이 미흡한 주장과 입증능력 때문에 충분한 변론과 방어를 하지 못하는 경우 '직권탐지주의'를 적용하여 독자적으로 증거를 조사할 수 있는 가능성을 열어 둔다면 '변론주의'와 '직권탐지주의'는 선택의 대상이 아니라 절충의 대상으로 접근될 수 있다는 점만을 지적한다.[44]

ii) 우리 헌법은 '정부'가 국무회의의 심의를 거쳐(제89조 제14호) 정당의 해산을 제소하도록 규정하고 있다(제8조 제4항). 우리 헌법 제66조 제4항을 거론하지 않더라도 '정부'가 행정권의 주체인 "대통령을 수반으로 하는 정부", 즉 행정부를 의미하는 것은 물론지만, 그 맥락상 제소의 실질적인 주체는 당연히 국회와 함께 또 하나의 최고의 대의기관인 대통령이다. 또한 최종 결정과 그에 정치적 책임은 대통령의 몫이되, 최고의 국정심의기관인 국무회의의 심의를 거쳐서 해산심판의 청구에 이르는 과정에서 여당과의 폭넓은 논의와 교감이 있게 되는 것은, 명시적으로 규정하지는 않았으되 헌법이 예정 또는 요구하고 있는 것인 동시에 불문가지의 헌법 현실이다. 요컨대, 실질적인 심판청구인으로서 대통령이 진지한 숙고절차를 거쳐 최고의 대의기관으로서 내린, 일종의 '예심적 성격'의 정치적 판단에 대하여 그 당부를 사법적으로 '재심사' 하는 것이라고 할 수 있는 정당해산심판의 절차에 민사소송법이나 형사소송법을 포괄적으로 준용하는 것은 상당 부분 억지로 끼워 맞추는 것

44) 이에 관해서는 황도수(주 41), 61-62쪽; 김용비/임진철(주 41), 25-29쪽.

일 수밖에 없다. 이러한 관점에서 보면, 민사소송법을 준용하는 경우에 특히 증거법영역에서 나타날 수 있는 결함도 주목해야 하지만,[45] 반면에 증거조사나 사실확인을 포함하여 정당해산심판절차의 전 과정에서 일방적으로 피청구인 측의 유불리만을 따져서 형사소송법령의 우선 준용을 주장에도 선뜻 찬성할 수 없다.

iii) 정당해산심판은 '정부'가 대등한 당사자로서 정당을 상대로 하여 '민주적 기본질서 위배'의 확인을 소송물로 하여 형성판결을 구하는 소송인 점에서 기본적으로 민사소송과 구조가 유사하다.[46] 정당해산심판절차상 정당을 실질적으로 정부와 '대등한 당사자'로 볼 수 있는지는 의문이지만, 그렇다고 해서 효과적으로 자기방어를 할 수 있는 상당한 인적, 조직적 기반을 갖춘 정당을 형사소송의 피고인과 같이 취급하는 것도 차원에서든 자연스럽지 않다. 입법론적으로도 그러하거니와, 해석론의 차원에서도 정당해산심판의 특수성을 반영하는 차별화된 제3의 대안의 관점이 필요한 것으로 보는 이유 중의 하나이다.

---

45) 민사소송법을 준용하는 경우 형사소송에서 요구되는 입증의 수준, 즉 합리적인 의심을 배제하는 정도가 아니라 '고도의 개연성증명'이나 양 당사자 간에 제출한 증거를 비교하여 일방의 증거를 채택하는 이른바 '우월적 증명'으로 만족하게 된다든지, 인권침해를 방지하기 위한 각종의 형사소송법적 수단들이 활용될 수 없고, 수사기록 등 정부가 작성한 문서 성립의 진정성이 추정되는 등 법치국가원리에 위배되는 절차운영이 우려된다. 정태호(주 39), 128쪽. 다만, '고도의 개연성 증명'이 "특별한 사정이 없는 한 경험칙에 비추어 모든 증거를 종합 검토하여 어떠한 사실이 있었다는 점을 시인할 수 있는 정도"의 기준을 뜻하고, 그에 따른 구체적인 판정이 '통상인이라면 의심을 품지 않을 정도'에 이르러야 하는 것이라고 한다면[대법원 2010. 10. 28. 선고 2008다6755 판결(공2010하, 2141)], 이른바 '입증불명'의 경우라면 몰라도, 증명력에 대한 구체적인 개별 판단은 물론이고, 최종적인 '위험성' 판단에서 준용 소송법령의 선택에 따른 결과의 차이는 확연하게 드러나지 않는다. 이 점과 관련하여 동 결정에서 반대의견을 낸 김이수 재판관이 위 대법원 판례를 인용하면서 덧붙인 다음과 같은 설시는 시사하는 바가 적지 않다. "민사소송법을 준용하는 이 사건에 있어서도 위와 같은 원칙의 엄격한 준수가 요구된다는 점 역시 당연하다." 헌재 2014. 12. 19. 2013헌다1, 판례집 26-2하, 1, 115.

46) 황도수(주 41), 58-59쪽.

iv) 형사소송법 우선 중용을 주장하는 입장에서는 제기하는 논거, 즉 정당해산결정의 법적 효과가 형벌적 성격을 갖는다는 점에 대해서는 기술한 바 있거니와, 정당의 해산을 민법상의 사단의 해산과 유사한 것으로 보는 것만큼이나 정당해산을 일종의 형벌, 더 나아가서 이른바 '집단적 형벌'로 보는 것도 지나치게 작위적인 점에서 다르지 않다.47) 해산결정에 따른 정치참여배제의 불이익과 그에 따른 공적 영향의 크기를 강조하는 맥락에서라면 몰라도, 일종의 '연좌제'로 집단적 책임을 묻는 것이 아니라 온전히 개인책임의 법리적 틀 속에서 엄격한 요건 하에 법인격 없는 사단인 '정당' 자체에 대하여 책임을 묻는 것이고, 당원이나 지지자들에 귀속되는 불이익은 해산결정에 따른 반사적 효과일 뿐이라고 보면, '집단적 형벌'은 비유적 개념으로도 적확하지 못하다. 같은 맥락에서 '잔여재산 국고귀속'을 형사법상 몰수형과 유사한 것으로 보는 것도 타당하지 않다. 해산결정된 정당의 잔여재산을 국고에 귀속시키는 것은 사실상 정당운영비의 대종을 차지하는 국고보조금을 현존의 범위에서 환수하는 것이고, 이는 행정법상 불법적으로 사용된 보조금을 환수하는 조치와 다를 것이 없기 때문이다. 요컨대, 정당해산심판과 형사소송 간에 '실질적인 유사성'이 존재한다는 논거로서 정당해산결정과 그에 수반되는 법적 효과를 형벌에 비유하는 것은 설득력이 떨어진다.

v) 김이수 재판관이 소수의견에서 제시한 바와 같이, 정당해산심판에서 정당의 목적이나 활동의 '위험성'에 대한 판단, 즉 해석된 해산요건에 포섭되는지 여부를 판정하는 과정에서 그 개별 판단의 자료는 "대부분 '표현행위'로서 일정한 해석을 요하는 것인데, 정치적 언어, 활동은 다른 표현행위와 마찬가지로, 표현행위를 한 주체가 누구인지, 어떠한 맥락 속에서, 어떠한 방식으로 이루어졌는지에 따라 그 의미가 달라

47) 황도수(주 41), 58쪽.

질 수 있"고, 따라서 "그러한 표현행위의 의미는 가능한 한 해석자의 주관을 배제한 채, 객관적이고, 보편적으로 수용 가능한 해석방법론에 기초하여 확정되어야" 하는 바, "즉, 문제가 될 수 있는 세부적인 표현의 드러난 의미뿐만 아니라, 표현행위자의 지위와 의도, 표현행위가 이루어진 경위, 표현의 전체적인 취지가 무엇인지를 종합적으로 검토하여야 할 필요성이 인정된다."[48)]

이러한 기본적인 판단지침에 대해서는 이견이 있을 수 없거니와, 다만, 김 재판관 스스로 밝혔듯이, 이러한 지침이 필연적으로 정당해산심판절차에 형사소송법이 우선 준용되어야 한다는, 즉 적어도 증거조사와 사실확인에 민사소송법의 준용이 배제되어야 한다는 결론으로 이어지는 것은 아니다. '위험성' 판단의 문제와 관련하여 후에 상술하겠지만, 정당해산심판에서 통일된 조직 및 활동단위로서 정당 자체의 '위헌성'을 판단하는 것과 형사소송에서 구성요건에 해당하는 개별 범행사실을 확인하는 것은 구조적으로 판이하게 다르다. 전자가 다수의 다양한 양식의 표현행위로 표출되는 개별적인 행태, 즉 개별 사실들에 대한 확인과 규범적 평가를 종합하여 전체적으로 그 '위험성', 즉 정치적 방향과 지향점을 가늠하는 '위험성의 정도'를 판단하는 것인데, 반면에 후자는 양형판단의 요소가 되는 상습성, 죄질 등의 성향을 논외로 하면 후자는 개별 범행사실의 존부에 대한 미시적 확인으로 포섭작업이 마무리되기 때문이다. "어떠한 논리적 오류나 비약도 묵과하지 말 것"이 요구되고, 경미한 오류들이 축적되어 만들어 내는 거대한 논리적 비약에 기초하여 정당해산의 결론에 이르러서는 아니 된다는 김이수 재판관의 비장한 경구는 정당해산심판에 임하는 재판관의 기본태도와 관련해서는 결코 흘려들을 수 없는 말이지만, 정당해산심판절차에서 본질적으로 적잖이 이른바 '개연성판단'과 '전망적 판단'의 성격을 갖는 다수의 개별 요증사

---

48) 헌재 2014. 12. 19. 2013헌다1, 판례집 26-2하, 1, 115-116.

실의 증명에 대한 판단들과, 그것을 종합하여 내리는 총체적인 '위험성' 판단의 관계를 주목하는 관점에서는 그 비장함과 엄중함에 의해 판단의 본질과 구조적 특성이 외면되어서는 아니 된다. "전체적으로 진실된 것은 완전히 거짓된 것은 아니다"[49]라는, 이른바 '총체적 인식론'(holistic cognition) 또는 총체적 논증(holistic argumentation)의 관점에서 역으로 말하자면, 예컨대 '거대한 논리적 비약'의 핵심구성요소가 아닌 한 증거조사와 사실인정에서 경미한 오류가 일부 있더라도 그것이 전체적인 '위험성'판단과 해산결정을 오류와 오판으로 단정할 수 있는 결정적인 증거가 될 수는 없다는 관점이 그것이다.

요컨대, 김이수 재판관은 "정당의 의사결정 과정이나 이를 통하여 형성되는 정책노선은 평면적인 하나의 퍼즐 판과 같이 물리적으로 분리해 낼 수 있는 조각들의 결합으로 이루어지는 것이 아니"라는 이유로 청구인 측 참고인의 '퍼즐 맞추기'의 비유를 적절하지 못한 것으로 비판하지만,[50] 생각건대, 그것은 밑그림이 없는, 따라서 형상이 선확정된 조각도 있을 수 없는 조건 하에서 조각들이 하나하나 만들어져 가면서 큰 그림이 그려지는 식의 '퍼즐 맞추기'를 상정한 것으로 이해된다. 헌재의 '위험성'에 대한 최종 판단의 결론을 놓고, 심증의 사유과정이 적실하게 표현될 수 없는 설시문을 준거로 하여 그것을 사후적으로 분석하는 방향에서 보면 중간의 개별 판단들은 다 작위적으로 보일 수밖에 없다. 완성된 후에 큰 그림 속의 부분들을 분해하여 개별적으로 보면 논리필

---

49) R. Christensen/K. D. Lerch, Dass das Ganze das Wahr ist, ist nicht ganz unwahr, JZ, 2007, S. 438ff. 이러한 논리는 자칫 '어떠한 결론이든 무차별적으로 정당화'하는 무리한 레토릭으로 남용될 수 있는 잠재적인 위험을 안고 있다. 이 점을 지적해준 심사자에게 동감과 함께 감사의 뜻을 표한다. 다만, 관건은 명확한 증명과 인식의 객관성을 확보할 수 없는 조건 하에서 판단을 내리고, 그것을 논증해야 하는 상황에서 불가피한 방법론 선택의 문제인 바, 하나의 방법론적 명제로서 그 타당성과 한계를 천착하여 법적 판단과 논증에 적용할 수 있는 조건과 가능성을 확인하고 정리하는 것은 또 다른 과제이다.

50) 헌재 2014. 12. 19. 2013헌다1, 판례집 26-2하, 1, 116.

연적으로 작위적이다. 관건은 각각의 개별 판단들이 합당한 방법과 준거에 의해 증명된 사실을 토대로 내려진 것인지 여부인 바, 결국 증거조사와 사실확인에 민사소송법령과 형사소송법령 중 어떤 것을 준용할 것인지, 아니면 정당해산심판에서 '위험성'판단의 본질과 구조를 주목하여 본고에서 제시하는 바와 같이, 헌재가 소극적으로 '헌법재판의 성질에 반하지 않는 한도 내에서' 다른 소송법령을 준용할 것이 아니라, 오히려 정당해산심판의 본질과 특성을 고려하여 적극적으로 독자적인 증거법과 절차규율을 창설하여 적용할 것인지가 문제인데, 헌재는 이 문제에 대하여 명확한 입장을 표명하지 않았다.

Ⅳ. 심판절차상 핵심쟁점과 주요 개별 판단

1. 정당해산요건 충족 여부 판단 - 목적과 활동의 '위험성' 및 '귀속성'

(1) 개요

정당해산심판에서 타당성의 가능성과 한계가 교차되면서 소송형식의 절차적 객관성이 가장 부각되는 부분은 사태파악, 즉 정당의 목적이나 활동이 '민주적인 기본질서'에 대해 실질적으로 해악을 끼칠 수 있는 정도로 구체적으로 위험한지 여부에 대한 판단이다. 무리한 비약과 사리적 오류에 따른 자의적이고 성급한 예단과 막연한 추단을 배제하는 '합리적인증명', 말하자면 논증의무와 연계된 대심구조의 재판형식을 취하지 않는 경우 적용될 수 없는 객관적인 소송규칙과 증거법칙에 따른 심리 및 심증의 절차가 그 핵심이다.

동 결정에서 핵심쟁점은 현재 재판 중에 있는 이석기 전의원 사건 등 일련의 행태로 표출된 폭력성을 통합진보당 전체에 귀속시킬 수 있는지 여부와, 그렇다고 한다면 그 폭력성이 '민주적 기본질서'에 대하여

'실질적인 해악을 끼칠 수 있는 정도의 구체적인 위험성'으로 연결되는지 여부였다. 결국 관건은 이른바 '엄격한 증명'과 '완화된 증명', 그리고 그 사이의 중간단계에서 요구되는 다양한 증명의 기준들을 선택 또는 조합하는 재량판단의 당부이다. 해산결정 후 다양성을 기대하기 어려운 재판관 임명방법의 문제에 대한 지적을 포함하여 증명이 아닌 막연한 추단을 근거로 한 무리한 정치적 결정이었다는 등 다양한 비판론이 개진되고 있지만, 이러한 맥락 속에서 보면 해산결정에 대한 평석이든 비판이든 그 초점은 증명기준의 선택이 객관적인 증거법칙의 한계를 넘어서는 재량권의 남용인지 여부와 선택한 증명기준, 말하자면 '완화된 증명' 또는 적어도 '엄격한 증명'이 아닌 '중간 수준의 증명' 기준의 적용을 전제하는 경우에도 법리적으로 용인될 수 없는 객관적인 흠결 여부에 맞추어진다.

(2) 정당 목적의 '위험성'

정당해산의 사유로서 목적의 '위험성'은 "정당이 표방하는 정치적 이념이 무엇인지가 아니라 정당의 목적이 민주적 기본질서에 위배되는지 여부"의 문제이다. 민주적 기본질서를 부정하지 않는 한 다양한 특정한 이념 중에 어떤 특정한 이념을 표방한다 하더라도 그것이 민주적 기본질서의 내용들을 침해하는 것이 아닌 한 그 특정 이념의 표방 그 자체만으로 곧바로 위헌적인 정당으로 볼 수는 없다.[51)]

정당의 목표나 지향이념이 나타나 있는 강령은 일반적으로 다의적이고 추상적으로 규정되거니와, 헌재는 통진당이 지도적 이념으로 제시하는 '진보적 민주주의'도 그와 다르지 않기 때문에 그 '진정한 의미'는 문언적 의미와 함께 그것이 강령에 도입된 경위나, 도입을 주도하였던 사람들의 이념적 성향과 지향점 등을 종합적으로 고려하여야 제대로 파악

---

51) 헌재 2014. 12. 19. 2013헌다1, 판례집 26-2하, 1, 23.

될 수 있는 것으로 보고, 통진당의 강령을 비롯하여 「강령해설자료집」, 「진보적 민주주의 정강정책해설서」, 「집권전략위원회 보고서」, 「2013년 정책당대회 선언문」, 「민중과 함께 전진 2014 정책당대회 결의문 및 소위 토론문」, 2007년 제17대 대통령선거 민주노동당 정책공약집 등등의 공식적인 자료에 대한 분석 및 판단[52]과 함께 '이석기 등 내란관련사건'과 관련된 녹취자료 등 수사기록에 대한 장황한 검토[53]를 거쳐 통진당 및 통진당 주도세력의 '진정한 목적과 활동'이 "1차적으로는 폭력에 의하여 진보적 민주주의를 실현하고, 최종적으로는 북한식 사회주의를 실현하는 것"으로 판단하였다.[54]

여기에서 헌재가 통진당의 은폐된 '진정한 목적'을 확인하고, 그 '위험성'을 인정하는 최종판단에 이르는 전체 과정 속에서 내린 개별 판단들을 세밀하게 되짚어보고, '중립적인 관찰자'의 입장에서 그 당부를 평가하는 것은 약한다. 그것은 사실상 거의 불가능하기도 하거니와, 근본적으로 다분히 이데올로기적 성향이나 정치적 선판단 등 주관적인 법감정에 달려 있는 것이기 때문이다. 같은 맥락에서 '비례대표 부정경선 사건', '중앙위원회 폭력 사건' 등 '위험성'판단을 위해 검토된 '기타 사건'들에서 드러난 '폭력성'에 대한 판단[55]을 비롯하여, 특히 이른바 '종북성'(從北性)을 인정한 판단, 즉 진보적 민주주의를 강령으로 채택하게 된 경위와 과정, 통진당 주도세력의 종북성향 및 북한의 대남혁명전략과 우리 사회에 대한 인식, 변혁을 위한 강령적 과제와 순위, 변혁의 주체 및 주권의 소재와 그 범위, 변혁의 대상, 변혁의 전술적 방법, 변혁의 목표, 연방제 통일방안 등을 검토하여 통진당의 목표와 그 실현전략이 북한의 그것을 "거의 모든 점에서 전체적으로 같거나 매우 유사하고 이

52) 헌재 2014. 12. 19. 2013헌다1, 판례집 26-2하, 1, 54-83.
53) 헌재 2014. 12. 19. 2013헌다1, 판례집 26-2하, 1, 83-97.
54) 헌재 2014. 12. 19. 2013헌다1, 판례집 26-2하, 1, 103-104.
55) 헌재 2014. 12. 19. 2013헌다1, 판례집 26-2하, 1, 100-102.

러한 동일성 내지 유사성은 단편적 또는 부분적 범주를 넘어서는 것"[56]으로 본 헌재의 개별 판단들에 대한 분석과 평가도 유보한다.

'목적의 위험성'과 관련해서는 두 가지 논증의 문제점만을 지적한다. 우선 논증의 구조상의 문제를 비판적으로 검토한다. '은폐된 목적'의 규명에 초점을 맞춘 법정의견과 '퍼즐 맞추기'의 비유에 대하여 "결론적으로 증명되어야 할 것이 참임을 전제하고 있다"[57]는, 논리적 오류에 대한 김이수 재판관의 지적에 대해서는 전술한 바 있거니와, 실제로 법정의견을 같이 한 재판관들의 법적 사유와 판단의 전 과정이 이 논리적 오류에 의해 지배되었는지 여부와는 무관하게 설시문상의 논증은 귀납적으로 증명되어야 할 '은폐된 목적의 존재'를 선재하는 것으로 전제하는, 이른바 '전제의 오류'를 범하고 있다는 의문을 불러일으킨다.

헌재는 정당해산심판에 있어서 심판의 대상이 되는 정당의 '목적'은 '정당이 추구하는 정치적 방향이나 지향점'을 지칭하는 것이라고 보면서도,[58] 반면에 판단이유, 특히 해산결정에 이른 개별적인 사실확인 및 판단의 근거와 결론을 제시한 설시 내내[59] 시종일관 통진당 및 그 주도세력의 '목적'과 '활동'을 구분하지 않고, '목적과 활동'으로 연계하여 논증하고 있다. 이른바 '화행'(speechact)의 관점에서 말과 행동의 구별이 상대화될 수밖에 없다는 점에서 '위험성'을 판단하는 대상으로 강령이나 정강정책 등에 나타난 정당의 '목적'과 '활동'을 구분하여 취급하기 어렵고, 따라서 '관용의 요청'에 따라 수인의 범위나 그 한계를 구체적으로 정하는 기준이 애매하기는 하지만, 법적 판단과 논증의 맥락에서 정당해산요건으로서 민주적 기본질서에 위배되는 정당의 '목적'과 '활동'은 분명하게 구별될 수 있고, 또한 그래야만 한다. 우리 헌법도 정당

56) 헌재 2014. 12. 19. 2013헌다1, 판례집 26-2하, 1, 83.
57) 헌재 2014. 12. 19. 2013헌다1, 판례집 26-2하, 1, 116.
58) 헌재 2014. 12. 19. 2013헌다1, 판례집 26-2하, 1, 30.
59) 헌재 2014. 12. 19. 2013헌다1, 판례집 26-2하, 1, 특히 30-104.

의 '목적과 활동'이 아니라 '목적이나 활동'이 '민주적 기본질서에 위배될 때'라고 규정하고 있다. 이러한 점에서 민주적 기본질서에 위배되는 통진당의 '은폐된 목적' 또는 법정의견이 제시한 '진정한 목적'을 입증하기 위해서는 "강령상의 목적이 무언가를 감추기 위한 위장막에 불과하다고 볼 설득력 있고 확실한 증거"가 제시되어야 하고, "만약 그러한 증거를 '퍼즐 조각'에 비유하고자 한다면, 그 '퍼즐 조각'은 그 형태가 달리 가공되지 않은, 본래 그대로의, 단단한 것", 즉 "은폐된 목적을 찾고자 하는 해석자의 주관에 의하여 깎이고 다듬어진 것이어서는 아니 된다"[60]는 김이수 재판관의 비판과 지적은 통렬하고 적확하다.

요컨대, 실제 법적 판단의 과정이 어떻든 간에, '목적'과 '활동'을 연계하여 한 묶음으로 논증한 것은, 결론에 반대하는 입장에서 보면 '무관련성의 오류'나 '근거흠결의 오류' 등과 같이 전제와 결론의 관계에서 발생하는 미시적인 논증의 오류를 번거롭게 비판하지 않고, 바로 결론과 결론에 이르는 개별 판단 전체를 오판, 심지어 '의도된 오판'으로 단정하고, 결정적인 근거로 전제 자체의 오류를 의미하는 이른바 '수용가능성의 오류'[61]를 제시할 수 있게 만든 빌미로 손색이 없다.

둘째로 이러한 기본적인 논증의 오류는 구체적으로 이른바 '퍼즐 맞추기'의 비유에 대한 비판론에 유용한 논거를 제공해준다. 목적과 수단의 관계의 관점에서 볼 때, '목적이 정당하다고 해서 모든 수단이 정당화되는 것은 아니다'라는 명제는 참이지만, 그 역의 명제는 참이 아니기 때문이다. 말하자면 목적이 정당하지 못한 경우에는 그 목적의 '지향성' 자체와 함께 그 목적의 실현과 연관되는 모든 수단은 정당하지 않다.

공적인 사회적 생활과 사적인 일상생활이 그 영역이 구별되고, 그에 따른 정치사회적 지향성이 차별화될 수 있는 자연인 개인이 아니라 조

---

60) 헌재 2014. 12. 19. 2013헌다1, 판례집 26-2하, 1, 116.
61) 이에 관해서는 탁석산, 오류를 알면 논리가 보인다, 책세상, 2001, 119쪽.

직, 특히 특정한 정치적 이념과 가치공감, 그리고 그 실현의 핵심전략을 공유하는 정치단체인 정당의 경우에 더더욱 참인 이 명제에 입각해서 보면, 조직된 정치공동체로서 정당의 이념적 지향점인 정당의 '목적'이 '민주적 기본질서'에 위배된다는 판단이 전제되는 경우에는 논리적으로 정당의 구체적인 개별 '활동'의 '위험성' 또는 개별 활동들에 대한 판단을 종합하여 정당 전체의 '활동'의 '위험성'을 판단하는 것은 불필요하다. '목적'과 '활동'을 구별하여 그 '위험성'을 판단해야 한다는 점과 함께 정당의 '목적' 자체의 위헌성은 극도로 신중하게 판단되어야 한다는 점을 강조하는 것은 바로 이러한 이유 때문이다. 또한 실제 법적 판단의 과정을 떠나서 이러한 목적과 활동의 논리적 구조와 관계에 대한 이해가 논증에 반영되어야 한다는 것도 마찬가지거니와, 이는 설령 '진정한 목적'을 은폐하고, 정강정책을 '민주적 기본질서'와 상충되지 않게 표현하거나 또는 심지어 모용까지 하는 자구적인 수단을 강구하는 경우를 상정하여도 달리 볼 이유는 없다.[62]

요컨대, 논증의 맥락에서 볼 때, 정당 목적 자체의 '위헌성'은 '민주적 기본질서'에 위배되는 구체적인 '활동'의 '위험성'에 대한 구체적인 판단을 종합하여 부수적인 결론으로 제시되고, 그것이 다시 개별 '활동'의 '위험성의 정도'에 대한 판단에 영향을 미치는 '순환론적 논증구도' 속에서 '존재하되, 존재하지 않는' 허즉실(許卽實)의 변수로 취급되어야 한다. 말하자면 헌재는 목적의 '위험성'에 대한 법적 확신을 선판단으로 전제하였다고 하더라도 전제하지 않은 것으로 전제하고, 그것을 일종의 가식과 허구의 역설적인 변인(變因)으로만 활용하여 논증하였어야 했다. 적어도 헌재가 그런 것처럼 성급하고 쉽게 내비칠 속내는 아니었다.

62) U. Volkmann (Anm. 25), S. 580. NPD 강령 소개 참조.

2. 활동의 '위험성' 판단

(1) 개요

기본법리에 대한 논의를 통해 헌재가 분명하게 확인하고 전제한 바와 같이, 정당해산심판제도는 일종의 '극약처방'이기 때문에 시종일관 "매우 엄격하고 제한적으로 운용"[63]되어야 한다. 정당해산심판절차에서 이 '엄격운용의 필요성'에 대한 원론적인 인식이 '이론을 위한 이론'이 아니라 법적 판단의 지침에 반영되어 발현되어야만 하는 것은 물론이거니와, 이러한 당위적인 요청이 앞에서 제시한 '절제의 요청'과 '중용'의 지침을 매개로 하여 정당해산심판절차에서 핵심 쟁점과 연결되어 강조되고 구체적으로 실행되어야 하는 부분이 바로 정당 활동의 '위험성'에 대한 판단의 단계이다.

이러한 당위성과 필요성을 굳이 다시 강조하는 것은, 전술한 바와 같이, 우선 구체적인 심판대상으로 대면하게 되는 정당해산의 여부가 통상적인 상황이 아니라 예외적인 상황에서 '한계의 문제'로 주어지고, 그렇기 때문에 추상적인 이론과 그에 따른 지침이 일반적으로 그러하듯이 '절제의 요청'도 이른바 '원칙과 예외'의 형식으로 '중용'의 선택을 하는 난제로 구체화될 수밖에 없기 때문이다. 말하자면 '국가의 존립' 및 '민주적 기본질서'와 '정당의 자유'라는 근본적인 헌법적 가치 간의 충돌이 구체적인 정치현안으로 부각되어 '헌법의 보호'와 '정당의 보호'가 절충이 아니라 선택의 문제로 주어지는 문제상황에서 최고의 대의기관이 일종의 '예심'을 통해 해산요건, 즉 '위험성'이 인정된다는 판단을 하고 헌재에 '재확인'을 구하는 정당해산심판에서 '절제의 요청'은 일방적이고 무조건적인 절대적 지침이 아니라, 그 자체가 '예외의 가능성'을

63) 헌재 2014. 12. 19. 2013헌다1, 판례집 26-2하, 1, 19.

열어 놓고 구체적인 실천의 단계에서 또 하나의 '절제'를 요구하는 지침이기 때문이다.

(2) 강한 재량판단 – '개연성' 판단과 전망판단으로서 특성

정당해산요건으로서 정당의 활동의 '위험성'을 판단하는 절차에서 '절제의 요청'의 당위성을 강조하는 또 하나의 중요한 이유는 '위험성' 여부에 대한 법적 판단이 본질적으로 이른바 '강한 재량'(strong discretion)판단, 말하자면 명확한 객관적인 판단의 준거가 없는 상태에서 재판관들의 헌법의식이나 법감정 등 주관적인 요소가 개입될 수밖에 없는 일종의 '개연성판단'의 특성을 갖는다는 점이다. 또한 이 포괄적인 '위험성'에 대한 '재량 판단'에는 적어도 상당 부분 장래의 사태의 발전가능성에 대한 예측의 가설적 판단, 즉 '전망판단'(Prognoseentscheidung)[64]도 중요한 변수가 된다는 점도 고려되어야 한다.

'강한 재량판단', 특히 '정치적 사법작용인' 헌법재판에서 재량판단은 본질적으로 객관성의 한계를 용인하고 감수하는 전제 하에 주관적인 판단을 허용하는 것인 만큼 늘 자의적인 판단의 위험이 수반되고, 특히 현재 상황에 대한 인식을 근거로 미래를 예측하는 '전망판단'은 말 그대로 가설적인 판단인 점에서 그 오류의 위험을 사전에 검증하여 예단할 수 없기 때문에, 재량판단에 대한 통제는 객관적인 절차법적 규율을 수단으로 접근될 수밖에 없다. 정당 활동의 '위험성'에 대한 최종 판단의 근거가 되는 구체적이고 개별적인 법적 판단, 즉 독립된 조직단위로서 정당 전체에 귀속시킬 수 있는 "정당 기관의 행위나 주요 정당관계자,

64) '전망판단'은 연역적인 방법의 추론이나 이른바 포섭 도그마의 틀 내에서 진행되는, 말하자면 본질적으로 과거의 사태에 대한 법적 판단에 초점을 맞추는 민사재판이나 형사재판에서 법관이 하는 전통적인 의미의 법해석작업으로는 포섭해낼 수 없는 법적 판단을 말한다. 이에 관한 상론은 F. Ossenbühl, Die Kontrolle von Tatsachenfeststellungen und Prognoseentscheidungen durch das Bundesverfassungsgericht, in: C. Starck (Hg.), Bundesverfassungsgericht und Grundgesetz, Bd. 1, Mohr Siebeck, 1976, S. 466.

당원 등의 행위"에 대한 사실확인과 확인된 사실에 대한 규범적 평가의 절차에서 일반적으로 엄격한 증거절차의 규율을 요구하는 것은 바로 이 때문이거니와, 다만, 그렇다고 해서 민사소송법령의 준용이 배제되고, 일률적으로 형사소송법령이 적용되어야만 하는 것은 아니고, 헌법재판에 특유한 소송법령, 더 나아가거는 정당해산심판의 특성에 맞는 독자적인 절차규율을 적용하는 것이 필요하다는 점은 전술한 바 있다.

'목적'의 위험성과 관련한 개별 판단과 마찬가지로, 통진당의 '활동'의 위험성과 관련된 헌재의 개별 사실확인과 법적 판단의 타당성에 대한 분석과 평가는 유보한다. 또한 헌재는 구체적인 입장을 분명하게 밝히지 않고 있다는 점은 전술한 바 있거니와, 통진당 활동의 '위험성'에 대한 판단에서 핵심쟁점인 '엄격증명', '완화된 증명' 또는 '중간 단계의 증명' 등 증명수준의 문제에 대한 논의도 기본적으로 재판관들의 재량에 맡겨져 있는 소송법적 선택의 문제로 본 앞에서의 쟁점정리와 원론적 확인으로 대신한다.

아무튼 여기에서는 정당해산심판절차에, 특히 증거조사와 사실확인의 절차에는 적어도 형사소송절차에 준하는 정도 이상의 엄격한 증거법원칙과 규율이 적용되어야 하는 것으로 보는 입장에서, 통진당에 대한 해산심판청구를 촉발시킨 계기였고, 또한 헌재가 심판과정에서 통진당의 '위험성'을 인정하는 판단에서 실제로 가장 결정적인 근거로 고려한 것으로 여겨지는 이른바 '이석기 의원 등의 내란관련 사건'[65]으로 드러난 '위험성' 판단의 당부만을 짚어 본다.

⑶ 구체적인 '위험성' 판단의 타당성

1) 개요

정당해산심판에서 정당 활동의 '위험성'은 '민주적 기본질서에 실질

65) 헌재 2014. 12. 19. 2013헌다1, 판례집 26-2하, 1, 83-100.

적인 해악을 끼칠 수 있는 위험성'에 한정되고, 그 구체적인 판정의 기준으로는 일정한 정도 이상으로 위험한 구체적인 행태, 즉 "전투적이고 공격적인 적극적 자세"(aktive kämpferische, agressive Haltung)와 위험한 정당 활동의 지속성과 계속성이 제시된다. 독일 연방헌법재판소가 '사회주의정당'(SRP)에 대한 해산결정[66]을 통해 판시한 이 기준은 그 이후 거의 보편적인 기준으로 받아 들여져 왔고, '정당의 강제해산은 정당이 민주적 헌법질서를 전복하기 위한 정치적 수단으로 폭력을 옹호하거나 폭력을 사용하여 헌법에 의해 보장된 권리와 자유를 위태롭게 하는 경우에만 정당화될 수 있다'고 규정한 '베니스 위원회의 정당해산에 관한 지침' 제5조 제3호도 거의 유사한 내용으로 생각된다.[67]

통진당 해산결정에 반대하는 입장에서 주장하는 핵심 논거도 바로 통진당 활동의 '위험성'을 인정한 헌재의 개별 판단들이 이러한 보편적인 판정기준에 합치되기 어렵다는 점이고, 또한 소수의견을 낸 김이수 재판관이 '이석기 의원 등의 내란관련 사건' 등에서 드러난 발언 등의 '위험성'을 인정하면서도 정당 전체의 차원에서 활동은 "조직적, 계획적, 적극적, 지속적으로 한 것"으로 볼 수 없다고 본 것도 같은 맥락에서의 반대논거로 이해되는 바, 여기에서는 좀 더 심화된 토론의 필요성과 가능성을 강조하는 입장에서 이 쟁점에 초점을 맞추어 세 가지 단서를 제시하는 것으로 본다.

2) 심화토론을 위한 세 가지 단서

우선 주목해야 하는 것은 '위험성'의 판단이 정당해산심판사건의 본질상 근본적으로 '애매하고 비약적인 성질'을 벗어나기 어렵다는 점이

---

66) BVerfGE 5, 85 (141). 이 판결에 대한 상론은 장영수, 정당해산요건에 대한 독일 연방헌법재판소의 판단기준에 관한 연구, 헌법학연구, 제20권 제4호(2014), 304-309쪽 참조.

67) 이에 관해서는 차진아(주 29), 117쪽.

다.[68] 비판론의 입장에서 '논리적 비약'과 '편견'을 주장하며 헌재의 심판이 '증거재판'이 아니라 '심증재판'이라고 극렬하게 비난하는 것을 일면 이해하면서도, 타면 반론의 논거로서 그 효과에 대해서는 의문을 갖는 것도 바로 이 때문이다. 헌법의 해석과 적용에서 특히 부각되는 '관점'은 그것을 공유하지 않는 입장에서 보면 다 편견이다.

전술한 바와 같이, 정당 전체의 '위헌성'에 대한 판단을 내용으로 하는 정당 활동의 '위험성'에 대한 판단이 일종의 '개연성'(Wahrscheinlichkeit)판단이거니와, '개연성'의 판단은 근본적으로 일정한 정도 이상의 '의심'(Verdacht)에 대한 재검증과 가설적 '전망'을 내용으로 한다. 정당해산심판절차상 '전망'의 판단도, 다른 소송에서 일반적으로 그러한 것과 마찬가지로 '개연성'의 인식을 위해 주어진 자료를 회고적으로 분석 및 평가하여 내리는 일종의 '회고적 전망'(retrospektive Prognose)이되, 다만, 과거에 발생한 다수의 다양한 사태에 대하여 완전무결할 수 없는 인식과 개별 사실에 대한 복합적인 규범적 평가의 결론을 준거로 할 수밖에 없는 점에서 주관적인 판단의 성질이 가장 강하게 드러나는 재량적 판단이다. 말하자면 이러한 '개연성 판단'으로서 '위험성'에 대한 판단에는 수학에서 요구되는 수준의 객관성과 엄밀성의 기준이 적용될 수 없고, '자의성'을 배제하기 위하여 아무리 엄정한 절차규칙을 적용한다고 하더라도 그것은 기껏해야 일종의 '논리적 개연성'(logische Wahrscheinlichkeit), 즉 '객관화된 인식론적 개연성'(objektivierte epistemische Wahrscheinlichkeit)[69]일 수밖에 없다. 예컨대, 증거조사와 사실확인에 형사소송법을 준용하여 '엄격한 증명'의 기준을 적용한다고 하더라도, 개별 증거자료들에 대한 판단을 종합하여 헌재가 내리는 '위험성' 판단의 '개연성 판단'으로서의 구조와 특성, 특히 궁극적으로 '주관적인 확신'의 정도가 관건인 일종의

68) 이명웅(주 34), 13쪽.
69) G. Steinberg, Verdacht als quantifizierbare Prognose?, JZ, 2006, S. 1046 ff.

'가설적 판단'[70]으로서 객관성, 즉 '인지의 한계'(Grenzen des Wissens)[71]는 변할 수 없다. 요컨대, 그정도가 관건이되, 정당 활동의 '위험성'에 대한 헌재의 판단은 상당한 정도의 '편견'의 개입과 '논리적 비약'이 불가피한 심증의 재량판단이다.

둘째는 정당해산심판에서 정당 활동의 '위험성'에 대한 판단의 근거로 고려되는 사실을 확인하고 증명하여 법적 확신에 이르는 작업의 구조와 특성이 형사소송에서의 그것과는 크게 다르다는 점이다. 형사소송에서 사실확인이 대부분 구성요건에 해당하는 개별 범죄행위의 사실의 존부와 당해 범행과 결과와의 인과관계의 입증에 초점을 맞추는 사태파악인데 반해서, 정당해산심판에서 그것은 단순히 사실을 규명하는 확인이 아니라 오히려 다수의 확인된 '활동'의 사실들을 자료로 하여 정당 '활동'의 '위험성'을 드러내는 폭력성과 위헌적인 지향성을 가늠하는 복합적이고 포괄적인 판단이다. 굳이 형사소송절차에 대비하여 말하자면, 정당해산심판에서 정당 활동의 '위험성'을 판단하는 작업은 형사소송에서 단계적으로 구분되어 진행되는 구성요건에 해당하는 범행 사실의 확인과 위법성의 인식, 그리고 책임요건으로서 고의에 대한 판단이 동시에 복합적으로 진행되는 것이라고 할 수 있다. 동 사건에서도 적어도 개별 '활동'의 사실과 관련하여 증거채부가 문제된 것은 없다.

또한 정당해산심판절차에 형사소송법을 준용하는 것의 법리적 부정합성은 전술한 바 있거니와, 형사소송법 도그마틱도 법령의 해석과 적용의 정당성과 함께 합리성을 확보하기 위해 표준화된 법리와 정형화된 절차운영의 매뉴얼을 제공하는 것이라고 한다면, 예컨대 형사소송법에 따른 '엄격한 증명'의 기준을 적용해야 한다고 하더라도, 그것이 개별 요증사실의 입증이 아니라 증명된 개별 사실들을 통해 드러난 포괄적인

70) G. Steinberg (Anm. 69), S. 1047.
71) Vgl. W. Hassemer, Grenzen des Wissens im Strafprozess, ZStW, 2009, S. 829ff.

'위험성'에 대한 '법적 확신'에 기계적으로 적용될 수는 없다. 말하자면 미국 연방대법원이 기본권심사에서 적용하는 이른바 '엄격심사'(strict scrutiny test), 즉 '이론적으로는 엄격하지만, 실제로는 치명적인'(strict in theory, but fatal in fact) 정형화된 판단기준으로 적용될 수는 없다는 것이다.

이는 '입증불명'(non liquet)의 경우도 마찬가지이다. 헌재는 정당해산심판제도의 엄격운영의 필요성을 강조하는 맥락에서 '의심스러울 때는 자유 우선'(in dubio pro liberate)의 보편적인 형사소송법 원칙이 당연히 적용된다고 하였는데, 개별 사실의 입증과 관련해서는 이견이 있을 수 없지만, 정당의 개별 '활동'의 사실에 대한 확인과 규범적 평가를 종합한 결과로 주어지는 '위험성', 말하자면 전술한 바와 같이 그 '정도'가 관건인 '개연성'에 대한 판단에도 일률적으로 적용될 수 있는지에 대해서는 의문이 없지 않다. 재판관 내심의 '법적 확신'이라는 점에서 법적 추론에 따른 판단 및 통제의 준거로서 그 현실적인 효용이 제한적인 점은 별론으로 하더라도, '위험성'에 대한 '법적 확신'의 정도가 이른바 '객관적인 개연성'에 이르지 못한 상황에서 획일적으로 '피고인에게 유리하게'와 판단하듯이 '자유 우선'의 원칙에 따라 일률적으로 '정당보호'를 선택하라는 것이 추상적인 이론의 차원에서는 몰라도, 전술한 바와 같이 '한계상황'의 문제로 주어지는 구체적인 정치현실 속에서의 정당해산심판에서도 절대적인 심판지침으로 당연히 적용될 수 있는 것인지는 깊은 고민 후에야 답할 수 있는 문제이다. 저울의 한 쪽에는 정치참여자로서 한 진보정당의 부당한 축출이, 또 한 쪽에는 국가와 민주주의체제의 파멸이 있는 가설적인 '형량의문제'이기 때문이다.

셋째는 '이석기 의원 등의 내란관련 사건'에서 드러난 '폭력성'을 주요 근거로 하여 통진당의 '위헌성'을 인정한 헌재 판단의 부당성에 대한 논거로 동 사건과 관련된 형사소송에서 대법원이 내린 판단[72]과의 법리상 불일치가 제시되고 있는 바, 그 당부에 대한 검토가 필요하다. 특히 내란선동죄에 대해서만 유죄로 판단하고, 증거부족을 이유로 이른바 '지하혁명조직 RO'의 존재를 부정하고, 내란음모죄는 무죄를 선고한 취지와, 그에 적용한 '증명력 판단' 등과 관련된 증거법원칙과 '자유심증주의의 한계' 등의 법리가 헌재 판단의 오류를 증명하는데 결정적인 근거가 된다는 것이 비판론이 핵심논지이고, 헌재의 해산결정 후 불과 약 1개월 후에 대법원의 판결이 내려진 점도 헌재의 결정이 지나치게 성급했다는 비판의 논거로 제시되고있다.[73]

우선 성급한 결정이었다는 비판에 대해서는 기본적으로 동의한다. 다만, 심리의 종결과 결정 선고의 시점을 택하는 것은 원칙적으로 헌재의 폭넓은 재량에 맡겨져 있는 것이고, 또한 독자적인 헌법적 판단의 주체로서 대법원의 판결을 기다릴 필요가 없을 정도로 이미 '위험성'에 대한 '법적 확신'의 심증을 충분히 확보한 상황이었다면 헌재가 즉시 해산결정을 선고하는 것은 정당해산심판의 법리상 허용되는 것임은 물론이고, 오히려 요구된다는 것에도 이견이 있을 수 없다. 핵심 쟁점은 상대적으로 적어도 사실확인에 관한 한 헌법재판소보다 더 정밀한 판단을 할 수 있는 조건을 갖춘 대법원의 판단, 특히 이른바 '지하혁명조직 RO'의 실체를 부인하고, "이석기 의원의 발언이 내란 실행으로 나아갈 실질적인 위험성은 없다"고 보아 내란음모죄에 대하여 무죄를 선고한 취지와 동 사건에서 드러난 '위험성'에 대한 헌재의 판단 간의 불일치가 일방적으로 헌재 판단의 오류의 근거가 될 수 있는지 여부이다.

헌재는 동 사건과 관련하여 나름 세밀하게 확인한 개별 사실들을 종합하여 "이○기를 비롯한 내란관련 회합 참석자들은 경기동부연합의

---

72) 대법원 2015. 1. 22. 선고 2014도10978 전원합의체 판결(공2015상, 357).
73) 이재화(주 1), 174-187쪽.

주요 구성원으로서 북한의 주체사상을 추종하고, 당시 정세를 전쟁 국면으로 인식하고 그 수장인 이○기의 주도 하에 전쟁 발발시 북한에 동조하여 대한민국 내 국가기간시설의 파괴, 무기 제조 및 탈취, 통신 교란 등 폭력 수단을 실행하고자 회합을 개최한 것"[74]으로 판단하였다. 판단의 흐름과 대강을 주목하는 관점에서 보면, 헌재는 적어도 '지하혁명조직 RO'의 실체를 인정하는 전제 하에 그것을 판단에 반영한 것으로 추측된다. 하지만, 그 의도는 모르겠으되, 통진당 이정희의 관련 발언을 직접 인용한 것[75] 외에 헌재가 '지하혁명조직 RO'의 존재를 명시적으로 인정하는 내용은 설시문에서 찾아볼 수 없다.

이러한 점을 고려할 때, 정당해산심판절차상 대법원과 헌재 간의 판단의 공조(共助)가 바람직하였다는 점과, 동 사건에 대한 내란선동 또는 음모의 유무죄와 관련된 사실확인의 판단과 헌재의 정당 '활동'의 '위험성'에 대한 판단을 위한 사실확인과 그에 대한 규범적 판단이 반드시 일치되어야만 하는지 여부는 별개의 문제로 보아야 한다. 소수반대의견을 낸 김이수 재판관도 '지하혁명조직 RO'의 존재 여부에 대해서는 명시적인 의견을 제시하지 않고 이석기의 활동과 과거의 전력을 종합하여 활동의 '위험성'과 "극단적인 민족주의에 기초하여 북한의 무력 시위를 찬양하고, 전쟁상황에서 북한과의 공조를 주장하는 등 북한에 대한 적극적 추종성"은 인정하고 있다.[76]

요컨대, 통진당의 '활동'의 '위험성'에 대판 헌재의 판단이 전체적으로 타당한 것으로 볼 수 있다면, 설령 '지하혁명조직 RO'의 존재를 부인하고 내란음모죄를 무죄로 본 대법원 판단의 적확성을 인정한다고 하더라도 그것이 헌재의 '위험성' 판단 전체를 그릇된 것으로 단정할 수

74) 헌재 2014. 12. 19. 2013헌다1, 판례집 26-2하, 1, 100.
75) 헌재 2014. 12. 19. 2013헌다1, 판례집 26-2하, 1, 97-98.
76) 헌재 2014. 12. 19. 2013헌다1, 판례집 26-2하, 1, 196.

있는 결정적인 근거는 아니다. 말하자면 '불충분한 근거의 오류'에 대한 비판의 논거로서는 유효하지만, 증명되어야 할 결론을 참으로 전제한 '전제의 오류'라고 몰아붙이는 공격의 빌미가 될 수는 없다.

3. 개별 활동의 '위험성'의 '귀속성'

(1) 개요

해산결정에 대한 찬반의 입장을 떠나서, 정당의 활동의 '위험성'에 대한 헌재 판단의 '강한 재량판단'으로서 본질과 특성에 초점을 맞추어 통진당의 입장에서 복기를 해본다면, '귀속성', 즉 당 소속 국회의원을 비롯한 유력한 당 주도세력이나 일부 당원 및 지지자들의 개별적인 위험한 행태로 드러난 '위험성 '이 정당 전체에 귀속될 수 있는지 여부의 쟁점은 정당의 존망이 걸린 정당해산심판이라는 게임에서 방어전략을 수립하고 작전을 수행하는 데 있어서 결정적인 대목으로 주목되었어야 했다. 합당한 증명의 수준에 대한 획일적인 소송법적 지침이 없다는 점은 전술한 바 있거니와, 궁극적으로 증명의 기준은 소송의 종류나 사안의 내용에 따라 판단오류의 영향의 크기를 고려하여 선택될 수밖에 없기 때문이다. 일종의 '복잡계'(complex system)로 주어지는 정치현상과 사회현실에 대한 다분히 직관적인 인식과 추측적 전망을 내용으로 하는 점에서 '위험성'의 절박성에 대한 판단은 특히 광범위하게 주관적인 재량이 허용되는데, 반면에 이 개별 활동의 '위험성'이 정당 전체로 귀속될 수 있는지에 대한 판단은 보다 구체적인 증거에 대한 사실적 분석과 해명을 내용으로 하는 점에서 상대적으로 증명기준의 선택과 그에 따른 재량판단의 범위를 상당한 정도로 축소시킬 수 있는 가능성과 유효한 법리적 수단이 없지 않았다. 예컨대, 해당 인사들에 대하여 출당 등 징계조치를 하거나 당 지도부이든 아니면 전체 당원의 이름으로 이석기 전 의원을 비롯한 집단이 소수 일탈세력에 불과하다고 공식적으로 천명

하는 것 등이 그것이다.[77]

(2) 반론의 검토

소수반대의견을 낸 김이수 재판관은, '이석기 의원 등의 내란관련 사건'에서 드러난 '위험성'을 인정하면서도 이석기 의원을 비롯한 그 지지자 집단과 모임 참석자들의 발언과 행태의 위험성이 정당 전체에 귀속되는 것으로 볼 수는 없다고 보고, 그 근거로 이석기 등이 주도하는 '경기동부연합' 등의 특정한 계열 조직이 연합하여 전체적으로 통일된 실체로 단결하여 활동하고 있다고 볼 수 없고, 통진당이 이들 주도세력에 의해 완전히 장악되었다고 볼 수 없는 점, '경기동부연합'과 이른바 '5.12 모임'에 참석한 참석자들의 인적 연계가 명확하게 드러나지 않았다는 점 등을 제시하고 있다.[78] 요컨대, 이석기 등의 발언은 통진당 전체의 기본노선에 반하여 이루어진 것이고, 통진당이 그러한 활동을 적극적으로 옹호하거나 그러한 활동으로부터 기본노선에 영향을 받고 있다고 인정할 수는 없다는 논지이다.[79]

주지하는 바와 같이, 베니스 위원회의 정당해산에 관한 지침(제5조 제4호)도 "정치적·공적 및 정당 활동의 틀 안에서 정당에 의해 권한을 부여받지 않은 당원의 개별적 행위에 대해서는 전체로서의 정당이 책임을 지는 것으로 볼 수 없다"[80]고 규정하고 있거니와, '귀속성'은 극히 예외적인 경우, 말하자면 일부 당원이나 계열 조직들이 정당을 꼭두각시로 만들 정도로 정당 전체를 장악하였음이 그 과정과 인적 연계와 관련된 증거를 통해 확연하게 드러나는 경우에 한해서만 인정될 수 있다고 보는 것이 학계의 일반적인 의견이기도 하다. 이는 당 지도부나 소속 국회의원의 경우일지라도 그 발언 등이 정당의 정체성을 대변하는 비중

77) 이에 관해서는 이명웅(주 34), 13쪽.
78) 헌재 2014. 12. 19. 2013헌다1, 판례집 26-2하, 1, 192-204.
79) 헌재 2014. 12. 19. 2013헌다1, 판례집 26-2하, 1, 225.
80) 이에 관해서는 차진아(주 29), 129쪽.

이 크다는 점에서 정당의 의사를 대표하는 것일 수는 있지만, 그것은 국회기능과 관련된 문제로서 정당의 정체성 자체와의 관계에서는 개별적인 의미를 가질 뿐이기 때문에 기본적으로 다르지 않은 것으로 본다.[81] 정당 전체에 귀속시킬 수 있는 활동의 범위에 대하여 정당 자체의 활동으로 볼 수 있는 예외적인 경우에 한정하고, 일부 구성원이나 추종자들의 일탈의 발언이나 행태는 정당해산요건과 연결되지 않는 것으로 본 독일 연방헌법재판소의 입장도 이와 다르지 않다.[82]

결국 정당 조직 일부의 개별적인 발언이나 행태로 드러난 '위험성'을 정당 전체에 귀속시키는 것은 개별 당원이나 지지자들의 범법행위나 일탈 자체나, 그것과 정당 전체 간의 연관성에 대한 정황증거만으로는 부족하고, 특정한 집단이나 계열 조직 등의 정당 전체의 활동을 주도하고, 그 압도적인 영향력의 상당 기간 지속되는 점이 '엄격한 증명'의 수준에서 명백하게 입증되는 경우에만 인정될 수 있다고 본다면, 이 사건에서 헌재의 '귀속성'을 인정한 최종 판단, 그리고 그 근거인 개별 사실들, 즉 "내란관련 회합의 개최 경위, 참석자들의 피청구인의 당내지위 및 역할, 위 회합이 경기동부연합의 주요 구성원 등 피청구인의 핵심 주도세력에 의하여 개최된 점, 위 회합을 주도한 이석기의 경기동부연합의 수장으로서의 지위"와 "통진당의 전당적인 옹호·비호 태도" 등에 대한 판단[83]의 타당성에 대해서는 의문이 제기될 여지와 단서가 적지 않다.

V. 결론 - 보론

교조적인 형식적 민주주의를 고집하지 않는 한, 민주주의와 헌법의

81) 전광석, 정당해산심판에 대한 헌법적 및 정치적 이해, 헌법판례연구 제13권(2012), 142쪽.
82) BVerfGE 5, 85 (165 ff.).
83) 헌재 2014. 12. 19. 2013헌다1, 판례집 26-2하, 1, 98-99.

핵심가치를 방어하기 위한 수단인 정당해산심판제도는 더 이상 또는 여전히 민주주의와 조화될 수 없는, 즉 민주주의의 '금기'를 건드리는 제도가 아니다. 빼낼 수 없는 '칼집 속의 칼'로서 상징적인 의미만을 갖는 헌정사적 유물이나 헌법의 문화재로 그 의미와 효용을 한정해서는 아니 된다. 필요할 때는 뽑을 수 있고 또 그래야만 한다. 선용과 악용, 그것이 문제다.

민주주의와 자유의 보호를 위해서 민주주의에 제약을 가하고 자유를 제한하는 정당해산심판제도는 일견 역설의 제도인 듯하나, 적정한 제도운용의 과제는 난제이되 해결될 수 없는 모순은 아니다. 관건은 엄격한 제도운용의 필요성 및 그에 부응하는 '절제의 요청'과 '적시성의 요청'을 수렴해내는 '중용의 지혜'이다. '민주적 기본질서의 마당'인 '정치적 생태계'의 보전을 위한 정당해산제도의 본질 및 특성과 함께 이에 부응하는 적정한 제도운용을 위해서는 생태론적인 정치관과 정당관, 균형적인 헌법의식, 그리고 투철한 헌법수호의지가 요구된다는 점을 강조하면서 생태계의 유기체적 본질과 특성을 극명하게 설파한 이른바 '체계적 생명관'(the systems view of life) 또는 '체계적 사유론'(system thinking)의 핵심명제로 중언부언을 피하고자 한다: "전체는 부분의 합 그 이상의 것이다"(The whole is more than the sum of its parts).[84)]

해산결정의 전체적인 타당성과 최종 결론에 이르는 과정에서 내려진 개별 판단들의 당부에 대한 구체적인 판단은 유보하고, 다만, 적어도 '수사'(rhetoric)의 관점에서 볼 때, 설시문상 헌재의 논증은 결정의 설득력의 토대인 법적 사유의 타당성과 법적 추론의 적확성을 머뭇거리지

84) F. Capra/P. Luigi Luisi, The Systems View of Life, Cambridge Univ. Press, 2014, p. 10. 개별 생명체와 함께 생태계 전체를 '살아있는 유기체'로서 보는 생태철학적 세계관은 모든 유기체가 하나의 통합된 전체이고, 이 전체의 근본적인 속성들은 전체를 구성한 부분들의 상호작용(interaction)과 상호의존 및 연결성(interdependence; interconnectedness)에 의해 형성되어 나가는 것으로 본다.

않고 수긍하기에는 전체적으로 그 논리적 완결성과 정합성의 측면에서 적잖이 미흡하다는 점만을 재삼 지적하고, 평석의 맥락에서 적절한 것인지는 의문이 없지 아니하고 또한 '입증책임 전가' 등 적잖은 반론이 예상되지만 일종의 게임 관전자의 입장에서 헌재의 '귀속성' 판단의 문제와 관련하여 궁금한 의문, 그리고 개인적으로 아쉽게 생각한 부분을 토로하는 보론을 덧붙이는 것으로 마무리를 대신한다.

근본적으로 불가능하지만, 가능한 한 '중립적인 관찰자'의 관점에서 헌재의 법정의견과 소수반대의견, 그리고 헌재의 해산결정을 격렬하게 비판하는 글들을 읽고 평석을 쓰기 시작하여 마무리하는 종착점에서도 여전히 궁금한 것이 남아 있다. 전술한 바와 같이, '귀속성'의 판단도 본질적으로는 '재량판단'이기는 하지만, '위험성'의 판단에 비해서는 상대적으로 약한 재량판단인데, 통진당 측은 왜 이 부분을 간과했는가 하는 의문이 그것이다. 역으로 말하자면, 아무튼 '재량판단'인 점에서 입증책임론과는 무관하게 또는 당연히 입증책임이 청구인 측에 있다고 인정하더라도 헌재의 입장에서 충분히 입증된 것으로 판단할 가능성과 그것을 뒷받침할 수 있는 법리적 토대와 근거가 나름 충분한 점[85] 등을 고려하

85) 이러한 점은 실제로 다음 설시문을 통해서 충분히 드러난다. "당대표의 활동, 대의기구인 당대회와 중앙위원회의 활동, 집행기구인 최고위원회의 활동, 원내기구인 원내의원총회와 원내대표의 활동 등 정당 기관의 활동은 정당 자신의 활동이므로 원칙적으로 정당의 활동으로 볼 수 있고, 정당의 최고위원 등 주요 당직자의 공개된 정치 활동은 일반적으로 그 지위에 기하여 한 것으로 볼 수 있으므로 원칙적으로 정당에 귀속시킬 수 있을 것으로 보인다. 그 밖의 정당 소속의 국회의원 등은 비록 정당과 밀접한 관련성을 가지지만 헌법상으로는 정당의 대표자가 아닌 국민 전체의 대표자이므로 그들의 행위를 곧바로 정당의 활동으로 귀속시킬 수는 없겠으나, 가령 그들의 활동 중에서도 국민의 대표자의 지위가 아니라 그 정당에 속한 유력한 정치인의 지위에서 행한 활동으로서 정당과 밀접하게 관련되어 있는 행위들은 정당의 활동이 될 수도 있을 것이다. "정당에 속한 개인이나 단체의 활동은 그러한 활동이 이루어진 구체적인 경위를 살펴서 그것을 정당의 활동으로 볼 수 있는 사정이 있는지를 판단해야 한다. 예컨대, 활동을 한 개인이나 단체의 지위 등에 비추어 볼 때 정당이 그러한 활동을 할 권한을 부여하거나 그 활동을 독려하였는지 여부, 설령 그러한 권한의 부여 등이 없었다

건대, 적어도 해산결정 후 재판관들의 편향된 이데올로기적 성향과 정치적 편견을 격렬하게 비난하는 것으로 보아 이러한 정황을 충분히 예측할 수 있었고, 실제로도 짐작하였던 것으로 생각되는 통진당 측의 입장에서 이 쟁점과 관련하여 적극적으로 해명하고 반박하는 노력을 다하지 않았던 것은 납득하기 어렵다.

통진당 측은 단지 '동일시하지 말라'고 요구만 하였지, 어렵지 않게 마련할 수 있는 근거를 제시하면서 '같지 않다'는 분명한 주장과 소명을 하지 않았다. 원천적으로 그것을 상정할 수 없는 당내 역학구도 등의 사정 때문이었는지, 아니면 간과하였던 것인지 모르겠다. 전자의 경우였다면 결과적으로 다분히 '완화된 증명'의 기준을 선택하여 '위험성'의 원천 또는 소재지로 이석기를 비롯한 일단의 집단과 통진당 전체의 정체성을 '한통속'으로 본 헌재의 '귀속성' 판단이 틀리지 않았다고 볼 수 있고, 후자의 경우였다면, 통진당 측이 '분명한 선긋기'를 하면서 공세적으로 대응을 하였다면 적어도 결과가 달라질 가능성이 없지 않았을 것으로 생각된다는 점에서 그 이유를 재차 되묻지 않을 수 없다. 설령 해산결정의 결론이 달라질 수는 없었다고 하더라도 적어도 재판관이 증명의 수준을 선택하는 재량에 상당한 제약을 주고, 재량판단의 과정과 결론을 논증하는데 적잖은 곤혹함이 불가피하였을 것으로 생각되기 때문이다. 가정컨대, 이러한 부담 때문이라도 3명 이상의 재판관이 '귀속성을 부인한 소수의견에 동조하여 헌법재판소가 기각결정을 내렸다면, 통진당 측의 입장에서 보면 대내외적으로 '헌법적 애국심'과 당의 '민주

하더라도 사후에 그 활동을 적극적으로 옹호하는 등 그 활동을 사실상 정당의 활동으로 추인한 것과 같다고 볼 수 있는 사정이 있는지 여부, 혹은 사전에 그 정당이 그러한 활동의 계획을 알았더라도 이를 정당 차원에서 지원하고 지지했을 것이라고 가정적으로 판단할 수 있는 사정이 있는지 여부 등을 구체적으로 살펴 전체적이고 종합적으로 판단해야 한다. 반면, 정당대표나 주요 관계자의 행위라 하더라도 개인적 차원의 행위에 불과한 것이라면 이러한 행위에 대해서까지 정당해산심판의 심판대상이 되는 활동으로 보기는 어렵다." 헌재 2014. 12. 19. 2013헌다1, 판례집 26-2하, 1, 21-22.

적 정체성'에 대한 의구심을 불식시켜 건강한 진보정당으로 거듭날 수 있게 되고, 또 한편으로는 '정치법'으로서 헌법과 '헌법수호기관'으로서 헌법재판소의 존재이유가 분명하게 재확인될 수 있는 소중한 계기가 마련될 수 있었을 것이다.

제14장 정당해산결정시 소속 국회의원의 지위 상실 여부의 문제

I. 머리말

헌재의 통합진보당 해산결정 이후 정당해산결정 자체의 타당성을 둘러싼 논란과 함께 또는 그와는 별도로 정당해산결정시 정당 소속 국회의원의 지위가 자동상실되는 것으로 본 판단에 대해서도 이견이 분분하다.

결론부터 제시하자면, 의원지위자동상실설을 취한 헌재의 결론과 논증, 요컨대 위헌성이 확인된 정당을 즉각 정치적 의사형성과정에서 배제하는 것은 정당해산결정의 실효성을 확보하는데 필수불가결하기 때문에 해산된 정당 소속 국회의원의 의원자격을 박탈하는 것은 정당해산결정에 당연히 내장된 결정사항을 재확인하는 것인 동시에 해산결정을 집행하는 수단이라고 본 헌재의 설시에 동의한다. 다만, 헌재의 해산결정 이후에도 다양한 찬반의견이 교차되는 가운데 적잖은 이견이 제시되고 있기도 하거니와,[1] 헌재의 견해와 다른 입장에서 제시되는 핵심 논거인 국회의원직의 '자유위임원칙'과의 관계에서 법리적 논의와 해명이 충분하지 못하였다고 보는 입장에서 아쉬움이 없지 않기 때문에, 일종의 보론의 맥락에서 문제의 본질을 해명하고, 적확한 접근 및 판단의 관점과 단서를 정리한다.

1) 대표적으로 학설 현황에 대한 정리와 함께 정 만희, 국회의원의 정당기속과 자유위임, 헌법재판연구 제2권 제1호, 2015, 149-157면

Ⅱ. 정당국가적 대의민주제에서 정당과 국회의원의 관계

우선 확인할 수 있는 것은, 근본적으로 형성적 결정인 정당해산결정에 의해 정당이 법적으로 무화, 즉 해산되고, 그 효력으로 대체정당의 설립이나 위헌정당의 명칭 사용이 금지되고, 잔여 재산이 국고에 귀속되어 그 실체가 해체된다고 하여도, 정당의 핵심리더로서 그 인적 기반의 핵심이라고 할 수 있는 소속 국회의원의 직이 유지되는 경우에는 민주주의의 수호를 위한 최후의 수단으로 정당의 정치참여자격 자체를 박탈하는 정당해산의 핵심목적, 즉 헌법보호의 실효성은 확보되기 어렵다는 점이다. 소속 국회의원이 있는 경우 대개 그러하겠지만, 이는 특히 해산이 결정된 정당이 적잖은 동조자의 지지를 기반으로 하여 정치사회적으로 무시할 수 없는 잠재적인 조직력과 활동기반을 확보하고 있는 경우, 즉 정당해산의 핵심 동인이 단체로서 위헌정당 자체의 해산과 함께 또는 오히려 그보다 우선하여 정당의 지도적 인사인 소속 국회의원의 조직적 기반, 특히 인적 network를 해체하는 데 있는 경우에는 더욱 그러하다.

이른바 '고전적 대의민주체제'가 아니라 오늘날 일반적인 '정당국가적 대의민주체제'에서 진행되는 선거에서 개별 국회의원은 개인으로서보다는 오히려 정당의 대표자로서 선출된다. 개별 국회의원에 대한 인적 신임과 그 핵심 요소 또는 기반인 정당 및 소속 국회의원단에 대한 정치적 신임은 구별될 수는 있지만 분리되는 것으로 보기 어렵다. 개인에 대하여 인적 신임을 부여하는 대의제적 선거의 고유한 기능을 인정한다고 하여도, 정당에 의해 추천된 후보자의 경우 그 신임은 정당의 강령과 기본정책 및 정강정책을 추진해나갈 지도적 인사들을 비롯하여 정당의 조직적, 기능적 역량이 합체된 '정치청약'(Politikangebot)에 대한 포괄적인 평가와 무관한 것일 수 없기 때문이다. 더욱이, 정당의 규모나 구조 등 구체적인 당내 상황에 따라 차이가 없지는 않겠지만, 정강 정책의 수립을 비롯한 정당의 기본적인 조직과 활동이 당내 지도적 인사들에 의해 주도된다는 점을 고려할 때, 일종의 '정치적 패키지'인 정당의 목적과 활동의 위헌성이 확인되어 해산결정이 내려진 경우 우선 책임의 주체인 또는 적어도 일종의 연대책임의 당사자인 소속 국회의원의 법 및 정치적 책임을 정당과 분리하여 취급하는 것은 자기책임의 원칙에 위배되는 것이 아닐 수 없다. 정당을 매개로 하는 정치적 신임과 책임의 연계고리를 작위적으로 단절시키는 체계부정합의 결과를 초래하는 점에서 민주주의원리에도 부합되기 어렵다. 이러한 점에서 국회의원직 상실 여부는 정당해산절차 개시 시점에 의원 개개인의 정치활동과 정당의 목적이나 활동과의 객관적인 관련성을 기준으로 개별적으로 판단되어야 하고, 따라서 객관적인 연관성이 없다는 증거를 제시하는 경우 의원직상실을 면할 수 있도록 해야 한다거나 또는 국회의원이 정당의 위헌적 활동에 관여한 정도나 반대의사를 표명했는지 여부 등에 따라 달리 결정될 수 있다고 보는 견해는, 지나친 작위성은 차치하더라도, 추상적인 이론의 차원에서는 상정될 수 있을지 몰라도 오늘날 정당국가적 현실과는 거리가 먼 점에서 구체적인 헌법해석론과 법제의 차원에서는 수용되기 어렵다.

Ⅲ. 정당해산심판제도의 관점에서 본 자유위임원칙과 헌법보호

의원직유지설의 핵심 근거로 제시되는 헌법상 자유위임의 원칙도 의원지위자동상실설로 귀결되는 이러한 헌법해석 또는 이익형량의 관점에 대한 반론의 논거로 설득력을 갖기 어렵다. 이른바 '정당국가의 위기징후'(Krisensymptome des Parteienstaates)에 대한 근본적인 비판과 다양한 구체적인 지적에도 불구하고, 전술한 정당국가현상, 즉 정치적 의사형성을 비롯하여 대의기관의 구성과 정치 및 정책결정의 전 과정을 사실상 정당이 거의 독점적으로 주도하는 정당국가적 대의민주체제는 헌법규범과 대치되는 정치현실 또는 헌법변질의 맥락에서 주목되는 헌법현실이 아니라 헌법적으로 정당한 것인 동시에 불가피한 헌법에 내장된 정치체제로 받아들여야 한다는 전제와 그에 따른 헌법해석의 관점은 특수한 위기상황에 대비하는 헌법보호수단인 정당해산심판제도의 설계와 운용에도 그대로 반영되어야 한다. 이러한 관점에서 보면 기본적으로 민주주의가 작동되는 정상적인 상황에서 정당국가의 문제점에 대한 보정이나 헌법규범과 헌법현실의 절충을 도모하는 규범조화적 관점에서 거론되는 자유위임원칙과 그에 포함된 민주주의 보전 또는 보정의 헌법적 가치는 정당해산결정의 법적 효력의 내용으로 논의되는 국회의원직 상실 여부의 문제와는 아무런 연관성도 갖지 못한다. 맥락과 차원이 다른 논제이다. '국회의원의 국민대표자로서의 지위와 방어적 민주주의의 정신이 논리 필연적으로 충돌하는 것은 아니다'라는 헌재의 설시[2)]는 절제된 표현으로 이해되기는 하지만, 적어도 법리의 관점에서 보면 오히려 불명확하고 애매한 표현인 점에서 적확하지 못하다.

굳이 정당해산결정시 소속 국회의원의 지위상실 여부의 문제를 '헌법보호'와 '자유위임'이 충돌하는 문제로 본다고 하더라도, 전자가 우선됨은 물론이거니와, 이에 반대하는 관점에서 상충문제로 이해하고 판단될 수 있다고 보는 입장에서 예시할 수 있는 경우, 즉 정당해산결정의 주된 이유와 헌법보호의 요청을 고려하건대 소속 국회의원 개개인에게 주도적 책임을 묻기 어려운 경우라면, 적어도 책임의 양적, 질적 크기가 다르다면 획일적으로 의원직을 자동 상실케 하는 것이 타당하지 않다는 견해가 제시될 수 있을 것이다. 하지만 이러한 예외적인 상황론이 국회의원이 소속 정당의 위헌적인 활동을 방임하거나 지도부 등 핵심세력의

2) 헌법재판소 판례집 26-2하, 113면

지시에 순응한 경우에 정당 및 주도세력과 책임소재를 분리할 것을 요구하고, 더 나아가 면책을 주장할 수 있는 논거가 될 수는 없다. 자유위임은 오롯이 민주적 기본질서의 틀 속에서 합헌적인 목적과 활동을 하는 정당의 정상적인 정치활동 및 정책결정과정의 맥락에서 정당대표와 국민대표의 입장과 역할이 충돌되는 경우 국회의원 개인의 양심에 따른 정치적 선택의 자유와 다양한 정치적 대안의 구상과 기획을 실천에 옮길 수 있는 기회와 수단을 헌법적으로 보장하는 것이기 때문이다. 즉 자유로운 선택과 결정에 위임한 것은 민주주의 자체가 아니라, 자유위임의 정당화 조건인 민주주의 속에서의 정치활동이다.

이러한 맥락에서 볼 때, 특히 정당의 위헌성이 확인되는 위기의 비상상황 또는 위헌정당에 근접해가는 절박한 상황에서 소속 국회의원의 자유위임적 지위는 정당의 대표보다 헌법보호자로서 역할을 우선시키는 특정한 선택의 강제, 즉 위임된 자유의 향유에 앞서서 자유위임의 전제조건이고 근거인 민주주의와 헌법을 방어하고 수호해야 하는 법적 의무로 전환된다. 말하자면 민주적 기본질서의 틀 속에서만 정당화될 수 있고 또 그 헌법적 의미와 기능이 발현될 수 있는 국회의원의 자유위임적 지위는 헌법보호의무의 수행을 요구할 수 있는 헌법규범적 근거인 동시에 그 의무수행을 가능하게 만들고 또한 촉진하는 법적 수단이고 교두보이다. 이러한 관점과 논리는 적어도 헌법보호의 요청과 관련해서는 그 지위와 역할을 달리 볼 이유를 찾아보기 어려운 점에서 지역대표 국회의원과 비례대표 국회의원에 공히 적용됨은 물론이다.

Ⅳ. 맺는 말

적어도 민주주의의 터부를 건드리는 것이라고 볼 수 있는 헌법적 결단을 내린 이상은, 말하자면 헌법재판소의 사법적 결정에 의해 정당을 강제로 해산할 수 있게 하는 정당해산심판제도를 수용한 제도적 틀 속에서 해산이 결정된 정당 소속 국회의원이 의원지위를 상실하는 것은 헌법정책적 고려나 입법형성의 대상이 아니다. 국민주권원리를 비롯하여 권력분립의 원리나 국회의 자율권 등을 근거로 제시하면서, 적어도 헌법과 법률에 명시적인 규정이 없는 한 국회의원직의 상실 여부에 관한 판단을 국회의 자율적 심사에 맡기는 것이 타당하다고 보는 견해에 찬성할 수 없는 것도 같은 맥락에서이다. 헌재도 분명하게 설시하고 있는 바와 같이, 그것은 "정당해산심판제도의 본질로부터 인정되는 기본적 효력"이기 때문에 헌법과 법률상 명문 규정의 유무와는 관계없는, 통일성을 주목하는 헌법해석론에 따른 논리필연의 결론일 뿐이기 때문이다.

제15장
박근혜 대통령 탄핵심판사건
- '2016 Hun-Na1' case의 함의*

우리나라 헌정사상 두 번째로 대통령 탄핵심판사건이 헌법재판소에 계류 중이다. 두 번째이기는 하지만, 심판청구에 이르게 된 노정과 사태의 맥락이 사뭇 다르다. 특히 노무현 대통령에 대한 탄핵사건이 다분히 정치권 내부에서의 대립과 갈등이 헌법재판사건으로 비화된 것이었다고 한다면, 박근혜 대통령에 대한 탄핵사건은 오롯이 시민 전체의 집단적 분노와 준엄한 불신임의 뜻에 의해 촉발되고, 국회가 그에 부응하여 압도적인 다수의 찬성으로 탄핵을 소추한 것인 점에서 사건의 구조와 그 양상은 근본적으로 상이하다. 종국결정의 정치적, 법적 함의와 파장은 물론이고, 결정의 시점과 심리절차, 그리고 결정이유, 말하자면 설시에 담기게 될 논증의 품격과 구체적인 내용에 이르기까지 소송의 전 과정이 초미의 관심사인 것도 바로 그 때문이다.

아무튼 광화문 촛불시위에서 광장민주주의 현전을 목격한 입장에서 상정조차 하고 싶지 않은 기각결정을 내리는 경우는 말할 것도 없거니와, 인용, 즉 파면결정의 경우에도 관건은 심판절차상의 공정성과 결정의 설득력을 담보할 수 있는 헌법적 논증의 수준과 객관적인 타당성이다. 헌법재판소법 제40조에 따라 탄핵심판의 경우 '형사소송에 관한 법령'이 우선 준용되지만, 헌법재판의 성질에 반하지 아니하는 한도에서만 그러한 점을 고려하건대, 어떤 준거에 의거하여 소송법의 공백을 확

* 이 글은 박근혜 대통령 탄핵사건에 대하여 헌법재판소의 심리가 한창 진행되던 2017년 1월에 작성된 것임.

인하고, 헌법재판소의 독자적인 법형성을 통해 법의 공백을 보충할 것인지, 특히 처분권주의와 직권주의, 직권탐지주의와 변론주의, 입증책임문제 등 증거법의 선택, 특히 '전문증거'를 배척하는 이른바 '전문법칙'의 적용 여부 등등 현안 쟁점이 적지 아니한 점에서 절차적 정당성의 조건과 규칙도 작금에 논의의 우선순위를 매길 대상이 아니기는 하지만, 본고에서는 결정의 실체적 정당성의 맥락에서 재판관들이 헌법적 숙고와 그 결론을 헌법적 논증의 형식으로 담아내는 과정에서 재판관들이 취해야 할 당위적인 입장과 관점에 초점을 맞추어, 이른바 '태도에 대한 태도'를 정함에 있어 시종일관 유념해야 할 동 사건의 역사적, 헌법적 함의를 생각해본다.

우선 이번 사태의 세계사적 맥락을 주목해야 한다. 통치원리로서 민주주의의 위기에 대한 진단은 더 이상 담론의 소재가 아니게 된 지 오래고, 낙관보다는 비관의 전망을 아니 할 수 없게 만드는 징후들이 도처에 만연한 상황에서 서울 광화문은 산궁수진(山窮水盡)의 암울함 속에서 유암화명(柳暗花明)의 마을로 안내하는 한 줄기 빛의 발원지로 영원히 기억될 것으로 믿고 기대한다. 『숭고한 이데올로기의 대상』에서 S. Zizek이 말하는 '공허한 제스처'(empty gesture), 즉 실체를 주체로 만드는 '형식적 전환의 행위'나, 다중이 더 이상 자신을 주체로 전제하지 않는 '주체의 폐기'(subjective destitution)를 통한 '자기부정을 통한 주체화' 같은 사변적인 논리로는 설명될 수 없는, 숭고하되 직접 감지할 수 있고, 기적 같으면서도 기이하지 않은 이데올로기적 작용의 실재를 증명한 것은 민주주의 담론사에서 획기적인 사건으로 기록될 것이다. Zizek이 말하는 '실재의 상징화'나, 인간의 자유를 신이라는 '기이한 실체'의 '반영적 규정'(reflexive determination)으로 구성하는 기독교적 사고를 전제로 실재와 상징화 사이의 간극을 열고, 그 대가로 '주체의 폐기'를 제시하는 이른바 '이중적 반영'(double reflection)과 같은 이데올로기담론을 일거에 휩쓸고도 남을 만큼 '촛불파도'의 명징(明徵)은 너무나도 직접적이고 확실하다. 엄마 손 잡고 나온 어린아이의 눈망울만큼이나 초롱초롱하다. 난해한 추리에 의존할 필요 없이 그냥 보고 들으면 알 수 있는 진리의 현전이다.

이 진리의 현전은 민주주의로 포장된 통제권 너머의 야만적이고 비인간적인 권력의 본질과 구조를 모르기 때문이 아니라, 오히려 훤히 알면서도 수용할 수밖에 없는 것으로 보는 냉소적인 이데올로기적 인식에 대한 통렬한 반증이다. '한 사회의 성패를 결정짓는 것은 문화이지 정치가 아니다'라는 보수주의의 핵심테제와 '정치가 문화를 바꿀 수 있고, 그리하여 문화를 정치 자신으로부터 구제할 수 있다'는 진보주의의 명제를 동시에 지양하면서 야생의 광장민주주의가 문화와 정치를 바꾸고 선도할 수 있는 가능성을 실증한 것이기도 하다. '국민'의 해체, 그리고 '주권'의 '탈실체화'(Entsubsantialisirung)의 현상을 주목하면서 국민주권의 실체 또는 그 소재지로 주체 없는 '소통망'(Kommunikationsnetz)을 제시하는 J. Habermas의 세련된 탁견도 그 어떤 매개도, 작위적인 상징화도 필요 없는 '일자'(the One)의 주권자로서 국민과, 가공되지 않은, 가공이 불필요하고 또한 가공되어서는 아니 되는 '날것'으로서 주권의 실체가 있음을 훤하게 보여주는 '촛불' 앞에서 재검증되지 않을 수 없게 되었다.

바람이 불어 꺼지더라도 다시 키면 되기는 하지만, 이 '날것'이 일상의 정치생활 속에서 상시적으로 약동할 수 있을지, 날이 밝아져서 끄는 것은 몰라도 낮도 밤도 아닌 어두컴컴한 경우에 '촛불'이 지속될 수 있을지는 의문이다. 하지만 주권자로서 국민의 주체성, 그리고 무주체의 형식이나 '공허한 제스처'가 아니라 온몸과 온마음이 합체된 시민연대의 실체성과 진정성의 실재를 드러낸 것이 갖는 민주정치사적 함의는 무궁무진할 것으로 예감한다. D. Bensaid의 말대로 민주주의는 그것이 끝까지 스캔들을 일으키는 한에서만 민주주의이기 때문이다.

역사적 시간 속에서 과거와는 다른 새로운 경험을 하고, 국민주권의 이념 또는 그 현실과 언어 사이의 존재론적, 인식론적 괴리, 그리고 이를 연결시키는 민주주의 개념의 한계를 소박하지만 장쾌하게 극복한 광화문광장의 촛불은 실로 인류사적 차원에서 과거의 기억과 경험들을 벗어난 미래를 향한 희망과 기대의 지평을 열어 주었다. 이 메시지가 지속적으로 우리와 세계의 민주정치발전의 소중한 씨앗으로 투사되고 확산될 것인지 또한 선택이 아니라 조화의 대상인 자유와 평등의 이념을 가치상향적으로 구현해나가는 시민사회의 개념화와 그에 부응하는 정치경제학적 전략으로 연결될 수 있을 것인지는 일단 열린 기대의 지평을 어떻게 얼마나 확장해나갈 수 있는가에 달려 있다.

P. Kirchhof가 기술하는 바와 같이, 헌법을 "당대의 문화수준 그리고 이 문화수준과 교섭하는 법사상에 따라 형성되는 법에 대한 지금 여기에서의 기초적인 질문에 대한 답"이라고 한다면, 촛불이 제시한 메시지를 제대로 '번역'하여 확산 및 심화시키는 것은 우선 헌법의 과제로 주어진다. 정치규범으로서 헌법의 특질과 그에 따른 헌법해석의 특유한 구조적, 기능적 특성을 고려하여 헌법재판의 '정치적 사법작용'으로 이해하거니와, 이번 탄핵심판사건의 경우에는 그 자체가 역사의 과정이고 산물인 헌법의 역사성과 함께, 역사를, 그것도 획기적인 역사를 새로 만들어 나가는 작업을 매조지는 것은 아닐지라도 인류문화사적 차원에서 소중한 '촛불'의 동인과 헌법에 담겨져 있는 진보의 동인이 동맹관계에 있음을 확인해주는 역사적 이벤트로서 헌법해석의 함의를 유념해야 하는 점에서 '역사적 사법작용'의 본질이 각별하게 주목되어야 한다. 헌법의 특유한 해석방법론의 하나로 이른바 '관점론적 해석방법론'이 제시되거니와, 헌법재판관들이 '2016 Hun-Na1' 사건에서 어떤 관점을 선택 또는 정립하여 접근할 것인지 고민하면서 또한 그 전제로 선취되어야 하는 바, 즉 '헌법적 숙고자'로서 태도와 입장을 정함에 있어 멀리 내다보며 넓고 깊게 성찰해야 할 대목이다.

제16장
남북대화와 북한 인권문제*

약 25년 전쯤에 재독 사회학자 송두율은 <역사는 끝났는가>(1995)라고 반문하면서, 사회주의의 비교연구에서 이른바 '내재적-비판적'(immanent-kritisch)인 방법이 필수적이며, 이는 북한에 대한 이해에도 적용된다고 주장했다. 그 핵심은 "북한사회 스스로가 설정한 목표에 비추어서 북한 사회의 현실을 비판적으로 가늠해야 한다"는 것이었다. "이론은 자신을 낳은 이데올로기에 대한 변증법적 부정이다"라는 명제에 유의하되, 사회과학방법론 차원에서 그의 방법론 자체의 타당성과 적실성은 관심의 대상이 아니다. 또한 "'통일'이라는 '큰 이야기'를 풀어가는 그의 통절한 비감과 당위적인 지침에 대해서도 새삼 그 순정성을 의심하고 나설 까닭은 전혀 없다. 궁금한 것은 거의 한 세대의 세월이 지난 오늘의 상황에서 그의 이른바 '내재적-비판적인' 관점이 그대로 유지되고 있는지, 아니면 언제, 얼마나 그라고 어떻게 바뀌었는지에 관한 것이다.

이러한 궁금증과 함께 부끄럼과 민망함을 불러일으킨 것은 수일 전에 신문에서 접한 일본의 한 마르크스주의자 오가와 하루히사(小川晴久: 도쿄대 명예교수)와의 대담기사였다.[1] 최근 남북정상회담에서 문재인 대통령과 김정은(국무위원장…?)이 합의한 '판문점선언'에 북한의 강제수용소와 인권문제에 관해서는 단 한 줄의 언급도 없었던 점에 대한 준엄한 비판이 핵심 내용이다. 민주화운동을 한 문 대통령이 강제수용소의

---

* 이 글은 2018년 6월 초에 작성된 것임.

1) 조선일보, 2018.5.28. A30면

존재를 모르고 있지는 않을 터인데, '가장 잔인한 형태의 전체주의'라고 할 수 있는 북한의 공포체제와 그것을 받쳐주고 있는 강제수용소의 문제를 외면하는 것은 '역사공부의 부족'이나, 아니면 정치철학의 빈곤이나 현상에 대한 단편적 인식 등(이는 필자의 주관적인 표현임)의 탓으로 돌릴 수밖에 없다고 하는 신랄한 비판, 그리고 북한 인권에 대하여 침묵하면 한국 민주화의 성과도 의미가 없어질 것이라는 지적 또한 아프지만 반박하기 어렵다.

선해와 양해를 구할 수 없는 점과 그 이유에 대해서는 오가와(小川) 교수가 대담을 통해 충분히 설득력 있는 답을 주었다고 생각하거니와, 아무튼 그의 말대로 '핵으로 인권문제를 덮어버리려는 것'이 북한의 전략이라고 한다면, 앞으로 정상회담을 포함하여 다차원적으로 진행될 남북 간의 대화에서 인권문제는 어떻게 할 것인가? 적어도 최근의 대화국면에서 그랬듯이, 극도로 '상대가 싫어하는 의제'이기 때문에 올리지 않는 상정포기의 방침을 계속 지속할 것인가? 또한 평화와 핵 포기의 대가로 거론되는 '체제보장'에 야만적인 인권유린을 수인하는 내용이 전제 또는 포함되는 경우라도 그것을 용인할 수 있는가? 그래야 하고, 그럴 수 있는 것인가?

'천기누설죄'(?)를 염려해서 그러했던 것은 아니고, 다만, 전쟁 임박의 긴박한 상황에서 기적 같이 열린 대화의 마당에 찬물을 끼얹지는 말아야 한다는 심정에서 일단 지켜보자는 입장이었는데, 그것이 '절제'를 명분으로 한 몰지각, 몰염치의 비겁한 태도였음을 자인하지 않을 수 없다. 적어도 헌법연구자로서는 그러하다. 추측건대, 문 대통령을 비롯하여 모든 참모들의 심정과 생각도 다르지 않았을 것이다. 5천만, 북한 주민을 합하면 7천 5백만 명의 생명과 공동체 전체의 명운이 달려 있다고 해도 과언이 아닌 핵문제를 해결하기 위해 북한과의 관계개선과 대화채널의 복원이 절실한 상황에서 일단 상대를 대화의 장으로 끌어내는 것을 최우선으로 할 수 밖에 없었던 점에 대해서는 누구도 이의를 제기할 수 없을 것이다.

하지만, 그것이 최선 또는 차선의 방책이었는지, 적어도 앞으로도 계속 유지될 수 있는 것인지에 대해서 이제는 되짚어 보아야 한다. 말 그대로 딜렘마의 상황에서 불가피한 것이었다고 하더라도 그것이 전술 차원의 일회성의 잠정적인 방침이라면 몰라도, 인권문제의 외면이 지속적인 대북정책의 기조로 고착되는 것이라면 결코 용인될 수 없기 때문이다. 전 세계가 다 주목하는 인권문제를 거론초자 하지 못하는 상황이 민망한 것은 차치하더라도, '인간의 존엄성'을 불가침의 절대가치로 설정하고 있는 우리 헌법의 가치질서에 위배되기 때문이다. 우리 헌법 제10조에 규정되어 있는 '인간의 존엄성'의 가치명제는 현실상황의 논리로 피해갈 수 없는 절대적인 무게를 갖는다. '인간의 존엄성', '인권'은 적극적인 정의(定義)의 차원에서는 이른바 '본질적으로 논쟁적인 개념' 일 수 있지만, 소극적인 부정(否定)의 관점에서는 절대 논쟁의 대상이 될 수 없는 핵심을 내재한다. 이 부분은 이른바 '내재적'이든 또는 '외재적'이든, 전후· 좌우, 그리고 상하를 가릴 것 없이 결코 비교형량과 타협의 대상이 될 수 없는 절대가치의 영역이다. 남북관계의 경우에도, 또는 오히려 남북관계에서야말로 인권문제는 그 자체가 관계개선 및 대화의 목적이고 이유이며, 따라서 대화와 협의 계속의 전제조건으로서 의미를 갖는다.

강제수용소에 갇혀 있는 북한 주민 12만-15만 명도(?: 정확한 통계자료조차 우리는 갖고 있지 못하다) 엄연한 대한민국 국민이다. 5천만 또는 7천5백만 명을 살리기 위한 고육지책(苦肉之策)으로 시종일관 불가피하다면 '인권민주공화국'인 대한민국의 대통령은 차라리 대화를 포기해야 한다. 당연히 계속 유의하되, 일단 암묵적인 의제로 남겨두고 기회를 봐서 테이블에 올린다? 절망의 수용소에서 "타는 목마름으로 숨죽여 흐

느끼며” ‘인권 만세!’를 남몰래 쓰면서 구원과 희망의 신호를 기다리는 이들에게는 너무 가혹하다. 이면합의? 속내로 유의하고 있고, 실제 거론하였는지 여부가 아니라, 그것이 표출되어 송·수신되는 것 자체가 관건이다. 대한민국의 헌법과 국민의 이름으로 대한민국 대통령이 ‘북한의 인권문제에 유의하고 있다’라는 한 줄이 절실하게 요구되는 것이다. 기호론과 의미론의 차원에서 ‘인권’과 ‘인간의 존엄성’은 보고, 말하고 듣고, 떠올리는 것만으로도 그 울림과 반향의 크기가 엄청난 단어이고, 그렇기 때문에 북측은 인권문제를 대화의제로 절대 수용하지 않으려 하는 입장을 견지할 것이나, 마찬가지로 그것은 우리의 입장에서도 결코 타협할 수 없는 문제이다. 그렇다면 어떻게 ‘북한’을 품을 것인가?… 쉽지 않다. 그래서 고민해야 하고, 숙고가 필요한 것이고, 헌법은 바로 이러한 상황에서 정치와 정책에 대하여 지침과 한계선을 제공해준다.

역사학자 E. Hobsbawm은 선동과 교조적인 이데올로기의 역사에서 이른바 ‘자기정당화’의 신화의 경향을 주목하면서, 역사가의 책무는 바로 “이러한 가장 위험한 ‘눈가리개’를 없애려고 시도하는 것, 또는 적어도 ‘눈가리개’를 조금 들어 올리거나 이따금 들어 올리는 것”이라고 하였다. 사람들이 배우려 하지 않을지라도 이렇게 하는 것이 현대사회에 도움이 되는 어떤 것을 말해줄 수 있다고 부연한다.[2] 혹시라도 문 대통령과 핵심 참모들이 이른바 ‘내재적-비판적인’ 관점에서 잠정적인 전술적 방책으로라도 ‘눈가리개’를 하고 있다면, 헌법을 읽어보며 그것을 이따금, 조금이라도 들어 올려볼 것을 권한다.

---

2) 역사론, 강성호(역), 2002, 70-71면

제4편

헌법규범과 정책

제17장
시급한 '통일한국' 준비작업
- 북한 농지재산권의 처리문제를 중심으로*

I. 머리말 - 문제의 제기

북한의 핵문제와 관련하여 긴장이 계속되는 가운데 지난 2월 워싱턴D.C.에서 북한문제 국제심포지엄이 열렸다. 카네기재단 연구원인 안데르스 아스룬드 박사는 북한의 갑작스런 붕괴 가능성을 제시하면서 남북한의 통일은 한국의 정치·경제체제에 대한 심각한 불안요인이 될 수 있음을 경고하였다. "오스트리아와 독일, 몰도바와 루마니아가 따로 살듯이 한반도에도 평화만 정착시킨다면 굳이 통일할 필요가 있느냐"라는 주장까지 덧붙였다.

미국의 수도에서, 미국 중심의 세계경영전략에 초점을 맞추어서 열린 심포지엄에서 발표된 것이기는 하지만, 통일의 명제에 대한 저들의 철저하게 냉정한 현실주의적 시각은 씁쓰레함과 함께 많은 상념을 불러일으킨다. 특히 이번에 처음 주장된 것은 아니지만 경제적 요인에 의한 북한체제붕괴의 돌발상황과 그 위험에 대한 경고는 이상이 아닌 현실의 문제로서 통일에 대한 우리의 기본적인 인식과 준비태세를 되돌아보게 한다.

또 한편 유럽인권재판소(ECHR)는 지난 1월 22일, 선진법치국가 독일의 자존심을 크게 뒤흔드는 판결을 내렸다. 소련 군정 하에서 토지개혁을 통해 불하받았던 토지에 대하여 상속권을 제한적으로만 인정한 독

---

* 한국발전리뷰, 제129호(2004.3)

일 정부의 기본방침이 유럽인권협약에 위배된다는 내용이다. 십수 년에 걸쳐 많은 어려움을 극복하고 어느 정도 '내적 통일'의 작업을 마무리해 가는 독일의 입장에서는 곤혹스러운 것이 아닐 수 없을 것이다. 그러나 정작 두려움을 갖고 당황해야 할 사람은 바로 우리들이 아닌가? 훗날 '통일한국'에서 북한의 몰수토지는 원소유자나 그 상속권자들에게 우선 반환되어야 하는 것인지, 그렇지 않다면 해당 토지의 소유권은 어떻게 처리할 것인지 미리 고민하고 정리해 놓아야 할 일이 태산이다.

차제에 시급한 통일준비작업의 대강과 기본계획을 생각해보고, 유럽인권재판소 판결의 내용과 그 시사점에 대한 검토와 함께 북한의 토지재산권처리와 관련된 기본적인 문제점을 정리해본다.

Ⅱ. '통일한국' 준비작업의 기본계획

언제, 어떤 상황에서 통일을 맞게 될는지 우리는 전혀 예측할 수 없다. 다만 현 시점에서 전망컨대 한 가지 분명히 확인할 수 있는 것은 우리가 우리의 사정에 맞추어서 통일의 시점을 조절하고, 통일의 조건과 방식을 주도적으로 결정해나갈 수 있는 가능성은 기대하기 어렵다는 점이다. 또한 통일은 그것이 언제 오건 간에, 상황에 따라 약간의 정도 차이는 있겠지만, 우리의 체제역량의 최고 한계치를 확인케 하는 극한 실험이 될 것이 분명한데, 유감스럽게도 우리는 한민족의 미래를 길고 깊게 규정하게 될 이 실험의 구체적인 환경조건에 대해서도 미리 알 수 없다. 그러나 이러한 예측불가와 무지의 확인은 통일 후를 대비한 준비작업의 긴절성과 우리가 어떤 인식을 가지고, 무엇을 어떻게 준비해야만 하는지를 분명하게 확인하여 준다.

통일의 기회는 이른바 '위기관리계획'(Contingency Plan)이 없이는 제대로 대처하기 어려운 상황으로 대면하게 될 가능성이 크다. 그러나 우리가 더욱 유의해야 할 점은 이 '위기관리계획'의 내용이 '통일한국'의 기본이념과 민주적 법치국가의 틀을 벗어나서는 아니 된다는 것이다. 이를 위해서는 비상조치 성격의 초법적이고 파격적인 방안이 아니라, 법제도화된 시스템의 정상적인 작동을 통해 위기상황을 관리하는 것이 필요하다. 면밀한 기본계획과 지침이 마련되어 있어야 하는 것도 바로 이 때문이다.

통일준비작업의 대강은 다음 네 가지 지침에 따른 기본계획에 담겨져야 한다.

첫째, 우리가 수용할 수 있는 통일방식의 범주를 획정해 놓아야 한다. 둘째, 이 범위 내에서 현실화될 수 있는 모든 구체적인 대안을 예상하여 각각의 기본방침과 계획이 수립되어야 하고, 분야별·사안별로 세부계획이 수립되어야 한다. 셋째, 계획 및 프로그램별로 치밀한 재원조달방안과 구체적인 시행지침이 정리되어 있어야 한다. 넷째, 이 기본계획은 적어도 2-3년 이내의 기간마다 면밀하게 재조정되어야 한다.

이러한 지침에 따른 기본계획과 프로그램에 따라 대비되어야 할 문제군은 대체로 정치·경제·사회 및 문화의 네 가지 영역으로 구별되고, 이들 영역은 다시 그 방향성을 기준으로 하여 현상유지와 미래설계 및 과거청산의 세 가지 부문으로 세분화될 수 있다. 영역과 부문에 따라 차이는 있겠지만, 특히 과거청산문제의 해결에서 유의해야 할 점은 법과 정치 간의 조화를 통한 적절한 기능분담의 요청이다. 이와 관련하여 우선 선결되어야 할 숙제는 정치적으로 정리할 수 있는 문제와 법적 처결이 필요한 문제를 분명하게 구분하는 것이다. 후자의 경우는 대체로 형사법과 민사법의 영역으로 구분될 수 있을 것이다.

이 중에서 정치적 접근이 가능한 문제나 불법체제에 대한 형사법적 청산은 국민적 공감대를 바탕으로 한 정치적 결단을 통해 해결해 나갈 수 있겠지만, 재산권이나 친족관계 등의 민사문제의 청산은 상대적으로 치밀한 정책적 고려와 함께 엄격한 법적 기준과 절차에 따른 접근이 요구된다. 특히 재산권회복과 관련된 과거청산의 문제는 한편으로는 북한지역의 경제안정과 발전을 위해 시급한 인프라구축과 투자활성화에 걸림돌이 되어서는 아니 된다는 현실적인 요청과 연계되어 있고, 또 한편으로는 '통일한국'의 정체성을 규정하게 될 인권보장의 이념과 민주적 법치국가의 틀이 불가침의 한계로 주어져 있다.

Ⅲ. 농지재산권 처리문제

1. ECHR판결의 내용과 의미

전술한 유럽인권재판소의 최근 판결은 유럽인권협약 서명국이 아니라는 이유로 외면하기에는 우리에게 시사하는 바가 적지 아니하다. 사건의 배경과 내용은 다음과 같다. 통일과정에서 동서독 정부는 1949년 10월 이후 동독 정권 하에서 몰수된 재산권은 '반환우선의 원칙'에 따라 정리하되, 소련 군정 하에서 1946년 토지개혁을 통해 몰수되었던 토지재산권은 원소유자에게 반환하지 않는다는 기본방침에 합의하였다. 그 결과 약 30만 명에게 평균 8ha씩 분배되었던 농지의 소유권문제가 미결상태로 남겨지게 되었다.

문제가 된 이들 농지는 처음에는 원칙적으로 매도와 임대 등 일체의 처분이 허용되지 않는 일종의 '경작권'의 형식으로 배분되었고, 그 후 세 차례에 걸친 법령개정을 통해 전면 국유화되거나 협동농장에 귀속되었었다. 그러나 통일을 약 반년 정도 남겨놓은 1990년 3월 16일에 단행된 일명 '모드로우법'을 통해 처분권에 대한 모든 제한이 철폐되면서 명실상부한 소유권으로 인정되었다. 그런데 통일조약이나 부속 법률 어디에서도 이들 소유관계에 대한 처리방침이 정하여진 바가 없었다. 극심한 혼란 끝에 독일 의회는 '재산권수정법'을 제정하여 정리기준을 확정하였다. 그 핵심 내용은, 첫째는 '모드로우법'의 시행일 전 날인 1990년 3월 15일까지 토지공부상의 소유권자가 생존해 있어야 하고, 둘째는 상속인이 구 동독 지역에서 농업이나 임업, 기타 식품산업분야에 종사하고 있거나 또는 과거에 10년 이상 종사한 경우에만 상속권이 인정된다는 것이었다. 그뿐 아니라 독일 연방법원은 판결을 통해 농업협동조합의 조합원자격을 상속권인정의 요건으로 추가하였다.

이에 따라 5명의 심판청구인 중 한 사람이었던 얀(Jahn)과 같이 상속권이 부인된 사람들이 약 5만 여명에 달하였다. 이들의 극렬한 반발은 충분히 예견되었던 것이었다. 독일 법원과 연방헌법재판소는 여러 차례 반복된 소송에서 일관되게 합헌기각결정을 내렸으나, 유럽인권재판소에서는 독일 정부의 조치와 근거 법률이 '재산에 대한 평온한 향유권'을 보장한 유럽인권규약에 위배된다는 판결이 내려진 것이다. 동독 체제 하에서의 관계 법령의 미비점과 그 집행상의 문제점, 특히 토지공부의 불명확성 등을 악용하여 부당하게 재산권을 취득하는 것을 막아야 한다는 정당한 정책목적에도 불구하고, 특정 시점을 기준으로 하여 획일적으로 상속권을 전면 부인하는 것은 정당화될 수는 없다는 판단이다. 특히 이 판결은 인권이념의 보편성을 재확인하는 동시에, 아무리 바쁘고 어려운 과거청산의 통일후속작업도 정치적·정책적 관점만으로 재단될 수는 없고 또한 국제인권법의 한계를 벗어나서는 아니 된다는 점을 천명한 점에서도 중요한 의미를 갖는 것으로 주목된다.

2. 우리의 문제상황

'통일한국'에서 예상되는 북한 토지재산권문제의 상황은 어떠한가. 북한의 토지개혁은 1946년 3월 소련 군정의 주도 하에 김일성을 중심으로 한 '북조선 임시인민위원회'의 이름으로 단행되었다. 당시 약 200만ha에 달했던 북한의 전체 농경지 중 100여만ha가 몰수되어 그 대부분이 당시 약 80%를 차지하였던 소작농민들에게 무상으로 분배되었다. 5ha 이상의 개인소유토지와 면적과 관계없이 소작을 주던 모든 토지가 몰수대상이었다. 토지개혁을 통한 '무상분배'의 의미는 구 동독의 경우와 마찬가지로 소유권이 아닌 '경작권'을 부여하는 것이었다. 그 후 1953년부터 시작되어 유례를 찾아보기 어려울 정도로 빨리 추진된 농업집단화 정책을 통해 1958년 현재 약 180만ha에 달하는 100%의 농경지가 농업협동조합에 편입되게 되었다. 따라서 "협동단체소유의 토지는 협동경리에 들어 있는 근로자들의 집단적 소유이다"라고 규정하고 있는 북한의 '토지법'(1977. 4.30) 제11조에 따르면 법형식상 북한의 모든 농경지는 농협조합원들의 공동재산으로 볼 수 있다. 다만 모든 토지에 대한 인민의 공동소유와 국가의 절대적인 지배권을 전제로 하는 북한의 토지법 체계상 그 소유권의 성격과 구체적인 내용은 불분명하고 또한 통합되어 있지만 개인의 소유권지분이 확인되는 우리 민법상 조합체의 합유(合有)관계로 보기는 어렵다.

대체로 1946년 토지개혁 당시 전체 200만ha의 농지 중 95%에 해당되는 약 190만ha가 소유권반환의 대상이 될 것으로 추정되고, 토지를 몰수당한 지주와 그 직계가족 약 23만명 중 월남한 15만명의 실향민의 상당수가 소유권의 확인이 가능한 등기권리증을 간직하고 있는 것으로 파악되고 있다. 이들의 한풀이와 경제적 이익에 대한 기대를 어떤 방법으로, 어느 수준에서 수렴해야 하는가? 우선 북한 주민들의 기존의 생활근거를 파괴할 수 없다는 당위적이고 현실적인 요청과 함께 전술한 여러 가지 여건을 감안할 때, 반환우선의 원칙에 따라 처리하는 것은 쉽지 않을 것으로 보는 것이 일반적인 견해이다. 더욱이 토지개혁 당시에 북한지역의 토지공부가 모두 폐기처분되었기 때문에 실향민들이 가지고 있는 토지문서만으로 소유권을 확인하는 것은 실무상 극심한 혼란과 부작용이 예상되는데, 이런 상황에서 '반환우선의 원칙'은 북한지역의 경제개발을 위한 투자활성화에 결정적인 장애가 될 것이다. 비무장지대의 경우 예외적으로 반환우선의 원칙이 적용될 수 있을 것이라는 의견도 있지만, 북한주민의 기득권과의 충돌을 제외한 나머지 문제의 상황은 다를 바 없기 때문에 설득력이 없다.

결국 보상을 통한 해결방안이 현실성 있는 대안으로 남게 되는데, 관건은 적정한 보상의 수준과 방식이다. 재정여건상 시가기준의 보상은 어려울 것으로 예견되지만, 재산권보장의 이념에 비추어 볼 때 일시불이 아닌 장기채권의 방식을 동원해서라도 적어도 상징적인 차원은 넘어서는 가능한 한 높은 수준에서 보상되어야 한다. 반환되지 않는 토지에 대한 소유권을 북한주민들에게 배분하는 방안이 선택된다면 그들에게 장기분할납부 조건의 부담금을 부과하여 보상재원으로 활용하는 방안도 검토될 수 있을 것이다.

다만 보상방식의 해결에도 걸림돌이 없지 아니하다. 별로 많지는 않을 것으로 짐작되지만 북한에 남은 사람들의 경우는 전혀 알 수 없고, 다만 월남한 원소유자나 상속인들 중 7-8% 정도가 토지문서를 보관하고 있는 것으로 추정되고 있는데, 이들에게만 보상하는 경우 토지문서가 없어서 소유권 확인이 불가능한 사람들의 심리적 박탈감을 어떻게 해소할 것인지 쉽지 않은 문제이다. 또한 반환되지 않는 토지의 소유권관계는 어떻게 정리할 것인가? 국유로 할 것인지, 협동조합원들에게 무상균분할 것인지 또는 유상으로 분배할 것인지, 무상으로 분배한다면 농민 이외의 사람들과의 형평성은 어떻게 조정할 것인지, 유상으로 한다면 그 분배의 기준과 조건 및 방식은 어떻게 정할 것인지 수없이 많은 난제가 대기하고 있다.

Ⅳ. 맺는 말

언제가 되었건 다가올 것으로 미리 예측되고, 대비할 수 있는 위기

는 위기가 아니다. 예측과 준비에 한계가 분명한 '한국통일'에 이르는 노정은 위기상황으로 관리할 수밖에 없지만, '통일한국'의 상황을 위기로 대면하게 될 것인지 여부는 우리의 준비태세에 달려 있다. 또한 통일 후를 준비하는 작업은 통일의 과정에서 우리의 영향력을 확대하고, 우리가 선택할 수 있는 대안의 범위를 넓히는 토대를 마련하는 것이기도 하다. 6자회담도 중요하고, 정치개혁도, 실업문제해결도 시급하지만, 통일준비작업도 밤과 낮을 구별할 일이 아니다.

제18장
'헌법적 정체성' 확립의 과제와 북한이탈주민의 헌법적 지위*

Ⅰ. 서론

1. 문제의 제기

"군사분계선 이북지역에서 벗어나 대한민국의 보호를 받으려는 군사분계선 이북지역의 주민이 정치, 경제, 사회, 문화 등 모든 생활 영역에서 신속히 적응·정착하는 데 필요한 보호 및 지원에 관한 사항을 규정함을 목적"으로 한 「북한이탈주민 보호 및 정착지원에 관한 법률」(이하 '탈북민지원법'으로 약함)은 '북한이탈주민'[1] 중에 대한민국의 보호를

---

* 저스티스, 제136호(2013.6), 27-63면: 한국법학원 법학논문상 수상논문(2014년, 제18회).

1) "북한에 주소, 직계가족, 배우자, 직장 등을 두고 있는 사람으로서 북한을 벗어난 후 외국 국적을 취득하지 아니한 사람"(동법 제2조 제1항). 1997년에 제정된 「탈북민지원법」에서 '북한이탈주민'이라는 용어가 사용된 후 '탈북민'이라는 약어가 일반적으로 사용되고 있다. 하지만 '이탈'이라는 표현이 탈출이나 귀순보다는 상대적으로 가치중립적인 성격의 용어로 평가되고 있으나, 가치중립적인 용어가 적확한 것인지 자체도 의문일 뿐만 아니라, 현실적으로는 오히려 정상적인 합법체제로부터의 비정상적인 일탈을 떠올리게 하는 부정적인 어감의 용어라는 지적이 적지 않다. 이전의 관련 법령에서 사용하였던 '귀순북한동포'나 '귀순용사' 또는 '귀순자'라는 용어도 적극적으로 대한민국의 자유민주주의 체제를 선택하여 실행에 옮겼다는 점을 강조하는 긍정적인 어감을 갖기는 하지만, 적국으로부터 투항한 사람을 지칭하는 전쟁법상의 용어라는 점에서 적어도 평화통일을 지향하는 남북관계의 관점에서는 적절하지 못한 면이 있는 것으로 지적된다. 정부는 2005년에 국민공모방식으로 대안을 모색한 끝에 '새터민'이라는 용어를 채택하였으나, 이 역시 원천적으로 대한민국의 국적자가 북한을 탈출한 것의 정치사회학적 의미를 제대로 담아내지 못하고 단순히 새로 거처를 옮겨서 남한 생활을 시작한다는 일상적인 의미만을 부각시키는 점 등 때문에 제대로 정착되지 못

받으려는 의사표시를 한 '보호대상자'에 대한 보호와 정착지원의 기본원칙으로 '인도주의에 입각한 특별보호의 의무'를 천명하고 있다(동법 제4조 제1항). 구체적인 원칙으로는 대외적으로 '외국에 체류하고 있는 북한이탈주민의 보호 및 지원 등'을 위한 국가의 외교적 최선 노력의 의무를(동 제2항), 대내적으로는 북한이탈주민의 자발적인 적응노력, 즉 "대한민국의 자유민주적 법질서에 적응하여 건강하고 문화적인 생활"을 하기 위해 노력하라는 당부적 양식의 규정을 통해 보호와 지원을 아끼지 말 것을 정책지침으로 제시하고 있다(동 제3항).

탈북민의 대한민국 국민으로서의 헌법적 지위의 관점에서 보건대, 탈북민의 보호와 정착지원에 관한 동 법상의 기본원칙은 타당한 것으로 생각된다. 말하자면, 그 대상과 문제상황이 특수한 점에서 구별되는 것일 뿐이지 국가의 국민의 기본권보호라는 일반적인 헌법적 의무를 재확인하고, 그것을 기본적인 정책기조 및 행위지침으로 구체화한 것이기 때문이다. 같은 맥락에서 그 내용도 문제될 것은 없는 것으로 생각된다.

그러나 대외적으로는 최근에 중국에서 불거진 탈북민 강제북송의 문제나 심각한 인권침해사례 등은 물론이고, 대내적으로도 직·간접적으로 탈북민과 연관된 일련의 사회문제들, 특히 최근에 남한에 정착한 탈북민들이 남한 사회에 적응하지 못하고 제3국으로 가서 한국 국적자임을 숨기고 난민신청을 하는 이른바 '탈남문제'에서도 잘 드러나듯이 탈북민 보호 및 지원정책에 흠결의 부분이 없지 않은지 근본적으로 되짚어 보지 않을 수 없는 것이 실정이다.

하였고, 2008년 이후 이명박 정부에서는 공식적으로 사용되지 않았다. 이에 관한 상세한 논의는 박정원, "북한이탈주민이 법적 지위에 관한 헌법적 문제", 통일정책 및 북한주민의 법적 지위에 관한 헌법적 문제, 헌법재판소(1998), 95-97면; 이상철, "북한이탈주민의 보호지원법제 현황 및 문제점", 법제연구 제12호(1997), 31면; 정영화, "북한이주민의 조기정착을 위한 법정책론", 공법연구 제24집 제4호, 461면. 본고에서는 「탈북민지원법」에서 사용된 '북한이탈주민'의 약어로서 '탈북민'이라는 용어를 사용한다.

더욱이, 후에 상술하는 바와 같이, 급증의 추세 속에서 최근에 남한에 정착한 전체 탈북민이 2만 명을 넘어서고, 2000년대 중반 이후 매년 국내에 입국하는 탈북민이 1-2천명 이상으로 급증한 후 정착기간이 상대적으로 중장기화되면서 나타나는 새로운 양태의 문제들, 특히 정착지원금이나 주택지원 등 공적 부조 형식의 각별한 초기 정착지원혜택이 종료된 후 발생하는 일자리문제, 빈곤문제, 기타 자녀 교육문제 등 다양한 문제들이 누적되어 사회문제로 부각되어감에 따라 보호 또는 지원체계의 적확성과 실효성을 근본적으로 재검토하고, 실행프로그램을 보완 및 재정비하는 것이 긴절한 정책현안으로 제기되고 있다. 또한 최근에 임수경 국회의원의 설화사건으로 부각된 탈북민에 대한 기본인식의 문제도 거시적인 통일정책의 차원에서 중요한 변수로서 또한 그 자체 사회정책적 현안으로 관심의 대상인 것은 물론이지만, 탈북민에 대한 정책당국자를 포함한 일반 시민의 관심과 이해의 관점 또는 수준이 탈북민문제에 대하여 적확하게 접근하고 대응할 수 있는 가능성과 한계를 규정하는 핵심조건이라는 점에서 탈북민정책의 수립과 시행에서 주요 선결과제의 하나로 부상하였다.

2. 연구의 목적과 범위

종래 탈북민에 관한 연구는 대부분 사회학, 정치학, 심리학, 교육학 등 주로 실증적인 학문분야에서 탈북민들의 사회적, 심리적, 문화적 적응실태와 정부의 보호 및 지원정책의 효과, 탈북민들을 매개로 한 북한사회연구 등에 초점을 맞추어 왔다. 법적인 측면에서도 주로 중국에 체류 중인 탈북민의 보호와 지원과 관련된 난민지위인정 등의 국제법적 문제에 대한 연구와, 「탈북민지원법」을 비롯하여 탈북민의 보호와 관련된 현행 법령상의 규정을 조사 검토하여 체계적으로 정리하면서 기술적인 개선방안을 제시하는 것이 주류였다.

정책현안으로서 탈북민문제에 대한 다양한 실증적 연구가 적확한 탈북민정책의 수립과 집행에 기본적인 토대가 되고 또한 탈북민의 법적 지위와 관련된 현행 법령 및 판례를 정리하여 놓은 것이 그 자체 체계적인 정보로서 탈북민들의 정착생활에 큰 도움이 되는 것은 물론이고, 탈북민정책의 현황과 문제점을 일람하는데 효과적인 준거가 되는 점에서 종래의 연구성과는 매우 유용한 자료로 활용될 수 있을 것이다. 하지만, 기왕의 연구, 특히 국내법적 관점에서 탈북민문제에 대한 연구성과들은 체계적인 법령자료집 이상의 효용을 기대하기 어려운 한계를 안고 있다.

통일정책환경, 특히 북한의 오늘과 내일에 초점을 맞추어서 본 동북아정세를 비롯하여 연관된 복합적인 국제환경의 격변은 말할 것도 없고, 적어도 이미 국내적으로도 다문화시대에 진입하여 순기능과 함께 역기능을 수반하는 부정적인 사회현상이 본격적으로 부상하고 있다. 이러한 상황 속에서, 탈북자들의 규모가 크지 않던 1990년대 중반 이전의 시점과 비교하건대, 법 및 정책적 고민의 대상으로서 문제의 구조와 양태가 크게 달라진 점만을 고려해도 기존의 미시적이고 즉응적인 방식의 탈북자정책은 근본적으로 개편 및 보완되어야 한다. 이를 위해서는 단기적인 차원에서는 기존 정책의 계속성을 그대로 유지하더라도, 우선 탈북민문제에 대한 기본인식의 지평을 재구성하고, 새로운 전향적인 패러다임을 구축하여 공감대를 넓히는 것이 필수적인 선결과제이다. 이러한 조건을 갖추지 못한 상황에서는 적확한 탈북민정책을 수립하는 것 자체가 불가능할 뿐만 아니라, 설령 그것이 가능하다고 하더라도 정책을 법제화하여 지속적으로 시행하기 위해서는 광범위한 여론의 지지와 함께 소요재원이 확보되어야 하는데, 이는 탈북민, 그리고 탈북민문제의 정치, 사회 및 문화적 함의에 대한 깊고 넓은 관심과 이해가 공유되지 않고서는 기대할 수 없기 때문이다.

이미 일종의 사회현상으로 파악해야 하는 거시·미시적인 문제의 구조적 상황과 급변의 추세를 주목하면서 본 연구에서는 탈북민문제를 '헌법적 정체성'(constitutional identity) 확립의 명제와 연계된 헌법규범, 헌법철학 및 헌법정책론 차원의 문제로 자리매김하면서 왜 그래야 하는지, 그렇게 하는 경우에 어떤 고민을 어떻게, 즉 어느 정도로 깊고 넓게, 그리고 입체적으로 진지하게 해야 하는지 그 이유와 방법을 정리해보고자 한다. 요컨대, 문제의 해결방안을 제시하는 것이 아니라, 문제 자체를 재정립하는 입장에서 문제인식의 패러다임을 왜 그리고 어떻게 전환해야 하는지를 검토하는 것이 본 연구의 과제이다.

이러한 맥락에서 우선 탈북민의 국제법적 지위는 본 연구에서 다루지 아니한다. 또한 연구의 결과에 따른 결론, 즉 제반 관련 분야에서 법제의 재정비와 구체적인 실행프로그램들과 관련하여 개선의 구체적인 대안을 제시하는 것은 상당 부분 전적으로 역량부족 때문에 장래 연구자들에게 숙제를 떠넘기거나 또는 후속 연구과제로 남겨둘 수밖에 없을 것임을 밝혀둔다.

Ⅱ. 탈북민문제의 현황과 전망

1. 탈북민 현황

2012년 7월 현재 국내 체류 중인 탈북민은 약 24,000명을 넘어선 것으로 집계되고 있다.[2] 1990년대 초반까지만 해도 언론에서 큰 뉴스

---

2) 자료: 통일부 홈페이지

구분	'98-'01	'02	'03	'04	'05	'06	'07	'08	'09
남성	831	566	509	473	626	424	514	571	605
여성	117	482	632	811	1,272	958	1.514	1,985	2,200
합계	948	1,048	1,141	1,284	1,898	1,382	2,028	2,556	2,805
여성 비율	12%	46%	55%	63%	67%	69%	75%	78%	77%

거리로 취급할 정도로 희소하였었고, 매년 10명 내외에 그치던 탈북자의 입국규모는 1994년을 전기점으로 하여 급증하였다.[3] 그 이전 까지는 군사분계선이나 해상을 통해 직접 남한으로의 탈출이 간헐적으로 이어지던 이른바 '정치적 탈북' 성격의 소규모의 '귀순'[4]이었다면, 그 이후에는 1990년대에 접어들면서 계속 마이너스 성장이 이어지던 가운데 잦은 자연재해로 경제사정이 급격하게 악화되어 식량난으로 생존조차 문제가 되면서 중국과 러시아 등 인접국가로 탈출한 탈북민이 한국 정부와 유엔 난민고등판무관(UNHCR) 및 중국이나 태국 등 동남아시아의 제3국의 협력을 통해 입국하는 '생존형 탈북'에 따른 대규모의 '집단적 이주'의 시기가 지속되고 있다. 2002년 이후부터는 매년 1,000-2,500명 이상이 입국하고 있으며, 2010년에 2,919명을 정점으로 하여 감소추세를 보이고 있다. 2010년 후반부터 탈북민이 줄고, 결과적으로 최근에 입국하는 탈북민 규모가 감소된 것은 중국 측의 국경단속의 강화와 지속적인 강제소환, 특히 2011년부터 지속되고 있는 국경경비와 단속의 강화, 탈북비용의 증가 등에 기인하는 것으로 분석되고 있다.[5]

강제송환을 피하기 위하여 은신해 있기 때문에 정확한 규모는 파악할 수 없지만, 대부분 중국에 체류 중인 탈북민의 숫자만 적어도 약 10만 명을 넘어서는 것으로 추산되고 있다. 비공식적인 조사결과에 따르

구분	'10	'11	'12.7	합계
남성	663	589	259	7,427
여성	2,256	1,812	656	16,583
합계	2,919	2,401	915	24,010
여성 비율	75%	70%	71%	69%

3) 1990년대 까지 탈북의 현황과 추세에 관해서는 이상철, 앞의 논문, 31-33면.

4) 흔히 '귀순용사'라는 용어가 한 동안 반공식적으로 사용되기도 하였지만, 탈북민들을 국가유공자 차원의 배려가 아니라 공적 부조의 관점에서 특별히 보호하는 정책전환의 계기가 된 법률명도 「귀순북한동포법」(1993. 6)이었다.

5) 북한인권백서, 통일연구원, 2012, 430-431면.

면 이들 중 약 70-80% 정도가 한국행을 희망하는 것으로 알려져 있는 점을 고려하면,[6] 앞으로 정세의 변화에 따라서는 입국 탈북민이 다시 급증할 가능성은 상존한다.[7] 특히, 김정일의 사망 이후 새로 들어선 김정은 체제 하에서 국경단속을 강화하고 있는 과도기적 태세가 이완되는 시점에서 경제난이 계속되는 경우에는 언제든지 발생할 수 있는 대규모 탈북사태에도 대비해야 한다.

2. 탈북민문제의 현황

전술한 바와 같이, 입국 탈북민의 규모는 그 자체로 사회통합의 관점에서 긍정적인 측면에서든, 부정적인 측면에서든 우리 사회 '전체의 문제'로 자리매김을 할 수밖에 없을 정도가 되었다. 남한에 입국하여 초기정착기를 지나 본격적으로 남한사회에 합류하여 생활을 하고 있는 탈북민의 숫자가 급증하면서 정치·경제·사회·문화 등 모든 생활영역에서 다양한 문제들이 부각되고 있다. 계속 이어지고 있는 '탈남사태'만큼 문제의 구조와 상황을 더 잘 보여주는 증좌는 없다고 생각되거니와, 탈북민의 남한체제 및 생활에의 적응과 정착은 순조로운 것으로 보기 어렵다.[8] 기반이 전혀 없는 가운데 여러 가지 이유로 양질의 일자리를 구하기 어려운 사정에 따른 경제적 어려움은 말할 것도 없고, 남한사회에 적응하고 정착하는 과정에서의 실패와 시행착오, 그 속에서 탈북민들이 겪는 개인적, 집단적 소외와 사회심리적 갈등의 문제는 생각보다 훨씬 심각하다. 더욱 큰 문제는 탈북민들의 절박한 하소연과 문제상황을 생

6) 정주신, 탈북자문제의 인식 1, 프리마 북스, 2011, 30면.

7) 2004년 이후 한국이나 미국 등에 정착하기 위해 태국에 밀입국하는 탈북주민의 수도 지속적으로 증가하여 2004년 46명, 2005년 115명, 2006년 752명, 2007년 1,785명, 2009년 1,838명, 2010년 2,500명에 이르는 것으로 알려졌다. 북한인권백서, 통일연구원, 2012, 433면.

8) 이에 관해서는 특히 정주신, 위의 책, 41-68면 참조.

생하게 보여주는 적지 않은 실증적인 연구성과에도 불구하고 문제 자체가 '우리의 문제', '전체의 문제'로 인식되지 못하고 있는 점이다. 남한 주민과 북한 주민의 심리사회적 통합에 최소한의 필요조건이라고 할 수 있는 상호관심과 이해를 공유할 수 있는 공사적 관계, 즉 소통의 망 자체가 준비되어 있지 못한 상황이다.[9)]

탈북민의 남한 사회에서의 적응과 정착을 문화적 정체성이 전환되는 일종의 '사회화과정'이라고 한다면, 대부분 거의 전 생애를 세계에서 가장 폐쇄적인 전제적 독재체제 하에서 지내면서 모든 생활영역에서 극도로 억압되고 편향된 사고와 생활방식이 체화된 탈북민들이 남한 사회에 진입하는 것은 그 자체가 필연적으로 자아에 대한 부정과 근본적인 정체성의 혼란이 수반될 수밖에 없는 어려운 과정일 것이다. 남한 또는 남한 시민의 관점에서는 수용자의 입장에서 적응과 동화, 그리고 사회적 통합이지만, 탈북민의 입장에서는 자기정체성의 전면적이고 철저한 해체와 재구성, 그리고 편입이다.

더욱이 탈북민들이 경험하게 되는 가치적, 문화적 정체성의 혼란, 이에 따른 사회적 적응의 어려움은 최근에 본격적으로 사회문제로 부상하고 있는 외국인 노동자들이나 결혼이민여성들이 겪는 어려움과는 그 맥락이 사뭇 다르다. '와서 보니 조선족보다도 더 차별한다'는 하소연은 시사하는 바가 적지 아니하다. 동포애를 기대하면서 사선을 넘어 탈북하여 천신만고 끝에 입국한 탈북민들이 자신들보다 외국인 신부나 노동자들의 어려움에 대하여 더 큰 관심과 동정심을 보이고,[10)] 위로와 격려

9) 이에 관해서는 이순형 외, 탈북인의 공사적 관계와 의사소통, 서울대학교출판문화원, 2011 참조.

10) 확인할 수는 없지만, 특히 사회의 엘리트 계층의 편견과 차별이 더욱 심각한 것으로 지적되고 있는 것은 실제 그러한지 여부와 무관하게 그러한 인상을 주는 것 자체만으로도 경시할 수 없는 문제이다. Joanna Hosaniak 외, 돌아온 혈육인가 이 땅의 이방인인가?, (사)북한인권시민연합, 2011. 46면.

는커녕 일탈자나 천덕꾸러기 이방인 취급을 하는 남한 사회에서 느끼는 심리적 박탈감과 소외감은 상상하기 어렵지만, 굳이 비유하자면 두 번 버림받은 '파양입양아'의 분노나 절망과 유사한 것이 아닐까 생각된다.[11] 동서고금의 역사상 가장 기구한 'diaspora'의 하나라고 할 수도 있는 탈북민문제를 최근에 주목되고 있는 이른바 '다문화사회'의 현상, 특히 정치, 문화적 소수자의 보호에 초점을 맞춘 일반적인 '문화적 정체성'의 문제로 보되, 그에 더하여 민족주의와 교착된 특수한 문화적 접변 속에서 주어지는 다문화사회의 '정체성정책'(identity policy)의 과제, 즉 복합적인 문화적 접변의 현상으로 접근해야만 하는 것은 바로 이 때문이다.

같은 맥락에서 특히 유의해야 하는 것은 입국 탈북민 중에 20대 미만의 청소년이 16%에 이르는 점이다.[12] 아직 기본적인 가치관의 형성이 완결되지 않았다는 점이 적응하는데 유리하게 작용할 수도 있겠지만, 한창 민감한 시기에 차별과 소외를 경험하는 경우 그 영향은 고스란히 자신에 대한 믿음과 존중을 훼손하는 결과로 이어지기 십상이기 때문이다. 더욱이 상대적으로 열악한 경제, 사회적 여건 때문에 교육기회의 격차를 극복하는 것이 현실적으로 거의 불가능하고, 남한 사회에 공사적 소통의 관계망과 사적인 지원의 인적 네트워크가 거의 없기 때문에 그들이 느끼는 실망과 분노와 감정은 아무런 여과망도, 배출구도 없는 상태에서 그대로 좌절과 저항의 인자로 침적될 위험성이 크다. 탈북민 및 탈북민 자녀의 경우 국민의 기본의무인 병역의무를 획일적으로

11) 탈북청년 전승철이 주인공인 영화 <무산일기>에 나오는 선배 탈북민의 "절대 북한서 왔다 하지 마라"는 대사는 문제의 실상을 극명하게 보여준다.

12) 자료: 통일부 홈페이지 (~'12.7월 입국자 기준)

구분	0-9	10-19	20-29	30-39	40-49	50-59	60 이상	누계(명)
인원(명)	988	2,793	6,541	7,359	3,898	1,209	1,091	23,879
비율(%)	4	12	27	31	16	5	5	100

면제하고 있는 것도 탈북 청소년들에게는 책임과 권리를 공유하는 '동등한 시민'이 아니라 이른바 '이등시민'으로 취급되고 있다는 열등감을 각인시키는 차별취급으로 받아들여질 수 있을 것으로 우려된다.13)

Ⅲ. 탈북민문제의 재정립

1. 개요

앞에서 살펴 본 현황과 개괄적인 전망만으로도 탈북민문제에 대한 종래의 접근태도가 지속될 수 없고 또한 그래서도 아니 되는 점에 대한 근거를 찾기에 부족함이 없는 것으로 생각된다. 잘못 제기된 문제에 대하여 맞는 답을 제시하는 것은 무의미하거나 위험하다. 바르게 문제를 제기하는 것이 기본이다. 사회과학 또는 사회정책적으로 접근하는 모든 사회문제가 그러하듯이 탈북민문제에 대하여 적확하게 대응하기 위해서도 우선 문제의 본질과 성격 자체가 정확하게 파악되어야 한다. 말하자면, 경험에 의해서 개념이 정립되는 것이 아니고, 개념을 통해서 경험

---

13)「병역법」상 탈북민은 사실상 병역이 면제되고 있다. 동법 제64조 제1항에 따르면 지방병무청장은 제1국민역으로서 제1호(신체등위가 6급에 해당하는 사람만 해당한다) 또는 제2호에 해당하는 사람, 즉 '군사분계선 이북지역에서 이주하여 온 사람'은 원할 경우 징병검사를 하지 아니하고 병역을 면제할 수 있다. 여러 가지 군 운영상 우려되는 현실적인 문제를 감안한 입법적 결정으로 이해된다. 하지만, 탈북민 청소년세대의 '헌법적 정체성' 확립의 관점에서 병역을 면제하는 것은 간단한 문제가 아니다. 국민의 기본의무인 병역의무를 부과하지 않는 것이 피상적으로는 일종의 수혜적 조치라고 할 수 있겠지만, 심리적으로는 대한민국 국민으로서 정체성을 형성하는 데 장애요인이 될 수도 있기 때문이다. 중장기적으로 그 타당성과 필요성에 대한 재검토가 상시적으로 진행되어야 할 것이다. 이러한 점에서 관련 규정의 체계, 즉 탈북민에 대한 병역면제의 근거 규정인 병역법 제64조 제1항에서 '전신기형, 질병, 심신장애 등으로 인하여 병역을 감당할 수 없는 사람'(제1호) 및 제65조 제1항 제2호의 사유, 즉 '수형(受刑) 등 대통령령으로 정하는 사유로 병역에 적합하지 아니하다고 인정되는 사람'과 함께 탈북민을 추가하여 그 대상으로 규정한 것은 입법기술상의 편의에 따른 것으로 이해하고 넘어가기에는 탈북민들의 정서에 대한 몰이해가 두드러진다. 별도로 특례규정을 두는 것이 바람직하다.

을 하는 것이라는 말을 빌린다면 탈북민문제의 개념을 제대로 정립하는 것은 문제에 대한 바른 인식과 경험, 그리고 올바른 법 및 정책적 접근의 선결과제이다. 이는 우선 정부에 해당하는 것이기는 하지만, 당연히 정책당국자에게만 국한되는 것은 아니다. 오히려 당국자에 앞서 일반 시민들에게 요구되는 문제의식이라는 점을 전제하면서, 네 가지 관점에서 기본단서를 정리해본다.

2. 문제의 재정립

(1) '부분의 문제'가 아닌 '전체의 문제'

탈북민문제는 '부분의 문제'가 아니다. '우리' 대한국민 '전체의 문제'이다. 후술하는 바와 같이 역사적인 맥락에서는 물론이고, 정치·경제·사회 등 모든 생활영역에서 탈북민집단에 국한된 문제, 말하자면 유기적인 연관성이 없는 부분 또는 전체 시민과 차단 및 고립된 특수한 개별 집단의 문제는 원천적으로 또한 구조적으로 존재하지 않는다. 이는 우선 탈북민들에 대한 남한 주민의 태도가 우리 사회의 품격에 대한 외부의 평가에 적지 않은 영향을 준다든지 또는 '살림'을 같이 하는 생활공동체의 차원에서 연관될 수밖에 없다는 당연한 사실을 지적하는 것이기도 하지만, 그보다는 '상호성'이라는 보다 심층적인 철학적 관점에서 '우리'의 문제라는 점을 강조하고자 하는 것이다.

역사적 제한성의 전제 하에, 다양한 '인정'(認定: Anerkennung)의 유형을 개인과 집단의 '좋은 삶'의 보편적 구조를 서술 또는 형성해나가는데 있어서 필연적으로 고려해야 할 상호주관적인 조건들로 보는 입장에서 '사랑'과 '법적 지위', 그리고 '사회적 연대'의 인정형식을 제시한 A. Honneth[14]의 해명은 큰 문제를 깊게 천착하는데 효과적인 접근의 토

14) 문성훈/이현재(역), A. Honneth, 인정투쟁. 사월의책, 2011, 특히 313-327면.

대와 단초를 제공해준다. 그에 따르면 자기믿음, 자기존중의 가능성, 그리고 자기 스스로에 대한 가치부여의 기회와 각각 결합되어 있는 세 가지의 보편적인 관계유형, 즉 타인에 대한 사랑, 권리인정 및 사회적 연대의 경험은 삶의 목표를 강제 없이 구체화하고 실현해나가는 데 필수적인 내적, 외적 자유의 조건들이고, 공동체의 윤리적 수준을 결정하는 가치체계의 개방성과 다원성의 크기는 이 세 가지 인정유형의 현실적 수준에 의해서 규정된다.[15] 특히 상호인정의 구조를 단순한 자기의식의 주관적인 조건이 아니라 인간이 긍정적인 자기관계를 형성하는 것을 가능하게 만드는 보편적인 실천적 조건으로 파악하면서 그 속에서 개성과 사회적 포용의 증대를 척도로 하는 진보의 내적 동력을 찾는 입장은[16] 탈북민문제를 우리 사회 '전체의 문제'로 인식하는 기본적인 태도전환의 필요성과 그 사회철학적 이유를 확인하는데 시사하는 바가 크다.

요컨대, 상호인정관계의 구조 속에서 탈북민집단의 긍정적 속성을 긍정하고, 이를 토대로 하여 탈북민문제를 우리 사회 '전체의 문제'로 인식하는 것은 탈북민에 대한 인정하는 것인 동시에 그에 앞서서 남한 시민들 스스로 자아에 대한 새로운 인정을 경험하는 것이고, 이는 오롯이 우리 공동체 전체의 가치지평을 확장하고 윤리적 정체성을 발전시켜 나가는데 소중한 자양분이 된다.

(2) '바른 역사기억'의 문제

탈북민문제는 우리 헌법이 전문에서 천명하고 있는 '유구한 역사와 전통에 빛나는 우리 대한국민'이 바르게 기억해야 하는 역사의 문제이다. 전술한 바와 같이 세계사적으로 가장 기구한 'diaspora'의 하나라고 할 수 있는 탈북의 현상은 그 자체가 역사이고, 영(榮)보다는 욕(辱)이

---

15) 위의 책, 320-327면.
16) 위의 책, 368-369면.

두드러진 그 역사 속에는, 역사학자 Zinn[17]의 말을 빌리면, 역사가 우리들에게 가르쳐주는 것 중에 핵심인 '악과 우리의 관계'를 드러내기 위한 되새김거리와 함께 '인간의 존엄성'을 정점에 두고 있는 우리 헌법의 가치질서가 계속 유지 및 발전되어 나가는데 유용한 가치적 항상성(恒常性)의 토대와 진보의 동력원이 내재되어 있다. 동포애와 인간적인 연민의 정을 넘어서 남한시민이 탈북민의 아픔과 한을 공유해야 하는 것은 바로 바르게 역사를 기억하는 경우에만 그 속에 잠재되어 있는 사회통합의 가치자원을 보전하고 활용할 수 있다.

Bergson에 따르면, 기억은 '사물에 대한 인식을 축적하기 위한 보관함'도, 단지 '회상'이라는 심리학적인 능력도 아니다.[18] 또한 기억은 과거의 사태에 대한 특정한 감정이나 의식을 그대로 다시 현전해내는 것, 즉 '표상'(representation)도 아니다. 굳이 '표상'이라고 한다면, 그것은 일단락된 과거가 아니라, 현재와 미래 속에 스며들어서 계속 변화되어 나가는 과거의 연속적 과정, 즉 '반복과 차이의 과정'이 포함되는 미래지향적인 문화적 발전의 맥락에서 파악되는 기억이다. 이러한 관점에서 보면, 탈북민문제는 '사태로 돌아가라'(Zurueck zur Sache)는 현상학적 명제에 부응하여 우리 근현대사를 되돌아보고, 장래 우리 가치공동체의 청사진을 새롭게 그려나갈 수 있게 하는 소중한 기회를 제공한다. 탈북민들의 아픔과 한을 함께 보듬는 것은 그 자체가 제국주의와 전체주의, 그리고 독재체제를 단호하게 부정하는 태도, 그리고 개방적이고 다원적인 품격 있는 문화공동체의 건설에 대한 기대와 의지를 재확인하고 다져나가는 일종의 구체적인 반성의 역사적 사건이다.

요컨대, 탈북민에 대한 태도는 바로 단절 및 폐쇄성의 극복과 인간해방을 지향하는 전향적인 역사의식의 문제이고, 탈북민문제에 대한 기

17) 이재원(역), Howard Zinn, 역사의 힘: 새로운 미래의 가능성, 예담, 2009, 263면.
18) 이정우(역), Keith Ansel Pearson, 싹트는 생명, 산해, 2005, 75면.

본인식의 관점과 수준은 장래 우리 공동체의 통합과 발전에 중요한 요소가 되는 '바른 역사기억'의 문제이다.

(3) 현재진행형의 통일문제

적어도 매년 천여 명 규모의 탈북민이 입국하기 시작한 2000년대 초반 이후의 탈북민문제는 더 이상 통일 대비의 문제가 아니라, 현재진행형인 통일의 문제로 보아야 한다. 북한 정권의 단속강도나, 국제정치의 상황과 대내적 변수에 따라 오락가락하는 중국 정부의 공안차원의 대응에 따라 규모의 증감은 있을 수 있겠지만, 대규모 탈북의 추세는 지속될 것으로 전망되거니와, 전술한 바와 같이 이미 남한에 입국한 탈북민이 2만 5천여 명에 이르고, 중국에 체류 중인 탈북민이 10만 명이 넘을 것으로 추산되는 상황은 특수한 방식, 말하자면 정치체제통합의 '외적 통일'에 앞서서 중장기적으로 인적 통합이 선행되는 방식으로 이미 진행 중인 통일의 과정으로 보아야 한다.

탈북민문제는 '외적 통일'의 형식은 물론이고 통일한국의 로드맵에 대해서도 적어도 소극적인 부정의 방향에서는 상당 부분을 선택가능한 대안에서 배제하는 식으로 선결하고 있다. 말하자면 법적 형식의 선택과는 무관하게 현실적으로는, 예컨대 독일의 흡수통일식의 방안이 유일한 대안으로 남게 되고, 더 나아가서는 체제통합 후의 생활권통합과 관련해서도 현실적으로 상당한 과도기간 동안 격리 후 점진적으로, 부분적으로 통합해나가는 방식을 선택할 수 있는 정책적 판단의 여지가 거의 남아 있지 않게 만드는 영향을 미치고 있다. 또한 정확하게 파악되고 있지는 못하지만, 상당한 수의 탈북민들이 북한에 남아 있는 가족이나 친인척 등 지인들과 직·간접적으로 소통하고 송금까지 하고 있는 현실을 고려하면, 이들의 북한 주민에 대한 이른바 '통일메신저'로서의 역할 수행은 그 방향과 내용에 따라 전체 북한 주민들의 통일 자체에 대한 관심과 의지, 통일 후의 삶에 대한 기대와 신뢰, 그리고 통일방식에 대한 기본인식에 직간접적으로 지대한 영향을 미치고, 이는 대외적으로 중국 등 인접 국가의 한국통일에 대한 정책기조를 포함하여 향후 한계적 상황에서는 궁극적으로 통일의 속도와 도정에 결정적인 변수가 될 것이다.

요컨대, 탈북민문제는 뛰기 전에 어떤 방향으로, 어느 정도의 속도로 뛸 것인지 단계적으로 고민하는 통일준비의 문제가 아니라, 이미 시작된 통일의 과정 속에서 뛰면서 그 속도와 도정을 조절하면서 동시에 대응수단을 모색해야 하는 현안인 동시에, 그 환류(feed-back)의 결과에 따라 상시적으로 이상적인 '통일한국'의 중장기 로드맵을 재조정해 나가야 하는 현재진행형의 통일문제이다.

(4) 다문화사회의 문제

문화를 삶의 가치를 창출 및 교환하며, 그리고 그 교환을 통하여 가치상향적으로 확대재생산해 나가는 과정 또는 그 결과라고 한다면, 탈북민문제는 가장 전형적인 다문화사회의 문제로 파악된다. 외국인 노동자나 결혼이민자 등을 중심으로 국내 체류 외국인이 급증하면서 다문화사회의 문제가 최근에 주목되고 있거니와, 다문화사회의 관점에서 최우선적으로 접근되어야 할 대상이 바로 탈북민문제이다. 상당한 역사 및 문화적 기억을 공유하고, 같은 말을 쓰는 한 민족이라는 조건에도 불구하고, 문화적 접변의 과정에서 경험하게 되는 이질성은 외국인보다 탈북민의 경우가 더욱 극심하기 때문이다.

역사상 유례를 찾기 힘들 정도로 폐쇄적이고 획일적인 전체주의의 왕조적 독재체제 하에서 자유를 알지 못하고, 자유로운 개인들로 구성된 근대적인 시민공동체에서의 사회적, 경제적 생활경험이 거의 없는 탈북민들이 개방적이고 다원화된 개인주의, 자유주의, 자본주의 그리고 민주주의 사회에 적응하는 과정은 말 그대로 '문화적 충격'일 것이다.

이념적 가치와 기본적인 정치체제는 물론이고 교육, 언론의 자유, 법 및 권리의식, 기타 사회구조 등 접점을 찾기 어려운 사회문화적 경험의 차이는 쉽게 극복하기 어려운 극심한 정체성의 혼란과 적응장해를 초래하고, 이는 필연적으로 사회적 갈등의 인자를 내포하게 되는, 이른바 내집단(ingroup)과 외집단(outgroup)으로 구획되는 사회구조로 귀결될 가능성이 크다. 가장 극명한 다문화문제임에도 불구하고, 탈북민문제를 일반적인 다문화사회의 문제로 접근하는 것이 적절하지 못한 것은 바로 이 때문이다. 말하자면 흔히 '동화'(同化)에 중점을 둔 '용광로모델'과 다양성의 존중을 전제로 한 '융화'(融化)에 초점을 맞춘 '샐러드접시 모델'로 나누면서 후자를 선진화된 것으로 제시하는 다문화정책의 논변을 수용하여 같이 취급하기에는 일반적인 외국인 이주민과 탈북민은 범주 자체가 다르다.

다만, 더욱 심각한 문제는 정책적 대응의 어려움보다는 문제의식 자체의 부재이다. 말투나 억양과 외모, 음식 등 일상의 사소한 차이에만 관심을 갖고 용인하는 이른바 '부띠크 다문화주의'(boutique multiculturalism)[19]의 차원을 넘어서서는 정작 각별한 의미를 갖지 못하는 언어와 혈연의 공통점, 그리고 다문화사회문제로서의 구조와 성격상의 특수성 때문에 오히려 탈북민문제의 전형적인 다문화사회문제로서의 보편성의 측면이 외면되고 있는 상황이다. 경제적, 제도적 지원체계와 함께 사회적 적응과 융합을 위한 문화적, 사회심리적 환경의 조성에 대한 각별한 관심이 절실하다.

요컨대, 탈북민문제는 보편적인 다문화정책의 거시적인 접근틀 속에서 일방적으로 '동화'를 요구할 수 있고 또 그래야 하는 부분과, 상호인정의 관계 속에서 조화와 융화를 추구해야 할 부분을 세밀하게 차별화하여 정치한 방침을 갖고 대응해나가야 하는 다문화사회의 문제이다.

---

19) Stanley Eugene Fish, The Trouble with Principle, Harvard Univ. Press, 1999, pp. 56.

구성되는 환경에 따른 산물이기도 하지만, 그보다는 오히려 원천적으로 입헌주의에 내재된 발전과정의 발현으로 파악된다는 관점에서 보면,[21] 향후 우리 헌법규범에 내재된 진보의 동인을 계속 발전시켜 나가는 데 이 계기를 순기능의 방향으로 잘 활용하는 것이 중요하다. 전술한 바와 같이, 다문화사회의 현상 속에서 결혼이주민 등 급증하는 외국인 이주민들의 경우에도 마찬가지이기는 하지만, 대규모 탈북민의 편입은 언어와 혈연을 같이하는 한 민족이고, 헌법상 원천적으로 한국 국적자이되 자유주의적 자본주의체제에 대한 정치 및 사회문화적 경험이 전혀 없다는 점에서는 더더욱 이질적인 시민집단이 새로 편입되는 복합적인 현상이라는 점에서 그 본질과 성격이 다른 사태이다.

탈북민이 자신들의 선택에 의하여 탈북하고 남한에 입국하여 같은 민족집단의 한 구성원으로서 편입되어 개인으로서 사회경제적 생활을 영위하는 것과, 이들이 정치공동체의 구성원으로서 입헌민주주의체제와 그 전제이고 토대인 정치문화를 선택하여 자신의 정체성을 확립하는 것은 별개의 문제이다. 전자와 후자의 경우 공히 일종의 복합적인 문화적 충격을 수반하고, 따라서 자율적인 사유의 방식과 생활습관을 바꾸는 어려운 자기갱신의 과정이기는 하지만, 전자의 경우는 교육 등 제도를 통하여 일정 부분 지원하고 촉진할 수는 있기는 하되, 본질적으로는 생활권을 같이 하는 거주자(denizen)로서 일상적인 사회경제생활, 즉 사람들과의 교류와 거래를 통한 다양한 관계형성의 과정 속에서, 특히 자유경쟁시장에 대한 실존적인 시행착오의 경험을 하면서 자율적으로 체득해나야 하는 자기변화와 적응의 문제이다. 「탈북민지원법」이 보호와 정착지원의 기본방침으로 정하고 있는 '자율적응의 원칙'은 바로 이러한 자기교육의 특성을 반영한 것으로 이해된다. 반면에 후자는 이른

21) G. J. Jacobsohn, Constitutional Identity, Harvard Univ. Press, 2010, 348면.

바 '선택 후의 선택'이 요구되는 문제, 즉 헌법질서와 '헌법적 정체성'의 핵심단위인 시민(citizen)으로서 헌법의 이념과 가치질서, 그리고 자유민주적 헌정체제에 대하여 소극적으로 용인하는 것이 아니라 적극적인 이해와 수용, 그리고 더 나아가서 수호의 의지까지 갖추는 태도정립의 문제이다.[22] 그 핵심은 W. F. Murphy가 제시하는 이른바 '창조하는 시민'(creating citizen), 즉 "상호의존의 현실 및 상호존중의 윤리적, 규범적 요청에 대한 인식과 믿음"을 공유하는 시민을 육성해내는 헌법적 과제이다.[23] 이러한 점에서 후자의 '헌법적 정체성'의 문제는 전자와 달리 '이해와 포용'의 관점에서 또한 인내심을 갖고 적응과 변화를 돕는 방식의 소극적인 접근이 아니라, 어린아이에게 외국어를 가르치는 경우와 마찬가지로 정치한 이데올로기 교육프로그램을 통해 헌법적 자아를 준거로 한 '부정과 배제'의 기본방침에 따라 선도적으로 교육 및 유도하는 적극적인 접근이 불가피하고, 당연하다.

시민의식의 관점에서 볼 때, '헌법적 정체성'은 본질적으로 정치, 역사 및 사회, 정신문화적 배경과 환경에 따라 접근의 관점과 방법이 다를 수밖에 없는 문제이다. 하지만 심리분석적 관점에서 '헌법적 정체성'의 확립을 어린아이의 말배우기에 비유하면서 부정과 비유, 그리고 환유를 헌법적 정체성을 확립해나가는 '헌법적 담론'(constitutional discourse)의 수단으로 제시하는 M. Rosenfeld[24]의 해명은 자율적인 '시민'으로서 정치적 자유를 거의 경험하지 못한 탈북민의 경우에 곱씹어보고 참

---

22) 현행 「국적법」은 일반귀화의 요건으로 5년 이상 대한민국에 주소가 있을 것을 비롯하여 독자적인 생계능력과 함께 "국어능력과 대한민국의 풍습에 대한 이해 등 대한민국 국민으로서의 기본소양을 갖추고 있을 것"(제5조 제5호)을 규정하고 있는 바, 여기서 '대한민국의 국민으로서의 기본소양'의 핵심은 바로 대한민국 헌법의 가치질서에 대한 공감과 이해, 즉 '헌법적 정체성'을 확립하는 것이다.

23) W. F. Murphy, Constitutional Democracy, 2007, 342면.

24) M. Rosenfeld, The Identity of the Constitutional Subject, Routledge, 2010, 37-69면.

고할만 하다. 탈북민들이 헌법적 정체성을 정립하는 것은 거의 들어 본 경험이 없는 외국어와 마찬가지인 '헌법의 언어'(constitutional langue), 즉 헌법텍스트 속에 담겨 있는 기호의 형식체계와 문법을 습득하고, 이를 공용어로 하여 기호와 문법체계를 활용하는 방식, 즉 '헌법적 술화'(constitutional parole)의 방식을 익혀나가는 과정과 다를 것이 없기 때문이다.[25] 이에 따르면, 어린아이가 정체성을 확립해가는 과정에서 자신이 욕망하는 대상에 합체되지 못하는 경우 스스로 일종의 결핍을 경험하게 되는데, 주체로서 정체성을 획득하기 위해서 어린아이는 언어의 상징적 질서를 통해서 타인과 관계를 맺어야만 한다. 하지만 어린아이는 자신의 최초의 정체성을 타인, 말하자면 부모에 의해서 주어진 이름을 통해서 갖게 되는 것과 마찬가지로, 언어규칙은 '외부'로부터 부여되는 점에서 어린아이에게 이 관계맺음은 일종의 소외이다.[26] 이 소외를 극복하고, 오롯이 자신의 정체성을 확립할 수 있는 것은 자기 자신의 목적을 위해 타인의 언어를 '재전유'(再專有: reappropriation)함으로써만 가능하다.

그러나 탈북민들이 '헌법적 정체성'을 확립할 수 있는 조건은 이러한 언어의 '재전유'만으로 충족되지 않는다. 어린아이의 경우와 달리 '국민주권', '자유', '인권', '법치주의', 그리고 '제한된 정부' 등의 자유민주적 '헌법의 언어' 대신에 전체주의와 독재체제의 빈민주적인 언어로 조작된 자폐적인 공동체상과 자아를 갖고 있는 탈북민들의 경우에는 과거 기억의 철저한 부정과 자기해체가 선행되어야만 한다. '헌법적 정체성'의 확립이라는 헌법적 과제를 주목해야 하고, 또한 이와 관련하여 감

25) 이에 관해서는 H. Schweber, The Language of Liberal Constitutionalism, Cambridge, 2007, 139면 이하. 'langue'와 'parole'의 관계를 '법적 규칙'(legal rules)과 '법적 주장'(legal arguments)의 관계로 대비하는 D. Kennedy의 해명도 같은 맥락에서 주목함직 하다. "A Semiotics of Critique", 22 Cardozo Law Rev.(2002), 1178면.

26) Rosenfeld, 앞의 책, 38면.

성과 온정, 그리고 포용의 태도를 요구하는 민족의 관점보다 이성과 냉정, 그리고 부정의 태도를 수렴할 수 있는 시민의 관점이 우선되어야 하고, 이러한 패러다임을 토대로 한 정치한 민주시민정치교육의 과정과 프로그램이 절실하게 요구되는 것은 바로 이 때문이다.

하지만 입헌민주주의의 가치복합체, 특히 '자유의 언어'를 습득시키는, 말하자면 자유가 무엇을 의미하는지를 이해시키는 것이 그 핵심인 탈북민들에 대한 이데올로기 교육은 본질적으로 대화형식을 통한 가치와 가치관의 교류가 아니다. 상당 부분 깊은 내면에 고착된 가치관의 제거와 새로운 가치관의 주입을 목표로 하는 일방적인 가치환치의 과정이다. '헌법의 언어'가 바로 '자유의 언어'이고, 이 언어를 배우는 것이 바로 자유를 사랑하는 것이라고 한다면, 여기에서 그 대상은 조국이나 민족 또는 사람이 아니라 자유의 이념이고 가치인데, 특정한 이데올로기적 토양에서 자신의 정신문화적 정체성이 고착된 탈북민들은 이른바 '백지상태'(tabula rasa)에서 자유사랑을 시작하는 것이 아니기 때문이다.

자신의 언어도, 타인의 언어도 공통의 이상을 표현하기에 적합하지 않은 초기의 '헌법적 담론', 말하자면 모든 사람들이 소외감을 느끼는, 외국어를 처음으로 같이 배우기 시작하는 식의 상황조건일 수 없는 일방적인 편입의 관계구조 속에서 소외감과 그것을 극복해야 하는 과제는 전적으로 탈북민들의 부담이고 몫일뿐이다. 다만, 우리에게는 이 어려운 과정을 극복해내는 데 유용한 두 가지의 기초자산이 있다. 첫째는, 권위주의체제를 극복해나가는 험난한 민주화의 과정 속에서 '헌법의 언어'를 지속적으로 정련하여 집합적인 시민의식으로 공유하게 된 경험이다. 이 경험과, 그것을 통해 축적해 놓은 정치문화적 공감대의 지평은 살아있는 교육자료로서 또한 교육환경으로서 모자람이 없다. 둘째는, 탈북민들은 이미 어려운 선택을 하였고, 그것을 실천한 점에서 기본적으로 자기해체와 재정립을 또 한 번 선택할 수 있는 잠재적인 능력과 자발적인 수용의 의지를 충분히 갖고 있다는 점이다. 탈북 후 대한민국에 입국하는 선택을 한 것은 대한민국의 '헌법의 언어'를 공용어로 선택한 것이고, 교육기회의 제공을 요청한 것이다. 필요한 것은 동포로서가 아니라 많은 시간과 노력을 투자하여 '헌법의 언어'를 먼저 체득한 동료시민으로서 조금 기다려주는 마음을 갖고 격려하면서 과잉도, 과소도 아닌 적정한 교육프로그램과, '자유의 언어'로 생각하고, 듣고, 말할 수 있는 기회를 최대한 제공하는 것이다. Gladstone의 말대로 "사람을 자유에 적합하게 맞추는 것은 오로지 자유뿐이다."[27]

요약을 대신하여 재차 강조하건대, 일면 외국인보다 더 외국인으로 인식하는 편견을 갖고 있으면서, 타면 동포이고 같은 대한민국 국민이기 때문에 당연히 외국인보다는 우선하여, 말하자면 '친근한 이웃'으로 받아들이고 이해하는 입장에서 명실상부하게 남한 주민과 같게 취급해야 한다는 이율배반적인 의식은 그것이 '헌법언어'의 교육정책설계에 토대로 작용하는 경우에는 그 모순의 크기만큼이나 심각한 오류와 후유증을 수반하는 실패로 귀착될 위험이 크다.

3. 민족주의에 대한 반성의 관점에서 본 민족(공동체)과 헌법공동체

민족공동체와 헌법공동체는 중첩될 수 있고 또는 완전히 동일하거나 매우 친밀한 관계에 있는 구성원들로 구성될 수 있으나 그 정체성의 토대와 본질 및 성격은 구별된다. 민족공동체가 혈연과 언어를 비롯하여 공통된 '과거의 집단적인 기억'과 그 속에 침적된 정신문화적 유산을 요소로 한다면, 헌법공동체는 '헌법의 언어'와 그 속에 체화되어 있고 또한 그것을 준거로 하여 발전시켜 나가야 하는 미래지향적인 가치공감대를 요소로 한다.

---

27) BVerfGE 33, 86에서 재인용.

'헌법적 정체성'의 본질을 이른바 '가치변환적 가치'(transvaluate value)의 형성, 즉 새로운 이념과 가치로 기존의 가치관과 태도를 반성하고 재평가해나가는 과정과 그 결과로 이해하는 Rosenfeld는 '동일성'(sameness) 또는 '자아'(selfhood)를 토대로 구성되어 나가는 '헌법적 정체성'이 미래를 향한 동일성의 기획과, 과거의 기억을 토대로 하는 자아의 이미지 상호간의 역동적인 교차작용을 통해서 형성되는 것으로 파악한다.[28] 그에 따르면 미래를 향한 기대와 기획, 그리고 과거의 기억과 이에 터잡은 자아는 경우에 따라서 상보적일 수도 있고, 상충될 수도 있다는 점을 주목해야 하는 바,[29] 후자의 맥락에서 '시민'의 '헌법적 정체성'의 확립이라는 미래지향적인 헌법과제와 관련하여 '민족' 또는 '민족적 정체성'의 함의와 양자 간의 역기능적 영향관계를 해명하는 것은, 우리 사회가 다문화사회로 본격적으로 진입하고 있는 점에서는 물론이되, 이 경우와는 구별되는 특수한 상황, 즉 헌법공동체와 민족공동체의 구성원이 거의 동일한 구조 속에서 탈북민이 집단적으로 편입되는 변화의 계기 속에서 더욱 중요한 의미를 갖는다.

E. H. Carr의 말을 빌려서 말하자면, '헌법적 정체성'은 역사, 즉 '과거와 현재 간의 대화' 속에서 정립되어 나간다. 말하자면, 개인적으로, 집단적으로 또는 개인과 집단의 교차적인 관계 속에서 과거와 미래가 만나고 있는 현재 시점에서의 자아의 동일성을 매개로 하여 '미래의 기획'에 의해서 과거를 다시 기억 및 재구성하고, 그에 터잡은 현재의 자아를 구체적으로 반성 및 재평가하며, 그 결과가 다시 미래의 기획에 반영되는 상시적이며 통시적이고, 역동적인 환류의 과정 속에서 형성되어 나간다. 결국 이 환류과정을 얼마나 건강하게 이끌어 나가는가 하는

---

28) M. Rosenfeld, "Constitutional Identity", in; M. Rosenfeld/A. Sajo(ed.), *The Oxford Handbook of Comparative Constitutional Law*, 2012, 757면.

29) Rosenfeld, 위의 책, 757면.

것이 '헌법적 정체성'의 미래기획과 구체적인 실행프로그램의 성과에 결정적인 요인이 된다고 보면, 관건은 '민족주의'에 대한 구체적인 반성이다.

'민족이 민족주의를 낳은 것이 아니고, 민족주의가 민족을 낳았다'라는 서구적인 시각을 그대로 대입하기에는 우리 민족공동체의 역사문화적 조건과 환경, 특히 제국주의의 모태가 아니라 제국주의의 침탈에 대한 저항의 이데올로기, 즉 민족자결주의의 역할, 그리고 분단체제 하에서 민족공동체가 분열된 상태에서의 참혹한 전쟁경험, 권위주의적인 개발독재체제와 민주화의 경험 등의 역사적 이력은 독특하다. 하지만 민족을 '상상의 공동체'(imagined community)[30]로 보면서 근대 이후 극심한 실질적 불평등과 수탈에도 불구하고 어떻게 수평적인 동료의식이 유지될 수 있었는지 등과 연관되는 정신문화적 근원에 대한 의문과 질문은 우리에게도 해당한다. 정치경제학적 관점에서 시대의 화두인 극단적인 '사회양극화'의 문제와 연결하여 달리 표현한다면, 이러한 극심한 사회심리적 분열과 소득불평등의 상황에서도 어떻게 사회통합의 구심점으로서 연대의식이 유지될 수 있었는가 또는 그 토대가 바로 민족주의였다고 한다면 앞으로도 그 역할의 수행이 가능하고 또 바람직한 것인가 하는 문제이다.

이러한 맥락에서, 한국사회에서 민족주의의 상당한 정치사회 및 문화적 역할을 인정하면서도 "아직도 민족주의인가?"[31]라는 반어적 질문을 통해 제기하는 고민거리, 예컨대 "다양성이 거부되고, 일방적 교화를 반복하는 한국사회의 갈등"의 근원이 민족주의에 있는 것은 아닌가, 시민의 공화주의적 덕성, 즉 "시민적 자유와 책임을 통해 구성해온 도덕

---

30) 윤형숙(역), 상상의 공동체, 나남출판, 2002(원저: Benedict Anderson, *Imagined Communities: Reflection on the Origin and Spread of Nationalism,* 1991).
31) 곽준혁/조홍식(편), 아직도 민족주의인가, 한길사, 2012.

적, 시민적 품위"에 대한 관심과 반성에 민족주의가 장해가 되는 것은 아닌가 하는 등등의 의문[32]은 중장기적인 통일전략과 연계하여 대규모의 탈북민집단을 수용해나가야 하는 차제에 더더욱 중요한 의미를 갖는다. 탈북민의 안정적인 정착과 적응은 우리 사회의 넉넉한 포용력을 보여줌으로써 향후 통일의 도정에서 궁극적으로 가장 중요한 변수가 될 남북한주민의 통일에 대한 생각과 집합적 의지를 친통일적으로 조성하는데 큰 도움이 될 것이고 또한 통일한국에서 사회통합의 틀을 안정적으로 유지 및 형성해나갈 수 있는 가능성을 가늠하는 척도가 되기 때문이다. 말하자면, "민족주의 없는 애국심"[33]의 명제와 같은 맥락에서 '민족주의 없는 헌법적 정체성'이 과연 이론적으로, 실천적으로 가능하고 또한 타당한 것인가의 문제가 논구의 대상이다.

유럽통합에 대한 정치적 기대와 유럽이라는 특수한 환경에 초점을 맞추고 있는 것이기는 하지만, 이러한 관점과 문제의 제기는 J. Habermas가 민족주의의 대안담론으로 제시한 이른바 '헌법적 애국심'(constitutional patriotism)과 적어도 문제인식의 구조, 특히 출발점과 지향점에서는 같다. 여전히 상당한 수준에서 민족이 개별 국가의 정체성의 기본단위로 지속되는 가운데 유럽연합 차원에서의 공통된 정체성과 정치적 충성심을 어떻게 확보할 수 있는지에 대한 이론적, 철학적 논의의 지평 속에서 적어도 '우연을 운명으로 만들어 왔던 마술'[34]인 감성적이고 폐쇄적인 또한 배타적인 민족주의의 패러다임이 더 이상 유효한 통합의 축이 될 수 없다는 점을 인식하고, 탈민족(주의)의 새로운 연대의 근원을 모색하는 시도 속에서 제시된 것이 바로 '헌법적 애국심'의 명제이다.[35] 그 핵심내용은 애국심의 근거를 더 이상 혈연이나 영토의 공유성, 기타 문화적 공통유

32) 위의 책, 프롤로그, 6면.
33) 위의 책, 프롤로그, 12면.
34) 윤형숙(역), 앞의 32면.
35) 홍승헌, "하버마스의 헌정적 애국심", 곽준혁/조홍식(편), 앞의 책, 321면.

산과 같은 감성적인 민족주의적 요소가 아니라 포용과 타협을 요소로 하는 민주적인 정치문화와 헌법의 기본이념, 즉 '헌법적 정체성'에 대한 합의와 공유에서 찾는 것이 가능하고 또 바람직하다는 것이다.[36]

담론의 조건과 환경이 다른 Habermas의 '공론장이론'과 '헌법적 애국심'이 실질적인 가치에 대한 합의보다는 절차에 대한 합의를 중시하고 있는 점에서 탈북민의 가치관전환에 초점을 맞추어야 하는 과제에 그대로 대입되기는 어려울 것이다. 하지만 민족주의 패러다임의 한계를 주목한 Habermas의 기본적인 문제인식, 그리고 민족문화들 간의 차이에 대한 상호인정을 토대로 하는 '탈민족(주의)적 민주주의'로 방향을 설정한 것은 우리에게도 중요한 시사점을 제공해준다. 전술한 바와 같이, 이미 실험실의 차원을 벗어난 문제이지만, 탈북민의 우리 사회 편입과 정착의 과정을 향후 완전한 통일한국의 시대를 준비하는 일종의 모의실험이라고 본다면,[37] 이 실험을 우리는 단일언어와 단일혈통을 중심축으로 하는 민족주의담론과, 민족의 명제가 무조건적인 충성을 요구하는 명분, 말하자면 "독립과 애국이념이 체화된 신성한 개념"[38]으로 여전히 유지되고 있는 우리사회의 정체성에 대하여 구체적으로 반성하고, 대안을 모색할 수 있는 기회로 활용해야 한다.

권위주의시대에 국가와 민족에 대한 충성을 강요하는 조작된 정치적 이데올로기로 악용된 부분은 차치하더라도, 적어도 전체 집단의 이익을 위해 개인의 자유와 권리에 대한 희생을 요구하는 신화화된 절대

---

36) 이에 관해서는 위의 책, 303-305면. H.-U. Wehler가 사회의 내부적, 외교적 문제를 평화적으로 해결할 능력이 없는 것을 민족주의의 '근본적인 맹점'으로 지적하면서 점차적으로 사회통합과 정치적 정당화를 돕는 능력을 상실하게 될 것으로 전망하고, 민족주의를 대신하여 현대 국가의 정당성을 보장하는 새로운 프로그램으로 '민주주의적 입헌주의', '법치국가', '사회보장국가', 그리고 '생태학적으로 조절되는 경제성장능력'을 제시하는 것도 같은 맥락에서 이해되고, '헌정적 애국심'은 이 프로그램들의 집합개념에 다름이 아니다. 이용일(역), 허구의 민족주의, 푸른역사, 2009, 168-178면.

37) 김현경, 북한이탈주민의 삶 들여다보기, 한국학술정보, 2012, 167면.

38) 윤형숙, 앞의 책, 저자 해설, 280면.

적인 명분으로 제시되는 민족주의라면 그것이 향후 우리 사회의, 그리고 통일한국의 정체성의 토대로 지속되기는 어렵다. 그러나 관념적 차원에서 극복의 당위성을 말하는 것은 상대적으로 쉽다. 문제는 그것에 내재된 한계를 직시하고, 정치·사회·문화적 생활의 구체적인 모습 속에서 그것이 어떻게 표출되고 있는지 분석 및 평가하는 것이다. 여기에서 관심대상은 탈북민들에게 우리가 기대하고, 또한 우리 스스로 제시해야 하는 '헌법적 정체성'의 관점에서 작용되는 민족주의의 순기능과 역기능의 문제이다. 말하자면 탈북민들을 통해 북한주민들에게 상시적으로 통일한국에의 합류를 권유하고, '헌법의 언어'로 작성되는 초대장을 보내는 발신인의 명의는 '한민족 공동체'가 아니라 자유와 평등, 그리고 공화주의의 이념을 공유하는 헌법공동체인 '대한민국 시민단'으로 해야 하는 것 아닌가 하는 문제에 대한 깊은 성찰이 필요하다. 전문에서 '조국의 민주개혁과 평화통일의 사명', '동포애'와 '민족의 단결'을 천명하면서 '자유민주적 기본질서에 입각한 평화통일'을 지침으로 명시하고 있고(제4조) 또한 전통문화의 계승발전과 민족문화창달에 대한 국가의 노력의무를 규정하고 있는(제9조) 우리 헌법을 해석함에 있어서 조국과 민족, 그리고 통일의 함의를 탐색하고, 그것을 전향적으로 실천해 나가는데 민족주의에 대한 구체적인 반성과 대안담론의 모색이 긴요한 것은 바로 이 때문이다. 이러한 반성은 당장 현안으로 주어져 있는 탈북민문제에 대한 적확한 인식과 접근을 위해서도 생략될 수 없다.

또한 중국을 비롯한 주변국들의 정치적 영향력과 개입방식, 정치지도자들의 비전과 역량, 남북관계의 추세 등 다양한 요소들이 통일한국에 이르는 도정에 영향을 미치는 것은 물론이고, 궁극적으로 가장 중요한 변수는 남북한 주민들의 태도와 집합적인 의지일 것인 바, 이들 변수를 통일친화적인 방향으로 유도해나가는데 민족주의가 유효한 철학적 토대가 될 수 있는지 되짚어보는 것이 필요하다. 통일한국에서 남한 주민에게 큰 부담과 희생을 요구하게 될 북한의 경제복구와 사회복지문제와 관련해서도 마찬가지이다. 특히 젊은 세대의 통일에 대한 관심과 열망이 급속하게 감소하는 경향이 뚜렷하고, 이 추세를 되돌리는 것이 어렵다고 본다면 이러한 희생의 당위성을 이끌어내는 데 필수적인 정신적, 사회심리적 준거, 즉 충분한 양적·질적 크기가 담보되는 애국심의 토대로서 민족주의의 가능성과 한계가 면밀하게 검토되어야 한다.[39] 통일의 당위성과 필요성에 대한 기본의식과 관련해서도 마찬가지이지만, 탈북민문제에 대한 기본인식, 특히 탈북민에 대한 정착지원의 수준과 내용 등에 대한 의견의 일치를 기대하기 어렵다면, 정책론의 차원에서 관심은 '의견의 불일치' 자체보다는 '의견의 불일치에 대한 태도', 그리고 이 '태도에 대한 인식의 상위'에 모아져야 한다. 의견의 불일치를 해소하거나 또는 적어도 사회적 비용을 최소화하는 방향으로 문제를 완화하는 담론에서의 관건은 인식의 불일치가 아니라 인식의 상위에 대한 태도의 변화에 있다고 보는 Ch. L. Stevenson의 윤리학적 담론을 원용하여 말하자면,[40] 민족주의에 대한 반성은 의견불일치의 근원을 탐색하는 작업인 동시에 '의견의 불일치에 대한 태도'를 바르게 정립하기 위해서 민족주의에 의해 선점 또는 포착되어 있는 담론체제를 해체하고, 민족주의와 유력한 대안담론의 하나인 '헌법적 애국심'의 정신적, 철학적 담론의 준거로서의 효용과 한계를 비교 검토하는 것이다.

성급한 예단은 자제되어야 하겠지만, 구성원 대다수가 분단 전을 기억하지 못하고 전쟁을 경험하지 못한 전후 세대이고 또한 오랜 기간 동

39) 이러한 점에서 최근 서울대 통일평화연구원이 발표한 '2011 통일의식조사'(2012년 9월 26일)의 결과는 주목할 만한 시사점을 제시한다. 139-158면. 전체적으로 남한 주민들의 통일에 대한 열망이 급속하게 식어가는 경향을 드러낸 동 조사결과에 따르면, '통일이 필요하다'는 답은 전체적으로 2008년 63.8%에서 올해 53.7%로 10% 포인트 이상 하락했다. 특히 20대 청년들의 경우 53.3%에서 40.8%로 급락한 점이 주목된다.

40) "The Nature of Ethical Disagreement". in; R. Schafer-Landau(ed.), *Metaehtics*, Vol. III, 2008, 304면.

안 극도로 이질적인 공동체에서 공통점을 거의 찾기 어려운 정치·사회·문화적 체험을 해온 현 상황에서, 역사적 경험을 토대로 하는 민족주의가 남북한 주민 모두, 특히 남한 주민들에게 이해와 협력을 구하고, 큰 희생과 부담을 요구하는 데 충분한 설득력을 갖는 '계몽의 수사'로 여전히 유효한 것인지, 얼마나 유효한지에 관한 면밀한 검토가 핵심과제이다. '한 민족'이라는 이념주의(ideologism)적 수사로 포용의 태도를 요구하는 것은 상대적으로 쉽고, 쉬운 만큼 매력적일 수 있다. 하지만 관건은 그 논리를 현실적인 문제의식 속에 체화하고, 구체적인 삶 속에서 지속가능한 태도로 유지 및 발전시켜 나가는 것이다. 대안모색의 관점에서 말하자면, 특히 공감의 토대로서 민족을 상상해내기를 기대하기 어려운 젊은 세대들에게는 통일 자체를 포함하여 탈북민 정착지원 등의 문제와 관련하여 선택가능한 대안들에 대한 실증적인 비용-편익분석의 결과를 제시하는 식의 방법으로 통일의 필요성과 그에 수반되는 큰 부담의 수인에 대하여 협력을 구하는 것이 더욱 효과적인 설득의 수사(修辭)가 될 수 있다. 이러한 관점에서 필요한 수사를 담아내고 뒷받침할 수 있는 더 효과적인 헌법공동체의 담론으로서 '민족주의 없는 애국심', 즉 '헌법적 애국심'의 효용을 가늠하는 것이다.

여기에서 구체적인 상론은 약하되, 이러한 개방된 담론 속에서, 영토조항 등을 통해 우리 헌법이 인정하고 있는 것이기도 하지만, 정치·경제·사회적 성과에 기여한 몫이 없는 탈북민들이 대한민국에 무임승차하는 것을 흔쾌히 인정하고 또한 초기 정착단계에서 최대한 필요한 지원을 하는 단계에서 이해와 협력을 구하는 부분에서는 민족주의를 유용한 수사로 발전시켜 나가야 할 것이다. 폭압의 독재체제 하에서 지냈던 질곡의 세월과 탈북 과정에서의 고난, 그리고 새로운 남한 사회에 적응하는 과정에서의 어려움에 대한 연민, 즉 적어도 탈북민에 대한 포용과 협력의 태도를 이끌어낼 수 있는 정서적 효용을 기대할 수 있을 것이다. 하지만 또 한편 그 외의 부분, 말하자면 초기 정착단계 이후에 민주시민으로 '헌법적 정체성'을 형성해나가고, 자율적인 경제주체로 협력과 경쟁의 사회생활을 영위하는 부분에서는 탈북민들에 대한 요구와 권유의 측면에서든, 상당한 부담과 희생을 감수해야 하는 남한 주민들에 대해서든 '헌법적 애국심'을 정신적, 철학적 토대로 가다듬어나가는 식으로 적정한 관점의 배분의 준거를 확립해나가는 차별화된 기획이 필요하다.

다만, 굳이 재확인을 생략할 수 없는 것은 이러한 민족주의에 대한 반성의 요청이 정치적, 역사문화적 수사로서 민족개념의 전면적인 부정을 지향하는 것은 아니라는 점이다. 극심한 고통과 비애의 집단적 기억을 공유하고 있고, 그래서 '아픔을 같이 할 수 있는 능력'과 다르지 않은 한(恨)과 정(情)의 감성이 특유한 우리 민족공동체 전체의 잡단적인 역사적 기억의 본체는 부정과 극복의 대상이 아니라 해방과 진보의 인자를 내포하고 있는 소중한 자산으로 보전해 나가야 한다. 민족주의에 대한 구체적인 반성과 극복의 당위성, 그리고 그 지향점은 바로 이러한 정신문화적 요청, 즉 일면 민족주의의 정신과 역사문화적 토대 중에 살려나가야 할 순기능적 가능성의 부분과, 타면 극복하고 대안을 모색해 나가야 할 역기능의 부분을 가려내는 것에서 찾아진다.

V. 탈북민의 헌법적 지위

1. 개요

탈북민의 법적 지위는 우선 북한으로부터 직접 남한으로 넘어오는 예외적인 경우가 아닌 한, 북한 탈출 또는 출국에서부터 중국 등 제3국 체류단계, 그리고 국내 입국에 이르는 탈북 자체의 과정과, 국내 입국 후 초기 입국단계, 시설보호, 사회적응교육단계를 거친 후 거주지보호 등 사후지원의 단계 등 4단계로 구별되는 입국 후 정착과정으로 나누어서 살펴볼 수 있다. 이에 따르면 탈북민의 법적 지위는 입국 전까지 '난민지위의 인정', 국적판정 등과 연관되는 국제법 또는 '국가의 국민보호의무'의 헌법적 요청과 관련하여 국내법과 중첩되는 국제법의 문제와, 입국 후의 국내법의 문제로 대별된다. 또 한편 법영역별로 구분하여 보면 기본권적 지위 및 기본의무를 중심으로 한 헌법적 지위와, '탈북민지원법', 출입국관리법 등 관련된 제반 행정법, 형사법, 친족상속법을 포함한 민사법 등 탈북 후 입국과 입국 이후에 정착 및 적응해나가는 과정에서 거의 모든 정부부처와 관련되는 일상적인 전체 생활영역과 연결되는 일반법적 지위로 분류된다. 또한 법정책론의 관점에서 보면 정부주도의 정책적, 법제도적 대응의 관점에서 현행 법제상 법적 지위와, 법적 지위를 설정하고 형성 및 발전시켜나가는 법현실의 문제로, 또는 이와 연결하여 입법, 사법 및 행정의 문제로 구분하여 접근하는 것도 필요할 것이다.

본고에서는 우선 탈북민의 법적 지위에 관한 '기본법'이라고 할 수 있는 「탈북민지원법」에 따른 탈북민의 제반 법적 지위는 별론의 숙제로 남겨둔다. 또한 탈북민의 국제법적 지위는 기본적으로 논구대상에서 제외하되, 다만 제3국에 체류 중인 탈북민의 보호와 관련하여 국제법과 국내(헌)법 간의 상위와 충돌이 불가피한 범위에 국한해서 탈북민의 국제법적 지위를 포함하여 영토조항, 평화통일원칙 등의 헌법해석과 연관되는 국적문제를 중심으로 하여 탈북민의 헌법적 지위를 논의한다.

2. 헌법규범과 헌법현실의 관계로 본 탈북민의 국적문제

탈북민의 국적문제와 관련하여 남북한 국적법의 충돌은 불가피하다. 국제법상 국적사항은 개별 주권국가의 배타적인 관할에 속하기 때문에 중국과 같이 대부분의 탈북민이 체류 중이고 북한과 외교관계를 맺고 있는 제3국에서 탈북민은 우선 북한국적자로 취급될 수밖에 없다.

한 국가로서 북한의 실체와 법적 지위에 대한 기본 인식과 관련하여 우리 헌법상 영토조항(제3조)의 해석론상 이견이 적지 아니하지만, 영토조항을 근거로 하여 모든 북한 주민을 원천적으로 대한민국 국민으로 보는 것이 압도적인 다수설의 입장이다. 대법원 판례도 주중 북한대사관에서 북한공민증을 받고 또한 중국 정부로부터 북한국적자로서 외국인 거류증을 받은 바 있는 북한 국적자가 대한민국에 입국한 후 체류 중에 강제출국명령을 받은 사건과 관련하여 북한 주민을 한국 국민으로 판단하고 동 처분을 무효로 확인한 원심판결을 재확인하였다.

「남조선과도정부법률 제11호 국적에관한임시조례 제2조 제1호는 조선인을 부친으로 하여 출생한 자는 조선의 국적을 가지는 것으로 규정하고 있고, 제헌헌법은 제3조에서 대한민국의 국민되는 요건을 법률로써 정한다고 규정하면서 제100조에서 현행 법령은 이 헌법에 저촉되지 아니하는 한 효력을 가진다고 규정하고 있는바, 원고는 조선인인 위 소외 1을 부친으로 하여 출생함으로써 위 임시조례의 규정에 따라 조선국적을 취득하였다가 1948. 7. 17. 제헌헌법의 공포와 동시에 대한민국 국적을 취득하였다 할 것이고, 설사 원고가 북한법의 규정에 따라 북한국적을 취득하여 1977. 8. 25. 중국 주재 북한대사관으로부터 북한의 해외공민증을 발급받은 자라 하더라도 북한지역 역시 대한민국의 영토에 속하는 한반도의 일부를 이루는 것이어서 대한민국의 주권이 미칠 뿐이고, 대한민국의 주권과 부딪치는 어떠한 국가단체나 주권을 법리상 인정할 수 없는 점에 비추어 볼 때 이러한 사정은 원고가 대한민국 국적을 취득하고, 이를 유지함에 있어 아무런 영향을 끼칠 수 없다.」[41)]

하지만, 탈북민을 포함하여 모든 북한 주민을 한국 국민으로 취급하는 것은 오롯이 대한민국 헌법과 국적법에 의거한 국내법적 지위에 대

41) 원심판결 서울고판 1995.12.8. 94구16009; 대판 1996.11.12. 96누1221.

한 확인일 뿐이다. 이러한 법리를 견지하는 경우 북한은 물론이고, 중국 등 제3국과의 국제법적 관계에서는 충돌이 불가피하다. 다만, 그렇다고 해서 탈북민의 법적 지위와 관련하여 북한의 국적법과 대한민국의 국적법이 충돌하는 문제가 법리적으로 국내법상 문제가 된다는 것은 아니다. 대한민국의 최고규범으로서 헌법이 효력을 갖는 국내에서 관할권이 인정되는 범위에서 '국제법과 헌법의 우열관계'를 논하는 것은 이 문제와는 관계가 없는 논의이다. 영토조항이 헌법현실을 제대로 반영하고 있지 못하다는 비판도 설득력이 없지 아니하지만, 그럼에도 불구하고 헌법의 최고규범으로서 실효성이 전제되는 대한민국과의 관계에서는 입법을 포함한 모든 공권력의 행사가 영토조항에 포함되어 있는 평화통일의 과업, 그리고 북한주민도 해당하는 국민보호라는 국가목표의 정신에 합치되어야 한다.[42)]

또 한편 탈북민의 국적문제와 관련하여 북한과 외교관계를 수립하고 있는 제3국이 북한 주민의 국적에 대하여 어떤 판단을 할 것인지는 전적으로 개별 국가들의 관할사항이고, 국제법관계상 이 문제와 관련하여 대한민국의 법적 판단을 존중할 것을 요구할 수 없는 것이 현실이다. 따라서 이 문제는 국제법관계의 현실을 외면하지 않고 객관적으로 말한다면, 법과 법리의 문제라기보다는 총체적인 국가역량이 가장 중요한 변수로 작용되는 냉정한 국제정치적 역학관계에 따라 결정되는 정치문제라고 할 수 있다. 중국과 같이 북한과 대한민국 양국과 동시에 외교관계를 맺고 있는 경우, 북한과의 관련 조약 등 다른 당해 국가에 국제법상 책임이 문제되는 법적 상황을 배제한다면, 즉 양국의 국적법상 충돌은 국제법상 제3국에게는 그 자체가 법리상 모순의 문제로 주어지는 것이고, 이러한 모순의 법문제는 중립이든, 편향이든 해당 국가의 정치적

42) 최윤철, "평화통일 관련 입법에 대한 헌법적 평가", 공법연구 제39집 제2호(2010), 303면.

판단에 의해 결정되는 정치현안일 뿐이기 때문이다. 요컨대, 국내법의 관점에서 보면 탈북민의 국적문제는 헌법규범과 헌법현실의 교차점에서 구조적으로, 원천적으로 법적 판단의 상위가 불가피한 법적 현안이다.

그러나 그렇다고 해서 국제법관계와 관련하여 주어진 현실을 그대로 우리 헌법의 규범력을 제약하는 상수로 받아들여야 하는 것은 아니다. 우선 지적할 수 있는 것은 국제법적 한계에도 불구하고 우리의 국내법논리에 따른 외교적 주장을 법 및 법리적으로 뒷받침할 수 있는 국적법제의 보정이 절실하게 요구된다는 점이다. 예컨대, 국적법상 북한주민을 대한민국의 국민으로 인정할 수 있는 명시적인 근거규정을 두는 것이 필요하다. 동의할 수 없지만, 전술한 바와 같이 우리 법원이 확인한 바, 즉 정부출범 이전에 제정된 「국적에 관한 임시조례」[43]가 "조선국적을 창설하는 의미"[44]를 갖는 법적 근거로서 효력을 갖는다고 하더라도,[45] 말 그대로 '과도정부법률'에 의해 헌법제정권력의 주체이고 국가의 핵심요소인 국민의 범위를 정하는 것의 원론적인 법체계상의 문제점은 차치하더라도, 이러한 국적법제의 중대한 흠결이 단순히 국내법의 문제인 것만은 아니다. 이 문제는 국민의 범위에 관하여 명시적인 규정을 두고 있지 않은 대한민국의 국적법과 달리, 북한의 국적법(1963년)은

43) 동 조례는 제2조에서 조선인을 부친으로 하여 출생한 자(제1호), 조선인을 모친으로 하여 출생한 자로서 그 부친을 알수 없거나 또는 그 부친이 아무 국적도 가지지 않은 때(제2호), 조선 내에서 출생한 자로서 그 부모들 알 수 없거나 또는 그 부모가 아무 국적도 가지지 않은 때(제3호), 외국인으로서 조선인과 혼인하여 처가 된 자; 단, 혼인해소에 의하여 외국에 복적한 자는 제외함(제4호), 외국인으로서 조선에 귀화한 자(제5호)는 조선의 국적을 갖는 것으로 규정하고 있다.

44) 노영민, "우리나라 국적법의 몇 가지 문제에 관한 고찰", 국제법학회논총 제41권 제2호(1996), 54면.

45) 다만 동 임시조례는 제1조에서 "본 조례는 국적법이 제정될 때까지 조선인의 국적을 확립하여 법률관계의 귀속을 명백히 함을 목적으로 한다"고 규정하였는 바, 1948년 국적법의 제정으로 폐지된 것으로 보는 것이 타당하다고 본다. 이에 관해서는 박정원, 앞의 논문, 108면, 주석 28.

"공화국의 창건 이전에 조선의 국적을 소유하였던 조선인과 그의 자녀로서 본 법 공포일 까지 그 국적을 포기하지 않은 자"로 국적자의 범위를 명시적으로 규정하여 모든 재외교포들과 함께 남한주민들이 '북한공민'에 포함되는 것으로 볼 수 있는 법률상의 근거를 마련해놓고 있다는 점에서 각별하게 주목된다.[46)]이른바 '대한민국 유일합법정부론'에 의거한 대한민국과 북한의 특수한 관계에서, 우리의 입장에서는 국적법을 포함하여 모든 법적 충돌과 상위의 문제를 고려할 필요가 없고, 더 정확하게 말한다면 그러한 문제 자체가 성립되지 아니한다. 다만, 헌법적으로 충분히 설명하고 해결될 수 할 수 있는 국내법문제라고 하더라도, 남북한과 함께 제3국이 당사자로 관계되는 국제법적 관계에서는, 특히 우리의 입장에 우호적인 방향으로의 입장선회를 기대할 수 있는 한계선상의 정치상황 속에서는 이러한 국적법상의 명시적인 규정의 유무가 유의미한 차이로 작용할 수 있다. 명시적인 법률규정과 헌법해석론은 제3국에 대한 정치적 설득의 명분으로, 특히 넓은 의미에서 보면 재외 탈북민보호의 문제가 부각되고 있는 현 상황이 해당되는 것으로 볼 수 있는 과도적이고 유동적인 상황에서는 우리의 외교적 주장을 관철시키기 위한 법적 논거로서 효용의 크기가 같기 않을 수 있기 때문이다.[47)]

46) 우리와 같이 분단국가였던 독일의 기본법은 "기본법상 독일인은 법률로서 달리 규정하지 않은 한 독일국적을 가지는 자이고, 1937년 12월 31일 현재 독일제국의 영역 내의 독일혈통을 가진 망명자, 피박해자 또는 그 배우자나 비속으로 인정된 자이다"(제116조 제1항)라고 규정함으로써 혈통을 기준으로 하여 국적자의 범위를 헌법에서 확정하였다. 독일 기본법상의 국적규정의 대강에 대해서는 정영화, 앞의 논문, 468-469면.

47) 통일 전 서독 정부는 통일 시점까지 동독 주민의 국적문제와 관련하여 동서독의 관계를 이른바 '특수한 내독관계'로 이해하는 전제 하에 '일민족-일국가의 원칙'을 견지하여 동독 주민에 대한 관할권의 법적 토대를 계속 유지하였다. 주지하는 바와 같이 이러한 법논리는 동독 주민들의 서독 이주를 촉진하는 계기가 되었고, 이는 궁극적으로 1989년 3월에 동독 시민들이 헝가리 주재 독일 공관에 대거 진입하였을 때 이들이 독일국적자임을 근거로 하여 즉시 외교적 보호권을 행사하여 기차편으로 서독으로 이주시킬 수 있었다. 당시 이 사건은 독일 통일의 과정에서 가장 결정적인 단초로 작용된 것으로 분석되고 있다. 이에 관해서는 이장희, "독일통일의 국제법적 조명 - 서독

이러한 관점에서 볼 때, 헌법차원에서 이미 대한민국의 국민으로 인정되고 있는 북한 주민의 국적사항에 관하여 별도로 규율하는 것이 불필요하고, 오히려 법리상 타당하지 않은 것으로 판단하여 동 사항을 국적법 개정논의의 대상에서 배제한 것은 기본적인 문제인식의 오류로 여겨진다.[48] 무엇보다도 당장 현안으로 주어진 중국에 체류 중인 탈북민의 보호와 관련해서 보면 문제의 상황과 구조, 특히 외교정책의 공간에서 유의미한 국내법의 국제법적 측면과 그에 따른 정치적 연관성을 간과한 것이기 때문이다.[49]

3. 탈북민 보호와 북한 주민의 국적문제 - 영토조항의 개정론에 대한 비판적 검토

같은 맥락에서 북한 주민의 국적문제와 관련하여 국적법의 개정이 아니라 오히려 헌법상 영토조항의 개정을 대안으로 제시하는 입장에 대해서는 동의할 수 없다. 변화된 남북한관계의 현실이나 국제법적 문제 등을 고려하여 북한이라는 국가 자체 또는 북한 정부와의 관계를 재정립하기 위해 법적 인프라를 정비하는 차원에서 또는 헌법상 '평화통일조항'(제4조)과의 상충문제를 해소하기 위한 대안으로 영토조항 자체의 개정을 논의하는 것과,[50] 탈북민을 포함하여 모든 북한 주민의 대한민

의 주권회복과정을 중심으로", 허영(편저), 독일통일의 법적 조명, 박영사, 1994, 65-66면.

48) 석동현, "국적법의 개정방향", 서울 국제법연구 제4권 제2호(1997), 25면.

49) 이러한 점에서 통일 전 서독 정부가 기본법 제116조 제1항을 근거로 하여 독일국적의 문제를 '독일국적보유자'(die Inhaber der deutschen Staatsangehoerigkeit)와 '독일인으로서의 지위보유자'(die Inhaber der Status- deutscheneigenschaft)로 이원화하고, 후자의 경우를 독일 국적자와 동일하게 취급하기 위한 국내법적 조치와 함께 난민의 법적 지위에 관한 협정과 의정서, 무국적방지를 위한 UN협정에 가입하는 등 국제법 차원에서 필요한 조치를 취하는 노력을 지속적으로 행하였던 것은 우리에게 시사하는 바가 적지 않다. 이에 관한 상세한 내용은 이시우, "동독탈출자에 대한 서독의 법적 대응방안", 인권과 정의 제214호(1994. 6), 22면.

50) 영토조항의 해석론에 대한 개괄적인 소개와 검토로는 도회근, "헌법 제3조(영토조항)

국 국민으로서의 법적 지위를 재론하는 것은 법리적으로 필연적인 연관관계에 있지 아니하다. 영토조항의 문제와 북한 주민의 국적문제는 분리될 수 있다. 연계된 문제로 접근할 것인지 또는 분리된 문제로 차별접근을 할 것인지는 정치적, 헌법정책적 판단에 따라 결정되는 대안선택의 문제이다.

이러한 점에서 볼 때, 이미 두 번의 정상회담까지 한 남북한 관계에서 북한의 실체를 '반국가단체'로 규정하는 문제나, 이와 연관된 북한 주민의 국적문제의 현실정합적인 해결을 위한 유일한 법적 방안으로 영토조항의 개정을 제시하는 것은 선택가능한 여러 대안 중의 하나일 뿐이다. 국가보안법에 대하여 합헌결정을 내리면서 헌법재판소가 확인한 바와 같이,[51] 우리에게 북한은 '대화와 협력의 상대방'인 동시에 반국가단체성이 소멸되었다고 할 수 없는 '불법단체'로서 양면적인 실체로 존재한다. 국가로서 북한과 그 구성원인 북한 주민, 특히 탈북민들은 반드시 합체적인 실체로 동일한 관점과 논리로 취급해야만 하는 것은 아니다. 말하자면 북한과 북한 정부를 반국가단체로 취급한다고 해서 북한 주민을 자동적으로 반국가단체구성원으로 취급해야 하는 것은 아니다. 형식적인 법적 실체의 측면만을 주목하여 합체적인 실체로 보아야 한다는 인식은 논리학적으로 일종의 '합성의 오류'에 불과하다. 또한 원천적으로 주어진 사태가 모순의 법문제인 경우 법리의 일관성과 정연성만이 법적 대응수단의 타당성과 효과성을 가늠하는 척도가 되지는 않는다. 적어도 늘 그런 것은 아니다.

의 해석", 권영성교수 정년기념논문집(1999), 853-869면. 영토조항 개정의 필요성을 긍정하는 입장으로는 장명봉, "통일정책과 헌법문제". 법학논총 제3집(1991), 82면 이하; 제성호, "헌법상 통일관련 조항의 개폐문제", 통일연구논총 창간호(1992); 반대의 입장은 헌법개정연구위원회, 헌법개정연구: 2006 헌법개정연구위원회 최종보고서, 한국헌법학회, 11-12면; 정영화, "헌법 제3조", 헌법주석서 제2판(2010), 108-117면.

51) 헌재결 1993.7.29. 92헌바48, 판례집 5-2, 65(75면). 유사한 취지의 대법원 판결로는 1992.7.24. 92도1148 참조.

같은 맥락에서, '상호간 체제(제도)의 인정과 존중'을 규정하고 있는 「남북기본합의서」의 기본정신과 남북한의 UN 동시가입 등을 근거로 북한국적법을 완전히 부인할 수 없게 되었고, 이러한 상황에서 국제사회에서 국제법적 주체로 인정되는 북한의 입장을 고려해야 한다는 주장[52]에도 동의할 수 없다. 「남북기본합의서」의 법적 성격[53]과 효력에 대한 논란은 차치하더라도 또는 정전협정의 당사자가 아닌 남한과, 북한 간의 일종의 변형된 '평화협정'으로 볼 수 있지 않은가 하는 사견은 차치하더라도, 남북한 상호간에 체제를 인정하는 것과 북한 주민을 한 국민으로 취급하는 것은 일응 상충의 문제로 보이지만 남북 간의 특수한 관계라는 현실과 북한의 이중적 지위에서 비롯되는 불가피한 사태이고, 그렇기 때문에 이원적 또는 다원적으로 법리를 구성하여 차별화하여 접근하는 것일 뿐이다. 결국 이 법리구성의 부정합성은 사태의 원천적인 모순과 이를 허용하는 우리 헌법상 영토조항의 함의로 설명될 수 있고 또한 수인될 수 있는 것이다. 또한 북한 주민이 제3국을 경유하여 탈출하는 경우 난민의 지위를 인정받아서 국제법상 인도적 보호를 받는 것에 우리가 북한 주민의 북한 국적을 부인하고 대한민국 국민으로 주장하는 것이 법 및 현실적인 장애사유가 되지는 않는다.[54] 제3국에 체류 중인 탈북민이 난민자격을 인정받을 수 있는지 여부는 국내법에 따

52) 박정원, 앞의 논문, 136면.

53) 우리 헌법재판소는 「남북기본합의서」를 "남북당국의 성의 있는 이행을 약속하는 일종의 공동성명 또는 신사협정에 준하는 성격"의, 즉 법적 구속력은 인정되지 않는 정치적 합의에 불과한 것으로 보았다. 1997.1.16. 89헌마240. 대법원의 입장도 다르지 아니한 바, '남북합의서'는 "남북한 당국이 각각 정치적인 책임을 지고 상호간에 그 성의 있는 이행을 약속한 것이기는 하나 법적 구속력이 있는 것이 아니어서 국가 간의 조약 또는 이에 준하는 것으로 볼 수 없고, 따라서 국내법과 동일한 효력이 인정되는 것도 아니다"라고 판시하였다. 1999.7.23. 98두14525. 이러한 입장에 대한 비판적인 의견은 이석범, "남북기본합의서의 법적 성격에 관한 비판적 검토", 법률신문(2011.12.12), 12면.

54) 반대의견은 박정원, 앞의 논문, 136면.

른 우리의 국적주장에 의해 좌우되지 않고, 전적으로 국제법적 차원에서 개별 국가의 법적 판단에 의해 결정되기 때문이다. 실제로 국내에 입국하지 않고 바로 중국을 탈출하여(또는 국내에 입국하였다 출국하여 국내 입국의 사실을 숨기고) 미국이나 캐나다, 영국 등으로 넘어간 탈북민들은 난민신청자격이 인정되고 있다. 이러한 점을 고려하건대, 「탈북민지원법」에도 탈북민 자신이 보호를 신청하는 경우에 '보호대상'이 되는 것으로 규정하고 있듯이, 우리의 입장에서는 국제법상 수용 여부와는 무관하게 기본적으로 북한 주민을 대한민국 국민으로 본다는 헌법규범적 전제 하에 헌법현실, 즉 유동적인 국제정치적 여건과 상황, 그리고 구체적이고 개별적인 사태에 따라 유연하게 접근할 수밖에 없는 것이다. 예컨대, 중국의 경우 북한과의 특수한 관계 때문에 탈북민을 불법체류자로 취급을 하고 있지만, 다른 제3국이 탈북민의 난민지위를 인정하는 것에 대해서 우리가 그들이 대한민국 국적자임을 굳이 주장하지는 않는 것이다.

이러한 점에서 북한 주민과, 국가로서 북한과 북한 정부를 구별하여 차별화된 법리로 취급하는 것은 모순의 문제를 직면할 때 유효한 '궁할 때는 구별하라'라는 지침에 따른 적확한 대응전략일 수 있다. 적어도 불법월경자로서 중국에 체류 중인 수많은 탈북민의 보호와 관련하여 그들을 북한국민으로 취급할 수밖에 없는 상황, 즉 대한민국의 입장에서 북한과의 관계에서는 물론이고, 중국 등의 제3국에 대해서 당사국의 지위를 주장할 수 있는 법적 근거를 전혀 갖지 못하는 법상황은 우리 헌법상 인용될 수 없다. 이러한 상황을 상정하면서 우리는 대한민국의 북한주민보호의무의 지침이 헌법상 영토조항에서 도출될 수 있는 가능성과 그 규범적 당위성을 재확인할 수 있다. 북한과 외교관계를 맺고 있는 제3국에서 북한국적자인 탈북민에 대하여 아무런 제약 없이 '외교적 보호권'을 행사할 수 없는 점이나, 탈북민의 '전원수용원칙'이 실행될 수 없는 정책현실적인 한계, 더 나아가서 현재 그렇듯이 탈북민을 차별 대우하는 것이 바로 위헌의 문제로 귀결되는 문제점[55] 등이 이러한 헌법해석의 가능성을 차단하고 당위성을 부정하는 논거가 될 수는 없다. 이러한 현실적인 한계는 전술한 바와 같이 헌법규범과 헌법현실 간의 괴리로 설명될 수 있고, 우리 헌법은 정부에 대하여 이 한계를 우회하거나 외면하지 말고, 그것을 극복하기 위한, 적어도 그 한계를 극복해나기 위해 법적으로, 외교적으로 최선의 노력을 다하라는 객관적 지침을 제시하고 있다.

예컨대, 「탈북민지원법」 제3조는 "이 법은 대한민국의 보호를 받으려는 의사를 표시한 북한이탈주민에 대하여 적용한다"고 규정하고 있는데, 실제로 중국에 체류 중인 탈북민들 대부분이 남한으로의 입국을 희망하고 있지만, 대한민국 공관에 접근하는 것조차 허용되지 않는 상황에서 동법에 따른 보호신청 자체가 불가능한 것이 현실이다. 하지만 이 현실을 그대로 수용하는 이른바 현실적인 법논리는 이러한 헌법의 객관적인 지침에 합치되지 않는다. 말하자면 공안들을 동원하여 우리 대사관과 영사관에 탈북민들이 접근하는 것 자체를 철저하게 통제하고 있는 중국 정부에 대하여 우리 정부와 외교당국자가 반대와 항의의 의사표시를 하였다는 뉴스를 접한 기억이 없는데, 실제로 그렇다면 대 중국 관계에서 당장의 실효성과는 무관하게 이는 헌법이 요구하는 '최선의 노력의무'를 다한 것으로 볼 수 없을 것이다. 더 나아가서 현재는 거의 전적으로 민간단체들이 감당하고 있는 재중 탈북자보호와 관련하여 정부가 국제법적 문제와 연결되는 외교적인 마찰을 피하는 범위에서라도 최선을 다하여 공식적, 비공식적 역할을 수행하고 있는지, 또는 정확한 실태파악과 지원에 만전을 기하고 있는지 등의 문제도 현실의 한계

55) 박정원, 앞의 논문, 104면, 110면.

의 측면과 함께 가능성의 측면에서도 상시적으로 제기되어야 한다. 우리 헌법은 이러한 문제제기를 위한 규범적 준거와 담론의 공간을 마련해 놓고 있는 바, 영토조항이 바로 그것이다.

요컨대, 적어도 탈북민보호의 관점에서 볼 때, 북한 주민의 대한민국 국민으로서 지위를 부정 또는 변경하는 국적법의 개정과 그 수단으로 제시되는 헌법상 영토조항의 개정과 이른바 '현실론적 해석'의 방안은 문제의 해결이 아니라 문제를 외면하는 것일 뿐이다. 헌법규범과 헌법현실 간의 괴리에 대한 진지한 고민 끝에 규범의 양보가 불가피한 것으로 판단되는 때 최후 수단으로 수용되는 '현실적인 법리'가 아니라 '현실회피의 법리'에 따른 성급한 예단에 지나지 않는다.

Ⅵ. 맺는 말

국내 입국하여 생활하고 있는 탈북민이 이미 2만 5천 명에 이르고 또한 대부분이 한국행을 희망하는 중국에 체류 중인 탈북민이 10만 명을 넘어서는 것으로 추산되고 있는 오늘의 상황에서 탈북민문제는 더 이상 1970-80년대 또는 그 이전의 시각, 말하자면 남북한 간의 체제경쟁의 맥락에서 간헐적으로 '귀순'해 오는 '용사'나 '동포'의 관점에서 접근될 문제가 아니다. 통일 후를 대비하기 위한 모의실험의 대상도 아니다. 이미 현재 진행 중인 통일과정 속에서 대응해 나가야 할 문제이다.

또한 탈북민문제는 남한 사회의 여건과 남한 주민들의 의식을 상수로 놓고 대증처방으로 접근될 수 있는 수 있는 지원, 말하자면 일방적인 적응과 그 지원에 초점을 맞춘 '부분의 문제'가 아니라 전체 남한 주민과의 교호적인 관계를 설정하고, 그 과정 속에서 문화 및 사회심리적 차원에서 상호간에 기본인식과 태도를 전환해야 하는 '전체의 문제'이다.

이러한 기본인식과 태도를 바르게 정립하는 과제의 핵심은 바로 미래 통일한국의 바람직한 정체성을 확립하는데 필수적인 대화, 즉 '바른 역사기억'의 문제이다. 더 나아가서 같은 민족동포이되, 정치사회, 문화적으로는 이방인이라고 할 수 있는 탈북민이 남한 사회에 정착하여 적응하는 문제는 본격적으로 다문화사회로 접어든 우리 사회에서 가장 전형적인 '다문화사회문제'로 접근되어야 할 문제이다. 이렇게 재설정된 탈북민문제는 정치, 경제 사회, 문화 등 모든 생활영역에서 헌법해석 및 헌법정책론 차원에서 헌법규범을 구체적으로 실현해나가는 문제, 즉 오롯이 '헌법문제'로 파악되고, 접근되어야 한다.

이러한 관점에서 본 연구에서는 탈북민의 보호와 정착지원과 연관되는 양 측면, 즉 탈북민들에게 자율적인 적응노력을 주문하는 측면과, 근본적으로 통일에 대한 의지와도 연관되는 맥락에서 탈북민문제를 대하는 남한 주민에게 이해와 협력을 구하는 측면에서 공히 민족 또는 민족주의의 담론이 설득력 있는 논리를 제공하기 어렵다는 문제의식을 갖고, 논의의 환경과 맥락은 다르지만 논의틀로서 유용한 단서를 제공하는 것으로 여겨지는 J. Habermas의 '헌법적 애국심'과 연관하여 유력한 대안의 하나로 '헌법적 정체성'의 규범적, 현실적 효용을 정리하여 제시하였다. 특히 탈북민의 보호와 정착을 지원하는 단계에서는 물론이고, 향후 완전한 체제통합 후에 결코 적지 않은 사회적, 심리적 부담과 경제적 비용을 감수해야 할 남한 주민들에게 통일의지와 협력의 용의가 있는지 질문하고 합의를 이끌어 내야하는 거시적인 과제와 관련하여 민족주의의 감성적인 논리보다는 '헌법적 애국심'의 담론이 중장기적 차원에서 통일 관련한 사회적, 경제적 비용-편익분석의 결과 등과 같은 현실적인 논리를 개발 또는 수용하는데 더 효과적일 수 있고, 이러한 점에서 기본적인 인식패러다임의 전환의 필요성을 강조하였다.

계속 논란이 이어지고 있는 탈북민의 국적문제, 특히 헌법 제3조의 영토조항의 개정론과 관련해서는, 탈북민을 대한민국 국적자로 취급하는 것이 국제법관계와 대북관계의 실정에 부합되지 않는다고 보는 '현실적인 논리'가 적어도 부분적으로는 설득력을 인정되지만, 탈북민의 국적문제 자체가 헌법규범과 헌법현실의 괴리 속에 자리 잡고 있는 문제인 점에서 현실의 한계를 성급하게 그대로 수용하는 것은 헌법의 규범력을 부정 또는 경시하는 대응으로서 오히려 '현실회피의 논리'일 뿐이라는 점을 지적하면서 다음과 같이 두 가지의 논점과 그에 따른 정책적 기본지침을 제시하였다. 우선 우리 헌법상 원천적으로 대한민국 국민으로 인정되는 탈북민, 특히 중국 등 제3국에 체류 중인 탈북민에 대한 보호의무는 오롯이 국가의 헌법적 의무이고, 궁극적으로 대한민국의 총체적인 국가역량에 의해 규정되는 국제정치상의 현실적인 한계는 그 의무이행의 단계에서 고려되는 헌법현실의 문제일 뿐이라는 점을 확인하였다. 둘째는 현실 상황을 고려하여 탈북민의 국적문제에 대한 방침을 변경하여 북한 국적자로 취급하거나 또는 적어도 대한민국 국적자로 취급하지 않는 것이 필요하다고 하더라도 그것이 반드시 영토조항의 개정 또는 헌법해석론의 변경을 통해서만 수용될 수 있는 것이 아니라는 점을 해명하였다.

요컨대, 북한과 북한 정권의 실체를 인정하는 문제와 탈북민을 비롯한 전체 북한 주민을 대한민국 국민으로 취급하는 것이 현실적으로는 일견 모순으로 보이지만, 이는 문제 자체가 원천적으로 모순의 구조로 주어진 상황에서 비롯되는 것인 바, 법리적 정합성에만 초점을 맞추어서 해결될 수 있는 문제가 아니다. 현실적으로 필요한 경우 얼마든지 다원적으로 차별화된 접근이 가능하다는 논지다. 이러한 관점에서 예컨대, 현실적으로 보호신청의 창구를 봉쇄한 것에 다름이 없고, 정부의 공식적인 방침인 '전원수용원칙'과 달리 사실상 '선별수용원칙'의 핵심수단으로 활용되고 있는 「탈북민지원법」상의 '직접신청의 원칙'이 타당한 것인지, 현실적인 한계 내에서라도 보다 유연한 합헌적인 대안이 없는

지 등에 관해서 전향적인 재검토가 필요하고, 바로 이러한 질문을 하고 그에 대한 답을 탐문하는 데 필수적인 법리의 공간과 토대를 보전해야 한다는 점에서 '영토조항'의 개정을 비롯하여 탈북민의 국적문제에 대한 기본방침의 변경은 성급하게 서두를 일은 아니다.

제19장
「북한이탈주민 보호 및 정착지원에 관한 법률」상 탈북민의 법적 지위 - 현황과 개선방안*

I. 서론 - 문제의 제기

「북한이탈주민 보호 및 정착지원에 관한 법률」(이하 '탈북민지원법'으로 약함)은 '북한이탈주민'[1) 중에 대한민국의 보호를 받으려는 의사표시를 한 '보호대상자'에 대한 보호와 정착지원의 기본원칙으로 '인도주의

* 법학논총, 제20집 제2호(2103.8), 조선대학교 법학연구소, 297-326면.

1) "북한에 주소, 직계가족, 배우자, 직장 등을 두고 있는 사람으로서 북한을 벗어난 후 외국 국적을 취득하지 아니한 사람"(동법 제2조 제1항). 1997년에 제정된 「탈북민지원법」에서 '북한이탈주민'이라는 용어가 사용된 후 '탈북민'이라는 약어가 일반적으로 사용되고 있다. 하지만 '이탈'이라는 표현이 탈출이나 귀순보다는 상대적으로 가치중립적인 성격의 용어로 평가되고 있으나, 가치중립적인 용어가 적확한 것인지 자체도 의문일 뿐만 아니라, 현실적으로는 오히려 정상적인 합법체제로부터의 비정상적인 일탈을 떠올리게 하는 부정적인 어감의 용어라는 지적이 적지 않다. 이전의 관련 법령에서 사용하였던 '귀순북한동포'나 '귀순용사' 또는 '귀순자'라는 용어도 적극적으로 대한민국의 자유민주주의 체제를 선택하여 실행에 옮겼다는 점을 강조하는 긍정적인 어감을 갖기는 하지만, 적국으로부터 투항한 사람을 지칭하는 전쟁법상의 용어라는 점에서 적어도 평화통일을 지향하는 남북관계의 관점에서는 적절하지 못한 면이 있는 것으로 지적된다. 정부는 2005년에 국민공모방식으로 대안을 모색한 끝에 '새터민'이라는 용어를 채택하였으나, 이 역시 원천적으로 대한민국의 국적자가 북한을 탈출한 것의 정치사회학적 의미를 제대로 담아내지 못하고 단순히 새로 거처를 옮겨서 남한생활을 시작한다는 일상적인 의미만을 부각시키는 점 등 때문에 제대로 정착되지 못하였고, 2008년 이후 이명박 정부에서는 공식적으로 사용되지 않고 있다. 이에 관한 상세한 논의는 박정원, "북한이탈주민이 법적 지위에 관한 헌법적 문제", 통일정책 및 북한주민의 법적 지위에 관한 헌법적 문제, 헌법재판소, 1998, 95-97면; 이상철, "북한이탈주민의 보호지원법제 현황 및 문제점", 『법제연구』, 제12호, 1997, 31면; 정영화, "북한이주민의 조기정착을 위한 법정책론", 『공법연구』, 제24집 제4호, 461면. 본고에서는 「탈북민지원법」에서 사용된 '북한이탈주민'의 약어로서 '탈북민'이라는 용어를 사용한다.

에 입각한 특별보호의 의무'를 천명하고 있다(동법 제4조 제1항). 구체적인 원칙으로는 대외적으로 '외국에 체류하고 있는 북한이탈주민의 보호 및 지원 등'을 위한 국가의 외교적 최선 노력의 의무를(동 제2항), 대내적으로는 북한이탈주민의 자발적인 적응노력, 즉 "대한민국의 자유민주적 법질서에 적응하여 건강하고 문화적인 생활"을 하기 위해 노력하라는 당부적 양식의 규정을 통해 보호와 지원을 아끼지 말 것을 정책지침으로 제시하고 있다(동 제3항). 탈북민의 대한민국 국민으로서의 헌법 및 국적법상 지위의 관점에서 보건대, 탈북민의 보호와 동 법상의 기본원칙은 타당한 것으로 생각된다. 말하자면, 그 대상과 문제상황이 특수한 점에서 구별되는 것일 뿐이지 국가의 국민의 기본권보호라는 일반적인 헌법적 의무를 재확인하고, 그것을 기본적인 정책기조 및 행위지침으로 구체화한 것이기 때문이다.

그러나 대외적으로는 최근에 중국에서 불거진 탈북민 강제북송의 문제나 심각한 인권침해사례 등은 물론이고, 대내적으로도 직·간접적으로 탈북민과 연관된 일련의 사회문제들, 특히 최근에 남한에 정착한 탈북민들이 남한 사회에 적응하지 못하고 제3국으로 가서 한국 국적자임을 숨기고 난민신청을 하는 이른바 '탈남문제'에서도 잘 드러나듯이 탈북민 보호 및 지원정책에 흠결의 부분이 없지 않은지 근본적으로 되짚어 보는 것이 필요하다.

급증의 추세 속에서 최근에 남한에 정착한 전체 탈북민이 2만 명을 넘어서고, 2000년대 중반 이후 매년 국내에 입국하는 탈북민이 1-2천 명 이상으로 급증한 후 정착기간이 상대적으로 중장기화되면서 나타나는 새로운 양태의 문제들, 특히 정착지원금이나 주택지원 등 공적 부조 형식의 각별한 초기 정착지원혜택이 종료된 후 발생하는 일자리문제, 빈곤문제, 기타 자녀 교육문제 등 다양한 문제들이 누적되어 사회문제로 부각되어감에 따라 보호 또는 지원체계의 적확성과 실효성을 근본적으로 재검토하고, 실행프로그램을 보완 및 재정비하는 것이 긴절한 정책현안으로 제기되고 있다.

종래 탈북민에 관한 연구는 대부분 사회학, 정치학, 심리학, 교육학 등 주로 실증적인 학문분야에서 탈북민들의 사회적, 심리적, 문화적 적응실태와 정부의 보호 및 지원정책의 효과, 탈북민들을 매개로 한 북한사회연구 등에 초점을 맞추어 왔다. 법적인 측면에서도 주로 중국에 체류 중인 탈북민의 보호와 지원과 관련된 난민지위인정 등의 국제법적 문제에 대한 연구와, 전술한 「탈북민지원법」을 비롯하여 탈북민의 보호와 관련된 현행 법령상의 규정을 조사 검토하여 체계적으로 정리하면서 기술적인 개선방안을 제시하는 것이 주류였다.

정책현안으로서 탈북민문제에 대한 다양한 실증적 연구가 적확한 탈북민정책의 수립과 집행에 기본적인 토대가 되고 또한 탈북민의 법적 지위와 관련된 현행 법령 및 판례를 정리하여 놓은 것이 그 자체 체계적인 정보로서 탈북민들의 정착생활에 큰 도움이 되는 것은 물론이고, 탈북민정책의 현황과 문제점을 일람하는데 효과적인 준거가 되는 점에서 종래의 연구성과는 매우 유용한 자료로 활용될 수 있을 것이다. 하지만, 기왕의 연구, 특히 국내법적 관점에서 탈북민문제를 접근한 연구성과들은 체계적인 법령자료집 이상의 효용을 기대하기 어려운 한계를 안고 있다.

통일의 정치적, 정책적 환경, 특히 북한의 오늘과 내일에 초점을 맞추어서 본 동북아정세를 비롯하여 연관된 복합적인 국제환경의 격변은 말할 것도 없고, 적어도 이미 국내적으로도 본격적으로 다문화시대에 진입하여 순기능과 함께 역기능을 수반하는 부정적인 사회문제들이 급부상하고 있는 상황에서 탈북자들의 규모가 크지 않던 1990년대 중반 이전의 시점과 비교하건대, 법 및 정책적 고민의 대상으로서 문제의 구조와 양태가 크게 달라진 점만을 고려해도 기존의 미시적이고 즉응적인 양식의 탈북자정책은 근본적으로 개편 및 보완되어야 한다.

이미 일종의 거시적인 차원에서 정치·사회적 현안으로 파악해야 하는 탈북민문제의 현황과 급변의 추세를 주목하면서 본 연구에서는 법제화된 탈북민 보호 및 지원의 대강의 내용과 구체적인 실행프로그램의 현황을 정리하고, 개선의 당위성과 필요성 및 그 방향과 내용을 제시하는 것이 본 연구의 주요 과제이다.

Ⅱ. 탈북민의 법적 지위 - 개요 및 관련 입법의 연혁

1. 개요

탈북민의 법적 지위는 우선 북한으로부터 직접 남한으로 넘어오는 예외적인 경우가 아닌 한, 북한 탈출 또는 출국에서부터 중국 등 제3국 체류단계, 국내 입국에 이르는 탈북 자체의 과정과, 국내 입국 후 초기 입국단계, 시설보호, 사회적응교육단계를 거친 후 거주지보호 등 사후지원의 단계 등 4단계로 구별되는 입국 후 정착과정으로 나누어서 살펴볼 수 있다. 이에 따르면 탈북민의 법적 지위는 입국 전까지 '난민지위의 인정', 국적판정 등과 연관되는 국제법 또는 '국가의 국민보호의무'의 헌법적 요청과 관련하여 국내법과 중첩되는 국제법의 문제와, 입국 후의 국내법의 문제로 대별된다. 또 한편 법영역별로 구분하여 보면 기본권적 지위 및 기본의무를 중심으로 한 헌법적 지위와, '탈북민지원법', 출입국관리법 등 관련된 제반 행정법, 형사법, 친족상속법을 포함한 민사법 등 탈북 후 입국과 입국 이후에 정착 및 적응해나가는 과정에서 거의 모든 정부부처와 관련되는 일상적인 전체 생활영역과 연결되는 일반법적 지위로 분류된다. 또한 법정책론의 관점에서 보면 정부 주도의 정책적, 법제도적 대응의 관점에서 현행 법제상 법적 지위와, 법적 지위를 설정하고 형성 및 발전시켜나가는 법현실의 문제로, 또는 이와 연결하여 입법, 사법 및 행정의 문제로 구분하여 접근하는 것도 필요할 것이다.

본고에서는 우선 탈북민의 국제법적 지위와 헌법적 지위는 기본적으로 논구대상에서 제외한다. 탈북민문제와 관련된 일종의 '기본법' 또는 '포괄법'이라고 할 수 있는 「탈북민지원법」을 중심으로 하여 탈북민 정착지원법제의 현황을 비판적으로 검토하면서 개선방안을 제시한다. 기타 민사법 등 개별법영역의 경우에는 탈북민의 법적 지위에 특유한 중요한 입법 및 판결례들을 선별하여 정리한다.

2. 탈북민 정착지원 관련 입법의 연혁

탈북민의 보호 및 정착지원과 관련한 입법은 보호의 원칙을 천명하고, 관련된 보호 및 지원의 수준과 내용에 관하여 구체적인 지침을 포괄적으로 정한 동시에 제반 절차규정을 포함하고 있는 점에서 일종의 '기본법'에 해당하는 현행 「탈북민지원법」에 이르기까지 4차례에 걸친 전면적인 개편이 있었다.

최초의 입법은 1962년에 「국가유공자 및 월남귀순자 특별보호법」이었다. 동법은 기본적으로 탈북민을 '귀순'한 것으로 보아 국가유공자에 준하는 법적 지위를 부여하였다. 정전 이후 동 법의 제정 이전까지의 탈북민 256명은 적어도 공식적으로는 정착지원금을 받지 못하였는데, 동법의 시행 후 탈북민들은 3등급으로 분류되어 정착금을 지원받고, 직장 및 주택을 제공받게 되었다. 1960년대 말 이후, 특히 1972년 이른바 '유신체제' 하에서 남북 간에 긴장이 고조되고 체제경쟁이 격화되면서 탈북민의 지원문제는 반공이데올로기의 홍보와 정치적 선전수단으로 이용되는 경향을 보였다. 이러한 추세 속에서 1979년 「월남귀순용사특별보상법」이 제정되었는 바, 동법에 따르면 탈북민들은 종래 3단계에서 5단계로 보다 세분화된 등급에 따라 이전에 비해 대폭 상향 조정된 최고 5천만 원에서부터 최저 8백만 원의 지원금을 받게 되었다.

동법에 따른 탈북민 지원체제는 1980년대 내내 지속되다가, 1990년대 초에 남북한의 UN동시가입(1991년)과 「남북기본합의서」의 발효(1992년) 등으로 남북 간의 긴장완화에 따라 교류가 확대되고, 탈북민이 급증하는 상황의 변화에 따라 근본적인 개편이 필요하게 되었다. 이에 따라 1996년에 전면 개정된 「귀순북한동포보호법」은 소관부처를 국가보훈처에서 보건복지부로 변경하였고, 정착지원금의 수준도 대폭 하향 조정되었다.[2)]

현행 「탈북민지원법」은 1994년을 기점으로 하여 대규모의 탈북이 상시화되고, 가족·직장동료 등이 집단적으로 탈북하는 등의 완전히 새로운 문제상황에 대응하기 위한 법제적 대응의 산물이었다. 다음 절에서 상술하는 바와 같이, 동법에서 주목되는 것은 탈북민에 대한 보호 및 정착지원의 기본원칙으로 '인도주의원칙'과 '자율적응의 원칙'을 제시한 것과 탈북민 지원정책의 기본지침이 종래의 '수혜적 보호'에서 '자립과 자활'에 초점을 맞춘 지원으로 전환된 점이다.

Ⅲ. 현행 「탈북민지원법」상 정착지원제도의 현황

1. 대강과 특징

탈북민의 보호 및 정착지원정책의 기조를 재조정하고, 정착지원의 제도와 절차를 체계적으로 정비 보완한 동 법의 의의와 특징은 다음 세 가지로 정리될 수 있다.[3)]

i) 우선 탈북민의 보호와 정착지원업무를 일원화하여 종래 보건복지

---

2) 상세한 내용은 정영화, 앞의 논문, 479-480면.

3) 이에 관한 보다 상세한 내용은 이상철, 앞의 논문, 35-39면. 이 부분의 내용은 동 논문의 해당 내용을 축약 정리한 것임을 밝혀둔다.

부였던 것을 이관하여 통일부가 관장하도록 하였는 바, 이는 단순히 소관청을 이전한 기술적인 변경은 아닌 것으로 이해된다. 넓은 의미에서는 사회복지업무의 일환으로 볼 수 있겠지만, 탈북민 정착지원의 업무가 일반적인 사회복지업무와는 다른 관점과 차원에서 접근되어야 하는 특수한 업무, 특히 거시적이고 장기적인 통일정책과 연계하여 운용되는 것이 필요하다는 점을 고려하여 통일부장관이 총괄하도록 한 결정이다.

ii) 종래의 '귀순' 대신에 '북한이탈'이라는 용어를 사용하여 보호대상자를 확대하여 인정하려는 정책방침을 반영하였고, 보호와 정착지원제도의 설계와 운영의 기본원칙을 제시한 것이 주목된다. 즉 탈북민을 '인도주의원칙'에 입각하여 특별하게 보호하되, 탈북민 스스로도 국내법질서와 사회체제에 적응하여 건강하고 문화적인 생활을 하기 위해 노력을 해야 한다는 '자율적응의 원칙'을 명시적으로 규정하였다.

iii) 탈북민의 보호와 정착지원에 필요한 시설의 설치와 운용을 의무화하는 규정을 두고, 보호신청에서 보호결정, 결정 이후에 일련의 구체적인 보호와 정착지원업무를 재정비한 점이 눈에 띈다. 특히 종전에 지원금지급 위주의 직접지원방식 외에 학력인정, 자격인정, 등과 관련한 행정적 지원이나 사회적응교육, 직업훈련제도 등 다양한 간접적인 지원프로그램을 획기적으로 신설 및 확충한 점이 주목된다.

2. 정착지원의 제도와 프로그램의 현황

탈북민의 정착지원사업은 기본적으로 「탈북민지원법」과 동 시행령 및 시행규칙에 의거 시행되고 있으며, 행정규칙 성격의 시행지침으로 「북한이탈주민 거주지보호 지침」, 「북한이탈주민 교육지원 지침」, 「북한이탈주민 취업보호 지침」 등이 있다.

정착지원사업은 기본적으로 정착금지원, 주거, 취업, 사회복지 및 교육 등 5가지 유형으로 구분된다.

i) 우선 정착금은 탈북민이 자립의 기반을 갖출 수 있을 때까지 기본적으로 생계를 유지할 수 있도록 현금을 지급하는 것이다(법 제21조). 정착금의 종류는 모든 탈북민에게 원칙적으로 균등하게 지급되는 기본금과, 자립과 자활을 촉진하기 위한 일종의 인센티브 제도라고 할 수 있는 장려금, 그리고 노령, 장애, 질병 등 특수한 사정에 따라 최대 1,540만 원까지 지급되는 가산금 등 세 가지로 구분되어 있다. 기본금은 1인 세대를 기준으로 하여 600만 원부터 세대원의 수에 따라 7인 이상 세대의 경우 최고 900만 원까지 7단계로 구별하여 차등 지급되고 있다. 기본금 중 초기지급금(1인세대 기준 300만 원)은 '하나원' 퇴소 시에 지급하고, 분할지급금은 거주지 편입 후 1년에 걸쳐서 분기별로 분할 지급된다. 직업훈련의 이수, 자격증취득과 취업 및 근속 등의 성과에 따라 차등 지급되는 장려금은 최대 2,140만 원이 지급된다. 구체적으로 보면 직업훈련 수료시에 최대한 240만 원까지 장려금이 지원되고, 일정한 자격취득의 경우에는 200만 원의 장려금이 지급된다. 또한 고용보험에 가입한 직장에 취업 시에는 3년 간 최고 1,800만 원까지 취업장려금이 지원된다.

ii) 주거지원은 LH공사나 지방자치단체가 건설하는 공공 임대주택을 알선해 주고, 1인 세대를 기준으로 1,300만 원의 주거지원금이 보조된다(법 제20조). 주거지원금은 실입주보증금에 한해 지원하고, 잔액은 원칙적으로 거주지 보호기간이 종료되는 5년 후에 지급된다.

iii) 취업지원은 전술한 각종 장려금제도와 함께 전국에 고용노동부 산하 55개소의 고용지원센터에 전문직업상담사를 '취업보호담당관'을 보임하여 진로지도, 직업훈련 등과 관련한 정보제공과 상담의 기회를 제공하고 있다. 기타 우선구매제도(법 제17조 제5항), 영농정착지원프로그램(법 제17조의3)을 신설하였고, 공무원임용과 관련해서도 특별임용제도가 시행되고 있다(법 제18조). 취업지원프로그램과 관련하여 2010년 3

월에 전면개정을 통해 통일부장관이 전문성 있는 기관이나 단체를 지역적응센터로 지정하여 법 제15조 제2항의 거주지 적응교육과 북한이탈주민의 특성을 고려한 심리 및 진로상담 · 생활정보제공 · 취업서비스 안내 및 사회서비스 안내 등을 할 수 있는 일종의 '통합서비스센터'로 운영할 수 있는 법률상 근거규정이 새로 마련되었다(법 제15조의2). 현재 전국 30곳에 '하나센터'가 개설되어 운영되고 있다.[4)]

iv) 사회복지 관련 사업은 크게 세 가지 프로그램으로 시행되고 있다. 우선 생계급여는 제11조에 따른 시설보호가 종료된 사람 중 생활이 어려운 사람에게는 본인의 신청에 의하여 「국민기초생활보장법」 제5조에도 불구하고 5년의 범위에서 같은 법 제7조부터 제15조까지의 규정에 따른 보호를 할 수 있는 것으로 규정한 법 제26조에 의거 「국민기초생활보장법」에 의해 지급된다. 기타 의료보호도 마찬가지로 의료급여 1종 수급권자로 본인부담 없이 의료혜택이 주어진다(법 제25조).

v) 교육지원사업의 경우 우선 탈북청소년들은 북한이나 제3국에서 이수하였던 학력을 인정하여 편입학하도록 규정하고 있고(동 시행령 제27조), '하나원'에서 적응교육을 마친 후 거주지의 일반학교로 편입학하게 된다. 대학진학을 희망하는 탈북민에게 특례 입학을 허용할 수 있는 법적 근거를 마련하여 놓았다(법 제24조 제1항). 또한 법 제26조에 의거 생계급여와 함께 학비도 지원되고 있는 바, 중고등학교와 국립대의 경우는 일체의 학비가 면제되고, 사립대학의 경우에는 50%가 국고로 보조된다(법 제24조 제2항 및 동 시행령 46조).

---

4) 2010년 9월 27일에는 '북한이탈주민지원재단'이 설립되어 민간지원 활동을 통합·조정하는 새로운 종합지원시스템이 구축되었고, 이를 바탕으로 2011년도에는 북한이탈주민들의 경제적 자립을 촉진하고 대상별 맞춤형 지원에 역점을 둔 「북한이탈주민 희망프로젝트」를 추진하여 좋은 성과를 보이고 있다. 통일백서, 통일부, 2012, 209면.

Ⅳ. 문제점 및 개선방안 검토

1. 개요

보호신청부터 보호결정에 이르는 초기입국 단계 이후, 대체로 위와 같은 내용으로 추진되는 탈북민에 대한 정부의 보호와 정착지원사업은 시기별로 시설보호단계, 사회적응단계 및 거주지보호 및 사후지원단계로 구분된다. 단계별로 탈북민의 법 및 사실상의 지위와 관련하여 문제점과 개선의 필요성 및 그 방안을 검토해본다.

우선 초기입국단계는 탈북민이 보호신청을 하면 외교부는 즉시 통일부 등에 보호신청사실을 통보하고, 해외공관이나 주재국 임시보호시설에 수용된 상태에서 사실관계의 조사를 거쳐 신원이 확인이 되면 주재국과의 입국교섭을 거쳐 국내로의 입국을 지원하는 순서로 진행된다. 통일부장관은 보호신청사실을 통보받은 날부터 30일 이내에 보호여부를 결정하여야 한다(동 시행령 제15조 제1항). 국정원장이 결정하는 경우에도 임시보호조치나 그 밖에 필요한 조치를 마친 날부터 30일 이내에 결정하여야 한다(동 시행령 제2항).

시설보호단계에서는 최장 180일까지 국가정보원과 경찰 등 관계 기관의 합동신문을 통해 탈북민의 신분과 탈북동기 등을 조사하고, 이를 토대로 하여 '북한이탈주민대책협의회'[5]의 심의를 거쳐 통일부장관이 보호 여부를 최종 결정한다(동법 제8조 제1항). 다만, 국가안전보장에 현저한 영향을 줄 우려가 있는 사람에 대하여는 국가정보원장이 그 보호

5) 동 협의회는 통일부 차관이 위원장이 되고, 위원장을 포함하여 25명 이내의 위원으로 구성된다(법 제6조 제2항). 법 제6조 제1항에 따른 북한이탈주민 대책협의회(이하 "협의회"라 한다)의 위원은 기획재정부·교육부·통일부·외교부·법무부·국방부·안전행정부·문화체육관광부·농림축산식품부·산업통상자원부·보건복지부·고용노동부·여성가족부·국토교통부·대통령비서실·국가정보원·국무조정실·경찰청 및 국군기무사령부의 고위공무원단에 속하는 일반직공무원 또는 이에 상당하는 사람 중에서 해당 행정기관의 장이 지명하는 사람이 된다(동 시행령 제2조: 2013.3.23.개정).

여부를 결정한다(동법 제8조 제1항 단서).

사회적응단계는 '하나원'에 기숙하면서 총 12주 동안 심리상담 및 생활지도와 함께 사회적응 및 기초직업훈련을 받게 된다. 이 기간 동안 취적 및 주민등록증 발급, 정착지원금 지급, 주택알선, 학력자격의 인정, 의료 및 생활보호대상자 편입 등을 위한 기초자료가 정리된다.

거주지 보호 및 사후지원단계에서 주택이 알선 및 배정되고, 각 거주지의 사회안전망 등에 편입되어 본격적으로 남한 시민으로서 사회경제적 생활을 영위하게 된다. 전술한 바와 같이 전국 30곳에 설치된 지영응급센터, 즉 '하나센터'에서 3주 간 집중교육이 실시되고, 1년간의 사후지원을 포함하여 5년 간 제반 정착지원사업이 진행된다. 탈북민이 거주하는 각 지방자치단체별로 보호업무를 총괄 조정하는 거주지, 취업 및 신변보호 담당관이 지정되어 정착지원과 각종 행정지원업무를 담당하게 하였다.[6]

2. 단계별 검토

(1) 보호신청 및 보호결정 절차상 문제점

i) 우선 보호신청과 보호결정에 이르는 단계에서 탈북민의 법적 지위가 충분히 보호되고 못하다. 「탈북민지원법」은 '대한민국의 보호를 받으려는 의사를 표시한 탈북민'에 대하여 적용하는 것으로 규정하고 있는데(제3조), 중국에 체류 중인 대부분의 탈북민들의 경우에 보호신청 자체를 할 수 없는 것이 현실이다. 동법 개정 이전에 보건복지부장관에

6) 탈북민이 100명 이상 거주하는 지자체는 '탈북민지원 지역협의회'를 구성하도록 하고, 시행성과를 지자체 합동평가에 반영하고 있다. 민간이 참여하는 정착지원 프로그램으로는 민간자원봉사로 '정착도우미'를 지정하여 생활현장에서 근접지원을 하도록 하였고, 2010년 9월에는 '북한이탈주민지원재단'이 설립되어 탈북민의 생활안정과 사회적응을 지원하고, 정착지원사업에 참여하고 있는 민간단체들의 구심체로 역할을 수행하고 있다.

게 보호신청을 하도록 하였던 비현실적인 절차를 변경하여 재외공관이나 그 밖의 행정기관의 장(각급 군부대의 장 포함)에게 신청하는 것으로 정한 것은(법 제7조 제1항) 중국 등에 불법으로 체류 중인 탈북민의 사정을 고려한 것이기는 하지만, 상황은 별로 달라진 것이 없다. 전술한 바와 같이 이 문제는 헌법규범과 헌법현실의 괴리에서 비롯되는 것이고, 결국 국제법과 국제정치역학 등의 여건에 따른 불가피한 것이기는 하지만, 현실적인 한계 속에서라도 헌법상의 국민보호의무를 이행하기 위한 최선의 노력을 다하고 있는지는 의문이다. 김영삼 정부 이후 탈북민 '전원수용의 원칙'을 지속적으로 천명해 온 정부는 탈북자의 발생을 유도하거나 조장하지는 않지만 이미 발생한 탈북자가 국내 입국을 희망할 경우 전원수용하며, 제3국 체류 시에도 지원과 보호를 요청할 경우 적절한 지원을 하는 것을 기본방침으로 제시하고 있다. 하지만 재외탈북자들이 체류하고 있는 현지 재외공관들은 해당 국가와의 외교적 문제, 남북관계에 대한 정치적 고려, 탈북자 본인의 인성 상태 등을 고려하여 사실상 '전원수용원칙'은 유명무실한 실정이다.

또한 동법 제7조 제1항은 보호신청을 원칙적으로 '직접' 하도록 정하고 있다. 동법 시행령은 탈북민 본인이 직접 보호신청을 하지 않을 수 있는 사유로 '가족의 구성원이 나머지 가족을 대리하여 신청하려는 경우', '그 밖에 긴급한 사유가 있는 경우' 등을 규정하고 있는 바(제10조), 여기에서, 실제로 그러하기도 하지만, '긴급한 사유'를 유연하게 해석하지 않는 한 현실적으로 불가피한 대리신청은 인정될 수 없다. 탈북민의 대부분이 체류 중인 중국에서 한국 대사관이나 공사관, 영사관 등 공관에 접근하는 것 자체가 원천적으로 봉쇄된 현실을 고려하면 이는 사실상 보호신청의 창구를 폐쇄한 것과 다를 것이 없다. 예컨대, 공관 주재원이나 NGO를 통한 간접적인 보호신청을 허용하지 않는 것은 전적으로 외교적인 갈등에 대한 우려와 행정, 재정적 부담을 피하기 위한 것일 뿐이다. 외교관계 등 복합적인 현실상황을 고려하건대 이러한 선별수용에 대하여 바로 위헌론을 제기하기는 어렵고 또한 탈북민들이 헌법소원심판을 청구할 수 있는 기회를 가질 수 없는 상황에서 그것이 헌법소송실무상의 문제로 부각될 가능성은 크지 않지만, 헌법규범과 헌법현실의 거리를 줄여나가는 가운데 궁극적으로 정책의 객관적인 타당성과 그에 따른 설득력이 제고될 수 있다는 점에서 모든 공권력의 행사가 최고규범인 헌법에 기속된다는 자명한 법리를 재확인하고, 이를 준거로 하여 숙고하고 반성하는 것은 늘 필요하고, 탈북민보호의 문제도 그 예외가 될 수는 없다.[7)]

ii) 같은 맥락에서 최근에 중국 등에 체류 중인 탈북민들에게 어떤 형식으로든 한국 국민임을 증명할 수 있는 신분증을 발급해주는 방안이 논의되고 있는 것이 주목된다. 현재 정부는 중국을 벗어나서 제3국에 도착한 탈북민들에게 주민등록이 없음에도 불구하고 여권을 발급해주고 있는데, 이런 방침을 중국에 체류 중인 탈북민에게도 확대하여 적용하는 것이 가능하고, 바람직하다. 그것이 외교적 마찰에 대한 우려 때문에 현실적으로 어렵다면 남한에 이미 가족이 입국한 탈북민에 한해서라도 한국인임을 증명할 수 있는 서류를 발급해주는 것이 필요하다. 이러한 점에서 여권을 분실한 한국 국적자에게 현지 공관이 발급하는 임시여행증명서(TC)를 발급해주는 방안을 유력한 대안으로 적극 검토해야 할 것이다.

7) 이와 관련하여 통일 전 서독에서 동독으로부터 피난민이 대규모로 유입되는 경우에 대비하여 1950년 8월 22일에 제정하였던 「긴급수용법」(Notaufnahmegesetz)과 관련하여 제기되었던 헌법적, 정치적 논란과 동 법에 대한 독일 연방헌법재판소의 합헌결정은 시사하는 바가 적지 아니하다. 독일 연방헌법재판소는 기본법 제11조의 거주이전의 자유를 포함한 모든 기본권은 동독지역에서 탈출한 독일인에게도 적용되는 점을 확인하되, 다만 선별수용은 과도한 유입을 규율하기 위하여 불가피한 조치로 보아서 그 근거규정을 합헌으로 결정하였다. BVerfGE 2, 266. 이에 관해 상세한 내용은 정영화, 앞의 논문, 472-473면 참조.

iii) 전술한 바와 같이 '전원수용원칙'이 아니라 '직접신청의 원칙'에 의거 사실상 탈북민을 선별적으로 수용하고 있는 것이 현실인데, 동 법 제9조 제1항은 보호대상자 부적격자의 기준을 제시하여 보호대상자로 결정하지 않을 수 있다고 규정하고 있다. 항공기 납치, 마약거래, 테러, 집단살해 등 국제형사범죄자, 살인 등 중대한 비정치적 범죄자, 위장탈출 혐의자, 체류국에 10년 이상 생활 근거지를 두고 있는 사람, 국내 입국 후 1년이 지나서 보호신청한 사람 등이 그것이다. 현실을 고려한 불가피한 정치적, 정책적 고민의 결과로 이해되기는 하지만, 적어도 원론적인 차원에서 보면 이러한 선별수용의 법적 지침이 헌법상 국가의 국민보호의무에 부합되는 것으로 볼 수 없다는 점은 분명하다. 위 기준은 국적판단과는 전혀 무관한 것이고, 당연한 국적인정 후에 주어지는 관할권 행사의 문제일 뿐이다.

iv) 동법 제32조는 이의신청제도를 두어 보호 및 지원에 관한 처분에 이의가 있는 보호대상자가 처분의 통지를 받은 날부터 90일 이내에 통일부장관에게 서면으로 이의신청을 할 수 있고, 통일부장관은 지체 없이 이를 검토하여 처분이 위법 또는 부당하다고 인정되는 경우에는 그 시정이나 그 밖의 필요한 조치를 할 수 있다고 규정하고 있다. 동법 개정 당시에 원안은 이의신청을 행정심판에 대한 특례로 규정하려 하였는데 법제처의 법안심사과정에서 직권시정절차로 변경되었다.[8] 원안에 따르면 이의신청에 대하여 통일원장관은 '대책협희회'의 심의를 거쳐 기각, 변경 또는 취소의 재결을 할 수 있었는데, '대책협의회'의 위원들이 행정심판위원의 자격요건을 갖추지 못한 점, 각하규정이 없는 점 등 행정심판의 기본요건을 갖추지 못한 것을 고려하여 직권시정절차로 변경한 것이다. 다만, 중국 등에 체류 중인 탈북민에게는 실효성이

8) 이에 관해서는 이상철, 앞의 논문, 38면, 주석 20번 참조.

없는 것이기는 하지만, 적어도 법적으로는 보호신청이 반려되는 경우 탈북민이 동 규정에 따른 이의신청 외에 행정심판 및 행정소송을 제기하는 것이 가능하다는 점만 지적한다.

⑵ 시설보호단계 - '하나원' 보호와 교육

국내에 입국한 탈북민은 즉시 관계기관(대성공사)에 수용되어 임시신분증명서를 받고, 숙식과 의복, 그리고 건강검진과 초기치료 서비스를 제공받고 합동신문을 받게 된다. 이 곳에서 일반 탈북자는 1~2개월 정도 체류 후 통일부가 운영하는 북한이탈주민정착지원사무소(이하 하나원)로 이송된다.

시설보호단계에서 탈북민들은 1997년 7월 처음으로 개설된 '하나원'에서 기숙하면서 12주 동안 심리상담 등 생활지도와 함께 사회적응을 위한 기본교육을 받는다. '하나원'의 교육내용은 크게 정서안정 및 건강증진, 사회체제교육, 진로지도 및 직업훈련 및 초기정착지원 등 네 가지로 구분된다. '하나원' 퇴소 이후에 거주지가 배정된 후 전국 30 곳에 설치된 '하나센터'에서 지역정착을 위한 교육의 기회가 추가로 주어지지만, 임시보호시설이면서 교육기관이기도 한 '하나원'에서의 교육은 초기정착을 위한 최소한의 기초교육과정이다. 12주간 총 420시간 교육이 진행된다. '하나원'에서의 교육의 성과에 대해서는 의견이 엇갈리고 있으나, 연착륙을 위한 일정한 교육은 필수적이기 때문에 계속 유지되어 나가야 할 것이다.

다만, 정부가 주관하는 일종의 합숙형 집체교육제도의 효용에 대해서는 재검토되어야 할 것으로 생각된다. 우선 지적할 수 있는 것은 명시적인 법률상의 근거가 없이 사실상 거주이전의 자유를 제한하는 것은 원천적으로 위헌의 문제가 있다. 동 법은 '통일부장관은 보호대상자에 대한 보호 및 정착지원을 위하여 정착지원시설을 설치·운영한다'고 규정하고 있고(제10조 제1항), 동 시행령은 '소속공무원으로 하여금 정착지원시설을 관리 및 운영하게 할 수 있다'고만 규정하고 있을 뿐이다. 기타 동 시행령 제21조 제1항-제3항에 정한 일반적인 업무지침 외에 정착시설의 설치와 관리 및 운영에 관한 필요한 사항은 통일부장관이 정하도록 하였다(동 시행령 제20조 제2항, 제21조 제4항).

요컨대, '하나원'에 입소하지 않는 경우 당장 생활기반이 없는 탈북민의 입장에서 는 필수적인 제반 행정적, 재정적 지원과 교육 등의 혜택을 받을 수 없는 여건 때문에 사실상 입소가 강제되는 것일 뿐이고, 이는 법률상의 근거가 없이 주거이전의 자유를 제한하는 이른바 '사실상의 기본권침해'에 해당하는 바, 입법적 보완이 필요하다. 또한 탈북민이 원하는 경우 소정의 행재정적 지원과 무관하게 일정한 요건 하에 예외적으로 '하나원' 입소를 거부하거나 입소기간을 단축할 수 있는 법적 권리가 보장되고, 관련 절차가 마련되어야 할 것이다.[9)]

남한 사회와 접촉하고 주민과 교류할 수 있는 기회가 봉쇄된 폐쇄시설에서 진행되는 사회적응교육의 한계와 역기능도 고려하여야 할 것이다. 민간참여가 제한적일 수밖에 없는 것도 문제이다. 자유는 체험하고 느끼면서 스스로 알게 되는 것이지 가르치고 배우는 것이 아니기 때문이다. 가능한 최대한의 범위에서 현장학습 등 개방형 교육프로그램이 확충되는 것이 필요하다.[10)] 한 연구조사에 따르면 하나원에서의 교육내용이 일상생활과 직장에서 유용하였는지 묻는 설문에 대한 탈북민의 평가는 상당히 부정적인 것으로 나타났다.[11)] 응답자 중 약 57%가 하나원

---

9) 더욱이 통일이 급박하게 진행되는 특수한 경우에는 대규모의 북한 주민이 일시에 남한지역으로 이주하는 비상상황이 발생할 수도 있는 바, 적어도 잠정적으로는 거주이전의 자유를 제한하는 강제수용 등의 조치가 불가피할 것인 바, 이에 대비하여 법제를 미리 정비하여 놓는 것이 필요하다.

10) 이 점에 관해서는 북한이탈주민 정착지원사업평가, 국회예산정책처, 2009, 20면.

11) Johanna Hosaniak 외, 앞의 책, 19면.

에서 교육받은 지식을 사회에 나와서 별로 활용하지 않는다고 답하였고, 87.5%가 하나원의 교육기간을 연장하는 것에 반대의견을 제시하였다. 하나원 교육에 대한 만족도도 상당히 낮은 수준을 보였는 바, 전체 응답자 중 약 34%만이 만족한다고 답하였다.[12] 남한 사회에 대한 이해 증진을 위한 교육에 124시간이 배정되어 있는데, 헌법적 정체성 확립의 과제와 관련하여 민주시민정치교육에 좀 더 많은 관심을 기울여야 할 것이다.[13] 2006년부터 법무부가 '하나원'에서 실시하고 있는 생활법강의가 탈북민들의 큰 호응을 받으며 정착되고 있고 또한 2007년 11월부터 법무부 홈페이지(www. moj.go.kr)를 통해 실시되고 있는 '북한이탈주민 법률상담' 서비스도 점차적으로 성과를 내고 있는 것으로 보도되고 있는데, 이러한 프로그램의 운영에도 헌법교육과정이 적극 반영되어야 할 것이다.

⑶ 거주지 보호단계

'하나원' 퇴소 후 탈북자들은 거주지에서 5년 간의 보호와 관리를 받게 된다. 특히 생업지원제도, 취업장려금 등 고용촉진 제도, 직업훈련 수당, 자격증 취득시 지원금 등 다양한 지원프로그램이 마련되어 있는 바, 정부의 탈북자에 대한 보호와 정착지원프로그램은 이들의 사회적응을 위한 지원 수준으로서는 결코 낮다고 볼 수 없는 수준이다.

2012년에 통일부의 탈북민 지원 관련 예산은 1,239억 원이고, 보건복지부와 지자체의 별도 예산을 포함하면 수천억 원이 넘는다. 이와는 별도로 탈북민들에 대해서는 교육, 의료, 취업 등을 위한 별도의 지원도 제공된다. 탈북자들이 제공받는 정착지원금과 제반 서비스는 국내 보훈

12) 위 보고서, 20면.

13) 특히 탈북 청소년들을 대상으로 하는 민주시민교육은 영어와 정보교육을 비롯한 일반적인 수학능력의 배양과 함께 각별한 관심과 배려가 요구되는 바, 다음 V.에서 간단하게나마 별도로 논의한다.

대상자와 생계곤란자 등 정부의 지원을 받는 여타의 대상자들에 비해서도 높은 수준을 유지하고 있다. 그러나 이러한 제도적 보호조치와 지원프로그램에도 불구하고 탈북민들의 전체적인 사회경제적 적응, 특히 생활안정의 수준은 높지 않다는 것이 일반적인 평가이다. 북한이탈주민지원재단이 2012년 초에 국내 거주 탈북민 8천여 명을 대상으로 생활실태를 조사한 결과, 33% 이상이 한 달 평균소득이 100만 원 이하인 것으로 드러났다.

근속 기간에 따라 차등화하여 3년차 기준 최고 650만 원까지 지급되는 인센티브 제도도 기대만큼 취업유인의 성과를 보이고 있지 못하다. 이는 상당 수 탈북민이 저소득자인 상황에서 취업보다 의료보호가 포함되는 기초생활수급자로 보호를 받는 것이 더 유리한 사정에 기인한다. 근속기간 1년차까지 장려금을 지급하는 것이 오히려 1년 단위의 이른바 '메뚜기 취업'을 부추기는 역기능을 해소하기 위해 3년차까지 연장하였으나, 대부분 저소득 직장인 까닭에 근속보다는 장려금을 유지하는 것이 더 유리하기 때문에 실질적으로 취업 현장에서 근속유인의 효과로 연결되지 못하고 있는 실정이다.[14)]

보도에 따르면 국내 정착을 돕기 위해 지급되는 정착금의 상당 부분이 가족의 입국을 위한 비용으로 지출되는 경우가 적지 않은 것으로 파악되고 있는 바, 초기 생활안정에 장애가 되고 부적응의 요인이 되고 있다.[15)] 탈북민의 입장에서 볼 때 가족에 대한 송금이 불가피한 선택으로 이해되기는 하지만, 이는 궁극적으로는 정착지원제도 자체의 부실화의 요인으로 작용되고 있다. 특히 최근 중국 측의 강력한 탈북자 단속과

14) 이에 관해서는 한국경제, 2012년 4월 4일, A8면.

15) 탈북민 지원단체인 '새롭고 하나된 조국을 위한 모임'이 2011년 11월에 1년 이상 국내에 거주하고 있는 탈북민 350명을 대상으로 설문조사를 한 결과에 따르면 북한으로 송금한 경험이 있다는 응답자가 250명(71.4%)에 달하였고, 이들 중 약 66%는 정착지원금으로 송금한다고 답하였다. Naver 뉴스, 2012년 9월 6일.

관련 시민단체 소속의 전문 활동가들의 신변위협에 따른 활동 위축 등으로 중국에 체류 중인 탈북민의 입국을 알선하기 위한 소요비용이 급증(사례당 평균 1,000만 원 이상으로 추정됨)하고 있으나 가족 입국을 추진하려는 탈북민의 열망을 제지하기는 어려운 것이 현실이다. 탈북민에게 지급되는 정착지원금을 대부제도로 전환하는 방안이나 지급기간과 방법도 보다 다원화하는 것이 필요하다.

마지막으로 강조하고자 하는 것은 거주지보호의 단계와 그 후의 생활적응의 단계에서 가장 중요한 것은 남한 시민, 즉 직장 동료, 그리고 거주지의 이웃 주민들과 상호 교류하면서 이해의 폭을 넓혀 나가고 구체적인 생활관계 속에서 도움을 받을 수 있는 기회, 즉 심리적, 문화적 통합과 인적 소통을 확대해 나갈 수 있는 토대인 사회적 관계망이 최대한 제공되어야 하는 점이다.[16] 지역 소재 종교단체나 시민단체의 네트워크에 연결될 수 있도록 정보를 제공하고, 접촉의 장을 활성화하는데 직·간접적으로 도움을 주는 프로그램이 필요하다. 또한 실제로 '하나원'이나 '하나센터' 등 정착지원 관련 기관에 비해 탈북민들의 신뢰도가 가장 높은 기관이 사회복지관이라는 조사결과를 고려하면,[17] 전국의 모든 자자체에서 지역주민들의 만남과 다양한 복지생활프로그램의 거점으로 활발하게 운영되고 있는 사회복지관을 적극 활용하는 것이 유효한 방안이 될 것으로 생각된다.

남한 주민들에 대하여 탈북민 이웃에 대한 이해의 폭을 넓혀나가는데 도움이 되는 다양한 교육프로그램을 개발하여 수행하는 것도 긴요함

---

16) 이와 관련해서는 이순형 외, 앞의 책.

17) Johanna Hosaniak 외, 앞의 보고서. 동 보고서에 따르면 '하나원'(38%), '하나센터'(64.8%) 등에 비해 사회복지관에 대한 신뢰도가 72.7%로 가장 높다. 여러 가지 복합적인 요인이 작용된 것으로 생각되지만, 실제 생활복지에 직접적인 도움이 되는 점과 함께 일반 시민들과의 접촉하고 교류할 수 있는 기회가 되는 점이 반영된 결과로 여겨진다.

은 물론이다. 탈북민을 '우리 국민'으로 받아들일 용의가 있는지에 관한 거시적인 문제[18]만큼이나, 또는 오히려 그보다 우선하여 옆집의 이웃 주민으로 함께 살아가려는 태도를 갖는 미시적인 문제도 중요하다. 근거리 지역공동체 생활의 경험이 탈북민들에든, 남한 주민들에게든 거시적인 사회적, 문화심리적 통합의 가능성과 그에 따른 사회적 합의의 당위성과 가능성에 대한 전향적인 기본인식과 태도를 형성하는데 유용한 토대가 된다.

3. 기타 탈북민 관련 특례규정

(1) 공무원법상 특별채용

「탈북민지원법」은 북한에서의 자격이나 경력이 있는 탈북민 중에서 공무원으로 채용하는 것이 불요한 경우 「국가공무원법」 제28조 제2항 및 「지방공무원법」 제27조 제2항에도 불구하고 탈북 전의 자격·경력 등을 고려하여 국가공무원 또는 지방공무원으로 채용할 수 있는 특별임용제도를 규정하고 있다(제18조 제1항). 북한의 군인이었던 보호대상자가 국군에 편입되기를 희망하는 경우에도 계급, 직책 및 경력 등을 고려하여 국군으로 특별임용할 수 있도록 정하였다(동법 제2항).

또한 동법 시행령은 특별임용제도를 활성화하는 데 도움이 될 수 있는 간접적인 장치를 마련해 놓고 있는 바, 탈북민의 고용률을 「정부업무평가 기본법」에 따른 중앙행정기관·지방자치단체 및 공공기관의 평가 시 평가항목에 포함시킬 수 있도록 하였다(제18조의2, 제37조의2). 다만, 그 대상은 '북한의 각급 행정기관, 공공기관 등에서 근무한 경력이 있거나 임용 희망 분야의 관련 자격이 있는 사람 또는 통일부장관이 국방부장관과 협의하여 정하는 사람'에 한정된다(동 시행령 제36조 제1항).

18) 이순형 외, 탈북가족의 적응과 심리적 통합, 서울대학교출판부, 2007, 386면.

한편, 국가공무원법 제28조 제2항에 제13호가 신설되어 탈북민 임용 시 탈북민들만을 대상으로 하여, 즉 탈북민들 간의 제한경쟁을 통하여 경력직 공무원을 채용할 수 있게 되었다.[19]

(2) 주민등록 특례규정

2007년 5월 이전에 입국한 탈북민의 경우, 당시 경기도 안성에 소재한 '하나원'을 거주지로 하여 주민등록번호를 부여받아 뒷자리 번호가 남자는 125번, 여자는 225번으로 되어 있어 탈북민임을 쉽게 식별할 수 있는 정보로 활용되어 탈북민이 중국에 입국하려는 경우 비자 발급이 거부되는 등의 문제가 야기되었다. 국내에서는 취업 등에 있어서 남한 주민과 확연히 다른 주민등록번호 때문에 탈북민임이 쉽게 분별되어 사실상 취업에 장애가 되는 등이 여러 가지 폐해가 적지 않았다.

2009년 1월에 개정된 「탈북민지원법」은 특례규정(제19조의3)을 신설하여 북한이탈주민 중 정착지원시설의 소재지를 기준으로 하여 주민등록번호를 부여받은 사람이 거주지의 시장·군수·구청장 또는 특별자치도지사에게 1회에 한하여 주민등록번호의 정정을 신청할 수 있게 하였고, 신청을 받은 시장·군수·구청장 또는 특별자치도지사는 특별한 사정이 없으면 현 거주지를 기준으로 하여 주민등록번호를 정정하도록 하여 문제를 해소하였다.

(3) 병역면제 특례

「병역법」상 탈북민은 사실상 병역이 면제되고 있다. 동법 제64조 제1항에 따르면 지방병무청장은 제1국민역으로서 제1호(신체등위가 6급에 해당하는 사람만 해당한다) 또는 제2호에 해당하는 사람, 즉 '군사분계선 이북지역에서 이주하여 온 사람'은 원할 경우 징병검사를 하지 아니하

---

19) 2012.10.22. 개정(2013년 4월 23일 시행: 법률 제11489호).

고 병역을 면제할 수 있다. 여러 가지 군 운영상 우려되는 현실적인 문제를 감안한 입법적 결정으로 이해된다. 하지만, 전술한 '헌법적 애국심', 특히 탈북민 중 청소년세대의 '헌법적 정체성' 확립의 관점에서 병역을 면제하는 것은 간단한 문제가 아니다. 국민의 기본의무인 병역의무를 부과하지 않는 것이 피상적으로는 일종의 수혜적 조치라고 할 수 있겠지만, 심리적으로는 대한민국 국민으로서 정체성을 형성하는 데 장애요인이 될 수도 있기 때문이다. 중장기적으로 그 타당성과 필요성에 대한 재검토가 상시적으로 진행되어야 할 것이다.

이러한 점에서 관련 규정의 체계, 즉 탈북민에 대한 병역면제의 근거 규정인 병역법 제64조 제1항에서 '전신기형, 질병, 심신장애 등으로 인하여 병역을 감당할 수 없는 사람'(제1호) 및 제65조 제1항 제2호의 사유, 즉 '수형(受刑) 등 대통령령으로 정하는 사유로 병역에 적합하지 아니하다고 인정되는 사람'과 함께 탈북민을 추가하여 그 대상으로 규정한 것은 입법기술상의 편의에 따른 것으로 이해하고 넘어가기에는 탈북민들의 정서에 대한 몰이해가 두드러진다. 별도로 특례규정을 두는 것이 바람직하다.

(4) 국민연금 관련 특례

「국민연금법」 제61조에 따르면 55세 기준이 적용되는 특수직종근로자를 제외하고 가입기간이 10년 이상인 가입자 또는 가입자였던 자는 60세가 된 때부터 생존하는 동안 노령연금을 지급받는다. 단, 가입기간이 10년 이상인 가입자 또는 가입자였던 자로서 55세 이상인 자가 대통령령으로 정하는 소득이 있는 업무에 종사하지 아니하는 경우 본인이 희망하면 60세가 되기 전이라도 본인이 청구한 때부터 그가 생존하는 동안 일정한 금액의 조기노령연금을 받을 수 있다.

그러나 10년의 기준 등을 동일하게 적용하는 경우, 50세 이상인 나이 때문에 현실적으로 취업의 기회가 더 적은 탈북민들이 이른바 '보편적 복지'의 취지에 따라 시행되고 있는 노령연금의 혜택에서 사실상 배제되는 결과가 초래되기 때문에 「탈북민지원법」을 개정하여 국민연금 가입기간을 단축하는 특례규정(제26조의2)을 신설하였다. 이에 따르면 보호대상자로 결정될 당시 50세 이상 60세 미만인 보호대상자는 60세가 되기 전에 가입기간이 5년 이상 10년 미만 되는 사람은 60세가 되는 날에, 60세가 된 후에 가입기간이 5년 이상 되는 사람은 가입자 자격을 상실한 날부터 노령연금을 지급받는다(제1항). 단, 국민연금의 금액은 「국민연금법」 제51조에 따른 기본연금액의 1천분의 250에 해당하는 금액에 같은 법 제52조에 따른 부양가족연금액을 더한 금액으로 하고, 다만, 5년을 초과하는 경우에는 그 초과하는 1년(1년 미만은 1개월을 12분의 1년으로 계산한다)마다 기본연금액의 1천분의 50에 해당하는 금액을 더한다(제2항).

⑸ 자격 및 학력인정제도

1) 면허 및 기능자격인정

「탈북민지원법」은 탈북민들의 취업지원대책의 하나로 북한에서 취득한 자격 또는 자격의 일부를 인정할 수 있는 자격인정제도를 마련해 놓았다(제14조 제1항). 필요한 경우에는 보수교육과 재교육의 기회를 제공할 수 있도록 규정하였다(제2항 및 동 시행령 제29조). 자격을 인정받으려는 보호대상 탈북민은 통일부장관에게 자격인정신청서를 제출하고, 통일부장관은 신청내용에 대한 확인서를 첨부하여 이를 해당 자격인정 업무를 관장하는 기관(민간기관을 포함)의 장에게 송부하여야 한다(동시행령 제28조 제2항). 신청서와 확인서를 송부 받은 기관의 장은 이를 송부받은 날부터 3개월 이내에 보호대상자의 자격인정 여부 및 자격인정을 위하여 보수교육 또는 재교육이 필요한지 여부를 결정하여 그 결과를 통일부장관에게 통보하고, 통일부장관은 이를 신청인에게 통지하여야 한다(동 제3항). 자격인정신청에 대한 심사는 해당 자격의 인정업무를 담당하는 기관별로 구성되는 '자격인정심사위원회'가 담당한다(동 제4항).

취업의 가능성 자체는 물론이고, 양질의 직장을 구하는데 매우 중요한 조건이 된다는 점에서 자격인정제도 자체는 매우 유용한 법제로 평가되고, 법 및 사실상 가능한 범위에서 북한에서 취득한 자격을 인정하는 것이 바람직할 것이다. 다만, 그렇다고 해서 북한에서 취득한 면허자격 등을 그대로 인정해주는 입법의무가 헌법에서 바로 도출되는 것으로 볼 수는 없다. 문제는 자격인정의 합당한 기준과 절차를 마련하는 것이다.

이와 관련하여 헌법재판소는 북한에서 의과대학을 졸업한 탈북민이 자신의 의료면허(한의사)를 인정해주는 입법을 하지 않고 있는 입법부작위가 헌법에 위반된다는 이유로 제기한 헌법소원심판사건에서 자격인정과 관련된 기본적인 지침을 정리하여 제시한 바 있다.[20] 즉, 헌법상 영토조항이 북한의 대학을 바로 한국의 대학으로 간주해야 하는 근거가 될 수는 없고, 탈북의료인이 의료인에게 요구되는 수준의 능력을 갖추었는지 여부가 기준이고 이에 대한 판단은 입법사항이라는 점을 분명히 확인하였다.

『의료법 제5조는 의사면허 등 의료면허의 취득에 관하여 규정하면서 국내대학 졸업자와 외국대학 졸업자를 구별하여 그 요건을 달리 정하고 있는데, 북한의 의과대학이 헌법 제3조의 영토조항에도 불구하고 국내대학으로 인정될 수 없고 또한 보건복지부장관이 인정하는 외국의 대학에도 해당하지 아니하므로, 북한의 의과대학 등을 졸업한 탈북의료인의 경우 국내 의료면허취득은 북한이탈주민의 보호 및 정착지원에 관한 법률 제14조에 의할 수밖에 없다. 그러나 위 조항도 북한이탈주민의

20) 헌재 2006.11.30. 2006헌마679, 판례집 제18권 제2집, 549면 이하.

자격인정과 관련하여 포괄적인 규율을 하고 있을 뿐, 결국 의료법 등 관계법령이 정하는 바에 따라 자격인정 여부가 결정되므로 탈북의료인의 국내 면허취득에 관하여는 명확한 입법이 없는 상태이다.

한편, 의료행위는 의학적 전문지식으로 질병의 진찰, 검안, 처방, 투약 및 외과적 시술을 시행하여 질병의 예방이나 치료행위를 하는 일련의 행위를 의미하므로 이를 담당하는 의료인은 이러한 일련의 과정을 자신의 책임으로 그리고 독자적으로 수행할 수 있는 지적 · 실무적 능력을 갖출 것이 요구된다. 그러므로 국가가 의사면허 등 의료면허를 부여함에 있어서는 공정하고 객관적인 절차와 기준에 따라 의료인으로서의 능력을 갖추었다고 판단하는 경우에만 이를 부여하여야 하고, 이러한 당위성은 북한이탈주민의 의료면허를 국내 의료면허로 인정함에 있어서도 달라질 것은 아니다.

청구인과 같은 탈북의료인에게 국내 의료면허를 부여할 것인지 여부는 북한의 의학교육 실태와 탈북의료인의 의료수준, 탈북의료인의 자격증명방법 등을 고려하여 입법자가 그의 입법형성권의 범위 내에서 규율한 사항이지, 헌법조문이나 헌법해석에 의하여 바로 입법자에게 국내 의료면허를 부여할 입법의무가 발생한다고 볼 수는 없다.』[21)]

사람의 생명과 신체 및 보건 등 가장 예민하고 중대한 공익과 연관되고, 따라서 고도로 객관적인 기준 의거 자격이 인정되어야 하는 의료면허자격에 대한 판단인 점에서 일반화될 수는 없겠지만, 적어도 헌재가 제시한 두 가지 지침 또는 판단의 기준은 탈북민의 면허자격인정과 관련된 법제의 기본적인 준거로서 유용하다. 즉, 자격인정 여부는 해당 자격의 대상과 내용에 따라 요구되는 지적, 실무적 능력이라는 객관적인 기준과 공정한 절차에 의거 판단되고, 이는 탈북민의 경우에도 예외

---

21) 위 결정 판례집 553-554면. 결정문 중 판례인용의 내용은 생략함.

가 아니고, 따라서 헌법으로부터 바로 탈북민의 면허자격을 인정하는 입법의무가 도출되지 않는다는 두 가지 사항에 대한 확인이 그것이다.

2) 학력인정

자격인정에 관한 이러한 기본적인 방침은 탈북민의 학력인정에 대한 지침으로 적용되는데 무리가 없을 것으로 생각된다.

「탈북민지원법」은 보호대상자가 북한이나 외국에서 이수한 학교 교육의 과정에 상응하는 학력을 인정받을 수 있는 근거규정을 두고 있다(제13조).[22] 동 시행령은 학력인정의 기준으로 '관계 법령에서 정하는 기준'을 정하고 있는 바, "교육은 홍익인간의 이념 아래 모든 국민으로 하여금 인격을 도야하고 자주적 생활능력과 민주시민으로서 필요한 자질을 갖추게 함으로써 인간다운 삶을 영위하게 하고 민주국가의 발전과 인류공영의 이상을 실현하는 데 이바지하게 함을 목적으로 한다고 규정(제2조)하고 있는 「교육기본법」을 비롯하여 「초중등교육법」, 「고등교육법」 등의 기본정신과 취지 등이 학력인정에 대한 기본적인 준거가 될 것이다. 따라서 탈북민의 학력인정은 원칙적으로 남한 주민에게 적용되는 학력인정의 기준과 절차가 그대로 적용되고, 다만, 초중등교육단계의 학력인정과 관련해서는 「초중등교육법 시행령」 제98조의2에 의거 별도로 구성되는 '학력심의위원회'의 심의를 거쳐서 결정되고, 이 심의 과정에서 탈북민의 특별한 사정이 반영된다.[23]

---

22) 동 시행령 제27조에 따르면, 학력을 인정받으려는 보호대상자는 통일부장관에게 학력인정신청서를 제출하여야 한다. 다만, 보호대상자가 「초·중등교육법」에 따른 학력 인정을 받으려는 경우에는 같은 법 시행령 제96조부터 제98조까지, 제98조의2 및 제98조의3에 따라야 한다. 신청서를 제출받은 통일부장관은 신청내용에 대한 확인서를 첨부하여 이를 교육과학기술부장관에게 송부하여야 하고, 신청서와 확인서를 송부받은 교육과학기술부장관은 이를 송부 받은 날부터 3개월 이내에 보호대상자의 학력인정 여부를 결정한다. 요컨대, 초중등교육의 학력에 대한 인정은 원칙적으로 남한 학생들에 대한 학력인정의 기준과 절차를 동일하게 적용된다.

23) 「초중등교육법 시행령」 제98조의2에 의거 교육감 소속으로 설치된 '학력심의위원회'로

다만, 이 심의과정에서 학력인정과 관련하여 교육기본법 제2조에서 제시하고 있는 교육이념, 특히 '민주시민으로서 필요한 자질'의 기준이 각별하게 고려되어야 할 것이다. 가치중립적이고 기술적인 교육과정의 경우에는 객관적인 학력 또는 수학능력을 기준으로 하여 학력을 인정하는 것이 가능하고 타당할 수 있겠지만, 자유민주주의의 이념과 기본적인 제도에 대한 교육, 그리고 민주시민으로서 가져야 할 사고양식과 생활습관에 대한 기본적인 소양교육의 분야는 전술한 '헌법적 정체성' 및 '헌법적 애국심'의 관점에서 북한에서 이수한 초중등교육과정의 이수는 장애가 될 뿐, 그 성과가 전혀 인정될 수 없기 때문이다. 「탈북민지원법」 제24조의2에 의거 '하나원'에 설치되어 운영되고 있는 '북한이탈주민 예비학교'의 교육과정의 설계와 프로그램의 개발과 운영에서 각별하게 유의해야 할 부분이다.[24)]

(6) 가족관계 및 이혼 특례규정

1) 가족관계 등록 창설 특례규정

「탈북민지원법」 제19조는 남한에 가족관계 등록이 되어 있지 않은 탈북민들이 가족관계 등록을 창설할 수 있도록 특례를 규정하고 있다. 이에 따르면 보호대상자로서 남한에 가족관계 등록이 되어 있지 아니한 사람에 대하여는 본인의 의사에 따라 통일부장관이 등록기준지를 정하여 서울가정법원에 가족관계 등록 창설허가 신청서를 제출하여야 하고 (제1항), 신청서를 받은 서울가정법원은 지체 없이 허가 여부를 결정하

하여금 관련 사항을 심의하도록 정하고 있다. '학력심의위원회'는 위원장 1명을 포함하여 북한이탈주민 관련 공무원, 교육전문가 및 학력 평가전문가 중에서 교육감이 임명하거나 위촉하고 5명 이상 7명 이하의 위원으로 구성된다. '학력심의위원회'의 구성·운영, 학력인정을 위한 평가의 기준·대상·방법·시기 등 필요한 사항은 교육감이 정한다.

24) 동 시행령 제27조 제5항은 정착지원시설의 장은 법 제24조의2에 따른 '북한이탈주민 예비학교'에 재학 중인 사람이 학력 인정 등을 받을 수 있도록 해당 예비학교 주소지를 관할하는 교육감과 협조하는 것으로 규정하고 있다.

고, 가족관계 등록 창설허가를 한 때에는 해당 등록기준지의 시(구를 두지 아니한 시를 말한다. 이하 이 조에서 같다)·구·읍·면의 장에게 가족관계 등록 창설허가 등본을 송부하여야 한다(제3항). 등본을 송부 받은 시·구·읍·면의 장은 지체 없이 가족관계등록부를 작성하고, 주소지 시장(특별시장·광역시장은 제외한다. 이하 같다)·군수·구청장(자치구의 구청장을 말한다. 이하 같다) 또는 특별자치도지사에게 가족관계 기록사항에 관한 증명서를 첨부하여 가족관계 등록 신고사항을 통보하여야 한다.

2) 이혼 및 혼인 특례규정

「탈북민지원법」 제19조의2는 이혼관련 특례규정을 두어, 북한에 배우자를 두고 온 탈북민들이 남한에서 혼인하는데 장애가 되는 중혼(重婚)의 법적 문제를 정리하였다(제19조의2). 이는 종래 배우자를 북한에 남겨두고 탈북하여 입국한 탈북민이 취적 또는 가족관계등록부를 창설하면서 배우자를 등재한 경우에는 중혼금지규정 때문에 혼인을 할 수 없었던 사정과, 또 한편 남북 분단의 상황에서 현실적으로 확인하기 어려운 상황에서 이혼이나 배우자의 사망 등을 이유로 혼인상태에 있지 않은 것으로 기망하여 허위로 기록된 경우 사실상 중혼에 해당하는 혼인이 성립되어 법적 혼란이 야기되는 문제를 입법적으로 해소한 것이다.

이 특례규정에 따라 남한에서 새로 가족관계 등록을 창설한 사람 중 북한에 배우자를 둔 사람은 그 배우자가 남한에 거주하는지 여부가 불명확한 경우에도 이혼청구가 가능하게 되었다(제1항). 이에 따라 가족관계 등록을 창설한 사람의 가족관계등록부에 배우자로 기록된 사람이 재판상 이혼의 당사자가 될 수 있고(제2항), 이혼을 청구하려는 사람은 배우자가 보호대상자에 해당하지 아니하는 사실, 즉 탈북하여 국내에 체류 중이 아님을 증명하는 통일부장관의 서면을 첨부하여 서울가정법원에 재판상 이혼을 청구할 수 있다(제3항). 배우자의 주소가 불명확할 수밖에 없는 현실을 고려하여 서울가정법원이 재판상 이혼의 당사자에게

송달을 할 때 「민사소송법」 제195조에 따른 공시송달로 할 수 있도록 정하였다. 이 경우 첫 공시송달은 실시한 날부터 2개월이 지나야 효력이 생긴다. 다만, 같은 당사자에게 첫 공시송달 후에 하는 공시송달은 실시한 다음 날부터 효력이 생긴다(제4항).

한편, 2012년 5월 11일부터 시행되고 있는 「남북 주민 사이의 가족관계와 상속 등에 관한 특례법」[25]에 따르면 1953년 7월 27일 한국 군사정전에 관한 협정이 체결되기 전에, 혼인하여 북한에 배우자를 둔 사람이 그 혼인이 해소되지 아니한 상태에서 남한에서 다시 혼인을 한 경우에는 중혼이 성립하되(제6조 제1항), 이 경우에는 「민법」 중혼금지규정에도 불구하고 혼인의 취소를 청구할 수 없다(제2항). 또한 제1항에 의거 중혼이 성립한 경우로서 북한에 거주하는 전혼(前婚)의 배우자도 다시 혼인을 한 경우에는 부부 쌍방에 대하여 중혼이 성립한 때에 전혼은 소멸한 것으로 간주되어(제3항), 결국 각자의 재혼은 유효한 것으로 인정된다.

요컨대, 대부분의 국내 거주 탈북민들이 해당되는 경우, 즉 정전 협정 이후에 북한에서 혼인하여 배우자가 북한에 생존하고 있는 탈북민 또는 배우자가 탈북하여 중국 등 제3국에 체류 중인지 여부가 불명확한 탈북민은 중혼금지규정의 적용을 받는 바, 「탈북민지원법」 제19조의2 특례규정에 의거 혼인관계를 정리한 후에만 혼인을 할 수 있다.

이러한 이혼 특례규정은 원론적으로는 암묵적으로 북한의 혼인 관련 가족법을 유효한 것으로 보는 입법정책적 전제와 또 한편 우리 가족법의 효력이 북한 주민에도 미치는 것으로 보는 법효력론의 관점에서 볼 때 그 자체가 중혼금지원칙과 상충하는 이례적인 것이고 또한 통일 이후에는 법적 상위와 충돌의 재조정작업이 불가피한 입법이다. 말하자

25) 법률 제11299호(2012년 2월 10일 제정). 입법취지와 상세한 내용은 김상용, "남북이산가족 사이의 중혼 등 가족관계문제 해결", 남북 주민 사이의 가족관계와 상속 등에 관한 특례법 공청회 자료집(2010.11.22), 법무부, 2010.11, 7-8면.

면 풀어야 할 매듭을 하나 더 묶는 것이라고 할 수 있다. 특히 언제든지 현실화될 수 있는 경우, 즉 이혼청구가 받아들여진 후 북한에 있던 배우자가 탈북하여 국내에 입국하는 경우에는 당사자 모두가 수습하기 어려운 사정에 처할 수 있다. 하지만 현재로서는 기약할 수 없는 남북한 체제통합의 시점 또는 북한이나 중국 등 제3국에 잇는 배우자가 입국할 때까지 탈북민들이 법적으로는 원천적으로 재혼을 할 수 없거나 또는 북한에 체류 중인 배우자와의 혼인관계를 그대로 유지한 채, 말하자면 미래 통일 시에 법적으로 어떻게 정리 및 수습될 것인지 전혀 예측할 수 없는 상태에서 재혼을 할 수밖에 없는 난감한 문제를 해소해 준 불가피한 입법적 결단으로 이해된다.

V. 보론 - 탈북청소년에 대한 민주시민정치교육

1. '자기교육'으로서 헌법언어교육의 필수성

헌법을 '이념과 원리 및 제도의 통일된 복합체'라고 한다면, 헌법적 정체성의 핵심은 이 복합체를 관통하는 가치질서에 대한 공감이다. 이는 곧 우리 공동체의 가치적 항상성을 유지하고, 지속가능하고 가치상향적인 발전을 위한 문화적 토대이고 자산이다. 헌법적 정체성은 특정한 문화적, 역사적인 요소들로 구성되는 환경에 따른 산물이기도 하지만, 그 역동성에 초점을 맞추어 미래의 발전을 위한 소중한 자산으로 파악하는 관점에서 보면[26] 청소년들에 대한 인권 및 준법교육은 인간의 존엄성을 최고의 이념으로 하는 우리 헌법규범과 역사적 경험이 '전적'(澱積)[27]되어 형성된 집단적인 문화적 기억과 그 속 내재된 진보의

---

26) G. J. Jacobsohn, Constitutional Identity, Harvard Univ. Press, 2010, 348면.
27) 이 개념에 관해서는 리쩌허우(李澤厚), 황희경(역), 역사본체론, 들녘, 2004, 162-163면.

동인을 계속 발전시켜 나가는 데 가장 중요한 과제이다.

청소년에 대한 인권 및 준법교육은 우선 헌법교육이고, 정치교육이다. 재차 강조하건대, 그 요체는 W. F. Murphy가 제시하는 이른바 '창조하는 시민'(creating citizen), 즉 "상호의존의 현실 및 상호존중의 윤리적, 규범적 요청에 대한 인식과 믿음"을 공유하는 민주시민의 육성이다.[28] 교육내용의 본질과 성격의 측면에서 볼 때 헌법교육은 어린아이에 대한 언어교육과 유사하다.[29] 헌법교육은 바로 '헌법의 언어'(constitutional langue), 즉 '보이지 않는 헌법'을 포함하여 헌법텍스트 속에 담겨 있는 기호의 형식체계와 문법을 습득하고, 이를 공용어로 하여 기호와 문법체계를 활용하는 방식, 즉 '헌법적 술화'(constitutional parole)의 방식을 익히는 과정과 다를 것이 없기 때문이다.[30]

전술한 바와 같이, 어린아이가 인격적 정체성을 확립해가는 과정에서 자신이 욕망하는 대상에 합체되지 못하는 경우 스스로 일종의 결핍과 소외를 경험하게 되는데, 이 문제는 탈북청소년들의 경우에도 그대로 해당한다. 또한 이미 왜곡된 이데올로기적 선입견과 그에 의해 조작된 가치적 선판단에 포착되어 있는 탈북청소년들에게 이 결핍과 소외는 일반적인 언어교육의 차원에서 자연스럽게 진행되는 언어의 '재전유'를 통해서 극복할 수 있는 문제가 아니라, '가치변환적 가치'의 수용을 전제로 하는 점에서 인위적으로 조작된 정치한 프로그램을 통해서만 접근될 수 있는 이중적이고 다면적인 구조와 양태의 문제로 주어진다. "사

28) W. F. Murphy, Constitutional Democracy, 2007, 342면.

29) M. Rosenfeld, The Identity of the Constitutional Subject, Routledge, 2010, 37-69면.

30) 이에 관해서는 H. Schweber, The Language of Liberal Constitutionalism, Cambridge, 2007, 139면 이하. 'langue'와 'parole'의 관계를 '법적 규칙'(legal rules)과 '법적 주장'(legal arguments)의 관계로 대비하는 D. Kennedy의 해명도 같은 맥락에서 주목할직 하다. "A Semiotics of Critique", 22 Cardozo Law Rev.(2002), 1178면.

랑과 법적 지위, 그리고 사회적 연대"[31]를 세 축으로 하는 개인 간의 상호인정의 태도와 함께 '인간의 존엄성', '자유'와 '평등', '상호존중'의 언어를 습득할 수 있는 기회가 더욱 중요한 의미를 갖는 것은 바로 이 때문이다. 자유와 민주적 법치주의가 무엇을 의미하는지를 깨우치게 하는 민주시민교육, 특히 아동과 청소년들에 대한 인권 및 준법교육은 (헌)법언어공동체인 '우리' 속의 '나'에 대한 이해를 전제로 하는 '자기교육'이고 '자기도야'이다.[32] 그 요체는 공동체생활 속에서 의미를 함께 탐색해나가는 '대화'이고,[33] 이 기회는 탈북청소년들의 가슴과 머리에, 그리고 그들이 민주시민으로서 사유하고, 동료 시민들과 대화를 나누는 마당에 "신선한 씨앗"[34]을 뿌리는 것이다.

2. '일통지정'(一統之政)[35]의 준거 및 지향점으로서 '헌법적 애국심'

전술한 바 있는 J. Habermas의 '헌법적 애국심'(constitutional patriotism)의 명제는 탈북청소년에 대한 민주시민교육과 관련하여 곱씹어봄직한 단서를 제공해준다. 비록 유럽국가들을 대상으로 하는 점에서 그 배경과

31) A. Honneth, 문성훈/이현재(역), 인정투쟁, 사월의책, 2011, 특히 313-327면.

32) H.G. Gadamer, 손승남(역), 교육은 자기교육이다, 동문선, 2004, 8-12면.

33) "타인에 대한 우월한 지위를 확보하기 위한 기술이 아니라 상호존중의 자격이 있는 개인인 우리 자신에 대한 좀 더 심층적인 긍정을 성취하기 위한 수단"으로서 '자유로운 대화'(liberal conversation)의 의의와 효용을 강조하는 B. A. Ackerman의 인식은 일반적인 민주시민교육에서도 그러하지만, 특히 청소년교육의 맥락에서 더욱 적확한 것으로 여겨진다. Social Justice in the Liberal State, Yale Univ. Press, 1980, 374면. 특히 "Why Dialogue?", The Journal of Philosophy, 86, 1989, 16면 이하 참조.

34) L. Wittgenstein, 이영철(역), 문화와 가치, 책세상, 2006. 29면.

35) 위대한 사상가 혜강 최한기 선생은 「人政」(1860)에서 "나라를 다스리고 집안을 통솔함(爲邦御家)에 있어서 일관된 어떤 로직(logic)이 있어야 한다는 뜻"의 '일통지정'을 사람을 헤아리고(測人), 가르치고(教人), 뽑고(選人), 그리고 쓰는데 있어서(用人) 기본지침으로 제시하고 있는 바, 이는 현시점에서 청소년에 대한 인권 및 준법교육의 맥락에서도 그대로 유용하다. 이에 관해서는 김용옥, 혜강 최한기와 유교, 통나무, 2004, 14-17면.

상황의 맥락은 다르지만, 탈민족(주의)의 연대의 방향과 수단을 찾고자 하는 사색과 고민의 결과가 바로 '헌법적 애국심'이기 때문이다.[36] 그 핵심은 애국심의 근거를 더 이상 민족주의가 아니라 상호인정의 전제와 포용 및 타협을 요소로 하는 민주공동체의 정치문화와 헌법의 기본이념과 정신에서 찾는 것이 가능하고 또 바람직하다는 것이다.[37] 이는 특히 민주적 공동체의 시민으로서 생활한 경험이 전무하고, 헌법언어교육을 전혀 접하지 못한 탈북청소년의 경우에 더욱 주목함직하다.

우선 지적할 수 있는 것은 민족 또는 민족주의가 탈북청소년에 대한 '계몽의 수사'로 여전히 유효한 것인지, 얼마나 유효한지 적어도 비판적인 성찰이 필요하다는 점은 부인할 수 없을 것으로 생각된다. '한 민족'이라는 이념주의(ideologism)적 논리로 '우리는 하나'임을 일방적으로 요구하는 것은 상대적으로 쉽고, 쉬운 만큼 매력적일 수 있다. 하지만 관건은 그 논리를 현실적인 문제의식 속에 체화하고, 구체적인 삶 속에서 지속가능한 태도로 유지 및 발전시켜 나가는 것이다. 대안모색의 관점에서 말하자면, 특히 폐쇄적이고 교조적인 '주체사상'식의 민족주의에 의해 조작된 인식틀 속에서 민주공동체의 시민으로서 연대의식에서 공감의 토대를 찾기 어려운 탈북청소년들에게는 이념과 체제 및 제도의 대안들에 대한 실증적인 비용 - 편익분석의 결과를 제시하는 식의 방법이 더욱 효과적인 설득의 수사(修辭)가 될 수 있다. 즉 헌법적 담론의 마당에 초대해서 '민족주의 없는 애국심', 즉 '헌법적 애국심'을 토대로

---

36) 홍승헌, "하버마스의 헌정적 애국심", 곽준혁/조홍식(편), 앞의 책, 321면.

37) 이에 관해서는 위의 책, 303-305면. H.-U. Wehler가 사회의 내부적, 외교적 문제를 평화적으로 해결할 능력이 없는 것을 민족주의의 '근본적인 맹점'으로 지적하면서 점차적으로 사회통합과 정치적 정당화를 돕는 능력을 상실하게 될 것으로 전망하고, 민족주의를 대신하여 현대 국가의 정당성을 보장하는 새로운 프로그램으로 '민주주의적 입헌주의', '법치국가', '사회보장국가', 그리고 '생태학적으로 조절되는 경제성장능력'을 제시하는 것도 같은 맥락에서 이해되고, '헌정적 애국심'은 이 프로그램들의 집합개념에 다름이 아니다. 이용일(역), 허구의 민족주의, 푸른역사, 2009, 168-178면.

하는 사고와 대화의 기회를 제공하는 것이 중요하다.

이러한 문제인식은 특히 언제 어떻게 맞게 될지 모르는 한국통일의 과정에서 또한 통일한국에서 남한 시민, 특히 장래 통일한국의 주역이 될 청소년 세대에게 큰 부담과 희생을 요구하게 될 북한의 경제발전과 사회복지의 문제와 관련해서도 각별한 의미를 갖는다. 말하자면 탈북 청소년에 대한 민주시민교육의 핵심인 인권교육과 법교육의 문제는 동시에 남한 청소년에 대한 민주시민교육의 문제이기도 하다. 전술한 바와 같이 젊은 세대의 통일에 대한 관심과 열망이 급속하게 감소하는 경향이 뚜렷하고, 이 추세를 되돌리는 것이 어렵다고 본다면 애국심의 토대로서 민족주의의 가능성과 한계가 면밀하게 재검토되어야 한다.[38)]

Ⅵ. 맺는 말

국내 입국하여 생활하고 있는 탈북민이 이미 약 2만 5천 명에 이르고 또한 대부분이 한국행을 희망하는 중국에 체류 중인 탈북민이 10만 명을 넘어서는 것으로 추산되고 있는 오늘의 상황에서 탈북민문제는 더 이상 1970-80년대 또는 그 이전의 시각, 말하자면 남북한 간의 체제경쟁의 맥락에서 간헐적으로 '귀순'해 오는 '용사'나 '동포'의 관점에서 접근될 문제가 아니다. 통일 후를 대비하기 위한 모의실험의 대상도 아니다. 이미 현재진행 중인 통일의 과정 속에서 대응해 나가야 할 문제다.

「탈북민지원법」을 중심으로 기본적인 정착지원법제의 내용과 다양한 실행프로그램의 현황을 검토하고, 탈북민에게 병역을 면제할 수 있

38) 이러한 점에서 최근 서울대 통일평화연구원이 발표한 '2011 통일의식조사'(2012년 9월 26일)의 결과는 주목할 만한 시사점을 제시한다. 139-158면. 전체적으로 남한 주민들의 통일에 대한 열망이 급속하게 식어가는 경향을 드러낸 동 조사결과에 따르면, '통일이 필요하다'는 답은 전체적으로 2008년 63.8%에서 올해 53.7%로 10% 포인트 이상 하락했다. 특히 20대 청년들의 경우 53.3%에서 40.8%로 급락한 점이 주목된다.

도록 정한 「병역법」 등 관련된 개별 법령상 특례규정의 내용을 추가로 검토한 후, 부분적으로 개선방안을 제시하였다. 본고에서 헌법상 영토조항의 해석론 및 이와 연관된 북한 주민의 국적문제에 관하여 상론하지는 않았지만, 우선 현실적으로 정부의 공식적인 방침인 '전원수용원칙'과 달리 사실상 '선별수용원칙'의 핵심수단으로 활용되고 있는 「탈북민지원법」상의 '직접신청의 원칙'이 타당한 것인지, 현실적인 한계 내에서라도 보다 유연한 합헌적인 대안이 없는지 등에 관해서 전향적인 재검토가 필요하다.

입국 후 초기적응단계에서 '하나원'에서의 보호와 교육서비스를 비롯하여 정착지원금, 취업장려금 등 각종 경제적인 지원프로그램의 내용과 수준은 대체로 양호한 것으로 보이고, 특히 '수혜적 보호'에서 자립과 자활에 초점을 맞추어 '자율적응'을 지원하는 방침으로 선회한 것은 적확한 것으로 평가된다. 다만, 전체적으로 탈북민들이 직장에 잘 적응하지 못하고 기초생활수급자로 생활하는 등 정착기반을 갖추지 못하고 있는 실정이나, 기타 취업장려금 등 개별적인 지원프로그램의 실효성이 떨어지는 점, 기타 '북한이탈주민지원재단'의 프로그램과 '하나센터'의 '정착도우미' 서비스가 중복되어 효율적으로 예산이 운용되지 못하고 있는 점 등 세부적인 문제점들에 대한 비판과 지적은 적극적으로 검토되어 제도 및 운용의 개선방안에 반영되어야 할 것이다.

탈북민에 대한 교육 및 정착지원 프로그램과 관련하여 몇 가지 제언을 다시 요약하여 강조하자면, 우선 정착지원 프로그램의 설계단계에서부터 실행에 이르는 전 과정에 민간참여의 기회가 확대되어야 한다. 탈북자의 특수한 신분 때문에 정부가 주관하는 것이 현실적으로 불가피하기는 하지만, 적어도 주거지보호의 단계에서는 정부와 민간의 상호보완적인 관계가 설정되어야 한다. 다양한 민간단체의 보조적인 역할을 넘어서는 적극적인 참여가 없이는 특성화 및 전문화된 맞춤형 프로그램의 설계와 운영이 불가능하기 때문이다. 특히 '하나원'에서의 교육과정도 외부 사회와 차단된 이른바 '폐쇄형의 집체교육' 대신에 '개방형 교육'의 방식으로 전환해나가고, 적어도 가능한 한 남한 주민과 교류할 수 있는 기회를 제공하는 현장 견학프로그램을 더욱 활성화하는 것이 필요하다. 마지막으로 거주지보호단계에서 탈북민들과 남한 주민들이 '친근한 이웃'으로 만나서 소통하고 교류할 수 있는 거점으로 '사회복지관'을 보다 적극적으로 활용하는 방안 등도 통일부나 지방자치단체장 등 관련 정책 당국자가 유의해야 할 사항들이다.

제20장
대입3불정책의 헌법적 문제점*

I. 머리말

대학입시에서 본고사, 고교등급제 및 기여입학을 금지하는 이른바 3불정책에 대한 논란이 격화되면서 엄청난 비용을 들이고도 얻는 것은 거의 없는 소모적인 논쟁만이 거듭되고 있다. 일부 사립대학을 중심으로 제기된 폐지론, 특히 내신반영률을 크게 낮추려는 시도에 대하여 대통령이 방송특강을 통해 '가난한 집의 공부 잘하는 아이'를 거론하며 '절대불가'의 단호한 정책방침을 천명하기도 하였다.

더욱이 최근의 논란은 이전과는 사뭇 다른 모습인 바, 3불정책을 참여정부의 대표적인 실정례로 공언하고 있는 한나라당과, 이에 대해 강력 반발하고 있는 범여권과 민노당의 입장이 첨예하게 대립되고 있을 뿐만 아니라, 대선 주자들 간에도 견해차가 적지 아니하다. 이미 우리 사회에서 3불정책의 문제가 교육정책적 선택의 관점에서 접근할 수 있는 단순한 '교육문제'의 차원을 넘어선 지는 오래지만, 어떤 의도와 맥락에서든 이 문제가 과열양상의 대선과정에서 정치쟁점화되는 경우에는 사회통합에 심각한 장애가 될 수밖에 없는 후유증과 부작용이 야기될 것이다. 일부 시민단체를 중심으로 3불정책의 근거법률인 고등교육법에 대한 헌법소원심판이 이미 청구되어 있고, 2008학년도 입시를 불과 몇 달 남겨두지 않은 시점에 정부와 대학 간에 내신반영률에 관한

---

* 헌법학연구, 제13권 제3호(2007. 9), 799-827면.

이견이 대립되고 있어서 수험생과 학부모들을 당혹스럽게 하고 있다.

현안을 둘러 싼 갈등에서 한 발 벗어나서 3불정책의 기본적인 헌법적 문제점을 검토하고자 하는 것은 그 자체가 이 문제를 투쟁의 대상인 '이데올로기문제'가 아니라 타협의 가능성을 찾고 만들어가는 대화와 토론의 '이론문제'로 제기하기 위한 선결과제인 동시에 보다 효율적인 접근을 위한 지침과 단서들을 제공한다고 믿기 때문이다. 우선 현 시점에서 3불정책문제의 본질과 성격에 대한 분석(Ⅱ)과 함께 '의회유보원칙'의 관점에서 3불정책의 법형식상의 문제점과(Ⅲ) 관련 기본권의 척도에 따른 3불정책의 실체법적 위헌성을 검토하고(Ⅳ), 헌법규범 및 헌법정책적인 관점에서 바람직한 접근방법을 제시한다(Ⅴ).

Ⅱ. 3불정책문제의 구조와 논의상황

1. 문제의 본질과 성격

일종의 '육화된 의식'으로서 교육에 대한 관심, 특히 고등교육에 대한 열망이 가득 찬 우리 사회에서 대학입시의 문제는 늘 단순한 '교육문제'가 아니었다. 교육정책적인 숙고와 선택이 아니라 거의 통치행위적 차원의 정치적 결단의 대상이었다. 교육제도를 자본주의 사회구성에서 전형적인 '국가의 이데올로기적 도구'(ISA:Ideological State Apparatus)의 하나로 강조한 알튀세르[1])를 언급하지 않더라도 우리 사회에서도 교육, 특히 대학입학의 문제는 생산관계의 재생산 또는 가치배분조건의 재생산을 규정하는 결정적인 변수의 하나였다.

초고속의 급속한 사회변동과 그 속에서 적지 않은 가치관의 왜곡, 합리적인 가치배분의 조건과 기준의 미정착, 특히 이른바 '학벌공화국'

1) L. Althusser, B. Brewster(Tranl.), Ideology and Ideological State Apparatus(Notes towards an Investigation), in: Lenin and Philosophy and Other Essays, 1970, pp. 141.

이라고 할 정도의 학연사회의 현상 등 그 정치경제적, 역사문화적 배경과 원인에 대한 상론은 약하되, 다만 입법정책 또는 헌법적 판단의 대상으로 주어진 3불정책이라는 '난문'의 규범환경과 이 문제에 관한 논쟁의 본질과 구조의 근본적인 변화를 정리하는 작업은 불가피하다. 모든 '난문'의 해결은 문제인식의 공유와 올바른 문제제기에서부터 시작되기 때문이다.

우선 3불정책의 문제는 현재 우리 사회의 거의 모든 중요 현안들과 직간접적으로 밀접하게 연관되어 있는 점에서 그 함의와 영향의 다면성과 복합성 및 그에 따른 관심의 크기와 양상은 비교사례를 찾기 어렵다.[2] 중산층을 포함한 대다수의 가정이 감당하기 어려운 수준의 과중한 사교육비부담은 목적과 수단의 관계가 전도된 사회적 환경을 초래하였고, 그것은 초중등 공교육에 대한 신뢰추락과 함께 교육정책적 숙고와 선택의 여지가 크게 위축된 조건 하에서 교육 및 입시정책의 결정을 강요하고 있다. 또한 정치적 의도나 정책적 노력에 의해서 정리 또는 차단될 수 있는 한계를 넘어서 현실적으로 3불정책 존폐의 문제는 양극화현상을 비롯하여 부동산문제, 세계 최저수준의 출산율, 연금개혁문제, 도농 및 지역 간 불균형문제 등 사회통합에 큰 걸림돌이 되고 있는 중차대한 문제들과 선후의 인과관계를 해명하기 어려운 양상으로 연계되어 있다.

요컨대, 우리 사회에서 3불정책의 문제는 순정한 '교육문제'도, 정치적 결단으로 해결될 수 있는 간명한 '정치문제'도 아니다. 전술한 알뛰세르가 '관념'(idea) 대신 새롭게 이데올로기의 요소로 적시한 주체(subject)와 의식(consciousness), 신념(belief) 및 행동(actions)을 기준으로 보든[3] 또는 부정적인 관점에서 제시되는 이데올로기의 특성, 예컨대 집단성, 감

2) 3불정책에 대하여 극명하게 대립되고 있는 찬성과 반대의 입장 및 각각의 입장에서 개진하는 관점과 다양한 논거들에 대해서는 이현청, "대학자율과 대학입시의 방향", 교육법연구 제8집 제2호(2005.12), 159면 이하 참조.

3) Althusser, Ibid, p. 169.

정성, 모순성, 폐쇄성, 비정합성 등을 주목하든[4] 우리는 이 문제를 거의 '전체적 이데올로기'[5]의 문제로 대면하고 있다.[6]

2. 순환론적 논의의 한계

이제까지 3불정책을 비롯한 주요 교육정책의 현안을 둘러 싼 논의가 이론과 학문적 연구성과를 바탕으로 하는 효율적인 토론과 대화로 진행되지 못하고, 악순환의 소모적인 논쟁을 넘어서지 못하였던 것은 바로 이러한 문제상황에서 비롯된 결과였다고 할 수 있다. 물론 이런 구조의 논의환경이 전적으로 불가피한 것은 아니었다. 일정 부분은 기본적인 역량의 부족과 무관심에 기인된 외면과 방치, 또 일정 부분은 교육당국의 의도적인 선택과 집중의 정책적 전략에 따른 예정된 결과였다. 부실한 연금제도의 상황에서도 최소한의 노후대책을 포기하면서까지 자녀교육에 all-in하는 교육열을 근원으로 지적할 수도 있겠지만, 문제는 오히려 교육에 대한 높은 관심과 열정을 선용할 수 있는 제도와 사회적 환경을 마련하지 못한 점과, 그러한 교육열을 결코 무분별한 것으로 폄하할 수는 없는 이른바 '학벌사회'의 구조를 방치 또는 조장까지 해 온 정치권과 지식층의 무의식과 몰염치에서 찾아야 할 것이다.

간헐적으로 3불정책의 존폐를 논제로 진행되는 시사토론도 종래의 소모적인 순환론적 논쟁구도를 벗어나지 못하고 있다. 순환론적 논의라

---

4) P. Zima, 허창운/김태환(역), 이데올로기와 이론, 1996, 특히 29면 이하.

5) Zima는 '술화적 처리방식', 즉 세계관과 연계된 담론의 장에서 대립의 구조와 양태를 규정하는 어법의 관점에서 이데올로기를 주체의 개별성과 집단성, 상대의 가치관과 세계관에 대한 의심과 부정의 폭과 깊이를 기준으로 '부분적 이데올로기'와 '전체적 이데올로기'로 구별한다. 전게서, 410면 이하 참조.

6) 평등에 치우친 정부의 이데올로기적 성향에만 초점을 맞추고 있기는 하지만, 3불정책을 이데올로기에 의해 그 방향과 전략이 결정되는 '이데올로기적 규제'의 가장 대표적인 사례로 이해하는 견해로는 김영평/최병선/신도철(편저), 규제의 역설, 222면 이하.

도 그 과정에서 조금씩이라도 정보를 교환 및 공유하고, 이견에 대한 관심과 문제인식의 지평을 넓혀갈 수 있다면 타협에 이르지 못하더라도 그 자체만으로도 유용한 논의가 될 수 있는데, 각각 정치경제학적 선판단을 전제로 상반된 입장에서 자신의 관점과 그에 따른 주장들을 강요하고, 일방적으로 설득하려고만 할 뿐이다. 정작 선판단의 출발점이 서로 다른 점을 양해하고, 그것을 전제로 함께 문제를 새롭게 제기하면서 토론의 가능성과 한계를 점검해 나가는 시도를 접하기 어렵다. 대의과정을 주도하는 정치권에서의 논의도 다르지 아니하다. 정보교류의 기회를 확대하고, 확장된 공동인식의 지평 속에서 효율적인 토론과 건강한 타협의 공간을 마련하는 선도적 역할을 기대하기에는 정치적 상상력과 설득을 위한 수사학의 수준, 제반 환경 및 그에 대한 기본적인 신뢰의 사회적 자산이 여전히 미흡하다.

Ⅲ. 3불정책의 법형식적 문제점

1. 본질성이론과 3불정책

현대 국가의 핵심과제는 가치배분을 둘러 싼 갈등과 대립을 조정하는 작업이다. 민주적 법치국가는 이 과제의 수행에서 사회와 개인 및 국가 상호간에 역할분담의 경계선을 획정하고, 국가에게 분담된 역할의 범위 내에서 결정권한을 배분하고 그 절차와 형식을 정함으로써 '조화적 통합'을 지향해나가는 헌정생활의 정형화된 준거틀이다.

'국가생활에서 본질적인 사항 또는 중요사항은 의회의 법률형식을 통한 결정에 맡겨져야 한다'는 '의회유보원칙'은 이 담론틀의 정상적인 작동을 담보하는 주축이다. '본질성이론'과 연계된 이 원칙은 우선 의회와 행정부와의 관계에서 보면 결정권한의 배분과 수권(授權)의 근거이지만, 또 한편 의회에 대해서는 결정권한의 행사를 의무화하는 동시에 결정의 절차와 형식, 특히 특정한 입법형식을 강제하는 것이기도 하다. 결정권의 위임이 허용되지 않는 구체적인 유보사항의 범위, 말하자면 수평 및 수직적 기준에 따른 의회유보의 입체적 크기는 '본질성이론'의 기준에 따라 정해진다. '본질성이론'은 이른바 '옳은 결정' 또는 '기능적합적 기관구조'의 관점을 바탕으로 하는 철저한 기능법적인 논리형식이다.[7] 구체적인 의회유보의 범위와 정도는 결정기관의 조직과 구성, 의사결정의 절차와 형식 등 '옳은 결정'을 할 수 있는 잠재적인 가능성의 크기에 따라 정해진다. 물론 여기에서 '옳은 결정'은 그 실질적인 내용뿐만이 아니라, 결정의 과정과 절차 및 형식까지도 포함된 개념이다.

의회유보사항에 대한 판단기준으로 판례와 이론을 통해 제시된 기준들은 기본권실현 연관성과 재정수요의 크기 및 정치적 논란의 양상 등이다. 집단과 계층 간에 가치선판단과 이해가 첨예하게 상충되는 사안과 관련하여 조정과 설득을 하고, 상충하는 헌법적 원칙과 가치들 간의 조화점을 찾아내는 정치적·정책적 결단을 내리는 결정들의 경우, 특히 이른바 사회개혁차원에서 논의되는 '큰 문제들'(large-scale issues)의 대부분은 이 범주에 해당될 것이다.

3불정책은 사안의 본질과 구조상 전형적인 의회유보사항에 해당된다. 헌법 제31조 제6항에 규정된 '교육제도법정주의'에는 이미 이러한 헌법이론적 판단이 확정적으로 수용된 것이기도 하거니와, 다만 전술한 논의는 명문규정상 "학교교육 및 평생교육을 포함한 교육제도와 그 운영에 관한 기본적인 사항은 법률로 정한다"에서 의회입법자에 결정권이 유보되는 '기본적인 사항'의 범위를 획정하는 해석론상의 준거를 분명하게 확인하고 정리한 작업이다.

7) 의회유보원칙의 기능법적 의미와 본질성이론의 본질에 관해서는 이덕연, "안마사자격 '비맹제외기준'에 대한 헌재결정평석", 공법연구 제35집 제2호(2006.12), 192면 이하 참조.

고등교육법 제34조는 학생선발방법에 관하여 "고등학교를 졸업한 자 또는 법령에 의하여 이와 동등 이상의 학력이 있다고 인정된 자 중에서 일반전형 또는 특별전형에 의하여 입학을 허가할 학생을 선발"(제1항)하고, "일반전형 또는 특별전형의 방법, 학생선발일정 및 그 운영에 관하여 필요한 사항은 대통령령으로 정한다"(제2항)고 규정하고 있다. 3불정책의 유일한 명시적인 법적 근거라고 할 수 있는 동법 시행령도 '보편적인 교육적 기준'(제34조 제1항), '사회통념적 가치기준'(제2항) 등 고도의 불확정개념을 입시의 '공정성'에 대한 판단기준으로 규정하고 있고, 기타 '초중등교육의 교육 본래의 목적'(제31조 제1항, 제35조 제2항)을 필답고사에 대한 교육부장관의 시정요구권과 재정적 불이익조치권의 준거로 제시할 뿐이다. 또한 지역 및 학교 간의 전체적인 학력차이를 고려하여 대학이 학교별로 내신성적을 차별화하여 산정하는 이른바 '고교등급제'에 대한 획일적인 금지는 법령상 근거규정조차 없다.

요컨대, 우리 사회에서 가장 중대한 현안의 하나인 3불정책은 그 정책적 타당성과는 관계없이 우선 또는 적어도 '2불정책',[8] 즉 재정적 압력수단과 연계하여 본고사와 고교등급제를 금지하는 것은 의회가 법률로 정한 것이 아니라는 점에서 위헌이다. 3불정책이 헌법 제31조 제6항에서 법률로 정하도록 규정한 '교육제도와 운영' 또는 그에 관한 '기본적인 사항'에 해당되지 않는다는 해석론을 제시한다면, 그것은 '본질성이론' 또는 '중요사항유보설'과 연계된 '의회유보원칙'의 헌법이론적 의

---

8) 3불정책은 기능적으로나 논리적으로 한 묶음이어야만 하는 것은 아니다. 여기에서 기본권 보호영역이나 '제한성' 여부 등과 관련된 상론은 약한다. 다만, 의미가 명확하게 정리되어 있지는 아니하지만 적어도 일반인들이 이해하는 내용, 즉 수학능력과 무관하게 돈으로 합격증을 사는 식의 기여입학제는 우리 사회의 현실과 법감각을 고려할 때 헌법의 차원에서 그 보호영역이 설정되는 '대학의 자유'에 대한 제한의 문제라기보다는 국민적 합의와 입법형성에 맡겨져 있다고 보는 입장에서 이하의 논의는 편의상 3불정책이라는 시사용어를 그대로 사용하되, 본고사와 고교등급제를 대상으로 하는 '2불정책'에 초점이 맞추어진 것임을 밝혀둔다.

미와 기능에 대한 무지를 드러내는 것일 뿐이다.

2. 법형식의 별종성

의회유보원칙에 위배되는 3불정책의 법형식상 오류에 대한 지적과 그에 따른 위헌론에 대하여 3불정책의 법형식적 특수성을 제시하는 반론이 예상된다. 전술한 바와 같이 고등교육법은 요식적인 근거규정만을 두었을 뿐, 목적과 범위 및 그 내용에 관하여 아무런 지침도 제시하지 않은 채 대학입시의 방법 등은 사실상 대통령령에 백지위임하고 있다.[9] 동법 시행령은 교육부장관이 재정상 불이익조치와 연계하여 대학의 장에 대하여 필답고사, 즉 본고사를 시행하지 말도록 '시정을 요구할 수 있다'(제35조 제2항)고 규정하고 있을 뿐인 바, 말하자면 교육부장관의 시정요구는 법적 구속력이 없을 뿐만 아니라, 불응하는 경우 강제할 수 있는 직접적인 제재수단이 없기 때문에 일견 그 법적 형식은 '행정지도'에 해당되고, 따라서 '대학의 자치' 등 관련 기본권에 대한 제한이 아니기 때문에 법률유보 또는 의회유보의 규율대상이 아니라는 주장이 제기될 수 있다.

하지만 여기에서 기본권에 대한 '제한성'을 이른바 '사실상의 기본권침해'에 확대하여 인정하는 확립된 기본권이론을 따로 상론하지 않더라도, 행정지도의 법형식을 논거로 하는 위의 주장은 행정작용의 절차와 규제행정에 관한 '기본법'이라고 할 수 있는 '행정절차법'과 '행정규제기본법'의 명시적인 규정에도 합치되지 아니한다. 우선 행정절차법은 행정지도를 "행정기관이 그 소관사무의 범위 안에서 일정한 행정목적을 실현하기 위하여 특정인에게 일정한 행위를 하거나 하지 아니하도록

---

9) 대학자치와 관련된 법체제의 문제점에 관해서는 신현직, "사립대학의 자율성과 공공성확보를 위한 국가감독", 공법연구, 제28집 제4호 제2권 78면 이하; 김철수, 헌법과 교육, 188면 이하 참조.

지도·권고·조언 등을 하는 행정작용"으로 정의하고 있고(제2조 제3호), 개념 정의에 의해 또는 공법상 일반원칙으로서 당연히 내포 또는 전제되는 지침을 별도로 '행정지도의 원칙' 조항을 두어 명시적으로 규정하여 강조하고 있는 바, 필수성과 부당강요금지의 원칙(제48조 제1항) 및 불이익조치 연계금지의 원칙(제2항)이 그것이다. 또 행정규제기본법은 '행정규제'를 "국가 또는 지방자치단체가 특정한 행정목적을 실현하기 위하여 국민의 권리를 제한하거나 의무를 부과하는 것으로서 법령 등 또는 조례 규칙에 규정되는 것"으로 정의하고(제2조 제1항 제1호), 행정규제의 법률유보원칙에 대한 명시적인 규정(제4조 제1항)과 함께 따로 법률상 근거 없는 규제로 권리를 제한하거나 의무를 부과할 수 없음을 강조하고 있다(제3항).

따라서 '지도·권고·조언 등의 행정작용'이라는 입법정의에 원천적으로 부합되지도 않지만, 만일 3불정책을 명시적인 법적 근거를 요하지 않는 '규제적 행정지도'[10]에 해당되는 것으로 주장한다면, 그 위법성은 헌법적 판단 이전에 이미 행정절차법과 행정규제기본법에 의거 분명하게 확인된다. 정책수단으로서 행정지도의 법적 문제점, 특히 법적 구속력은 없지만 사실상 강제로 인한 부당한 권리침해의 위험과 적절한 권리구제수단 부존재의 문제,[11] 무분별한 행정규제로 인한 법적 혼란과 정책 및 행정적 비효율성 등만을 고려하더라도 재정상 불이익조치의 간접적인 수단만으로 강제될 뿐인 3불정책은 행정절차법과 행정규제기본법에 의해 금지 또는 엄격하게 제한되는 전형적인 편법의 행정작용례에

10) 여기에서 자칫 오해를 야기할 가능성이 없지 않은 '규제적 행정지도'의 의미는 지도의 내용이 국민의 권리를 제한하거나 의무를 부과하는 것이라는 점에서 '규제적'이라는 것이지 그 법적 효과가 구속력을 갖는다는 것은 아니다. 홍정선, 행정법원론(상), 2003, 406면 이하 참조.

11) 김성수, 일반행정법, 2004, 397면 이하; 박윤흔, 행정법강의(상), 2004, 571면 이하 참조.

해당되기 때문이다.

또한 법률이 아니라 고등교육법 시행령(제35조 제3항)에 근거규정을 두고 있는 입법형식의 문제와 또 이른바 '내부법' 또는 '기관법'이지만 적어도 그 규범성, 즉 법적 구속력 자체는 법률과 다르지 않은 '예산'상의 대학재정지원사업비를 그 비목에 분명히 포함되어 있는 특정된 운용지침이 문제로 지적될 수 있다. 말하자면 사업 자체의 효율성과 연구개발성과의 극대화가 아니라 근거법률 또는 예산 어떤 형식으로든 의회의 전체적인 또는 개별적인 위임이 없이 대통령령에만 의거한 별도의 정책목적을 위한 수단으로 사실상 전용하는 것에 따른 법해석론과 법정책적인 문제점, 특히 공법상의 일반원칙으로 확립된 '부당결부금지원칙'의 위배 등도 법형식상의 오류에 대한 유력한 근거로 지적될 수 있다.[12)]

요컨대, 행정작용형식론의 관점에서 볼 때, 전반적으로 열악한 재정형편상 국가의 재정상적 불이익조치를 감내할 수 있는 대학을 상정하기 어려운 현실을 고려하면 교육부의 시정요구는 실질적으로는 구속력 있는 금지의 하명과 거의 다를 바 없는 바,[13)] 3불정책은 행정지도의 형식

---

12) 예산의 법적 성격과 기능, 특히 예산의 독자적인 규준력에 관해서는 이덕연, "예산과 행정법의 관계", 공법연구 제30집 제1호(2001.12), 135면 이하.

13) 예컨대, 상대적으로 재정상태가 나쁘지 않은 것으로 알려져 있는 연세대나 이화여대의 경우 각각 2006년도에 수도권대학특성화사업으로 22억 원과 25억 원, BK21사업으로 255억 원과 62억 원을 받았는데, 산자부 등 다른 부처가 주관하는 연구개발지원비와 관계없이 이들 개별사업단위의 지원의 중단이나 제한만으로도 교육부의 시정요구는 충분한 강제력을 갖는다. 2005년과 2006년에 각각 약 1조 2,000억, 1조 3,500억 원이었던 국가의 대학재정지원사업의 규모가 2007년에는 1조 5,875억 원에 달하였다. 이 중 교육부의 지원사업비(전문대학특성화사업비 1,680억 원 포함)만 해도 2006년 8,680억 원, 2007년 8,500억 원에 이른다. 제5차 대학특성화지원전문위원회 회의자료('06. 12), 2007년도 정부연구개발사업 종합안내서('06. 12, 과학기술부), 국정홍보 국무총리실 자료에서 재인용. 실제로 연세대를 비롯한 일부 수도권 사립대들이 2008학년도 정시모집에서 상위 40%에 해당하는 내신4등급까지 모두 만점으로 처리하여 대학입시에서 내신의 실질반영률을 사실상 제로화하는 내용의 계획을 밝히자, 정부는 이례적으로 국무총리 주재로 관계장관회의를 개최하여 '범정부적 차원'의 엄정대응을 천명하였고, 교육부는 즉각 각각 600억 원, 300억 원 규모의 '수도권대학

과 관련하여 행정법이론상 일반적으로 지적되는 법적 문제점 중에 사실상의 강제성과 그에 따른 불법적인 권리제한, 미흡한 권리구제기회 등이 전형적으로 부각되는 위법한 별종의 형태로 이해된다.

다만 여기에서 3불정책의 행정작용형식상 오류의 별종성을 지적하는 것은 그 법체계상의 문제점 자체보다는 그 배후에 있는 당당하지 못한 입법태도를 비판하기 위해서이다. 말하자면 대학입시제도가 개개인에게는 물론이고, 국가와 사회 전체에 중장기적으로 중차대한 영향을 미치는 '큰 문제'이고 또 교육정책 결정권자가 3불정책이 '보편적인 교육적 기준'(고등교육법 시행령 제34조 제1항)과 '사회통념적 가치기준'(제2항)에 합당한 대입제도의 기본틀로서 '초중등교육의 교육 본래의 목적'(제35조 제2항)을 위하여 필수불가결한 것으로 판단한다면 별종의 '유사행정지도'의 형식을 통하여 규제할 것이 아니라, 오히려 원천적으로 금지하거나 또는 구속력 있는 실효성확보수단과 연계하여 엄격하게 제한하는 구체적이고 명시적인 근거규정을 법률에 담는 입법형식을 취했어야 할 것이다.

그렇게 하였다면 - 현실적으로는 크게 다른 결과로 나타났을 가능성이 별로 없기는 하지만 - 적어도 법리상으로는 법형식의 오류와 관련된 논란은 피하고 바로 실체적 논점에 초점을 맞추어서 토론이 진행될 수 있었을 것이다. 그 입법의 결론과는 무관하게 적어도 그러한 토론이 의회에서 진행되었어야만 했다는 점이 전술한 '의회유보원칙'에서 도출된다고 보면, 결과적으로 애매한 별종의 입법형식 자체가 이미 위헌의 토론 및 결정책임회피에 따른 당연한 결과인 동시에, 그에 대한 비난을 피하기 위하여 '하늘을 가린 손바닥'에 지나지 않는다.

특성화사업'과 '인문학 육성사업'을 전면 중단하고 기타 재정상 불이익조치를 취하겠다는 경고와 함께 2008년 이후 대입시에서부터 내신비중에 따라 재정지원액수를 차등화하겠다는 방침을 발표하고 나섰다. 조선일보, 2007.6.14. A12면 참조.

또한 입법형식이 분명했다면 - 이른바 '보조금행정'의 영역에서 재정지원사업상의 재량처분에 대한 소송, 특히 재량권남용에 대한 입증책임의 어려움 등을 감안하면 이 경우도 마찬가지로 실제 가능성이 그다지 클 것으로 여겨지지는 않지만 - 적어도 구체적인 개별상황에 따라서는 공식적인 쟁송절차, 예컨대 행정소송법상 항고소송과 그것을 경유한 위헌법률심판 등을 통해서 헌법 및 행정법적 문제점이 조기에 정리될 수 있는 기회가 주어질 수도 있었을 것이다. 요컨대, 전술한 바와 같은 3불정책문제의 이데올로기적 성격과 그 존폐를 둘러싼 논쟁의 소모적인 순환론적 구조를 고착시킨 제도적 환경의 주된 요인으로 원천적인 입법의 흠결과 그에 따라 예정된 또는 불가피한 파행적인 행정작용의 형식을 지적할 수 있는 것은 바로 이 때문이다.

Ⅳ. '3불정책' 관련 기본권심사의 지침과 관점

1. '대학의 자유'의 주관적 권리와 객관적 질서

'의회유보원칙'에 따른 위의 결론은 '능력에 따라 균등한 교육을 받을 권리'(제31조 제1항), '대학의 자유'(동조 제4항) 등 관련 기본권에 대한 '제한성'과 이른바 '한계 - 한계'의 논리형식을 바탕으로 하는 기본권도그마틱과는 무관한 법형식의 오류에 대한 판단이다. 우선 3불정책의 실체적인 합헌성과 관련된 기본권심사에서 유의해야 할 기본지침을 정리하고, 심사과정에서 요구되는 관점과 관련하여 단서를 두 가지 제시한다.

3불정책은 공공복리를 위하여 특정 개인 또는 집단의 기본권을 제한하는 단선적인 문제가 아니고, 그렇기 때문에 특정한 기본권에 대한 제한의 과잉 여부를 기준으로 간명하게 합헌성 여부를 판단을 할 수 있는 구조의 문제가 아니다. 오늘날 많은 기본권제한입법은 개인 또는 부분(사익)과 전체(공익)의 양극적인 대립구도보다는 오히려 계층과 집단을 단위로 하는 다극적이고 복합적인 대립구도 속에서 상충되는 기본권적 법익들 또는 주관적인 기본권과 객관적인 국가목적 및 공공복리 사이에서 조화점을 찾아내는 조정의 작업인 바, 대개의 경우 완전한 균형성을 기대하기는 어려운 이 작업의 과정에서 관건은 '옳은 결정'에 대한 신뢰와 수긍이고, 그것은 오로지 설득을 통한 공감대형성을 통해서만 확보될 수 있다.

대학의 자유나 학문의 자유가 무제한의 자유일 수도 없고, 또 이른바 수요자 중심의 경제화와 세계화된 무한경쟁체제 속에서 상당 부분 그 법규범적 가치가 주변부화될 수밖에 없다고 해도 '대학의 자유'의 봉사적 기능이 국가, 특히 정책당국자에게 무제한의 지시와 감독 및 그 수단으로서 무제한의 기본권제한을 허용하는 것은 아니다.[14] 기본권의 객관적 질서의 측면과 관련된 객관적인 국가목적과 연계하여 개별적인 주관적 권리를 재구성하고 조정하는 과정에서 자유를 제한하는 작업은 관련 영역과 사안에 따라 그 범위와 밀도 또는 양식을 달리할 수밖에 없지만, 기본적으로 그것은 주관적 권리의 본질적인 내용을 해치지 않는 범위에서 그 순기능을 신장시키는 방향으로 수행되어야 한다.

이러한 객관적인 한계와 지침은 학문의 자유, 대학의 자유와 관련하여 정책수단을 선택하고, 그 관심과 보호의 우선순위를 설정 또는 배분하는 과정에서 특히 주목되어야 한다. 말하자면 주관적 권리의 측면에서 관련 기본권의 대국가 방어선이 필요한 경우 부분적으로 후퇴될 수는 있겠지만, 전면적으로 와해되거나 그 본질적인 내용까지 침해할 수 있는 틈새는 용인될 수 없다.

---

14) Vgl. B. Kempen, Die Universitaet im Zeichen der Oekonomisierung und Internationalisierung, DVBl. 2005, S. 1090.

2. 자율과 차별화의 요청

이러한 관점에서 볼 때, '균등한 교육을 받을 권리'나 학문의 자유 등 교육관련 기본권의 객관적 질서의 내용과, 인적 자원의 효율적인 계발과 경쟁력향상 등 국가의 경제정책적, 교육정책적 목적에 내포되어 있는 객관적인 지침도 개인의 학문의 자유와 대학의 자치를 보호하고 육성함으로써 학문의 자유 및 대학의 자유에 내재적인 봉사기능과 그에 따른 '제3자효용'을 증대시키라는 요청의 준거로 이해되어야 한다. 봉사의 방법과 내용에 관해서 일일이 국가의 지침을 받는 학문과 대학은 문화국가의 헌법이 상정하고 기대하는 자유의 대상과 주체가 될 수 없다. 대학과 관련된 교육제도를 설계하고 운용하는 데 있어서 각별하게 유의해야 할 점이다.

헌법 제31조 제1항이 '균등한 교육을 받을 권리'의 준거로 제시하고 있는 '능력'의 의미와 그에 평가방법과 기준은 고착된 것일 수 없고, 그래서도 아니 된다. 또 그것은 국가의 독점 또는 후견적 감독 하에 획일적으로 해석되고 설정될 수 없다. '능력에 따라 균등한 교육을 받을 권리'에는 소극적으로는 정의와 문화국가의 이념에 배치되지 않는 한 정치·경제·사회·문화의 모든 생활영역에서 적어도 제도적으로 특정한 능력을 배제하지 말라는 '포용의 원칙'과, 또 한편 적극적으로는 최대한 객관적이고 합리적인 기준과 방법으로 평가된 능력에 따라 적합한 교육기회가 균등하게 제공될 수 있도록 교육제도를 설계하고, 인적, 물적 기반과 함께 그에 적합한 사회적 환경을 조성하는데 관심을 갖고 노력하라는 촉구명령이 객관적인 지침으로 내포되어 있다.[15] 이 '포용의 원칙'과 촉구

15) 여기에서 균등한 기회보장의 대상이 되는 교육이 반드시 학교교육에만 국한되는 것으로 해석되지는 아니한다. 예컨대, 정 종섭, 헌법학원론, 2007, 649면. 다만 현실적으로 제도적으로 가장 보편적이고 정형화된 교육형태라는 점에서 학교교육에 초점이 맞추어지는 것일 뿐이다. 교육의 양식과 기능 및 환경의 변화에 따라서는 기존의 정형

명령은 우선 절제의 조건을 전제로 국가의 적극적인 정책적 관심과 실현의무를 요구하는 것이지,[16] 그것이 국가가 효용과 육성가치가 있는 능력을 선별심사하고, 그 평가의 기준과 방법의 설정을 독점하는 것까지 정당화하는 근거가 될 수는 없다.[17]

국가의 절제에 따라 남겨지게 되는 공간은 우선 사회와 시장의 몫으로 주어지고, 자율적인 사회와 시장의 차별화를 통해 가치와 효용이 인정되는 능력의 범주가 획정 및 세분화되고, 개별 능력에 대한 차별화된 평가기준과 방법이 형성되어야 한다. 대학입시도 자원배분과 기회 및 그에 따른 가치배분의 관점에서 그 영향력과 효과가 지대하고, 그렇기 때문에 국가와 사회 전체적으로나 개인적으로 가장 관심이 큰 문제이기는 하지만, 이 역시 국가의 독점관할권의 대상은 아니다. 수학능력의 평가에 초점이 맞추어진 시험제도 자체가 능력계발과 발견의 유용한 수단이기도 하지만, 가치와 효용이 있는 능력의 적정한 선별기준과 함께 그 능력에 대한 최선의 평가기준과 방법도 경쟁을 통해서 개발되고 발견될 수 있기 때문이다. 또한 대학의 신입생선발은 '진지하고 계획적으로 진리를 탐구하는 활동'[18]인 학문연구와 교수활동의 파트너를 충원하는 작업이고, 그 자체가 학문연구와 교수의 자유의 내용으로서 대학교육의 방향과 수준을 결정하는 중요한 요소의 하나이기도 하다. 자유경쟁의

화된 학교교육과는 근본적으로 다른 형태의 교육방식이 관심대상으로 부각될 수 있기 때문이다.

16) 국가의 적극적인 교육정책실현의 의무에 관해서는 헌재 2000.4.27. 98헌가16결정 참조.

17) 교육분야에 각별한 관심을 가졌었고, 박사학위논문도 '교육기본권에 관한 연구'(서울대학교 1990)였던 고 신현직 교수는 '종합적 기본권'으로서 교육기본권이 정립되어야 할 필요성을 제시하면서 국가의 역할도 종래의 적극적인 규제와 형성에서 소극적인 보충의 방향으로 변환되어야 함을 강조하고 있는 바, 이러한 인식은 대학입시를 비롯한 모든 능력과 성과의 평가에서도 주목되어야 한다. "교육기본권의 개념과 법적 성격", 고시계 , 1999년 5월; 교육법과 교육기본권, 2003, 24면에서 재인용,

18) BVerfGE 35, 79(116).

조건이고 그 결과이기도 한 자율성과 다원성 및 창조적 상상력에 의해서만 학문연구와 교수의 자유의 생명력은 유지될 수 있다.

예컨대, 정시모집에서 평가대상과목 및 전공분야별로 다양한 평가방식과 기준을 계발·적용할 수 있는 창구가 되는 본고사를 배제한 채, 객관적인 학력평가기준 및 수월성제고의 차별화된 교육수단으로서의 효용에 대하여 근본적으로 불신이 팽배한 상황에서 질적·양적으로 격차가 극심한 모든 대학에 지원하는 모든 고등학교의 학생들을 대상으로 모든 과목에 똑같이 - 교육당국에 의해 획일적으로 주어진 반영비율의 기준에 따라 - 내신의 적용이 강요된다면 논술시험의 활용을 감안하더라도 창조적인 상상력이 발휘될 수 있는 개방된 경쟁의 기회는 거의 남지 않게 된다.[19] 이러한 점에서 설령 교육부의 주장대로 '초중등교육 본래의 목적'을 위하여 본고사를 금지하는 것이 필요하다고 하더라도 그것이 평준화교육 등 초중등교육의 목적에 대한 대학의 '입시자주권'의 일방적인 양보를 정당화하는 논거가 되지는 못한다.[20]

우리 헌법 제31조 제4항에서 교육의 자주성, 전문성, 정치적 중립성 등과 함께 '법률이 정하는 바에 의하여 보장된다'고 규정되어 있는 '대학의 자율성'은 대학자치의 헌법적 근거라기보다는 그에 대한 보완의 단서이고, 따라서 입법에 대한 수권의 관점보다는 헌법 제22조 제1항의 학문의 자유의 보장수단으로서 우선 입법형성에 대한 헌법적 한계의 맥락에서 이해된다.[21] 대학의 자율성은 헌재[22]가 분명하게 정리한 바와

19) 우리 경제의 위상에 비해 턱없이 낮은 고등교육의 낮은 수준에 대하여 여러 가지 요인이 지적될 수 있겠지만, 대학 간의 경쟁부족이 주요 원인의 하나라는 점에 대해서는 이견을 찾아보기 어렵다. 이에 관해서는 LG 경제연구권, 한국경제 이렇게 바꾸자, 2003, 183면 이하 참조.

20) 이 점에 관해서는 정영화, "헌법상 대학의 자치권에 관한 고찰-지필식 논술고사 및 고교등급제 금지의 위헌성을 중심으로", 교육법연구 제8집 제2호(2005.12), 196면 참조.

21) 허영, 한국헌법론, 2007, 417면; 이경운, "차기정부의 교육부문 개혁과제", 공법연구 제31집 제1호(2002.12), 101면.

22) 헌재는 '대학의 자율권'이 헌법상의 기본권임을 분명히 하면서 그 내용에는 대학시설

같이 '공권력 등 외부세력에 의한 간섭의 배제'와 '대학구성원 자신의 자주적인 대학운영'의 보장을 통해서 연구와 교육의 자유와 함께 '진리탐구'와 '지도적 인격의 도야'라는 대학의 기능을 충분히 발휘할 수 있게 하기 위한 필수적인 요소이다.

요컨대, '대학운영에 관한 모든 사항을 외부의 간섭 없이 자율적으로 결정할 수 있는 자유'인 '대학의 자율성'은 주관적 공권인 대학의 자유의 핵심내용인 동시에 학문의 자유의 객관적 질서에서 도출되는 당연한 헌법적 요청이다, 따라서 학생의 선발과 전형에 관하여 대학 간의 자율적인 경쟁의 기회를 배제하고, 획일적인 계획과 표준화 및 규제를 통해 조종하고 간섭하는 국가의 후견인역할은 부정적으로 평가될 수밖에 없다.

3. 발견의 과정과 수단으로서 경쟁

이미 교육부가 사실상 강요하는 3불의 한계 내에서도 적지 않은 대학들이 사회봉사경력, 효행 등의 품성이나 기타 특성화된 능력을 기준으로 하는 다양한 선발방법을 시행하고 있기는 하지만, 이는 '특별전형'의 제한된 범위 내에서 활용되고 있을 뿐이지 객관적인 학업성적을 기준으로 수학능력이 우수한 신입생을 선발하는 '일반전형'의 경우 대학들이 자율적으로 선발방법과 기준을 개발하여 자유롭게 경쟁할 수 있는 기회를 갖지 못하고 있다. 전술한 바와 같이 기본권주체인 대학 또는 교수의 입장에서 보면 신입생을 선발하는 작업은 학문과 교수의 자유의 한 부분이고 연구의 인적 토대를 구성하는 중차대한 일인데, 획일적인 제도와 사실상의 강요에 의해 그 자체가 본질적인 가치인 개방성과 다양성이 발현될 수 있는 창구가 폐쇄되어 있다.

의 관리운영만이 아니라 연구와 교육의 내용, 방법과 대상, 교과과정의 편성, 학생의 선발과 전형 등 전반적인 학사관리가 당연히 포함된다고 확인하고 있다. 헌재 1992. 10.1.92헌마68, 76병합결정, 헌재판례집 제4권, 670면.

대학입시가 갖는 포괄적이고 다면적인 기능과 그에 따른 중차대한 영향력을 재론하지 않더라도 그것의 궁극적인 지향점은 최적의 동기부여와 공정한 경쟁을 통하여 개개인의 다양한 잠재능력을 최대한 계발하고, 국가와 사회 전체의 정치·경제·문화적 역량을 극대화시켜 나가는 것이다. 이 지향점에 이르기 위한 경로를 설계함에 있어서 이론적인 차원에서는 적극적으로 최선 또는 차선의 최적의 방법을 마련하는 것이 주된 관심사이지만, 현실적으로는 이른바 '부정의 원리'의 채로 우선 최악과 차악을 걸러내는 작업을 통해서 접근하는 것이 불가피하고 효율적이기도 하다. 말하자면 개인능력을 최대한 계발하고 사회 전체 역량을 극대화하기 위한 필요조건은 우선 발견되지 못하고, 적절한 계발육성과 평가 및 재평가의 기회를 제공받지 못해서 사장되는 잠재능력을 최소화하는 것이다. 경쟁이 최선의 발견, 즉 최적의 동기부여를 통한 계발, 평가 및 촉발의 수단인 것은 상품시장이나 선거와 교육의 장이 다르지 아니하다. 하이에크[23]의 말대로 경쟁은 자연과학에서 실험과 마찬가지로 우선 '하나의 발견의 과정'(a procedure of discovery)인데, 그것이 합리적인 선별과 상향 차별화의 기능을 발휘하기 위해서는 조건과 규칙이 공정하고 객관적이어야 한다.

대학입시와 관련하여 제시되는 다양한 대안들에 대한 개별적인 평가는 별론으로 하되, 적어도 현재의 대학입시제도가 경쟁의 질을 확보할 수 있는 공정하고 객관적인 조건과 규칙을 담고 있는지는 의문이다. 경쟁의 효용을 담보하는 공정성의 필수조건은 개방성, 즉 최대한의 참여기회를 보장하는 것과 또 그 자체가 참여기회개방의 조건이기도 한 평가기준과 방법의 객관성과 합리성을 유지하는 것이다.

이러한 시각에서 보면 평등이데올로기의 관점에서 유력한 명분으로

---

23) F. A. Hayek, The political order of a free people, in: Law, Legislation and Liberty, 1982, Vol. III, pp. 67.

제시하는 '가난한 집의 공부 잘하는 아이'에 대한 배려, 즉 경제적 사정과 무관하게 최대한 균등한 교육기회가 부여되어야 한다는 요청은 자유주의 입장에서도 지극히 당연한 것이다. 불합리한 입시제도나 경제사정 등 교육외적 조건과 기준에 의해서 경쟁에 참여하지 못하거나 객관적인 평가를 받을 기회를 갖지 못하고, 그로 인해 우수한 잠재능력이 발현되지 못하게 되면 전체 또는 부분적인 경쟁 자체의 수준과 기능적 효용이 떨어질 수밖에 없기 때문이다. 이는 원천적으로 개인과 집단의 수월성 제고로 연결되지 못하고 사장되는 잠재능력의 크기 자체도 문제지만, 그것으로 인한 경쟁효용의 감소는 결과적으로 '부잣집의 공부 잘하는 아이'에게도 피해를 주게 된다. 적어도 경쟁의 무대를 '우물 안'으로 제한하지 않는 경우에는 그러하다.

또 한편 다른 관점에서는 '부잣집의 공부 잘한 아이'의 능력도 상대적으로 불리하게 평가되어서는 아니 됨은 물론이다. 복합적이고 다양한 잠재능력을 완벽하게 포착하여 객관적으로 평가할 수 있는 기준과 방법이 없고 또 사회적 신분이나 경제력, 기타 환경적 요인 등 실제 경쟁조건이 같을 수 없다는 점을 고려하더라도, 어쨌든 현재 제도화된 기준과 방법에 초점을 맞추어서 좋은 평가를 받기 위해 성실하게 노력을 하여 좋은 성과를 보였다면 그것이 잠재능력을 포함한 포괄적인 의미의 수학능력에 대한 가장 유력한 평가준거의 하나라는 점을 부인할 수는 없다. 문제는 제도화된 평가에 의해 포착되는 현실화된 능력과 평가에 반영되지 못한 잠재능력 간의 불가피한 차이를 인정하고, 그것을 최소화해 나가는 것이다.

'능력에 따라 균등한 교육을 받을 권리'는 구성원 개인의 능력과 개개인의 능력의 단순한 합과는 구별되는 집단 전체의 능력이 상승효과를 가져오는 기능적 교차관계 속에서만 구현될 수 있다.[24)] 그것은 타자와

24) 이와 관련하여 J. Attali가 미래의 민주주의의 공동재산으로 강조하는 보편의 '집단적

의 교류와 경쟁의 관계에 있지 않는 개인 또는 동질적인 특정집단의 단위에 국한되어서 실현될 수 없는 특성을 갖기 때문이다. 교육을 받을 권리의 이러한 본질과 특성에서 우리는 객관적인 질서로서 주어지는 헌법적 지침을 도출할 수 있는 바, 대입제도를 비롯한 모든 교육정책은 바로 이 상승효과를 극대화하기 위한 제도와 그것을 뒷받침할 수 있는 인적, 물적 토대를 마련하는 데 초점이 맞추어져야 한다는 것이다.

4. '무지의 장막'과 '전환의 계곡'

문제는 이러한 상승효과 극대화의 교육목적에 가장 큰 변수라고 할 수 있는 대학입시제도에서 공정하고 합리적인 평가의 기준과 방법을 마련하는 일인데, 이 과제 역시 전술한 바 있는 '부정의 원리'로 접근될 수밖에 없다. 말하자면 우리의 사회현실에서 이데올로기적 질이 특히 부각되는 문제의 본질과 구조상 특혜를 받은 관점과 또 그것을 전제로 한 최선의 방책은 용인할 수도, 주장할 수도 없는 바, 그렇다면 J. 롤스가 제시한 이른바 '무지의 장막'(veil of ignorance)[25]을 전제로 소극적인 관점에서 최악과 차악을 피하는 차선의 대안을 모색하는 것이 불가피하다.

현대의 사회철학과 정책론의 담론에서 일반화된 이른바 '구조적인 무지'(konstitutive Ungewissheit)의 조건 속에서 사회현안과 관련된 상황과 대안의 효과에 대한 평가와 선호들은 게임이론이나 결정이론이 전제하는 것같이 간명하고 안정된 것으로 파악될 수 없다.[26] 전체주의의 통치기술에 의해 지배되는 경우가 아닌 한, 어떤 인식과 전망이 정확하고 또 어떤 선판단과 그에 따른 선택이 옳은 것인지에 관한 '주관적인

지능'(intellignence collective)의 개념은 시사하는 바가 적지 아니하다. 미래의 물결, 양영란(역), 366-368면.

25) J. Rawls, A Theory Of Justice, pp. 136.

26) Vgl. M. Zoeller, Handeln in Ungewissheit, in: Ordo, Bd. 30(1979), Zur Verfassung der Freiheit, Fs. f. F. A. v. Hayek, S. 121ff.

앎'(subjektive Gewissheit)은 근본적으로 '객관적인 무지'(objektive Ungewissheit)와 긴장관계에 있을 수밖에 없다. 관건은 지식과, 지식을 확보하는 기술과 기회를 최대한 활용할 수 있는 제도와 환경을 지원하는 것이다.

'확인할 수 없지만, 확정은 해야만 하는 조건' 속에서 주어지는 가치상대론의 방법론적 지침에 따르면 법치국가의 모든 결정은 상대적인 것으로 존재할 수 있을 뿐이다. 한번 내려진 결정은 그 즉시 모든 새로운 사태와 새롭게 알게 된 것들, 새로운 말들에 대하여 개방되어 있어야 한다. 즉 그 정당성이 갱신되어야만 한다.[27] 3불정책의 존폐를 둘러싼 논쟁에서도 근본적인 관점의 차이는 떠나서 그 정책적 효과, 특히 사교육 수요의 증감과 그에 따른 공교육 정상화에 대한 긍정 또는 부정의 효과에 대한 예측에서부터 의견이 크게 엇갈리는 것만 보아도 알 수 있듯이, 대학입시문제의 구조상 3불정책을 포함하여 어떤 입시방식의 대안에 대해서도 현재의 문제상황에 대한 인식과 전망, 각각의 정책에 대한 비용편익분석의 결과와 순기능과 역기능에 대한 예측을 공유하면서 논의하기는 어려운 상황이고, 따라서 어떤 정책을 어떻게 취사선택하고 절충하든 합의와 완전한 설득을 토대로 하는 타협은 현실적으로 불가능하다. 상당한 부작용과 저항의 비용과 부담은 불가피하다. 결국 최선의 대안은 '한계극복을 위한 한계인정'에서부터 모색되어야 하고, 그 핵심은 '무지의 장막'에 대한 인정이다.

사회적 담론과 연계된 정책론의 맥락에서 '무지의 장막'은 한쪽 끝은 겸손을 필요조건으로 하는 자기반성의 끈에 의해, 또 한쪽은 절제를 조건으로 하는 이견을 갖고 있는 상대에 대한 배려와 존중의 끈에 의해서 드리워진다. 최선의 정책선택을 위한 환경의 첫째 조건은 특정인 또

27) H. F. Zacher, Was kann der Rechtsstaat leisten?, in: J. Burmeister(Hg.), Fs. f. K. Stern zum 65. GT Verfassungsstaatlichkeit, S. 397.

는 특정 집단만이 관련 사실을 잘 알고 있다는 절대주의적 전제와 이 전제에서 출발하는 경쟁결과에 대한 모든 전망과 평가들을 부적합한 것으로 배제하는 것이다.[28] 그런데 이들 조건과 요청은 사회구성원 개개인과 집단에만 해당되는 것이 아니다. 교육계획과 정책을 수립하는 교육당국과 정책결정권자들에게 우선 요구되는 헌법적 지침이고, 특히 획일적인 제도화와 표준화의 정책적 목표와 의도를 갖고 대학입시문제를 접근하는 경우에는 더욱 주의환기가 요구되는 각별한 의미를 갖는다.

또 한편 전술한 바와 같이 대학입시문제는 경제사회 및 문화정책의 수단으로서 기능적 연관성이 크고 또 이데올로기적 질의 문제로서 성격과 구조가 부각되기 때문에 자연스럽게 국가의 주요 관심사가 될 수밖에 없고, 정치권은 물론이고 현실적으로 교육정책의 설계를 주도하는 관료들에게도 이 문제는 그 규범적 환경과 이용가치의 측면에서 매우 매력적인 소재이다. 그렇기 때문에 시민사회의 자정력과 대학의 자치능력의 신장이나 세계화의 흐름 속에서 목격되는 교육시장의 개방화와 경쟁격화, 외국어고, 과학고, 자립형사립고 등 특수목적고등학교의 대폭 신설에 따른 초중등학교체제의 변화 등 새로운 사태와 가능성에 의해 적어도 국가의 전면적인 간섭과 조정이 더 이상 필요하지 아니하거나, 그 범위와 양식이 대폭 축소 및 수정되어야 하는 상황에서도 정책당국자가 스스로 대학입시에 대한 관리와 통제를 업무목록에서 삭제하는 것은 기대하기 어렵다.

반면에 대개의 경우 국가적 후견체제에서 벗어나서 자율에 맡겨지는 경우 적어도 단기 중기차원에서는 일시적으로 불가피하게 초래되는 역기능과 부작용의 부담이 적지 아니한 것도 그 주된 요인의 하나로 지적될 수 있다. 사회와 기본권의 주체인 대학이 웬만한 의지와 용기 및

---

28) F. A. Hayek, ibid., 68.

준비태세를 갖고 건너가기에는 구조개혁을 위해 반드시 거쳐가야만 하는 이른바 '전환의 계곡'(valley of transition)[29]이 너무 넓고, 깊다. '무지의 장막' 뒤에서 결정의 토대로 삼을 만한 판단과 전망의 준거를 갖지 못하는 개인과 집단에게 무조건 현상타파의 선도적 역할을 기대하고 주문하는 것은 비현실적이다. 궁극적으로 개별 주체의 자유에의 의지와 책임지는 결단이 관건이기는 하지만, 공정한 경쟁조건이나 위험과 성과배분의 공평한 기준, 기타 불가측의 비용의 사회적 부담 등 우선 그것을 격려하고 촉진하는 제도적 조건과 사회적 환경이 조성되어야 한다. '전환의 계곡'을 막아서거나 우회로를 찾는 무모하고 불가능한 시도가 아니라, 바로 이 선행작업이 국가가 해야 하고 또 국가만이 할 수 있는 일이다.

요컨대, 바로 이러한 규범환경의 요인이 종래에는 국가의 대학입시 문제에 대한 전면적인 간섭과 조정을 정당화하거나 또는 불가피한 것으로 수용하도록 해왔다고 한다면, 해결과 개선의 단서를 전혀 찾지 못하고 단지 3불정책을 폐지 또는 변경할 경우 더 나쁜 결과가 초래될지도 모른다는 막연한 주장만으로 방치되고 있는 현재의 심각한 문제상황을 고려할 때 적어도 앞으로는 교육정책을 수립하는 관료와 입법자 역시 '무지의 장막' 뒤에 같이 서서 반성과 절제의 요청을 받아들여야 한다. 그렇지 않고서는 손아귀에 잔뜩 움켜쥔 금화를 내려놓고 단지에서 손을 빼내는 발상의 전환을 기대할 수 없다.[30] 무지의 조건 하에서는 자유경

29) 정치체제나 경제체제의 구조적 변혁과정에서 그 효과와 비용의 측면에서 상당한 부작용과 그에 따른 일시적인 고통과 혼란이 불가피하다는 점을 비유적으로 표현한 개념이다. 이에 관해서는 A. Przeworski, 민주주의와 시장, 임혁백/윤성학(역), 1997, 192면 이하 참조.

30) 이러한 관점에서 대학입시에 관한 일관성 없는 정책과 복잡과다한 규제는 '비현실적이고 어색한' 규제관, 즉 대학입학에 대하여 교육당국이 옳은 방법을 정해주어야 한다는 관념에서부터 시작된다는 원론적인 지적은 시사하는 바가 적지 아니하다. 김영평/최병선/신도철(편저), 전게서, 199면.

쟁에 맡겨놓는 '무계획의 계획'과 '무정책의 정책'이 효율성과 정당성을 담보하는 가장 유용한 정책대안이 될 수 있다. 적어도 위험이 분산되고, 검증과 교정을 위한 정보가 산출된다는 점에서 획일적인 계획과 제도보다는 최악을 피할 수 있는 차선의 대안이 될 수 있다.

V. 맺는 말

'파레토 우위'(Pareto superior), 즉 새로운 체제에서 '아무도 더 이상 나빠지지 않으면서 누군가는 더 좋아지는 상태'를 담보하거나 또는 예언자적 권위를 갖고 모두를 설득할 수 있는 만병통치의 대입제도개혁의 방안은 없다. 정밀하게 검토된 조건과 설득의 전략도 부분적인 효용만을 기대할 수 있는 필요조건일 뿐이다.

하지만 그렇다고 해서 '전환의 계곡'을 피하는 현상유지의 선택이 무조건 정당화되는 것은 아니다. 진보와 보수 간의 숙명적인 갈등과 변증법적 극복의 과제를 제시하는 "이성적인 것은 현실적이고, 현실적인 것은 이성적이다."라는 헤겔의 명언은 통합과 다원성, 전체와 부분 간의 조화에 대해서도 그대로 원용될 수 있다. 그 어떤 방안의 변혁도 '파레토 우위'를 담보할 수 없지만, 역으로 거의 모든 이해당사자들이 수긍할 수 없는 현상유지도 '아무도 더 이상 좋아지지 않으면서 누군가는 - 또는 전체적으로 - 더 나빠지게 되는' 최악을 피하기 위해 불가피한 차악의 대안으로 무조건 용인될 수는 없다. GDP의 3%를 상회하는 사교육비규모 등 관련 데이터들이나, 대학 신입생들의 전반적인 학력하향평준화, 특히 수학, 과학영역의 기초학력부실, 사회문제가 되고 있는 이른바 '기러기 아빠' 등의 심각한 현상을 새삼 거론하지 않더라도, 입시생 본인은 물론이고 개별 가정과 사회 및 국가적 차원에서 임계점을 넘어서는 수준의 투자와 육체적 · 심리적 고통의 감수를 강요하는 정도로 경쟁 자체는 치열한데, 정작 개인의 창의력를 계발하고 국가 전체의 국제 경쟁력을 향상시키는 과정과 수단으로서의 그 효용이 크게 미흡하다는 평가에 대해서는 이견이 없을 것이다.

현재 우리 사회에서 3불정책의 존폐를 비롯한 대학입시문제는 교육 당국을 포함하여 그 누구도 '무지의 장막'을 헤치고 하나의 정답을 제시할 수 없고 또 그렇게 하려고 해서도 아니 되는 이른바 '난문'이다. 수월성과 평등성의 문제, 즉 교육에서 자유와 평등을 조화시키는 영원한 '난문' 앞에서 궁할 수밖에 없는 우리에게 '궁즉변 변즉통'과 '궁하면 분류하라!'는 선현들의 예지는 유용한 방침을 제공한다. 관건은 누가 어떤 역할을 분담하여 필요한 만큼 기준을 차별화하고, 그 기준에 따라 변해야 할 것과 유지되어야 할 것을 분류하고, 변해야 할 부분에서 그 변화의 방향과 내용 및 그 속도를 정해 나갈 것인가의 문제이다.

오늘날 헌법국가의 기본조건으로 '책임지는 자유를 위한 준비'(Bereitschaft zur verantwortlichen Freiheit)를 강조하는 P. 키르히호프[31]의 말은 '크고 어려운 문제'에 관한 담론에서 더욱 그 의미가 새롭게 다가온다. '책임지는 자유'의 일차적인 주체는 시민이고, 시민 개개인의 반성적 숙고와 판단이 그 준비의 출발점이고 핵심이다. 대학입시문제의 경우 특히 개인과 집단의 절제와 책임의 자세가 요구되는데, 오히려 대화의 토양은 척박하고, 토론의 공간은 협소하다. 타협의 공간을 확보해줄 수 있는 의회의 정치적 능력과 의지도 크게 미흡하다. 그럼에도 불구하고 토론의 가능성과 한계를 확인하고 그것을 조화와 타협으로 연결하기 위한 채비를 하는 것과, 변화의 당위성에 대한 확인과 함께 국가의 규제와 획일적인 표준화와 및 제도화가 아니라 대학과 국가, 대학과 대학 간의 경쟁을 통해서 최적의 입시방법(들)이 발견되고 계발될 수 있도록 하는 발상전

31) P. Kirchhof, Die Erneuerung des Staates - eine loesbare Aufgabe, S. 7.

환의 기회와 그것을 담아내는 제도적 틀과 무제도의 공간을 마련하는 과제는 우선 민주적 과정을 주도하는 의회의 몫이다.

제21장
의약품부작용피해 구제의 헌법 및 (공사)법체계론적 쟁점 - '규율흠결' 상태의 진단과 처방*

I. 머리말

「약사법」이 개정되어(법률 제4486호, 1992년 7월 1일 시행) 제72조의7이 신설조항으로 추가되었던 것이 1991년 말일이었으니 거의 20년이 다되어간다. 그 내용은 동 조문의 괄호 안에 친절하게 명기되어 있듯이 '의약품부작용피해구제기금'(이하 '구제기금'으로 칭함)의 설치·운영에 대한 법적 근거를 마련하고(제1항), 그 시행지침의 제시와 함께 구체적인 기금조성의 방안, 즉 의약품 제조업자와 수입자에게 비용을 부담하도록 하는 동시에(제2조), 정부도 예산의 범위 안에서 보조금을 지급할 수 있게 하여(제3조) 재원확보의 구체적인 방안을 법적으로 제시한 것이었다. 다만, 기금의 조성·사용 및 관리에 관하여 필요한 사항은 보건사회부령으로 정하도록 위임하였었다(제4조).

동 조항 신설의 입법목적과 취지의 핵심이 의약품부작용피해의 구제에 도움을 주고자 한 것이었음은 물론이다. 의약품부작용으로 인한 피해의 심각성을 확인하고, 더 이상 민사소송 등 개인 차원의 사법상 권리구제방법에만 맡겨둘 수는 없다는 판단을 토대로 하여 숙고 끝에 적합한 정책수단으로 기금형식을 선택한 것이었다. 법문상 명시되지는 않았지만, 적어도 그 시행의 시기가 준비에 필요한 일정 시한을 무한정

* 공법연구, 제42집 제2호(2013.12), 269-297면.

넘어서까지 늦추어지는 것은 용인될 수 없는 것이었고, 따라서 보건복지부령의 제정은 조속한 시일 내에 이행되었어야만 했던, 말하자면 명시적인 입법위임에 의해 행정입법작위의 법적 의무가 명백히 인정되는 경우였다.

그런데, 상당 기간을 도과하여 해당 보건복지부령은 끝내 제정되지 않았고, 이른바 '진정 행정입법부작위'의 위법상태가 다년간 지속되다가 동 조항은 1995년 12월 6일에 의약품부작용구제사업에서 '구제기금'의 부분을 삭제하고 그 대상이 연구사업만으로 축소되는 내용으로 슬그머니 개정되었다(법률 제4980호, 1996년 1월 1일 시행). 다만, 주지하는 바와 같이, 그나마 축소된 의약품부작용구제를 위한 연구사업조차도 개정 후 거의 15년이 지난 현재까지 관련 보건복지부령과 함께 여전히 오리무중이다.[1)]

대충 짐작은 가지만, 확인하고 증명할 수 없는 그 배경과 추이를 여기서 논하는 것은 적절하지 않은 것으로 생각된다. 다만, 1991년 약사법 개정 당시에 입법자의 사태에 대한 판단과 문제인식, 그리고 그에 따른 입법조치가 매우 적확 및 전향적인 것이었고, 또한 그 이후 전체적으로 의약품부작용의 위험문제의 양적, 질적 크기가 줄었다고 보기 어려운 사정을 고려하건대, 아마도 문제 또는 사회적인 문제의식의 크기보다 상대적으로 제약업계의 로비력이 더 빠르게 증대된 것 외에 '구제기금'의 실종과 보건복지부령의 미발령의 이유를 찾기란 쉽지 않다. 말하자면 약제조 및 판매업계의 반발 외에 달리 납득할 만한 이유를 찾아

1) 동 조항은 2007년 4월 11일 전부개정(법률 제8365호)을 통해 제86조로 개편되었다. 다만, 2007년 10월 17일 일부개정(법률 제8643호)을 통해 '품목허가를 받은 자'가 대상에 추가되었고, 2013년 3월 23일 일부개정(법률 제11690호)을 통해 제1항의 사업에 필요한 사항을 보건복지부령으로 정하도록 하였던 것을 총리령으로 바뀌었을 뿐 그 내용은 그대로 유지되고 있고, 그나마 제1조 및 제2조에 따른 연구사업과 그에 필요한 부담금의 징수도 하위법령이 마련되지 않아 유명무실한 상태이다.

보기 어려운 현실의 상황과 구조에 대한 문제인식을 전제로, 다음에서는 우선 위법한 행정입법부작위의 상태와 그 배경에 대해 알아본다. 거의 20년 전에 선택되었었던 '구제기금'제도의 이른바 '복합적 피해',에 대한 법적 대응수단, 즉 "현실적인 이유에서든 또는 법적 이유 때문이든 특정한 피해원(被害源)에 대해 책임이 있는 당사자에게 민사상 배상책임을 묻는 것이 거의 불가능하지만, 피해 당사자에게 손해배상 또는 보상을 해주는 것이 법정책적으로 또는 적어도 법감정상 타당한 것으로 인정되는 피해"[2]에 대한 구제수단으로서 그 법형식적 의의와 기능적 효용을 이른바 '사회국가적 패러다임', 특히 확장 및 심화된 '기본권보호의무'의 관점에서 검토하고, 의약품부작용피해의 문제를 일종의 '외부비용'(externality)을 유발한 '시장실패'(market failure)의 문제로 보는 관점에서 '시장실패'에 대한 적확한 '법적 보정'(judicial remedy)의 하나로 여겨지는 '구제기금'의 시행이 행정입법부작위에 의해 마냥 미루어지다 끝내 폐기되는데 방조한 공법소송체계상 '법률흠결'(Gesetzeslücke)[3]의 상

2) Josef Franz Lindner, Öffentlich-rechtliche Regelungsstrategien zur Bewältigung komplexer Schadensfälle - Bestandsaufnahme und verfaasungsrechtliche Rahmensbedingungen-, DVBl. 2005, 1227면. 다만, 이 논문에서는, 예컨대 1970년대에 독일에서 제조된 수면진정제 Contergan의 복용으로 2,500명 이상의 아이가 기형아로 태어난 약화, 이른바 'Contergan- Katastrophe'와 같이 '많은 수의 피해자'를 '복합적 피해'의 특성으로 적시하고 있는데, 본고에서는 사법이나 제조물책임법 등 민사법제만으로는 적절한 배상 또는 보상을 기대하기 어려운 특성에 초점을 맞추고, 위험에 노출된 잠재적인 피해자가 많은 경우도 해당되는 것으로 보고 동 개념을 원용하였음을 밝혀둔다. 'Contergan약화'와 이를 해결하기 위한 입법(정책)적 대응에 관한 상세한 내용은 BVerfGE 42, 263, 특히 295면 이하 참조. '의약품'의 개념과 '의약품사고' 및 '제조물책임'으로서 의약품사고에 대한 손배배상에 대한 포괄적인 논의로는 전병남, 의약품사고와 손해배상, 2008.

3) '법률흠결'은 개별 법문 자체에 불완전성이 내재되어 있는 이른바 '규범흠결'(Normlücke)와 달리 전체적인 규율의 의도와 목적상 일정한 규율이 필요한 사항에 관하여 아무런 규정을 두지 않은 '규율흠결'(Regelungslücke)에 해당한다. 이는 또한 이른바 '법률의 과오'나 본래의 규율계획 또는 입법정책적 결정상의 문제인 '법정책적 흠결'과도 구별된다. 이에 관한 상론은 임미원, "법관의 법형성에 관한 일고찰-<구 조세감면규제법>

태를 짚어본다. 마지막으로 피해구제사업에 대한 제약업계의 자발적인 참여와 협력을 기대하기 어렵다고 보는 입장에서 '구제기금'제도의 부활에 초점을 맞춘 입법개선과 이에 대한 입법자와 정부 당국자의 적극적인 관심과 정책의지를 촉구하면서, 특히 공사법관계와 연관하여 의약품부작용피해문제에 대한 적절한 대응방안의 모색과 함께 구체적인 대안을 제시한다.

II. 문제의 제기

합성 교감신경흥분제인 페닐프로판올아민(Phenylprophanolamine)을 함유한 일반의약품인 감기약 '콘택600'을 복용한 사람이 출혈성 뇌졸중으로 사망하자, 그 유가족이 제약사와 국가를 상대로 제기한 손해배상청구소송에서 대법원은 원고패소의 원심판단을 그대로 유지하면서 다음과 같이 판시하였다.[4)]

우선 이른바 '제조물책임'[5)]과 관련하여, "일반적으로 제조물을 만들어 판매하는 자는 제조물의 구조, 품질, 성능 등에 있어서 현재의 기술수준과 경제성 등에 비추어 기대가능한 범위 내의 안전성을 갖춘 제품

한정위헌결정과 관련하여-", 『공법연구』 제41집 제1호, 2012, 175-178면. 이러한 용례에 따르면 본 논문의 제목에서 사용한 '규율흠결'보다는 법외적 기준으로 평가되는 '법정책적 흠결'이 적확한 용어가 아닌가 생각된다. 다만, 본고에서 주목하는 법적 흠결은 법률내재적 흠결과 의도적인 법정책적 결정의 객관적인 오류에 따른 '규율의 흠결'을 포괄하는 것이기 때문에, 말하자면 '광의의 규율흠결'의 의미로 '규율흠결'의 용어를 택한 것임을 밝혀둔다.

4) 대법원 2008.2.28. 선고 2007다52287 판결.

5) '제조물책임'은 제품사고의 분야에서 노정된 전통적인 책임법리, 특히 과실책임주의 원칙에 입각한 불법행위책임법리의 한계를 극복하기 위하여 발전되어 온 실천적인 법리로서 '제품의 결함으로 인한 사고의 피해자가 제조자나 판매자 등에게 손해배상을 청구하는 경우 배상책임의 성립의 요건과 범위 및 수준 등을 취급하는 법이론'이다. 동 개념의 생성과 발전에 관한 상론은 이치영, 제조물책임입법에 관한 연구, 성균관대학교 박사학위논문, 1994, 특히 13-21, 35-43면.

을 제조하여야 하고, 이러한 안전성을 갖추지 못한 결함으로 인하여 그 사용자에게 손해가 발생한 경우에는 불법행위로 인한 배상책임을 부담하게 되는데, 그와 같은 결함 중 주로 제조자가 합리적인 대체설계를 채용하였더라면 피해나 위험을 줄이거나 피할 수 있었음에도 대체설계를 채용하지 아니하여 제조물이 안전하지 못하게 된 경우를 말하는 소위 설계상의 결함이 있는지 여부는 제품의 특성 및 용도, 제조물에 대한 사용자의 기대의 내용, 예상되는 위험의 내용, 위험에 대한 사용자의 인식, 사용자에 의한 위험회피의 가능성, 대체설계의 가능성 및 경제적 비용, 채택된 설계와 대체설계의 상대적 장단점 등의 여러 사정을 종합적으로 고려하여 사회통념에 비추어 판단하여야 한다"고 판시하면서, 이러한 법리는 의약품의 경우에도 마찬가지로 적용되어야 하되, 다만 의약품은 통상 합성화학물질로서 인간의 신체 내에서 화학반응을 일으켜 질병을 치유하는 작용을 하는 한편, 정상적인 제조과정을 거쳐 제조된 것이라 하더라도 본질적으로 신체에 유해한 부작용이 있다는 측면을 추가적으로 고려하여야 한다는 점을 밝히고 있다.

둘째, 불법행위로 인한 배상책임이 인정될 수 있는 표시상의 결함(지시·경고상의 결함)과 관련하여, 제조업자가 설명, 지시, 경고 기타의 표시를 하였더라면 당해 제조물에 의하여 발생될 수 있는 피해나 위험을 피하거나 줄일 수 있었음에도 이를 하지 아니한 책임이 있는지 여부는 "제조물의 특성, 통상 사용되는 사용형태, 제조물에 대한 사용자의 기대의 내용, 예상되는 위험의 내용, 위험에 대한 사용자의 인식 및 사용자에 의한 위험회피의 가능성 등의 여러 사정을 종합적으로 고려하여 사회통념에 비추어 판단하여야 한다"고 적시하였다.

요컨대, '콘택600'을 복용하였다가 피해를 입은 소비자에 대하여 불법행위책임을 부담하게 할 정도의 설계상 결함을 지니고 있다고 보기 어렵고, 또한 동 제품의 사용설명서에 부작용으로 출혈성 뇌졸중이 표시되어 있고, 고혈압환자, 출혈성 뇌졸중의 병력이 있는 환자, 심장애 환자에게는 투여하지 말라는 등의 지시사항이 기재되어 있는 점 등을 고려하면 사회통념상 적절한 경고표시가 기재되어 있었다고 보아야 하고, 또한 의사의 처방이 필요하지 않은 일반의약품인 '콘택600'의 경우 제약회사에게 특별히 더 출혈성 뇌졸중의 위험성을 경고해야만 할 의무가 있다고 보기도 어렵기 때문에 어떤 표시상의 결함도 인정되지 않는 바, 제약사의 배상책임은 인정되지 않는다는 결론이다.

셋째는, 국가의 배상책임과 관련하여, 소비자의 생명 · 신체의 안전에 위해를 끼치거나 끼칠 우려가 있는 의약품에 대한 국가기관의 책무 또는 조치권한 등을 정한 「소비자보호법」이나 「약사법」 등 관련 법령이 오로지 공공 일반 또는 국민 전체의 이익을 도모하기 위한 것이 아니라, 부수적으로라도 사회구성원 개인의 안전과 이익을 보호하기 위하여 설정된 것으로 보더라도, 사고 당시 국민의 생명, 신체, 재산 등에 대하여 절박하고 중대한 위험상태가 발생하였거나 발생할 우려가 있음에도 식품의약품안전청 공무원 또는 소비자문제 소관 행정기관 공무원이 그 위험을 배제하기 위하여 관계 법령에서 정한 조치를 취하지 아니한 과실이 있다고 보기 어렵다는 이유로 그 배상책임을 부정하였다.

'제조물책임'에 관한 종래 대법원의 일관된 입장[6]이 재확인된 것이라는 점에서 특이할 것이 없는 설시를 반복하여 제시한 것은, 우선 동 사건의 경우 출혈성 뇌졸중의 악화로 사망한 사람은 사용설명서에 기재되어 있는 고혈압환자, 출혈성 뇌졸중의 병력이 있는 환자 및 심장애 환자 어느 경우에도 해당하지 않았다는 점에서 선례들의 경우와는 다른 맥락에서, 말하자면 '확률상 그 발생이 분명히 예견되지만, 현실적으로 그것을 원천적으로 배제할 수 없고, 따라서 불특정의 대상 중 누군가에

6) 예컨대, 대법원 1992.11.24. 선고 92다18139 판결; 2003.9.5. 선고 2002다17333 판결 등.

게는 언젠가는 현실화될 수 있는 불가피한 잠재된 위험', 즉 '잔여위험'(Rest-risiko)의 전형적인 예[7]로서 사태가 파악되어야 하는 점과 함께, 그럼에도 불구하고 대법원이 제시하는 바, 즉 여러 사정을 종합적으로 고려하여 '사회통념'에 따라 판단하는 경우에 현실적으로 국가를 상대로 한 배상청구나 민사상 손해배상책임을 물어서 제약업자 등을 상대로 하여 의약품부작용으로 인한 피해를 구제받을 수 있는 가능성이 희박하다는 점을 확인하고 강조하기 위함이다.

결국 위와 같은 현재의 사태 및 법상황 속에서, 특히 위법성과 과실 입증의 어려움을 고려하건대, 전술한 '잔여위험'에 해당되는 의약품부작용의 피해는 전적으로 개인의 운명에 맡겨놓고 방치할 수밖에 없고, 결과적으로 이 위험부담을 전적으로 개인에게 전가하는 것이 헌법적으로 정당화될 수 있는 것인지에 관한 헌법이론 및 헌법해석론상의 문제제기와 함께, 만약 그렇지 않다면 상식적으로 납득할 수 없는 현재의 위헌적인 법상황이 법원의 소극적인 또는 편향된 법의 해석과 적용에 따른 '사법(司法)실패'인 것인지,[8] 아니면 '규율흠결'에서 비롯되는 것인지 등등 잇달아 제기되는 의문의 맥락을 제대로 짚기 위해서이다.

---

7) 「의료사고피해구제 및 의료분쟁조정 등에 관한 법률」(법률 제10566호, 2011.4.7) 제46조에서 의료사고보상심의위원회가 보상 여부와 액수를 결정하도록 하고 있는 '보건의료인이 충분한 주의의무를 다하였음에도 불구하고 불가항력적으로 발생하는 분만(分娩)에 따른 의료사고로 인한 피해'를 법령에 명시적으로 수용된 '잔여위험'의 전형적인 예로 들 수 있다. 이와 관련하여 국가와 분만실적이 있는 의료기관이 각각 30%, 70%를 분담하는 '특별부담금' 형식의 재원을 토대로 하는 '의료보상사업'도 이 글에서 제시하는 입법대안의 제시에 유용한 시사점을 제공한다. 이 글에서는 별론의 대상이되, 동 제도의 위헌성을 지적하는 의견은 전광석, 의료법학 제13권 제1호, 2012, 317-326면.

8) 이와 관련한 주요 쟁점, 특히 제품의 결함 및 인과관계의 증명에 관한 최근 판례의 동향과 이론적 논의의 추이에 관해서는 윤진수, 제조물책임의 주요 쟁점, 법학연구, 제21권 제3호(2011.9), 연세대학교 법학연구원, 1-49면.

Ⅲ. 의약품부작용의 위해에 대한 예방과 구제 - 사회국가 및 기본권보호의무의 관점에서

1. '상호성'의 형식과 '사회적 연대'의 관점에서 본 약화구제문제

대량생산, 대량소비사회의 현실에서 과실책임주의를 토대로 하는 전통적인 불법행위책임의 법제의 한계를 극복 또는 완화하기 위하여 도입한 무과실책임입법, 즉 「제조물책임법」의 시행으로도 소비자피해의 구제에서 원천적으로 보완될 수 없는 중대한 흠결의 부분이 남겨질 수밖에 없다는 점이다. 과실 대신에 제조상의 결함에 대한 입증으로 족하다는 점에서 피해자의 입증부담이 경감되는 것은 사실이지만, 이는 위 대법원 설시에서도 잘 나타나고 있는 바와 같이, 특히 의약품의 경우에는 결함에 대한 입증이 과실에 대한 입증보다 그 부담을 크게 완화시켜준다고 보기 어렵다. 또한 대법원이 적시한 바와 같이, 의약품은 통상 합성화학물질로서 인간의 신체 내에서 화학반응을 일으켜 질병을 치유하는 작용을 하는 한편 정상적인 제조과정을 거쳐 제조된 것, 즉 그 어떤 제조상의 결함이 없는 완벽한 제품이라고 하더라도 신체에 유해한 부작용이 없을 수 없다.

이러한 법 및 현실상황 속에서 그 누구에게도 책임을 귀속시키기 어렵지만, 희소하되 그 구체적인 발생이 확실한 위험에 대한 부담의 공정한 배분이 문제이다. 규범적인 귀책관계로 포섭할 수 없는 불가항력 또는 우연에 따른 위험발생의 부담을 궁극적으로 피해당사자의 불운에 따른 몫으로 돌리게 되는 이른바 '자기책임의 원리'에 따른다고 하더라도, 전체와 부분 또는 개인이 교착 및 상호의존의 관계 속에서 위험과 편익을 상당 부분 공유하는 오늘날의 복합공동체에서, 제조물책임법의 시행 이후에도 그 이전과 별다른 것 없이 그러한 것처럼, 의약품 선택에 과실이 없는 극소수 소비자에게 부작용피해를 전적으로 부담지우는 것은 정당하지 못하다. 적어도 그 피해가 개인적으로 감당하기 어려운 정도의 생명과 건강 등에 대한 중대한 침익인 경우에는 그러하다. 이러한 위험부담배분의 문제는 단순히 사회이론 또는 사회정책론의 차원에서만 논의되는 것이 아니라 헌법이론과 헌법해석론상의 구체적인 법적 이슈로, 특히 '사회국가' 또는 '보장국가'의 패러다임 및 국가의 기본권보호의무의 논제와 연관되어 제기된다.

'책임공동체' 및 '위험공동체'가 헌법적으로 정리 및 확인되어 표현된 것이 사회국가라고 한다면, 사회국가의 도덕적인 토대의 핵심은 적어도 자신의 귀책사유 없이 곤궁에 빠진 경우 "가장 추상적인 상호성의 형식"[9]에 따라 도움을 주고받는 사회체제에 대한 합의이다. '환자나 범죄피해자, 죽어가는 사람 등에게 도움을 받기 전에 자신이 한 일을 자문해보라는 식의 자기책임에 대한 주문이 무슨 의미와 도덕적 설득력을 가질 수 있겠는가'라는 질문[10]은 의약품의 부작용으로 인해 곤궁한 상태에 빠진 피해자에게 그대로 해당된다. 인간으로서 또한 사회공동체의 구성원으로서 서로 간에 존중과 사랑을 토대로 하는 '상호성'(Gegenseitigkeit)은 평등 및 형평의 요청과 함께 자유와 책임의 공동체로서 사회공동체의 공정성과 지속가능성을 담보하는 '사회적 연대'의 핵심 요소이다.

이러한 '상호성'의 형식에 따른 사회적 연대성이 헌법원리로 수렴 및 수용된 것이 바로 사회국가원리이고, 사회국가원리가 경제생활영역에서 구체화된 것이 '사회적 시장경제질서'라고 한다면, 이른바 '보장국가'는 사회생활영역에서 위험의 예방과 관리에 대한 국가과제의 내용과 범위를 새로 설정한 '위험공동체'로서 사회국가성이 강조 및 반영된 패러다임이다. 특히 환경법이나 기술 및 식의약품안전법 등의 분야에서 정착된 '사전예방의 원칙'(Prinzip der Vorsorge)과 그 바탕에 있는 관념,

9) Udo Di Fabio, Wachsende Wirtschaft und steuernder Staat, 2010, 156면.
10) 위의 논문.

즉 일단 안전에 대한 구체적인 위험이 발생한 다음에 그것을 해결하는 것이 아니라 추상적인 위험이 예기되는 단계에서 그 요인을 사전에 제거하고 관리하는 것을 국가의 과제로 주목하는 새로운 '예방의 패러다임',[11] 그리고 완전한 사전예방이 불가능한 경우 그 위험발생의 부담을 상호부조의 형식을 통해 사회화하여 이른바 '걱정으로부터 자유로운 생활'(angstfreie Daseinsgewißheit)을 보장하는 새로운 패러다임의 국가책임원칙은 '상호성'의 윤리와 이에 따른 '사회적 연대'가 법원리로 표현된 대표적인 예들이다.

이러한 새로운 패러다임의 국가책임의 관점에서 볼 때, 우선 의약품의 유해성이 입증되기 이전, 즉 유해성이 확실하게 배제되지 않는 단계에서도 국가의 법적 규제가 개입되어야 하지만, 전술한 바와 같이, 대부분 합성화학물질로 제조되는 의약품의 경우 현실적으로 부작용이 완전히 배제될 수 있는 경우는 희박하기 때문에 안정성보장의 과제와 관련하여 국가에게는 국민건강보호의 관점에서 편익과 위험의 분석, 즉 이익형량을 통하여 제조 및 판매를 원천적으로 금지하거나 또는 최대한의 안전성을 확보할 수 있는 제반 조건을 확보한 상태에서 제조 및 판매를 허용하는 법정책적 선택의 과제가 주어진다. 후술하는 바와 같이, 이러한 형량을 통한 '위험결정'에 수반되는 불가측의 불가피한 위험발생에 대한 고려와 배려도 국가의 책임 패키지에 포함됨은 물론이다.

2. '위험결정'과 고전적인 기본권 도그마틱의 한계

고전적인 자유주의적 법치국가의 패러다임에 따르면 국가에 거는 안전보장의 기대는 합리적인 숙고 끝에 국가가 정책적 선택을 하고, 그에 따른 법적 결정을 하는 선에서 충족된다. 하지만 '사회국가' 또는 '보

---

11) U. Volkmar, Sicherheit und Risiko als Probleme des Rechtsstaats, JZ 2004, 700면.

장국가'[12]적 패러다임의 관점에서는 그러하지 아니하다. 대다수 의약품 소비자의 일반적인 편익을 우선 고려하는 거시적인 이익형량의 합리성이 잠재적인 소수 피해자집단에게 위험부담을 전가하는 것을 정당화하지는 못한다. 고전적인 자유주의의 패러다임에 따른 '부담과 편익의 개인화'의 구상과 마찬가지로 '위험부담의 개인화'와 연계된 '편익의 사회화'의 논리도 기본권의 객관적 가치질서에 대한 인식을 토대로 하여 정착된 '기본권보호'의 국가의무에 부합되기 어렵다. 의약품의 제조 및 판매에 대한 허가나 사후 재평가 등의 이른바 의약품의 안전성관리와 관련된 '위험결정'(Risikoentscheidung)이 근본적으로 불확실성 속에서 내려지는 '주관적인 결단'이라는 점을 고려하는 경우에도 이러한 문제인식은 달라질 것이 없다. 특히 재량결정으로서 그 본질상 분명한 인식과 정확한 사전예측이 근본적으로 거의 불가능한 한계 때문에 이른바 '합리적으로 입증된 우려'(begründete Verdacht)가 현실화될 '개연성'에 대한 추상적이이고 잠정적인 판단에 의거할 수밖에 없고 또한 이 '개연성'의 기준도 형량되는 법익, 즉 제조 및 판매에 대한 허가로 기대되는 생명과 건강 등의 기본권적 법익을 증진시키는 편익이 중대한 경우에는 상대화된다는 점을 고려하는 경우에도 그러하다.[13] 말하자면 일면, 이는 일정한 수준의 위해와 부작용이 예견된다고 하더라도 또는 상당한 수준의 위험과 부작용, 경우에 따라서는 생명에 대한 위해가 예측됨에도 불구하고 의약품의 제조 및 판매에 대한 허가가 불가피하고, 따라서 허용될 수 있다는 것에 대한 논거이기는 하지만, 타면, 희소하지만 충분

12) 보장국가의 구상 및 헌법적 의의 및 '보장행정'에 관해서는 홍석한, 보장국가론의 전개와 헌법적 의의, 헌법학연구, 제15권 제1호, 2009, 497-521면; 계인국, 보장행정의 작용형식으로서 규제 - 보장국가의 구상과 규제의미의 한정, 공법연구, 제41집 제4호, 2013, 155-171면.

13) 이에 관해 상세한 내용은 Udo Di Fabio, Risikoentscheidungen im Rechtsstaat, 1994, 176-180면.

히 개연성이 예단되었거나 예측될 수 있었던 추상적인 부작용의 위험이 사후에 구체적으로 현실화되는 경우에 그 부담을 피해자 개개인의 몫으로만 돌리는 것을 정당화하는 근거가 되지는 못한다. 적어도 일반적으로는 그렇지 아니하다.

상당한 위험에도 불구하고 의약품의 제조 및 판매를 허가해주는 의약법적 조치가 '편익-위험 균형성'(Nutzen-Risiko-Bilanz)에 대한 사전적인 형량판단을 통한 '위험부담배분'의 결정이라고 한다면, 이 결정을 통해 편익에 비해 후순위로 형량된 위험의 부담을 배분하는 문제는 오롯이 다른 맥락에서 접근되는 규범적 보정의 문제이다. 특히 위험발생이 사전에 충분히 예측되고 또한 그 위험이 사소한 것이 아니라 생명과 건강 등 중대한 기본권적 법익에 대한 심각한 위해인 경우 또는 부작용 등으로 인한 침익이 중대하지는 않지만 그 빈도가 매우 높은 경우에는 반드시 '편익우선의 형량'에 따른 '위험부담배분'의 결정과 연계되어서 동시에 '위험부담의 재분배'에 관한 사전조치가 취해져야만 한다. 말하자면 일종의 '연계결정'이다. 이러한 '연계결정'의 관점에서 볼 때, 이른바 '편익과 위험의 균형성'에 대한 형량과 이에 따른 결정에 따라 결과적으로 다수의 기본권적 이익의 우선으로 귀결되는 사회적인 편익과 소수 피해자의 부담으로 전가되는 위험이 상호 직접적인 인과관계에 있는 것으로 볼 수 없다는 인식은 용인되기 어렵다. 또한 사회적 편익을 우선한 국가의 결정에 대하여 배상책임을 물을 수 있는 법적 근거가 없다는 법리도 이른바 '배분의 원칙'(Verteilungsprinzip),[14] 즉 기본권의 선국가성의 이념을 토대로 하여 '원칙적으로 제한되는 국가권력'과 '원칙적으로 무제한인 개인의 자유'를 구분하는 자유주의적 법치국가의 패러다임이나, 이를 토대로 하여 방어권으로서 기본권의 제한 및 그 한계에만

14) C. Schmitt, Verfassungslehre, 5. Aufl., 1954, 158면.

초점을 맞추는 기본권 도그마틱에서만 통용될 수 있는 법리구성의 단서가 될 뿐이다. 말하자면, 법리구성의 대안이나 보완방안을 모색할 수 있는 가능성을 원천적으로 배제 또는 외면한 점에서 잘못 제기한 문제에 대한 정확한 답일 뿐이다.

3. '잔여위험'과 '총체적 안전'의 보장과제

국가와 법치국가를 각각 '인간에 대한 인간의 위협'과 '인간에 대한 국가의 위협'에 대한 답으로 보는 사회계약론적 기술을 빌려서 말한다면, 사회국가는 이른바 '잔여위험'을 포함하여 인과관계나 귀책사유 등을 준거로 하여 규범적으로 인간에 대한 인간 또는 국가의 위해로 범주화될 수 없는 모든 위협에 대한 답이라고 할 수 있다. 국가에 대한 방어권으로서 기본권, 비례원칙을 통한 기본권제한에 대한 한계설정, 효과적인 사법적 통제수단 등과 같은 시민적 법치국가의 전통적인 법제로는 포섭될 수 없는 이른바 '총체적인 안전'(gesamthafte Sicherheit)의 보장이 사회계약의 내용으로 추가된 새로운 패러다임의 국가이다. 오늘날 더 이상 파편화된 단위로서 개인 또는 집단이 생존할 수 없는 상호의존적인 국가 및 사회구조 속에서 생명과 건강은 물론이고, 인간다운 생존에 필요한 최소한의 사회적·경제적 안전의 보장도 정책적 고려나 형량을 통해 배제되거나 배분될 수 있는 대상이 아니다. 사회 및 경제생활에서 명실상부한 책임 및 위험공동체를 형성해야 하는 사회적 법치국가에서 필수적인 기본권보호의 국가과제이다.

현대의 산업기술사회에서 발생하는 모든 재해로부터 국민을 보호하는 것은 사회국가의 중요한 과제이다. 노령문제는 물론이고, 아무리 조심한다고 해도 완전히 피할 수는 없는 질병이나, 개인의 나태의 탓으로만 돌릴 수는 없는 빈곤문제도 사회국가의 필수과제에 포섭된다. 마찬가지로, 생명권을 침해할 위험성이 충분히 예견되지만 그렇다고 해서 자동차운행을 수인할 수밖에 없는, 즉 전면 금지할 수 없는 상황에서 불가피한 교통사고로 인한 위험부담도 개인과 사회의 문제로만 취급될 수는 없다. 이 글의 관심대상인 국가에 의해 제조 및 판매가 허가된 의약품의 부작용으로 인한 생명과 건강에 대한 불가측의 위협의 문제도 같은 맥락에서 전형적인 '잔여위험'의 문제로 이해된다.

국가의 안전보장과제에 대하여 직접 명시적인 규정을 두고 있지 않지만, 현행 헌법은 전문에서 '우리들과 우리들의 자손의 안전과 자유와 행복의 영원한 확보'를 천명하고 있는 바, 국가계약론을 토대로 한 국가과제론이나 기본권보호의무의 논거를 동원하지 않더라도 범죄피해자에 대한 국가부조의 근거(제30조)를 마련하고 있는 점만으로도 범죄 등의 위해로부터 국민의 생명과 신체의 안전을 확보하는 과제가 우리 헌법상 필수적인 국가과제임은 물론이거니와, 또한 우리 헌법은 재해를 예방하고 그 위험으로부터 국민을 보호하기 위하여 노력해야 할 국가의무를 규정하고 있는 바(제34조 제6항), 여기에서 '재해'에는 자연재해는 물론이고, 국민의 생명과 건강을 비롯한 기본권적 법익을 위협하는 공공시설과 산업시설 및 환경오염물질 등의 '잠재적인 위험원(危險源)'에 의한 인재도 포함된다.[15] 분만의료사고 피해구제를 위한 보상법제적 성격의 '의료사고구제사업제도'를 규정하고 있는 「의료사고 피해구제 및 의료분쟁조정 등에 관한 법률」[16]이나 식품의약품안전법을 비롯하여 최근에 제정되어 2015년부터 시행될 예정인 「화학물질의 등록 및 평가에 관한 법률」,[17] 건축법이나 환경법 등 위험예방 및 관리와 관련된 개별 행정법상 다양한 인허가제도를 비롯하여 「재난 및 안전관리기본법」, 「재해구호법」을 비롯하여 「자동차손해배상보장법」[18] 등 일련의 법률을 통한

15) 한수웅, 헌법학, 2013, 1030면.
16) 이에 관해서는 후술한다〔V. 4. (2)〕.
17) 2013년 5월 22일 제정(법률 제11799호).
18) 제30조 (자동차손해배상 보장사업) ① 정부는 다음 각 호의 어느 하나에 해당하는 경

국가의 지원과 보호는 이러한 노력의무이행의 일환이다.

4. 기본권 도그마틱의 재구성 - 국가의 기본권보호의무

이러한 관점에서 기본권제한의 개념을 확대하는 법리를 통해 국가의 기본권보호의무를 전통적인 주관적 방어권과 같은 범주로 취급하여 상대적으로 미약한 규범적 실효성을 보강하고자 하는 이론적 시도가 주목된다. 예컨대, 기본권 도그마틱상 쉽게 대응하기 어려운 비판적인 견해가 적지 않기는 하지만, 이러한 법리구성에 결정적인 단초를 제공한 것으로 여겨지는 독일 연방헌법재판소의 Mülheim-Kärlich결정[19]은 적어도 국가의 기본권보호의 과제에 대한 새로운 이해의 필요성과 법리구성의 가능성에 대하여 중요한 시사점을 제공한 것으로 평가된다. 동 결정의 핵심내용은 핵발전소의 건설과 운용으로 인하여 제3자의 신체적 완전성에 위해가 발생되는 경우 그에 대한 국가의 허가처분에서 국가의 이른바 '공동책임'(Mitverantwortung)을 물을 수 있는 근거가 찾아진다는 것이다. 말하자면 핵발전소의 건설과 운용에 대한 국가의 허가를 편익수혜자에게 제3자의 기본권에 대한 제한을 허용한 것으로 볼 수 있다면, 허가를 통해 핵발전소의 건설과 운용을 가능하게 한 국가의 처분은 그 자체가 일반적인 기본권제한, 즉 객관적인 가치질서나 이와 연관된 기본권보호의무의 법리가 아니라 주관적인 방어권의 법리로 포섭될 수 있는 기본권제한에 해당하는 것으로 보는 법리구성이 충분히 가

우에는 피해자의 청구에 따라 책임보험의 보험금 한도에서 그가 입은 피해를 보상한다. 1. 자동차보유자를 알 수 없는 자동차의 운행으로 사망하거나 부상한 경우 2. 보험가입자등이 아닌 자가 제3조에 따라 손해배상의 책임을 지게 되는 경우. 다만, 제5조 제4항에 따른 자동차의 운행으로 인한 경우는 제외한다. ② 정부는 자동차의 운행으로 인한 사망자나 대통령령으로 정하는 중증 후유장애인의 유자녀 및 피부양가족이 경제적으로 어려워 생계가 곤란하거나 학업을 중단하여야 하는 문제 등을 해결하고 중증 후유장애인이 재활할 수 있도록 지원할 수 있다.

19) BVerfGE 53, 30.

능하고 또한 유용하다는 의견이다.[20]

이러한 입장에서 보면 약화와 부작용의 위험이 완전히 배제될 수 없는 의약품에 대한 국가의 제조 및 판매의 허가는 제약사 및 판매자의 측면에서는 일면 허가제도의 본질이 원래 자유인 것에 대한 '허가유보부 상대적 금지'라는 점에서는 기본권의 제한인 동시에, 타면 영업의 자유나 재산권 등 관련된 기본권적 법익을 향수할 수 있는 기회를 제도적으로 보장하는 것인 점에서는 기본권의 보호이고, 또 한편 의약품 사용으로 편익을 보는 다수 시민의 입장에서는 기본권보호인 동시에 부작용의 위험에 노출되는 잠재적인 피해자의 측면에서 보면 국가의 허가를 통해서 제약사 또는 판매자에게 '제3자에 의한 기본권의 제한'(Übergriff)을 허용한다는 맥락에서 보면 기본권의 제한에 해당되는 것으로 이해된다. 여기에서 기본권의 객관적인 가치질서로서의 내용과 기능, 특히 국가의 기본권보호의무를 강조하는 경우 우려되는 기본권의 '탈개인화'(Entindividualisierung)나 '과잉독자화'의 위험에 대한 지적이나,[21] '불가측의 기본권제한'을 '기본권제한'에 해당하는 것으로 보는 경우에 기본권 도그마틱의 해체나 법률유보원칙의 관점에서 국가활동과 그 기능적 유연성의 지나친 위축 등을 우려하는 비판적인 견해[22]에 대한 상론은 상당한 설득력을 인정한

---

20) 이에 관해서는 특히 C. Calliesse, Rechtsstaat und Umweltstaat - Zugleich ein Beitrag zur Grundrechtsdogmatik im Rahmen mehrpoliger Verfassungsrechtsverhältnisse, 2001, 423면 이하.

21) H. Bethge, Der Grundrechtseingriff, in: VVDStRL 57(1998), 14-17면.

22) 국가의 보조금지원을 통한 장려나 국가의 수인(Duldung), 즉 사인에 의한 기본권제한을 '단순히 금지하지 않는 것'(bloßes Nichtverbieten) 등의 경우와 마찬가지로, 기본권제한의 개념을 확대하여 제3자의 기본권제한과 연관될 수 있는 행위를 국가가 허가하는 경우 그 자체를 기본권제한으로 취급하는 경우에는 법리적 혼란과 법실무상의 부담, 특히 법률유보의 '전부유보'(Totalvorbehalt)로의 무분별한 확장과 이에 따른 기본권 도그마틱의 해체, 입법형성의 자유 및 행정의 유연성과 효율성에 대한 심대한 제약 등의 문제가 불가피하다는 점이 지적되고 있다. C. Calliess, Schutzpflichten, in: D. Merten/H.-J. Papier(Hg.), Handbuch der Grundrechte, Bd. II, § 44, 974-976면. 말하자면 기본권이 단순히 국가에 대한 소극적인 방어권에 그치지 아니하고, 국가

다는 전제 하에 약한다. 다만, 재차 확인 및 강조하고자 하는 것은 대부분의 경우 이른바 '명백성통제'에 그칠 수밖에 없는 헌법재판통제의 기능적 한계나, '행위규범'으로서의 구체적인 기속력의 한계 등으로 인해 적어도 주관적 방어권에 비해 상대적으로 구속력이 미흡하였던 국가의 기본권보호의무 또는 이른바 '후견적 국가'에서 새롭게 주목되는 국가의 적극적인 정보제공활동을 통한 위험예방 및 관리과제[23] 등과 같이 새로운 양식의 국가과제에 대하여, 차별화의 필요성을 전제로 하되, 적어도 사안영역에 따라서는 헌법재판통제의 밀도강화와 연계하여 헌법규범적 구속력을 보강하여 정치적, 정책적 관철력을 보강하는 대안법리의 개발 또는 법리보완이 필요하고 또 가능하다는 점이다. '무제한의 확장'에 대한 경고와 함께 '보호영역의 확장'이나 '기본권제한' 개념의 확대를 자유권을 위협하는 새로운 사회현상에 대한 "헌법학의 불가피한 반응"으로 보는 입장[24]도 같은 맥락에서 이해된다.

5. 소결

문제는 '법치국가에 부여된 이중의 명령'(Doppelauftrag des Rechtsstaats),[25] 즉 국가활동의 제한과 연계된 기본권침해의 금지와 적극적인

의 적극적인 활동을 요구하는 것으로 변화되었다고 하더라도 기본권제한에 대한 방어를 핵심으로 하는 고전적인 기본권 기능의 근본적인 변형이 불가피한 것은 아니라는 의견도 같은 맥락에서 이해된다. 예컨대, Bethge, a.a.O., 14; B. Weber-Dürler, Der Grundrechtseingriff, in: VVDStRL 57(1998), 91-92면. 법률유보원칙의 관점에서 '기본권제한' 개념이 합리적인으로 축소되어야 할 필요성과 그 이유에 관해서는 한수웅, 자유권의 제한개념과 헌법소원심판에서 제3자의 자기관련성, 헌법학연구 제15권 제1호, 2009, 469-471면.

23) Udo Di Fabio, Grundrechte im präzeptoralen Staat am Beispiel hoheitlicher Informationstätigkeit, JZ 1993, 689면 이하.

24) 한수웅, 앞의 논문, 462면.

25) C. Calliess, Schutzpflichten, in: D. Merten/H.-J. Papier(Hg.), Handbuch der Grundrechte, Bd. II, § 44, 965면.

국가활동을 요구하는 기본권보호의무 또는 기본권 도그마틱으로 포섭되기 어려운 기본권적 법익을 보호해야 하는 국가과제의 적절한 조화이다. 기본권적 법익에 대한 불리한 효과와 인과관계와 함께 국가의 귀책사유가 인정되는 국가행위를 대상으로 하여 '기본권제한'과 '제한의 한계'에 초점을 맞추는 기본권 도그마틱의 재구성 또는 변화를 통한 포섭이 불가능하거나 또는 법리상 무리가 없지 않다면 사회국가 또는 보장국가에 초점을 맞춘 국가과제론이나 또는 결과제거청구권 등을 중심으로 하는 국가책임법적 대응 등 헌법 및 공법이론적 접근의 대안은 다양하게 모색될 수 있다. 다만, 상대적으로 전자의 명령에 비해 주목되지 못하였고 또한 광범위한 입법형성의 자유가 인정되는 기본권보호의무도 대국가적 방어권의 관점에서는 포착될 수 없는 기본권적 법익에 대한 새로운 구조와 양상의 위험을 초래한 기술발전과 복잡계 위험사회로의 변화 등의 구조적인 환경변화에 따라 더 이상 '잊혀진 국가과제'로 남아 있을 수 없게 되었기 때문에 전술한 '총체적 안전'의 관점에서 주목되는 기본권보호의무의 국가과제의 필수성 자체는 더 이상 헌법이론과 기본권해석론상 논란의 대상이 아니다. 기본권은 국가의 안전정책의 근거일 뿐만 아니라 한계이기도 하다. 요컨대, 기본권을 준거로 한 국가과제론의 관점에서 볼 때, 안전 또는 불안전은 택일의 대안이 될 수 없다. 관건은 '적정한 수준의 안전'이다.[26]

또한 이 과제는 '통제규범'으로서의 규범적 효용이나, 단순히 헌법소송을 통한 관철의 가능성에만 초점을 맞추어서 접근되는 문제도 아니다. 관건은 일차적으로 문제의 인식과 해결책의 모색과 관련하여, 국가와 사회 간의 일종의 '사회적 권력분립'(soziale Gewaltenteilung)[27]

---

26) Ch. Gusy, Rechtsgüterschutz als Staatsaufgabe - Verfassungsfragen der "Staatsaufgabe Sicherheit, DÖV, 1996, 573면 이하.

27) Gusy, 위의 논문, 583면.

의 적정한 틀 속에서 광범위한 형성의 자유가 인정되는 의회입법자를 비롯하여 행정부와 법원에 대하여 효과적인 과제수행의 범위와 한계 및 역할분담의 기준을 정리하여 제시하고, 각각의 역할에 따라 그 보호의무 이행의 시점과 수준, 그리고 수단과 방법 등에 대한 구속력 있는 규범적 지침을 설정하는 것이다.

Ⅳ. 행정입법부작위와 공법소송체계

1. 개요

거의 대부분의 경우 완전히 배제할 수는 없는, 따라서 위험발생의 원천적인 예방이 불가능한 화학적 합성제조물인 의약품의 부작용으로 인한 피해를 사후적으로라도 구제하기 위하여 입법자가 「약사법」에 '구제기금'의 설치·운영에 대한 법적 근거를 마련하고, 재원조성의 방법을 비롯한 중요한 사항을 규정하면서 구체적인 사항은 행정입법에 위임하였음에도 불구하고, 다년간 행정입법부작위의 위법상태가 계속되다 해당 근거규정을 삭제하는 내용으로 법률이 개정되었다는 점은 기술한 바 있다. 여기에서는 이러한 추이와 관련하여 공법소송법제의 문제점과 함께 현실적인 이유를 검토해본다.

2. 행정입법부작위에 대한 공법소송

행정입법 자체에 대한 사법적 통제와 이를 통한 권리구제의 필요성, 그리고 이에 부응하지 못하는 행정소송법제와 그 운용의 법상태는 행정소송법 개정론의 차원에서는 물론이고, 해석론상으로도 줄곧 비판적으로 검토되어 온 해묵은 문제이다.

주지하는 바와 같이, 헌법 제107조 제2항에 의거 인정되는 이른바 '구체적 규범통제'를 통해서만 행정입법에 근거한 개별적 행정처분이나 제재처분 및 행정형벌부과 등에 대해 다툴 수 있도록 하는 것은 '효과적인 권리구제'라는 법치국가적 요청에 부합되기 어렵다. 적어도 다툼의 대상이 되는, 그러나 당연히 법원의 최종판단 전 까지는 당사자의 입장에서 유무효를 예단할 수 없는, 행정입법에 의해 직접 불리한 처분이 확정되어 있는 법상황에서 우선 개별 처분을 받은 후에 또는 행정입법의 위반을 감행하여 제재처분과 형사소추를 유발한 후에만 행정입법에 대하여 다툴 수 있는 기회를 가질 수 있도록 하는 것은 기대가능성을 외면한 무리한 법리이다.[28)]

더욱이 이 글의 관심대상인 행정입법 부작위의 경우와 같이 구체적 규범통제가 원천적으로 불가능한 경우에 행정입법 자체에 대해 다툴 수 있는 소송수단이 인정되지 않는다면 그것은 행정소송법의 '중대하고도 명백한 흠결'로 볼 수밖에 없을 것이다. 헌법소송을 포함한 공법소송법의 체계 차원에서 헌법소원을 통한 보완의 가능성을 고려하는 경우에도, 여기에서 상론할 수는 없는 헌법소송과 행정소송의 기능상 차이, 특히 권리구제의 실효성과 합리적인 역할분담이라는 법정책적인 관점을 고려하는 경우 행정입법에 대한 소송법제와 그 운용의 문제는 원칙적으로 행정소송법의 범주에서 마무리되고, 헌법소원은 말 그대로 보충적으로만 예외적인 수단으로 고려될 수 있을 뿐이다. 따라서 여기에서 상론은 약하되, 다만 행정입법 부작위에 대한 행정소송과 관련한 우리 대법원의 소극적인 입장과 보충성요건의 유연한 적용을 통해 '기본권구제의 흠결'을 보정하는 역할을 자임한 헌법재판소의 적극적인 입장도 미시적인 논증의 타당성과 함께 또는 그에 앞서 '공법소송법체계의 구조조정'이라는 거시적인 구조조정의 관점에서 근본적으로 재검토되어야 한다. 이러한 맥락에서 행정소송법상 '처분'의 개념을 확대하고 또한 취소소

28) 박정훈, 행정입법 부작위에 대한 행정소송 - 독일법과 우리법의 비교, 특히 처분 개념을 중심으로 -, 판례실무연구 VI, 2003, 168면.

송의 객관소송적 성격과 기능을 주목하면서 그 본질을 '위법성의 확인'과 위법성의 결과인 '소급무효의 확인'으로 파악함으로써 행정입법부작위를 포함하여 행정입법에 대한 취소소송 및 부작위위법확인소송의 가능성을 확보할 수 있다고 보는 설득력 있는 해석론이 주목된다.[29]

3. 소송법제상의 가능성과 현실

전술한 바와 같이, 취소소송의 본질과 구조 및 기능에 대한 인식전환의 필요성과 그에 필요한 이론적 계기가 상당한 정도로 마련되었다는 점을 인정하는 경우에도 이 글에서 다루고 있는 행정입법부작위에 대해서 행정소송으로 다툴 수 있는 기회는 현실적으로 크게 기대할 것이 없다.

행정입법이 되었지만 그 내용이 불충분한 이른바 '부진정 입법부작위'의 경우도 마찬가지이지만, 본고의 관심대상인 행정입법부작위의 경우와 마찬가지로 법률상 명시적인 행정입법위임에도 불구하고 전혀 행정입법이 수행되지 않은 이른바 '진정 입법부작위'의 경우에는 '재판전제성'의 요건이 충족될 수 없기 때문에 원천적으로 구체적 규범통제가 불가능하다. 행정입법 부작위에 대해 수익적 처분을 신청하여 거부처분을 받고, 이 거부처분에 대한 취소소송을 통해서 행정입법의 부작위를 다툴 수 있도록 하는 간접적이고 우회적인 방법이 이론적으로 가능하기는 하지만, 이는 엄격한 의미의 규범통제로 볼 수 없고, 적어도 권리구제의 실효성의 관점에서 구체적 규범통제의 대체수단이 될 수 없음이 분명하다.[30]

---

29) 박정훈, 위의 논문. 179-196면. '명령 등'에 대한 항고소송의 특례규정을 신설하여 명령·규칙을 항고소송의 대상으로 포착하는 내용은 이미 2006년에 확정되었었고, 대법원에 의해 입법의견 재출의 형식으로 국회에 제출되었던 '행정소송법 개정안'에 포함되어 있었다. 이에 관한 소개와 비교법적 고찰을 포함한 포괄적인 논의로는 김하열, 명령·규칙에 대한 헌법소원, 헌법재판 주요 선례연구 1, 2012, 헌법재판연구원, 401-418면.

30) 박정훈, 앞의 논문, 168-169면, 196-197면 참조.

또한 행정입법부작위를 '처분'에 해당하는 것으로 보아 취소소송이나 부작위위법확인소송[31]을 인정한다고 하더라도 잠재적인 일반 소비자는 원고적격이 부인될 것이고, 정작 의약품부작용으로 인한 심대한 피해로 일상생활이 파탄난 당사자가 개인적으로 부담을 안고 상당한 시간이 소요되는 소송을 제기하는 것은 기대 난망이다. 더욱이 승소하는 경우에도 그 결과 진행되는 작위의무의 이행은 단순한 개별적이고 구체적인 처분도 아니고 또한 정치적 결단과 정책 당국자들의 의지만으로 해결되는 문제가 아니라 다수 관계 당사자들의 협력과 부담의 배분과 조정, 국회를 비롯한 예산당국자들의 예산절차상 조치가 선행 및 수반되어야 하는 복합적인 행정입법이기 때문에 당장 구제가 절박한 피해 당사자의 입장에서는 요원하다. 더욱이 불가측의 다양한 변수가 작용되는 입법형성의 결과 정해지는 피해구제의 범위와 내용도 피해자의 입장에서 굳이 소송부담을 감수할 만한 수준이 될 것인지 도무지 가늠하기 어렵다.[32]

---

31) 이에 관한 상론으로는 홍일선, 행정부작위에 대한 헌법소원심판, 헌법학연구 제18권 제3호(2012.9), 601면 이하,

32) 다만, 최근에 입법예고된 행정소송법 개정안은 항고소송 대상적격의 확대나 별도의 규범통제수단을 마련하여 행정입법에 대한 직접적인 규범통제제도를 도입하자는 제안은 이견이 적자 않아 유보되었고, "행정청의 위법한 처분이나 부작위에 대한 처분을 할 것을 구할 법적 이익이 있는 자"가 제기하는 '의무이행소송'(제 4조 제4호 및 제41조-제47조)과 "국가 또는 공공단체의 기관이 법률에 위반되는 행위를 한 때에 직접 자기의 법적 이익과 관계없이 그 시정을 구하기 위하여 제기"하는 '공익소송'(제3조 제3호 및 제53조)을 마련하고 있는데, 기술한 권리구제흠결의 부분과 현실적인 한계를 얼마나 보정할 수 있을지는 의문이다. 이에 관해서는 정하중, "행정소송법 개정 논의경과", 행정소송법 개정 공청회 자료집, 2012.5. 법무부, 12면. 특히 의무이행소송에서 '처분을 신청한 자'로 제한하고 있는 점에서(제41조), 전술한 바와 같이 처분의 개념을 확대하는 해석론의 뒷받침이 없는 경우에는 행정입법부작위에 대한 행정소송수단으로서 실효성을 기대하기 어려운 점은 그대로이고 또한 종래의 '민중소송'의 명칭만을 바꾼 공익소송의 경우에도 '법률에서 정한 경우에 법률에서 정한 자'에 한정하고 있기 때문에(제53조) 적어도 이 글의 관심사인 효과적인 의약품부작용피해의 구제와 관련한 실효성은 논의의 마당만 바뀐 것일 뿐, 별도의 구체적인 입법조치에 맡겨져 있는 점에서 문제해결의 구체적인 단초로 보기에는 이르다.

이러한 점은 헌법소원의 경우에도 그대로 해당한다. 기본권보호의무의 불이행 또는 불충분한 이행 등에 대하여 헌법소원을 통해 다툴 수 있는 가능성을 확대하는 이론적 계기가 마련되었다는 점은 기술한 바 있거니와,[33] 또한 보충성요건의 예외를 탄력적으로 해석하고 또한 '기본권침해 관련성'의 요건과 관련하여 청구인의 기본권침해주장이 원천적으로 부인되지 않는 것, 즉 현행 법령에 따라 취해지고 있는 또는 취해질 수 있는 보호조치가 적합하지 않거나 불충분하다는 소명으로 충분한 것으로 보아[34] 허용성심사를 완화하는 경우 행정입법부작위에 대하여 헌법소원을 통해 다툴 수 있는 소송법적 가능성은 확보될 수 있겠지만, 본안판단에서 행정입법작위의무가 인정되어 인용되는 경우에도[35] 헌법재판소는 행정입법부작위의 위헌, 즉 행정입법의무의 존재 자체에 대하여 확인할 수 있을 뿐, 법률상 입법위임의 취지에 따른 행정입법의 구체적인 내용은 광범위한 형성의 자유에 맡길 수밖에 없기 때문이다.

V. 입법론적 검토와 대안

1. 개요

이제 까지 검토의 결과를 요약하자면, 첫째, 이른바 '잔여위험'으로

33) 국내입법 또는 일반적인 법집행행위가 아니라 외교적 행위와 관련된 사안이기 때문에 논의의 맥락은 다르지만, 부작위에 대한 헌법소원과 관련하여 국가의 기본권보호의무에 관한 헌법재판소의 상론은 참고함직 하다. 2011.8.30. 2006헌마788. 판례집 23-2(상), 366-401.

34) Calliess, 앞의 책, 969면.

35) 우리 헌재는 '헌법에서 유래하는 작위의무'의 존재가 인정되는 경우로 다음 세 가지를 제시한다. i) 헌법상 명문으로 작위의무가 규정되어 있는 경우, ii) 헌법상 명시적으로 규정되어 있지 않더라도 헌법해석을 통해 도출되는 경우, iii) 작위의무가 법령상 구체적으로 규정되어 있는 경우. 헌재 1998.2.27. 97헌가10등; 1998.7.16. 96헌마246; 1999.9.16. 98헌마75; 2004.8.26. 2003헌마916; 2004.10.28. 2003헌마898; 2011.8.30. 2006헌마788 등 참조.

여겨지는 의약품부작용 피해에 대한 구제의 문제는 '기본권의 객관적 질서', '방사효과' 및 이를 이론적 토대로 한 국가의 '기본권보호의무'에 따른 국가의 '보장책임'의 대상에 포함되고, 둘째, 현행 약사법과 제조물책임법 등 관련 실체법과 소송법 및 법해석론으로는 헌법적으로 요구되는 내용과 수준의 효과적인 피해구제는 기대할 수 없다는 점에 대한 해명, 마지막으로 헌법소송 및 행정소송 등 현행 공법소송법제로는 이러한 '규율흠결'의 법상태를 보정할 수 있는 신속하고 실효성 있는 소송수단을 모색하는데 한계가 있다는 점을 확인한 것으로 정리된다.

요컨대, 서두에서 기술한 바와 같이, 1991년 적확한 약사법 개정을 통해 마련되었던 '피해구제기금제도'가 상당 기간 위법한 행정입법부작위로 시행되지 못하다가 오히려 1995년에 약사법 개악으로 근거규정이 삭제되어 현재에 이르고 있는 바, 결국 현재 시점에서 보면 위헌적인 '부진정 입법부작위'와 이에 따른 '규율흠결'의 문제는 우선 폐기된 '구제기금제도'를 부활시키는 약사법개정에 의해서 보완될 수 있고 또 그래야만 한다.

다만, 헌법적인 입법작위의무를 확인하고 입법개선을 촉구하는 차제에, 약사법 개정의 범주를 넘어서 제조물책임법이나 국가배상법 등 이른바 '복합적 피해'의 구제와 관련된, 공사법을 망라한, 다양한 분야에서의 규율의 전략과 대안에 대한 숙고가 필요하고 또 가능한 개방된 입법론의 차원에서 고려해야 할 기본적인 문제인식과 접근의 단서를 두 가지만 입법참고자료로 제시한다. 입법론적 준거로서 '기본권의 제3자효'의 함의와 기능, 그리고 구체적인 피해구제수단의 형식과 내용에 관한 대안선택의 과정에서 숙고하여야 할 '상호포착질서'로서 '공법과 사법의 기능적 관계'의 핵심논점을 정리한다.

2. 기본권의 제3자효와 입법론

(1) 기본권의 근본성과 법체계의 형성

헌법, 특히 주관적 공권의 측면과 함께 객관적 질서의 측면을 주목하는 경우 기본권은 국가와 사회의 규범적 구조에 대한 근본적인 결정을 내포한다.[36] '자유와 평등의 조화'와 같이 개별 법영역의 특수한 문제가 아니라 모든 법영역에서 제기되는 고도의 추상적인 문제는 물론이고, 이 글의 관심사인 의약품부작용피해에 대한 구제의 문제와 같이 특정한 법영역에서 국가의 기본권보호의무의 시행입법을 규율대상으로 하는 상대적으로 미시적·구체적인 문제인 경우에도 그 내용상의 근본적인 속성은 마찬가지이다. 개별 법영역에서 이른바 '잔여위험'으로부터 국민을 보호해야 하는 국가의 '안전보장책임'의 범위와 내용을 획정하려는 경우에도 국가와 사회 및 개인 간의 관계, 즉 공동체 전체의 규범적 질서체계라는 근본문제에 대한 질문과 대답이 생략되거나 회피될 수는 없기 때문이다.[37]

일면 안정성과 효율성을 지향하는 단순화와 체계화, 타면 유연성과 개별적인 타당성에 유용한 다원화와 차별화의 요청이 중첩 및 교차되는 '법체계의 형성과 유지'라는 복합적이고 종합적인 규범적 과제와 관련하여 기본권규범이 중추적인 역할을 한다는 점에 대한 해명은, 제2장에서 검토한 기본권의 객관적 질서성과 국가의 기본권보호의무, 특히 보장국가론에 대한 상론으로 대체될 수 있고 또한 본고의 관심대상인 안정보장 또는 위험관리법체계와 관련해서도 국가의 기본권보호의무로부터 포괄적인 입법(개선)의 작위의무가 도출된다는 점은 확인되었다고 생각된다. 따라서 여기에서 논의의 초점은 기본권규범의 이 중추적인

36) 이에 대한 상론은 특히 R. Alexy, Theorie der Grundrechte, 473-495면 참조.
37) Alexy, 위의 책, 475면.

역할이 수행되는 양식,특히 우선 입법론의 차원에서 관심대상이 되고 또한 개념론상 단순화와 체계화에 유용한 '규범체계'로서보다는 차별화의 효용이 부각되는 '법적 지위와 관계들의 체계'로 파악되는 법체계의 구성과 운용에 대하여 어떤 의미를 갖는 것인가 하는데 맞추어진다.

(2) 기본권의 방사효과와 '기본권보호의무 이행법'

주지하는 바와 같이, 객관적 질서의 측면이 주목됨에 따라 부각된 기본권의 '방사효과'(Ausstrahlungswirkung)는 공법과 사법 영역을 포괄하여 조사권(照射圈)으로 인입하고, 행정과 사법(司法)에 대하여 법의 해석과 적용에 대한 지침과 한계를 제시하는 것을 넘어서 입법, 특히 사법(私法)입법자에 대해서도 구성적 지침과 한계를 설정하게 함으로써 기본권규범이 사회적 생활관계 속에서 시민의 안전보장과 사법상의 특정한 법적 지위의 입법적 형성에 대해서도 영향을 미치게 되는 이론적 계기를 마련해주었다.

이러한 '기본권의 제3자효'의 이론적 계기는 전술한 '규범들의 체계'로 이해되는 법체계의 단순화와 체계화의 요청에 유용한 관점, 말하자면 법적 지위와 관계들을 추상화하여 단순한 분류구도 속에 효과적으로 포섭할 수 있는 장점을 갖는 '규범지향적 관점'에 결정적인 선회의 동인을 제공하였다. 우선 '사적 자치의 원칙'을 '기본권의 제3자효'의 헌법이론적 근거인 동시에 그 한계로 본다면, 이 이론적 근거와 한계는, 논증형식과 분야 또는 사안에 따라 상대적인 정도의 차이는 있겠지만, 말 그대로 이론의 차원에서는 단순화, 체계화될 수 있다고 하더라도, 실제로는 다원화와 차별화가 불가피한 법체계, 즉 '법적 지위와 관계들의 체계'를 통해서만 구체적으로 형성 및 확인될 수 있다. 이러한 관점변화의 필연성은 사법분야에만 국한되는 것이 아니라 공사법을 망라한 또는 공사법적 형식의 적확한 선택과 조합으로 형성되는 전체 법체계에 해당하는 것임은 물론이다. 그 핵심적인 헌법이론적 준거와 매개체는 단순한 국가와 시민의 양극관계를 추상화하여 '최소침해의 척도'로 접근하는 규범형식인 '주관적 공권'과는 달리 기본권의 제한과 보호가 교착되는 다극관계 속에서 '최적의 조화'를 지향하는 점에서 사전적인 추상화와 단순화가 근본적으로 어려운 국가의 '기본권보호의무'이다.

또한 정의와 형평을 지향하는 조정작업인 개방된 형량을 통해 그 내용이 형성되는 객관적인 '근본원칙'으로서 기본권의 영향을 전방위적으로 받는 법체계는 더 이상 규범주의의 입장에서 전제하는 바와 같은 '폐쇄체계'로 이해되지 아니한다.[38] 필연적으로 일종의 '개방된 체계'로서의 속성을 가질 수밖에 없게 되었다. 법률의 형식 자체가 그러한 것[39]과 마찬가지로 법률을 통한 단순화와 체계화도 결코 그 자체가 절대적인 자기목적은 아니다. 기본권적 가치의 최대한의 실현이라는 목적을 위한 수단으로서 법체계의 설계와 운영에서 단순화와 체계화의 요청은 다원화 및 차별화의 요청과 함께 동렬선상에서 최적화의 대상으로 주어지는 것일 뿐이다.

⑶ 최적화의 요청과 적확한 입법적 대응

이러한 법체계론적 관점에 따른 최적화의 과제는 그 자체가 다원화와 차별화가 요구되는 대상이되, 특히 의약품부작용피해에 대한 구제와 같이 복합적인 문제에 대한 입법적 대응에 대하여 단순하고 획일적인 접근보다는 다원적이고 유연한 접근을 요구한다. 이러한 요청에 부응하기 위해서는 우선 입법자의 인식가능성의 한계와 법률의 경직성의 한계를 인정할 수밖에 없게 만드는 사태의 복잡성과 예측불가능성에 대한 정확한 인식의 전제 하에 규범환경과 현실상황에 대한 입체적인 검토가

38) Alexy, 앞의 책, 494면.

39) W. Hoffmann-Riem, "Gesetz und Gesetzesvorbehalt im Umbruch", AoeR 130(2005), 46면.

선행되어야 한다. 한계의 극복의 출발점과 단서는 한계의 인정에서 찾아진다. 이 검토작업과의 교차관계 속에서 합리적인 '가치형량' 또는 '가치조정'을 선도하고 또한 그 결과를 담아낼 수 있는 차별화된 세밀한 기본권 도그마틱을 통해 적확한 법체계적 대응의 토대가 마련될 수 있다. 입법과 사법 및 행정의 유기적인 연계관계 속에 접근하는 적정한 역할배분의 관점에서든 또는 법률과 행정입법 및 사회의 자율적인 규범의 조합과 대체 등의 규범화양식의 관점에서든 입법의 내용과 형식의 구체적인 대안에 대한 선택은 이 최적화의 기본구상에 맞추어서 진행되는 법기술적인 프로그램구성의 문제이다.

3. 개방된 대안체계로서 공사법체계와 법형식의 선택

(1) 상호 포착된 질서로서 공사법체계

이원화된 공사법의 법체계는 상호 단절적으로 또는 배타적으로 구분된 법소재의 본질 및 구조와 연계된 항구적으로 유효한 것이 아니라 "상이한 제한된 사정이 한시적으로 반영된 가변적인 것"일 뿐이다.[40] 적어도 전면적, 일반적으로 유효한 '소여'는 아니다. 공사법이원체계가 법도그마틱의 산물이 아니라 영역과 사태에 따라 차별화된, 실용적인 고려에 따른 제도선택의 문제일 뿐이라는 적확한 인식도 비단 영미법권에만 해당하는 것은 아니다.

법해석론의 차원에서도 공사법 이원체계에 대한 관심의 초점은 어떤 법을 공법 또는 사법으로 명찰을 붙이는 분류가 아니라 어떤 경우에 어떤 법을 어떻게 해석하여 적용할 것인가에 관한 실용적인 선택의 문

---

40) W. Hoffmann-Riem, Öffentliches Recht und Privatrecht als wechselseitige Auffangordnungen - Systematisierung und Entwicklungsperspektiven. in: ders./E. Schmidt-Aßmann(Hg.), Öffentliches Recht und Privatrecht als wechselseitige Auffangordnungen, 264면.

제에 맞추어진다. 공법 또는 사법으로의 분류가 법의 해석과 적용에 차별화된 접근의 관점과 단서를 제공하는 효용이 없지 않은 것은 사실이지만, 이는 공사법의 '상호포착질서'(wechselseitige Auffangordnungen),[41] 특히 병행과 상호대체 또는 변환과 혼합의 가능성과 필요성에 대한 인식이 일반화된 오늘날의 법체계론의 관점에서는 더 이상 유효한 법도그마틱적 논거가 될 수 없다. 이른바 'Prokrutes Bett'의 논리일 뿐이다. 상호 단절된 배타적인 법영역으로 공법과 사법을 구분하는 것 자체의 가능성과 타당성이 일반적으로 의문시되는 '상대화의 경향'을 차치하더라도, 공사법의 분류가 선재하는 것이 아니라 법해석의 관점과 단서들을 선택 또는 조합하는 법도그마틱의 산물일 뿐이기 때문이다.

다만, 여기에서 관심은 '개방된 대안체계'로서 공사법체계를 파악하는 법체계론적 접근의 필수성이 더욱 분명하게 부각되는 입법론, 특히 '기본권의 제3자효'를 근거로 하는 '기본권보호의무 시행법'의 입법에서 핵심사항인 규율수단의 법형식에 대한 선택의 문제에 집중된다.

(2) 공사법체계와 입법론 – '기본권보호의무 이행법'상 규율형식의 선택과 조합

공사법체계와 관련한 입법론의 차원에서 규율형식의 선택은 일종의 관리과학적인 고려에 따른 재량결정이다. 특히 규범환경과 현실상황, 그리고 상이한 이익들과 (법)정책목표들이 교차 또는 상충되는 복합적인 법문제에 대한 입법적 대응의 맥락에서 보면 공사법체계는 그 자체가 '소여'(所與)가 아니라 형성적 구성의 결과이다. 이 입법형성의 과정에서 규율수단의 법적 형식에 대한 선택은 특정한 규율대상을 역사적으로 발전되어 왔고, 적어도 부분적으로는 우연히 구별된 공법 또는 사법

41) 이에 관한 상론은 E. Schmidt-Aßmann., Öffentliches Recht und Privatrecht als wechselseitige Auffangordnungen - Einleitende Problemskizze, in: ders./W. Hoffmann- Riem, 위의 책, 7-40면. W. Hoffmann-Riem, 위의 책, 261-336면.

에 귀속시키거나, 단순히 미시적인 차원의 실용적인 고려에만 맡기는 것이 아니다. 공사법 각각의 부분체계의 영역에서 활용가능한 규율수단의 효율성과 구체적인 사태와 연관하여 선결된 각각의 범주에서 어떤 수단이 더 합목적적인 것인지에 대한 판단은 그 자체로 가능하고 유용하다.

하지만 공사법의 구분 자체가 충분히 성숙한 사태와 연계된 면밀하고 깊은 법도그마틱을 통해 선재된 예외적인 경우가 아닌 한 공법 또는 사법체계로의 귀속 자체가 법형식의 타당성과 그 내용상의 정당성에 대한 당연한 근거가 되지는 못한다. 그러나 공사법적 규율수단의 호환의 가능성이 배제되는 가설적인 조건 하에서는 각각의 구조와 기능상의 독자적인 합목적성을 규명하는 것이 가능하고 또 필요하다. 하지만 이러한 조건은 적어도 공사법 규율형식의 동시적 또는 순차적 병행과 혼합의 가능성까지 열어 놓고 '기본권보호의무의 이행법', 말하자면 '적정한 기본권제한과 기본권보호의 조화'를 통해 국가의 기본권보호의무의 범위와 내용을 정하는 '개방된 법체계론'의 차원에서는 현실성을 갖지 못한다. 기본권의 최대한 실현 또는 적정한 기본권보호의무는 단절된 이원적인 공사법체계의 경계를 모른다.

(3) 소결

요컨대, 공사법체계의 경계를 모르는 '기본권보호의무의 이행법'의 차원에서는 이른바 '결정재량'으로 법규범화의 결정이 내려진 후 진행되는 '선택재량'에서 우선 또는 구체적인 규율의 구체적인 내용에 대한 고려와 연계하여 병행되어야 하는 핵심작업은 대안으로 고려되는 각각의 공사법적 규율수단의 특수한 '성과능력'(Leistungsfähigkeit)에 대한 기능적 평가이다.[42]

---

42) W. Hoffmann-Riem, 앞의 책, 270면.

Ⅵ. 결론 및 보론 - 입법개선의 필수성과 포괄적인 대안 모색

1. 개요

이른바 '잔여위험', 희소하지만 완전한 예방과 회피가 현실적으로 기대불가능한 의약품부작용피해의 구제에 대하여 외면하고 있는 현행 관련법의 상태는 기본권의 '근본규범'으로서의 효력과 이에 따른 방사효과에서 도출되는 '국가의 기본권보호의무'에 위반된다. 위헌의 입법부작위, 즉 입법작위의무가 명백하게 확인되는 '규율흠결'의 상태이다. 전술한 바와 같이, 더욱이 이 경우는 입법개악에 따른 결과라는 점에서 입법개선의 당위성과 필수성에 대한 재론을 생략하고 바로 입법개선을 요구하여도 무리가 없다고 여겨진다. 다만, 우선 '피해구제기금제도'의 부활에 대한 촉구와 함께, 차제에 보다 '기본권보호의무'에 충실한 적확한 문제해결방안을 모색하는 것이 바람직하다고 여겨지는 바, 고려가능한 대안들을 개략적으로라도 검토한다.

2. 최소한의 입법개선의무 - '구제기금제도'의 부활

1991년에 의약품부작용피해와 관련하여 '구제기금제도'를 신설하였던 구 「약사법」 개정은 정치한 헌법이론적 검토, 특히 면밀한 기본권 도그마틱을 거쳐서 진행된 것이 아니었고 또한 폭넓은 공감대를 토대로 한 것은 아니었지만,[43] 정책적인 관점에서는 물론이고 법체계론의 관

43) 추측컨대, 1979년 10월에 제정되었던 일본의 「의약품부작용피해구제기금법」(법률 제55호)에 근거한 피해구제제도를 범례로 참고하여 도입하였던 것으로 생각된다. 동 제도는 의약품사고로 인한 피해구제에서 과실 및 인과관계 입증의 어려움, 이로 인한 과도한 시간과 비용, 무과실의 경우 피해구제를 기대할 수 없는 문제점 등을 입법적으로 해결하기 위해 고안된 것으로, 2004년 4월부터는 혈액제재 등의 '생물유래제품'으로 인한 감염 피해도 구제 대상에 포함되어 운용되고 있다. 이에 관한 상술은 전병남,

점에서도 그 내용과 형식이 매우 전향적이고 적확한 입법이었다고 평가할 수 있다. 따라서 차제에 입법개선을 촉구하는 논의는 상당 기간 동안의 위헌적인 행정입법부작위의 상태를 거쳐서 폐기된 '구제기금제도'를 원상회복시키는 최소한의 입법작위의무를 이행한 이후의 단계 또는 이를 전제로 하는 추가적인 대안모색이나 보완의 맥락에서 진행되어야 마땅하다.

전술한 바 있는, 「의료분쟁조정법」상 불가항력의 분만의료사고에 대한 '의료사고보상사업'을 위헌으로 보는 논거들, 예컨대, 무과실책임의 적용은 헌법상 자기책임원칙에 위배된다거나 과잉금지원칙을 위반하여 직업의 자유를 침해한다거나, 특히 특별부담금으로 보는 경우 '사항적 근접성', '집단적 동질성', '집단적 책임성' 및 '집단적 효용성' 등의 헌법적 정당화요건을 충족하지 못한다는 지적들은[44] '구제기금제도'에는 해당되지 아니한다.

다른 쟁점에 대해서는 제3장의 논의로 기본적인 해명은 된 것으로 보고, 여기에서는 이 경우는 과실책임의 원칙에 대한 예외를 정당화하는 사유가 어렵지 않게 인정될 수 있다는 점만을 적시한다. 의약품제조자나 판매자가 생명과 신체에 대한 위험원(危險源)과 이로 인한 위해발생의 개연성이 큰 생활관계를 지배하고 있고, 제약 관련 과학기술의 객관적인 불완전성과 예측가능성의 한계, 그리고 안전성에 대한 충분한 주의의무를 다하는 경우에도 피해의 발생이 불가피한 점 등 때문에 과실책임원칙을 적용하는 경우 피해구제를 거의 기대할 수 없는 영역이기 때문이다.[45] 또한 대법원이 설시하고 있는 바와 같이, "통상 합성화학물질로서 인간의 신체 내에서 화학반응을 일으켜 질병을 치유하는 작용

앞의 책, 466-476면.

44) 전광석, 앞의 논문, 312-326면.

45) 전광석, 앞의 논문, 312면.

을 하는 한편 정상적인 제조과정을 거쳐 제조된 것이라 하더라도 본질적으로 신체에 유해한 부작용"의 발생이 불가피한 의약품의 경우 사실상 전체 국민으로 볼 수 있는 의약품소비자와의 관계에서 제조자 또는 판매자에게 집단적인 책임을 부담지우는 것을 정당화하는 직접적이고 포괄적인 원인관계가 존재하는 점에서, 대상의 범위, 부담의 방식과 수준, 경우에 따라서 고려되어야 하는 국가나 소비자집단과의 분담의 비율 등은 별론의 대상이되, '구제기금'의 비용을 부담하게 하는 것 자체는 문제될 것이 없다.

3. 포괄적인 대안모색 - 수평적 연계와 수직적 공조협력의 가능성과 필요성

기본권보호의무의 관점에서 의약품부작용으로 인한 피해구제의 문제에 대한 법적 대응방안은 공사법의 경계를 넘나드는 '개방된 법체계'의 차원에서 접근되어야 한다는 점과 규율수단의 법적 형식은 오로지 특수한 '성과능력'을 준거로 하여 선택되어야 한다는 점은 기술한 바 있거니와, 이러한 포괄적인 접근은 일면 입법론상 공사법적 형식의 선택, 병행 또는 조합 등에 대한 법기능적 판단에 따른 수평적인 법체계구성의 범주와, 타면 입법과 사법 및 행정 간에 적정한 역할분담체계를 구성하는 수직적인 범주로 구분된다.

우선 전자의 경우는, 선재하는 공사법영역의 구분과 특정한 규율수단을 공법 또는 사법형식으로 분류하는 것이 아니라 입법론의 차원에서 적정한 기본권보호의무에 충실한 법체계의 형성에 초점을 맞추어야 한다는 점을 전술한 바 있다. 여기에서는 의약품부작용과 같이 이른바 '복합적인 문제'에 대한 해답은 단순화와 체계화보다는 우선 다원화와 차별화의 요청에 부응하는 유연한 접근을 필요로 한다는 점만 재차 강조한다. 말하자면 단지 선획정된 공법 또는 사법의 관계의 측면에서 구분과 양자택일의 방식으로 일괄적으로 접근되는 것은 아니라, '개방된 법체계'의 관점에서 '성과능력'의 장단점이 교차되는 다양한 공법적 규율수단들이나 사법적 제도 또는 사적 자율의 형식들을 다양하게 혼합 또는 조합하는 입체적인 고려에 우선 초점을 맞추어야 하는 것이다. 이러한 맥락에서 공사법적 규율형식의 호환적인 수단들의 장점들을 최대한 활용해야 하는 입법론적 목표가 부각되는 바, 향후 법정책론 및 법도그마틱에서 특히 유의해야 하는 점은 '규율수단 상호간에 조화의 가능성을 확보하여 갈등이나 역기능의 혼란을 피하는 것'이다.[46]

따라서 여기에서 법도그마틱의 작업은 공법 또는 사법의 부분법영역에서 각각의 규율수단들의 효용을 평가하고 비교하는데 그치지 아니하고, 오히려 관심은 공법적 규율수단들과 사법적 규율수단들의 관계에 집중되어야 한다.[47] 또한 이 관계도 동시적 또는 단선적으로만 접근되는 것이 아니라, 순차적이고 복선적인 차원에서의 연계와 조정의 대상으로도 고려되어야 한다. 말하자면 고권적인 공법적 규율수단부터 사적 자율에 맡기는 양극의 대안과 이 중간영역에 있는 많은 공사법 혼합적인 규율수단들 중에서, 예컨대 우선 사적 자율 또는 사법적 형식의 대안을 택하되, 그것의 효과가 법정책 및 법적으로 기대하는 수준에 미치지 못하는 경우에는 좀 더 공법적인 성격이 강한 또는 전면적인 고권적 규율수단이 강구될 것임을 예고하는 등의 이른바 '국가적 예비책임의 전방효과'(Vorwirkung der staatlichen Reserveverantwortung)[48]를 도모하는 유연한 입법형식도 가능하고, 필요하기 때문이다.

상이한 규율수단들을 연계하여 그것을 법도그마틱적으로 조정하는 것은 쉽지 않은 일이다. 더욱이 호환의 가능성과 함께 공사법적 규율수

46) W. Hoffmann-Riem, 앞의 책, 304면.
47) W. Hoffmann-Riem, 앞의 책, 304면.
48) 이에 관해서는 W. Hoffmann-Riem, 앞의 책, 315면 이하 참조.

단들의 변환과 혼합 및 대체, 그리고 전술한 바와 같은 순차적 선택의 가능성까지 열어 놓고 최선의 문제해결방안을 찾는 것은 많은 시간과 노력을 요하는 작업이다. 경우에 따라서는 신속한 결정이 최소한 일정한 수준에서는 유지되어야 하는 거시적인 법체계의 단순화와 체계화의 요청에 위배되거나 또는 상충 또는 부정합의 문제를 야기하여 미시적으로도 '성과능력'을 제대로 활용하지 못하면서 오히려 전체 법체계의 운용에 큰 부담만을 주는 소탐대실의 성급한 예단이 될 위험이 상존한다. 입법적 대응과 함께 또는 사태의 미성숙 또는 예측가능성의 한계 등의 이유로 본질적으로 일반적이고 추상적인 문제해결을 기대하기 어렵거나, 입법조치를 기다리기에는 문제상황이 촉박한 경우에는 부분적으로, 잠정적으로 입법적 대응에 앞서서 사법 및 행정이 적정한 역할을 분담하는 것이 필요한 것은 바로 이 때문이다.

사태의 구조와 성격에 따라 또한 규범환경에 따라 개별적으로 검토되어야 할 문제이고 또한 조심스럽게 접근되어야 하겠지만, 입법조치 전에 법적으로 허용된 범위 안에서 행정지도의 형식을 통해 또는 사전, 사후적인 감독의 강화나 다양한 인센티브의 제공과 연계하여 자발적인 협력을 선도하거나, 이미 광범위하게 활용되고 있지만, 소비자들에 대하여 신속하고 상세한 정보제공과 함께 유해성을 경고하거나 주의를 당부하는 이른바 '비공식적인 행정작용'을 좀 더 적극적으로 확대 및 강화하는 방안 등이 모색될 수 있을 것이다.[49] 또한 법원이나 헌법재판소에게도 (헌)법의 해석과 적용에 있어서 좀 더 적극적인 입장을 취하거나

---

49) 이러한 맥락에서 2011년 12월에 제정되어 시행되고 있는 독일의 '제조물안전법'(Produktsicherheitsgesetz-ProdSG)이 제조물에 대한 경고 등의 국가의 정보제공활동에 대하여 일반적인 법적 근거를 마련하고, 권한 및 관련 피해에 대한 국가배상책임에 관한 지침규정을 두면서 제1조 제3에 의거 군수물자, 식품 등과 함께 의약품을 적용대상에서 제외한 것은 시사하는 바가 적지 않다. 이에 관해서는 L. Tremml, Amtahaftungsansprüche wegen rechtswidriger Produkttwarnungen, NJW 2013, 258면.

또는 의견변경의 가능성을 예고 또는 암시하는 등의 탄력적인 대응을 통해 '규범적 압력'을 가하여 자발적인 협력을 유도하거나 또는 '규율의 흠결'에 대한 보충입법(개선)을 촉구하는 유용한 역할의 분담을 기대할 수 있다.

제22장
‘본질성이론’으로 본 탈원전 정책결정과 공론화작업*

I. 개요

탈원전의 문제는 그 자체만으로도 중차대한 정치경제 및 사회적 의미를 갖는 의제이지만, 이 문제를 해결해나가는 정치 및 정책의 과정과 그 결과는 향후 문재인 정부의 국정운영 전반은 물론이고 우리 사회의 미래, 특히 공론장의 정착과 활성화에 심대한 영향을 미칠 것으로 전망되는 점에서 더더욱 그 귀추와 함의가 주목된다.

주지하는 바와 같이, 대선 과정에서 핵심공약의 하나로 신고리 원전 제5호, 제6호의 건설중단을 포함하여 ‘탈원전’의 정책을 제시한 문 대통령의 취임 이후 충분히 예견된 것이기는 하였거니와, 그 진행의 속도와 양상은 사뭇 급격하다. 국무회의에서 신고리 원전 공사의 일시중단이 결정되었고, 지난 6월 19일 고리1호기의 영구정지를 선포하는 자리에서 ‘탈원전’의 정책기조가 재차 천명된 후 1달 남짓 지난 7월 24일에 위원장 1명(김지형 전 대법관)과 8명의 위원으로 구성된 ‘신고리 5,6호기 공론화 위원회’(이하 ‘공론위’로 약함)가 공식 출범하였다. 구체적인 절차와 관련해서는 오락가락 논란 끝에 2만 명 정도의 시민을 대상으로 한 전화조사방식의 1차 조사를 거쳐 이를 토대로 하여 500명 정도의 규모로 시민참여단이 구성되고, 약 1개월 간의 숙의과정과 최종조사를 거쳐 최종 권고안을 작성하여 10월 20일 경에 정부에 제출하는 것으로 최종 정리되었다. ‘공론위’의 발표에 따르면 공론화작업은 민간조사업체가

---

* 법률신문, 2017.8.28. 12면, 법조광장.

대행하게 되고, 우선협상 대상업체가 8월 23일 경에 선정되어 바로 본격적으로 작업에 착수하여 두 달 남짓 기간 안에 모든 절차가 마무리되는 촉박한 일정이다.

이른바 전형적인 '복잡문제'인 점에서 당연하고 필요한 것이기도 하거니와, 법원에 계류 중인 집행정지신청은 차치하더라도 다양한 우려와 반론들이 적지 아니하다. 이미 버스는 출발하였지만, 지금이라도 잠시 정지시키거나 속도를 줄이고 적어도 공론화작업이 선확정된 탈원전의 결론을 포장하는 요식적인 절차로 예정되어 있지 않다는 점을 분명히 확인하고, 그에 대한 신뢰를 확보하는 것이 긴요하다. 원전의 위험성과 안전문제에 대한 기술적인 판단을 비롯하여 경제적 득실에 대한 비용편익분석상의 이견 등 산업 및 에너지 정책의 차원에서 찬반의 의견이 극렬하게 대립되고 있거니와, 엇갈리는 정치적, 정책적 입장의 차이와는 별론으로 또는 그러니만큼 더더욱 공론화작업의 형식과 절차에 대한 비판적인 의견이 여론전 속에서 묵살되어서는 아니되는 것도 바로 이 때문이다.

Ⅱ. '본질성이론'의 함의와 지침

정책결정의 과정과 환경에 초점을 맞춘 비판론은 크게 보면 합법성과 정당성의 두 가지 관점에서 문제를 지적하고 있다. 총리훈령에 의거 설치된 '공론위'의 법적 지위와 결정권한의 범위 등에 대한 의문 등이 전자의 범주라면, '공론위'가 과연 중립적인 입장에서 공정하고 투명하게 공론화작업을 수행할 수 있을 것인지, 특히 '공론조사'의 방식이 진정한 민주적 숙의의 과정을 거쳐서 결론의 방향이나 내용과는 무관하게 사회 전체적으로 납득할 만한, 특히 결정의 내용과 반대되는 입장을 가진 측에서도 '선의'(good faith)에 대한 믿음을 전제로 수긍할 수 있는 결정을 내릴 수 있는 절차적 정당성의 조건을 확보할 수 있는지 등등에 대한 회의적인 의견들은 후자의 경우이다.

논의의 편의상 두 가지 범주로 대별해 본 이러한 우려와 비판들은 실물 정책의 관점에서 보면 중차대한 정책결정에서 오판의 위험성과 그 경우 초래될 막대한 사회적 비용의 문제를 지적하는 것이거니와, 이러한 합법성과 정당성은 '민주적 법치국가'의 헌정체제에서 해묵은 명제다. 특히 불확실성의 시대상황과 '위험사회'의 환경에 따라 새롭게 부각되는 이른바 '정당성(legitimacy)과 유효성(validity)'의 연관논제, 말하자면 정책에 대한 의견불일치와 상충되는 이해관계를 넘어서 결정의 유효성이 담보되는 정책결정체계의 정당화에 대한 담론으로 귀착된다. 전체적으로 헌법의 틀을 벗어나지 않고 정상적으로 운영되는 정치체제에서 법률을 비롯하여 합헌적으로 결정된 정책은 그 실체적인 판단의 정오나 적부와 무관하게 정당한 것으로 인정되고, 따라서 당연히 준수 또는 강제집행의 일반적인 구속력을 갖는 것으로 보는 헌법철학 및 헌법정책론적 인식이 그 핵심이다.

바로 이 정당화담론이 '의회민주주의' 및 '법치국가'의 원리와 연계되어 '의회유보론'의 맥락 속에서 헌법이론적으로 정리되어 수렴되고, 판례를 통해 확립된 것이 이른바 '중요사항 유보설' 또는 '본질성이론'(Wesentlichkeitstheorie)이다. 공동체 전체의 차원에서 중차대한 사안의 본질적인 내용은 의회가 직접 결정해야만 한다는 것이다. 중요성 또는 본질성의 판단지표로는 기본권 실현과의 밀접한 연관성, 재정부담의 크기, 여론의 분열 등이 제시된다. 결국 '본질성이론'의 핵심준거는, 실체적인 기준으로 판단의 정오와 적부를 판가름할 수 없으면서 이견이 분분한 중요 국정현안들의 경우 결정의 주체와 절차 및 형식의 관점에서 의회가 '옳은 결정'(right decision)을 내릴 수 있는 가능성이 가장 크다고 보는 실용적인 인식이다. 선거를 통해 직접적인 민주적 정당성을 갖춘 국회의원들이 여야당 간의 견제와 경쟁적 토론이 담보되는 집합적 대의기구로서 조직되어 책임정치의 프레임 속에서 의사규칙 등을 통해 정형화된 숙의과정을 통해 다양한 이익과 의견을 반영 및 수렴할 수 있는 구조적, 기능적 장점들을 주목하는 것이다.

우리 국회가 이러한 인식에 부합되는지는 별론의 문제이되, 아무튼 그 방식을 어떻게 설계하든 '공론조사' 방식을 통해 탈원전 정책에 대한 결정을 하겠다는 정부의 구상에 대한 비판의 초점은 그것이 대의민주주의 원리에 위배된다는 데 모아진다. 위에서 간단히 살펴본 '본질성이론'은 이러한 우려와 비판론들을 좀 더 구체적이고 세밀하게 가공하는 경우 적확한 논증의 마당과 단서들을 제공해준다. 이에 대응하는 정부의 입장에서도 마찬가지이다. 헌법이 정치 또는 정책결정을 대체할 수도 없고, 그래서도 아니 되지만, 정치적, 정책적 토론을 헌법이론의 담론으로 수용 또는 여과하는 경우 적어도 '졸속오판'의 최악, 판단의 정오와 무관하게 결정과정상 '선의'에 대한 의문과 함께 재론이 거듭되는 차악의 '졸속결정'은 피할 수 있다. 탈원전 정책과 관련한 공론화작업의 과정에서 '본질성이론'이 제공하는 효과적인 토론의 지침과 계기가 외면되어서는 아니 되는 것도 바로 이 때문이다.

Ⅲ. 결론

'공론위'의 중립성과 관련한 이른바 '기울어진 운동장'의 회의론이나, '공론위'의 의견이 신고리 5,6호 원전의 영구중단 여부에 국한되는 것인지, '공론위'의 권고안이 사실상 탈원전의 정책기조에 대한 불가역적인 결정을 예단하고 단순히 요식적인 절차를 밟고 있는 것은 아닌지 우려가 적잖다. 궁극적으로 신고리 5,6호기 원전의 영구중단 여부를 포함하여 탈원전 여부는 국회가 최종적으로 결정해야만 한다는 주장도 주목된다. 숱하게 제기되는 우려와 비판의 목소리들에 대하여 여론전으로 대응하는 것은 작전이라면 몰라도 전략적 차원에서는 최악의 선택이다. 취임 100일을 맞아 개최된 '국민인수위 대국민보고회'에서 문 대통령이 이른바 '집단지성'를 거론하면서 '간접민주주의'에 대하여 부정적인 의견을 피력한 것도 민주정치담론의 화두라면 몰라도 국정을 책임지는 대의공직자인 현직 대통령의 민주주의관이 표출된 것이라면 다른 차원의 논제이다. '공론위'의 공론화작업을 포함하여 정부는 정책결정과정상 시종일관 '진정성'과 '선의'에 대한 신뢰를 확보할 수 있는 객관적인 논증의 방법으로 대응해야만 한다. '본질성이론'은 이러한 헌법규범적 명령과 지침의 분명한 근거이다.

제23장

헌법상 재산권 개념과 온실가스 배출권

- 법적·정치경제학적 - 생태론적 연관체계의 관점에서*

I. 머리말

2015년 12월 12일 세계 195개국 정부대표들이 이른바 '신 기후체제'를 담은 '파리협정'(Paris Agreement)을 채택하였다. 1997년 '교토의정서'(Kyoto Protocol)를 채택한지 18년 만이다.

'교토의정서'의 만료 후, 즉 2021년 1월부터 적용되는 '파리협정'은 전문과 총 29개 조항으로 구성된 주요 내용은 다음 네 가지 사항으로 정리될 수 있다. '금세기 말까지 지구 기온의 상승폭을 산업혁명 이전에 비해 섭씨 2도보다 훨씬 낮추고, 더 나아가 섭씨 1.5도로 제한하기 위해 노력한다'고 정하여 지구온난화 억제 기준을 강화하였고, 기존에 선진 37개 선진국들에게만 적용되었던 온실가스 감축의무를 개발도상국과 극빈국을 포함한 모든 국가로 확대 적용하면서 그 주요 실천수단으로 매 5년마다 국가별 기여방안(INDC: Intended Nationally Determined Contribution)으로 상향된 감축목표의 제출과 그 이행 여부의 검증을 의무화하였다. 또한 2025년 이후 개도국에 대한 자금지원을 대폭 확대하는 방안도 포함되었다.

'인류 역사상 가장 의미 있는 전 지구적 차원의 협상의 산물'이라는 긍정적인 평가와 '행동은 없는 공허한 약속의 나열일 뿐'이라는 혹평이

---

* 본 글 중 I-Ⅲ 및 V의 결론의 대강은 「공법연구」, 제45집 제4호(2017.6). 59-91면; Ⅳ의 부분은 「강원법학」, 제54권(2018.6), 325-365면에 발표된 내용임.

엇갈리는 가운데, 적어도 온실가스 배출 1, 2위인 미국과 중국을 포함하여 세계 195개국이 만장일치로 합의하여 실질적으로 전 지구적 차원에서 기후변화에 대응하기 위한 새로운 국제행동규범이 마련된 점에 대해서는 획기적인 것으로 받아들여지고 있다.[1)]

우리나라는 '교토의정서' 체제에서 온실가스 의무감축국이 아니었음에도 불구하고 이미 2009년 11월 코펜하겐 당사국총회를 계기로 온실가스를 2020년 기준 배출전망치(BAU) 대비 30%를 감축하겠다는 공약을 자발적으로 발표하였고,[2)] 2011년 7월에 이 공약을 재확인하면서 국무회의에서 그 세부목표를 확정한 바 있다. 더 나아가 2015년 6월에는 산업계의 격렬한 반발에도 불구하고 감축목표를 37%로 상향하는 내용의 국가별 기여방안(INDC)을 UN에 제출한 우리 정부도 새로운 기준에 따라 산업별 감축계획 등 구체적인 후속 방안과 실효성 있는 로드맵을 서둘러서 마련해야 하는 숙제를 안게 되었다. 정부가 제시하고 있는 실천계획은 37% 중 25.7%는 산업계 등 국내에서 감축하되, 11.3%는 해외에서 배출권을 매입하여 충당하겠다는 내용이다. 이에 따르면 연간 수 조원에 이르는 재원의 조달이 재정에 상당한 부담으로 작용될 것으로 보이고, 기존에 산업별, 업종별로 할당된 감축목표치[3)]와 함께 기업별로 할당된 탄소배출권도 새로 조정되어야 할 필요가 있어서 향후 논

---

1) 다만, '파리협정'은 즉시 발효되는 것은 아니고, 195개국 가운데 55개국 이상이 국회비준 등 필요한 국내법절차를 거쳐 그 결과를 제출하고, 비준국의 온실가스 배출량이 전체의 55%를 넘어야 그로부터 30일 후에 발효된다. UN기후변화협약사무국은 2016년 4월 22일부터 약 1년에 걸쳐서 거의 대부분의 '파리협정' 당사국들의 서명을 받은 상태이다.

2) 당시 전제된 2020년 BAU는 8억 1300만 톤이었다.

3) 2011년 6월에 환경부를 비롯한 관계 부처가 발표한 목표안에 따르면, 산업별로는 2020년 전망치 대비 수송 34.3, 건물 26.9, 전환(발전) 26.7, 공공 기타 25, 농림어업 5.2% 등이 할당된 감축 목표치였고, 업종별로는 전기 전자업종의 감축목표안이 61.7%(2551만 톤)로 가장 높고, 전자표시장치(디스플레이)는 39.5%(2832만 톤), 운수 자가용은 34.3%, 자동차는 31.9%(394만 톤), 반도체는 27.7% (403만 톤)의 목표치가 할당되었다.

란이 적지 않을 것으로 전망된다.

II. 문제의 제기 - 연구범위와 내용

2012년 5월에 '온실가스배출권의 할당 및 거래에 관한 법률'(제11419호)이 제정되어 2013년 시행을 목표로 하였던 '온실가스배출권 거래제'(이하에서는 '배출권'[4] 또는 '배출권 거래제'로 약칭함)는 산업계의 반발로 시행이 2년 연기되었다. 2013년 6월부터 전문가와 산업계 및 시민단체가 참여하는 상설협의체가 구성되어 의견을 수렴하여 왔고, 그 결과 2014년 1월에 '거래제' 운영의 '기본계획'을 확정하고, 배출권거래소로 한국거래소(KRX)를 지정하였다. 2014년 9월에는 '국가 배출권 할당계획'이 확정되었고, 배출권할당과 검증, 인증, 기타 조기감축, 상쇄, 거래 및 과징금부과 등에 관한 세부지침이 마련되어 2015년 1월 1일부터 시행되고 있다.[5]

초기라 이른 감이 없지는 않지만, 아직은 시장 자체가 제대로 형성되지 못하였다고 할 정도로 국내에서 배출권 거래의 규모는 미미한 상황이다.[6] 시행 이전에 제기되었던 산업계 측의 우려대로, 기업 측에서

---

4) '온실가스배출권의 할당 및 거래에 관한 법률'은 제2조 제3호에서 '배출권'을 "저탄소 녹색성장 기본법' 제42조 제1항 제1호에 따른 온실가스 감축 목표를 달성하기 위하여 동법 제5조 제1항 제1호에 따라 설정된 온실가스 배출 허용총량의 범위에서 개별 온실가스 배출업체에 할당되는 온실가스 배출허용량"으로 규정하고 있다.

5) '국가배출권 할당계획' 제1차 계획기간(2015-2017)에 무상으로 온실가스 배출량을 할당받은 525개 기업(연평균 배출량 12만 5000 톤 이상인 업체나 2만 2000톤 이상인 사업체)은 '배출권 거래시장'을 통해 배출권을 주식처럼 매매할 수 있게 되었다. 해당 업체들이 3년 간 할당받은 배출권은 약 16억 톤이고, 1회 매수 또는 매도주문의 수량은 5000톤으로 제한되며, 연도별로 배출량이 정해져 있기 때문에 2015년 이행연도의 할당 배출권은 일단 2016년 상반기 까지만 유효하다.

6) 한국거래소의 공시에 따르면, 2015년 약 5억4300만t이 할당됐지만 거래량은 약 124만 2천톤에 그쳤고, 지난해 거래량은 약 510만 8천톤으로 대폭 늘었지만 기업에 할당된 배출권 할당량은 5억 3000만톤 수준이었다.

신청한 물량보다 평균 18% 부족한 배출량을 할당받았기 때문에 일단 배출권의 수요와 공급 간의 괴리, 즉 수요자만 있고 공급자는 없는 상황에 기인하는 것으로 추측되지만, 일단 2015년에 각 업체들이 배출한 온실가스 총량의 계측 결과, 특히 배출량 예측치와 얼마나 일치하는지 또는 그 차이가 확인되어야 문제에 대한 적확한 진단과 시장에 대한 예측과 전망이 가능할 것이다.

'거래제'는 파리협정과 직접 연관되는 것은 아니지만, 우리 정부도 국가별 기여방안(INDC)에서 산업분야 온실가스 배출 감축의 주요 수단으로 '거래제'를 제시한 바 있거니와, 파리협정에 따라 보다 강화된 감축목표의 제시의무와 온실가스 배출권 거래제의 전 세계적인 정착 등으로 인하여 향후 산업부문에 대한 온실가스 배출할당량의 부과와 '거래제'의 엄격한 시행은 불기피한 실정이다. 이러한 상황에서 '거래제'의 법제도적 정착과 거래의 활성화는 국가의 거시적인 산업정책의 성패를 결정하는 주요 관건의 하나라고 할 수 있고, 이에 적확하게 대비하지 못하는 경우 관련 개별 기업에게는 존망을 가늠할 정도의 큰 부담으로 작용될 것으로 전망된다.

아직 국내에서는 배출권 거래가 활성화되고 있지 못한 상황이고, 그 주된 원인은 할당된 배출권의 예측상 수요와 공급 간의 괴리에서 찾아진다는 점은 전술한 바 있거니와, 향후 할당 대상업체가 매 이행연도 종료일부터 6개월 이내에 대통령령으로 정하는 바에 따라 제25조에 따라 인증받은 온실가스 배출량에 상응하는 배출권을 주무관청에 제출하고, 배출권의 이월과 차입, 상쇄, 외부사업의 온실가스 감축 인증 등의 절차가 속행되고, 법 제33조에 의거하여 할당대상업체가 제출한 배출권이 제25조에 따라 인증한 온실가스 배출량보다 적은 경우에는 그 부족한 부분에 대하여 이산화탄소 1톤당 10만 원의 범위에서 해당 이행연도의 배출권 평균 시장가격의 3배 이하의 과징금이 부과되는 등 비용 및 편익의 요인에 의해 본격적으로 거래가 유발되는 시장 여건이 갖추어지게 될 것으로 예상된다.

근본적으로 공유재산으로서 대기를 일응 개인의 사유재산으로 변환시키는 구상, 즉 넓은 의미에서 민영화의 맥락에서 도입된 '거래제'의 정착과 활성화를 위한 필수적인 조건은 가격기구에 의해 작동되는 자유시장의 기능에서 찾아진다. 그러나 또 한편 간과할 수 없는 것은 '거래제' 자체가 시장의 '보이지 않는 손'의 실패, 말하자면 신고전 경제학이 주장하는 바와 달리 개개인의 합리적 결정이 사회적으로 최적의 결과로 귀착되지 못하는 실패, 그리고 이른바 '외부성'(externality)의 문제 때문에 대기오염의 사회적 비용이 재화와 서비스의 시장가격에 반영되지 못하는 자유시장의 치명적 결함을 시장경제적 수단으로 보정하려고 고안된 제도라는 점이다. 제도론의 맥락에서 보면 이는 고권적인 이른바 '명령 및 통제체제'(Command-and- Control System)의 전통적인 행정법적 규제틀의 구조적, 기능적 한계, 특히 경제적 비효율성에 대한 경험적 확인과 반성의 산물로서 도입된 것이다.

이러한 점에서 '거래제'는 자유시장경제체제의 역기능에 대한 반성과 순기능에 기대가 교착 및 수렴된 일종의 협력 또는 관리형의 '시장기반적 통치'(market-based governance)의 수단이라고 할 수 있고,7) 따라서 그 성패는 기본적으로 생산과 소비 또는 투자와 거래의 주체인 개개인의 합리적인 결정자로서의 역할에 대한 기대가 그대로 유지되는 가운데 분권화된 개인 또는 기업의 사적 이익의 추구와 온실가스배출의 감축 또는 적정 수준의 관리라는 공적 이익을 추구하는 정부의 정책 목표가 조응 및 수렴되는 시장의 정착과 활성화 여부에 달려 있다. '시장은 법률

7) 이는 '거래제' 시행의 법적 근거를 규정한 '저탄소 녹색성장기본법' 제46조 제1항에서 명시적으로 밝히고 있다. 『정부는 시장기능을 활용하여 효율적으로 국가의 온실가스 감축목표를 달성하기 위하여 온실가스 배출권을 거래하는 제도를 운영할 수 있다.』

과 사회규범 및 제도에 의해 만들어진다'라는 J. Stiglitz[8]의 말은 이른바 '보이지 않는 손'만 바라보는 '시장근본주의'(market fundamentalism)에 대한 통렬한 반박이기도 하거니와, 배출권 거래제의 경우에는 존재하지 않던 시장을 처음으로 개설하는 과정에서부터 그 구조와 운용조건, 거래규약 등에 이르기까지 모든 요소들이 정치적 결단과 정책적 결정의 과정 속에서 고안되고, 작위적인 법제로 정리되어 개시된 것인 점에서 전적으로 타당하다.

실제로 경험해보지 못한 초유의 시장인 점에서도 그러하지만, 현실적인 측면에서 경제사회 전반에 미치는 영향이 지속적이고 중차대하기 때문에 '거래제'의 기본법제는 우선 거시적 차원의 종합적인 숙고를 거쳐 신중하게 설계 및 운영되어야 한다. 또한 배출권 거래가 효율적인 정책수단으로 운용되기 위해서는 제도를 운영하는 정부 등 관계기관은 물론이고 거래의 직접당사자인 관련 기업들과 함께 궁극적인 편익수혜자 및 비용부담자라고 할 수 있는 모든 시민들이 기후변화의 현상에 대한 절박한 문제인식과 그에 대한 대응책으로서 배출권 거래제의 생태철학적 토대 및 그 도입의 취지와 핵심 내용 등에 대한 기본적인 이해와 환경윤리적 가치에 부응하는 행동방침을 공유하는 것도 필요하다. 더불어 기본적으로 시장가격 메커니즘의 차별화기능을 활용하여 상대적으로 적은 비용으로 탄소배출을 저감시키는 배출자를 탐색하여 궁극적으로 사회 전체의 차원에서 저비용으로 온실가스 배출을 저감시키려는 '비용효과성'(costeffectiveness)[9]의 취지에 따른 대안적 정책수단인 점에서 '거래제'의 활성화를 위해서는 시장의 투명성, 적정 수준의 거래비용, 거래의 안전 등 기본적인 요청이 충족되는 가운데 표준화된 배출권

8) J. Stiglitz, 이 순희(역), 불평등의 대가(Price of Inequality, 2012), 2013, 150면.
9) 조홍식, "기후변화의 법정책 - 녹색성장기본법을 중심으로-", 조홍식 외(편저), 「기후변화와 법의 지배」, 2010, 18면.

의 시장가격에 반영된 '지불용의'(willingness to pay)와 '사적 비용편익'(private cost and benefit)의 수용 간의 상호관계, 말하자면 유효한 시장 incentive의 맥락에서 거래의 필요성과 가능성이 확보될 수 있게 만드는 다양한 기능보장의 요건들이 정비되어야 한다.[10)]

'거래제'의 설계와 시장운용에서 각별하게 고려되어야 하는 이러한 제도적, 정책적 요청들은 신뢰성, 안정성과 함께 문제상황의 변화에 적응할 수 있는 일정수준 이상의 탄력성과 유연성이 담보되는 일종의 규범적 복합체로 법제화되어야 한다. 전방위의 방대한 공조와 협업이 필수적인 이 법제화의 과정에서 (환경)행정법, 민법, 상법, 세법, 공정거래법, 소송법 등 연관되는 개별법들 간의 체계적 정합성을 도모하는 통합적 접근과 함께 세밀한 연계 및 조정작업이 필수적인 것은 물론이거니와, 본 글이 초점을 맞추고 있는 과제, 즉 이 과정의 출발점 또는 기저에서 거시적인 차원에서 법적으로 수용가능한 정책의 선택과 조합의 범위와 법제설계의 윤곽을 획정하고, 관련 개별법들 간의 연계와 조정작업에 대하여 대강의 지도방침과 규제적 기준을 제시하는 것은 헌법의 몫이다. 또한 '거래제' 자체가 우리나라도 서명 및 비준절차를 거쳐 당사국인 된 Kyoto의정서와 Paris협정 등과 같은 글로벌 국제환경조약체제의 차원에서 논의 및 결정된 것이라고 하더라도, 법체계의 법리적 관점에서뿐만 아니라 실효성의 측면에서도 조약준수의무의 이행을 위해 '거래제'를 구체적으로 설계하고 운용지침을 마련하는 정책 및 법제적 선택과 결정은 우리 헌법의 윤곽질서와 기본지침에 위배되지 않아야 한다.

도입에 대한 논의의 시발점에서부터 제기되었던 '거래제'의 타당성과 실효성을 둘러싼 논란은 글로벌 차원에서 상당한 규모와 수준으로

10) 이에 관한 상세한 내용은 조홍식, 위의 논문, 기후변화의 법정책 - 녹색성장기본법을 중심으로-, 조홍식 외(편저), 위의 책, 20-23면; 문상덕, "일본의 온실가스 배출권 거래제도의 현황과 전망", 조홍식 외(편저), 위의 책, 243-244면.

시장이 운용되고 있는 현재까지도 지속되고 있거니와, 영업의 자유 또는 기업의 자유와 관련된 위헌성에 대한 우려와 함께 그 핵심쟁점의 하나는 '배출권'의 법적 성격, 특히 헌법상 보장되는 재산권으로 볼 수 있는지 여부이다. 이 문제는 우선 배출권의 무상 또는 유상할당이나, 할당의 수준과 대상자의 범위, 신규진입자의 문제, 동질성의 요건과 연관된 표준화의 가능성, 거래방식 등 거래제도를 설계하고 시장운용방식을 법제화함에 있어서 규범적 수용의 한계와 가능성, 그리고 기본지침 등 핵심 사항과 연계되어 있는 실무상의 측면에서 주목되거니와, 다만 이 글에서 관심의 초점은 깊고 넓은 (환경)윤리학의 가치론 및 정치경제학적 관점들과 연관되는 근본적이고 복합적인 헌법적 쟁점들에 모아진다.

우선 이른바 '오염권'(right to pollute)으로서 '배출권'을 재산권으로 수용하는 것이 헌법적 가치질서에 부합될 수 있는지에 대한 근본적인 의문, '배출권'을 일종의 '대기이용권'에 해당하는 재산권으로 보는 전제 하에 고안된 법제와 이에 담긴 다분히 경제적 효율성에 초점을 맞춘 시장기반의 정책 및 제도적 '구상'(conception)을 헌법상 재산권의 개념(concept)으로 포섭할 수 있는 재산권이론 및 도그마틱의 구성이 가능한지 여부가 해명되어야 한다. 또한 그 연장선상에서 그것이 가능하다고 한다면, 법형식적으로는 '대기'에 대한 이용권을 거래대상으로 물목화한 것이기는 하지만 실질적으로는 환경재로서 '대기'에 경제적 가치를 부여하는 논리적 전제 하에 구성된 작위적인 법제인 '배출권'의 본질과 '거래제'의 구조의 관점에서 주목되는 난제, 즉 본질적으로 '소유자'와 '소유물' 그리고 '소유의 개념'을 요소로 하는 일종의 분권화된 자원배분 또는 자원관리전략인 사유재산권에 의해 규율될 수 있는 희소한 자원이 아니고 또한 경계획정이 불가능하고 따라서 귀속과 배타적인 지배의 가능성이 상정되기 어려운 자연자원인 '대기'를 법적으로 거래가능한 재화로 구성하여 '상품화'(commoditising)하는 것이 헌법상 재산권과 조화될 수 있는지 여부가 문제로 주어진다. 이를 경제학적으로 달리 표현하자면, 물리적 분리를 통한 특정과 '명인'(明認), 즉 개인적 귀속의 사실적, 법적 가능성의 조건 하에 가격메커니즘에 의해 '사용가치'(value of use) 또는 '존재가치'(value of existence value)를 '교환가치'(value of exchange)로 변환시키는 이른바 '가치론의 일반화'를 통해 보편적인 시장체제에 편입시키는 것이 정치적, 문화적, 도덕적 신념들과 정책적 구상이 합체된 헌법제도들인 시장과 재산권의 정치경제적, 사회적 역할과 그에 부응하는 규범적 기능에 부합될 수 있는지 등등 헌법철학과 재산권이론, 법경제학, 환경윤리학 등 다양한 층위와 측면에서 천착되어야 하는 문제들이다.

Ⅲ. 본질적으로 논쟁적인 헌법상 재산권 개념의 함의와 문제점

1. 개요

1990년에 개정된 미국의 '대기정화법'(Clean Air Act)은 산성비의 요인으로 주목되는 이황화 탄소(sulfar dioxide)와 관련하여 '시장에서 거래가 가능한 오염배출 허가제'(marketable pollution Allowances: MPAs)를 도입하면서 동 제도상 '허가'(allowance)가 '제한된 수권'(limited authorization)일 뿐이고 '재산권'(property right)을 창설하는 것은 아니라고 명시적으로 규정하였다.[11] 동 제도의 시행 이후에 법 및 현실상황의 변화에 따라 '허가'를 철회하거나 축소하는 경우 재산권에 대한 '수

11) Clean Air Act(1990) 42 U.S.C. §7651b(f)(supp. Ⅲ 1991), "An allowance allocated under this subchapter is a limited authorization to emit sulfur dioxide in accordance with the provisions of this subchapter. Such allowance does not constitute a property right."

용'(taking)을 주장하며 위헌론을 제기하거나 또는 보상을 요구하는 법적 분쟁의 가능성을 원천적으로 봉쇄하여 정책적 유연성과 탄력성을 확보하려는 것이 그 핵심 취지임은 물론이다.

그렇다면 국제조약에 준거하는 점과 규율대상 또는 그 범위가 다른 점을 제외하면 '상품화'(commoditisation)의 구상을 토대로 하는 시장기반 제도로서 법제의 기본구조와 운용방식 등 그 핵심 내용에서 차이가 없는 탄소배출권거래제의 경우, 우리나라의 '온실가스배출권의 할당 및 거래에 관헌 법률'이 그러하듯이 배출권이 재산권을 창설하는 것은 아니라는 규정을 두지 않는다면 당연히 할당된 배출권은 헌법상 재산권으로 인정된다는 것인지 여부가 문제가 된다. 또는 정반대로 명시적인 규정 여부와 무관하게 배출권은 '수용-보상'과 연관되는 헌법상 재산권으로 볼 수 없는 것인지, 그렇다면 그 근거는 무엇인지 등등 법리적인 의문이 제기된다. 더 나아가서 배출권이 헌법상 재산권에 포섭되는지 여부는 이른바 '연불연'(然不然)의 문제, 즉 재산권 도그마틱 범주의 헌법해석론상 쟁점이 아니라 (헌)법정책론의 쟁점일 뿐이고, 따라서 온실가스배출의 감축 또는 억제라는 정책목적을 위한 수단으로서 고안된 '거래제'의 기능적 효용의 유지와 촉진 및 이를 위한 합목적인 법제의 설계와 운용방법을 모색하는 차원에서 정책적 재량에 맡겨져 있는 선택의 문제일 뿐인 것인지 여부도 법리적 해명을 요하는 쟁점으로 제기된다.

이러한 쟁점들의 자리매김 자체는 물론이고, 범주화 이후의 접근방법과 결론, 그리고 결론에 이르는 구체적인 법리적 논의의 방향과 윤곽은 헌법상 재산권의 '개념'(concept)에 의해 그 대강이 정해진다. 재산권 도그마틱의 범주에서는 물론이고, 헌법철학 및 정치경제학적 이데올로기와 연관되는 체제비판 또는 다양한 층위의 재산권이론의 차원에서 헌법상 재산권보장의 기능과 과제를 어떻게 설정하는가, 특히 주관적 공권으로서 사유재산권의 본질과 기능, 그리고 객관적 가치질서로서 사유재산제도의 헌법규범적 의의와 그 제도적 효용에 대한 기본적인 '구상들'(conceptions)에 의해 헌법상 재산권의 개념적 요소가 파악될 수 있고, 이에 따라 정립된 헌법상 재산권 개념에서 입법자의 재산권 형성 또는 불형성에 대한 구속력 있는 헌법의 요청과 헌법적 인부 판단의 준거가 도출된다. 광범위한 입법형성권이 인정되기는 하되, 법률에 의해 구체화되는 재산권의 범위와 그 한계, 말하자면 헌법상 재산권과 일치되지 않지만 - 다른 관점에서 부연하자면 일치되지 않음에도 불구하고 또는 일치되지 않기 때문에 - '재산권보장의 보호를 받는 대상'[12]과 '보호를 받을 수 없는 대상' 또는 '보호 여부가 입법재량에 맡겨지는 제3의 대상' 등의 범주를 설정하고 또한 개별 재산권의 내용을 구체적으로 정하는 입법형성권의 행사 및 형성의무의 이행에 대한 헌법적 지침과 한계는 헌법상 재산권 개념의 '외연'과 '내포'에 의해서만 포착될 수 있기 때문이다.

2. 헌법상 재산권 개념의 허구성

(1) 문제 개요 - 재산권 도그마틱 관점의 효용과 그 한계

헌법상 재산권을 개인의 주관적 공권인 기본권으로 보장하는 것은 크게 두 가지 측면, 즉 일면 자율적인 존재로서 개인의 생존과 자유 실현의 경제적 토대가 되는 재산권의 자유보장기능과, 타면 공공복리의 신장 및 사회적 안정성이라는 국가 또는 사회공동체 전체의 차원에서 주목되는 경제사회질서 형성적 기능의 관점에서 그 의미와 기능이 파악된다. 자율적인 생활과 개성신장의 자유의 토대이고 전제조건인 '물질적 기초'의 확보나 '직업의 자유의 기능적, 이념적 조건'과 함께 '자본주의경제질서의 기초' 및 '사회국가실현의 수단' 등을 재산권의 헌법적 의

12) 이에 관해서는 한 수웅, 「헌법학」, 2017, 853-854면 참조.

의와 기능으로 이해하는 관점에서 재산권보장의 객관적 가치질서로서의 본질과 기능적 특성을 제시하는 것도 기본적으로 "자유는 재산권취득을 추구하는 동시에 재산권을 필요로 한다"[13]는 미시적인 개인적 자유보장의 측면에서 부각되는 자유와 재산권의 관계, 즉 J. Isensee[14]의 적확한 표현을 인용하면 '재산권의 취득=자유의 목표; 재산권의 보유=자유의 토대, 재산권의 사용=자유의 내용'으로 연계되는 불가분의 상보적 관계, 그리고 공동체 전체의 거시적인 질서형성의 차원에서 재산권의 객관적 질서로서의 의미와 기능을 함께 고려하는 입장으로 이해된다.[15]

하지만, 후술하는 바와 같이 재산권이론의 차원에서 '상품화' 및 시장경제질서와 연관되는 특정한 정치경제학적 paradigm과 그에 따른 재산권관의 전제에 따른 불가피한 결과이고, 또한 본 글에서 주목하는 바와 같이 거의 모든 재화와 서비스가 시장거래의 대상으로 인입되는 흐름 속에서 과거에는 상상조차 못하였던 '대기'같은 자연자원이 논의 대상으로 포함되면서 새롭게 부각된 것이기는 하되, 아무튼 종래 확립된 재산권 도그마틱은 재산권의 이러한 다층적인 헌법적 의의와 복합적인 기능을 주목하면서도 그것을 제대로 반영하고 수렴해내는 재산권해석론을 전개하지 못하였다. 이러한 현상, 그리고 그에 따른 도전과 헌법해석론상 대응 간의 간극은 헌법상 재산권 개념의 정립 단계에서부터 입법형성권과 재산권보장의 관계, 즉 추상적인 헌법상 재산권에서 재산권형성 입법자를 구속하는 헌법적 지침과 한계를 도출해낼 수 있는 법

13) O. Depenheuer, "Entwicklungslinien des verfassungsrechtlichen Eigentumsschutzes in Deutschland 1949-2001", in; Th. v. Danwitz/ders./Ch. Engel, *Bericht zur Lage des Eigentums*, 2002, 140면.

14) W. Leisner, J. *Isensee(Hg.), Eigentum - Schriften zu Eigentumsrecht uns Wirtschaftsver- fassung 1970-1996*, 1996, Vorwort, 5면.

15) 허영, 「한국헌법론」, 2017, 511-512면.

리구성의 문제를 비롯하여, 내용과 한계를 정하는 재산권형성과 법률에 의해 보호영역이 정해지는 재산권에 대한 제한, 말하자면 '공용침해'를 구별하는 난제, '공공복리'의 개념과 마찬가지로 사실상 '백지개념'에 가깝다고 할 수 있는 '공용침해'의 헌법적 정당화요건인 '공공필요'의 해석 등등 재산권 도그마틱상 주요 쟁점들 전반에 걸쳐 드러난다. 다만, 여기에서는 가장 핵심적인 문제로 이해되는 헌법상 재산권 개념에 초점을 맞추어 그 추상성과 함께, Galie를 인용하여 말하자면 '본질적으로 논쟁적인 개념'으로서 본질과 그 법리적, 현실적 함의를 비판적으로 검토한다.

(2) 헌법상 재산권 개념에 대한 종래 정의의 문제점

1) 문제제기

교과서 차원에서 헌법상 재산권 개념은 예컨대 (1) "사적 유용성과 임의적인 처분권능이 인정되는 재산가치 있는 모든 권리"[16] 또는 (2) "개인에게 귀속되어 사적 이익을 위하여 사용 및 수익될 수 있고 원칙적으로 처분권한이 인정되는 재산적 가치"[17] 등과 같이 재산적 가치의 내용적 요소 함께 '사적 유용성'과 '임의적 처분권'이라는 두 가지 기능적 요소를 핵심으로 하여 정의되고 있다.

그러나 일견 헌법해석론의 차원에서 타당한 듯 여겨지는 이러한 정의에는 우선 헌법상의 '재산권'과 '입법에 의해 재산권의 내용으로 구체화된 권리'를 개념적으로 구분하지 못하는 맹점이 있다.[18] "재산권은

16) 허영, 위의 책, 512면. 구체적인 함의가 무엇인지 의문인 '구체적 권리'의 부분에 큰 의미를 두지 않는 관점에서 보면, 이는 "사적 유용성 및 그에 대한 원칙적인 처분권을 내포하는 재산가치 있는 구체적 권리"로 이해하는 헌법재판소 판례상 개념정의와 유사하다. 헌재 1996.8.29. 95헌바36, 판례집 8-2, 90, 103면; 2000.7.20. 99헌마452, 판례집 12-2, 128, 151면 등

17) 한수웅, 앞의 책, 850면.

18) 이장희, 「재산권의 개념과 변화」, 헌법재판연구원, 2016, 39면.

그것이 재산권이기 때문에 보호되는 것이 아니라, 보호되기 때문에 재산권이다"[19]라는 역설의 표현은 이 문제의 구조와 근원을 분명하게 드러내주는 바, 기술한 바와 같이, 이는 재산권 도그마틱의 차원에서 입법형성권자 자신에 의해 창출된 기본권적 지위를 입법자 스스로가 침해할 수 있다고 보는 논리가 어떻게 가능할 수 있는지, 가능하다면 헌법이 일반법의 준거에 따라서만 효력을 갖게 되는 것을 저지할 수 있는 법리는 어떻게 구상될 수 있는가 하는 의문으로 이어진다.[20] 아무튼 이러한 도그마틱상의 의문을 넘어서 이들 개념정의는 근본적으로 개념론의 두 가지 핵심기능, 즉 여타의 대상들과 경계를 획정하는 '외연'(exclusion)과 분별된 대상의 내용상 본질과 구조 또는 기능적 특성 등을 포착하는 '내포'(inclusion)의 기능을 전혀 수행하지 못하는 부적격의 허구이다. 또 한편 이 허구 속에는 특정한 재산권이해가 내포되어 있는 바, 후술하는 바와 같이 '추상화'의 방법에 의해서 재산이나 재산적 가치 또는 재산권 취득의 과정상의 도덕적, 윤리적 정당성이나, '소유'(ownership)의 가치적 정당성과 정치경제학적 타당성 등의 연관문제들을 의도적으로 외면하거나 또는 논쟁이 종결된 것으로 전제하여 논의의 범주를 원천적으로 축소 또는 제한하는 작위적인 도그마틱의 결과다. 이는, 출발지점이 어디였는지 모를 정도로 가물가물하기는 하지만, 그럼에도 불구하고

---

19) W. J. Samuels, "The Legal-Economic Nexus", 57 *The George Washington Law Review*, 1989, 1561면.

20) 방어권적 법리모델 또는 제도적 기본권이론의 형성권적 모델 중 어떤 선택을 하든 간에 피할 수 없는 입법형성권에 대한 기본권적 기속의 문제, 즉 비례원칙과 함께 또는 그것을 넘어서 개별 기본권별로 독자적인 척도들을 탐색하는 차별화된 접근 외에 특허방법이 있을 수 없는 이른바 기본권 '형성의 도그마틱'(Ausgestaltungsdogmatik)의 난제이다. 이에 관한 상론으로는 대표적으로 Ch. Bumke, *Ausgestaltung von Grundrechten*, 2009, 18면 이하. 여기에서 이 논제와 관련하여 상론할 수는 없되, 다만 본 논문도 일정 부분 차별화된 '재산권형성 도그마틱'의 필요성에 대한 인식의 지평을 확장하고, 적어도 접근의 관점과 단서들을 시사할 수 있을 것으로 믿고 또 기대한다.

여전히 논의의 틀을 규정하고 있는 근대 시민사회의 이른바 절대주의적인 재산권의 핵심, 말하자면 재산권을 선국가적인 자연권으로 이해하는 정치철학적 관점을 차치하더라도 개인의 절대적인 배타적 지배권을 의미하는 민법상 물권, 특히 토지를 비롯하여 '물건'(thing)에 대한 소유권에 초점을 맞추어서 재산권보장의 기능과 과제를 파악하는 전통적인 재산권이론의 틀을 탈피하지 못한 개념적 징표이기도 하다. 이러한 관점에서, 우리 재산권해석론이 계수하였다고 할 수 있는 독일 또는 독일연방헌법재판소의 재산권 해석론의 근본적인 흠결성을 규명하면서 그 구조적인 이유로 재산권 도그마틱의 맥락에서 '대상'(objekt)에 집착하는 관점, 직업의 자유와 재산권 보호영역의 중복을 가능한 한 피하는 법리구성의 전제 하에 '선재하는 재산가치'(vorhandener Vermögenswert)만을 주목하고 그 배후에 있는 사회경제적 기능을 경시하는 '정태적인 관점'과 함께 정치경제학적 차원에서 이데올로기적 논쟁을 회피하려는 의도 등 세 가지를 제시한 R. Wendt[21]의 분석은 우리에게도 여전히 되짚어볼 함의가 적지 않다.[22]

아무튼 이 문제는 본 글에서 주목하는 바, 즉 기존에 확립된 법질서 속에서 법률에 의해 비로소 그 내용이 정해지는 재산권에서 어떻게 재산권을 창설적으로 형성하는 입법자를 구속하는 헌법적 준거를 도출할 수 있는가라는 일견 논리적 모순의 의문과 연관되는 것이거니와, 세 가지 개념적 요소와 이 요소들 간의 의미론적 관계를 분석하여 헌법상 재산권 개념의 근본적인 허구성과 작위성을 해명한다.

---

21) *Eigentum und Gesetzgebung*, 1985, 1-4면.

22) 같은 맥락에서 A. Podlech이 사회의 결정구조로서 재산권의 역동적인 정치경제 및 사회적 기능을 강조하면서 제시하는 재산권해석론의 지침들, 특히 사회의 바람직한 상태에 대한 관념이 선재하는 헌법을 지향하는 것이 아니라 헌법이 바람직한 사회의 상태를 지향하는 방향에서 재산권해석론이 구성되어야 한다고 하는 명제도 그 함의가 주목된다. Eigentum-Entscheidungsstruktur der Gesell- schaft, *Der Staat* 15, 1976, 31-52면. 특히 51면.

2) 재산 = 재산권?

우선 지적할 수 있는 것은 재산 또는 재산적 가치와 재산권의 개념적 관계와 용례상의 불분명함이다. 앞에서 예시한 개념정의에서도 드러나는 바와 같이, 재산적 가치를 재산권보장의 대상으로 보는 것은 분명하지만 정의 (1)은 '재산권 = 재산가치 있는 권리'로, 정의 (2)는 '재산권 = 재산적 가치'로 정의하여 전자는 '권리'에 방점을, 그리고 후자는 '가치'에 방점을 찍고 있는데, 이는 단순히 어문형식상 표현의 차이만으로 이해되지 않는다. 근본적으로는 '재산' 개념의 생략 또는 포기라는 정의 (1)과 (2)에 공통된 개념론적 흠결에 기인하는 것이지만, 어의적 분석의 관점에서 보면 정의 (1)은 재산권형성의 결과에 초점을 맞추어 '재산권=재산권'의 동어반복으로 사실상 정의를 대체 또는 포기한 것일 뿐이고, 정의 (2)는 재산권형성권의 위임에 초점을 맞추어 '헌법상 인정되는 재산적 가치=재산권'의 논리형식으로 정의를 우회 또는 생략한 것에 불과하다. 다만, 여기에서 관건은 관점과 방향성의 차이가 아니라, 정의 (1)과 (2) 모두 형식적인 흠은 없지만 재산권 도그마틱상 유의미한 준거와 정보를 제공하지는 못하는 '순환논증의 오류'의 전형인 점이다.

이 오류의 논리구조와 근원은 두 가지 관점에서 분석될 수 있다. 우선 해명을 필요로 하는 것은 '재산'과 '재산권'의 개념적 관계에 대한 불분명한 인식의 문제이다. 보호대상이 실물 재산 또는 재산적 가치라는 점에서 실질적인 연관성은 자명하지만, 헌법해석론, 특히 재산권 도그마틱의 범주에서 관심의 대상은 재산권이라는 기본권에 의해 각별하게 보호되어야 하는 대상, 즉 헌법상 재산권보장의 대상으로 인정되어야 하는 규범적 '실체'(entity)이다. 물리학적 의미에서 '물건'(thing)이나, (정치)경제학이나 사회학 등 사회과학적 의미의 '자산'(asset) 또는 '부'(wealth)가 아니다. 영미법권에서 'property', 독일에서 'Eigentum'의 개념에 대한 논의과정에서도 부각된 바와 같이, 적어도 재산권 도그마틱의 차원에서 법적 개념으로서 재산과 재산권은 거의 구별되지 않고, 사실상 구별할 필요가 없는 것이 현실이다. 좀 더 정확하게 말한다면, 오히려 구별의 금지를 법리구성의 출발점 또는 전제조건으로 하고 있다.

이러한 '재산 = 재산권'은 단순히 용어사용 차원의 문제가 아니라, 이 개념론과 이를 토대로 하는 재산권 도그마틱에는 매우 중대한 이론적 함의와 함께 재산권이론과 연관되는 정치경제학적인 전략이 내장되어 있다. 우선 주목되는 것은, 전혀 예외 없이 전적으로 그러한 것은 아니고 또한 명확하게 천명하지는 않지만, 재산 또는 재산적 가치의 범주설정과 그 획득의 과정상의 도덕적 정당성이나 정치경제학적 타당성의 문제는 원칙적으로 논외로 한다는 이론적 전제이다. 말하자면 헌법상 재산권과 함께 '계약의 자유'를 법적 지주로 하는 시장경제질서 속에서 진행된 자유경쟁의 결과, 즉 자원 및 가치배분의 결과에 대해서는 의문을 제기하지 말라는 주문이다. 전술한 바와 같이, 실물 재산이나 재산에 대한 사실상의 지배가 아니라 법적 형성에 의해 구성된 작위적인 가공물인 '규범적 실체'를 논의대상으로 하는 점에서 보면 이 전제에 논증형식상의 오류는 없다. 재산권 관련 헌법학적 존재론 또는 인식론으로서 나름 논리적 타당성과 법리적 효용도 적지 아니한다. 하지만 재산이든 재산적 가치이든 법률 및 법제의 토대와 매개에 의해서 형성되고 유지된다는 관점에서 보면, 이러한 전제와 주문은 '상품화'의 구상과 자원 및 가치배분의 기제로서 시장체제의 가치적 정당성과 사회적 타당성에 대한 의문을 원천적으로 금기시 하는 내용인 바, 논의의 차원과 관점 및 접근방법의 선택과 그에 따라 논점의 선별을 작위적으로 선결 조정하는 실질적인 의미를 내포하는 점에서 적어도 재산권이론의 차원에서는 긍부정의 평가가 엇갈릴 수 있는 정치경제학적 전략의 핵심 수단이다.

둘째는 '재산 = 재산권'의 논리형식에 내포된 사회적 기속성과 단절된 재산권 개념과 그에 따른 도그마틱의 구조적 흠결의 문제가 검토대상이다. 논리필연적인 것은 아니고, 전술한 바와 같이 재산권을 민법상의 물권을 준거로 하여 이해하는 전통적인 절대주의적 재산권관보다는 더 유연하고 탄력적인 개념론으로 여겨지기는 하지만, 기본적으로 재산보호 대상범위의 설정 및 그 획득의 과정과 분리하여 확정된 기득 재산과 관련하여 '물건'에 대한 권리, 법적으로 개인에게 부여되는 법적 지위 자체를 재산, 즉 재산권으로 파악하는 개념형식은 '한 사람과 물건 간의 관계'(relationship between a person and his things)를 넘어서 '물건과 관련한 사람들 간의 관계'(relationships that arise between people with respect to things)[23]를 규율하는 재산권의 본질과 기능을 포착하는데 한계가 있을 수밖에 없다. 더 나아가서 본고에서 초점을 맞추어 후술하게 될 '물건과 관련된 인간과 자연환경 간의 관계'를 포착하는 생태철학적 인식과 환경윤리적 상상은 원천적으로 기대할 수 없는 것은 물론이다.

이는 상당한 정도로 변형되고 이론적으로 정교하게 보정되기는 하였으되, 절대주의적 재산권 개념이 여전히 재산권에 대한 이해에 부정적인 영향을 지속적으로 미치고 있는 결정적인 징표의 하나이다. 예컨대 우리 헌법이나 독일 기본법 등 다분히 표준화된 재산권규정의 체계와 그에 의거한 도그마틱이 그러하듯이, 헌법상 재산권 개념의 정의가 선결되어 일단락되고, 정의된 재산권 행사의 후속 단계에서 사회적 기속성 또는 공공복리적합의무를 연결하는 도그마틱의 구조[24] 속에서는 공공복리에 의해 재산권이 제약되는 것으로 보는 선후의 관점이 아니라 공공복리나 환경보전 등의 공익의 관점에서 사회적, 생태학적 관계와 원천적으로 연계되는 통합적 관점의 재산권 개념은 상정하기 어렵기 때문이다.

---

23) 이에 관한 상론은 J. M. Meyer, "The Concept of Private Property and the Limits of the Environmental Imagination", 37 Political Theory, 2009, 99, 105면.

24) 이는 권리의 개념을 우선 정의하고, 권리의 행사 단계에서 남용을 금지하는 민법상 '권리남용금지'의법리구성과 같은 논리구조이다.

3) 두 가지 개념요소 검토 - 사적 효용과 임의적 처분권

둘째로 위에서 예시한 다분히 표준화된 헌법상 재산권 개념의 논리적 허구성은 위에서 검토한 재산 또는 '재산적 가치', '사적 유용성' 및 '임의적인 처분권'의 세 가지 개념요소들의 의미적 유사성과 '상호분절'이 아닌 '상호규정'의 관계에서 드러난다. 재산권 자체가 재산권이론의 틀 속에서 법리적으로 고안된 법제의 산물임은 전술한 바 있거니와, 이러한 점에서 보면 재산권이론 또는 재산권해석론의 범주에서 주목되는 '재산' 또는 '재산적 가치'도 역동적인 정치경제학적 변증의 과정 속에서 지배적 이데올로기와 그 실천 또는 타협과 설득의 전략이 반영되는 법질서 속에서 작위적인 법적 규율에 의해 구성되고 유지되는 일종의 허구적 개념이다. 같은 맥락에서 '사적 유용성'은 '사용가치'(value of use)든, 교환가치(value of exchange) 또는 '존재가치'(value of existence) 그 어떤 종류의 가치이든 단순히 주관적인 선호와 그에 따른 실제 가치보다는 법질서 속에서 개인에게 법적으로 인정되고 보호되는 법가치, 즉 '효용'(utility)의 경제학적 의미로 그 실체성이 파악되어야 하고, '임의적인 처분권'도 이러한 의미의 효용에 대하여 개인의 주관적인 선호(preference)에 따라 배타적으로 지배하고 관리할 수 있는 법적 지위 또는 상태로 이해된다. 요컨대, 대상의 범주에 따라 재산권 개념의 허구성 또는 허구성에 대한 인식의 필요성과 현실적 타당성은 적잖이 다를 수밖에 없지만, 세 가지 개념 요소 모두 법질서 속에서 고안 및 구성된 법리적 가공물인 본질은 다르지 아니하다.

또한 이러한 관점에서 보면 세 가지 개념요소들은 개념론상 이른바 '분절'(articulation)의 맥락에서 각각 거론될 필요가 없는, 사실상 거의 같거나 서로 포섭되는 관계로 이해된다. 말하자면 '재산' 또는 '재산적 가치'의 핵심이 '사적 유용성'과 '임의적인 처분권'이고, 역으로 말하자면 '사적 유용성'이나 '임의적인 처분권'이 없는 '재산적 가치'는 상정될 수 없다. 또한 '사적 유용성'과 '임의적인 처분권'도 다르지 않은 바, 법리적으로 주목할 필요가 없는 극히 예외적인 경우를 차치한다면 '사적 유용성'이 없는 경우에 '임의적인 처분권'은 존재할 수 없거나 적어도 논의의 필요성이 없다. 반대로 '임의적 처분권'은 '사적 유용성' 그 자체이거나 '사적 유용성'의 핵심 조건이라고 할 수 있다.

또한 사유재산제도의 맥락에서 '사적 유용성'과 '임의적인 처분권'의 개념요소를 사회경제적 환경과 법문화를 고려하여 어떤 대상들을 재산권으로 보장하는 구체적인 재산권형성입법의 의무를 도출해낼 수 있는 헌법적 준거로 볼 수 있다고 하여도 그것이 허구성을 부정하는 근거가 되지는 못한다. 실제로 입법자를 구속하는 한계가 찾아질 수 있는 가능성은 희박하기도 하거니와, 그 실효성과는 무관하게 이 두 가지 개념요소의 허구성은 사유재산, 특히 '상품화'의 구상과 연관되는 시장거래가 가능한 재산으로 보호되기 위한 전제조건, 말하자면 소유의 대상이 분명한 경계와 명칭을 갖고 독자적인 '동일성'(identity)이 확보되어야 하는 점에서도 그대로 드러난다. 지적 재산권을 비롯하여 이른바 '무형물'(intangible thing)의 경우는 말할 것도 없고, 전형적인 '유형물'(tangible thing)인 재산권보장의 대상으로서 토지도 재산 또는 재산적 가치로서 그 핵심이 물리적인 실체로서 토사덩어리가 아닌 것은 물론이다. 상당한 범위의 지상 및 지하의 공간에 대한 독점적이고 배타적인 지배가 핵심인 사적 효용과 처분가능성의 필수조건인 상하·좌우의 경계와 그 '동일성'은 민법 등 재산법을 비롯하여 지적제도나 등기제도 등과 같은 법제에 의해 확보되는 것일 뿐이다. 물리적인 획정과 '분별'(demarcation)의 가능성이나 그 정도는 중요한 의미를 갖지 못한다.[25] 최근에 상린관계의 맥락에서 부각되고 있는 '조망권'이나 '천공권'을 비롯한 생활환경상의 법익 등의 경우에는

25) 이 점에 관한 상론은 A. Vatn, "The Environment as a Commodity", in; 9 *Environmental Values*, 2000, 500면.

그 재산권보장의 대상의 실체가 경관이나 하늘이 아니고, 시야(視野) 또는 시공(視空)을 확보할 수 있는 가상의 공간구조적 조건인 점에서 더더욱 그러하다.

요컨대, 재산권보장의 대상에 따라, 특히 이른바 '혼성재산'(hybrid property)[26]과 같이 전적으로 법적 규율에 의해서 재산으로 인정되는 것과 물리적인 속성에 의해 자연스럽게 분별되는 유형물로서 실체성을 갖는 대상의 경우에 법리구성의 작위성이 크게 다른 점을 고려하더라도, 헌법상 재산권 개념의 요소로 '사적 유용성'과 '임의적인 처분가능성'을 논하는 맥락에서 보호대상의 물리적인 속성 자체나 배타적인 지배의 사실상의 가능성 또는 그 크기가 관건은 아니다.[27] 요컨대, 그 본질은 작위적인 상상과 법리적 고안에 의해 구성되는 허구의 조건일 뿐이다.

(3) 소결

이러한 분석의 결론을 적용하여 앞에서 예시한 정의 (1)과 (2)의 논리형식의 흠결을 다시 간단하게 정리하면, 우선 전자의 정의, "사적 유용성과 임의적인 처분권능이 인정되는 재산가치 있는 모든 권리"에서 '사적 유용성'과 '임의적인 처분권능'은 불필요한 사족의 개념적 요소일 뿐이고, 결론적으로 '재산가치 있는 권리 = 재산권'은 다분히 동어반복에 불과하다. 후자, "개인에게 귀속되어 사적 이익을 위하여 사용 및 수

---

26) C. M. Rose, "The Several Futures of Property: Of Cyberspace and Folk Tales, Emission Trade and Ecosystems", 83 *Minnesota Law Review*, 1998, 164-166면.

27) 이장희는 정당성과 함께 '사적 유용성'과 '임의적인 처분권' 대신 '경제적 가치 있는 재산에 대한 배타적 지배'의 개념요소를 사용하여 헌법상 재산권 개념을 정의하는데, 후술하는 바와 같이 배타적 지배의 정당성을 제시한 것은 재산권이론 및 도그마틱상 나름 유의미한 것으로 이해되고 평가되지만, 사실상 배타적 지배의 가능성이나 그 상태도 관련 법제의 토대와 매개에 의해 형성되는 허구적인 요소인 점에서 '사적 유용성' 및 '임의적인 처분권'과 다르지 아니하다. 앞의 책, 45면.

익될 수 있고 원칙적으로 처분권한이 인정되는 재산적 가치"의 경우에도 전자에 대한 비판이 그대로 해당되기는 한다. 다만 이 경우에는 헌법상의 재산권 개념이 헌법 자체에서 헌법해석을 통해 정립되어야 한다는 당연한 명제와 함께 헌법적 가치적 결정에 따라 인정되는 '재산적 가치'에서 재산권형성입법자를 구속하는 준거가 도출되어야 하는 점이 상대적으로 분명하게 부각되기는 한다.[28] 하지만 '재산적 가치'와 마찬가지로 개인귀속성이나 사적 이익을 위한 사용, 수익 및 처분의 가능성도 근본적으로는 법적으로 구성되는 허구의 개념요소라는 관점에서 보면 후자의 정의에서도 입법형성권을 구속하는 헌법적 지침과 한계를 제공하는 개념적 효용은 거의 기대하기 어렵다.

3. '본질적으로 논쟁적인 개념'(essentially contested concept) 으로서 헌법상 재산권

(1) 문제 개관

그 요체가 지적재산권 등 재산권의 보장으로 이해되지만, "저작자·발명가·과학기술자와 예술가의 권리는 법률로써 보호한다"는 제22조 제1항을 제외하면, 우리 헌법상 '재산권'이라는 용어는 제23조의 재산권규정과 소급입법에 의한 재산권박탈금지를 규정하고 있는 제13조 제2항에서 사용되고 있다. 법률의 차원에서는, 민법을 비롯하여 헌법 제23조에 따라 헌법상 보장되는 재산권의 내용과 한계를 정하고 또한 재산권행사의 공공복리적합의무를 구체화한 적잖은 공·사법률의 규정에서 '재산권'이라는 용어를 찾아볼 수 있다.[29]

헌법상 재산권의 개념이 헌법상 재산권보장의 맥락에서 헌법 자체로부터 헌법의 해석을 통해 정립되어야 한다는 점은 이미 강조한 바 있

28) 이에 관해서는 한수웅, 앞의 책, 850, 854면.
29) 이에 관한 상세한 내용은 이장희, 앞의 책, 33-34면.

거니와, 그렇다면 위에 기술한 헌법 규정상의 재산권 개념과 법률상 재산권 개념은 같은 것인가? 다른 것인가? 다르다면, 무엇이 어떻게 다른 것인가? 결론부터 말한다면, 같기도 하고 다르기도 하다. 우선 보편적인 법해석의 공준의 하나라고 할 수 있는 '체계적 해석'의 관점에서 헌법을 정점으로 하는 통일된 법체계 안에서 헌법과 법률상의 재산권의 개념이 달리 따로 존재하는 것은 아니고 또한 법률상의 재산권 개념은 헌법의 윤곽 속에서 헌법상 재산권 개념을 토대 또는 전제로 하여 이해되어야 하기 때문이다.[30] 하지만 또 한편 헌법의 차원에서 보호영역 또는 보호대상이 선결되는 다른 기본권과 달리 재산권은 헌법 제23조 제1항에 따라 재산권의 보호대상, 즉 내용과 한계가 법률에 의해서 비로소 정해지는 바, 헌법상의 '재산권'과 구체적으로 '재산권보장의 보호를 받는 대상', 즉 입법자가 특정한 재산적 가치를 구체적인 권리로 형성한 법률상의 '재산권'은 분별되어야 한다.[31] 말하자면 적어도 반드시 일치하는 것은 아니다.

'같기도 하고 다르기도 하다'는 논변은 일견 모순인 것처럼 보이고 또한 재산권의 특성에 따른 극히 예외적인 별론으로 여겨지지만, 이는 헌법해석론상 여타의 기본권(해석)의 경우에도 해당되는 일반적이고 합목적적인 법리구성이다. 이렇게 단언할 수 있는 것은, 근본적으로는 당위적인 이념의 차원에서 같음과 현실 법제상의 다름 또는 잠정적인 불일치의 가능성이 병존하는 개념적 복합성은 헌법과 법률 간의 교호적인 변증법적 과정 속에서 형성되는 재산권 개념의 역동성의 징표이기 때문이다. 이러한 관점에서 보면, 헌법상 재산권 개념과 법률상 재산권 개념의 차이는 바로 이 역동성의 원인인 동시에 결과로 이해되는 바, 이는 개념의 '추상화'와 '구체화'의 층위 또는 범주의 차이에 따른 당연한 것

30) 이장희, 앞의 책, 35면.
31) 한수웅, 앞의 책, 852면.

이다. 또한 이 같고 다름을 수렴하는 법리구성 자체도 최고의 정치(경제)규범 또는 가치규범인 헌법, 특히 기본권규정의 고도의 추상성에 기인하는 해석의 본질과 특성, 말하자면 어의적 분석과 같은 법실증주의적 해석방법에 의하여 선결된 것을 '발견'하는 작업이 아니라 고도로 추상화된 기본권규정의 지침과 윤곽을 실행하고 채우는 '헌법구체화' 작업으로서의 구조기능적 특성에 따른 자연스러운 논증의 일환이다.

다만, 재산권의 경우에 추상성의 범주적 차별성, 특히 그에 내포된 가치철학적, 정치경제학적 함의의 다층성과 복합성에 따라 이론과 실무상 그 '자유=제도'로서의 특성이 반영된 재산권해석론으로 정리 및 부각되어 드러난 것일 뿐이다. 또한 후술하는 바와 같이, 재산권 해석론의 구조와 법리구성의 특성은 특정한 재산권이론의 전제 및 이와 연계하여 선택된 재산권 도그마틱의 반사적 결과이지, 논리상 필연적인 것은 아니다. 다음에서 '본질적으로 논쟁적인 개념'으로서 헌법상 재산권의 개념의 본질과 특성을 검토하는 것은 바로 이 점을 재확인하고 해명하기 위함이다.

(2) 본질적으로 논쟁적인 헌법상 재산권 개념의 특성과 그 함의

1) 논의의 배경과 맥락

입법자에 의해 구체적으로 형성되는 법률상 재산권 개념과의 관계에서 부각되는 헌법상 재산권 개념의 복합성이 헌법과 법률 간의 교호적인 변증법적 과정 속에서 형성되는 역동성의 징표라는 점은 기술한 바 있거니와, 이는 헌법상 재산권 개념이 상하 또는 선후의 단계적인 논리형식의 구조 속에서 포착될 수 있는 정태적인 양태로 주어지지 않는다는 점에 대한 확인이기도 하다. 그러나 또 한편, 그럼에도 불구하고 본질적으로 구체적인 법제의 작위에 의해 비로소 형성 또는 획정되는 '사적 유용성'과 '임의적인 처분권' 또는 '재산적 가치'라는 가상의 개념적 요소만으로 구성되는 추상적인 헌법상 재산권 개념을 전제하고, 재산권 행사의 범주에서 공공복리구속의무를 연계하는 재산권의 규정체계와 도그마틱이 논리필연의 유일한 대안인 것도, 단순히 기술적인 차원의 법리선택도 아니라는 점도 기술한 바 있다.

재산권이론의 차원에서 헌법상 재산권 개념의 역동성과 연관하여 후술하게 될 '추상화'의 전략, 그리고 '계약의 자유'와 함께 자본주의 경제질서의 양대 지주인 '재산권'의 법형식을 통해 수용 및 실행되는 '상품화' 구상의 함의, 특히 그에 내장 또는 은폐된 가치철학적 폐쇄성과 정치경제학적 편향(협)성의 문제를 주목하는 경우에 아마도 사회과학논문 중에 가장 많이 인용되고 활용된 논문의 하나라고 할 수 있는 W. B. Gallie의 '본질적으로 논쟁적인 개념들'[32]의 의미와 특성에 대한 논의에서 유용한 관점과 접근의 단서가 탐색된다. 어떤 제도나 정책과 그 성과에 대한 근본적인 판단의 준거가 되는 민주주의나 자유, 평등, 정의 등 Gallie가 '본질적으로 논쟁적인 개념'의 전형적인 예로 제시하는 개념들은 '좋은 삶의 질서'와 관련된 가치관 및 세계관과 연관되어 있는 점에서 개념적 불일치의 문제는 정의자 또는 연구자들의 관점의 오류나 의미파악의 실패에 따른 결과가 아니고, 그 개념 자체의 '본질적인' 특성에 기인하는 필연적인 현상으로 이해된다. 따라서 Deleuz의 '개념은 본질이나 사물이 아니라 사건이다'[33]라는 명제를 거론하지 않더라도, Gallie가 제1의 속성으로 제시하는 '평가적 특성'(appraisive character)이 내장된 이러한 개념들의 정의는 개방된 경쟁체제 속에서 특정한 개념을 객관적으로 타당한 개념으로 확립하려는 역동적인 작업으로 이해된다. 이 작업은 그 자체가 '존재와 당위' 또는 '현실과 이념' 간의 교차

32) "Essentially Contested Concepts", in; *Philosophy & The Historical Understanding*, 2nd ed., 1956, 161면. 이하에서는 '논쟁적 개념'으로 약함.
33) G. Deleuze/F. Guattari, 이정임/윤정임(역), 「철학이란 무엇인가」, 1995, 35면.

적인 변증법적 관계의 맥락에서 다양한 현실적인 문제인식과 함께 가치적 판단과 실천의 관점과 준거들이 제시되는 경쟁의 '사건' 속에서 진행되는 바, 상이한 가치적 선호와 의미의 크기, 즉 Gallie의 비유적 표현을 빌리자면 상이한 '규범적 원자가'(normative valence)에 따라 특정한 개념요소들을 선택 또는 배제하고, 이 과정 속에서 비중을 설정 및 배분하는 시도로 이해된다.

생각건대, 인류 역사상 가장 중요한 가치들 중에 가장 불확정적인 개념의 하나인 '민주주의'는 물론이고, 최고의 보편적인 인권가치로 헌법에 수용된 '인간의 존엄성'(human dignity)[34]을 비롯하여 '법'[35] 또는 예컨대 R. Fallon[36]이나 J. Waldron[37]이 논의한 바와 같은 '법의 지배(rule of law)'의 개념이 '적합한 사용에 대하여 끝없는 분쟁이 불가피한 개념' 또는 '다투어지는 규범적 쟁점에 대한 결단에 달려 있는 개념', 즉 '논쟁적 개념'이라고 본다면, 헌법상 재산권 개념도 같은 범주에 포함되지 않을 이유가 전혀 없다. 그 이유는 일단 재산권의 개념요소들의 법제적 작위성과 허구성에 대하여 전술한 해명만으로도 충분하다고 생각되거니와, 다만, 여기에서는 헌법상 재산권 또는 재산법(law of property)

---

34) 대표적으로 Ph.-A. Rodriguez, "Human Dignity as an essentially contested concept", 28 *Cambridge Review of International Affairs*, 2015, 743-756면; J. Habermas, "The Concept of Human Dignity and the Realistic Utopia of Human Rights", 41 *METAPHILOSOPHY*, 2010, 464-480면.

35) '논쟁적 개념'으로서 법의 개념과 관련해서는 K. M. Ehrenberg, "Law is not(best considered) an essentially contested concept", 7 *International Journal of Law in Context*, 2011, 209-232면. '표준적인'(criterial) 또는 '자연적 본질'(natural-kind)에 맞는 개념이 선재한다는 불가능한 논리를 전제로 하는 법실증주의의 오류와 그에 따른 '분석적 법학'(analytical jurisprudence)의 치명적인 흠결을 규명한 R. Dworkin의 비판론도 주목함직 하다. *Justice for Hedgehogs*, 2011, Ch. 19, Law, 402-407면.

36) 'The Rule of Law' as a Concept in Constitutional Discourse, 97 Columbia Law Review. 1997, 27면 이하.

37) "Is the Rule of Law an essentially contested Concept(in Florida)?", 21 *Law and Philosophy*, 2002, 148면 이하.

이 '물건(thing)에 대한 권리'나 '물건의 법'(law of things)에 그치지 아니하고, 기술한 바와 같이 '물건과 관련된 사람들 간의 관계', 더 나아가서는 '물건과 관련된 인간과 생태계 간의 관계를 규율하는 권리' 및 같은 범주의 법으로 이해되어야 한다는 점만을 재차 강조한다. 같은 맥락에서 재산권에 대한 내재적인 객관적 논리나, 정당성의 관념이나 가치와 무관하게 정의된 재산권 개념을 토대로 하는 법리구성에 반대하는 입장에서 정치경제학 또는 사회문화적 특성과 기능, 특히 사회공동체 전체의 규범과 가치들을 비롯하여 삶의 방식들과의 근본적인 연관성을 강조하면서 재산법 '물건의 법'(law of things)이 아니라 '민주주의의 법'(law of democracy)으로 파악하는 J. W. Singer[38]의 관점도 시사하는 바가 적지 않다.

"너무 많은 법학의 논의들이 법의 본질 또는 개념 자체에 대한 해명에서 출발하여 권리와 의무에 관한 이론들에 이르는 노정"을 밟아 온 '법학의 오류'를 지적하는 R. Dworkin의 말대로 '정치적 논증(political argument)이 문언(vocabulary)을 따라가는 것이 아니라, 문언이 정치적 논증을 따라가야만 한다'[39]는 지침을 법학방법론상의 일종의 공준으로 받아들여야 한다고 본다면, 이는 재산권이론과 재산권의 관계, 특히 헌법상 재산권 개념에 대한 논의에도 그대로 적용되는 방침이 된다. 경제 자체를 비롯하여 시장과 제도, 기업 등 경제학의 기초적인 용어들의 개념상 불명확성을 해명하면서 W. J. Samuels가 제시하는 간명한 경구도 같은 맥락에서 이해되고 주목된다: "언어를 토대로 하여 비약하여 속단

---

38) "Property as the Law of Democracy", 63 *Duke Law Journal*, 2014. 1287면 이하. 다만, 정치경제사와 연관된 법제사의 맥락에서 보면 '민주주의의 법' 보다는 또는 이와 함께 '선민주주의의 법'(law of pre-democracy), '탈민주주의의 법'(law of post-democracy)으로 파악하는 것이 더 적확할 것으로 생각된다. '탈민주주의'의 개념과 기업, 사회적 계급, 정당 등 그 핵심요소들을 비롯하여 '상업화'(commercialization)의 정치경제학적 함의에 대한 요론으로는 C. Crouch, *Post-Democracy*, 2004.

39) 앞의 책, 407면.

하지 말라."(Don't jump to conclusions on the basis of language.)[40]

요컨대, 헌법상 재산권 개념은 궁극적으로 헌법적 원리와 제도에 담긴 정당성의 이념과 가치들의 연결망 속에서 정치경제학적, 가치론 및 도덕과 윤리철학적 논의에서 출발하여 형성되어 나가야 하거니와, 개방된 재산권이론과 연계되는 복합적인 재산권보장의 이념적 지향점과 기능적 과제의 관점에서 파악되어야 하는 헌법상 재산권 개념의 '본질적으로 논쟁적인 개념'으로서 논리구조와 기능적 특성 자체가 이러한 접근의 관점 및 그에 따른 방침의 타당성과 함께 그 이론적, 현실적 효용을 지지하는 유력한 근거가 된다고 보는 입장에서 Gallie가 제시한 '논쟁적 개념'의 7가지 특성 또는 조건들을 간략하게 되짚어 본다.

2) 재산권 개념과 '본질적으로 논쟁적인 개념'의 특성

전술한 바, Gallie에 따르면 '논쟁적 개념'은 '사용자의 입장에서 볼 때 적합한 사용에 대하여 끝없는 분쟁이 있을 수밖에 없는 개념'이다.[41] Dworkin을 재인용하여 말하자면, 이른바 대상의 본질에 맞는 '자연적인'(natural-kind) 개념, 즉 이른바 '1물1어설'과 같은 '1대상1개념'의 전제 하에서 상정될 수 있는 '표준적인'(criterial) 개념이 인정될 수 없는 개념이다. 좀 더 구체적으로는 단순한 통용어를 갖고 적확하게 사용될 수 없고, 그에 담겨진 특정한 개념요소들만을 준거와 매개로 하여 논의의 범주 또는 논의의 폭과 깊이가 제한될 수 없는, 즉 개념요소들의 선택과 비중의 배분 자체부터 논쟁의 대상이 될 수밖에 없다는 것이 그 의미의 핵심이다. 가변적이고 복합적인 삶의 현실에 대한 인식과 경험의 공간, 그리고 그 속에서 형성되는 다양한 기대지평과 가치관의 본질상 이견이 불가피하고, 그렇기 때문에 근본적으로 다양하고 또한

---

40) "Some Problems in the Use of Language in Economics", 13 *Review of Political Economy*, 2001, 91-100면.

41) 앞의 논문, 169면.

그래야만 하는 가치판단의 요소를 내포하는 '논쟁적 개념'의 본질과 그 의미, 말하자면 '개념의 개념'을 이론적으로 해명한 점에서 주목되거니와, Gallie의 논의의 성과는 특히 다음과 같은 7가지의 개념론상 조건과 특성을 정리하여 제시한 점에서 높게 평가되고 있다.

① 평가적 특성(appraisive character) ② 내적 복합성(internal complexity) ③ 다양한 기술가능성(diverse describability) ④ 개방성(openness) ⑤ 개별 적용 준거들에 대한 논쟁당사자들의 교호적 인식(reciprocal recognition of each applied criteria by contesting parties) ⑥ '개념적 의미를 정박(碇泊)시키는 원본'(an original exemplar that anchors conceptual meaning) 중시의 조건 ⑦ 진보적 경쟁(progressive competition)의 조건.

이제까지 기술한 내용과 나중에 '상품화'의 구상과 관련하여 상술할 내용들이 헌법상 재산권 개념이 '논쟁적 개념'에 해당되는 것과 그 직간접적인 근거를 해명한 것이라고도 할 수 있거니와, 여기에서는 특히 '평가적 특성'과 '내적 복합성', 그리고 '개방성'의 세 가지 조건에 초점을 맞추어 재산권의 개념이 Gallie가 제시한 7가지 조건을 충족하는지를 검토 및 확인하고, 그 핵심 함의를 간단히 정리한다.

J. Waldron의 간명한 정리는 헌법상 재산권 개념의 '논쟁적 개념'으로서 의미와 특성을 해명하는데 매우 유용한 단서들을 제공한다: "사유재산'(private property)은 상이한 많은 구상들(conceptions)이 포섭될 수 있는 개념이고 또한 개별 사회에서 세밀하게 형성되는 사건(incidents)들로 이해되는 '소유제도'(ownership)는 추상적인 재산권 개념에 어떤 구상을 담아서 구체적으로 고안된 특정한 구성물이다".[42] 하지만 사유재산의 정당화에 초점을 맞추어 그 개념을 천착해 온 Waldron 스스로 전제하고 있듯이, 사유재산의 개념, 그리고 사유재산제도와 다른 재산법체의 대안체제들과 어떻게 대비될 수 있는지에 대하여 보편적으로 인

42) *Right to Private Property*, 1988, 31면.

정되는 해명이 존재하지 않음으로 해서 사유재산에 대한 진지한 토론이 방해받고 있거니와,[43] 다만, 이 방해는 공론장 자체의 부존재나 구조적 흠결 또는 참여자들의 태도나 경쟁규칙의 부재 등에 따른 논쟁실패에 따른 결과가 아니라, 이견이 불가피하고 논쟁종결이 선언될 수 없는 그 '논쟁적 개념'으로서의 본질과 구조에 기인하는 필연의 결과일 뿐이다. 문제는 이 방해의 존재와 근본적인 해소의 불가능성을 인정하는 전제하에 그것을 어떻게 순화하여 문제를 완화 및 극복해 나갈 것인가 하는 것이다.

우선 Gallie에 따르면 일종의 '가치평가된 성취'(valued achievement)를 상징 또는 인정하는 '평가적 특성'부터 살펴본다. 재산권으로 보호되는 대상이 '재산적 가치'이기도 하거니와, '재산적 가치'의 핵심가치는 우선 생존과 개성신장의 자유의 경제적 토대로서 재산의 의미, 즉 자유의 가치에서 찾아진다. '사느냐 죽느냐'(to be or not to be)라는 절박한 문제는 물론이고, '선호(prefer)의 선호', 즉 '욕망의 자유' 자체에서부터 주관적인 '선호'에 따라 삶을 영위할 수 있는 자율적인 선택과 결정의 자유 또는 그 크기가 재산의 소유에 달려 있기 때문이다. '무소유의 자유'는 탐욕을 경계하는 고승의 종교철학적 명제로는 유의미하지만, 일상의 '살림'의 차원에서 무소유는 바로 죽음이고 부자유, 즉 속박이다. 또한 어떤 종류의 '재산권'이든 그 존재 자체의 일반적인 정당성이 부인되는 유토피아가 아니라, '재산권이론'의 차원에서 '집합재산', '공유재산', '사유재산' 등 특정한 종류의 재산법제의 선택과 조합이 불가피한 정치경제학적 환경 속에서 재산권의 문제는 '소유냐 '무소유냐'가 아니라 '과다소유와 과소소유'의 문제, 즉 상대적 (불)평등의 문제로 주어진다. 이는 헌법의 차원에서 자유와 평등의 가치를 선택 또는 절충해야 하는 '정의' 실현의 가치규범적 과제로 귀착된다. '논쟁적 개념'으로서 '법

43) 위의 책, 26면.

의 지배'의 의미를 해명한 R. Fallon[44]의 "진정한(true), 최선의(best) 또는 우선되는(preferred) '법의 지배'의 의미는 다투어지는 규범적 쟁점들에 대한 결단에 달려 있다"는 표현을 빌려 말하면, 궁극적으로 진정한, 최선의 헌법상 재산권의 개념은 규범적 쟁점에 대한 가치적 평가와 결단에 달려 있다. 일견 순정한 기술적인(descriptive) 주장을 하는 것으로 보이지만, 모든 입법적 결정과 법해석의 일반적인 공준으로 '효율성의 원칙'을 제시하는 Posner의 '법과 경제'의 관점을 재산권의 개념과 해석에 적용하는 경우에도 그 역시 실용성에 대한 규범적 이해를 전제로 하는 점에서 가치평가적 특성은 부인되지 않는다.[45] 요컨대, 헌법상 재산권 개념의 '평가적 특성'은 바로 이러한 재산권의 '가치관계적 특성'의 다른 표현으로 파악된다.

둘째로 '논쟁적 개념'의 '내적 복합성'은 개념의 윤곽 안에서 연관 또는 결부되는 여러 가지의 개념요소들로 구성되는 이른바 '군집(群集) 개념'(cluster concept)의 체계적 구조와 연관되는 조건이다. 사용자들이 한 개념의 의미를 관점 또는 맥락에 따라 다른 방식으로 파악하고 설명 또는 주장하는 것을 가능하게 한다는 것이 그 핵심 의미인 바, 이는 G. Deleuze와 F. Guattari가 적확하게 제시하는 개념의 양면성, 즉 "전체로서는 절대적이나, 파편적이라는 점에서는 상대적인"[46] 양면 중에 상대적인 측면과 연관되는 조건이다. 가상의 '절대평면'의 전체 구도 속에서 좌표와 조건을 할당하는 일종의 '규약'을 통해 개별 요소들을 축적, 응집시켜서 서로 분리될 수 없도록 하여 '구조적인 정합성'[47]과 '내적

---

44) 앞의 논문, 7면.
45) O. M. Fiss, "The Death of the Law", 72 *Cornell Law Review*, 1986, 8면.
46) G. Deleuze/F. Guattari, 이 정임/윤 정임(역), 앞의 책, 36면.
47) L. Goldmann은 일상적인 현실에서는 존재하지 않지만 위대한 저작물들에서 발현될 수 있는 세계관의 정합성을 설명하면서 '구조적 정합성'의 함의를 간결하게 정리하고 있는데, 이는 개념의 절대성을 잠재적이고 당위적인 것으로 이해하는 경우 개념론에도 그대로 적용될 수 있다: "구조적인 정합성은 정적인 현실이 아니라, 다양한 집단

일관성'을 유지하는 관점에서 절대성이 표출된다고 한다면, 이 '규약'이 준수되면서 이른바 '진동의 중심'으로서 개념의 절대적인 전체 속에서 동질성이 유지되는 조건 하에서라면 구성요소들의 부피와 비중이 달라질 수 있는 내재적인 가변성의 특성이 그것이다.[48)]

이러한 '내적 복합성'의 특성을 Gallie는 민주주의 개념을 예로 들어 해명하는 바, '다수결의 원칙' 및 그에 따른 '시민의 정부선택권', '평등한 공무담임기회', '자기통치'(self-government) 등의 세 가지 개념요소를 상정하고, 이 중에 어떤 것을 우선 주목하고 강조하느냐에 따라 민주주의의 의미가 달리 이해되고 다양하게 기술될 수 있다고 본다.[49)] 이는 '논쟁적인' 헌법상 재산권 개념에도 그대로 해당한다. 이러한 상이한 의미 또는 의미관계의 파악은 결국 전술한 재산권 개념의 핵심요소인 가치평가의 관점 및 척도와 연관되는 동시에, (법)제도 및 정책론의 차원에서 다양한 '구상들'(conceptions)의 반영 또는 수용의 여부와 그 정도를 규정하는 준거가 되기 때문이다. '평가적 특성'에 대하여 위에서 기술한 내용과 함께, 분배된 '재산적 가치'의 보호 또는 재분배 중에 어떤 기능과 과제에 초점을 맞출 것인가 또는 주관적인 권리와 의무, 그리고 객관적인 정책목표 중에 어떤 것을 기반으로 하여 정치경제학 또는 가치철학적 '구상들'을 선별하고 담아낼 것인지 등등 재산권 개념론상 핵심 논제를 적시하는 것만으로 재산권 개념의 '내적 복합성'에 해명으로 대신한다.

내부에 존재하는 역동적인 잠재력이며 개개인의 사고·감정·행동이 지향하게 되는 의미작용의 구조다." *Recherches dialetiques*, 1959, 108면. P. Zima, 허창운/김태환(역), 「이데올로기와 이론」(Ideologie und Theorie, 1989), 1996, 69면에서 재인용.

48) 앞의 책, 37-38면. 다만, 여기에서 개념의 상대적인 측면과 연결하여 '내적 복합성'의 특성을 해명하는 것은 Deleuze가 제시하는 이른바 '강조성'이 탈각된 명제나 '의미가 제거된 명제로 나타나는 철학적 개념'이 아니라 가치평가 또는 가치실천적인 사회과학적 개념을 대상으로 하는 것인 점에서 가능하고 필요하다는 점을 밝혀 둔다.

49) 앞의 논문, 185면.

셋째로 이러한 '가치평가적 특성'과 '내적 복합성'은 Gallie가 '예측불가능한 변형'(unpredictable modification)의 가능성으로 이해하는 '개방성'의 조건과 연관된다. '인간의 존엄성'이나 '민주주의', '정의' 등 전형적인 '논쟁적 개념'들이 다 그러하듯이 재산권의 개념도 상황의 변화에 따라 이념적 지향성과 기능적으로 연관되는 목표, 즉 성과가치에 대한 기대치가 변화될 수밖에 없고, 개념의 '변형가능성'은 이 불가측의 변화에 대응하기 위한 필수적인 개념론적 조건이다. 또한 복합적인 헌법적 가치질서의 맥락에서 그 기능과 과제가 파악되어야 하고, 따라서 이데올로기 차원을 넘어서, P. Zima의 "이론은 자신을 낳은 이데올로기에 대한 변증법적 부정이다"[50]라는 명쾌한 표현을 빌려 말하자면, 일방성과 폐쇄성을 특성으로 하는 이데올로기에 대한 변증법적 극복의 과정인 동시에 그 결과로 이해되는 재산권이론의 맥락에서 보면, 선입견과 그에 따른 가치척도가 내장 또는 은폐된 특정한 정치경제학적 이데올로기를 정당화하거나 포장하는 법리적 수단으로 고착되어서는 아니되는 바, 헌법상 재산권 개념은 그 자체의 '개방성'이 확보되어야 한다. 개념의 '개방성'은 적확한 문제인식의 지평과 다양한 가치기대의 공간을 확보 및 확장하기 위한 필수적인 전제조건이기 때문이다. 후에 상술하게 될 생태윤리학이나 생태경제학 등 새로운 가치관과 그에 따른 정치경제학적 '구상', 특히 본 글의 핵심 관심사인 '거래제'의 구상과 '배출권=오염권'의 재산권적 성격을 설명 또는 포섭해낼 수 있는 헌법상 재산권 개념정립의 가능성과 타당성은 '개방성'이 전제되지 않고서는 원천적으로 제기될 수 없는 논제이다.

위에서 검토한 '평가적 속성', '내적 복합성'('다양한 기술가능성'의 특성은 함께 논의된 것으로 봄), '개방성' 등 '논쟁적 개념'의 세 가지 또는 네

50) P. Zima, 허창운/김태환(역), 앞의 책, 504면.

가지 조건들 외에 나머지 세 가지 조건 또는 특성들은 이 조건들이 '정오'(正誤)가 아니라 접근의 틀(framework)로서의 효용에 의해 평가되는 논의의 당위적인 지침으로 준수되기 위한 조건과 그에 따른 기대성과를 내용으로 한다.

간단하게 분설하면, 우선 '개별 적용 준거들에 대한 논쟁당사자들의 교호적 인식'(reciprocal recognition of each applied criteria by contesting parties)은 논쟁의 존재 자체에 대한 인정과 함께 그 층위와 범주에 따라 차별화된 접근이 가능하고 필요하다는 점에 대한 이해가 공유되어야 한다는 조건이다. 위에서 인용한 P. Zima를 다시 인용하여 말하면, '서로 변증법적 관계로 연계되어 있으면서, 언어적, 술화적 차원에서 드러나는 구조적인 특성에 따라 상이한 기능을 수행하는 술화유형'[51]인 점에서 재산권 이데올로기와 재산권이론, 그리고 재산권 도그마틱에서 헌법상 재산권 개념은 '폐쇄와 단절'이 아니라 '개방과 연계'의 매개로 인식되어야 한다는 내용이다.

'개념적 의미를 정박(碇泊)시키는 원본'(an original exemplar that anchors conceptual meaning) 중시의 조건은, 예컨대 민주주의 개념의 경우에 전통적으로 '인간의 존엄성'의 가치나 '자기통치'의 염원, 반봉건주의, 만민평등의 이념을 비롯한 반독재의 보편적인 정치개혁의 요청 등이 그 의미의 원본을 규정하는 핵심 개념요소라고 할 수 있듯이, 개념의 기본적인 기능, 즉 움직이기 위해 머무르고, 개방을 지향하되 의미의 포착을 위해 일단 잠정적으로 폐쇄하고 또한 분리하지는 않되 구별을 위해 '분절'(articulation)하는 개념론의 관점에서 일단 논의의 준거를 공유하기 위한 중요한 조건의 하나이다. 다분히 고전적인 자유주의적 재산권이론을 전제로 한 것이고, 그렇기 때문에 그 자체가 개방성의 조건에 유보된

51) 위의 책, 23면.

것이기는 하되, 헌법상 재산권 개념의 경우 종래 우선 '시장경제질서' 또는 '사유재산제도'의 틀 속에서 의무 보다는 자유 또는 권리에 기반하여 '사유재산권'의 개념을 접근하는 것도 같은 맥락에서 이해된다. 간명하게 정의될 수 없는 용어라고 해서 사회 및 정치이론상 그 유용성과 중요성이 전면적으로 부정되는 것은 아니라고 확인하는 Waldron에 따르면, '사유재산'이라는 용어 자체가 부정확하고 불확정적이라고 하여도 그것이 법전문가들을 성가시게 하는 것일 수는 있지만, 그 용어가 사용되는 개념의 정립과 사용에 치명적인 것으로 볼 수는 없다.[52] 이러한 맥락에서 보건대, 정치경제학 및 재산권이론의 차원에서 그 자체가 '논쟁적 개념'이기는 하지만, 사실상 '재산권(문제) = 사유재산권(문제)'[53]의 용례로 일반화된 '사유재산권'의 '원본'으로서 의미와 효용은 부인되지 않는다.

마지막으로 특히 헌법상 재산권개념과 개방된 재산권이론의 교차적 관계에서 주목되는 바, Gallie가 제시하는 '진보적 경쟁(progressive competition),[54] 즉 개념의 진정한 의미나 바른 사용에 대한 이견이 해소될 때까지 논쟁은 계속되어야 한다는 조건은 개념의 경쟁적인 사용의 필수성과 당위성, 즉 반성과 비판의 가치와 함께 최선의 개념 형성 또는 인식의 수단으로서 논증의 질을 증진시키는 자유경쟁의 기능적 효용을 담보하는 조건이다.

---

52) 앞의 책, 31면. 사유재산의 개념과 관련하여 이 점을 논증하기 위해 Waldron은 정치적 개념들의 본질과 의미에 대한 최근의 해명들, 예컨대 Wittgenstein의 '가족유사성'(family resemblance), '개념과 구상의 구별'(distinction between concept and conception), 그리고 여기에서 논의하는 '근본적인 논쟁가능성'(essential contestability) 등을 준거로 상론한다. 앞의 책, 31-61면.

53) R. Dreier, "Eigentum in rechtsphilosophischer Sicht"(1987), in; *Recht-Staat-Vernunft*, 2. Aufl., 2016, 169면.

54) W. B. Gallie, 앞의 논문, 193면.

Ⅳ. '배출권' = 헌법상 재산권?

1. 문제 개요

재산(권)(property)을 절도(theft)라고 한 Proudon의 오해를 지적하고, 재산(권)을 '사기'(fraud)로 단정하면서 시작하는 대략 26년 전의 논문에서 K. Gray는 재산(권)이 실존하는 것이 아니라 '허상'(illusion)에 불과하고 또한 재산(권)의 개념도 공기만큼이나 공허한(vacant) 것으로 규정하면서 "멀지 않은 장래에 '한 덩어리의 공기'(a piece of thin air)가 매매되고, 사람들은 그것을 재산(property)으로 칭하게 될 것"이라고 전망하였다.[55] 흥미롭기는 하되, 재산범죄라는 공통점 외에는 왜 굳이 Proudon에 대한 비판과 연계하여 대비의 방식으로 '허구성'을 강조하였는지 그 맥락과 개념론상 이유는 납득하기 어렵지만,[56] 아무튼, 추측컨대 Gray 스스로 생각했던 시점 보다 훨씬 당겨진 것으로 여겨지지만, 예측은 그대로 적중하였다.

'민영화'의 흐름이 거세었던 1990년대 초반까지만 해도 상상하기 어려웠던, 사실상 거의 모든 자원과 서비스를 거래대상으로 인입하는 '상품화'(commoditisation)와 '시장확장'(market expansion)의 경향은 거의 이른바 'paradigm의 전환'이라고 할 수 있을 정도로 그 의미와 영향이 지대하다. '상품화'는 해당 재화를 사유화하여 이른바 '수용-공급-가격기구'라는 추상적인 시장체계에 편입시키는 것인 바, 이러한 전면적인 '상품화' 및 '시장화'는 사실상 사유재산제도의 무제한적인 확장을 의미하는 것이기도 하거니와, '상품화구상'(commodity conception) 및 '시장

---

55) Property in Thin Air, 50 *Cambridge Law Review*, 1991, 252면.

56) 이 점과 관련해서는 사유재산을 문명화의 토대라고 말하면서 재산권을 '절도'라고 하는 Proudon의 표현에 동의하는 경우 개념론상 그것은 무의미하다고 지적하는 R. H. Tawney, *Property and Creative Work*, 136면. Waldron, 앞의 책, 26면에서 재인용.

화구상'(market conception) 자체가 '재산권화'(propertization)[57]를 전제로 하는 점에서 이른바 '경제주의'(economism)와 사유재산권의 보장과 계약의 자유에 의해 지지되는 시장기반 경제헌법 간의 동맹의 '법-경제의 연관체계'(legal-economic nexus)[58] 속에서만 그 복합적인 함의가 제대로 파악될 수 있다. 쟁점에 대한 포착과 분석 및 평가도 마찬가지이다.

서두에도 기술한 바와 같이, '거래제'는 할당된 '배출허가' 또는 '배출권'을 '상품화'하는 형식을 취하고 있지만, 그 실질적인 내용은 '대기의 사용권' 또는 '대기를 오염시킬 수 있는 권리'(right to pollute)를 시장 메커니즘, 즉 가격기구에 의해 통제 및 관리하는 것이다. 그 정책구상의 출발점은 기후변화문제에 대한 대응수단으로서 시장기제의 효율성에 대한 경제학적 확신이고, 제도의 핵심은 결국 자연자원인 대기 자체의 '상품화'이다. 후술하는 바와 같이 이른바 '경제주의의 오류'(economistic fallacy)에 대한 지적과 함께 생태환경을 단순한 상품으로 취급하는 것에 대한 근본적인 가치론적 회의, 특히 대기를 오염시키는 '그릇된 행위를 할 수 있는 권리'(right to do wrong)를 '배출권'의 형식으로 합법화하는 것에 대한 도덕적, 윤리적 비판이 여전히 공론장을 달구고 있거니와, 결국 법제도적 측면에서 보면 '시장화' 및 '상품화'는 '사유재산권화'를 토대 또는 전제로 하는 점에서 '배출권 거래제'에 대한 규범적 접근은 '경제와 시장의 관계'를 규율하는 헌법상 경제질서의 차

---

57) C. M. Rose, 앞의 논문, 131면.

58) 법(과정)과 경제(과정)의 상호관계와 상호작용에 초점을 맞추어 이 명제를 간결하게 확인하고 해명한 법경제학적 논의는 대표적으로 W. J. Samuels, "Interrelations Between Legal and Economic Processes", 14 *The Journal of Law & Economics*, 1971, 435-450면; "Interrelations Between Legal and Economic Processes: a consideration of reactions", 18 *Constitutional Political Economy*, 2007, 243-285면; 앞의 논문, 1556-1578면. 특히 재산권 개념과 관련해서는 1561면 참조.

원에서 재산권보장의 기능과 과제에 대한 정치경제학적 논의와 함께 도덕 및 윤리학적 측면에서의 가치철학적 탐색에서부터 출발하고 또한 그에 포섭되어야 한다. 이러한 점에서 '배출권'의 헌법상 재산권적 성격에 대하여 대체로 긍정적인 입장을 취하는 종래의 국내 연구들은 핵심 쟁점들을 선별하여 제시하기는 하였지만, 전체적으로 또한 미시적으로 논의의 폭과 깊이는 미흡하였다. 무상할당과 유상할당을 구별하여, 전자의 경우에는 예외적으로 배출권등록부에 등록을 마치고 시장에서 거래되는 한에서만 헌법상 재산권으로 보호될 수 있는 것으로 보는 소수설의 입장도 크게 다르지 않다.[59]

이러한 맥락에서 다음에서는 '배출권'의 재산권적 성격, 특히 헌법상 재산권 개념에 포섭될 수 있는 가능성 및 그 타당성에 초점을 맞추어, 우선 재산권이론의 차원에서 보면 의도적으로 선택된 것으로 이해되는 재산권 개념의 '추상화'의 정치경제학적 의미와 그에 내포된 법리구성적 함의를 해명하고, 이어서 대기의 '상품화' 구상의 배경과 여전히 극단의 평가가 엇갈리는 '거래제'의 복합적인 규범적, 정책적 득실을 검토한다.[60]

59) 예컨대, 전종익, "탄소배출권의 헌법적 성격과 거래제도", 조홍식 외(편), 앞의 책, 257-259면; 강현호, "배출권의 정의 및 재산권성에 대한 법적 고찰", 「환경법연구」, 제33권 제1호, 2011, 43-77면; 김성수, "'온실가스 배출권 거래제도에 관한 법률안' 상의 온실가스 배출권의 법적 성격과 할당의 법적 과제", 「토지공법연구」, 제52집, 2011, 223-225면. 민법, 자본시장법 등 다양한 개별법상 배출권의 법적 성격에 관해서는 최경진, "배출권의 법적 성질", 「비교사법」, 제17권 제1호(통권 제48호), 2010, 439-450면; "배출권 거래제에 관한 민사법적 연구", 「가천법학」, 제6권 제1호, 2013, 64-66면. 재산권해석론의 관점에서 주목되는 바, 상대적으로 좀 더 정밀한 연구로는 김태오, "경제적 가치 있는 허가와 새로운 재산권 법도그마틱", 「공법연구」, 제42집 제4호, 2014, 313-326면.

60) '배출권 거래제' 자체의 헌법적 문제점에 대한 연구로는 한상운, "온실가스 배출권거래제의 헌법적 정당성에 관한 사례분석", 「공법연구」, 제39집 제2호, 2010, 425-451면.

2. 헌법상 재산권 개념의 '추상화'(抽象化)와 '상품화'의 구상

(1) '경제주의'의 오류와 '상품화'의 구상

대기라는 생태자원의 '상품화' 또는 자연자본의 '시장화'에 대한 비판의 핵심준거의 하나로이른바 '경제주의의 오류'(economistic fallacy)가 지적된다. K. Polanyi의 말대로 경제와 시장을 동일시하는 '경제주의'의 오류성이 확실하다고 한다면,[61] 이러한 비판은 경제주의의 이데올로기와 이를 토대로 하는 '상품화'의 구상을 법적으로 뒷받침해주는 '재산권화'에도 그대로 적용될 수 있는 바, 법리적인 관점에서 보면 그 비판의 초점은 '시장모델의 추상화'에 대응하는 '재산권 개념의 추상화'에 맞추어진다.

앞에서 헌법상 재산권 개념에서 '사적 유용성', '임의적인 처분가능성' 등 핵심요소의 허구성과 함께 '본질적으로 논쟁적인 개념'으로서 헌법상 재산권 개념의 특성에 대해서 상술하였거니와, 재산권 개념의 '추상화'는 바로 이러한 개념적 조건과 특성이 반영 또는 수렴되어 선택된 법리구성의 전략적 수단이다. 다만, 여기에서는 개념형식론상 추상적인 차원에서 보면 일응 가치적으로 또는 이데올로기적으로 중립적인 것으로 보이지만, '상품화' 및 '상품화'의 확대에 필사적인 시장체제와 연관된 '사유재산권'화의 맥락에서 보건대 구체적인 정치경제학적 지향성 또는 편향성이 부각되는 헌법상 재산권 개념의 '추상화'에 초점을 맞추어 그 함의를 검토한다.

다시 Polanyi를 인용하면, '공급-수요-가격기구', 즉 특정한 구조를 가진 비교적 현대적인 시장형태를 경제 일반과 동일시하는 '경제주의의

---

61) G. Dalton(ed.), *Primitive, Archaic, and Modern Economics: Essays of Karl Polanyi*, 1968, 142n; K. Polanyi, H. W. Pearson(ed), *The Livelihood of Man*, 1977, 6면.

오류'[62]는 특정한 역사적 상황 속에서 형성된 관습과 동인들을 추출하여 그것들을 보편적이고 일반적인 범주의 위치에 갖다 놓고 특별한 제도적 관계와 형태를 부여하는 이른바 '범주의 오류'(fallacy of category)의 전형적인 예의 하나이다. 이 오류에 내포된 논리적 실수의 핵심은 '추상화'에 내장된 구체성의 오류인 바, 바로 A. N. Whitehead가 말하는, '추상적 개념(abstract concept)과 실재(reality)를 동일시'하는 '잘못 놓인 구체성의 오류'(the fallacy of misplaced concreteness)이다.[63] Whitehead는 실재의 본질은 그것이 특정한 사고의 범주들을 예증하는 한에서만 제대로 숙고되는 것이라고 지적한다.[64]

이러한 의미에서 범주의 설정에 당연히 수반되는 추상화의 필수성 및 그 정도를 간과하고 시장이라는 특수한 추상적 모델, 즉 도덕적 목표와 같은 '공약불가'(incommensurable)[65]의 가치들을 계량화하여 산술의 방법으로 포착하고 평가할 수 있다는 전제 하에 이윤 또는 효용의 극대화를 지향하는 시장형태와 복잡계로 주어지는 현실을 동일시하는 것은[66] 화폐를 '공통분모'(common denominator)로 하여 가치를 재단(裁斷)하는 시장의 논리와 '공공선'(common good) 또는 '덕성'(virtue)을 지향하는 도덕의 논리 간의 근본적인 차이를 무시한 점에서 전제 및 방법의 오류인 동시에, "경제적이라는 유개념(類概念)의 영역을 시장경제에만 특별히 한정하는 것"[67]인 점에서 '잘못 놓인 구체성의 오류'이다. 더 나아가서는 '유한한 전 지구적 생태체계'(finite global ecosystem)[68]와

62) *The Livelihood of Man*, 1977, 6면.
63) *Science and the Modern World*, 1925. Ch. Ⅲ.
64) A. N. Whitehead, *Process and Reality*, corrected ed., 1978, 7-8면.
65) 이에 관해서는 J. O'Neill, *The Market Ethics, Knowledge and Politics,* 1998, 특히 138-142면.
66) J. R. Stanfield(ed.), 원용찬(역), 「칼 폴라니의 경제사상」(*The Economic Thought of Karl Polanyi: Lives and Livelihood*, 1986), 1997, 67면.
67) *The Livelihood of Man*, 1977, 6면.
68) J-D. Gerber/J. F. Gerber, "Decommodification as a foundation for ecological

그 하부체계인 사회를 전치(轉置)시켜 일종의 하부의 하부체계인 경제에 국한하여 바라보는 점에서 인식론적, 존재론적 오류이기도 하다. Polanyi가 지적하는 바와 같이, 궁극적으로 이 논리적 오류는 "인간 역사의 최대 부문을 역사적 장면에서 삭제하는 것"과 함께 치명적인 인식론적 오류로 귀결되는 바, 형식적으로 극대화된 추상적인 모델의 자명한 원리와 일치되는 경우에만 경험적인 경제행위로 인정하는, 즉 거의 모든 경제 현상을 포섭할 수 있는 범주로 시장 개념을 확대시켜서 "시장의 현상에 따른 특이한 성격을 경제적인 모든 것에 억지로 갖다 붙이는"[69] 견강부회(牽强附會)의 무리가 그것이다.

'시장이 더 낫다'(Market is better)라는 교조적인 '시장우위의 전제'(market primacy assumption)[70]로 요약되는 '경제주의'의 관점에서 시장은 불가불 고도의 추상성, 즉 현실적인 시공간의 조건과 그에 따른 역사 및 사회적 맥락과 이격된 형식적인 모델로서 구조화된 형태로 상정된다. '경제와 법의 연관체계'의 관점에서 보면, 이른바 '보이지 않는 손'으로 비유되는 시장, 즉 제도적 요소가 배제된 수순한 추상적인 개념의 시장과, 제도와 권력구조를 통해 형성되고 운용되는 실제 시장 간의 차이[71]는 외면되는 바, 따라서 일면 '수요와 공급', '사적 비용과 편익' 및 '지불용의'라는 상존의 변수에 따라 결정되는 가격으로부터 정책의 기획과 분석의 측면에서 유용한 준거를 확보할 수 있는 장점[72]과 함께, 타면 제도 및 권력구조와의 구 조기능적인 내재적 연관성을 고려하지 못하는 한계는 물론이고, 전체 사회 속에서 인간의 삶의 의미와 다차원

economics", 131 *Ecological Economics*, 2017, 555면.

69) *The Livelihood of Man*, 1977, 6면

70) 이에 관해서는 이덕연, "경제선진화와 (경제)헌법의 효용", 「공법연구」, 제36집 제4호, 2008, 61면.

71) W. J. Samuels, "Some Problems in the Use of Language in Economics", 13 *Review of Political Economy*, 2001, 92면.

72) A. Vatn, 앞의 논문, 494면.

적인 가치실현의 복합적인 측면을 작위적으로 단순화하는 것에 따른 인식의 편협성과 이른바 '외부성' 또는 '외부비용'을 고려하지 못하는 위험을 내포한다. 특히 이 후자의 흠결은 '가격과 가치 간의 질적인 차이',[73] 말하자면 환경의 재화나 서비스의 '가설적 가치'(hypothetical value)[74] 또는 '기능적 가치'(functional value)[75]와 같이 단순한 산술적 계산으로 포착될 수 없는 사회적, 문화적인 가치의 다차원성을 적확하게 고려하고 수렴할 수 없는 기능적인 한계로 귀결되는 바, 결국 근본적인 문제는 추상적인 시장 모델이 적확한 통찰과 접근에 도움이 되는 경우와 그렇지 못한 경우의 차이를 분별하는 것인데, 효율성의 가치만을 주목하는 '경제주의'의 관점에서는 이 문제의 해명을 기대할 수 없는 것은 물론이고, 그 자체가 문제로 인식조차 될 수 없다.

(2) '상품화'와 헌법상 재산권 개념의 '추상화'의 함의

위에서 '경제주의의 오류'와 함께 기술한 '상품화' 및 '시장화'의 형식적인 공준, 즉 '추상화'의 구조적 함의와 기능적 허실에 대한 분석의

---

73) 양심이나, 명예, 신뢰 등의 비물질적인 대상에도 가격을 매기는 것에 따른 현상을 지적하는 것으로, 전면적인 '시장화'의 흐름 속에서 자본이 그 폭과 깊이를 확대 및 심화함에 따라 이 격차가 훨씬 더 벌어지게 된 점이 주목된다. D. Harvey, 황성원(역), 「자본의 17가지 모순」(*Seventeen Contra- dictions and the End of Capitalism*, 2014), 2014, 102면.

74) 시장에서 상품가치에 반영될 수 없는 이른바 '존재가치'나 생명 또는 건강과 같이 '값을 매길 수 없는'(priceless) 가치가 내장된 사회규범, 자연자원의 심층적인 생태윤리적 가치 등을 고려하는 '가설적 가치'는 계량화되어 명시적으로 표시되는 시장교환가치에 대비되는 개념으로 사용된다. 이 개념은 불가측의 잠재적인 피해를 포함하여 환경훼손의 비용을 추계하는 방법으로 고안된 '불확정적인 가치평가방법'(contingent valuation method)과도 밀접한 관계가 있다. 이에 관한 상론은 A. Vatn/D. W. Bromley, 앞의 논문, 129-148면. 같은 맥락에서 환경보호정책 관련 '비용-편익 분석'의 근본적인 결함을 해명한 논문은 F. Ackerman/L. Heinzerling, "Pricing the Priceless: Cost-Benefit Analysis of Environmental Protection", 150 *University of Pennsylvania Law Review*, 2002, 1553-1584면.

75) '사용가치'(use value)만을 고려하는 일차원적인 가치론 모델에서는 상정되지 않는 복합적인 개념이다. 이에 관해서는 A. Vatn/D. W. Bromley, 앞의 논문, 137면.

기조는 헌법상 재산권 개념에도 그대로 해당된다. 적어도 개념론상의 형식적 구도의 관점에서는 그러하다.[76]

우선 기술한 바와 같이 추상적인 시장형태와 경제를 동일시하는 '경제주의', 특히 신고전학파를 비롯하여 이른바 '표준경제학'이 상정하는 세계상, 즉 기업과 가계 사이에서 이루어지는 교환가치의 폐쇄적인 순환으로 이해되는 이른바 '선분석적 세계상'[77]이 '추상화'의 전형이거니와, 이 교환관계와 유리된 생태계와 이 순환 사이에는 그 어떤 접점도 창구도 존재하지 않는다.[78] 물질적 재순환이나 사회적 관계의 실재와는 무관한 추상화된 시장모델 속에서 인간의 존재와 삶의 가치의 복합성과 사회적 다차원성, 그리고 이들과 깊고 넓게 연관되는 경제의 실질적인 의미도 주목될 수 없다. 선호와 효용, 비용과 편익의 추상화, 즉 계량화 및 표준화의 조건에 의해 작동되는 시장에서 또한 시장가격으로 측정되는 기회비용, 즉 교환가치에 따라 거래되는 상품의 세계에서 자연과 도덕적 가치, 덕성의 윤리는 배제되어 있다. 시장가격에 따른 가치평가를 재화나 용역의 속성에 대한 "정보를 압축하여 단일한 수치로 요

---

76) '추상화'의 사전적 의미는 '일정한 인식목표를 추구하기 위하여 경험대상 또는 실재의 표상들에서 특정한 속성을 추출하는 관념적 작업 또는 그것을 사고의 대상으로 하는 정신작용'으로 파악되거니와, 그 기능적 효용의 핵심으로 주목되는 것은 사고의 조직과 결정 또는 정책의 분석 및 준거탐색에 유용한 도움을 주는 인식의 형식인 동시에 수단이라는 점이다. 특히 경제학에서 많이 활용하는 '다른 사정이 그대로 유지된다면'(ceteris paribus)이라는 조건, 즉 특정한 인식의 목표와 그에 조응하는 관점의 선택에 따라 중요한 것으로 평가되는 요소 외의 다른 것은 변수로 고려하지 않는다는 전제는 전형적인 '추상화' 형식의 일환이다.

77) H. E. Daly, 박형준(역), 「성장을 넘어서」(*Beyond Growth*, 1996), 2016, 143면.

78) 위의 책, 143면. 예컨대, 대표적으로 N. G. Mankiw의 *Principles of Economics*만을 보아도 그렇지 않은 점에서 1980년대 후반에 국한된 것이기는 하지만. Daly는 당시 선두적인 3종의 거시경제학 교과서(R. Dornbusch/S. Fisher, *Macroeconomics*, 4th ed., 1987; R. E. Hall/J. B. Taylor, *Macroeconomics*, 2nd ed., 1988; R. J. Barro, *Macroeconomics*, 2nd ed., 1987)의 색인에서 '환경', '자연자원', '오염', '고갈' 등의 주제어 중 어떤 것도 찾아 볼 수 없었음을 토로하고 있다. 위의 책, 89면.

약하는 과정”(a process of compressing information about attributes into a single metric)[79]이라고 본다면, 분배와 배분의 효율성의 관점에서 ‘올바른 가격’(right price)이든 또는 한계비용과 한계편익이 일치되는 지점에서 형성되는 이른바 ‘적정가격’(optimal price)이든 이 가치평가의 과정 속에 소득과 부의 공정한 분배라는 정치경제학적 관념도 수렴될 수 없다.

‘추상화’의 공준이 개념론상 일견 가치철학적 또는 이데올로기적으로 중립적인 것으로 보이지만, 실제로는 법리구성의 전략적 선택과 함께 구체적인 정치경제학적 함의를 내포한다는 점은 전술한 바 있거니와, 추상적인 시장모델의 설계 및 그 운용의 기본조건이라고 할 수 있는 추상화된 가격, 비용과 편익 및 효용 등의 요소는 개념론상 구도와 ‘상품화’ 또는 ‘시장화’의 법적 토대인 사유재산제도 속에서 그 기능적 연관성이 그대로 유지되면서 추상화된 헌법상 재산권에서 ‘선호 또는 효용=사적 유용성’, ‘가격 = 임의적인 처분가능성’, ‘상품=재산적 가치’ 등의 개념적 요소로 무리 없이 대응된다. 가격과 가치의 질적 차이를 비롯하여 폐쇄적인 순환의 교환경제, 즉 시장의 기능적 한계, 특히 도덕 및 윤리적 정당성과 연관되는 가치론적 흠결 등에 초점을 맞춘 비판도 그대로 적용된다.

예컨대, 전술한 정의(2)와 같이 추상화된 개념요소들을 갖고 헌법상 재산권 개념을 정의하면서도 사유재산권 보장의 의미를 “사적인 창의와 노력에 의한 경제적 성과를 개인에게 귀속시키고, 개인에게 자신의 재산을 자유롭게 처분할 수 있는 개인의 권리를 보장하는 것”[80]이라고 설명하는데, 추상화된 효용과 가격에 대응되는 ‘사적 유용성’과 ‘임의적인 처분가능성’의 추상적인 재산권의 개념요소들과 이러한 함의는 논리

---

79) A. Vatn/D. W. Bromley, 앞의 논문, 129면.
80) 한수웅, 앞의 책, 849면.

적으로 연관되지 않는다. 다분히 재산권 획득의 도덕적 정당성을 외면하는 보수주의적인 재산권이론이나, 복지국가의 이념을 주목하면서 '자유방임'(laissez faire) 명제의 절대성을 부정하기는 하지만 획득 후의 재산권에 초점을 맞추어 그 거래비용과 행사의 사회적 비용만을 주목하는 Coase[81]식의 관점을 차치하더라도,[82] 적어도 사유재산제도를 법적 토대로 하는 자본주의적 시장체제에서 '사적 창의와 노력'과 시장이 주목하는 '성과'(merit)의 기준이 같지 아니하고 또한 같지 아니한 점이 바로 '제1의 차별자'로서 시장메커니즘의 존재이유이고 작동의 필수조건이라고 할 수 있거니와, 상속제를 거론하지 않더라도 J. Rawls가 정의의 관점에서 정당하지 않은 것으로 주장하는 '선천적인 재능'(natural talents)에 따른 기회의 불평등 또는 부의 차등분배의 예[83]를 비롯하여 법제도적으로, 현실적으로 '사적인 창의와 노력'의 기준에 따른 분배로 설명 또는 정당화될 수 없는 재산권보장의 실례는 수 없이 많다.

결국 '경제와 법의 연계체계'(economic-legal nexus)의 맥락에서 주목되는 문제는 특정한 구도의 추상적인 헌법상 재산권 개념이 이론의 적실성에 대한 일반적인 판단기준, 즉 추상적인 개념과 실재, 말하자면 정책 수단들이나 또는 법리구성의 정합성을 의미하는 가동성의 조건을 충족시킬 수 있는 가능성의 존부 또는 그 크기를 가늠하는 것이다. '배출권'의 재산권적 성격이라는 본고의 관심논제도 같은 맥락에서 그 법리적, 정책 및 제도론적 함의가 파악된다.

---

81) R. H. Coase, "The Problem of Social Cost", 3 *The Journal of Law and Economics*, 1960, 1-44면.

82) Coase의 재산권관에 대해서는 B. A. Lee/H. E. Smith, "The nature of Coasean property", 59 *International Review of Economics*, 2012, 145-155면; Th. W. Merill/H. M. Smith, "Making Coasean Property More Coasean", 54 *The Journal of Law and Economics*, 2011, 77-104면.

83) *A Theory of Justice*, 1971, 100-108면.

3. '배출권'의 상품화 구상과 재산권적 성격

(1) '배출권' 상품화의 구조와 기능적 조건 및 그 함의

거의 '시대정신'(Zeitgeist)의 일단이라고 말할 수 있을 정도의 이른바 '경제주의'의 유행과 그 오류성, 특히 '추상화'의 공준에 내포된, 실재를 외면하는 '구체성의 오류'에 관해서는 기술한 바 있거니와, 아마도 이 흐름의 가장 앞머리에 있다고 할 수 있는 '배출권 거래제'는 이미 "경제이론의 변경을 고려해야 할 만큼 강력한 경험적 사실"84)이 되었다. 여전히 그 득실에 대한 평가와 전망은 엇갈리고 있지만, 적어도 '배출권'을 시장에서 거래가능한 상품으로 상정한 아이디어 자체는 합리적이고 효율적인 환경정책과 법제를 창출할 수 있는 패러다임으로 평가되고 있다. '배출권'제도의 도입배경과 그 정책적 효용을 비롯한 득실에 대해서는 후술하거니와, 여기에서는 '재산권화'와 연계되는 '배출권' 상품화의 법리적 가능성과 타당성을 검토하는 맥락에서 그 준비작업의 일환으로 우선 '배출권 거래제'의 구조와 기능적 조건을 세 가지 측면 또는 층위에서 정리한다.

우선 '배출권 거래제'는 이른바 '외부성의 내부화'라는 명제를 정책으로 수용한 시장기반의 환경보전 프로그램이라고 할 수 있다. 자연자원 또는 생태자원의 사용에 따른 비용, 즉 환경비용을 시장메커니즘 속으로 편입시키는 상상을 구현한 정책으로서 그 핵심은 '배출권'의 표준화된 가치, 즉 가격을 매개로 하여 대기의 사용 또는 오염을 수반하는 모든 상품의 가격에 환경비용을 반영하는 것으로 요약될 수 있다. 전통적인 경제학자들이 기후변화 등의 환경문제들에 관심을 기울이게 되면서 '외부성의 내부화'라는 논제가 주목되기 시작하였거니와, 정작 폐쇄적인 순환계로 이해되는 시장 중심의 세계상을 전제로 하여 그 순환에

84) H. E. Daly, 박형준(역), 앞의 책, 109면.

서 벗어나 있는 '외부성'의 문제로만 파악하는 한계를 벗어나지 못하였고, '외부성'에 의존하는 논리 그 자체가 기존의 이론 틀 속에서는 환경문제에 대하여 적절하게 접근할 수 없다는 사실을 명확하게 보여주는 증좌라고 지적되고 있다.[85] 아무튼, 외부의 환경비용을 내부화하여 그것이 반영되는 잠재가격에 따라 시장에서 거래가 될 수 있을 것으로 기대하고 설계된 것인 점에서 '배출권 거래제'는 '접근이 개방된 자원'(open-access resources)에서 이른바 '무임승차'(free-riding)의 문제와 그에 따른 '공유의 비극'(the tragedy of commons)[86]이라는 시장의 실패를 다시금 또는 오히려 시장메커니즘을 수단으로 하여 해결하려고 하는 점에서 일면 자기모순이고, 타면 창의적인 역발상이라고도 할 수 있다.

전술한 바 있듯이, 표준경제학이 전제하는 이른바 '선분석적 세계상', 즉 가계와 기업 간의 폐쇄적 순환으로 상정되는 세계에서 환경과 이 순환 사이의 교섭창구는 이론적으로 차단된 것이었고, 따라서 자연과 생태계의 가치는 이 순환에서 원천적으로 배제되어 있었다고 한다면, '배출권'제도는 환경보전이나 생태계의 재생복원력에 초점을 맞춘 이른바 '지속가능성'[87]의 명제를 '최적규모'의 개념과 연계시켜서 자연과 시장을 서로 연결되는 개방된 순환계로 재구성하는 환경경제학적 상상의 산물이다. 또 한편 '경제주의의 오류'와 함께 '상품화' 구상의 근본적인 적용범주의 한계를 비판하는 것도 같은 맥락에서 제기되는 것이거니와, 시장메커니즘의 정합성에 앞서 '배출권'제도의 설계에서 관건은 '지속가능성'이라는 생태윤리적 명제에 부합되는 '적정규모', 즉 궁극적으로는 정부가 정하는 '배출권'의 총량에 대한 사회적 결정과 '배출권'

---

85) H. E. Daly, 박형준(역), 앞의 책, 89면.
86) G. Hardin, "The Tragedy of Commons", 162 *Science*, 1968, 1243면.
87) '지속가능성'의 개념과 헌법규범적 함의에 관해서는 이덕연, "헌법명제로서 '살림'의 패러다임과 경제와 재정의 '지속가능성'", 「법학연구」, 제21권 제4호, 2011, 199-216면.

의 개별 분배, 즉 초기할당에 대한 결정의 정책적 타당성과 윤리적 공정성을 확보하는 것이다.

둘째는, 바로 이 규모와 분배의 문제와 연결되는 것으로, 경제이론의 관점에서 보면 '배출권'의 상품화, 즉 시장화는 가격기제를 통해 규모와 배분을 연계시키는 신고전학파의 방식과는 정 반대로 규모와 배분을 분리하는 구상이라는 점이다. E. Krier의 간결한 분석을 빌려 좀 더 분설하면, 전통적인 '명령통제식 규제'(command and control regulation)가 규모와 가격을 모두 정부가 결정하는 방식이고, 규모와 가격의 결정을 분리하는 패러다임의 범주에서 실행되고 있는 두 가지 제도 중에 이른바 '오염세'(pollution tax)에 해당되는 '탄소세' 또는 법적 형식만 다를 뿐 그 경제적 구조는 같은 '오염료'(pollution fee)는 가격은 정부가, 규모는 시장이 결정하는 방식인데, '배출권'은 정 반대로 규모를 정부가 정하고 가격은 시장에 맡기는 방식이다.[88] 그 정책의 장단점에 대한 평가와는 무관하게, 배분과 분배 및 규모 간의 독립성에 대한 인식을 전제로 이들 간의 적절한 기능적 관계를 설정함에 있어서 규모는 정부가 결정하되 가격의 결정은 시장에 맡겨서 합리적인 재분배를 도모하는 '배출권 거래제'는 적어도 가격기제를 장착한 '합리적인 차별자'로서 시장의 기능을 활용하는 점에서 매우 창의적인 대안으로 평가되고 있다.

셋째로 '대기사용권' 또는 '대기오염권'의 '상품화'가 요체인 '배출권 거래제'는 '재산권화'를 전제로 하는 제도로서 신자유주의의 대표상품의 하나인 '민영화'(privatization)의 일단이다. 재산권이론의 측면에서 보면 '배출권'은 종래 대표적인 공유재산으로 이해되어 온 대기라는 자연자원을 인공자본으로 변환시키고, 그것을 사유재산의 범주에 편입시키는 구상으로 요약될 수 있다. 헌법상 재산권 개념 또는 종래의 사유재

88) E. Krier, "Marketable Pollution Allowances", 25 *Toledo Law Review*, 1994, 451면.

산권 중심의 재산권 패러다임의 지속가능 여부, 말하자면 그 기본적인 틀을 유지하면서 '배출권'을 수용하는 것의 가능성과 타당성, 아니면 틀 자체의 구조적인 변환의 불가피성과 관련하여 논란이 계속되고 있는 것은 이러한 맥락에서이다.[89] 또한 헌법상 재산권보장의 핵심내용인 존속보장과 가치보장, 그리고 '사유재산권에 관한 객관적인 가치결정'[90]을 준수해야 하는 요청, 재산권의 사회적 구속성 등 재산권 도그마틱상 주요 논제들이 종래 전혀 상정조차 못하였던 '대기의 사유재산화'라는 낯선 문제와 관련하여 새로운 관점에서 주목되고 있는 것도 마찬가지이다. 전술한 바와 같이, 규모는 정부가 정하되 가격의 결정은 시장에 맡기는 '배출권 거래제'의 성패는 무엇보다도 거래의 비용과 성과(merit)를 적절하게 유지하고 관리할 수 있는 필수조건, 즉 '거래의 안전'과 시장이 가장 싫어하는 '불확실성'(uncertainty)의 해소에 달려있는 바, 헌법상 사유재산권 보장의 내용인 주관적 보장과 객관적 보장은 바로 이 조건들을 법제화하는 입법자에 대한 구속력 있는 헌법상 지침과 한계이기 때문이다.

---

89) '배출권'을 헌법상 재산권 개념에 포섭하는 것에 대한 반대론은 일면 문화적, 생태윤리학적 관점과, 타면 재화로서 '대기'의 속성에 따른 기술적 제약의 고려에 따른 비판으로 대별되는 바, 후자는 헌법상 재산권 개념에 대한 전술로 해명되었다고, 전자에 대해서는 후술한다.

90) 이는 '사유재산제도의 보장'을 넘어서는 의미로 파악되어야 하며, "재산권의 객관적 보장과 제도보장을 동일시하거나 재산권보장의 객관적 측면을 제도보장으로 축소시키는" 종래의 재산권 도그마틱에 대한 비판도 같은 맥락에서 이해된다. 한수웅, 앞의 책, 859-860면. 여기에서 상론은 약하되, 다만 이 비판의 적실성은 제도보장의 내용, 특히 다양한 재산권형식들에 대한 선택 또는 조합의 공간을 제공해주는 재산권이론의 차원에서 사유재산제도 보장의 내용을 어떻게 범주화하는가, 즉 구체적으로 말하자면 사유재산권을 적극적으로 구현하는 입법형성의 의무가 포함되는 것으로 볼 수 있는 가능성과 그 타당성에 따라 달리 분석되고 평가될 수 있다는 점만을 밝혀 둔다.

Ⅳ '배출권 거래제' 구상의 배경과 실행의 요인

'배출권 거래제'의 핵심내용인 '상품화'와 '사유재산권화'는 구상과 실천의 순차적인 단계로 이해될 수 없다. 논리적으로는 일견 목적과 수단의 관계에서 전자의 구상이 먼저이고, 후자는 그것을 정책으로 실행하기 위한 필수조건으로 고안된 것으로 여겨지지만, 실제로는 일종의 '경제주의'의 패러다임의 전환과 엇물린 이른바 '법-경제적 연관체계'를 토대로 고안된 제도인 점에서 '상품화'와 '재산권화'의 관계는 단순히 선후의 인과적 관점에서 파악될 수 없다. 말하자면 교호적인 관계 속에서 정책적 상상과 법리적 구상이 서로 엇물리고 교차되는 동시적인 과정을 통해 프로그램이 성립된 것으로 추측된다. 아무튼, 이러한 점에서 본고의 주된 관심사인 '배출권'의 재산권적 성격, 특히 '배출권'을 헌법상 재산권 개념으로 포섭하는 것의 법리적 가능성과 타당성을 검토하는데 직간접적으로 유용한 관점과 단서들을 확보하는데 유용한 바, '대기'를 상품화하는 상상이 정책적 구상으로 연결되고 법제화되어 실행될 수 있었던 배경과 그 이유를 살펴보는 것은 요긴하다.

간략한 비판적 검토를 덧붙이되, '상품(화)구상'(commodity conception)의 주 요인으로 세 가지를 제시하는 C. M. Rose를 인용하여 정리한다.[91] Rose는 우선 상품화 구상을 '개인의 독자성'을 존중하는 일종의 '패러다임의 전환'으로 이해하고, 그것이 가능했던 이유를 경제적인 환경보다는 인식론적 변화의 맥락에서 찾는 관점에서 ① 기본적으로 시장 지향의 제도가 환경보호의 편익을 증대시킬 것이라는 기대와 그에 대한 실용적인 인식, ② '유사(類似)재산권'(quasi-property right) 또는 '유사재산권' 중심의 재산권체제 운용의 비용 저감, ③ 풍부해진 환경정책적 상상력 등의 요인을 주목한다.

91) C. M. Rose, 앞의 논문, 166-169면.

우선 ①의 요인은 경제 자체의 환경보다는 생태계보전에 관심을 갖게 된 경제학의 환경에 따른 것이다. 전술한 바와 같이 규모와 가격을 모두 정부가 결정하는 명령통제형의 규제수단이나 궁극적으로 규모는 시장에 맡기되 가격은 정부가 결정하는 '오염세' 또는 '오염료' 방식의 경우 개인과 기업의 선호와 그에 따른 자율적인 선택의 요소를 수렴할 수 없고, 그렇기 때문에 시장에서만 확인되고 반영될 수 있는 오염통제의 '한계비용'(marginal cost)에 대한 정보의 흠결이 불가피한 점에 대한 이론적, 실증적 확인과 함께, 궁극적으로 가격기제를 활용하는 시장의 효율성에 대한 확신과 기대의 산물로 파악된다. 특히 조악한 획일적 규제의 경우에는 막대한 '낭비비용'(cost of waste)이, 반면에 정밀한 규제의 경우에는 막대한 '정보비용'(cost of information)[92]이 수반될 수밖에 없는 구조적인 모순도 일견 모순성에도 불구하고 시장의 실패를 시장메커니즘에 의해 교정하려는 실용적인 역발상을 가능하게 만든 동인으로 주목된다.[93] 다만, '배출권 거래제'가 기대하는 대로 사적인 협상을 통한 조정이 '최적의 결과'(optimal outcome)로 이어질 수 있는지, 달리 표현하면 이른바 '협상의 문제'(bargaining problem)[94]가 해결될 수 있는지는 좀 더 지켜보아야 할 것이다. 제한된 범주의 거래체제라는 점에서 협력과 신뢰라는 중요한 조건을 확보하는데 상대적으로 유리하기 때문에 완전히 개방된 시장에 비해 그 정도가 상대적으로 낮기는 하더라도

92) 이에 관해서는 E. Krier, 앞의 논문, 452면.

93) G. S. Alexander가 근본적으로 개인의 독자성 자체가 모든 환경문제의 근원으로 인식되는 상황에서 어떻게 자원사용자의 개인적 독자성을 존중하는 상품화 구상 및 '배출권 거래제'가 적절한 해결책이 될 수 있는가라는 의문에 대하여 이데올로기적 관점을 넘어서는 실용적인 접근을 주문하는 것도 같은 맥락에서 이해된다. "Propriety through commodity? Why have legal environmentalists embraced market-based solutions?", in; H. M. Jacobs(ed,) *Private Property in the 21st Century*, 2004, 83-85면.

94) B. A. Lee, "Average Reciprocity of Advantage", in; J. Penner/H. E. Smith(ed.), *Philosophical Foundations of Property Law*, 2013, 111면.

완전정보의 결여나 거래비용의 문제는 '배출권'시장에서도 피할 수 없을뿐더러, 정부의 규모결정에서 관건이 되는 '최적의 결과' 자체에 대해서도 이견이 있을 수 있기 때문이다.

②의 요인은 전통적으로 '공유의 비극'에 대한 적확한 대응수단으로서 주목되어 온 '사유재산화', 즉 자원에 대한 저비용 고효율의 통제 및 관리수단으로서 사유재산권 제도의 설계와 운용에 필수적인 기능적 조건에 해당되는 내용이다. 시장메커니즘과 연계되지 않은 종래의 환경정책적 수단들의 기능적 한계, 특히 심각한 오염 및 오염통제비용의 문제를 고려하여 완전한 해결책은 아니더라도 적어도 추세를 전환시킬 수 있는 대안으로 고안된 것이 '상품화 구상'이라는 점은 전술한 바 있거니와, 이 구상의 정책화, 법제도화는 배출행위 자체에 대한 효과적인 감시를 가능하게 하고, 그 비용도 크게 부담이 되지 않게 만든 기술발전이 없었다면 원천적으로 불가능한 것이었다. '구상-실천' 또는 '목적-수단'의 관점에서 과학기술의 발전에 따른 산업환경과 조건의 변화와 재산권제도의 교호적 관계를 잘 보여주는 예이거니와, 오염문제의 실재와 그 심각성에 대한 실증적인 인식을 가능하게 만든 결정적인 요인이기도 한 위성이나 '원거리 감지장치'(remote sensing devices) 등을 통해 충분히 감당할 만한 수준의 비용으로 monitoring을 할 수 있는 감시체제가 갖추어지면서 '배출권 거래제'가 실행될 수 있었다. 아직은 시기상조라고 생각되지만, 앞으로 '무임승차' 문제의 해결에 필수조건인 '대기의 울타리치기'(fencing of atmosphere)까지도 기술적으로 가능해질 수 있을 것으로 예측되는 바,[95] 그것이 현실화되는 경우 '배출권 거래제'는 완전히 다른 차원, 말하자면 거의 모든 온실가스 배출을 포괄하는 제도로 확장

95) M. Pennington, "Liberty, Markets, and Environmental Values - A Hayekian Defense of Free-Market Environmentalism", 10 *The Independent Review*, 2005, 41면.

및 개편될 수 있을 것이다.

③의 요인으로 제시되는 환경정책적 상상력은 일면 전술한 기술적 발전의 요인과도 밀접하게 연관되는 것이거니와, 다양한 자원통제의 방법과 수단의 대안들을 모색할 수 있는 정책적 환경이 조성되고 또한 그 실행프로그램을 법제에 담아내는데 있어서 문화적, 사회규범적인 제약에서 벗어나서 좀 더 경제적 효율성에 집중할 수 있는 방법론의 공간이 크게 확장된 것에 따른 결과이다. 다만, 이러한 변화의 근원은 가치관이나 세계관의 변화보다는 보다 현실적인 환경에서 찾아지는 바, 우선 지적할 수 있는 하나는 법경제학적 분석방법의 득세와 맥락을 같이 하는 정책적인 이유로서, 현실적으로 이른바 '표준경제학'에서 통용되는 미시경제학적 방법론으로 구성된 아이디어를 기반으로 하지 않는 경우, 말하자면 시장기반 또는 시장지향의 정책이 아닌 경우는 주요 정책결정자의 주의를 끌기 어려운 상황이 그것이다.[96] 구조 기능적으로 매우 유사한 선례라고 할 수 있는 바, 1970년대 초 부터 미국에서 실행되어 온 '양도성 개발권'(transferable development rights: TDRs) 제도가 좋은 예이다.

또한 '상품화'의 자가확대 현상도 주목되는 근원의 하나이다.[97] M. J. Radin이 '상품화의 전염성'(contagious commodification)을 지적하면서 '시장의 지배'(market domination)로 이어지는 일종의 '도미노 효과'라고 표현하듯이,[98] 일단 상품화의 가능성에 대한 법 및 사회규범의 제약이 풀리기 시작하면 그 한계는 가늠하기 어렵고, 실제로 이른바 '시장화의 금기'(taboo of marketizing)[99]는 그 자체가 금기라고 할 수 있을 정도로 거의 풀렸다고 해도 과언이 아니다. 백 년 전에는 상정조차 할

96) G. S. Alexander, 앞의 논문, 80면.
97) G. S. Alexander, 앞의 논문, 80면.
98) M. J. Radin, *Contested Commodities*, 1996. 95면.
99) G. S. Alexander, 앞의 논문, 81면.

수 없을 만큼 사회적 거부감이 컸을 것으로 생각되거니와, 사람의 생명을 하나의 상품으로 취급하는 생명보험의 예에서 잘 드러나는 것 같이 인간의 신체 또는 유전자조차 상품화가 가능하다면 '대기'의 '상품화'를 의미하는 '오염권', 즉 '배출권'의 상품화는 더더욱 문제될 것이 없다는 식의 인식이 만연하기 때문이다. 다만, 이러한 인식변화의 일방성과 급진성에 대해서 근본적인 도덕적 거부감 및 가치관의 혼란에 대한 우려와 함께 절제의 태도를 요구하는 비판론이 적지 않은 바, 다음 절에서 상론한다.

(3) '배출권 거래제'의 득실 – '상품화–재산권화'의 생태학적, 도덕 및 윤리적 문제

1) 개요

분배 및 배분과 더불어 규모, 특히 '지속가능성'의 개념과 연관되는 '적정규모'를 근본적인 경제문제로 인정해야 하는 점과 함께, 추상적 개념과 정책수단 간의 정합성을 의미하는 가동성, 즉 적정한 결과를 산출할 수 있는 잠재적인 가능성이 이론과 법제도에 대한 보편적인 판단기준이 된다는 관점에서 보면 규모와 배분의 이론적 분리로 요약되는 '상품화'의 구상과 가격의 결정을 시장메커니즘에 맡기는 방식의 '배출권 거래제'는 고권적이고 일방적인 전통적인 통제수단과 규모와 배분을 합쳐서 모두 개별 기업의 판단에 맡기는 신고전학파의 접근방식보다는 우월하다고 평가될 수 있다. 적어도 온실가스 배출 자체의 감축이 아니라 '배출권 거래제'가 지향하는 바, 즉 '오염통제비용의 효율적인 배분'(efficient allocation of pollutioncontrol costs)을 통해서 사회적 차원에서 그 감축의 전체비용을 최소화하려는 일차적인 목적의 맥락에서는 그러하다.[100]

100) D. H. Cole, "Clearing the Air: Four Propositions about Property Rights and Environmental Protection", 10 *Duke Environmental Law & Policy Forum*, 1999, 111면. 다만, 제한적일지라도 사유재산화를 핵심으로 하는 점에서 '배출권 거래

'응징제어'의 방식으로 일방적으로 요구하고 받기만 하는 것이 아니라 '보상유인'의 인센티브와 그에 따라 기술혁신의 동인을 제공하는 점에서 추세 역전의 전환까지는 몰라도, 적어도 현 상태에서 추세를 유지하는 수준에서 '생태적 합리화'(ecological rationalization)의 정책효과에 대한 기대는 가져봄직 하다.

하지만, 불가피한 '무지의 한계'나 '적정규모' 산정의 오류 등 그 어떤 이유에서든 '배출권 거래제'가 기대와는 달리 유의미한 '생태적 합리화'의 성과를 내지 못하거나 또는 더 이상 성과를 기대할 수 없게 되는 상황도 완전히 배제할 수는 없는 점도 유의해야 한다. "장기적인 관점에서 '생태적으로 타당하지 않은'(ecologically unreasonable) 것은 '경제적으로 합리적인'(economically rational) 것이 될 수 없다"는 A. Gorz[101]의 명제는 가치규범적 인식의 맥락과는 다른 관점에서 의미가 파악될 수 있는 바, '배출권 거래제'가 '더 적게 그러나 더 좋게'(less but better)라는 슬로건에 부응하는 유의미한 성과를 내지 못하여 '경제적 불합리성'이 실증되면 궁극적으로는 시장에서 퇴출될 것이라는 전망의 관점에서도 그 의미를 되짚어봄직 하다. 특히 이러한 의미를 주목해야 하는 이유는 어떤 정책이 제도화되고 나면 그 본래의 목적이나 효과와는 무관하게 제도 자체가 목적이 되어 자가생존하게 되는 이른바 '제도의 역설'이 현실화

제'에도 해당되는 비판이거니와, 경제적인 측면에서든 환경보호의 측면에서든 사유화를 통해 자연자원이 더 잘 관리될 수 있다고 보는 이른바 '자유시장 환경보호주의'(free market environmentalism), 특히 자연자원을 사유하는 개인이 환경정보의 확보에 있어서 '공적 자원관리자'(public resource manager), 즉 정부보다 우위에 있다는 전제에 대해서는 비판적인 의견들이 적지 않다. '자유시장 환경보호주의'의 입장은 대표적으로 L. Stroup/S. L. Goodman, "Property Rights, Environmental Resources, and the Future", 15 *Harvard Journal of Law & Policy*, 1992, 427-454면; M. Pennington, 앞의 논문, 39-57면. 비판론은 M. C. Blumm, "The Fallacy of Free Market Environmentalism", 15 *Harvard Journal of Law & Policy*, 1992, 378-381면; D. H. Cole, 위의 논문, 103-130면.

101) M. Chalmers(tran.), *Capitalism, Socialism, Ecology*, 1994, 33면.

될 수 있는 가능성에 대한 우려에서 찾아진다. 가정컨대, '생태적으로 타당하지 않은' 제도, 즉 '경제적으로 불합리한' 제도로 판명되었음에도 불구하고 시장의 선별 및 퇴출기능이 작동되지 못하거나 오히려 시장이 퇴출에 장애가 되고, 또 한편 시장을 개설하고 '배출권'을 할당해주는 등의 적극적인 호객행위를 한 정부의 입장에서도 딱히 유효한 대응을 할 수 없게 되는 경우에 그 수습과 정리의 방안이 막연하다.

다만, 저자의 역량을 차치하더라도 아직 충분한 근거를 갖고 예측할 수 있는 상황이 아닌 바, 여기에서는 상품화 구상 자체를 일단 주어진 것으로 받아들이는 전제 하에 개별 환경문제와 관련하여 개별적인 흠결성을 지적하는 이른바 '박스 내의 반대'(inside-the-box objection)나 정책효과에 대한 실증적인 분석과 평가는 유보하고, 환경문제를 시장을 통해 해결하려고 하는 전제 자체를 비판하는 '박스 바깥의 반대'(outside-the-box objection),[102] 특히 우선 정치경제학적 관점에서 비판적으로 그 문제점을 짚어보고, 이어서 자연자원의 '상품화' 구상 및 '재산권화'에 대하여 제기되는 생택학 및 도덕적, 윤리학적 관점에서의 비판론에 초점을 맞추어 그 적실성을 검토한다.

2) 정치경제학 및 가치론의 문제로서 '상품화'

노동, 토지 및 화폐의 '상품화' 또는 '시장화'를 자본주의의 유지와 작동에 필수적인 조건으로 주목하면서 그 허구성 및 야만성에 대한 폭로와 함께, 시장이라는 '악마의 맷돌'(the satanic mill)에 대한 '문화제도 보호막의 복구'와 '시민사회 회복'의 '거대한 전환'(The Great Transformation)을 촉구한 K. Polanyi의 혜안은 자연자원의 상품화 구상에 대한 비판론의 맥락에서 더욱 빛을 발한다:

"노동, 토지, 화폐의 상품화는 전적으로 허구이다 ... 구매력에 의해 모든 것을 결정하는 시장 메커니즘이 인간과 자연환경의 운명에 대한

102) G. S. Alexander, 앞의 논문, 85-88면.

유일한 주재자가 되도록 하면 사회의 궤멸이 초래될 것이다. 기업뿐만 아니라 인간 및 자연을 이 악마의 맷돌의 야만성으로부터 지켜내지 못하면 그 어떤 사회도 아무리 짧은 시간조차 이 조악한 허구의 체제가 초래하는 결과에 대항할 수 없을 것이다."[103)]

'배출권 거래제'의 도입에 대한 논의 초기부터 인류 공동의 책임감을 약화시키는 문제점을 제기하면서, '모든 것의 상품화'를 지향하는 시장지상주의의 가치윤리학적, 의무론적 오류성과 함께 '배출권 거래제'의 반도덕성을 비판해 온 M. J. Sandel은 자연을 단순한 생산 수단으로 생각하는 태도의 근본적인 문제점을 지적한다. 재화에 대한 가치판단을 배제하는 시장의 도덕적 한계, 즉 특정한 재화의 상품화 구상에는 그것을 경제적 이윤추구를 위한 수단으로 취급하는 몰가치의 가치평가방법이 내장되어 있다는 것이 그 핵심이다.[104)] Sandel이 적확한 예를 들어 해명하는 바와 같이, 인간을 상품으로 취급하였던 노예제도의 끔찍함은 인간의 존재가치 자체를 인정하지 않는 반인륜적인 태도에서 부각되는 것이거니와, 시장 자체는 거래상품의 가치 또는 가치평가에 영향을 미치지 못한다고 보는 경제학자들의 주장은 주관적 선호와 그에 따른 개인의 자율적인 사회생활의 역량이 시장에 앞서 또는 시장과 무관하게 그 밖에서 형성되는 것이 아니라 오히려 바로 시장에 의해 규정되는 점,[105)] 특히 '상품화' 자체의 사회적, 문화적 영향, 특히 '시장가치'에 의

---

103) *The Great Transformation*, 1944, 76면.

104) M. J. Sandel, 안진환/이수경(역), 「왜 도덕인가?」(Why Morality?, 2005), 43-48면; 안기순(역), 「돈으로 살 수 없는 것들」(What Money can't buy, 2012), 2012, 112면. 이에 대한 주목되는 논평은 T. Besley, "What's the Good of the Market? An Essay on Michael Sandel's What Money Can't Buy", 51 *Journal of Economic Literature*, 2013, 478-495면. 같은 맥락에서 R. Patel, 제현주(역), 「경제학의 배신」(The Value of Nothing, 2009), 2011, 특히 245-251면.

105) S. Lukes, Social Democracy and Economic Liberty, 21 *Res Publica*, 2015, 437-439면.

해서 '비시장가치', 즉 '사회적 효용' 및 '도덕적 가치'가 배척 또는 평가절하 되는 효과를 간과하는 점에서 일종의 허구를 전제로 하는 오류이다.[106]

다만, 이러한 오류의 확인 일종의 사회조직으로서 시장의 필수적인 역할과 효율적인 차별화 및 합리화기능을 전면적으로 부인하는 것이 아님은 물론이다. 시장의 한계를 논하는 것 자체가 이미 인간의 삶 속에서 시장의 필수불가결한 효용을 인정하는 것이기 때문이다. 특히 소비재나 사치품을 비롯하여 일상적인 서비스와 같이 '상품화' 구상과 관련하여 시장의 범위를 제한하는 국가의 역할과 과제에 대한 논의의 맥락에서 '긴요하지 않지만 무해한'(inessential but harmless) 재화들의 경우에는 더더욱 그러하다.[107] 실제로 자유시장 기반의 상품화 구상에 대하여 비판적인 의견들의 대부분도 환경문제에 대한 해결수단으로 시장의 실용성 자체에 대하여 의문을 제기하는 것이 아니라 그 구상의 저변에 있는 존재론과 가치론의 틀을 공박하는 것이다.[108]

이러한 점에서 볼 때, 상품화 및 사유재산권화의 범위, 즉 대상의 결정은 단순히 경제적인 문제만은 아니다. 윤리 및 도덕의 차원과 연관되는 정치경제학의 문제이다. "삶 속에서 나타나는(도덕적으로 윤리적으로: 저자 부기)좋은 것은 상품화되면 변질되거나 저평가된다"는 Sandel의 단언이 일반적으로 타당한 것인지 또는 실제 대중의 인식에 부합되는 것인지는 의문이지만, 적어도 '상품화' 여부의 선택 자체에 가치의 비중 또는 가치적 득실에 대한 판단이 내장되어 있는 것은 부인될 수 없다. 결국 정치적 논제로서 상품화의 구상은 단순한 가정으로 만족할 수 있

106) M. J. Sandel, 안기순(역), 앞의 책, 27면.
107) 이에 관해서는 E. Anderson, *Value in Ethics and Economics*, 1993, 166-167면.
108) M. Pennington, 앞의 논문, 44-45면. '상품물신주의'에 대한 비판의 원조라고 할 수 있는 K. Marx 이래 상품화 반대론의 대강과 그 흐름에 대해서는 J-D. Gerber/J. F. Gerber, 앞의 논문, 551-552면.

는 문제가 아니다. M. J. Radin이 적확하게 기술하는 바와 같이, 상품화 모델과 상품화될 수 없는 이념의 영역의 '안정적인 공존'(stable coexistence)의 가능성 및 그 적정한 범주의 분별과 획정에 대한 인식, 말하자면 상품화구상으로 포섭될 수 없는 소중한 이념적 가치와 그에 대한 '불굴의 관여'(stubborn commitment)와 연관되는 근본적인 가치판단의 문제로 주어진다.[109] 이 난제는 '좋은 삶'(good life)의 규범적 질서와 복합적이고 다층적인 정치, 사회 및 문화적 생활의 영역들을 어떤 세계관과 가치관을 준거로 하여 어떤 가치평가의 방법으로 형성해나갈 것인지에 대한 거시적이고 근본적인 판단과 연계될 수밖에 없고, 그렇기 때문에 상호 배척이나 일방적 선택의 방식으로 해결될 수 없는 문제이다. 파편화된 개인이 아니라 공존과 상생의 공동체질서 속에서 '좋은 삶'을 지향하는 '공공선'(common good)은 그 자체가 도덕과 가치의 준거 및 그 평가방법에 대하여 의견이 일치되지 않는 집단 또는 개인들 상호간의 이해와 공감의 과정, 즉 정치생활과 사회적 가치형성의 과정인 동시에 그 결과이기 때문이다.

A. MacIntyre가 '배제된 도덕성'(displaced morality)의 명제를 제시하면서 단언하는 바와 같이, 도덕 및 가치와 관련된 근본적인 문제들은 물론이고, 일상적인 사회적 현안들의 경우에도 상대방에 대한 기본적인 신뢰와 이해가 없이는 문제의 해결은커녕 문제를 이해할 수조차 없다.[110] 선별된 범주와 사례별로 재화 또는 서비스의 도덕적 의미와 가치의 평가방법에 대한 토론을 통해 상호 경청하면서 상대방이 사용하는 언어와 개념, 그리고 그 속에 내장되어 있는 이념과 문제인식에 대하여 이해의 지평을 확장해나가는 방법 외에는 대안이 없다. 토론과 논증 자체의 각별한 중요성을 강조하는 것도 '생태적 합리성'(ecological rationality)

109) 앞의 책, 223면.

110) *After Virtue*, third ed., 2008, 36면.

과 관련된 문제들이 본질적으로 '공약불가의 가치들'(incommensurable values) 간의 충돌을 내포하는 점을 주목하는 것이거니와,[111] 토론의 과정에서 특히 '반성적인 환경정책의 촉매제'로서 '숙고'(deliberation)[112]의 필수성과 함께 '균형'과 '절제' 또는 '겸손'(humility)[113] 등의 요청을 강조하는 것도 시장의 '도덕적 한계'에 대한 지속적이고 개방된 토론이 생략된 채 진행되는 경우 '상품화' 정책이 치명적인 실수가 될 수 있는 잠재적인 위험성 때문이다. M. Sagoff가 왜곡된 인식에 따른 '사적 선호'(private preferences)의 문제와 그에 대한 법적 간섭의 필요성과 당위성을 해명한 C. R. Sunstein[114]을 인용하면서, 시민과 소비자의 입장, '덕성'(virtue)과 방법론(methodology), 그리고 가치와 선호를 구별하고, 이를 전제로 공공정책의 결정과정으로서 '정치적 숙고'(political deliberation)에서 추구되는 일반이익(general interest), 즉 공동체의 공적 이익과 이른바 '사회적 계산'(social calculus)이나 '효율적인 시장'(efficient market)의 방식으로 정의되는 '개인들의 사적 이익의 총합'이 논리적으로 준별된다는 점을 재삼 확인하는 것도 같은 맥락에서 이해된다.[115]

3) 생태학적 비판

구매력을 갖고 비용을 내면 대기를 오염시킬 수 있는 법적 자격을 부여하는, 반대로 말하자면 대기를 더 이상 공공재가 아니라 소유권이 인정되는 사유재산으로 보는 재산권 및 시장기반의 '배출권 거래제'에

---

111) M. Pennington, "Classical liberalism and ecological rationality: The case for polycentric environmental law", 17 *Environmental Politics*, 2008, 433면.

112) J. S. Dryzek/J. Pickering, "Deliberation as a catalyst for reflexive environmental governance", 131 *Ecological Economics*, 2017, 353-360면.

113) C. M. Rose, "Psychologies of Property(and Why Property is not a Hawk/Dove Game)", in; J. Penner/H. E. Smith(ed.), *Philosophical Foundations of Property Law*, 2013, 287-288면.

114) Legal Interference with Private Preferences, 53 *University of Chicago Law Review*, 1986, 1129-1174, 특히 1129-1140면.

115) *The Economy of the Earth*, 1988, 특히 10-14; 99-123면.

대한 생태학적, 도덕적, 윤리적 반대론을 주목해야 하는 것도 같은 맥락에서인 바, 두 가지 관점에서 제기되는 비판의 초점은 제도의 정책적 득실에 앞서 환경을 목적이 아닌 수단으로 평가하는 성급한 상품화 및 시장화의 선택이 초래할 수 있는 '문화적 실수'와 그에 수반되는 도덕 무감각이나 가치의 혼란 등에 맞추어진다.

첫째는 '대기'를 단순히 인간에 의해 생산수단으로 활용되기를 기다리는 수동적인 자원으로만 보는 인식과 가치평가방법의 오류이다.[116] 이른바 '중심과 주변'이 아니라 '탈중심화'(decentering)된 '상호의존'(interdependence) 및 '상호연계'(interconnectedness)의 관계[117]속에 존재하는 생태계의 모든 부분, 즉 개별 존재들의 독자성과 함께 '내재적인 가치'(intrinsic value)를 인정하는 생태윤리학적 존재론과 가치관에 따르면, A. Leopold가 '공동체주의'와 '의무'에 초점을 맞춘 토지소유제의 규범이론 제시하면서 강조하는 이른바 '토지윤리'(land ethics)[118]와 마찬가지로, 대기도 '대기윤리'(air ethics)의 관점에서 그 가치가 인정되어야 한다. 일견 '종의 다양성' 보호에 초점을 맞춘 환경정책의 분야에서 제시되는 동(식)물의 내재적인 존재가치[119]를 넘어서 무생물의 자연자원에 대하여 윤리와 정의의 명제를 적용하는 것이 낯설게 다가오기는 하지만,[120] 대기의 상품화 자체가 일종의 경제주의적 패러다임의 산물

116) G. S. Alexander, 앞의 논문, 87면

117) 이에 관한 상론은 F. Capra, *The Web of Life, Anchor Books*, 1996, 특히 297-304면.

118) *A Sand County Almanac*, 1949, 224-225면.

119) 이와 관련된 생태철학적 상론으로는 특히 E. Anderson, "Animal Rights and the Values of Nonhuman Life", in; C. R. Sunstein/M. C. Nussbaum(ed.), *Animal Rights*, 2005, 277-298면; M. C. Nussbaum, "Beyond "Compassion and Humanity": Justice for Nonhuman Animals", in; C. R. Sunstein/M. C. Nussbaum(ed.), 같은 책, 299-320면.

120) 동물의 독자성을 인정하고, 법적 권리를 부여하는 인식의 전환과 그에 대한 다양한 측면에서의 장애에 대해서는 S. M. Wise, "Animal Rights, One Step at a Time", C. R. Sunstein/M. C. Nussbaum(ed.), 위의 책, 19-50면.

이듯이 그에 대한 반론 역시 그에 대한 경쟁의 대안 패러다임으로 제시되는 점에서 보면 대기의 '상품화' 및 '재산권화'에 비해 그다지 더 큰 상상력이 필요한 것은 아니다.[121)]

둘째는 대기를 일종의 '복잡계'(complex system)로서 이해되는 생태계의 일부가 아니라 '분별된 자산'(discrete asset)으로 보는 존재론적 인식의 문제점이 제시된다.[122)] 생태계 자체를 일종의 유기체로 보는 '체계사고'(systems thinking)[123)]와 '체계적 생명관'(The Systems View of Life),[124)] 특히 이른바 '형태심리학'(Gestalt psychology)의 선구자라고 할 수 있는 Ch. v. Ehrenfels가 '유기체적 형식'(organic form)을 의미하는 'Gestalt'를 설명하기 위하여 제시한 "전체는 단순히 부분들의 합이 아닌 그 이상의 것이다"(The whole is more than the sum of its parts)[125)]

---

121) 이러한 맥락에서 과학혁명 또는 과학진보의 과정을 패러다임 간의 경쟁 또는 투쟁의 관점에서 파악하는 Th. Kuhn의 이론에 대한 비판적 검토를 통해 '겸손'의 태도와 함께 이른바 '과학적 다원주의' 의 명제를 제시하는 장 하석의 과학철학 및 과학사론은 시사하는 바가 적지 않다. 「과학, 철학을 만나다」, 2014, 특히 387-410면. A. Einstein에 의해 폐기된 'ether', 즉 물이 출렁거리는 파도와 마찬가지로 빛이 파동이라면 물과 같은 역할을 하는 매체가 있어야만 하는 것으로 보는 패러다임 속에서 19세기 물리학자들이 '우주 전체에 퍼져 있는 가상의 물질'로 상정한 개념은 현대 물리학에서는 더 이상 필요 없게 되었지만(장하석, 같은 책, 131, 385-386면 참조), 대기의 '상품화' 구상 자체에 대하여 근본적으로 반대하는 생태학적 존재론이나 생태윤리적 인식론의 관점에서는 오히려 유용한 개념, 예컨대 일종의 '영기'(靈氣)나 '정기'(精氣)와 유사한 유기체적 존재의 관념을 담아내는 새로운 개념으로 재활용될 수 있을 것으로 생각된다.

122) G. S. Alexander, 앞의 논문, 88면.

123) F. Capra, 앞의 책, 36-50면.

124) 이에 관한 대표적인 저작은 F. Capra/P. L. Luisi, *The Systems View of Life*, 2014.

125) 이에 관한 상술은 F. Capra/P. L. Luisi, 위의 책, 10면. 통일적 전체로서 형태를 뜻하는 'Gestalt'는 동일한 형상의 사물이라도 접근방식과 관점에 따라 복수의 의미를 가질 수 있는 이른바 '다의도형'(多義圖形)으로 이해되는 바, 특정한 요소 또는 부분에 집착하여 사물을 인식하는 경우 그 편견에 따라 인식형태의 변화가 초래되는 심리학적 현상을 적확하게 해명한 개념이다. 이에 관해서는 J. R. Stanfield, 원용찬(역), 앞의 책, 66면 주석 17번. 앞에서 상론한 '본질적으로 논쟁적인 개념'의 의미와 기능, 말

라는 명제와 이 명제를 수용한 생태철학적 세계관에서 인간과 자연 간의 '동반관계'(partnership)를 주목하는 공존과 상생의 관념을 원천적으로 수렴할 수 없는 구조적 한계의 문제이다. H. Daly를 인용하여 말하자면,[126] 경제를 '생태계와 무관한 고립된 폐쇄체계'로 보는 이러한 인식형태 속에 생태계를 일종의 'network 속의 network'로 구성되는 '생명의 web'으로 보는 존재론,[127] 그리고 이를 토대로 하여 경제를 전체 '자연생태계 속의 개방된 하위체계'로 이해하는 관점이나 그에 따른 공동체 기반 또는 지향의 가치인식 및 평가의 방법들은 전혀 수용될 수 없다는 것이 비판의 핵심이다.

4) 상품화의 도덕 및 윤리적 문제점

일종의 '가치 패러다임 간의 경쟁'의 맥락에서 주목되는 이러한 비판론은 결국 환경을 공동체 전체와 유리된 개인의 구체적인 영리수단, 즉 상품으로 취급하는 가치관과 대기오염이라는 그릇된 반가치적인 행위를 재산권으로 포섭하여 합법화하는 제도의 도덕적, 윤리적 부당성의 문제로 귀착된다.

최근에 설문조사나 심리실험의 방법을 통해 '배출권 상품화'에 대한 일반 대중의 도덕적 거부감은 비판론의 우려하는 바와는 달리 각별하지 않다는 주목되는 연구결과가 제시되기도 하였지만,[128] 참고자료 이상

하자면 '개념의 개념'에 관하여 앞에서 상론하였거니와, 이러한 맥락에서 'Gestalt'는 수용가능한 구상의 대상범위를 획정하는 동시에, 반면에 다양한 구상에 의해 그 윤곽과 의미내용이 변할 수 있는 개념에 해당되는 것으로 볼 수 있다.

126) F. Capra/P. L. Luisi, 앞의 책, 92, 96면.

127) '심층생태학'(deep ecology)와 '생태철학'(ecosophy)의 세계관과 가치관, 특히 '생명의 web'으로서 생태계 전제를 일종의 '관계망'(network of relations)의 형태로 인식하는 '총체적인 관점'(holistic view)에 대해서는 이덕연, "환경정의 개념의 외연과 내포 - 헌법해석론 및 환경법적 함의", 「환경법연구」, 제35권 제2호, 2013, 147-152면.

128) R. H. Braaten/K. A. Brekke/O. Rogeberg, "Buying the right to do wrong - An Experimental test of moral objections to trading emission permits", 42

의 의미는 갖지 못한다. 이 논제는 본질적으로 시장의 '도덕적 한계'129)를 규범적으로 사유하는 '도덕적 논증'의 문제이지, 여론 시장의 동향을 파악하는 '실증적 확인'으로 대체될 수 있는 문제가 아니기 때문이다.

시장 메커니즘은 '제도적 합리성'(instrumental rationality)과 외부적 동인에 의존되고, 그렇기 때문에 단순한 소비자로서 개인이 아니라 전체로서 집단 속에서 살아가는 비판적인 시민을 기반으로 하는 '공동체주의'나 '덕성윤리학'(virtue ethics)130)이 주목하는 '공공선'과 윤리적 존재로서 인간의 내재적 가치를 수렴하지 못한다. 이러한 의미에서 무분별한 상품화가 도덕적 가치 범주의 오류로 이어지는 경우에 초래될 수 있는 도덕적 무감각이나 가치관의 혼란 등과 같은 이른바 '예기치 못한 문화적 결과'(unintended cultural consequences)131)에 대한 경고는 예사롭지 않다. 시장신봉의 자유주의에 의해 '윤리의 문제'가 '공공선'과 전혀 무관한 '개인적 선호의 문제'로 환원되는 경우 궁극적으로 도덕성은 '정당화'와는 거리가 먼 전적으로 상대적인 개념이 될 수밖에 없다.132) 이러한 맥락에서 '절제의 분별력'(a sense of modesty)을 강조하면서 E. Krier가 제시하는 바, 즉 대기와 같은 자연자원을 거래품목에 추가하는

Resource and Energy Economics, 2015, 110-124면. 배출권의 국제거래와 관련하여 도덕적 관심의 중요성을 주목하는 실증적인 연구로는 J. Eyckmans/S. Kverndokk, "Moral concern on tradable pollution permits in international environmental agreement", 69 *Ecological Economics*, 2010, 1814-1823면.

129) L. Bruni/R. Sugden, "Reclaiming Virtue Ethics for Economics", 27 *Journal of Economic Perspectives*, 2013, 141면.

130) L. Bruni/R. Sugden, 위의 논문, 143-144면.

131) 공적 프로그램으로서 공공정책(public program)은 단순히 편익의 제공 또는 서비스 공여의 수단에 그치는 것이 아니고, 그것을 넘어서는 '어떤 의미', 즉 프로그램의 효과적인 실행 자체에 직접 영향을 미치는 동시에, 특정한 공적 문화의 형성에 중요한 역할을 수행하는 예기치 못한 문화적 영향의 동인을 내포한다는 것이다. 이에 관한 상론은 특히 R. H. Pildes, "The unintended cultural conse- quences of public policy: A comment on the symposium", 89 *Michigan Law Review*, 1991, 942면.

132) A. MacIntyre, 앞의 책, 특히 51-78면. M. Pennington, 앞의 논문, 42-43면에서 재인용.

식의 추세가 계속되면 '아기시장'(market for babies)이나 '인체시장'(market for body parts)[133] 등에 대한 도덕적 거부감도 희석될 것이라는 우려도 일견 과민한 듯 보이지만, 이미 암거래 시장에서는 만연(漫然)한 것이 현실이다. 신체 일부의 상품화는 위에서 거론한 실증적인 연구에서도 비교대상으로 포함되었거니와, 글로벌 차원의 배출권, 기근에 시달리는 국가들을 포함하는 시장에서 식량, 저임금국가의 상품 등과 함께 선택된 성적 서비스의 '상품화'[134]는 시장의 '도덕적 한계'의 관점에서도 시사하는 바가 적지 않다.

가치론적으로 같은 범주에 속하는 것을 볼 수 있는지 또한 같은 척도로 평가될 수 있는지 의문이 없지 않지만, 적어도 '대기'(air)를 오염시키는 행위와 풍기문란(風紀紊亂), 즉 '도덕적 대기'(moral air)를 오염시키는 행위인 점에서 도덕적, 윤리적으로 부정적으로 평가되고 또한 그 맥락은 사뭇 다를지언정 현실적으로 완전한 해결책이 있을 수 없는 공통점을 갖는 바, 상품화의 가능성과 관련하여 대기와 성적 서비스를 달리 취급해야 할 이유가 없지 않은가 하는 의문은 단순한 호사가의 흥미거리에 그치지 않는 고민으로 연결된다. G. S. Alexander가 이미 시행되고 있는 인간 유전자의 특허도 상업적 가치를 포착하기 위한 수단이라는 점에서 '신성한 것과 세속적인 것을 뒤섞어버리는 것'(commingling the sacred with the profane)이라는 점을 예시하면서 던지는 질문은 예사롭지 않다: "성매매에 대한 법적 금지를 해제하고, 성적 서비스를 완전히 상품화는 것이 허용될 수 없는 이유가 무엇인가?"[135] 요컨대, '오염권'(right to pollute)이 인정된다면 '매춘권'(right to prostitute)에 대한 도덕적 거부감도 희석될 수밖에 없을 것이라는 우려에 따른 반문이다.

---

133) Marketable Pollution Allowances, 25 *University of Toledo Law Review*, 1994, 454면.
134) R. H. Braaten/K. A. Brekke/O. Rogeberg, 앞의 논문, 120면.
135) G. S. Alexander, 앞의 논문, 80면.

이러한 우려와 비판의 적실성에 대해서는 관점에 따라 긍부정의 평가가 엇갈린다. 특히 윤리학의 관점에서 생산활동에 불가피하게 수반되는 대기오염과 그렇지 않은 성매매를 같은 척도로 평가하는 것에 대하여 반론이 제기될 수 있을 것이다. 하지만 도덕적, 윤리적 가치와 가치평가방법 자체가 가치 패러다임의 산물이라는 점을 굳이 거론하지 않더라도, 가치론이나 의무론의 관점에서 성매매에 비해 생명과 건강이라는 가장 본원적이고 중대한 가치를 훼손하는 대기오염의 행위를 도덕적으로나 윤리적으로 더 관대하게 평가해야만 할 이유는 없다. 또한 '대기오염권'과 '매춘권'을 같은 범주에 속하는 것으로 보는 이러한 비판론은 법제 또는 법리구성의 문제로 연결하여 보는 경우에 그 문제제기의 타당성 및 그 이유와 함께 성급한 예단 없이 진지하게 숙고되어야만 할 함의가 명백하게 드러난다. 예컨대, 다분히 작위적이기는 하되 논리구조상으로는 큰 무리가 없는 법제구상을 상정한다면, 성매매의 총량의 감축이라는 정책효과가 있다는 전제 하에, '배출권 거래제'의 경우와 똑같이 정부가 '적정규모'를 결정하고, 그 한도에 따라 이전에 상당히 큰 규모로 성매매업을 계속해오던 업주에게 일정 수준의 '매춘권'을 할당하는 정책의 구상이 사회적으로 용인될 수 있을 것인가? 더 나아가서 그 본질은 성을 상품화는 것인 바, 제한적인 범위에서라도 성매매를 합법화하고 '매춘권'을 거래가능한 상품으로 설정하는 경우에 논리적으로 '매춘권', 즉 성적 서비스의 '재산권화'와 연계될 수밖에 없는데, 그렇다면 이 경우 '매춘권'의 재산권적 성격은 어떻게 이해되어야 하는가? 이러한 우려와 의문은 결국 본고의 핵심논제, 즉 '배출권'이 헌법상 재산권 개념에 포섭될 수 있는 가능성과 타당성의 문제로 귀착된다.

V. 결론을 대신한 보론 - '제한된 공유재산권' 또는 혼성 재산권

논의 출발점, 즉 헌법상 재산권 개념과 관련하여 '배출권'의 재산권적 성격을 검토하는 지점으로 돌아가서, 본 글에서 보류한 '배출권 거래제'의 정책효과, 즉 경제적 효율성에 대한 '박스권 내에서의 비판론'을 제외하고 그 노정을 되짚어서 축약하면, '배출권'을 헌법상 재산권에 포함시키는 법리구성을 선택하는 경우 크게 세 가지 문턱을 만나게 되며, 이 문턱의 함의, 즉 그 폭과 깊이가 어느 정도인지 확인하고 검토한 것이라고 할 수 있다. 재산권의 대상으로서 대기의 물리적 속성, 대기라는 자연자원의 내재적인 가치, 그리고 도덕적 거부감과 가치관의 혼란에 대한 우려 등이 그것이다.

아무튼, 이미 '배출권 거래제'가 시행되고 있기도 하거니와, 결국 이 문턱 앞에서 주어지는 선택의 대안은 세 가지로 정리될 수 있는 바, '배출권'을 헌법상 재산권으로 인정 및 수용하는 법리구성을 선택하여 문턱을 뛰어 넘거나, 아니면 '배출권'을 헌법상 재산권보장의 대상이 아니라 단순히 법률상의 재산권으로 보아 우회하는 두 가지 전략적 방법과, 헌법상 재산권 개념으로 포섭하되 일종의 변종의 하위개념을 설정하여 문턱의 높이를 낮추는 전술적 방법이다.

본고의 대부분이 그 가능성과 타당성을 짚어 본 것이라고 할 수 있는 첫째 대안의 경우를 보면, 우선 대기의 물리적 속성과 그에 따른 한계는 '배출권'을 헌법상 재산권 개념으로 포섭하는 법리구성에 아무런 장애가 되지 않는다. 상술한 바와 같이, 근본적으로 재산권 자체가 입법에 의해 작위적으로 구성된 허구이기도 하거니와, 특히 종래 헌법상 재산권 개념의 핵심요소로 제시되어 온 '사적 유용성'이나 '임의적인 처분가능성', 그리고 '재산적 가치' 등도 궁극적으로는 법리와 법제의 산물일 뿐이기 때문이다.

반면에 생태철학적 세계관과 도덕철학적, 윤리학의 관점에서 제기하는 우려와 비판은 '무지의 한계'를 절감케 하는 난제를 안겨준다. 여기에서 명쾌한 결론은 유보할 수밖에 없되, 일종의 '가치규범적 아노미' 같은 '예기치 못한 문화적 결과'에 대한 경고와 함께 비판론이 특히 강조하는 '균형감각'과 '절제'의 요청을 결코 가볍게 여겨서는 아니 된다는 점을 재삼 확인한다. 다만, 종래의 헌법상 재산권 개념과 이를 토대로 하는 재산권 해석론으로 배출권의 재산권적 성격을 인정하고 해명하는 데 결정적인 부담이 될 만한 법리적 장애는 없다는 주장이 제기될 수 있으나, 이는 오히려 그러한 재산권 개념과 해석론의 근본적인 '가치맹'의 윤리적 흠결성을 드러내는 것일 뿐이지, 이론적 타당성을 뒷받침해주는 근거가 될 수는 없다.

둘째로 헌법상 재산권으로 수용하는 경우 수반되는 법리구성의 문제와 함께 도덕적, 윤리적 반론을 피할 수 있는 점에서 간명한 점을 차치하더라도, '배출권'을 단순한 법률상의 권리로 보는 대안은 현실 및 규범적 여건이 크게 바뀌는 경우에 보상에 따른 재정상 부담 없이 제도 자체를 폐지할 수 있는 가능성을 비롯하여, 특히 무엇보다도 환경변화에 유연하고 탄력적으로 적응할 수 있는 정책적 여지를 남겨주는 점에서 가장 실용적인 방법이라고 할 수 있다. 전술한 바 있듯이, 미국의 Clean Air Act에서 '배출허가'에 의해 재산권이 창설되는 것이 아니라는 명시적인 규정을 둔 것도 이러한 점을 고려한 것으로 이해된다. 다만, 이 경우 문제가 될 수 있는 것은, '배출권'을 종래의 헌법상 재산권 개념으로 포섭하지 않는 법리구성을 하게 되는데, 지나치게 기교적인 점을 차치하더라도, 정책적 이유 외에 차별취급을 정당화할 수 있는 법리적 근거를 찾는데 어려움이 없지 않다는 것이다.

우리나라를 포함하여 대부분 그러하듯이 '배출권'이 무상으로 할당된 점에서 개인의 창의와 노력 등과 같은 자기기여의 요소가 없기 때문에 오히려 헌법상 재산권으로 인정하지 않는 것이 법리상 당연한 것 아니냐는 반문이 있을 수 있을 것이다. 하지만, 종래 헌법상 재산권 개념에서 이러한 기여와 같은 가치평가적인 요소가 반영되었다고 볼 단서는 찾아지지 않는다는 점을 앞에서 상술하였거니와, 적어도 필수적인 개념적 요소로 고려되지는 않았다. 특히 정부가 설계한 제도의 취지와 기대에 부응하여 초기할당 이후에 기술혁신을 통해 배출량을 줄여서 매매가능한 잉여 '배출권'을 확보하거나, 비용을 들여서 '배출권'을 추가 구입하여 사용하는 경우와 같이 규범적 측면에서 고려되어야만 하는 유의미한 기여가치가 인정되는 한, 정책적 편의만을 이유로 경제적 기득권을 헌법상 재산권보장의 대상에서 배제하는 것은 법리적 정합성의 관점에서 무리가 아닐 수 없다.[136] 시장이 가장 꺼리는 예측불가능성의 문제가 우려되는 동시에, '배출권 거래제의 정착 및 활성화의 필수조건인 거래의 안전을 해치는 점도 경시될 수 없다.

마지막으로 선택가능한 대안은 재산권 패러다임의 부분적인 변경을 통해 대기 '재산권화'를 위해 재산권이론 차원에서의 법리적 토대와 도그마틱의 공간을 확보하려는 구상이라고 할 수 있다. 상한선의 설정과 개별 할당 및 거래가능성을 연계한 점에서 '배출권'과 정책적 구상과 법제의 구조상 유사한 선례들, 예컨대 '양도성 토지개발권'(TDRs), '양도성 어업권'(individual transferable quotas: ITQs)을 비롯하여 Clean Air Act의 이산화유황 '배출 쿼타'(emission quota) 등을 이른바 '유사(類似)

136) '배출권 거래제'의 조기정착을 위해 정책적 차원에서 2017년 12월 31일 까지 한시적으로 면제되고 있기는 하지만('조세특례제한법' 제106조 제1항 5호), 우리나라를 비롯하여 세계 대부분의 나라에서 그러하듯이 '배출권'의 거래에 대하여 부가가치세를 부과하는 경우에 법제상 '배출권'을 재화에 해당하는 것으로 보고, '부가가치'를 인정하는 논리형식을 취하는 점도 같은 맥락에서 고려되어야 한다. '배출권' 관련 부가가치세제에 관해서는 이 중교, "배출권에 대한 부가가치세 과세에 관한 연구", 「저스티스」, 제135호, 2013, 243-271면.

재산권'(quasi-property right)의 범주로 포섭하여 그 법적 성격과 지위를 해명한 논증의 방법이다. C. M. Rose가 제시한 이른바 '제한된 공유재산'(limited common properties: LCPs)[137] 또는 '혼성 재산'(hybrid property)[138]의 개념이 그 핵심이다. LCPs는 대기와 같이 '광범위하게 산재되어 있지만 유한한'(large and diffuse but finite) 자연자원의 보전을 목적으로 하여, 일면 대세적 배타성을 인정하는 전제 하에 특정한 집단 구성원들의 공유재로 설정되지만, 타면 할당된 자원의 사용에 대해서는 개인적 처분권을 인정하는 바 '사유재산의 한 형식'(a form of private property)으로도 볼 수 있는 점에서 일종의 혼성의 재산권형식이고,[139] 이 혼성의 재산권형식이 법제(regulation)에 의해 창설된 측면을 주목하는 '혼성재산'의 개념은 작위적인 규제에 의해서 비로소 형성 및 관리되는 재산의 범주를 설정하여, 물리적으로 분별 또는 경계가 획정되기 어렵고 따라서 법적 측면에서 '동일성'의 조건을 충족시키는 실체로 확인되기 어려운 대상들의 '재산권화'에 대하여 법리구성의 토대를 제공해 준다.

전술한 바와 같이, 모든 재산(권)이 작위적인 법제의 산물이라는 점에서 보면, 독자적인 재산(권)형식 또는 논증수단으로서 LCPs 및 '혼성재산'의 법리적 타당성과 그 효용에 대해서는 의문이 있을 수 있다. 하지만, LCPs의 경우는 그 대상의 이질적인 물리적 특성에 따라 그 존재와 관리의 규제의존성 자체가 분명하게 드러나는 점에서 또한 이른바 '규제적 상한과 거래'(regulatory cap and trade)라는 새로운 형태의 '제한된 상품화' 및 '제한된 시장화' 구상과의 연계관계 속에서 그 환경정책 수단으로서의 기능과 효용이 부각되는 점에서 일종의 변종 재산권, 즉

---

137) 앞의 논문, 132면.
138) 앞의 논문, 164-166면; Krier, "Marketable Pollution Allowances", 25 *University of Toledo Law Review*, 1994, 449-450면.
139) Alexander, 앞의 논문, 77-78, 82-83면.

헌법상 재산권 개념 속에 편입되지만 그 독자성이 인정되는 일종의 하위 재산권 개념으로 수용될 수 있다. 요컨대, 종래의 재산권 패러다임을 벗어나지 않는 전략적 선택을 하는 경우, 그것을 유지하면서 '배출권'의 재산권적 성격을 인정하고 설명할 수 있는 전술적 차원의 논증방법으로서는 유용하다. 또한 여기에서 상론은 약하되, 이러한 논증방법을 택하는 경우에 J. W. Singer가 '재산권의 모순들'(the paradoxes of property)을 해명하면서 제시하는 '권원으로부터 권원부여로의 전환'(from title to entitlement)[140]이라는 명제는 재산권 이론과 도그마틱 간의 정합성을 유지하면서 이 논증을 정교화해 나가는데 유용한 관점과 단서들을 제공해준다. 특히 기득권 중심의 소유자의 권리 또는 자격(title) 또는 소유권자와 대상의 관계에만 초점을 맞추는, 다분히 정태적인 기득권 지향적인 '권원모델'(title model)보다 어떤 재산에 대하여 '정당한 주장'을 할 수 있는 모든 사람들의 상충이익들에 초점을 맞추는 동태적인 법리구성, 즉 '권원부여모델'(entitlement)의 가능성과 함께 그 당위성과 타당성을 해명해준 점에서 그러하다.[141] 하지만, 첫째 대안에 대한 논의에서 적시한 '가치맹'(value blindness)의 흠결성은 이 경우에도 그대로 해당하는 바, 전술이 전략을 대체 또는 보정할 수 있는지는 의문이다.

재산권이론의 차원에서 이 의문이 더 이상 사각지대에 방치되어서는 아니 되고 또한 헌법상 재산권 개념의 재정립 또는 재산권 패러다임 전환의 차원에서 답해질 수밖에 없는 점과 그 이유는 나름 충분히 확인 및 해명되었거니와, 여기에서 그에 대한 답은 추후 연구과제로 남겨놓되, 다만, 결론적으로 위에서 헌법상 재산권해석론의 차원에서 제시된 세 가지 대안 중에서는 일단 LCPs의 논증방법을 가장 적확한 것으로 평가한다. '배출권 거래제'가 이미 시행되고 있는 현실은 차치하더라도,

140) *Entitlement*, 56-94면.
141) 위의 책, 91면.

Singer의 '권원부여모델'과 LCPs를 융합하여 논증하는 방법은, 일면 그 도덕적 한계에도 불구하고 적어도 전면적으로 부정 또는 사장되어서는 아니 되는 시장메커니즘의 순기능과 이를 활용하는 창의적인 환경정책과 법제를 수용할 수 있는 법리의 공간을 확보해줄 수 있고, 타면 '반상품화의 사유'(anti-commodity thinking)와 연결되는 이른바 '범례구상으로서 재산권'(property as propriety conception)[142]의 구상, 즉 사유재산권제도가 하나의 대안으로 포함되는 재산권제도가 '시장신봉주의'나 '상품물신주의'(commodity fetishism)를 무조건 수용하는 전제 하에 단순히 부의 창출이나 개인적인 선호의 충족만을 지향하는 것이 아니라,[143] 그 근본적인 목적은 정치철학과 정책경제학, 도덕과 가치윤리학 등의 차원에서 규범적으로 정당한 사회질서를 확보하는 것이라는 관념을 수렴할 수 있는 창구를 상대적으로 더 크게 개방해 주기 때문이다. 이에 관한 상론 역시 생략하되, 다만 다층적이고 다면적인 인간의 삶과 그 복합적인 가치 속에서 접근되어야 하는 복합적인 재산권제도의 기능과 과제, 특히 재산권보장의 대상과 관련된 사람들 간의 '사회적 관계'와 인간과 자연환경 간의 '생태적 관계'를 주목하면서 '경제적 합리성'과 함께 또는 그것을 넘어서 '사회적 정당성'과 '생태적 합리성'을 진지하게 추구하는 재산권이론에 이 창구와 공간이 매우 유용한 법리적 환경자원이라는 점에 대하여 별다른 이견이 없을 것으로 믿는다.

---

142) Alexander, 앞의 논문, 85면.
143) 이에 관해서는 특히, E. Anderson, 앞의 책, 163-167면.

저자약력

연세대학교 법과대학 동 대학원(법학사, 법학석사)
독일 Bonn대학교(비교법학석사, 법학박사)
공주대학교 법학과 교수
강원도 지방노동위원회 공익위원
법제연구원 재정법제 자문교수
국회 입법지원위원(현)
헌법재판연구원 초빙연구위원
한국헌법판례연구학회장
연세대학교 법학전문대학원 교수(현)

주요 저(역)서

법텍스트와 텍스트작업(역서)(법문사, 2005)
재정헌법의 흠결에 대한 헌법정책적 평가(한국법제연구원, 2005)
담론과 해석(21세기교육사, 2007)
재정과 헌법(21세기교육사, 2007)
경제와 헌법(한국학술정보, 2012)
헌법재판주요선례연구1(공저)(헌법재판연구원, 2012)
언어와 헌법 그리고 국가(공역)(신조사, 2013)
언어권력으로서 사법권과 헌법(신조사, 2014)

주요 논문

기본권의 본질과 기능 - 『한국에서의 기본권이론의 형성과 발전』, 허영 교수 화갑기념 논문집(1997)
인간다운 생활을 할 권리의 본질과 법적 성격, 공법연구, 제27집 제2호(1999)
'텍스트학'의 관점에서 본 헌법해석의 이해, 헌법판례연구4(2002)
건축허가의 취소와 국가배상, 공법연구, 제31집 제4호(2003)
헌법문제로서 동성간 혼인-동반공동체(시민결합), 헌법학연구, 제10집 제2호(2004)년
재정과 헌법 - 재정헌법개정의 필수성, 헌법판례연구7(2005)
안마사자격 '비맹제외기준'에 대한 헌재결정평석, 공법연구 제35집 제2호(2006)
대입3불정책의 헌법적 문제점, 헌법학연구 제13권 제3호(2007)
헌법 제103조에서 법관의 독립과 양심, 공법연구 제38집 제2호(2009)
한정위헌결정의 법원에 대한 기속력, 공법학연구, 제12권 제3호(2011)
'거창사건'에 대한 대법원 판결 평석, 저스티스 제129호(2012)
'헌법적 정체성' 확립의 과제와 북한이탈주민의 헌법적 지위, 저스티스, 제136호(2013)
환경정의 개념의 외연과 내포. 환경법연구, 제35권 제2호(2013)
의약품부작용피해 구제의 헌법 및 (공사)법체계론적 쟁점 - '규율흠결' 상태의 진단과 처방, 공법연구 제42집 제2호(2013)

헌법규범과 현실

2019년 6월 24일 초 판 제1쇄인쇄
2019년 7월 5일 초 판 제1쇄발행

저 자 이 덕 연
발행인 이명재 · 이종은
발행처 **신 조 사**
서울특별시 마포구 독막로 295 삼부골든타워 212호
전 화 (02) 713-0402 FAX (02) 713-0403
등 록 1994. 7. 4, 제17-179호(倫)
E-mail: sinjosa@sinjosa.co.kr http://www.sinjosa.co.kr

저자와 협의하여 인지첩부를 생략함

파본은 바꿔드립니다.

정 가 38,000 원
ISBN 979-11-86377-34-5